3판

통계적 사고와 연구방법론

Statistical Thinking and Research Methodology

통계적 사고와 연구방법론 3판

Statistical Thinking and Research Methodology

2020년 3월 15일 1판 1쇄 발행
2021년 9월 15일 2판 1쇄 발행
2025년 9월 20일 3판 1쇄 발행

지은이 | 조성현 외
펴낸이 | 김진환
펴낸곳 | 학지사메디컬 HAKJISA MEDICAL
04031 서울특별시 마포구 양화로 15길 20 마인드월드빌딩
대표전화_ 02-330-5188 팩스_ 02-326-0338
등 록 | 2010년 2월 8일 제313-2010-36호
메 일 | hakjisamd@hakjisamd.co.kr
홈페이지 | http://www.hakjisamd.co.kr

ISBN 979-11-7531-008-7 93510

가 격 | 40,000원

3판

통계적 사고와 연구방법론

Statistical Thinking and Research Methodology

조성현 외 공저

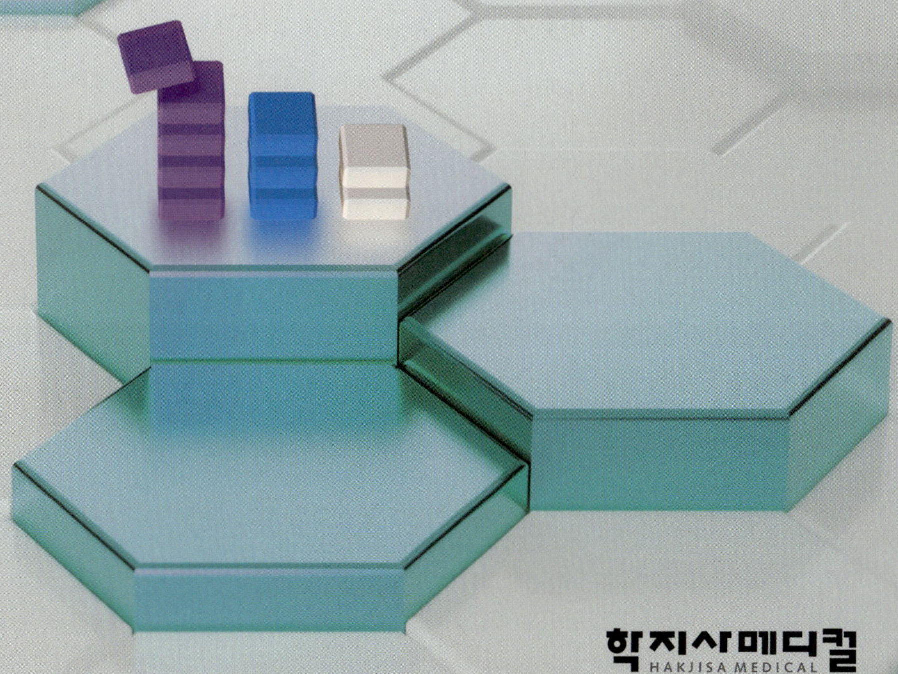

학지사메디컬
HAKJISA MEDICAL

저자 소개

강정일 세한대학교

김경태 제주한라대학교

김성호 신구대학교

김현성 상지대학교

김현승 서영대학교

문동철 김해대학교

민동기 대구보건대학교

배주한 구미대학교

송요한 서영대학교

신형수 경운대학교

엄요한 군장대학교

이건철 경남정보대학교

이동규 전남과학대학교

이동우 호남대학교

이동진 광주보건대학교

이병준 경복대학교

이은상 광주보건대학교

이재홍 대구보건대학교

조성현 남부대학교

차영주 제주한라대학교

최유림 대구과학대학교

머리말

21세기의 학문적 환경은 빠르게 변화하고 있으며, 특히 4차 산업혁명 시대를 맞아 연구 설계와 데이터 분석의 중요성이 더욱 부각되고 있다. 처음 통계적 사고와 연구방법론을 학습하기 시작하면, "왜 이런 것을 배워야 하지?"라는 의문이 들기도 하고, 복잡한 방정식과 공식을 이해해야 할 필요성에 어려움을 느낄 수도 있다. 그러나 방정식을 알고 활용하는 것은 단순히 문제를 푸는 것을 넘어 논리적 사고와 문제 해결 능력을 향상시키는 데 큰 도움을 준다.

이러한 논리적 사고는 학문적 연구뿐만 아니라 일상생활에서도 복잡한 문제를 분석하고 최적의 결정을 내리는 데 유용하다. 데이터를 분석하고 패턴을 파악하며, 이를 통해 미래를 예측하여 더 나은 선택을 할 수 있게 되는 것, 바로 이것이 통계적 사고와 연구방법론 학습의 궁극적인 목표라 할 수 있다.

이에 따라, 연구자와 학생들이 통계적 사고와 체계적인 연구방법론을 익히는 것은 필수적이다. 본 교재 「통계적 사고와 연구방법론」은 이러한 시대적 요구에 부응하여 학문적 기초를 제공함과 동시에 실질적인 연구 역량을 배양할 수 있도록 설계되었다.

이번 3판 개정판은 독자들의 학습과 연구를 실질적으로 지원하기 위해 다음과 같은 내용을 보완하고 강화하였다. 학술 연구와 통계학의 최신 동향을 반영하여, 독자들이 현실에서 바로 적용할 수 있는 통찰력을 얻을 수 있도록 내용을 업데이트하였다.

연구계획서 작성, 데이터 수집, 분석, 논문 작성에 이르기까지 연구의 전 과정을 체계적으로 안내할 수 있도록 부록과 예제를 강화하였다. 새롭게 추가된 부록에는 팀별 프로젝트 기반 학습 주제 선정 일지, WSQ (Watch, Summarize, Question) 전략을 활용한 학습 노트 등이 포함되었다. 또한, 데이터 분석과 시각화를 위한 실습 자료와 설명을 추가하여, 학습자들이 실제로 연구 설계와 분석을 경험할 수 있도록 구성하였다.

각 장마다 학습 팁과 실질적인 사례를 추가하여, 독자들이 스스로 학습하고 연구에 바로 적용할 수 있도록 내용을 구성하였다. 본 교재는 다양한 학문 분야에서 활용할 수 있는 기초적인 통계와 연구 방법론 지식을 제공하며, 이를 바탕으로 데이터 기반 의사결정 능력을 기를 수 있도록 설계되었다.

이번 개정판은 연구의 기초를 배우고자 하는 학부생부터 심화된 연구 설계와 논문 작성을 목표로 하는 대학원생과 연구자까지 모두에게 실질적인 가치를 제공하기 위해 기획되었다. 이 교재를 통해 독자 여러분이 통계적 사고를 기반으로 문제를 해결하고, 근거 중심의 연구를 설계하며, 양질의 논문을 작성할 수 있기를 진심으로 기대한다.

마지막으로, 본 교재의 개정 작업에 도움을 주신 모든 분들께 깊이 감사드리며, 독자 여러분의 학문적 성장과 성공을 진심으로 기원한다.

2025년 9월

대표저자 **조성현**

1판 머리말

모든 산업 분야에서 데이터를 기반으로 한 인공지능은 하루가 다르게 빠른 속도로 발전하고 있다. 의약학, 간호, 보건, 체육, 인문사회, 공학 등 다양한 분야의 학문들도 이러한 흐름에 발맞추고 있다. 이러한 인공지능을 기반으로 하는 4차 산업혁명 시대에는 기본적으로 양질의 데이터를 수집하여 빅데이터를 구축하고, 이를 산업에 적용할 수 있는 기술이 필요하다. 또 특허출원, 기술이전, 소프트웨어 등록 등의 지식재산권을 얻기 위해서는 공인기관의 기술인증과 연구노트 작성 능력이 필수적이다. 더 나아가 신기술 개발을 위해 사업계획서를 입안 또는 작성하고자 한다면 근거가 되는 선행 논문을 검색하고 분석하는 능력이 필요하다. 이러한 것들을 키워나가기 위해서는 「통계적 사고」가 선행되어야 하며, 이러한 통계적 사고를 키우기 위한 학문 분야가 바로 「연구방법론」이다.

이 책에서는 양질의 정보를 처리하고 연구 계획을 수립할 수 있는 능력을 키우기 위한 연구방법의 종류, 자료 분석, 자료 수집, 결과 해석, 논문작성법을 제시하였다. 또 하나의 논문이나 작품을 기획, 설계, 제작 운영하는 과정을 경험해 볼 수 있도록 예제를 수록하였다.

1부 〈연구방법 및 글쓰기〉에서는 실제 논문 사례를 바탕으로 주제를 정한 후, 서론 작성부터 논문 투고하기까지의 전 과정을 기술하였다. 논문 작성의 각 파트를 세부적으로 나누어 독자들에게 논문의 구성과 파트별 필요한 내용이 무엇인지 쉽게 이해하고 작성할 수 있도록 돕고자 한다.

2부 〈기초통계를 위한 이론〉에서는 통계적 사고에 필요한 기초적인 통계를 위한 이론을 기술하였다.

3부 〈실전통계와 실습〉에서는 다양한 예제를 통해 각 장에 해당되는 분석과정을 직접 차례대로 실습할 수 있도록 개요와 목적, 통계 지식, 설계 예제, SPSS 분석, 결과표 예시 및 해석을 제시하였다. 독자들의 자료 입력 및 분석에 대한 실습 과정의 불편함을 덜어주기 위해 스마트폰으로 편하게 접속할 수 있도록 분석 자료를 QR코드의 형태로 제시하였다.

이 책의 강점은 기존 교재들에서 소홀하였던 반복측정 분산분석에 대한 통계적 이론과 실습 부분에 많은 노력을 기울인 것이다. 더불어 임상에서 많이 시행하는 설문지 논문에 사용되는 공분산분석, 교차분석, 요인분석, 회귀분석에 대한 기본적 통계 지식과 실습 내용을 강화한 점, 무료소프트웨어를 이용한 메타분석에 대한 내용을 담아 질적 연구에도 관심을 가질 수 있도록 한 점을 꼽을 수 있다.

이 책이 4차 산업혁명시대에 기초적 소양으로 갖추어야 할 통계적 사고의 기본적인 지식을 쌓는데 도움이 될 뿐만 아니라, 다양한 전공의 연구방법론 융합교육에도 도움이 되기를 기대한다.

「통계적 사고와 연구방법론」이라는 책을 집필하면서 함께 참여해 주신 교수님들께 감사드리며, 더 나은 책으로 거듭나기 위해 늘 겸허하게 독자들의 비평과 충고를 지속적으로 수용하여 반영할 것을 약속한다. 또 이 책이 다양한 전공자들이 만나 새로운 융합교육을 시도하는 출발점이 되기를 바라며, 독자들이 현장에서 융합교육을 적용한 후 환류시스템에 대한 부분을 함께 고민해 주기를 기대한다.

마지막으로 출판과 교정 및 편집을 맡아준 학지사메디컬 임직원의 노고에 깊은 감사의 말씀을 드린다.

2020년 3월

대표저자 **조성현**

목차

UNIT 1 연구 방법 및 글쓰기

목차

UNIT 2 기초 통계를 위한 이론

CHAPTER 8 추정과 가설 검정

CHAPTER 9 모수 검정과 비모수 검정

UNIT 3 실전통계와 실습

CHAPTER 10 기초 SPSS 활용

CHAPTER 11 한 집단, 두 집단 분석

CHAPTER 12 세 집단 분석

UNIT 1

연구 방법 및 글쓰기

1

연구란 무엇인가?

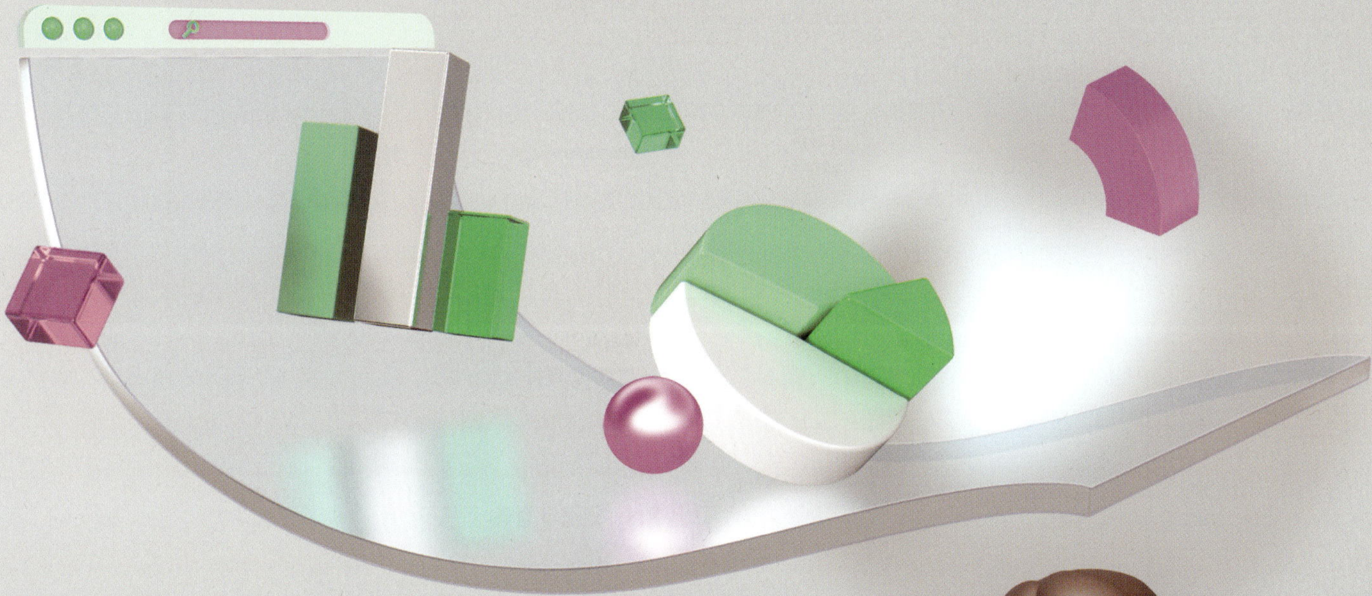

연구의 의미와 분류

학습목표

- 연구의 정의를 이해할 수 있다.
- 연구의 과정을 설명할 수 있다.
- 연구의 종류를 분류할 수 있다.
- 근거중심치료의 정의와 실행 단계를 설명할 수 있다.
- 근거수준 피라미드 구조의 이해와 근거중심치료 실행을 위한 논문 검색을 할 수 있다.

1 연구의 정의

연구(research)는 과학적인 방법으로 과학적인 지식을 생산하는 활동을 말하며 연구자 본인이 얻은 과학적인 지식을 많은 사람들과 공유하기 위해 체계적이고 논리적인 과정을 통해 과학적 지식을 발견하는 과정을 말한다(그림 1.1). 따라서 연구는 임상적 지식에 관한 의문을 시작으로 그 의문에 대한 해답을 얻는 과정이고 과학적인 연구방법을 사용하여 논리적이고 체계적인 연구절차에 따라 연구의 모든 과정들을 담아내는 그릇이다.

여러 학자들과 문헌에서 연구의 정의를 언급하였으며 자세한 사항은 다음과 같다(표 1.1).

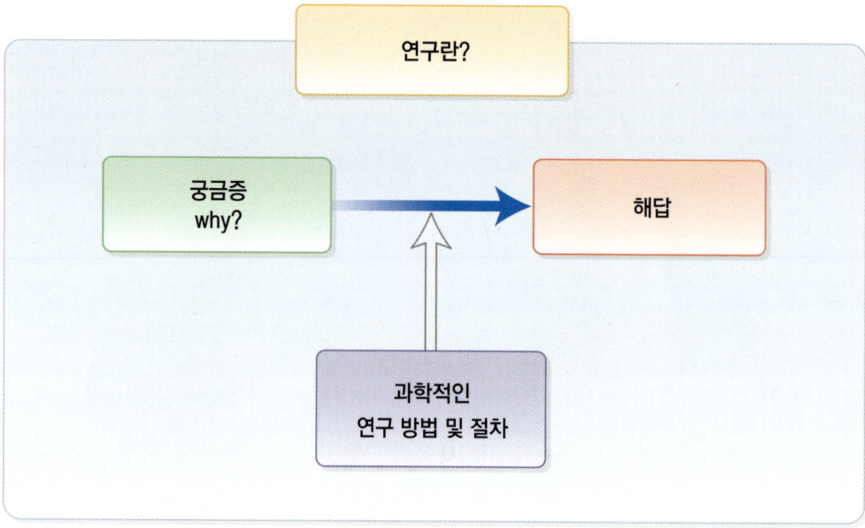

그림 1.1 연구의 정의

표 1.1 연구의 정의

저자 및 출처	정의
Cohen et al. (1998)	진리(지식)의 탐구를 의미하는 연구는 현상의 본질을 이해하는 것
Creswell (2008)	주제 혹은 문제에 대한 우리의 이해의 질을 높이기 위한 정보를 수집하고 분석하는 일련의 작업
Martin Shuttleworth (2008)	가장 넓은 말의 범위로는 지식의 진보를 위한 정보, 자료 그리고 사실들의 수집
Popper	과학자가 수행하는 활동의 일종
Radnor, H. A.	지식(진리)의 생산을 목적으로 하는 체계적 탐색활동
Oxford online dictionary	새로운 결과의 도달과 진실의 확립을 위한 자료들에 대한 체계적인 조사
네이버 지식사전	사물을 깊이 생각하거나 자세히 조사하여 어떤 이치나 사실을 밝혀내는 것

1) 과학적 연구

과학적 연구란 새로운 지식을 얻고자 의문에 대한 문제점을 제기한 다음 과학적 방법을 통하여 이론과 가설을 검증하기 위하여 실시되는 체계적이고 구체적이며 논리적인 방법으로 통제된 연구를 말한다.

과학적 연구는 연구자가 연구를 통해 얻어진 연구 결과에 결정적인 확신을 가지고 있어야 하고, 객관적(objective), 경험적(empirical), 재생가능적(reproducibility)인 특성을 지니고 있으며 관찰 가능한 연구이면서 다른 연구자들에 의해 반복적으로 검증이 가능해야 한다.

과학적 연구에서의 이론은 경험적 사실로부터 귀납적 논리에 의해 얻은 결과를 추론된 원리의 체계적 구성을 통해 만들어진다. 또한 과학적 연구는 새로운 사실적 관계에 대한 가설을 세우고 그 가설을 경험적 자료에 의해 검증하는 과정으로 단순한 결과보다 결과를 도출하는 과정에 의해 결정된다.

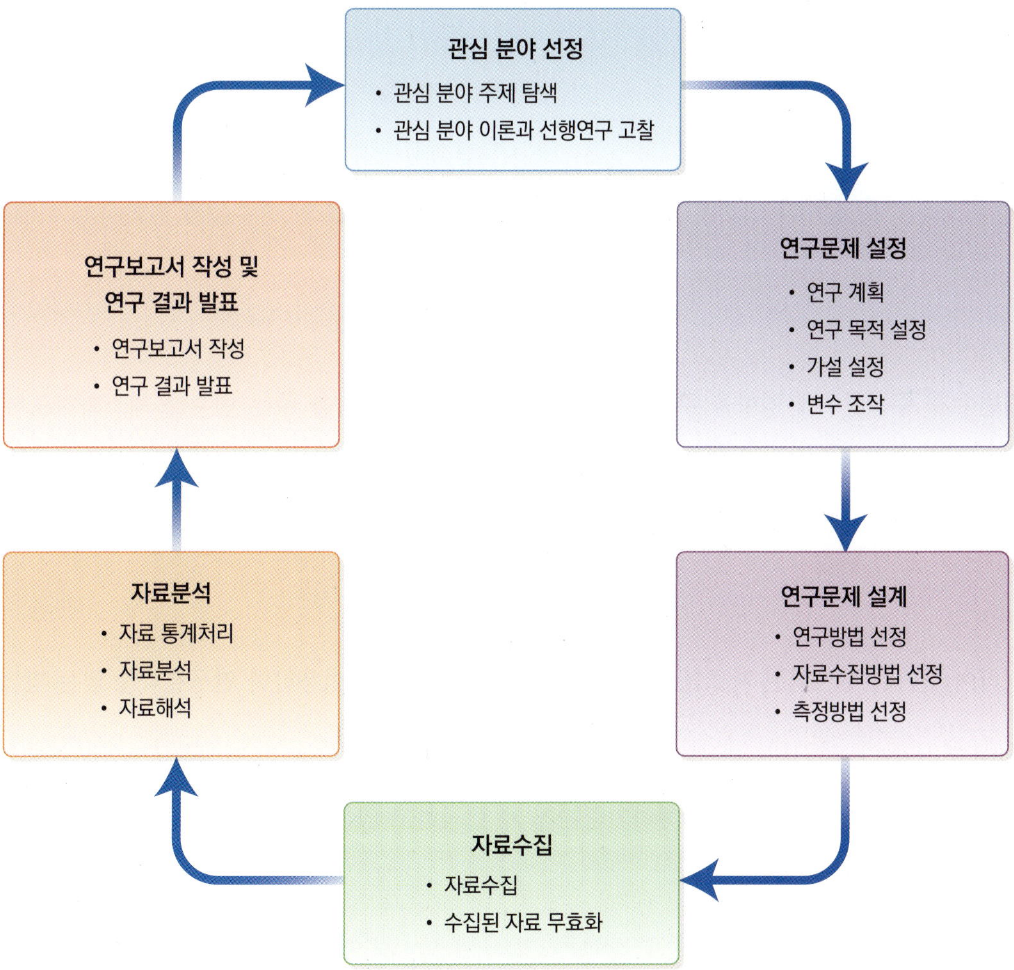

그림 1.2 연구의 과정

2 연구의 분류

1) 독립변수의 조작 가능성 여부

(1) 실험연구

연구자가 한 개 혹은 복수의 변수를 조작하거나 통제하는 방법으로 얻은 연구 결과를 다른 비교군과 비교하여 관찰 실험연구하고 조사하는 것이며, 목적은 연구대상의 조건이나 중재적 방법의 인과관계를 규명하고 새롭게 정립하는 것이다. 독립변수의 조작을 통해 종속변수에 영향을 준다.

(2) 비실험연구

기술연구(descriptive study), 탐색연구(exploratory study), 관찰연구(observation study)로 구분될 수 있다. 연구대상의 변수에 대해 직접적인 통제나 조작을 하지 않는 연구이다.

2) 연구 장소에 따른 분류

(1) 현장연구

실제 환경과 같은 상태나 가까운 상태에서 연구를 진행하며, 최소의 변수들을 변화시켜 이에 대한 결과를 분석하는 연구이다.

(2) 실험실연구

독립변수가 종속변수에 영향을 주는 것 이외에 종속변수에 영향을 주는 변수를 최소화하도록 연구자가 실험환경을 철저하게 통제하면서 진행하는 연구이다.

3) 수집된 자료의 형태

(1) 양적연구

측정하여 나타난 수치화된 자료를 분석하여 통계적 추출과정을 이용하여 연구결과를 얻는 방법이다.

(2) 질적연구

연구자가 연구대상이나 현상을 이해하거나 어떻게 인식하고 있는지 주관적으로 판단하는 연구방법이다.

4) 연구 목적에 따른 분류

연구목적에 따라서 서술적 조사연구, 비교조사연구, 상관관계연구로 분류할 수 있다.

(1) 서술적 조사연구

현상을 관찰하고 서술하고 기록하는 것으로 특정 모집단을 정확하게 묘사할 목적으로 수행한다.

(2) 비교조사연구

두 개 이상의 집단의 변수를 조사하는 연구 방법이다.

(3) 상관관계연구

한 개의 표본 안에서 두 개 이상의 변수를 측정하여 관계를 보는 연구 방법이다.

5) 연구 진행 방향에 따른 분류

(1) 전향적 연구(prospective study)

연구하고자 하는 요인(위험요소)들을 미리 설정한 후 일정기간 동안 변화를 추적(follow-up)하는 방법으로, 위험요소가 일으키는 변화를 관찰하는 연구이다. 특정 위험요인에 노출된 집단과 그렇지 않은 집단을 선택하여 두 집단에서 질병발생률 등을 추적조사하는 연구로, 전향적 코호트연구라고 불리기도 한다. 분류하는 과정에서의 오차(misclassification bias)가 최소화되고, 후향적 연구에 비해 많은 비용과 시간이 필요하다.

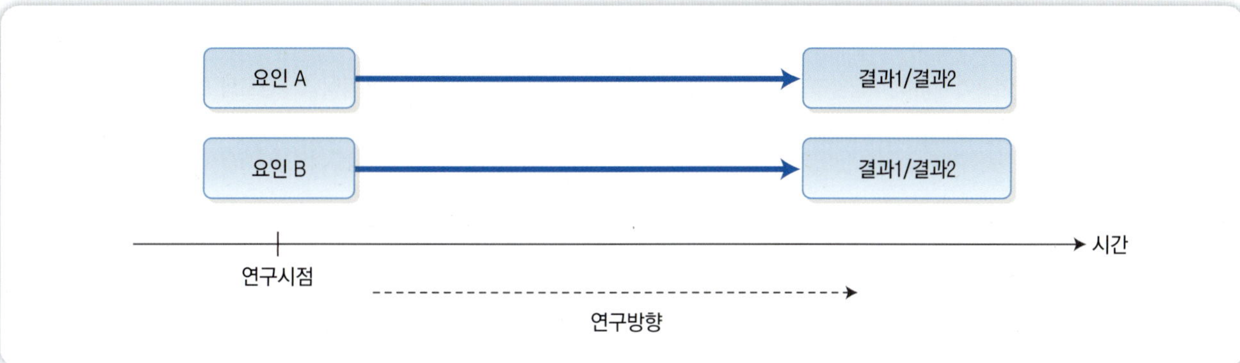

전향적 연구

> **예**
>
> 전향적 연구(prospective): 앞쪽으로(미래)
>
> 갑상샘암 환자의 생존율 추적조사, 질병의 이환율

(2) 후향적 연구(retrospective study)

연구 대상자와 직접적으로 접촉하지 않으면서 이루어지는 연구로, 피험자의 의무기록을 조사하여 특정 데이터를 수집 · 통계처리하여 결과를 산출하는 연구이다. 특정 사건이 발생한 후 과거기록을 조사하는 방법으로, 대조집단을 임의로 선정할 수 있다. 현존하는 어떤 현상이 과거에 일어난 다른 현상과 연관되어 있을 수 있는가에 대한 사후조사연구이다. 환자-대조군 연구(case-controlled study)라고도 하며, 해당 집단에서 주어진 질병을 지닌 모든 대상자를 확인하고 질병을 가지지 않은 대상자인 대조군과 비교하는 것이다. 후향적 연구는 과거지향적 연구로써 원인추론이 가능하고 재정과 시간을 절약할 수 있다. 자료수집에 통제를 가할 수 없고 혼동변수를 통제하기 어렵다는 단점도 있다.

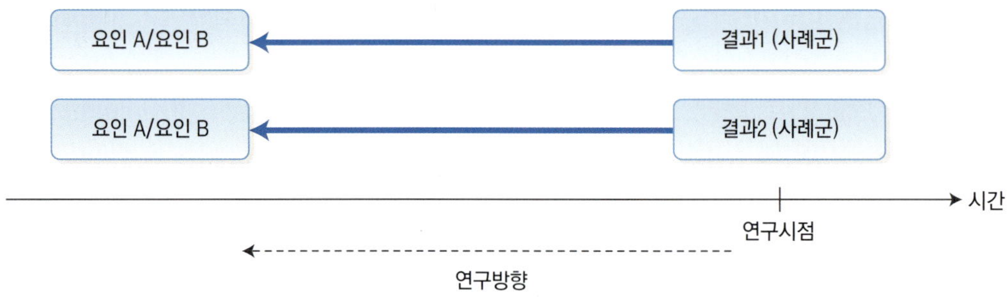

후향적 연구

예

후향적 연구(retrospective): 뒤쪽으로(과거)

대장암 관련 연구에서 이미 대장암에 걸린 사람들을 대상으로 그렇지 않았던 사람의 과거 육식섭취 정도와 흡연습관을 조사

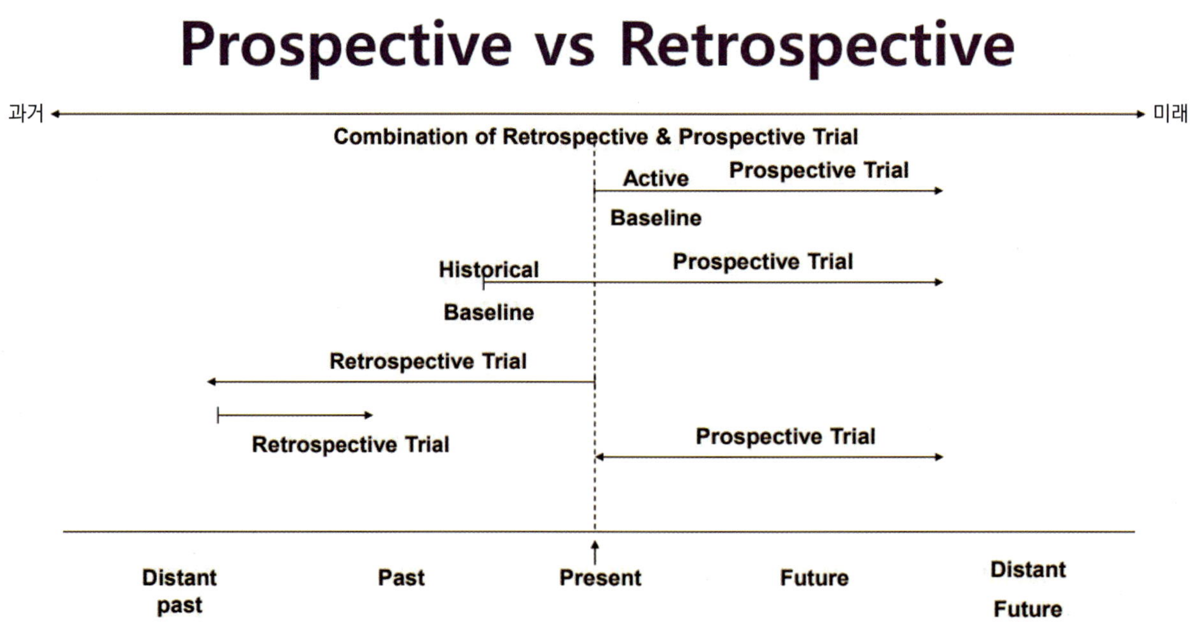

당연히 전향적 연구가 후향적 연구보다 가치가 높습니다. 왜? Bias가 상대적으로 적음.

6) 연구 시점에 따른 분류

(1) 횡단연구(cross-sectional study)

특정한 한 시점에서만 자료를 수집하는 연구설계 방법으로 실제적이며 연구를 진행하기 쉽고 경제적이다. 한 번의 조사를 통해 상대적으로 적은 시간과 비용으로 많은 변수에 대한 정보를 얻을 수 있으나 변수 간의 인과관계를 추론하는 것은 어렵다. 또한 시간에 따른 추론에는 타당성이 떨어지는 단점이 있다.

(2) 종단연구(longitudinal study)

코호트연구의 성격을 갖고 있는 설계로 같은 대상자를 여러 시점에서 측정하여 자료를 수집하는 연구설계 방법이다. 연구대상을 일정기간 동안 관찰하여 시간에 따른 변화와 현상의 연속성을 정확하게 관찰할 수 있다는 장점이 있다. 여러 시점에서 반복적으로 관찰해서 시간과 비용의 부담이 크고, 시험효과나 대상자 탈락의 영향을 받을 수 있다.

① 추세연구

일정기간 동안 전체 모집단 내의 변화를 연구하거나 어떤 광범위한 연구대상의 특정 속성(specific quality)을 여러 시기를 두고 관찰 또는 비교하는 연구이다.

② 코호트연구

일정기간 동안 어떤 한정된 모집단 일부분의 변화를 연구하거나 특정 경험을 공유하는 사람들이 갖는 특성들에 대해 두 번 이상의 다른 시기에 걸쳐 비교하는 연구이다.

③ 패널연구

패널(특정 응답자 집단)을 정해 놓고 긴 시간 동안 지속적으로 연구자가 필요한 정보를 획득하는 연구이다.

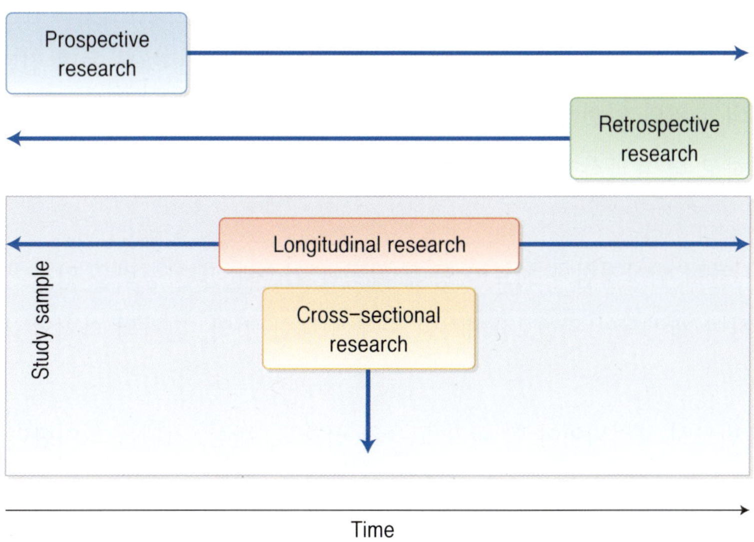

- 전향적 연구(prospective research): 미래에 일어날 수 있는 상황을 연구
- 후향적 연구(retrospective research): 의무기록 등을 통하여 과거에 일어난 요인을 파악하는 연구
- 종단연구(longitudinal research): 과거와 미래의 시간 동안 연구를 진행
- 횡단연구(cross-sectional research): 그 시점에서 연구가 진행됨

전향적, 후향적, 종단, 횡단 연구 개념

TIP

연구의 분류

- 독립변수의 조작 가능성 여부에 따라 – 실험연구설계와 비실험연구설계
- 연구 장소에 따라 – 현장연구설계와 실험실연구설계
- 수집된 자료의 형태에 따라 – 양적연구설계와 질적연구설계
- 연구 목적에 따라 – 서술적 조사연구, 비교조사연구, 상관관계연구
- 연구 진행 방향에 따라 – 전향적 연구설계와 후향적 연구설계
- 연구 시점에 따라 – 횡단연구설계와 종단연구설계

3 근거중심치료의 단계

1) 근거중심치료의 정의

근거중심치료(evidence based practice, EBP)는 '최신의 연구근거를 치료사의 임상적인 경험과 환자의 가치와 통합하는 것'으로 정의한다. 이는 임상의사결정에서 과학적인 근거에 기초하여 최적의 방법을 선택하고 이를 치료사들의 경험과 통합하여 환자에게 최선의 치료를 제공하는 것으로 1990년대 초 캐나다 McMaster대학의 Gordon Guyatt와 David Sackett 교수에 의해 근거중심의학이 소개된 이후로 매우 빠르게 확산되었다. 지금은 보건의료뿐만 아니라 사회과학 분야로 근거중심 건강관리(evidence based health care), 근거중심간호(evidence based nursing), 근거중심 정신건강(evidence based mental health) 등으로 적용 분야가 넓혀지고 근거중심치료의 사회적 요구가 빠르게 증가하고 있다.

최선의 근거중심치료를 제공하기 위해서는 임상의사결정의 세 가지 요소인 최신 연구근거, 임상적 경험, 환자의 가치를 갖추어야 한다.

첫째, 최신의 연구근거는 대부분 임상적으로 환자 중심의 임상연구를 의미한다. 예를 들면 진단의 정밀성과 정확성, 예후에 대한 예측, 치료의 효과와 안전성 , 재활, 예방적 접근 등에 대한 연구이다. 임상연구를 통해서 새로운 근거가 생성되면 더 강력하고 더 효과적인 안전한 새로운 방법들이 기존의 진단 및 치료방법을 대체하게 된다.

둘째, 임상적 경험이란 치료사들이 임상경험과 치료를 통해 획득한 기술과 판단 능력을 말하며 환자의 건강 상태와 치료를 효과적으로 수행하며 개인적인 위험, 잠재적인 중재에 대한 편익, 환자의 가치와 기대를 파악하는 데 사용되는 능력을 의미한다.

셋째, 환자의 가치란 치료 시 반드시 고려되어야 할 환자 고유의 선호도, 관심, 기대를 의미한다.

환자 치료 시 이 세 가지 요소가 통합될 때 치료사와 환자 간의 원활한 관계 및 최적의 효과와 삶의 질을 고려한 근거중심치료가 이루어질 수 있다(그림 1.3).

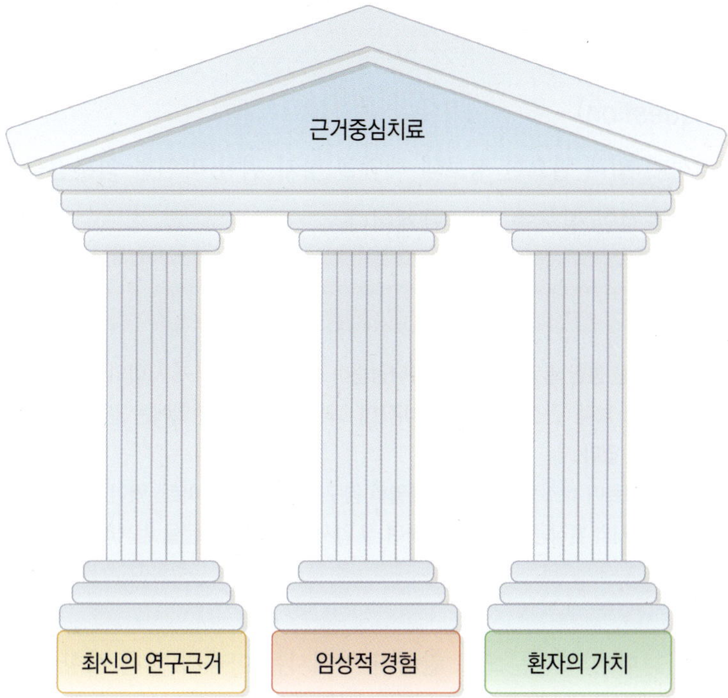

그림 1.3 근거중심치료의 세 가지 요소

하지만 근거중심치료의 폭발적인 반응에 비해 제한적인 수행이 이뤄지는 데 몇 가지 현실적인 배경이 있다.

첫째, 현재 발간되고 있는 의학연구와 정보의 양이 너무 방대하다. 최신 연구정보들이 쏟아져 나오지만 한 개인의 노력으로는 이러한 의학지식의 발전 속도를 따라잡기가 어렵다. 적절한 전자 자료를 활용할 수 있는 기술이 없으면 유용한 정보를 빠른 시간 내에 얻는 것은 불가능하다.

둘째, 많은 수의 임상지침들이 근거 분석에 따른 전문가들의 평가가 이뤄져야 하는데, 주관적 판단에 따른 전문가 집단들 간 서로 다른 권고를 하는 경우도 있다.

셋째, 임상 현장에서 진단, 예후, 치료 및 예방에 관한 타당성 있는 정보가 시시각각 필요한 반면, 이를 해결할 수 있는 시간이 상대적으로 매우 부족하다.

넷째, 임상가들의 치료기술과 임상적 판단에 대한 경험은 시간이 경과함에 따라 증가하지만, 최신 지식과 이를 임상에 적용하는 능력은 오히려 감소하였다.

이러한 문제점을 해결하고 발전시키기 위한 방법으로는 근거를 효과적으로 수집하고 평가하는 기술의 발전, 의료서비스 효과에 관한 체계적 분석 및 요약의 출현, 출간된 연구 결과에 대한 근거를 평가해 놓은 이차 문헌 개발, 연구 결과를 단 시간 내에 찾아볼 수 있는 최신의 정보 체계, 평생학습과 임상수행능력 향상에 필요한 효과적인 교육 전략의 적용 등을 들 수 있다.

근거중심치료는 이러한 발전 속에서 임상가들이 스스로 근거를 찾고 이에 대한 타당성과 임상적 유용성을 판단하여 임상에 적용함으로써 환자에게 최적의 치료를 제공할 수 있는 방법론을 제시하며, 이는 근거중심치료 실행의 5단계를 통해 자세하게 설명할 수 있다.

2) 근거중심치료 실행의 5단계

(1) 임상질문(clinical question)

환자의 문제를 해결하기 위해 필요한 정보와 해답을 찾기 위한 막연한 의문점들을 구체적이고 답변 가능한 임상질문으로 변환시켜 효율적인 정보를 얻는 단계이다.

예시

65세 여성 환자가 건강검진을 통한 골밀도 검사 후 골다공증이 진단되었다. L4-5 사이의 T-score의 평균값이 -4.5 SD였다. 평소 앓고 있는 질환과 골절 등 병력도 없다. 건강관리를 위해 비타민 C와 오메가3 약제 외에는 골다공증을 예방하거나 치료하기 위한 호르몬이나 기타 약제를 복용한 적은 없다.

주치의는 골다공증의 치료에 비스포스포네이트계열의 경구용(알렌드로네이트) 약이 효과적이라고 들은 것 같은데 50대 후반 중년 여성 환자에게 효과가 있는지와 부작용의 여부에 대하여 잘 알지 못해 관련 논문을 검색하기로 하였다.

위 사례를 '답변 가능한 임상질문'으로 만들기 위해서는 아래와 같은 사항이 중요하다.

① 환자 혹은 문제(patient or problem): 환자의 임상적 문제가 무엇인가?

② 개입, 예후인자, 노출(intervention, prognostic factor, exposure): 환자에게 제공될 중재방법은 무엇인가?

③ 비교 개입(comparison): 비교될 수 있는 기존 중재방법은 무엇인가?

④ 결과(outcomes): 필요한 또는 얻고자 하는 치료 결과는 무엇인가?

위의 네 가지 임상질문으로 구분한 해당 요소의 첫 글자를 따서 PICO 방법(patient, intervention, comparison, outcomes)이라고 한다. 정확한 임상질문을 위하여 우선 환자 정보와 관련한 문헌을 검색하여 PICO 방법으로 정리한다.

P	골다공증이 있는 65세 여성 환자 - 주요 문제, 질병, 동반질환, 성별, 연령
I	비스포스포네이트 계열의 경구용(알렌드로네이트) 약 - 약물처방, 수술, 검사처방, 운동
C	치료에 따라서 없는 경우도 있고, 여기서는 치료하지 않는 것(placebo)으로 해당 - 비교하고 싶은 약제, 검사, 노출되지 않는 것
O	골절의 감소 - 증세 완화, 부작용 감소, 사망위험 감소, 질병위험 감소

PICO 방법으로 위의 증례에 대한 임상질문을 하자면 "60대 여성 환자에서 비스포스포네이트계열의 경구용(알렌드로네이트) 약을 처방하는 것이 골다공증으로 인한 골절의 발생률을 감소시킬 수 있는가"라고 구체적으로 만들 수 있다.

(2) 검색(search)

유용하고 적절한 임상질문을 만든 다음에는 최상의 근거를 찾기 위한 해당 주제 문헌검색, 명확한 문헌검색의 범위, 문헌검색의 전략이 필요하다. 최근에는 최신 문헌검색을 위한 전자 데이터베이스의 출현으로 신속하게 원하는 정보를 얻을 수 있다. 최상의 근거를 찾기 위한 자세한 문헌검색 설명은 다음을 참조하기 바란다.

① 논문 검색

앞에서 언급한 바와 같이 근거중심치료를 실행하기 위해서는 논문 검색이 중요하다. 또한, 좋은 연구주제로 논문을 쓰기 위해서는 무엇보다 많은 논문들을 읽어야 한다. 그럼 논문은 어디서 검색하며, 원하는 주제에 맞게 어떻게 찾아봐야 하는지 잘 알아야 한다.

일반적 논문 검색 방법으로는 과거엔 도서관을 직접 가서 도서를 찾고, 서지정보 열람을 통해 학술논문을 검색하거나 학술지를 직접 구매해야 했다. 하지만 현재는 거의 모든 정보들이 디지털화되어 있기 때문에 손쉽고 빠르게 논문을 찾아볼 수 있다.

논문 정보는 크게 정보 방법의 종류에 따라 1차, 2차, 3차 정보원으로 분류하는데, 1차 정보는 학술지의 논문과 같은 실험 혹은 연구 결과이며, 2차 정보는 1차 정보에 대한 색인, 초록 등을 모아놓은 데이터베이스로서 미국 국립의학도서관(national library of medicine, NLM)에서 제공하는 메드라인(MEDLINE)이 대표적이다. 3차 정보는 여러 전문적인 내용으로 구성되어 서술된 전공 서적 등인데 발행주기에 따라 업데이트가 느리다. 관련 정보를 활용할 때에는 3차 정보원을 가장 먼저 활용하여 의학 관련 기본 지식을 얻도록 하고, 2차, 1차 순으로 가장 최신의 정보에 도달하는 방법을 사용한다. 생물 및 의학 전문학술문헌(biomedical literature)을 찾을 때 가장 많이 사용되는 학술지 색인 데이터베이스인 메드라인은 펍메드 웹사이트(PubMed website, www.pubmed.org)를 통해서 무료로 제공되고 있어서 인터넷 접속만 가능하면 무료 이용이 가능하므로 1, 2차 논문 정보를 접하기 가장 좋은 방법이다. 또한, 다양한 논문을 키워드만으로 인터넷에서 쉽게 논문을 검색하고, 열람할 수 있도록 서비스를 제공하는 국내/외 많은 학술 데이터베이스 웹사이트가 있다(표 1.2).

참고로, 대한민국 교육과학 기술부에서 연구자의 능력을 평가할 때 의학 및 이공학 분야는 "SCI, SCIE, SCOPUS급" 논문을 집계하는데 2020년 1월 3일부터는 SCI와 SCIE의 구분이 없어지고, SCIE로 통합이 되었다. SCI(science citation index)와 SCIE(science citation index extended)는 동일한 평가기준에 따라 선정된 학술지 리스트인데 SCI는 서비스가 웹으로 제공되기 전 출력물과 CD-ROM 버전에서부터 선정되었고, SCIE는 웹 서비스화 이후에 선정되었다는 점이 유일한 차이였다.

현재는 출력물 및 CD-ROM 버전이 유명무실하기 때문에 Web of Science 그룹은 SCI라는 명칭을 더 이상 사용하지 않고, SCIE로 통일하기로 하였다. 향후 진행 상황은 Web of Science 홈페이지와 JCR 공식 사이트에서는 기존에도 SCIE로 통칭하고 있었으므로 차이가 없다. 여러 의학도서관 등은 등재학술지/Impact Factor(학술지 영향력지수, IF) Ranking 서비스를 제공하고 있다.

표 1.2 web 정보 데이터베이스

데이터베이스	URL	특징
MEDLINE/PubMed	https://pubmed.ncbi.nlm.nih.gov/	• Index(2차 논문정보) • 의료 관련 문헌 검색에 적합
Embase	https://www.embase.com/	• 각 대학 도서관 통해 접속 가능(아이디 필요) • 관심 분야 논문 피인용 횟수 확인 가능 • 연구에 있어 PubMed보다 활용 범위가 넓음
Scopus	https://www.scopus.com/	• 세계 최대 초록 및 인용 데이터베이스 • 학술지 · 학회논문 · 특허 등 다양한 문헌 수록 • 저자 · 기관 · 주제별 인용 분석 기능 제공
CINAHL	https://www.ebsco.com/ko-kr/products/research-databases/cinahl-database	• 간호 및 관련 분야 논문 검색 가능 • Index(2차 논문정보), 의학정보
Dynamed	https://www.dynamed.com/	• 근거 중심 임상 의학정보(EBM) 데이터베이스 • 최신 근거 기반 진단 · 치료 지침 제공
Essential Evidence Plus	https://www.essentialevidenceplus.com/	• 의학정보(EBM review)/의약품정보 • 근거 수준에 따른 진료 지침 및 요약 제공
MDconsult	https://www.mdconsult.com	• 의학정보/의약품정보/eBook/eJournal/Index (2차 논문정보) • 임상진료 가이드라인 및 참고서적 제공
UpToDate	https://www.uptodate.com	• 의학정보(EBM review)/의약품정보 • 임상 의사결정 지원용 데이터베이스
KoreaMed	https://koreamed.org/SearchBasic.php	• 국내 의학학술지에 실린 논문의 초록 정보 수록하는 데이터베이스 • 한국 의학 분야 대표적 검색 시스템
DBpia	https://www.dbpia.co.kr/	• 연구자 중심의 한국형 학술정보 포털 • 인문 · 사회 · 자연 · 공학 등 국내 학술지 논문 제공
Riss	http://www.riss.kr/	• 국내 가장 큰 데이터베이스로 인문과학, 사회과학, 공학/기술, 의약학, 예술/체육, 교육학, 경영/경제 등 여러 영역 데이터베이스 존재 • 학위논문, 학술논문, 단행본 등 제공
국회도서관	https://www.nanet.go.kr/	• 각종 목록색인 등의 국가서지데이터베이스 및 국회회의록 전문을 비롯한 원문 데이터베이스 구축 • 국내외 정책 및 법률자료 제공
국립중앙도서관	https://www.nl.go.kr	• 국내 출판물 및 다양한 형태의 자료를 포괄하는 종합적인 데이터베이스 • 학위논문, 고서, 멀티미디어 자료까지 제공

표 1.3 재활분야 Journal Citation Reports 등재저널 목록

Rank	Journal Name	Edition	Journal Impact Factor	JIF Quartile
1	Journal of Physiotherapy	SCIE	9.7	Q1
2	JOURNAL OF ORTHOPAEDIC & SPORTS PHYSICAL THERAPY	SCIE	6.0	Q1
3	Journal of NeuroEngineering and Rehabilitation	SCIE	5.2	Q1
4	IEEE TRANSACTIONS ON NEURAL SYSTEMS AND REHABILITATION ENGINEERING	SCIE	4.8	Q1
5	Annals of Physical and Rehabilitation Medicine	SCIE	3.9	Q1
6	NEUROREHABILITATION AND NEURAL REPAIR	SCIE	3.7	Q1
7	Disability and Health Journal	SCIE,SSCI	3.7	Q1
8	ARCHIVES OF PHYSICAL MEDICINE AND REHABILITATION	SCIE	3.6	Q1
9	Physical Therapy	SCIE	3.5	Q1
10	European Journal of Physical and Rehabilitation Medicine	SCIE	3.3	Q1
11	Brazilian Journal of Physical Therapy	SCIE	3.1	Q1
12	Physiotherapy	SCIE	3.1	Q1
13	Research in Developmental Disabilities	SSCI	2.9	Q1
14	SUPPORTIVE CARE IN CANCER	SCIE	2.8	Q2
15	Journal of Neurologic Physical Therapy	SCIE	2.6	Q1
16	CLINICAL REHABILITATION	SCIE	2.6	Q1
17	Journal of Policy and Practice in Intellectual Disabilities	SSCI	2.5	Q1
18	JOURNAL OF REHABILITATION MEDICINE	SCIE	2.5	Q2
19	ASSISTIVE TECHNOLOGY	SSCI	2.5	Q2
20	JOURNAL OF LEARNING DISABILITIES	SSCI	2.4	Q1
21	JOURNAL OF HEAD TRAUMA REHABILITATION	SCIE,SSCI	2.4	Q1
22	AMERICAN JOURNAL OF SPEECH-LANGUAGE PATHOLOGY	SCIE,SSCI	2.3	Q1
23	EXCEPTIONAL CHILDREN	SSCI	2.2	Q1
24	LANGUAGE SPEECH AND HEARING SERVICES IN SCHOOLS	SSCI	2.2	Q1
25	JOURNAL OF SPEECH LANGUAGE AND HEARING RESEARCH	SCIE,SSCI	2.2	Q1
26	Musculoskeletal Science and Practice	SCIE	2.2	Q1
27	AMERICAN JOURNAL OF PHYSICAL MEDICINE & REHABILITATION	SCIE	2.2	Q1
28	Research in Autism Spectrum Disorders	SSCI	2.2	Q1
29	Physical Therapy in Sport	SCIE	2.2	Q1
30	Topics in Stroke Rehabilitation	SCIE	2.2	Q1

표 1.3 재활분야 Journal Citation Reports 등재저널 목록(계속)

Rank	Journal Name	Edition	Journal Impact Factor	JIF Quartile
31	Games for Health Journal	SSCI	2.2	Q1
32	PM&R	SCIE	2.2	Q1
33	ANNALS OF DYSLEXIA	SSCI	2.1	Q1
34	JOURNAL OF INTELLECTUAL DISABILITY RESEARCH	SSCI	2.1	Q1
35	JOURNAL OF FLUENCY DISORDERS	SCIE,SSCI	2.1	Q1
36	Augmentative and Alternative Communication	SSCI	2.1	Q1
37	BMC Sports Science Medicine and Rehabilitation	SCIE	2.1	Q1
38	Journal of Hand Therapy	SCIE	2.1	Q1
39	JOURNAL OF OCCUPATIONAL REHABILITATION	SSCI	2.1	Q1
40	AMERICAN JOURNAL OF OCCUPATIONAL THERAPY	SSCI	2.1	Q1
41	DISABILITY AND REHABILITATION	SCIE,SSCI	2.1	Q1
42	JOURNAL OF APPLIED RESEARCH IN INTELLECTUAL DISABILITIES	SSCI	2.1	Q1
43	SPINAL CORD	SCIE	2.1	Q1
44	RESEARCH AND PRACTICE FOR PERSONS WITH SEVERE DISABILITIES	SSCI	2.0	Q2
45	JOURNAL OF ELECTROMYOGRAPHY AND KINESIOLOGY	SCIE	2.0	Q2
46	Chiropractic & Manual Therapies	SCIE	2.0	Q2
47	AJIDD-American Journal on Intellectual and Developmental Disabilities	SSCI	1.9	Q2
48	Learning Disabilities Research & Practice	SSCI	1.9	Q2
49	DYSLEXIA	SSCI	1.9	Q2
50	JOURNAL OF INTELLECTUAL & DEVELOPMENTAL DISABILITY	SSCI	1.9	Q2
51	DISABILITY & SOCIETY	SSCI	1.9	Q2
52	REHABILITATION PSYCHOLOGY	SSCI	1.9	Q2
53	Disability and Rehabilitation-Assistive Technology	SSCI	1.9	Q2
54	REHABILITATION COUNSELING BULLETIN	SSCI	1.9	Q2
55	Scandinavian Journal of Occupational Therapy	SCIE,SSCI	1.9	Q2
56	TOPICS IN LANGUAGE DISORDERS	SSCI	1.8	Q2
57	JOURNAL OF COMMUNICATION DISORDERS	SCIE,SSCI	1.8	Q2
58	PSYCHIATRIC REHABILITATION JOURNAL	SSCI	1.8	Q2
59	EUROPEAN JOURNAL OF CANCER CARE	SCIE,SSCI	1.8	Q2
60	JOURNAL OF MUSIC THERAPY	SSCI	1.7	Q2

표 1.3 재활분야 Journal Citation Reports 등재저널 목록(계속)

Rank	Journal Name	Edition	Journal Impact Factor	JIF Quartile
61	Intellectual and Developmental Disabilities	SSCI	1.7	Q2
62	Journal of Deaf Studies and Deaf Education	SSCI	1.7	Q2
63	ADAPTED PHYSICAL ACTIVITY QUARTERLY	SSCI	1.7	Q2
64	Education and Treatment of Children	SSCI	1.7	Q2
65	NEUROREHABILITATION	SCIE,SSCI	1.7	Q2
66	Career Development and Transition for Exceptional Individuals	SSCI	1.6	Q2
67	LEARNING DISABILITY QUARTERLY	SSCI	1.6	Q2
68	Journal of Mental Health Research in Intellectual Disabilities	SSCI	1.6	Q2
69	Canadian Journal of Occupational Therapy-Revue Canadienne d Ergotherapie	SCIE,SSCI	1.6	Q2
70	Australian Occupational Therapy Journal	SCIE	1.6	Q2
71	PHYSIOTHERAPY THEORY AND PRACTICE	SCIE	1.6	Q2
72	Nordic Journal of Music Therapy	SSCI	1.6	Q2
73	Geriatric Orthopaedic Surgery & Rehabilitation	SCIE	1.6	Q2
74	International Journal of Developmental Disabilities	SSCI	1.5	Q3
75	Journal of Intellectual Disabilities	SSCI	1.5	Q3
76	JOURNAL OF EARLY INTERVENTION	SSCI	1.5	Q3
77	INTERNATIONAL JOURNAL OF LANGUAGE & COMMUNICATION DISORDERS	SCIE,SSCI	1.5	Q3
78	INTERNATIONAL JOURNAL OF REHABILITATION RESEARCH	SCIE,SSCI	1.5	Q3
79	JOURNAL OF DEVELOPMENTAL AND PHYSICAL DISABILITIES	SSCI	1.5	Q3
80	PHYSICAL & OCCUPATIONAL THERAPY IN PEDIATRICS	SCIE,SSCI	1.5	Q3
81	APHASIOLOGY	SCIE,SSCI	1.5	Q3
82	ARTS IN PSYCHOTHERAPY	SSCI	1.5	Q3
83	Journal of Geriatric Physical Therapy	SCIE	1.5	Q3
84	OTJR-Occupational Therapy Journal of Research	SSCI	1.5	Q3
85	BRAIN INJURY	SCIE,SSCI	1.5	Q3
86	International Journal of Speech-Language Pathology	SCIE,SSCI	1.4	Q3
87	JOURNAL OF BACK AND MUSCULOSKELETAL REHABILITATION	SCIE	1.4	Q3
88	REHABILITATION	SCIE	1.4	Q3
89	Journal of Sport Rehabilitation	SCIE	1.3	Q3
90	Occupational Therapy International	SCIE,SSCI	1.3	Q3

표 1.3 재활분야 Journal Citation Reports 등재저널 목록(계속)

Rank	Journal Name	Edition	Journal Impact Factor	JIF Quartile
91	Pediatric Physical Therapy	SCIE	1.3	Q3
92	British Journal of Occupational Therapy	SCIE,SSCI	1.3	Q3
93	Focus on Autism and Other Developmental Disabilities	SSCI	1.2	Q3
94	Journal of Special Education Technology	SSCI	1.2	Q3
95	JOURNAL OF MANIPULATIVE AND PHYSIOLOGICAL THERAPEUTICS	SCIE	1.2	Q3
96	Infants & Young Children	SSCI	1.1	Q3
97	Physical Medicine and Rehabilitation Clinics of North America	SCIE	1.1	Q3
98	SEXUALITY AND DISABILITY	SSCI	1.1	Q3
99	FOLIA PHONIATRICA ET LOGOPAEDICA	SCIE,SSCI	1.1	Q3
100	Journal of Disability Policy Studies	SSCI	1.1	Q3
101	International Journal of Disability Development and Education	SSCI	1.1	Q3
102	Rehabilitation Nursing	SCIE,SSCI	1.1	Q3
103	Turkish Journal of Physical Medicine and Rehabilitation	SCIE	1.1	Q3
104	Developmental Neurorehabilitation	SCIE	1.1	Q3
105	International Journal of Osteopathic Medicine	SCIE	1.1	Q3
106	Brain Impairment	SCIE	1.1	Q3
107	AMERICAN ANNALS OF THE DEAF	SSCI	1.0	Q4
108	SEMINARS IN SPEECH AND LANGUAGE	SCIE	1.0	Q4
109	JOURNAL OF VISUAL IMPAIRMENT & BLINDNESS	SSCI	1.0	Q4
110	Physiotherapy Canada	SCIE	0.9	Q4
111	Kinesiology	SCIE,SSCI	0.9	Q4
112	CLINICAL LINGUISTICS & PHONETICS	SCIE,SSCI	0.8	Q4
113	PROSTHETICS AND ORTHOTICS INTERNATIONAL	SCIE	0.8	Q4
114	Hong Kong Journal of Occupational Therapy	SCIE	0.8	Q4
115	Education and Training in Autism and Developmental Disabilities	SSCI	0.7	Q4
116	Communication Disorders Quarterly	SSCI	0.7	Q4
117	PHYSIKALISCHE MEDIZIN REHABILITATIONSMEDIZIN KURORTMEDIZIN	SCIE	0.5	Q4
118	TOPICS IN GERIATRIC REHABILITATION	SSCI	0.5	Q4

② 실전 검색

다양한 논문을 손쉽게 검색하고 접할 수 있는 국내/외 많은 학술 데이터베이스 중 한국교육학술정보원(RISS, http://www.riss.kr/), 구글 학술검색(Google scholar, http://scholar.google.co.kr), PubMed (http://pubmed.gov/) 검색 방법에 대해 설명한다.

한국교육학술정보원(RISS, http://www.riss.kr/)

대부분 학교 도서관 홈페이지에 로그인을 한 후 데이터베이스에서 RISS 사이트로 들어가면 대부분의 논문을 무료로 볼 수 있다. 만약 학교 소속이 아니라면 무료로 논문을 보기가 어렵다. 여기서는 국내 석/박사 학위 논문은 물론 국내에서 발행되는 모든 논문들이 제공된다.

① 검색창에 학술연구정보서비스 또는 http://www.riss.kr/를 통해 홈페이지에 들어가서 상세 검색하는 부분에 원하는 내용의 논문 검색을 체크할 수 있다.

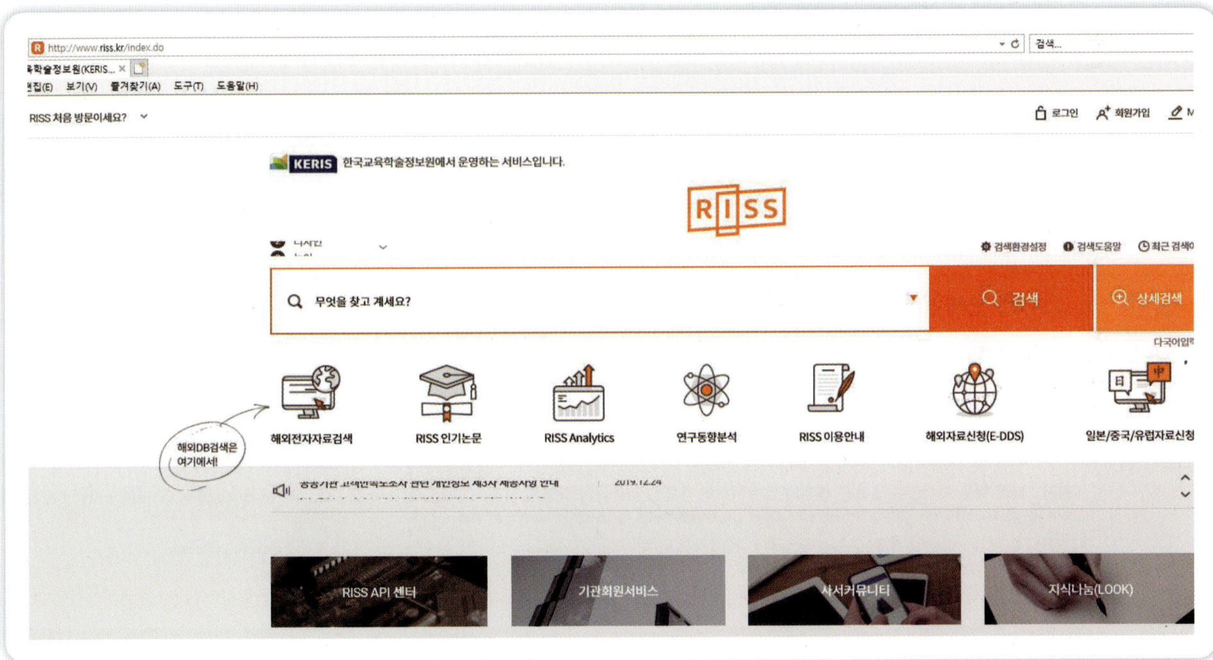

② 검색창에 키워드를 검색하면 학위논문, 국내학술지검색, 단행본 순으로 검색 가능하며, F는 무료, M은 기관내 무료, W라고 표시된 것은 유료로 볼 수 있는 논문이다.

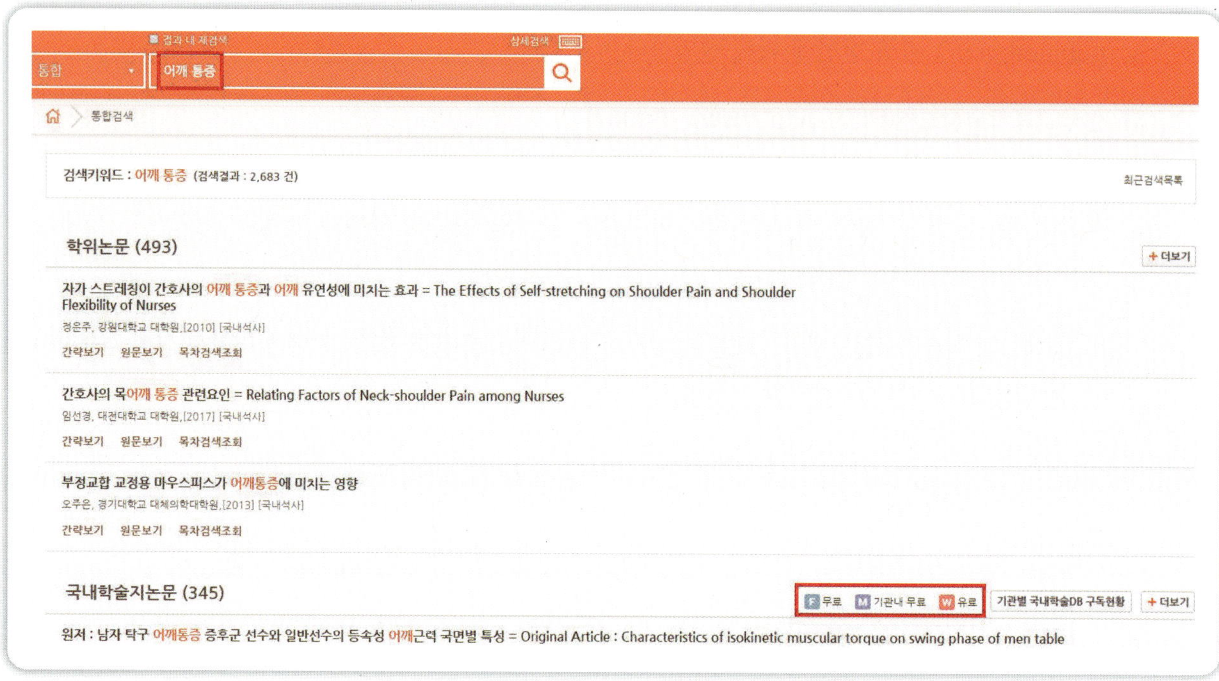

③ 원하는 주제를 찾아서 원문보기를 통해서 논문을 볼 수 있다.

구글 학술검색(Google scholar, http://scholar.google.co.kr)

구글 학술검색은 무료로 논문을 볼 수 있는 가장 좋은 방법이지만 굉장히 제한적이다.

하지만 하나의 주제에 대해 광범위한 논문 자료를 찾기에는 좋은 학술 데이터베이스 사이트이다. 또한 한 주제에 대해 인용이 많이 된 논문을 찾을 때 유용하다.

① 검색창에 원하는 키워드를 입력한다. 검색된 결과 왼쪽에 보면 기간 설정을 할 수 있다. 원하는 기간의 자료를 검색해 볼 수 있다. 검색창 오른쪽을 보면 현재 무료로 원문 이용이 가능한 자료가 표시된다. 더 많은 무료 원문 열람을 위해서는 학교 도서관과 연결하여 이용할 수 있다.

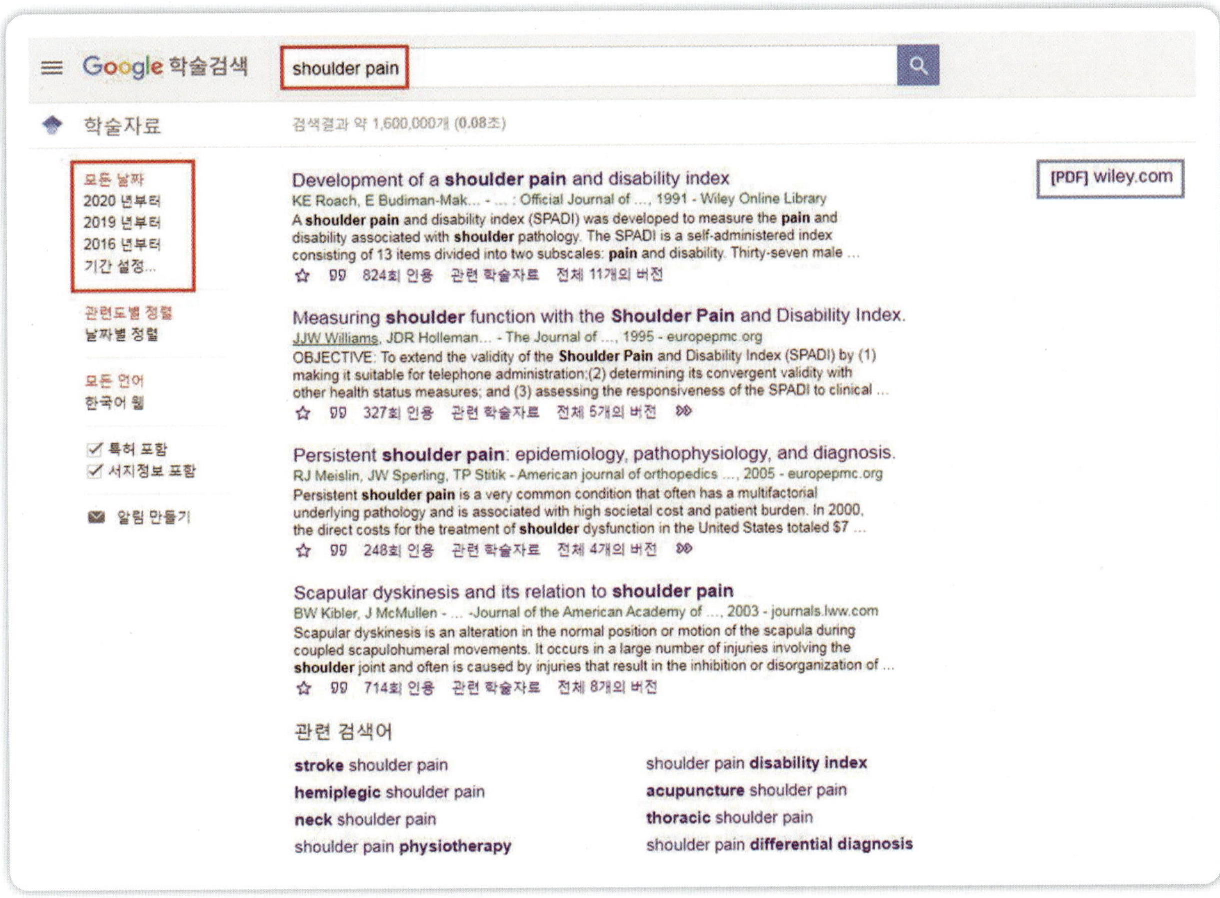

② 먼저 구글 스칼라의 화면 좌측 메뉴에서 설정을 눌러준다.

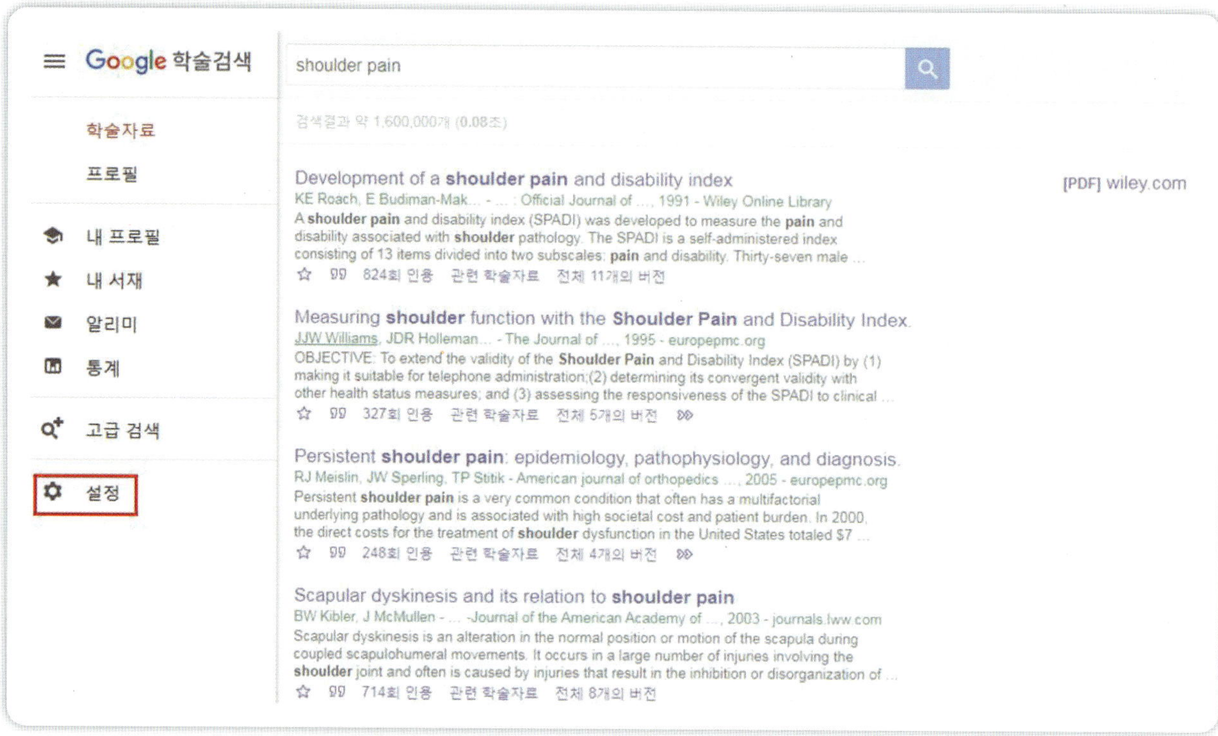

③ 그 다음 라이브러리 링크를 누르고, 검색창에 해당 학교명을 입력한다.

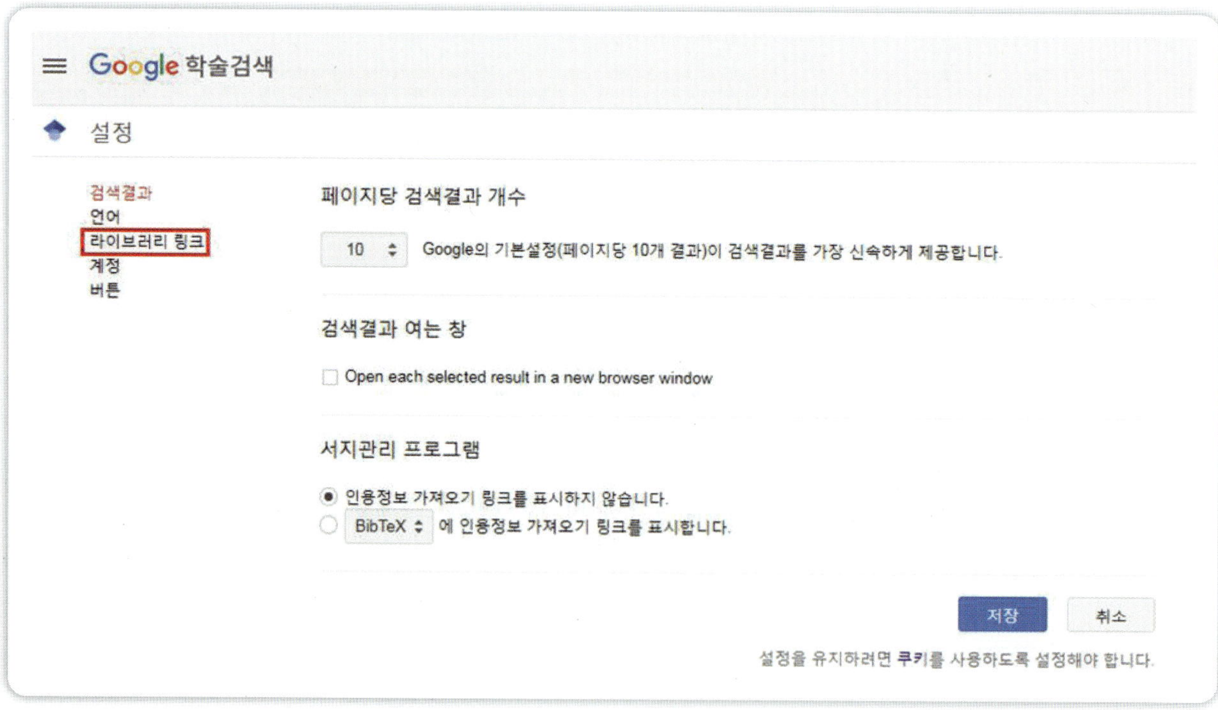

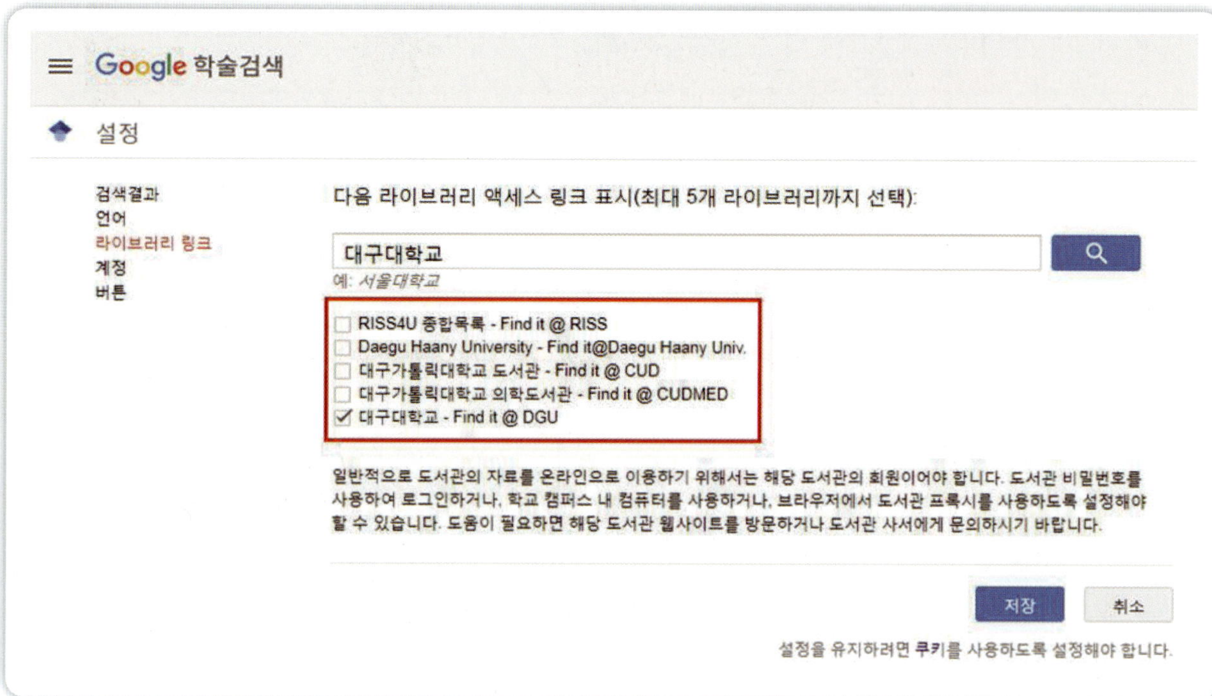

④ 검색을 누르면 다음과 같은 여러 항목이 나오고 원하는 항목을 체크한 후 저장을 누른다. 저장을 누르고 나면 우측에 다음과 같이 표시된다. 여기서 주의할 점은 학교 도서관을 통한 원문 이용 시에 "Find it @~ "를 눌러 줘야 한다. 클릭하면 Full text finder의 결과가 나타나고 원문 확인 항목이 나타난다. 클릭하여 해당 도서관 홈페이지에 들어가서 로그인하면 무료로 원문 이용이 가능하다.

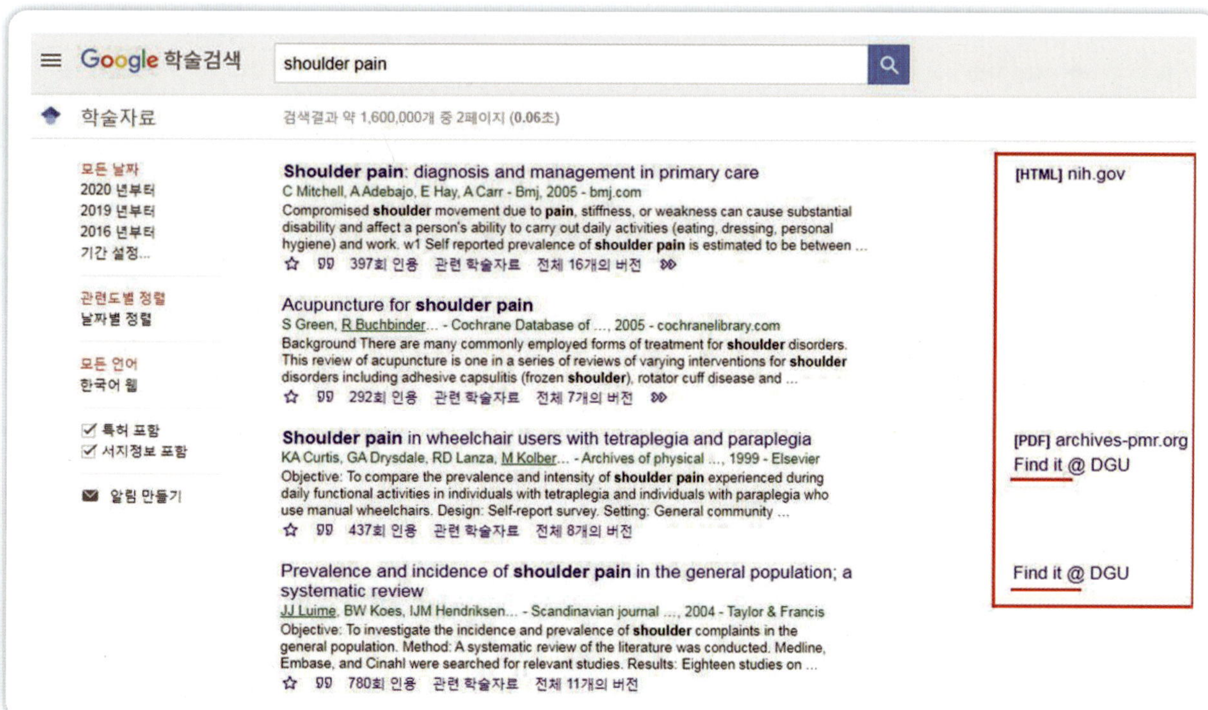

⑤ 검색된 결과 아래에 보면 " 모양이 있는데, 이를 누르면 인용된 자료를 바로 확인할 수 있다.

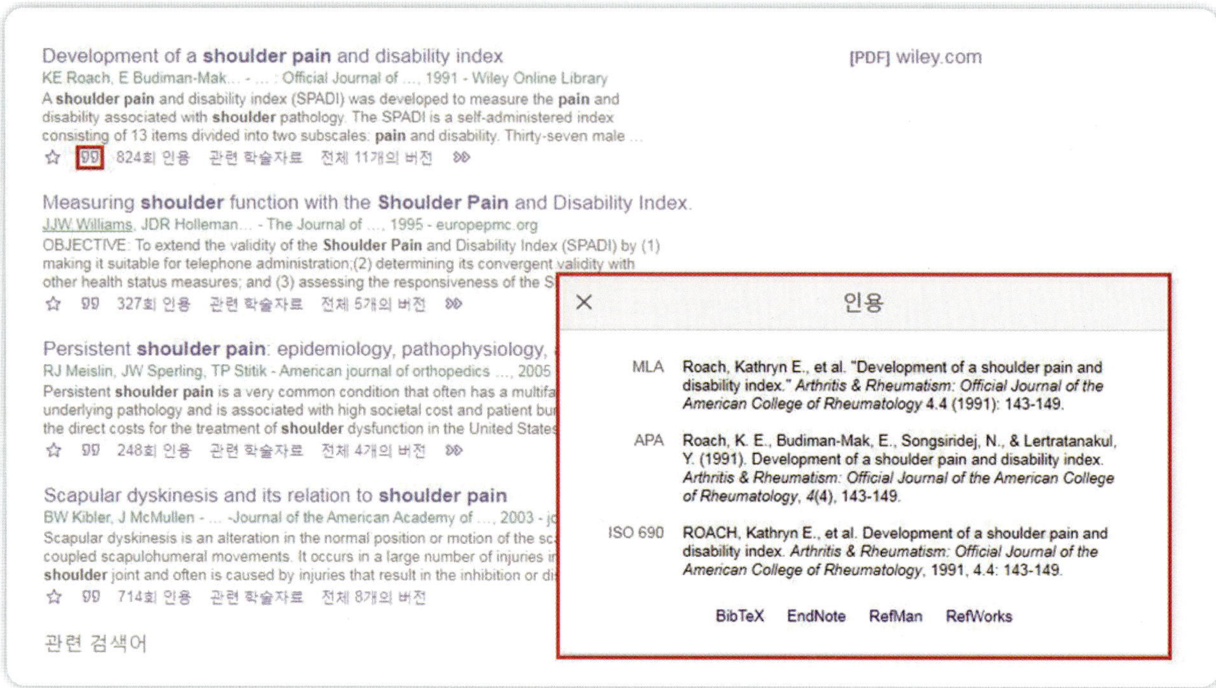

⑥ 검색된 결과창의 아래에 ☆ 모양은 즐겨찾기처럼 내 서재에 보관하는 기능이다.

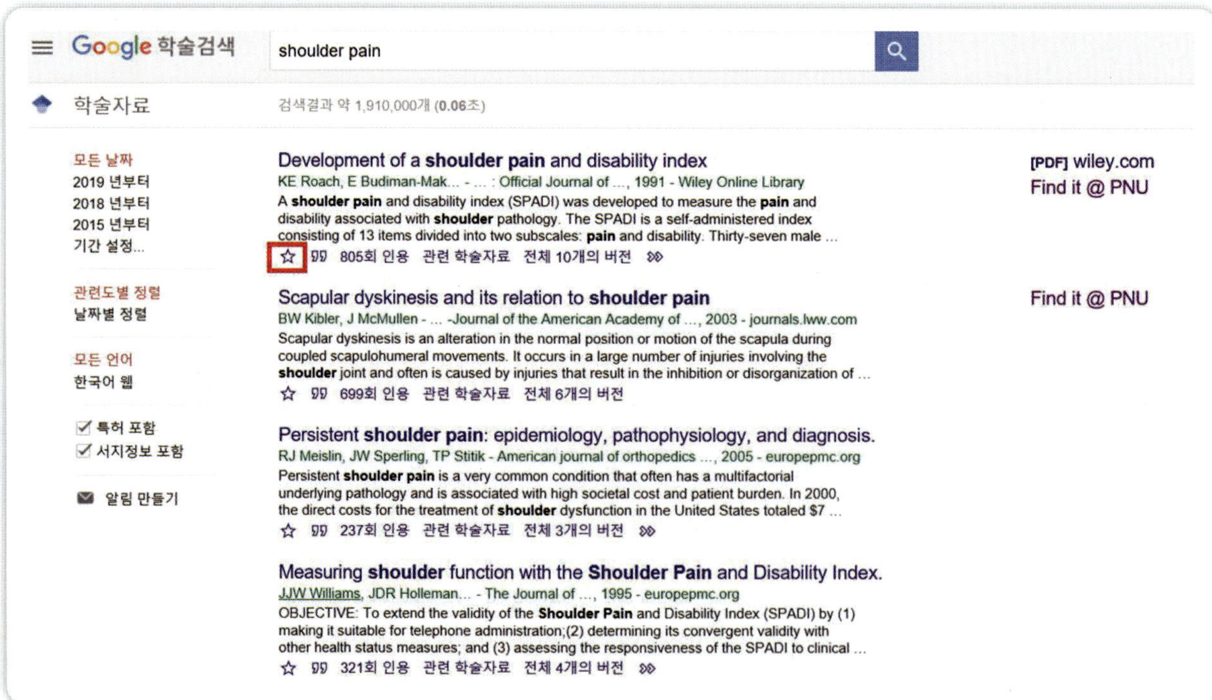

⑦ 내 서재 기능은 먼저 구글 로그인을 하고 서재에 넣을 자료들을 ★ 체크한다. 그리고 우측 상단의 내 서재를 누르면 방금 체크한 항목들이 보인다.

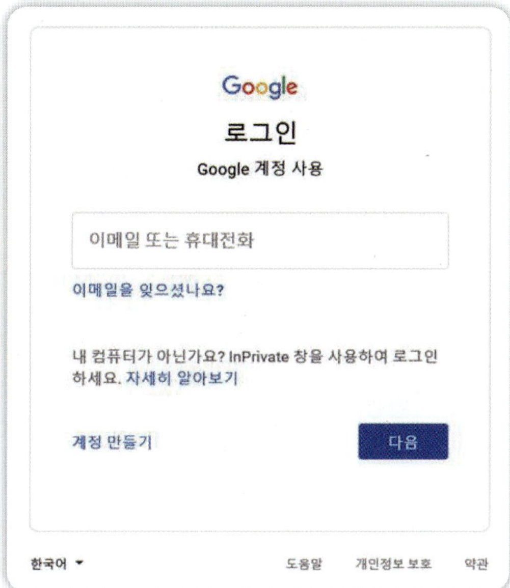

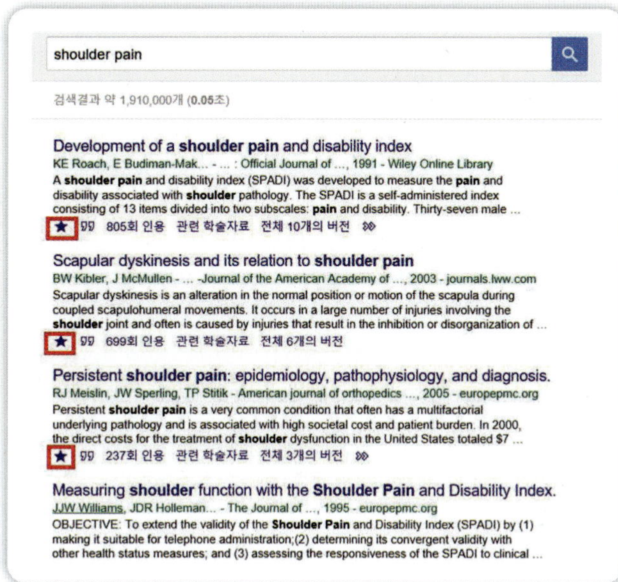

⑧ 만일 즐겨찾기 목록이 많아지면 자료 분류의 어려움이 있기 때문에 왼쪽 상단의 라벨 관리를 눌러서 카테고리를 만들 수 있다.

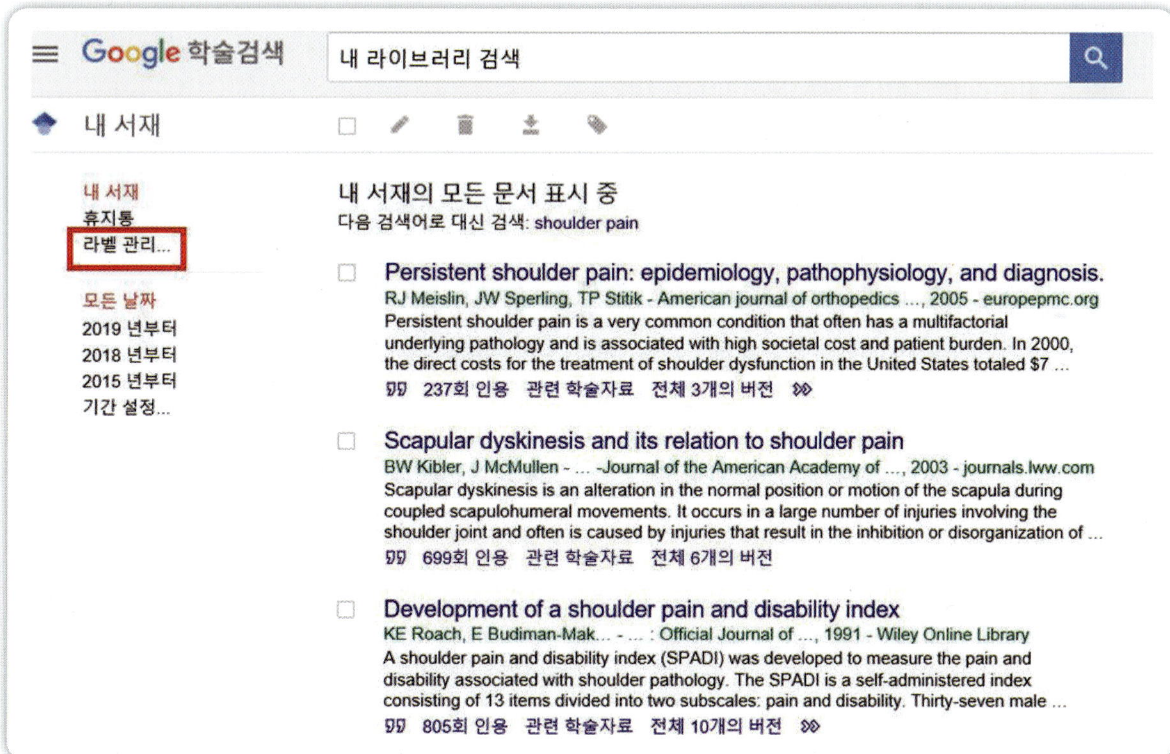

⑨ 새 라벨 작성을 누른 후, 새 라벨에서 만들고 싶은 카테고리 명을 입력한다.

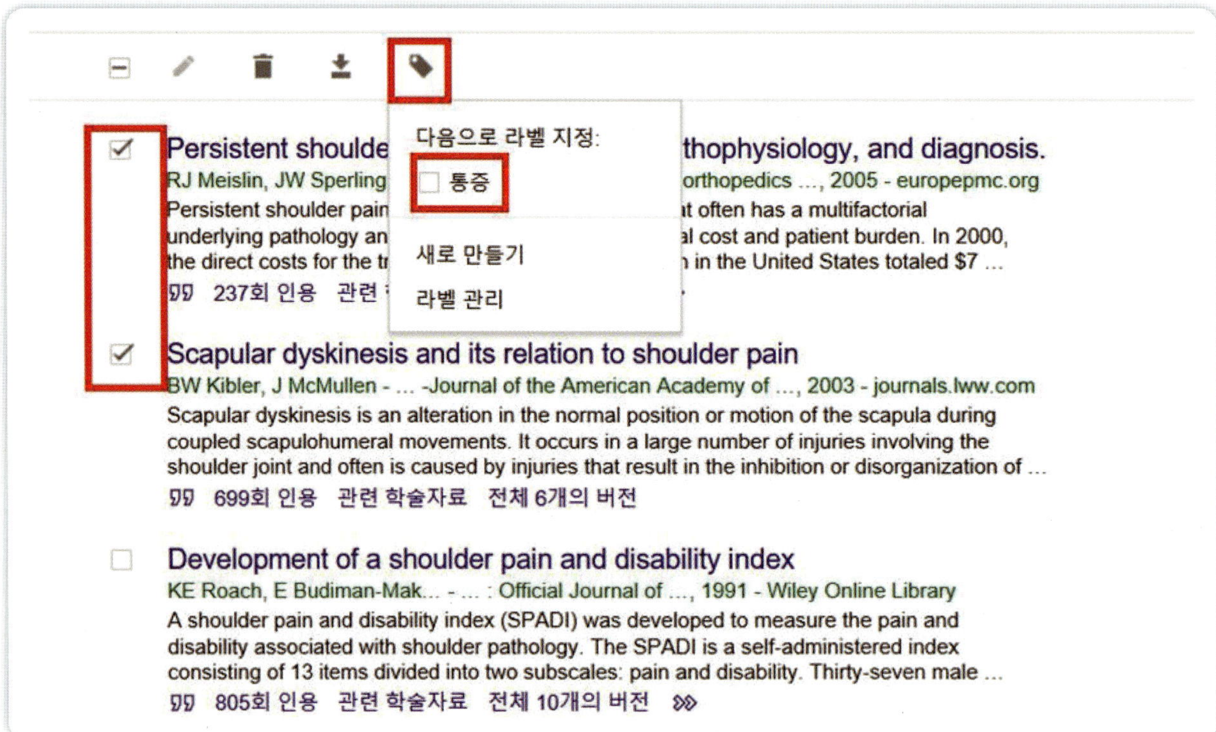

⑩ 그 다음 자료를 선택한 후 상단의 검색창 아래에 책갈피를 누르면 새로 만든 라벨이 뜨고 적용을 눌러 준다. 왼쪽 라벨을 누르면 방금 옮긴 자료들을 볼 수 있고 자료가 많을 때 카테고리를 만들어서 분류하면 정리하기 쉽다.

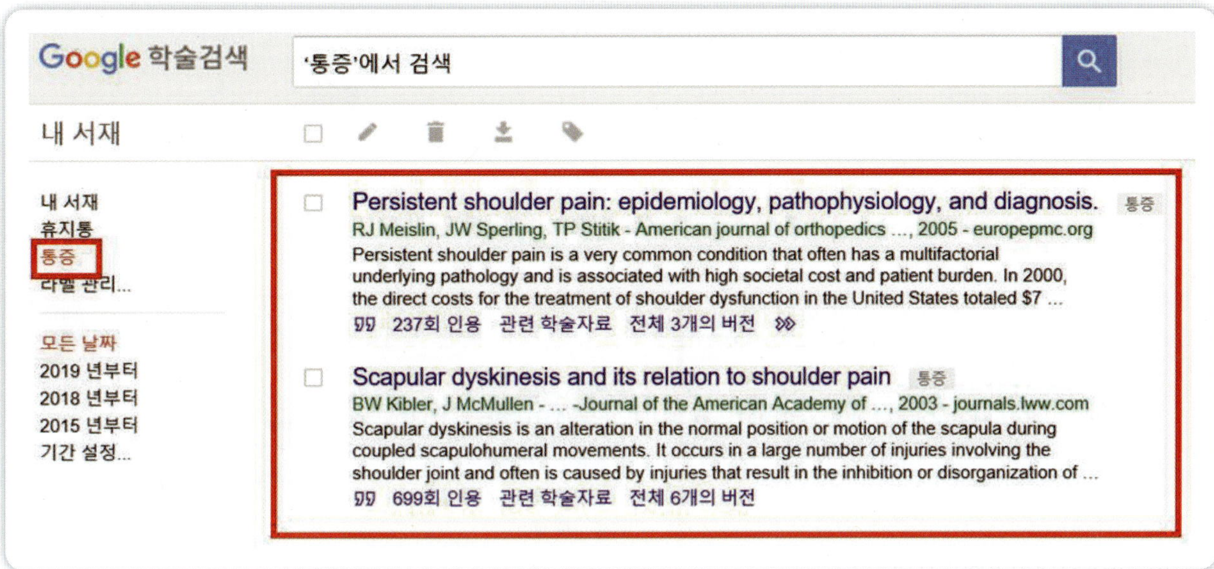

⑪ 그리고 원하는 자료가 나오지 않거나 조금 더 정확하게 자료를 찾고 싶다면 다음과 같은 방법이 있다. 구글 스칼라 메인창의 왼쪽 상단의 메뉴를 누른 후 고급 검색을 누른다.

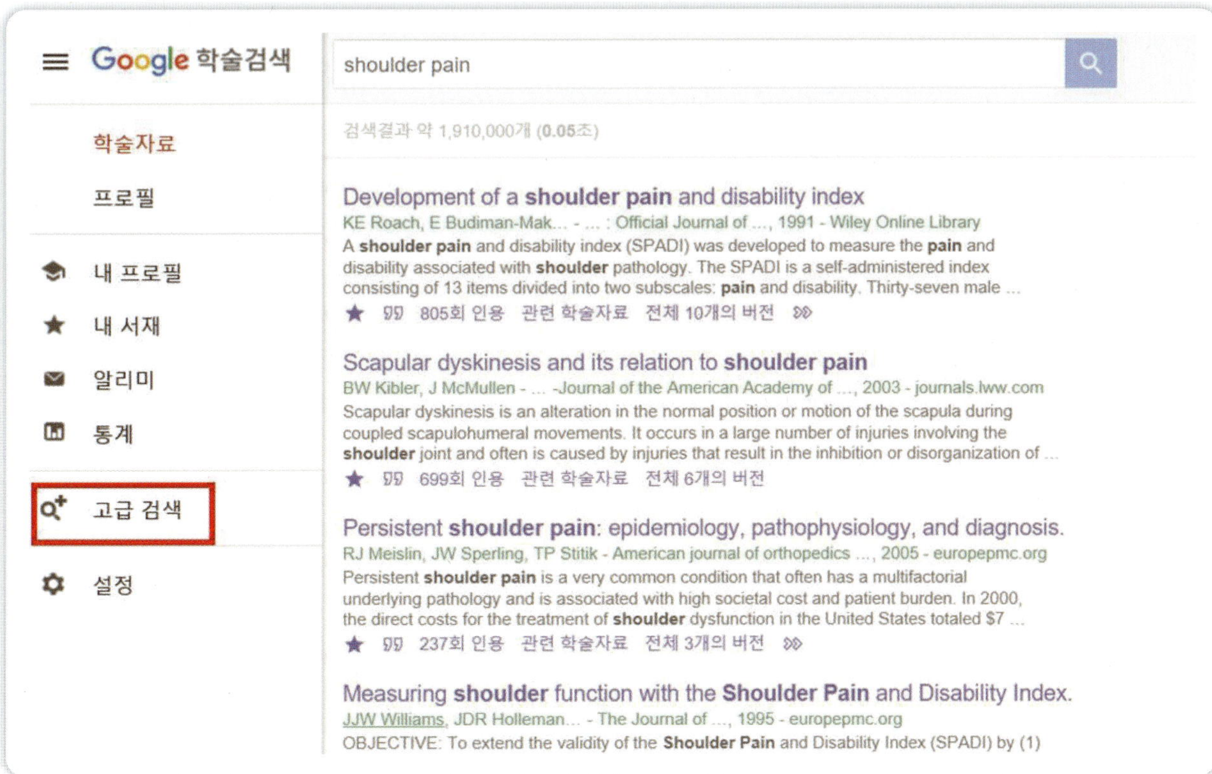

⑫ 여러 가지 키워드를 포함하거나, 문구를 정확하게 포함하거나, 특정 키워드를 적어도 하나 포함하거나, 키워드를 제외시키는 등 상세한 자료 검색을 할 수 있으며, 검색어 위치 설정 및 저자, 매체와 기간을 설정할 수 있는 고급 옵션이 있다.

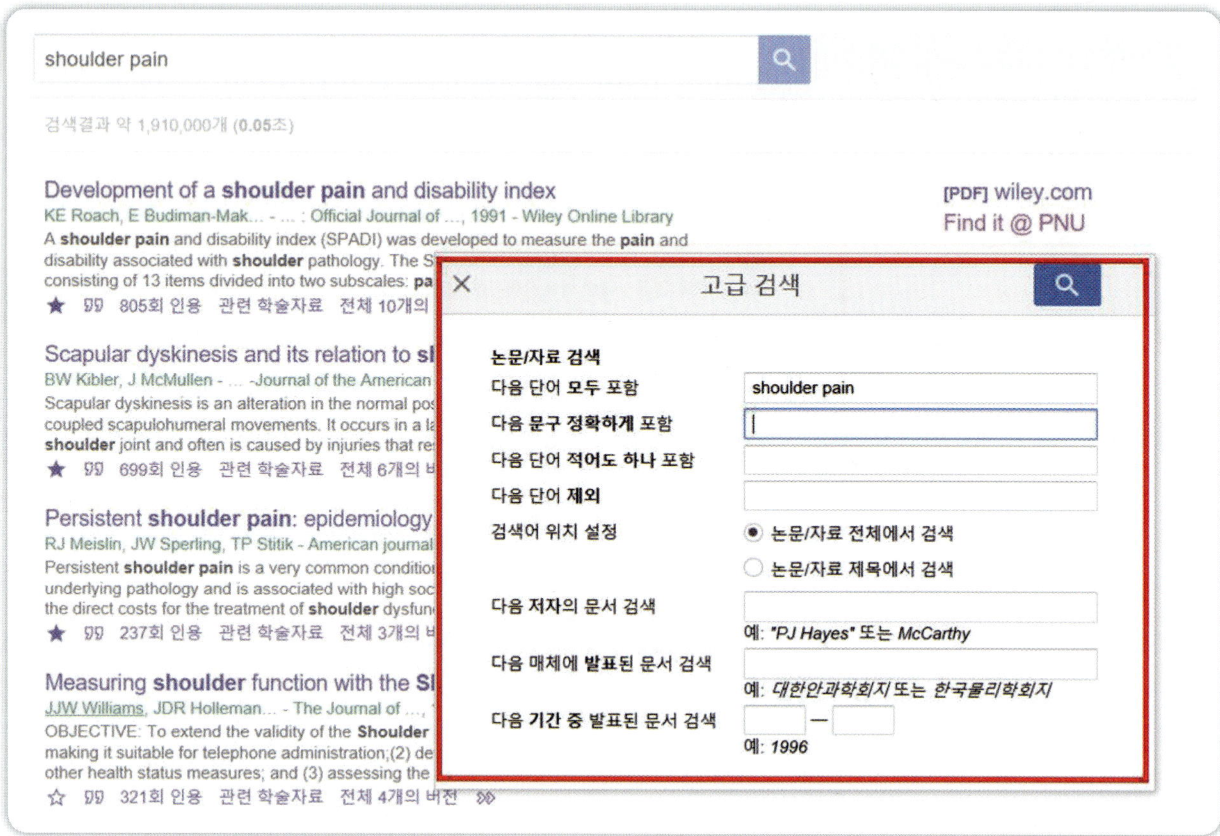

⑬ 메인창 왼쪽 상단의 메뉴에서 알리미는 관심 있는 키워드나 검색어를 바탕으로 새로운 연구물이 등록되면 이메일로 알려주는 기능이다.

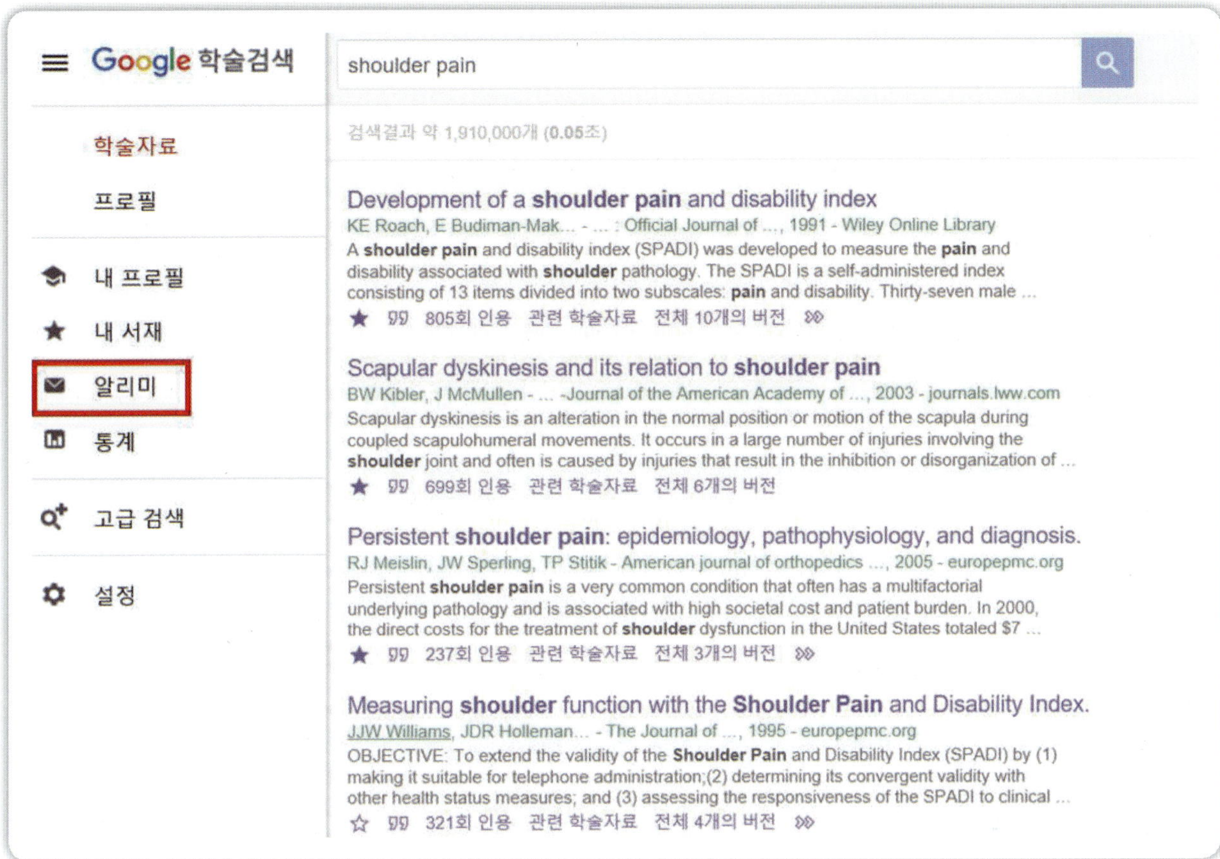

⑭ 알리미를 누르고 들어가서 검색어와 이메일을 입력한 후 알림 만들기를 클릭하면 된다.

⑮ 메인창의 메뉴에서 통계를 누르면 주제별로 h5 색인 값이 높은 상위 저널을 확인할 수 있다. 인기 저작물도 볼 수 있고 h5 색인 값을 클릭하면 해당 저널에서 피인용이 많이 된 학술논문을 확인할 수 있다.

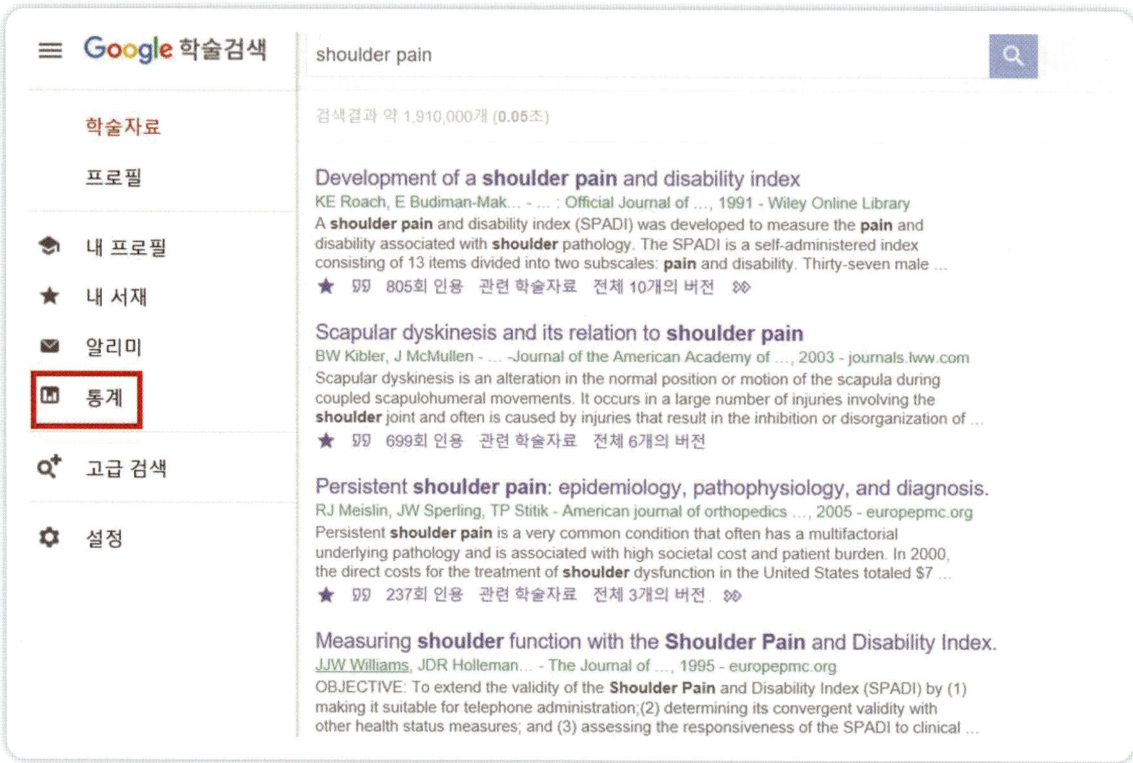

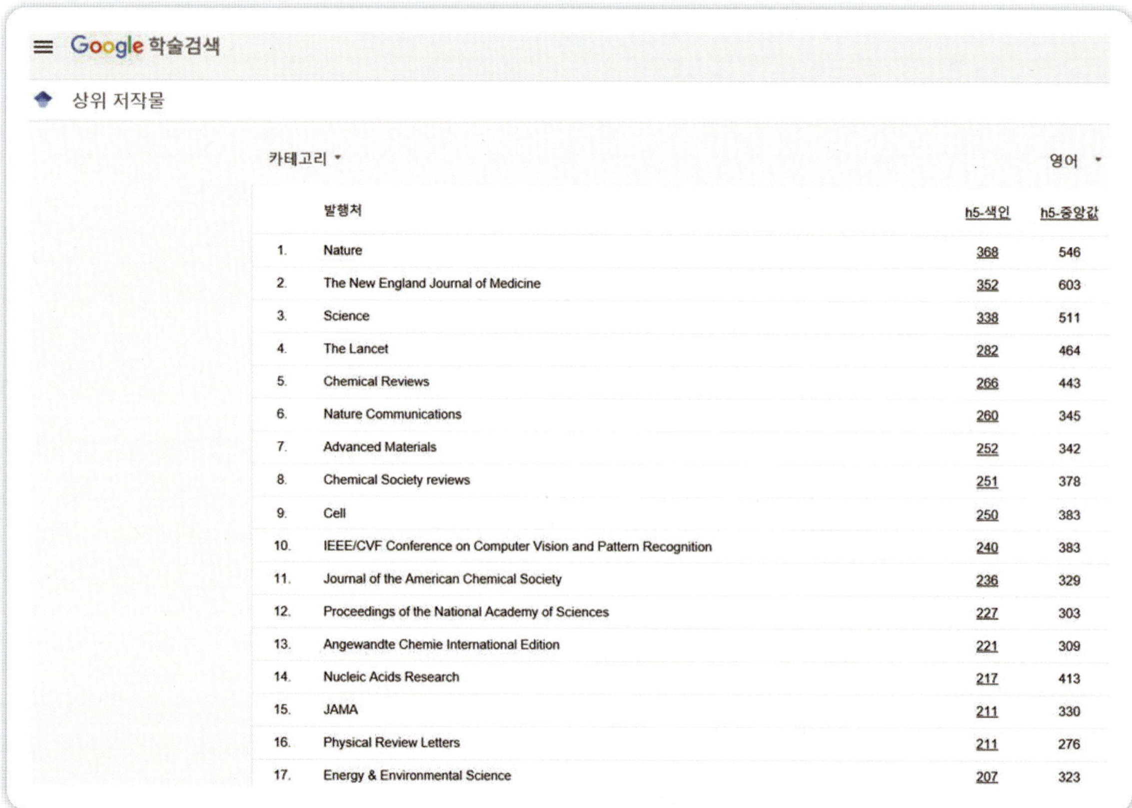

	발행처	h5-색인	h5-중앙값
1.	Nature	368	546
2.	The New England Journal of Medicine	352	603
3.	Science	338	511
4.	The Lancet	282	464
5.	Chemical Reviews	266	443
6.	Nature Communications	260	345
7.	Advanced Materials	252	342
8.	Chemical Society reviews	251	378
9.	Cell	250	383
10.	IEEE/CVF Conference on Computer Vision and Pattern Recognition	240	383
11.	Journal of the American Chemical Society	236	329
12.	Proceedings of the National Academy of Sciences	227	303
13.	Angewandte Chemie International Edition	221	309
14.	Nucleic Acids Research	217	413
15.	JAMA	211	330
16.	Physical Review Letters	211	276
17.	Energy & Environmental Science	207	323

⑯ 마지막으로 메인 창의 왼쪽 상단의 설정에 들어가면 언어, 검색결과 설정 등이 가능하다.

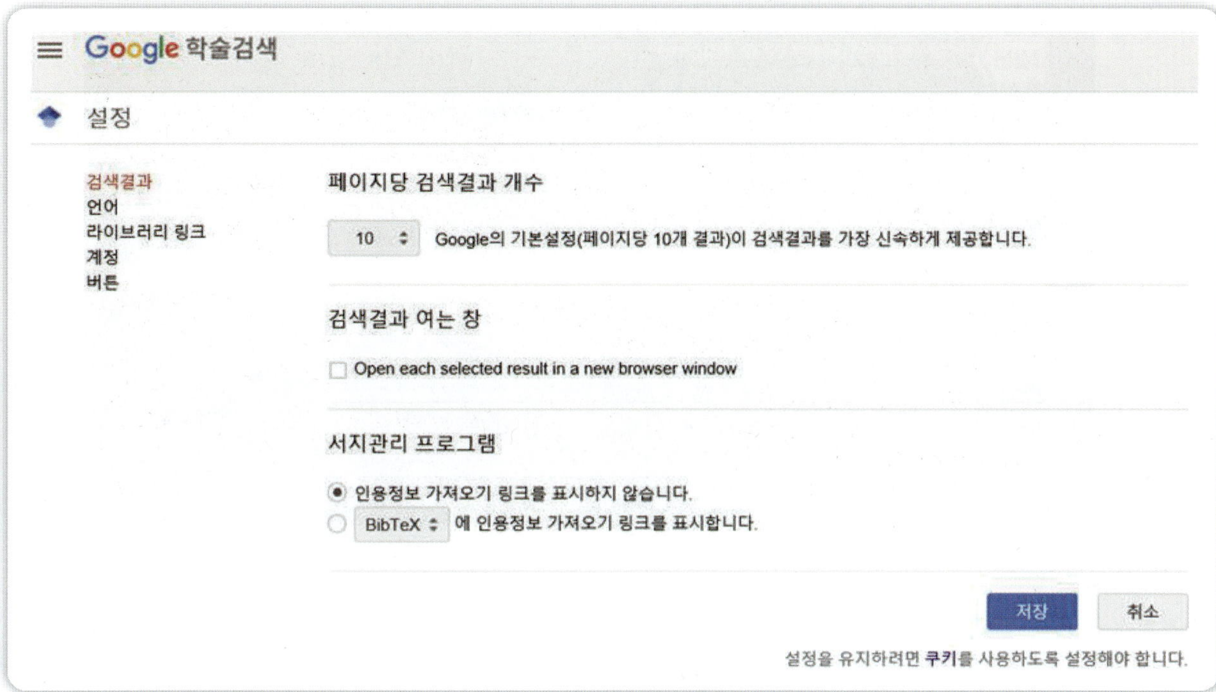

PubMed 검색(http://pubmed.gov/)

미국 국립의학도서관 NLM (National Library of Medicine) 산하 NCBI에서 무료로 제공하고 있는 데이터베이스로 Biomedical 관련 즉, 의학 · 간호학 · 치의학 · 수의학 등 최신 의학 서지정보를 검색할 수 있는 의학 분야 최고의 데이터베이스이다.

5,600여 종 이상의 Biomedical journal을 포함하고 있으며, 1948~1965년까지 16,000여 건의 citation을 포함하고 있는 Old Medline과 1948년 이후 2,700만여 건 이상의 citation을 포함하고 있으며, Medline을 모두 제공하고 있다.

검색 방법도 다양하며, 검색식이나 검색한 논문들을 저장할 수 있고, 업데이트되는 검색 결과를 이메일을 통해 자동으로 받아 볼 수 있는 기능, 검색 결과를 자동으로 filter 해서 볼 수 있는 기능도 있다.

기본검색

검색적용	• 특정 주제에 대한 포괄적인 문헌검색 수행 • 3~4개 concept에 대한 키워드 검색 • 검색 명령어(태그 등)를 사용, '자동키워드변환(ATM)' OFF 가능 • 특정 citation 검색할 때

① Pubmed의 첫 화면이며, 검색창에 검색어를 입력하면 된다.

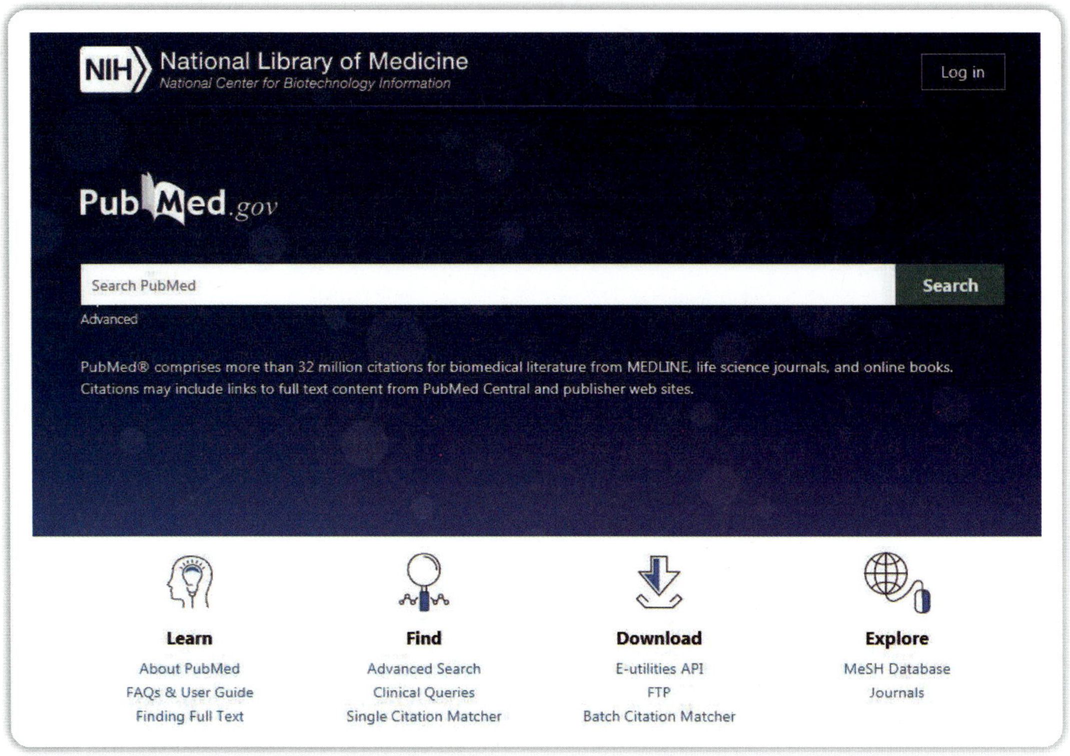

② 검색 키워드(3~4개)를 입력한다.

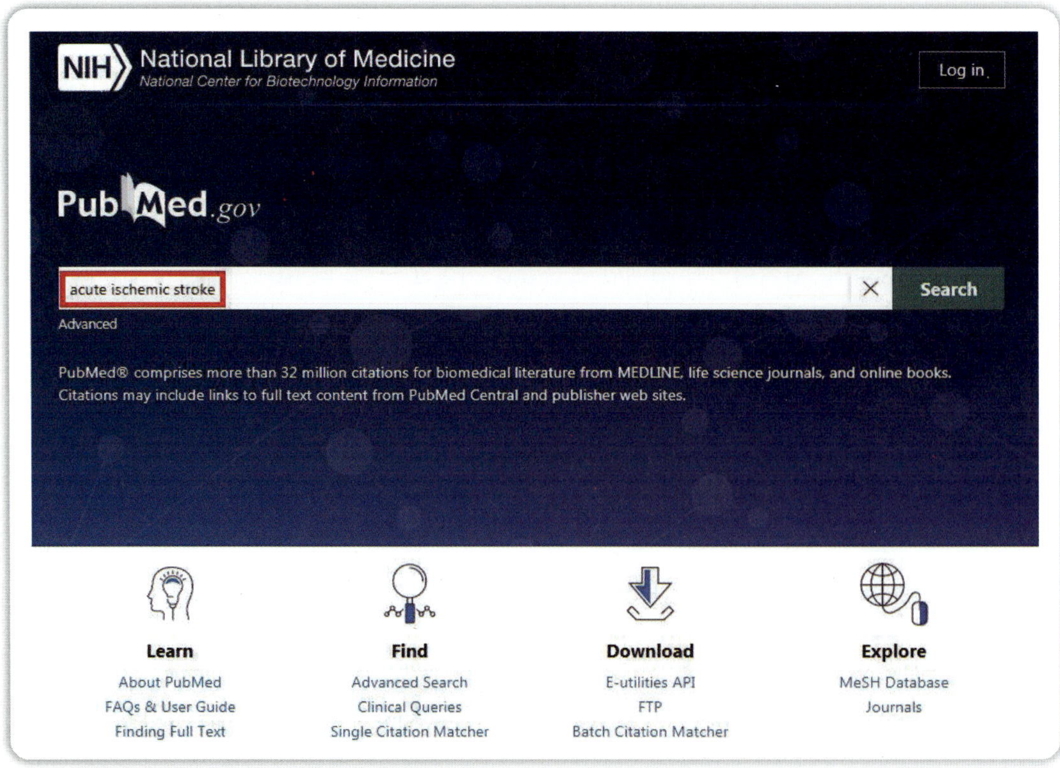

③ 검색 키워드와 관련된 논문들을 찾아볼 수 있다.

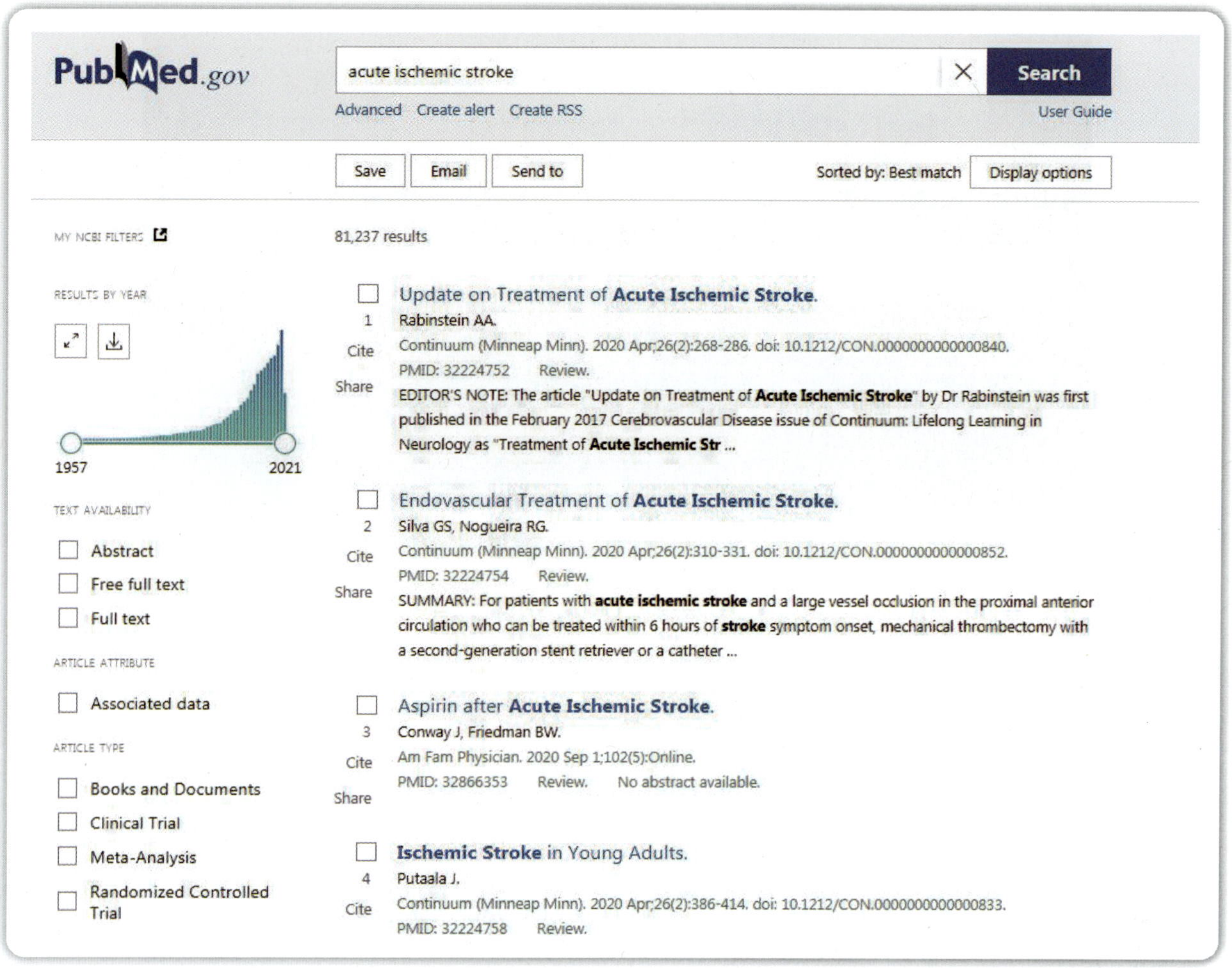

Advanced 검색

TIP

키워드 검색(AND, OR, NOT 등의 연산자를 사용할 때)

- AND
  - Knee AND Ankle: Knee와 Ankle이 모두 포함된 논문 검색
- OR
  - Knee OR Ankle: Knee나 Ankle 둘 중 하나만 포함되어 있으면 검색
- NOT
  - Knee NOT Ankle: Knee 검색 결과에서 Ankle이 포함된 논문은 제외

① Advanced 검색 적용

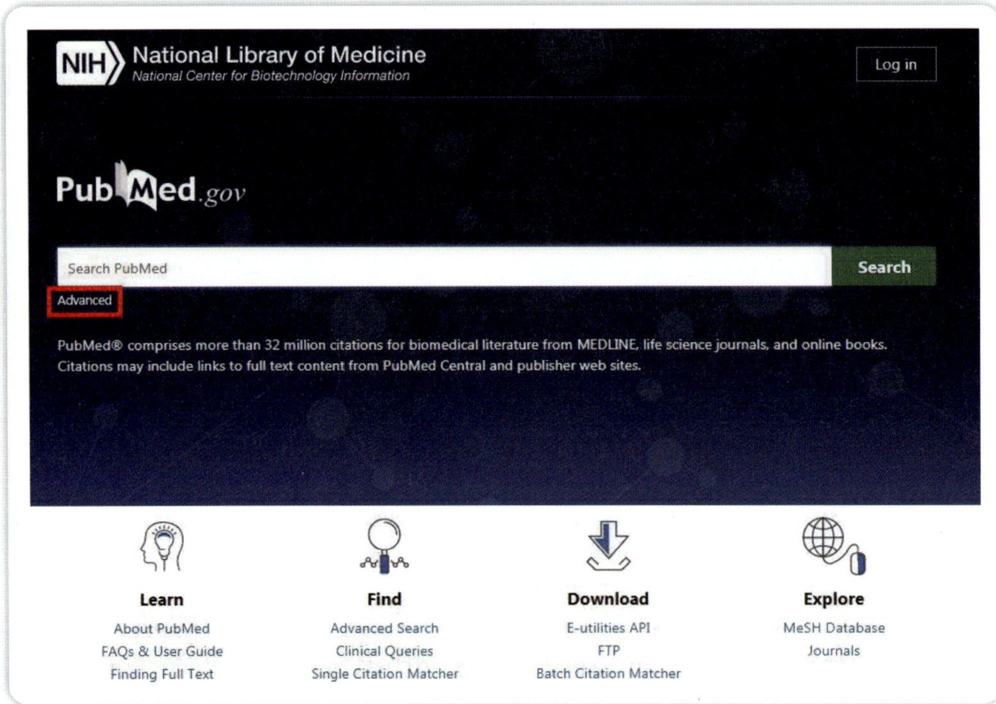

② 다음과 같이 AND, OR, NOT을 원하는 검색 방법으로 적용하여 사용할 수 있다.

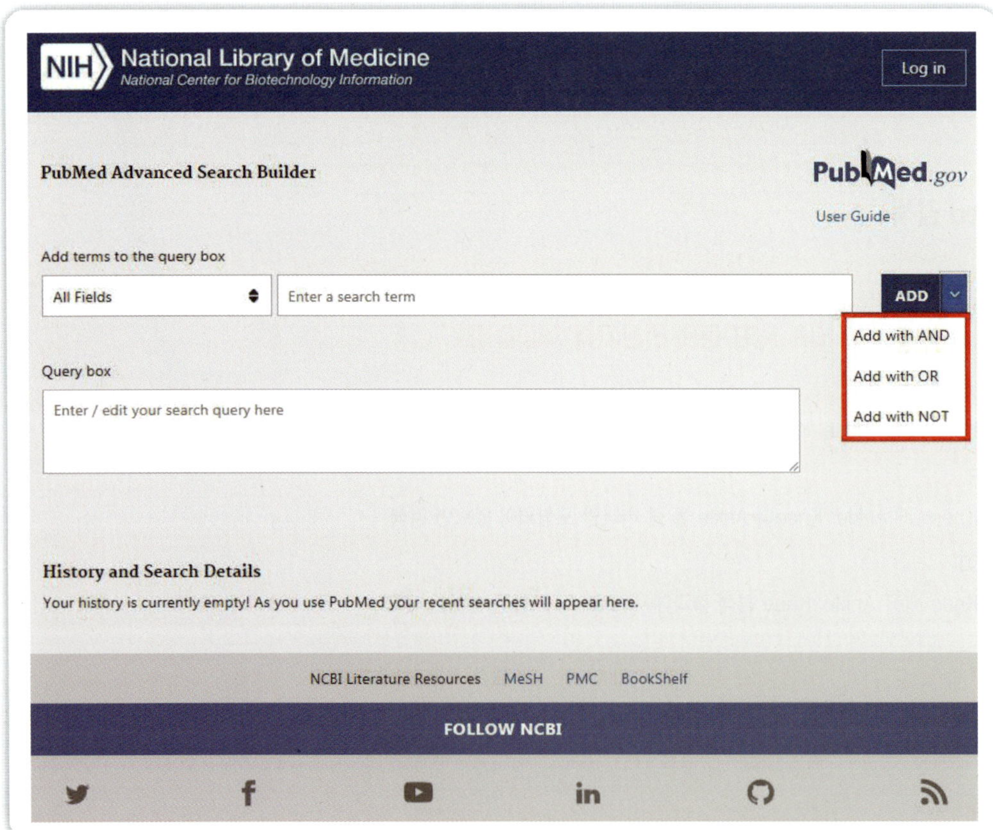

③ 저자명 검색 방법

- [AU] 이용: 저자의 성, 이름 이니셜을 입력한 뒤, 저자를 의미하는 field 값은 [AU]를 넣어 준다.

  예) Smith A. [AU]

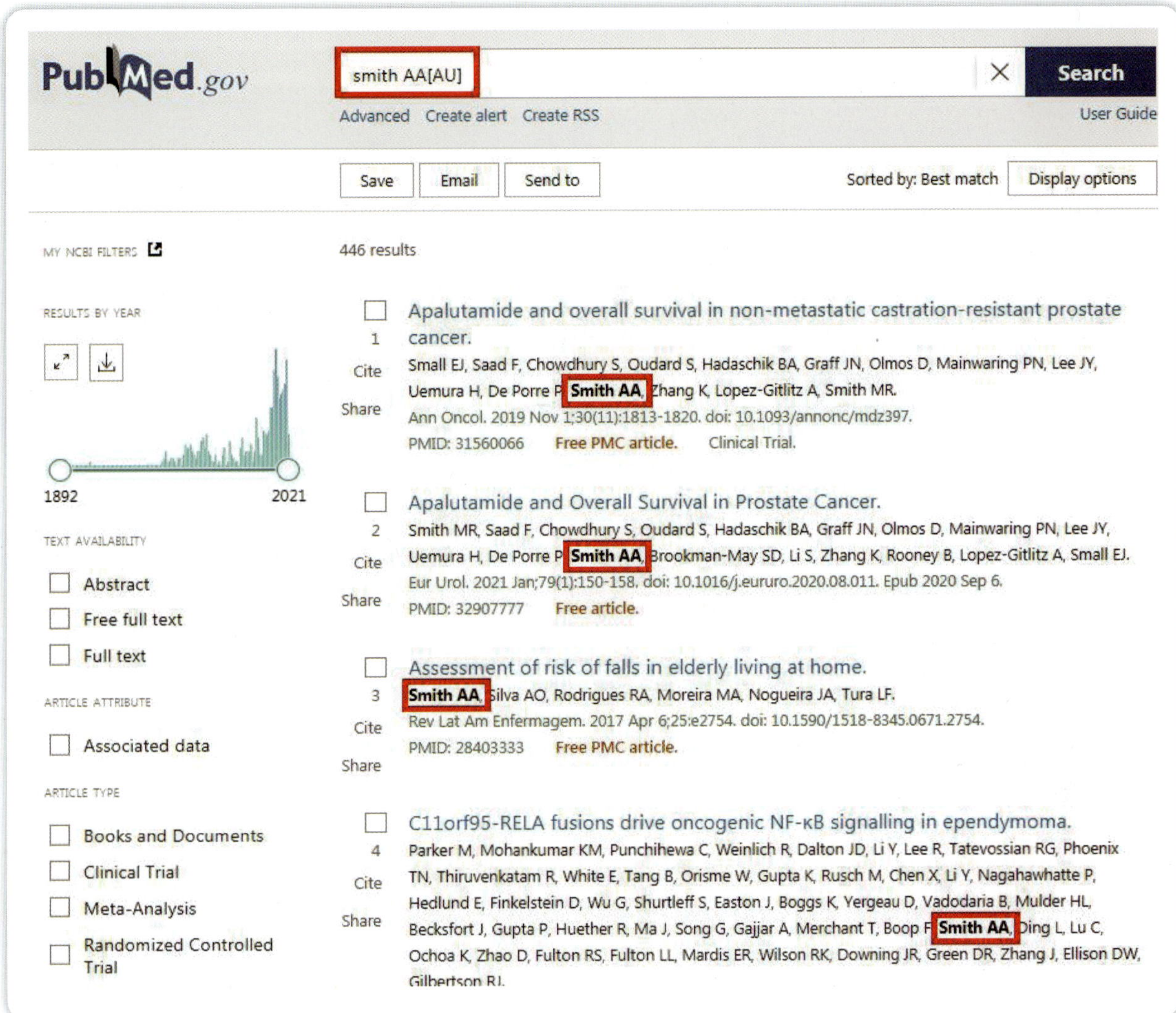

④ 학술지명 검색 방법

– [ta] 이용: 학술지명을 입력한 뒤, 학술지를 의미하는 field 값인 [ta]를 넣어 준다.

예) Knee[ta]

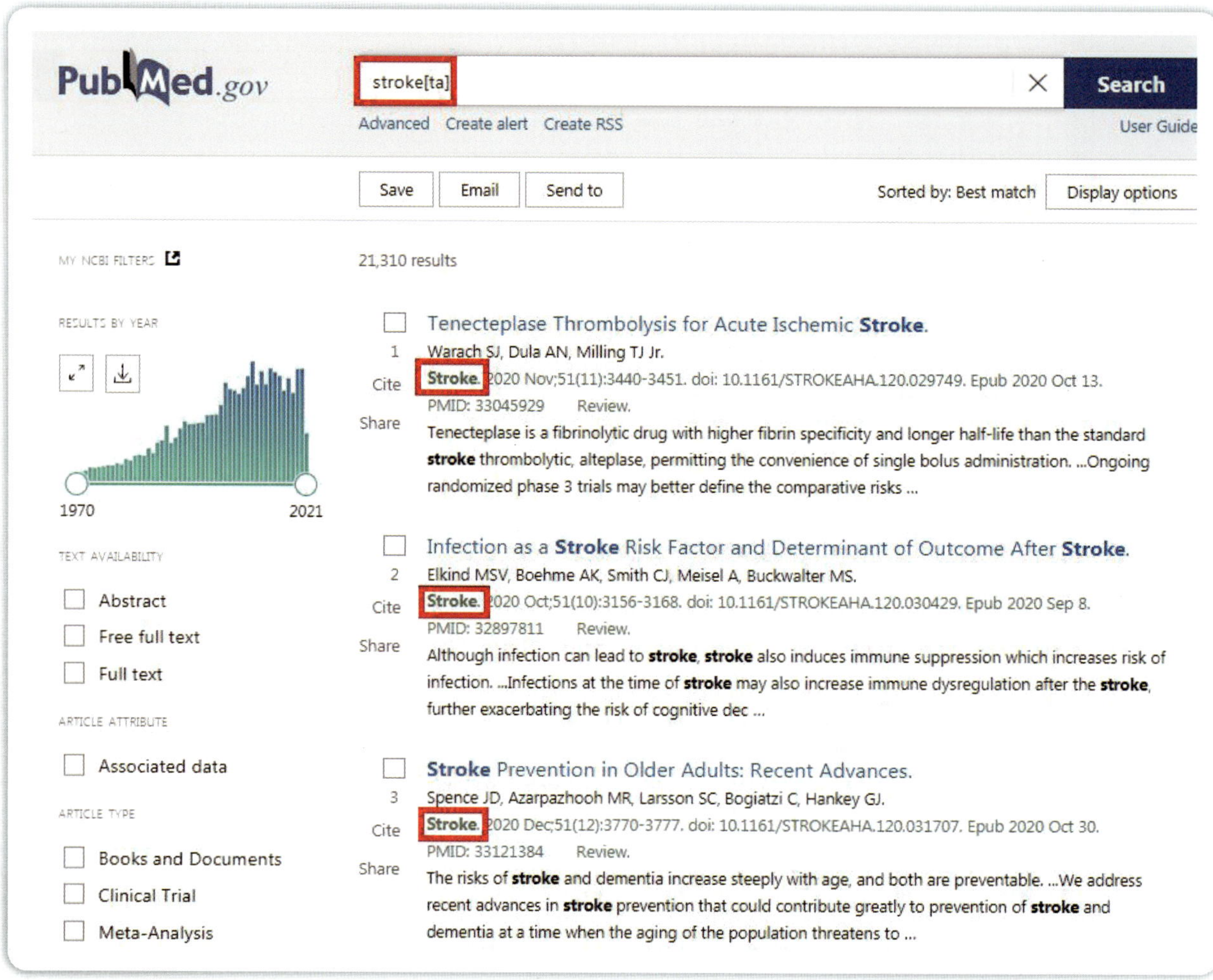

MeSH 데이터베이스 검색

정의	• MeSH 용어를 검색한 후 MeSH가 색인된 논문만 검색하고자 할 때 • 빠르게 핵심 논문 검색 가능 • Subheading을 사용하여 연구 분야별 Focus 검색 가능 • MeSH hierarchy tree를 사용하여 주요개념을 확장 또는 축소하여 검색 가능

① MeSH 데이터베이스 검색 적용

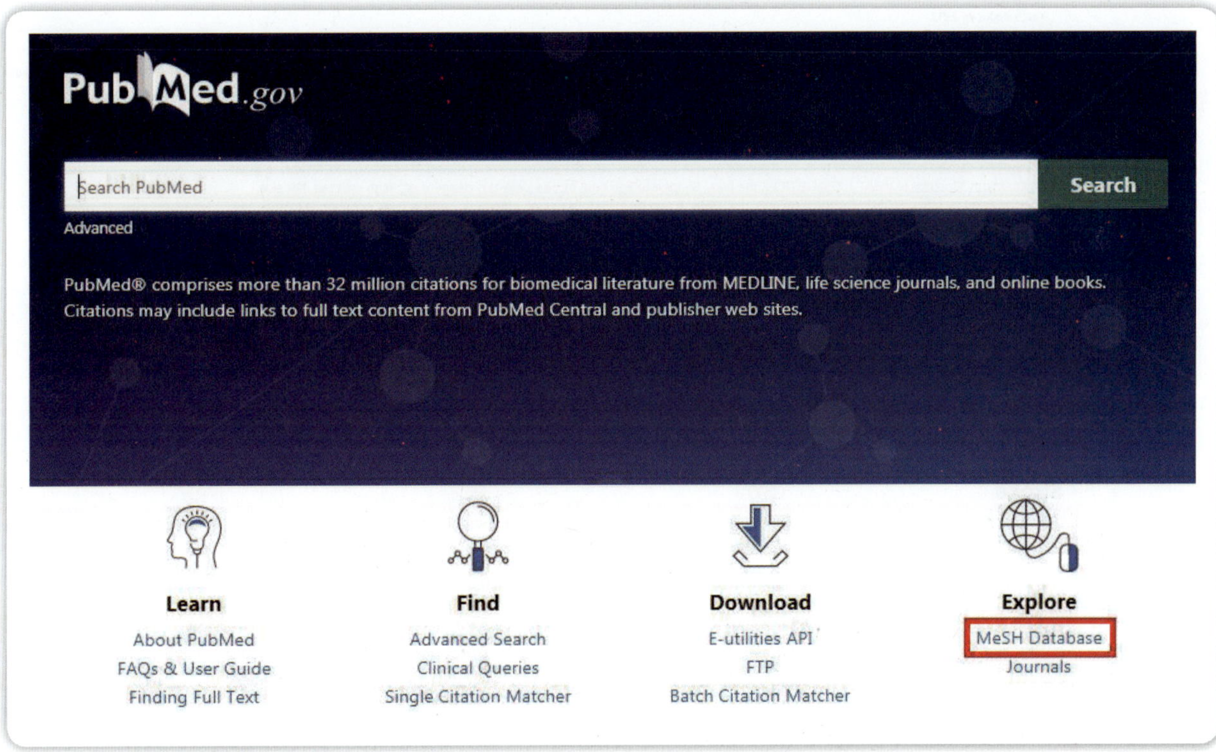

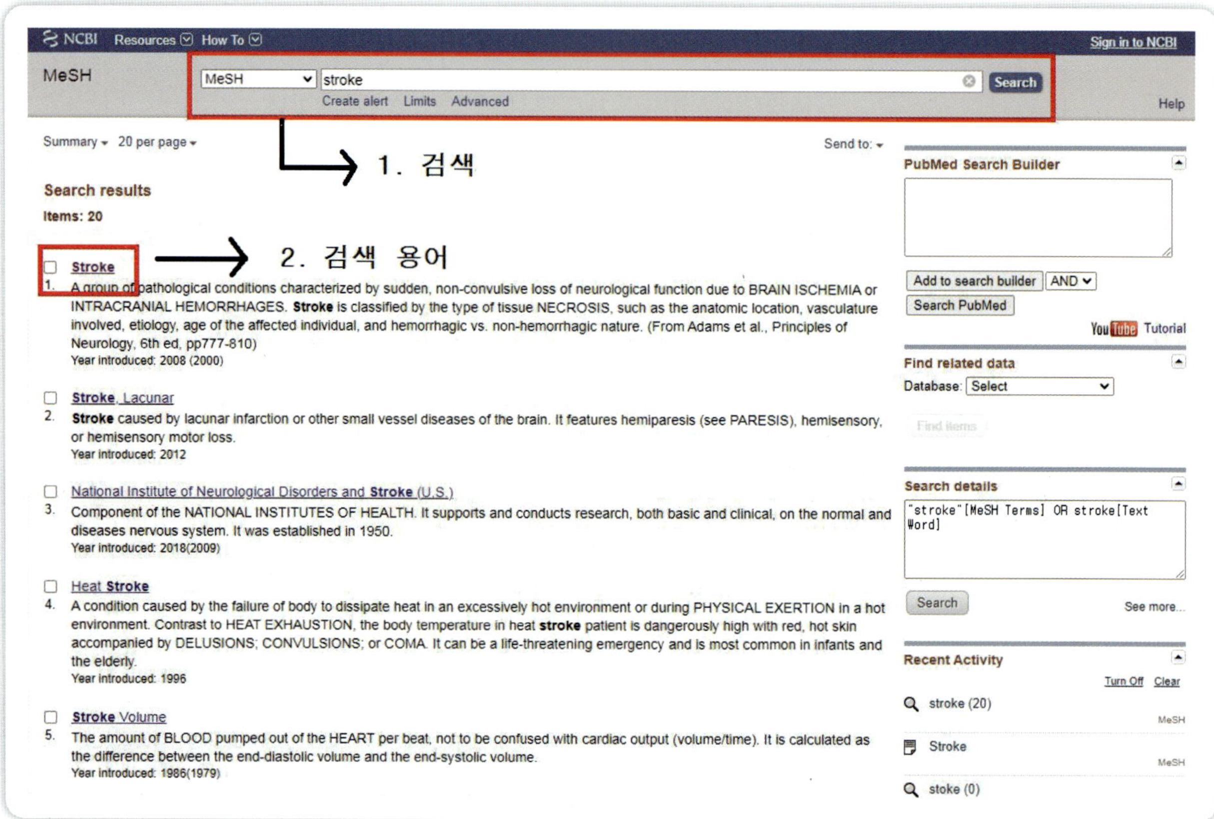
NCBI Resources How To
Sign in to NCBI
MeSH
MeSH stroke Search
Create alert Limits Advanced
Help
1. 검색
Summary 20 per page
Send to:
Search results
Items: 20
2. 검색 용어
Stroke
1. A group of pathological conditions characterized by sudden, non-convulsive loss of neurological function due to BRAIN ISCHEMIA or INTRACRANIAL HEMORRHAGES. Stroke is classified by the type of tissue NECROSIS, such as the anatomic location, vasculature involved, etiology, age of the affected individual, and hemorrhagic vs. non-hemorrhagic nature. (From Adams et al., Principles of Neurology, 6th ed, pp777-810)
Year introduced: 2008 (2000)
Stroke, Lacunar
2. Stroke caused by lacunar infarction or other small vessel diseases of the brain. It features hemiparesis (see PARESIS), hemisensory, or hemisensory motor loss.
Year introduced: 2012
National Institute of Neurological Disorders and Stroke (U.S.)
3. Component of the NATIONAL INSTITUTES OF HEALTH. It supports and conducts research, both basic and clinical, on the normal and diseases nervous system. It was established in 1950.
Year introduced: 2018(2009)
Heat Stroke
4. A condition caused by the failure of body to dissipate heat in an excessively hot environment or during PHYSICAL EXERTION in a hot environment. Contrast to HEAT EXHAUSTION, the body temperature in heat stroke patient is dangerously high with red, hot skin accompanied by DELUSIONS; CONVULSIONS; or COMA. It can be a life-threatening emergency and is most common in infants and the elderly.
Year introduced: 1996
Stroke Volume
5. The amount of BLOOD pumped out of the HEART per beat, not to be confused with cardiac output (volume/time). It is calculated as the difference between the end-diastolic volume and the end-systolic volume.
Year introduced: 1986(1979)
PubMed Search Builder
Add to search builder AND
Search PubMed
YouTube Tutorial
Find related data
Database: Select
Find items
Search details
"stroke"[MeSH Terms] OR stroke[Text Word]
Search
See more...
Recent Activity
Turn Off Clear
stroke (20) MeSH
Stroke MeSH
stoke (0)

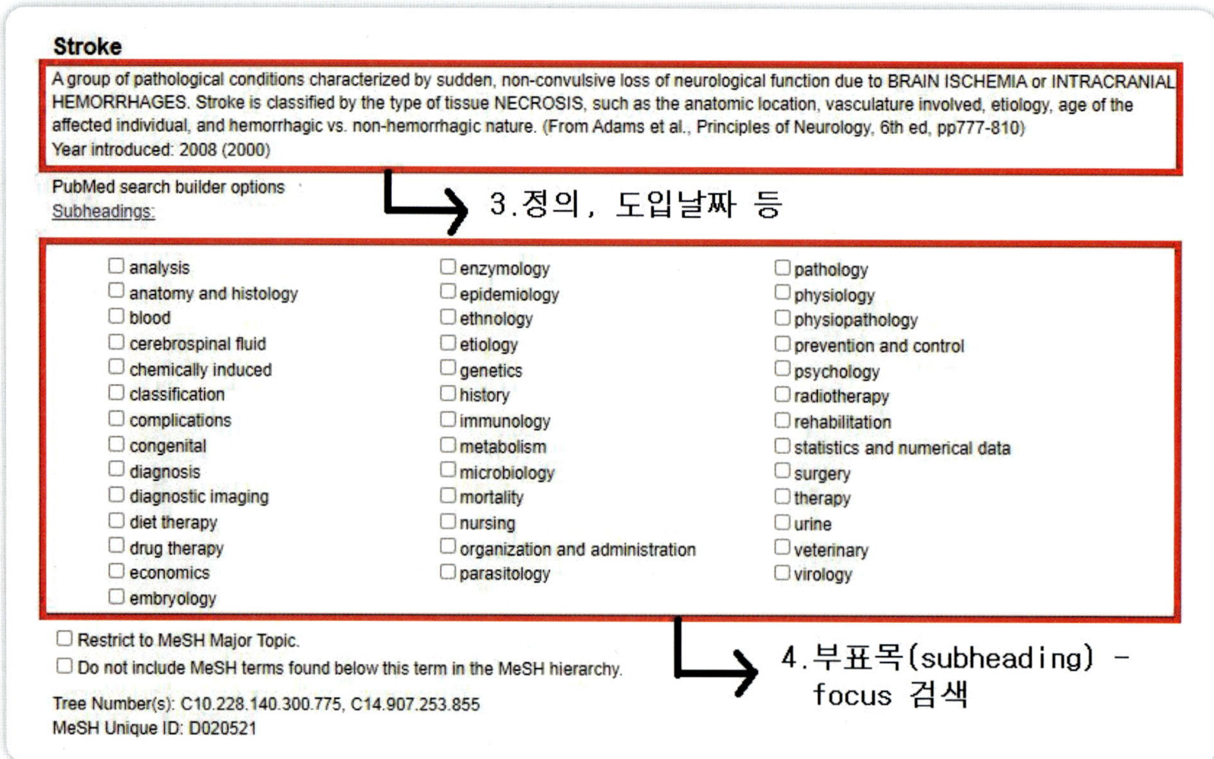
Stroke
A group of pathological conditions characterized by sudden, non-convulsive loss of neurological function due to BRAIN ISCHEMIA or INTRACRANIAL HEMORRHAGES. Stroke is classified by the type of tissue NECROSIS, such as the anatomic location, vasculature involved, etiology, age of the affected individual, and hemorrhagic vs. non-hemorrhagic nature. (From Adams et al., Principles of Neurology, 6th ed, pp777-810)
Year introduced: 2008 (2000)
PubMed search builder options
Subheadings:
3.정의, 도입날짜 등
analysis
anatomy and histology
blood
cerebrospinal fluid
chemically induced
classification
complications
congenital
diagnosis
diagnostic imaging
diet therapy
drug therapy
economics
embryology
enzymology
epidemiology
ethnology
etiology
genetics
history
immunology
metabolism
microbiology
mortality
nursing
organization and administration
parasitology
pathology
physiology
physiopathology
prevention and control
psychology
radiotherapy
rehabilitation
statistics and numerical data
surgery
therapy
urine
veterinary
virology
Restrict to MeSH Major Topic.
Do not include MeSH terms found below this term in the MeSH hierarchy.
4.부표목(subheading) - focus 검색
Tree Number(s): C10.228.140.300.775, C14.907.253.855
MeSH Unique ID: D020521

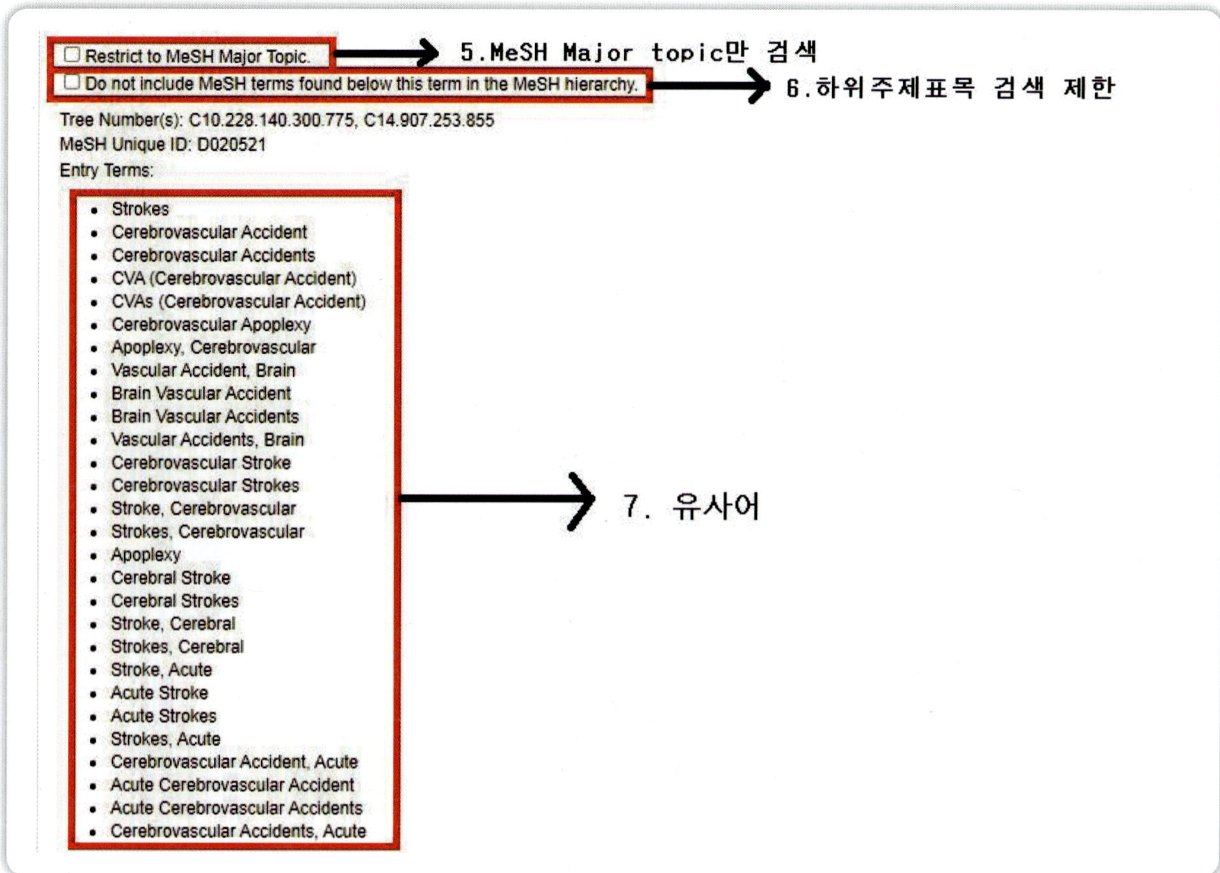
Restrict to MeSH Major Topic.
5.MeSH Major topic만 검색
Do not include MeSH terms found below this term in the MeSH hierarchy.
6.하위주제표목 검색 제한
Tree Number(s): C10.228.140.300.775, C14.907.253.855
MeSH Unique ID: D020521
Entry Terms:
Strokes
Cerebrovascular Accident
Cerebrovascular Accidents
CVA (Cerebrovascular Accident)
CVAs (Cerebrovascular Accident)
Cerebrovascular Apoplexy
Apoplexy, Cerebrovascular
Vascular Accident, Brain
Brain Vascular Accident
Brain Vascular Accidents
Vascular Accidents, Brain
Cerebrovascular Stroke
Cerebrovascular Strokes
Stroke, Cerebrovascular
Strokes, Cerebrovascular
Apoplexy
Cerebral Stroke
Cerebral Strokes
Stroke, Cerebral
Strokes, Cerebral
Stroke, Acute
Acute Stroke
Acute Strokes
Strokes, Acute
Cerebrovascular Accident, Acute
Acute Cerebrovascular Accident
Acute Cerebrovascular Accidents
Cerebrovascular Accidents, Acute
7. 유사어

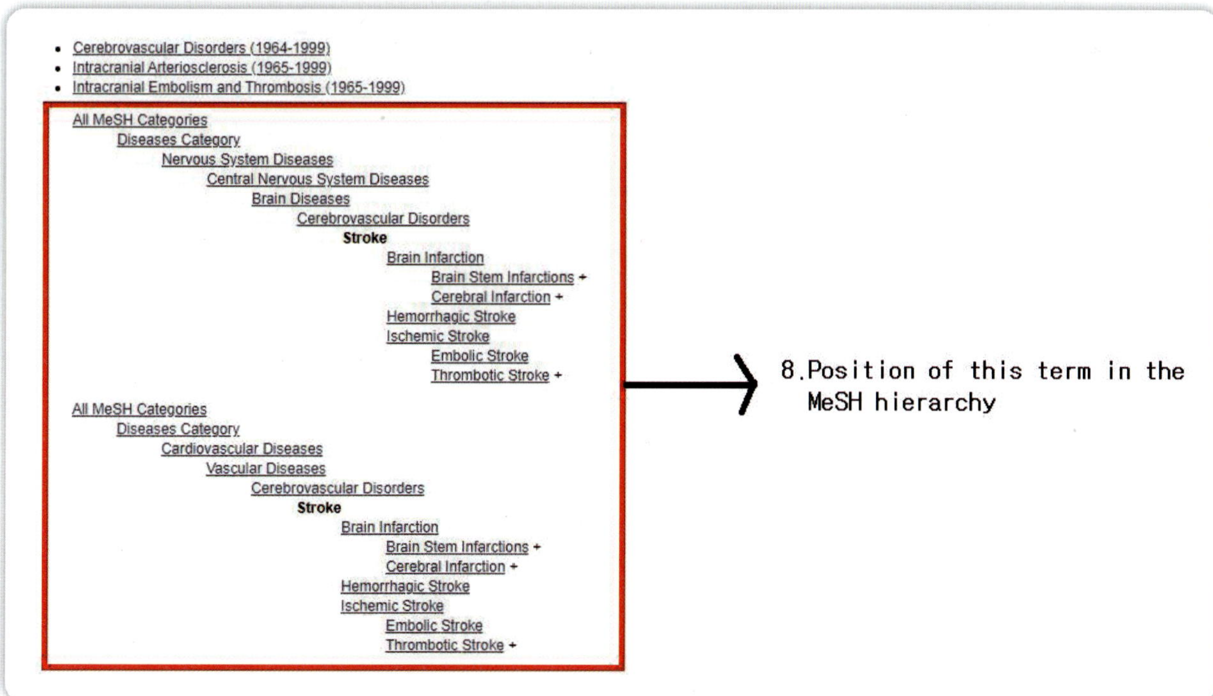
Cerebrovascular Disorders (1964-1999)
Intracranial Arteriosclerosis (1965-1999)
Intracranial Embolism and Thrombosis (1965-1999)
All MeSH Categories
Diseases Category
Nervous System Diseases
Central Nervous System Diseases
Brain Diseases
Cerebrovascular Disorders
Stroke
Brain Infarction
Brain Stem Infarctions +
Cerebral Infarction +
Hemorrhagic Stroke
Ischemic Stroke
Embolic Stroke
Thrombotic Stroke +
All MeSH Categories
Diseases Category
Cardiovascular Diseases
Vascular Diseases
Cerebrovascular Disorders
Stroke
Brain Infarction
Brain Stem Infarctions +
Cerebral Infarction +
Hemorrhagic Stroke
Ischemic Stroke
Embolic Stroke
Thrombotic Stroke +
8.Position of this term in the MeSH hierarchy

② Filters 기능 사용법

검색 결과를 제한하고 싶을 때 이용할 수 있는 메뉴로 검색 결과 왼쪽 Sidebar에서 filtering 할 수 있다.

– Filter 기능 검색 적용

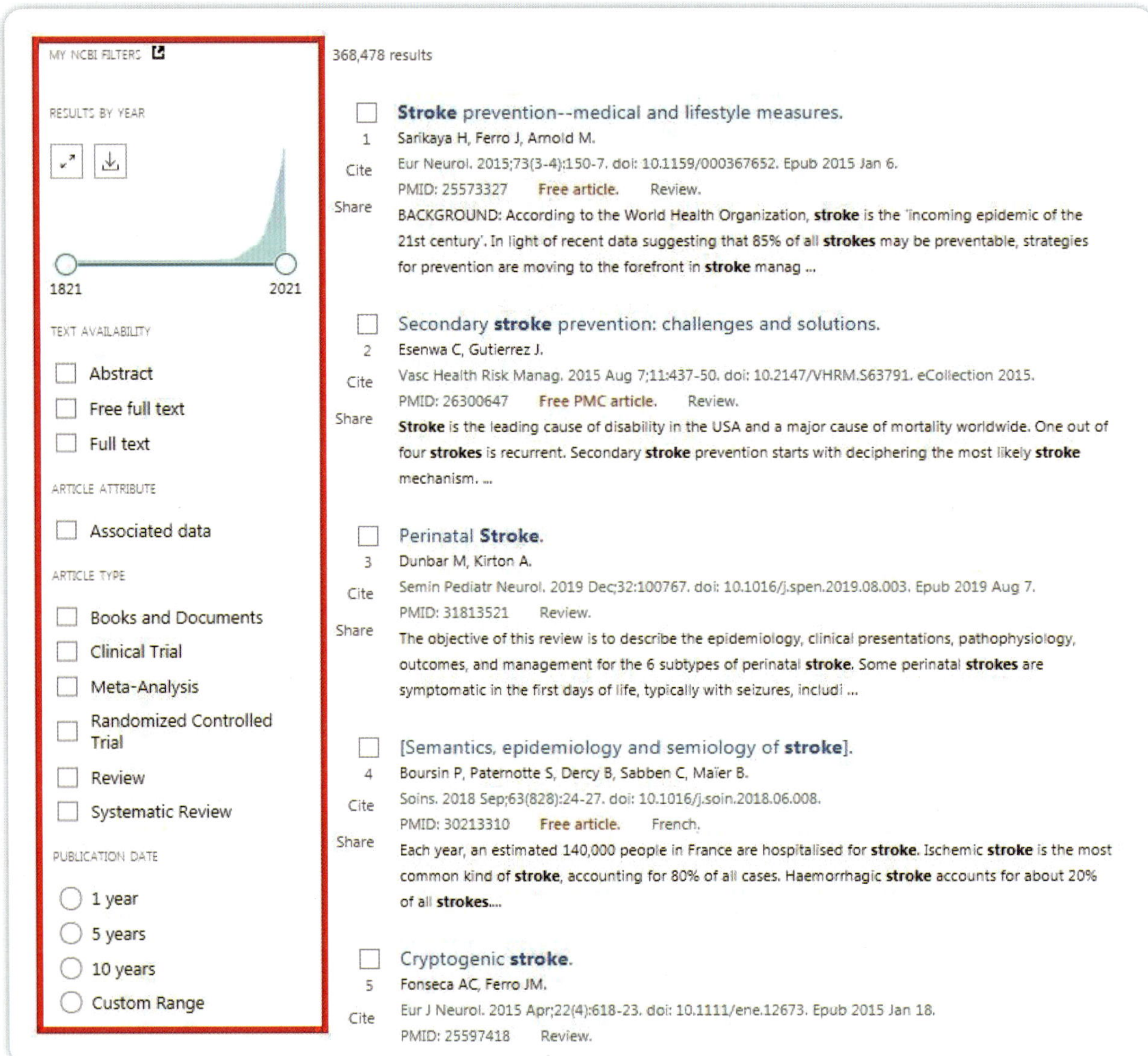

■ PubMed Central (PMC)과 PubMed의 구별

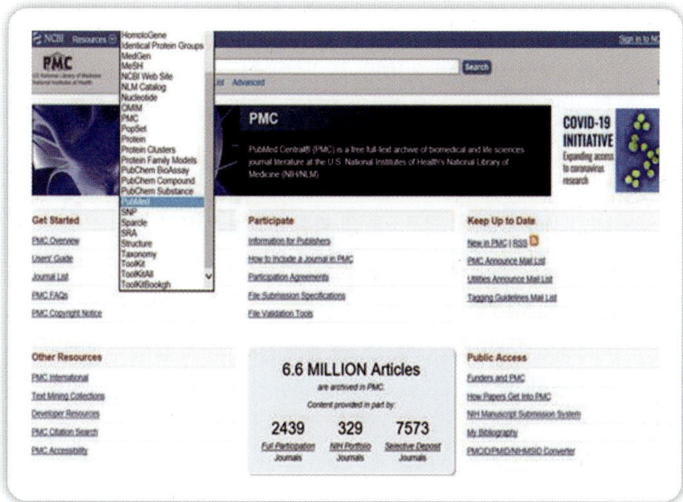

PubMed Central (PMC)

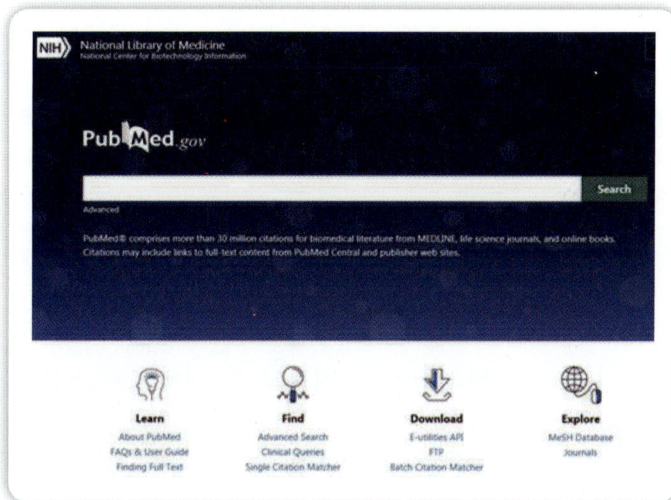

PubMed

- 최근 PubMed Central과 PubMed와의 혼선을 막기 위해 홈페이지를 구분하여 변경하였다.
- PubMed Cetnral에서 PubMed로 이동이 가능하다.

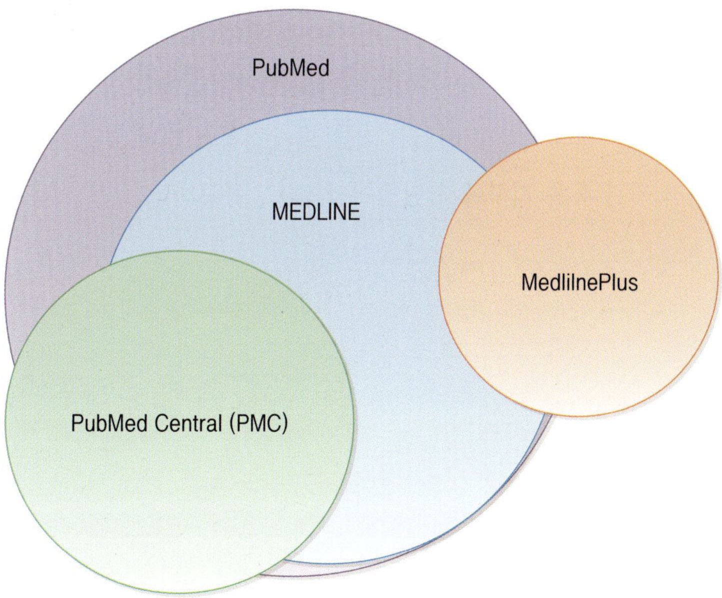

그림 1.4 PubMed Central과 PubMed의 범주

표 1.4 PubMed Central과 PubMed의 구별

PubMed Central (PMC)	PubMed
• 2000년에 전체 텍스트 생물 의학 및 생명 과학 저널 기사를 위한 무료 아카이브로 출시 • PubMed Central은 데이터베이스 발행물의 전체 텍스트를 포함하는 전체 텍스트 저장소 • 보관된 출판물은 PubMed를 검색할 때 찾을 수 있음. PubMed Central의 동일한 게시물에는 전체 텍스트 문서가 포함되어 있으며 전체 텍스트를 검색 • 일부 PubMed Central 저널은 MEDLINE 저널 • PubMed Central의 전체 텍스트와 PubMed의 해당 인용문 사이에는 상호 Link 존재 • 책 리뷰와 같은 일부 PubMed Central 콘텐츠는 PubMed에서 인용되지 않음	• 1996년부터 사용되어, 3,100만 개 이상의 참고 문헌을 가지고 있으며 데이터베이스 출판물의 초록을 포함하는 생물 의학 문헌 데이터베이스 • MEDLINE 전 또는 진행 중인 문헌 인용 • MEDLINE 저널(예: 판구조론)의 범위 외의 논문 포함 • NCBI Bookshelf에서 사용할 수 있는 책의 대부분에 대한 인용 • 일부 PubMed Central 저널 인용 • PubMed Central 및 Link-Out을 통해 전체 텍스트를 볼 수 있는 Link 존재

논문 검색을 마친 뒤에는 논문의 질을 평가하는 과정이 수행되어야 한다. 근거중심치료에 대한 방법이 체계화되고 연구 방법이 다양해짐에 따라서 논문의 질 평가에 대한 표준 기준을 정하여 사용하기도 한다. 특히 임상 가이드라인(clinical practice guideline)을 활용하는 것은 손쉽게 근거중심치료를 할 수 있는 기반을 마련해 준다. 임상 가이드라인을 만드는 주체는 정부기관, 보험회사, 의료기관 등이 될 수 있는데, 임상 분야에 있어서 대표성을 가진 전문가들이 모여서 최신의 의학적 근거들을 모아 체계적인 의견 수렴과정을 거치고 최종적인 의견을 하나로 모아서 정리한다. 따라서 임상 가이드라인은 보건의료인의 임상의사결정을 도와주는 도구로 매우 훌륭하며, 또한 개별 임상 간 실무 격차를 매워서 치료 의사결정의 질적 표준화를 이룰 수 있게 도와준다. 임상 가이드라인은 현재 여러 기관 혹은 기구에서 만들어서 교육, 홍보하고 있기 때문에 비교적 쉽게 접근이 가능하다(표 1.5).

표 1.5 임상가이드라인 관련 웹 사이트

데이터베이스	URL	지역
American college of Cardiology/ American Heart Association (ACC/AHA)	https://www.americanheart.org http://circ.ahajournals.org	USA
Centers for Disease Control and Prevention (CDC)	https://www.cdc.gov/CDCForYou/healthcare_providers.html https://www.cdc.gov/ncidod/guidelines/guidelines_topic.htm	USA
Cochrane Collaboration	https://www.cochrane.org	International
Global Initiative for Chronic Obstructive Lung Disease (GOLD)	https://www.goldcopd.com/GuidelineList.asp	International
Guidelines International Network (G-I-N)	https://www.g-i-n.net	International
National Guideline Clearinghouse (NGC)	https://www.guideline.gov	USA
National Institute for Health and Clinical Excellence (NICE)	https://www.nice.org.uk	UK
Office of Disease Prevention and Health Promotion US Department of Health and Human Services (DHHS)	https://www.health.gov/DietaryGuidelines	USA
Scottish Intercollegiate Guidelines Network (SIGN)	https://www.sign.ac.uk	UK
KoMGI 임상진료지침 정보센터	https://www.guideline.or.kr	KOR

(3) 사정(appraise)

근거에 사용될 수 있는 검색된 문헌에 대해 타당성을 평가하기 위해서는 근거수준의 피라미드 구조를 고려해야 한다. 근거수준 피라미드는 질 높은 연구를 식별하는 의학 연구방법의 신뢰도를 나타낸다.

피라미드 형태의 아래에서부터 위로 올라갈수록 연구 빈도는 낮지만 연구방법의 '근거수준'이 높다고 볼 수 있다. 즉 가장 위에 있는 연구 종류는 비뚤림(bias)이 가장 적다고 볼 수 있다.

이러한 근거수준 피라미드는 근거기반 의료서비스 제공의 모델 구성에 따라 많은 임상가의 의사결정에 매력적인 일련의 서비스를 이용할 수 있게 되었다. 근거기반 의료의 제공자와 소비자는 가장 발전된 정보 서비스를 관심 있는 주제 영역에서 인식함으로써 가장 최신의 근거를 찾는 데 도움을 줄 수 있다.

근거기반 의료서비스 제공을 위한 근거수준 피라미드는 전통적인 모델에서 점차 추가되어 '4S', '5S', '6S' 모델로 최신 근거를 바탕으로 한 체계적인 의료서비스 제공으로 설명된다.

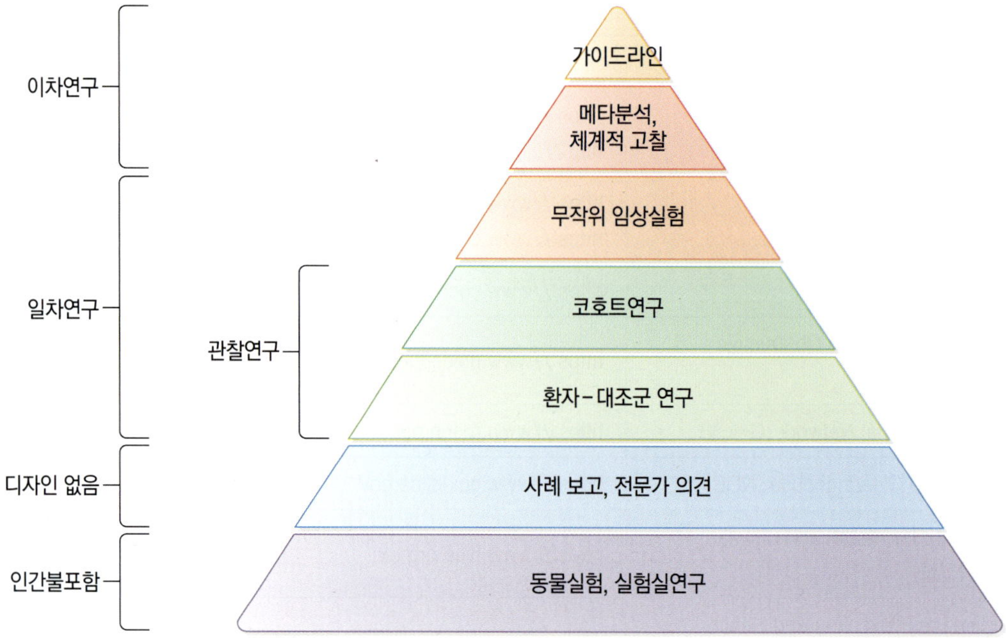

그림 1.5 전통적 근거수준 피라미드

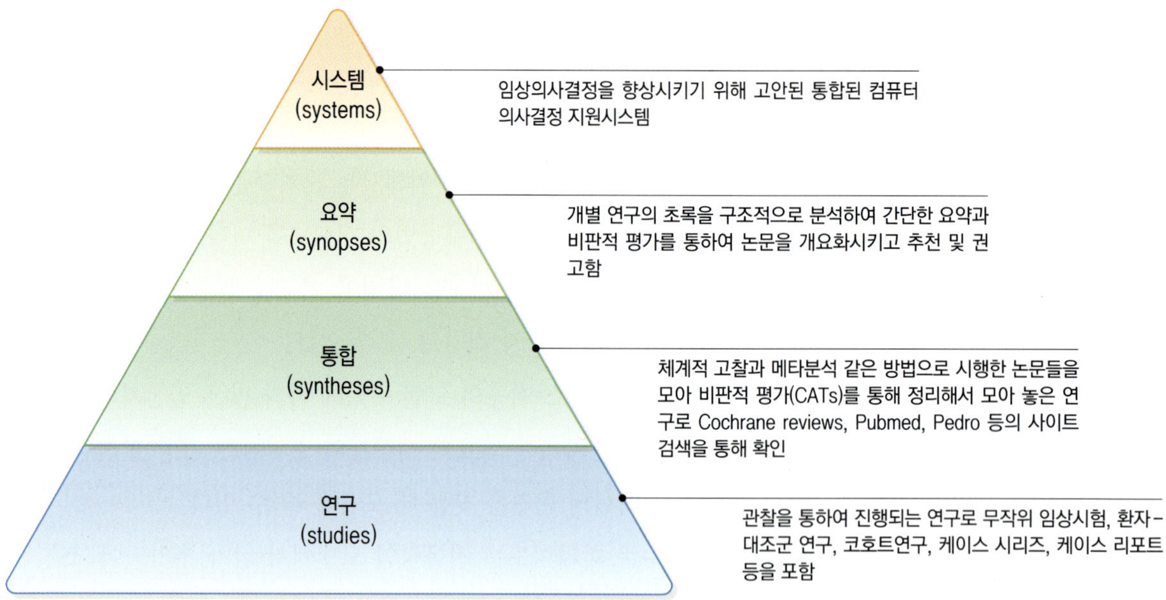

그림 1.6 근거기반 정보서비스 조직을 위한 '4S' 모델(Haynes B., 2007)

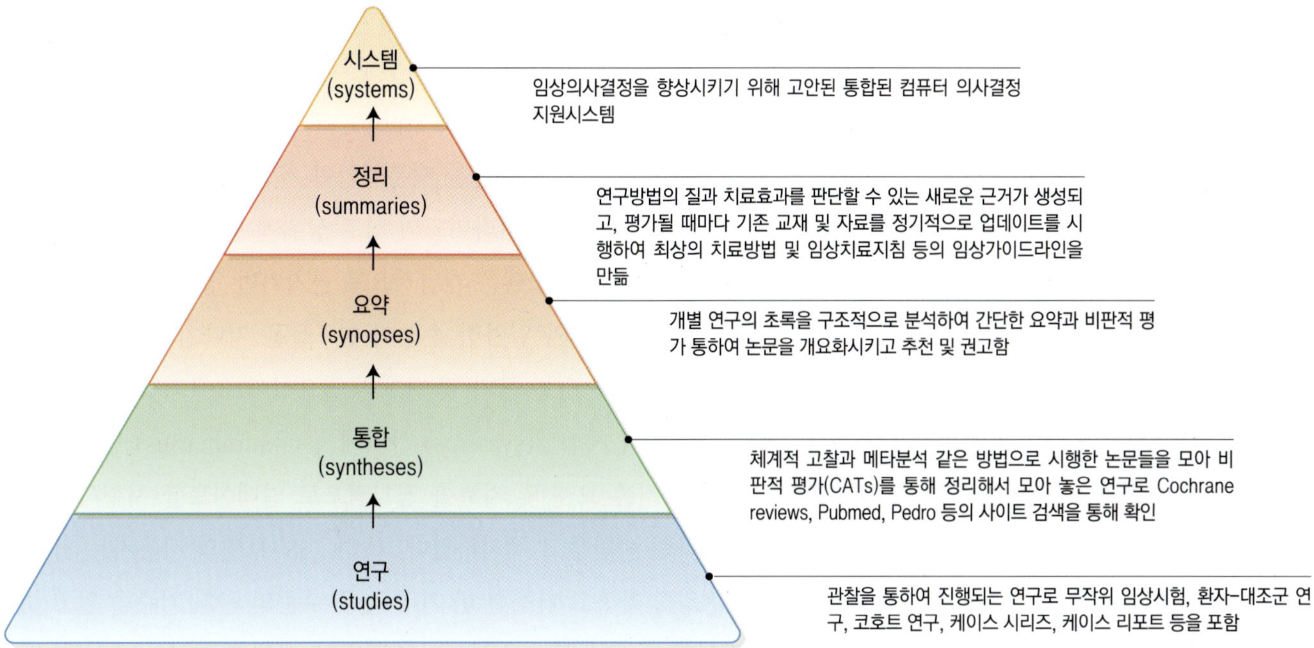

그림 1.7 근거기반 정보서비스 조직을 위한 '5S' 모델(Haynes B., 2007)

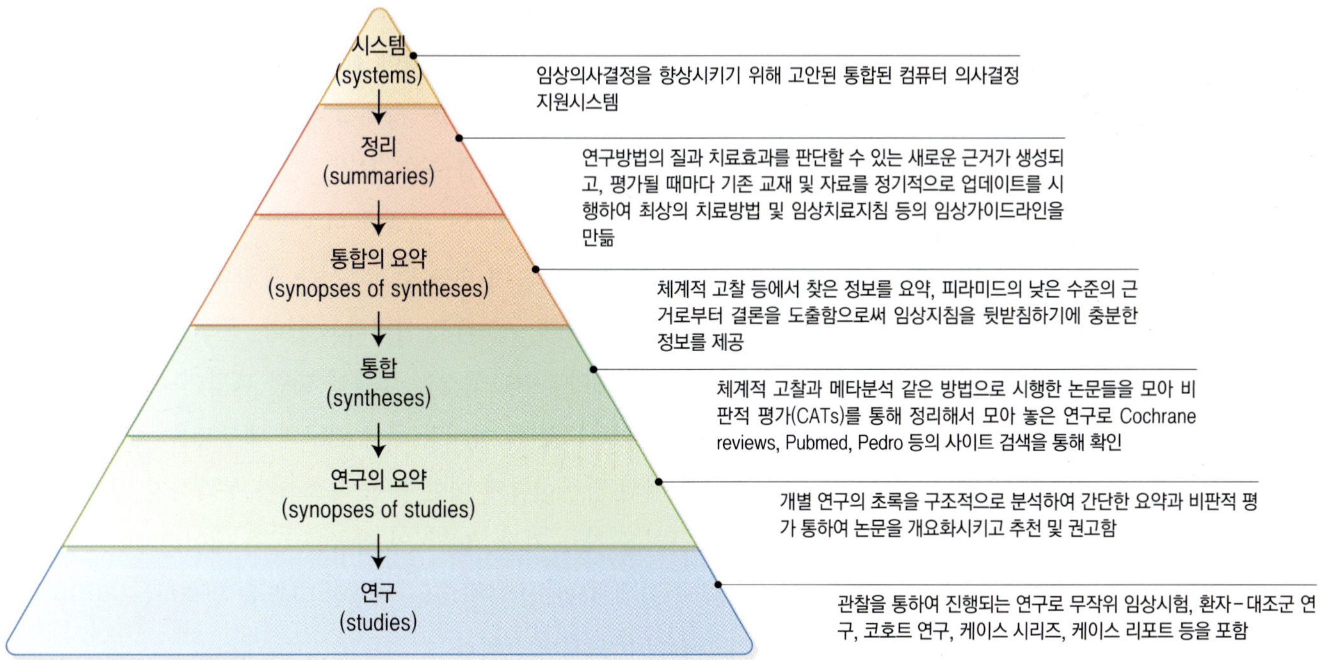

그림 1.8 근거기반 정보서비스 조직을 위한 '6S' 모델(Haynes B., 2007)

전통적 근거수준 피라미드는 인간 대상이 아닌 동물 실험 연구가 가장 하위 연구로 분류되고, 그 다음은 디자인 없는 케이스 리포트, 케이스 시리즈 연구였다. 그 상위 연구로는 일차연구와 이차연구가 있는데, 일차연구는 관찰을 통하여 진행되는 연구로 환자-대조군 연구(case-controlled study), 코호트 연구, 무작위 임상시험 연구를 지칭하며, 이차연구는 실험되어진 연구들을 토대로 그 결과들을 재분석하여 가장 근거 있는 치료들을 제시하는 방법인 메타분석, 체계적 고찰연구 및 임상가이드라인이 피라미드의 최고 상위에 위치하고 있다.

근거기반 정보서비스 조직을 위한 근거수준 피라미드 '4S' 모델은 개념적으로 근거기반 정보서비스의 기술을 개발하고 안내하는 데 모두 유용하지만, 이러한 정보서비스와 일차적 수준의 연구들을 지나치게 단순화함으로써 좀 더 체계적인 연구방법의 질과 치료 효과를 판단할 수 있는 근거 및 단계의 필요성이 요구되었다.

이러한 점의 보강으로 '5S' 모델은 요약(synopses)과 시스템(systems) 사이에 정리(summaries) 단계를 추가하여 보다 새로운 근거가 생성되고, 평가될 때마다 기존 교재 및 자료를 정기적으로 업데이트를 시행하여 최상의 치료방법 및 임상 치료지침 등의 임상 가이드라인을 만들고 제시하였다. 특히, '5S' 모델의 사용자는 각 단계에서 근거 생성, 검색, 선택 및 분석에 대한 기준을 명확하고 가능한 한 가장 높은 수준의 근거 기준을 알고 있어야 한다. 예를 들어 환자 진료를 위한 가이드라인에 기초한 시스템은 지침의 출처에 대해 명시적이어야 하며, 지침은 현재까지 관련 근거에 대한 체계적 고찰(systematic review)에 기초해야 한다. 정리에는 검색에 사용된 검색 프로세스의 세부 정보가 포함되어야 한다. 최선의 근거, 근거의 품질을 평가하기 위한 평가절차는 명확하게 검사할 수 있어야 하고, 모든 관리 권고 사항에 대해 핵심 참고자료를 제공해야 한다. 또한 가장 최근의 업데이트 날짜를 명시해야 하며, 중요한 새로운 근거가 무시되지 않도록 충분히 자주 업데이트해야 한다. 요약을 제공하는 서비스는 원문 검색 및 평가 절차를 정의하고 증거를 정량적으로 알려야 한다. 예를 들어, 치료 연구의 요약과 그러한 연구의 통합(syntheses)에는 대조군 및 중재 그룹 사건 비율, 상대적 위험 감소 및 치료에 관한 부분이 95% 신뢰 구간에 포함되어야 한다. 기존의 근거수준 피라미드를 거쳐 보건 · 건강에 관련된 모든 관리옵션에 관한 임상 주제의 근거 요약에 대한 최신 근거수준 피라미드인 '5S' 모델과 더 나아가 '6S' 모델은 피라미드 아래의 두 번째 단계에 연구의 요약(synopses of study)이 있고, 네 번째 단계에서는 통합의 요약(synopses of syntheses)이 있는데, 이것은 근거수준을 더 정확하고 정밀하게 구분하고 설명하고 있다. 문헌을 검색할 때에는 이용 가능한 가장 높은 단계의 근거를 찾아 검색을 시작해야 하며, 특정한 질문에 대한 대답이 더 높은 단계의 근거에서 발견되면, 더 낮은 단계에서 근거를 검색할 필요가 없다. 하지만 문헌 연구의 대부분은 여전히 일차적 수준(original study)에 머물러 있어, 최상위 단계에서의 방사선학에 대한 특정 리소스가 부족하기 때문에 주로 '4S' 모델을 사용하기도 한다. 종합적으로 최상의 근거를 찾는 가장 효율적인 방법은 전자 데이터베이스에서 먼저 진료지침을 검색하고 각 근거수준 피라미드의 순서에 따라 상위에 있는 체계적 고찰을 검색하는 것이며, 또한 근거에 대한 분류, 저장, 활용하는 문헌관리 기술이 반드시 필요하다.

이것을 바탕으로 근거수준 피라미드의 최상위에 있는 진료지침과 체계적 고찰을 비롯하여 개입, 진단, 예후 등 연구 유형별로 정형화된 평가도구를 사용하여 연구의 적합성, 질적 근거, 중요도를 비판적으로 평가하고 해석한다. 즉 근거에 사용될 수 있는 자료로 선택이 된 문헌에 대해 그 타당성을 평가하는 것으로 근거 평가는 주로 연구 디자인에 초점을 두며, 연구 결과의 타당성을 손상시키는 비뚤림(Bias)이 얼마나 존재하는지에 의해 결정된다. 비뚤림이란 체계적 오류로 결과나 추정에 있어 참값으로부터 벗어남을 의미한다. 비뚤림은 중재 효과를 과소추정하거나 과다추정하게 하는 요소가 될 수 있어 이러한 오류가 발생할 위험을 평가하는 것은 매우 중요하다. 왜냐하면 비뚤림에 의해 잘못된 결론을 내린 연구를 선택문헌으로 한 체계적 문헌고찰은 잘못된 결과를 도출할 수밖에 없기 때문이다.

비뚤림 위험을 평가하는 도구는 연구설계에 따라 다양하다. 무작위 임상연구는 코크란 그룹의 Risk of bias(ROB)가 대표적이며, 선택 비뚤림(무작위 배정순서 생성, 배정순서 은폐), 실행 비뚤림(연구 참여자, 연구자에 대한 눈가림, 타당도를 위협하는 다른 잠재적 비뚤림), 결과 확인 비뚤림(결과평가에 대한 눈가림, 타당도를 위협하는 다른 잠재적 비뚤림), 탈락 비뚤림(불완전한 결과 자료), 보고 비뚤림(선택적 결과 보고) 등의 영역을 평가한다. 비무작위 임상연구는 뉴캐슬 오타와 척도(New Castle Ottawa Scale)가 대표적이며, 선택 비뚤림, 실행 비뚤림, 결과확인 비뚤림, 탈락 비뚤림, 보고 비뚤림 등을 평가한다.

① **선택 비뚤림:** 비교 대상군들의 기저 상태의 체계적인 차이(systematic differences)

② **수행 비뚤림:** 제공되는 치료가 계통적인 차이가 있거나, 관심 중재 이외의 다른 인자에 노출되는 경우

③ **결과 확인 비뚤림:** [중재]결과를 확인하는 방법에서의 그룹 간 체계적인 차이

④ **탈락 비뚤림:** 탈락률에 있어서 그룹간 체계적인 차이

⑤ **보고 비뚤림:** 보고된 결과와 보고되지 않은 결과 간의 체계적인 차이

또한 비뚤림 위험 평가도구 외에 모든 질병 영역의 실무 가이드라인에 적용할 수 있는 유효하고 신뢰할 수 있는 평가도구로 많이 사용되는 GRADE (grading of recommendation, assessment, development and evaluation), AGREE II (the appraisal of guidelines for research & evaluation) 도구는 임상적인 실무 가이드라인의 질 평가나 가이드라인 개발에 대한 방법론적 전략의 제공 및 가이드라인에서 알려야 할 방법과 정보를 권고하기 때문에 임상적으로 활용하는 것도 바람직하다.

(4) 통합(integration)

검색한 논문의 비판적 평가, 전문가의 의견, 환자의 가치와 상황을 고려하여 타당하고 의미 있는 연구 결과를 실제 환자에게 적용하여 통합한다.

실제 진료 환경에서 효율적으로 활용할 수 있는 통합과정이 되기 위해서는 먼저 검색 엔진의 방대한 결과를 평가할 시간적 여유 또는 논문을 비판적으로 평가하고 스스로 적절한 결론에 도달할 수 있는 전문적 기술을 요한다. 또한 과학적 문헌에 쉽게 접근할 수 있는 양식이 필요하다. 이러한 근거중심치료 정보를 공유하기 위한 방법으로 비판적 평가 문헌(critically appraised topic, CAT)을 이용할 수 있다. CAT는 연구에 대한 비판과 결과의 임상적 관련성을 제공하기 위해 임상질문, 연구설계방법과 자료, 연구의 질과 적용성을 중심으로 구성된 연구 근거의 표준화된 요약이다. CAT를 작성하는 주된 이유는 특정 환자에서 발생하는 명백한 임상질문에 답하기 위한 것이며, 보건 전문가가 실제 임상 상황에서 임상질문을 생성하고, 그 다음 근거를 찾아 평가하여 최종적으

로 임상 실무에 적용한다는 점에서 상향식 근거중심치료의 본질로 볼 수 있다. CAT를 작성하기 위해서는 근거중심치료(EBP)의 실행 5단계를 따라간다.

① **Ask**: 답변 가능한 임상질문 만들기

② **Search**: 임상질문에 답이 될 수 있는 최선의 근거 검색하기

③ **Appraise**: 근거의 타당성 및 임상적 중요성 분석하기

④ **Apply**: 임상 환자에 연구 결과 적용하기

⑤ **Evaluate**: 종합적 평가하기

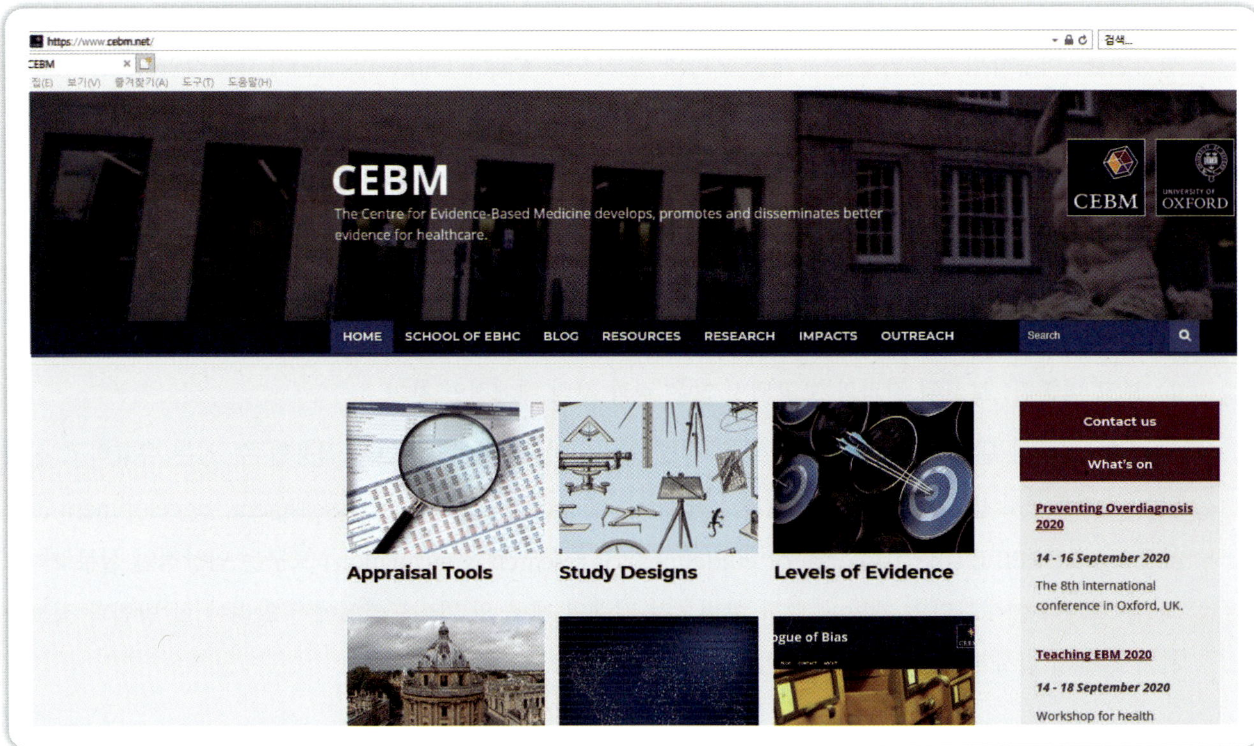

그림 1.9 CAT 웹사이트

TIP

CAT 웹사이트(www.cebm.net)

- 영국 옥스퍼드대학에서 설립한 근거중심의학센터(CEBM)
- CAT Bank에서 일부 질병의 유병률, 원인, 증상, 진단, 치료, 예후에 관한 근거자료를 제공
- CAT 작성 프로그램인 CAT maker를 내려 받을 수 있음

(5) 평가(evaluation)

마지막 5단계는 1단계부터 4단계까지 자신이 수행했던 것들을 점검하고 스스로 효율성을 평가하여 다음 환자를 대할 때 더욱 효율적으로 각 단계를 실천할 수 있도록 하는 것이다.

전체 과정을 통해서 처음 만든 임상질문이 적절하였는지, 검색의 전략이나 범위, 데이터베이스를 잘 활용하였는지, 검색을 통하여 원하는 정보를 얻게 되었는지 검색을 통해 평가한다. 비평적 분석에 대해서도 논문의 질에 대해서 충분한 평가가 이루어졌는지에 대해서 평가한다. 또한 근거를 종합하는 것도 원칙대로 이루어졌는지 근거와 환자의 가치를 충분히 잘 통합하였는지에 대해서도 평가한다. 이러한 일련의 과정 속의 근거중심치료는 합리적이고 효율적인 접근방법으로서 임상가가 지녀야 하는 하나의 지식과 기술로 자리를 잡아가고 있다.

TIP

나의 관점은?

연구자는 다양한 요소를 통합적으로 고려하여 자신의 관점을 형성해야 한다. 수치, 텍스트, 이론 등의 방식을 활용해 진리를 탐구하고, 이를 개인의 관점과 결합해 의미 있는 결과를 도출한다.

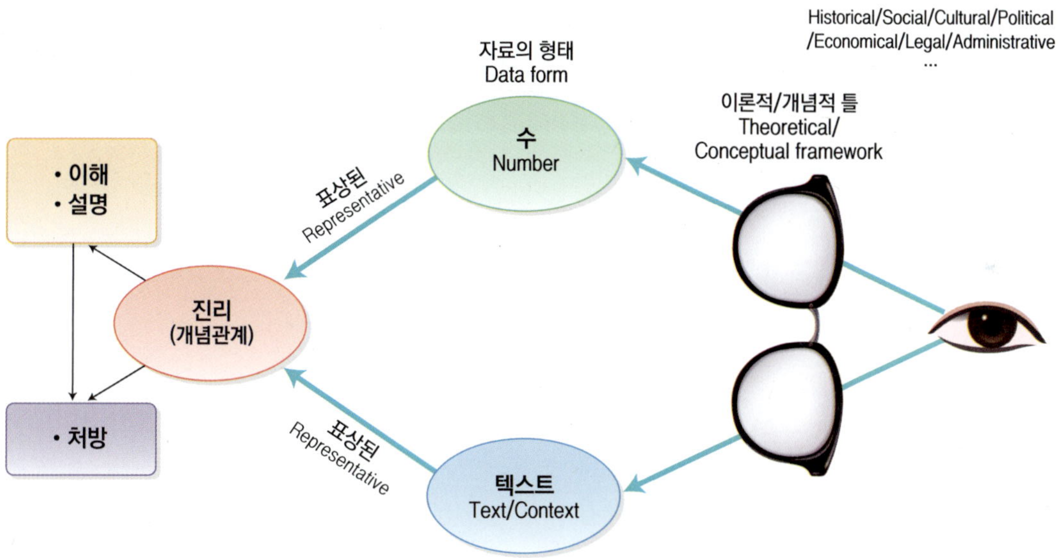

- 진리(개념적 관계)는 텍스트와 수치 데이터 등 다양한 형태로 표현되며, 이를 분석하고 이해하는 과정을 의미한다.
- 이해와 설명은 진리를 전달하고 학습하거나 이해하려는 단계이다. 처방은 이를 바탕으로 실질적인 행동이나 해결 방안을 제시하는 과정이다.
- 수(Number)는 데이터를 수치화해 진리를 표현하며, 이를 통해 분석과 비교를 용이하게 한다.
- 텍스트(Text/Context)는 문맥과 언어적 표현을 활용해 진리를 전달하며, 개념적 관계를 해석하고 설명하는 데 사용된다.
- 이론적/개념적 틀은 진리를 이해하고 분석하는 기초로, 역사적 · 사회적 · 문화적 · 정치적 · 경제적 · 법적 · 행정적 맥락 등 다양한 배경 요소가 진리의 형성과 해석에 영향을 미친다.

2

주제 정하기 및 서론 작성하기

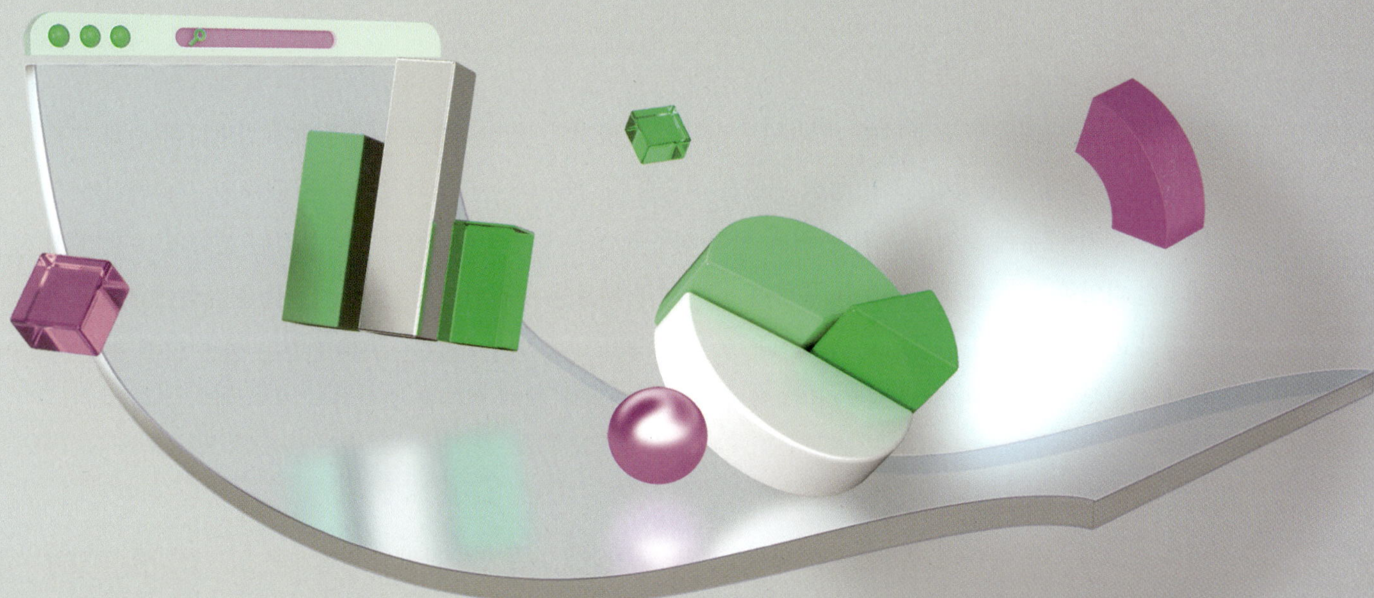

올바른 주제 선정과 서론 작성 방법

학습목표

- 관심 있는 주제를 선정할 수 있다.
- 서론을 작성할 수 있다.
- 참고문헌을 작성할 수 있다.

1 주제 선정

1) 관심 있는 분야를 선정한다.

논문 주제 선정 시 고려할 사항으로 "연구자가 평소 관심 있어 하는 분야이거나 잘 아는 분야인가?"를 파악한다. 잘 알고 있거나, 흥미가 있어야 주제 선정 후 효율적으로 연구를 진행할 수 있기 때문이다. 전망이 좋거나 새롭게 부각되지만 잘 모르는 분야의 주제를 설정하게 되면 관련 개념, 정의 및 내용에 대해 다시 공부를 해야 하기 때문에 더 많은 시간이 소모된다. 잘 알고 흥미로운 주제를 선정하기 위해 평소 연구자와 관련된 전공 관련 학술지 논문, 학위논문 등에서 관심이 가는 결과와 관련된 주제에 대해 유심히 관찰하는 것이 좋은 접근방법이다.

2) 관련 선행 연구를 고찰한다.

기존에 없는 새로운 연구 분야를 개척하는 것도 의미 있지만, 일반적으로 연구주제와 관련하여 선행 연구가 없으면 서론, 연구방법, 고찰 등의 내용을 기술할 때 연구의 논리성과 설득력을 갖추어 기술하기가 상당히 어렵기 때문에 먼저 주제와 관련된 선행 연구를 고찰하는 것이 중요하다. 특정된 분야의 주제가 정해지면 다양한 논문 검색 사이트를 통하여 선행 연구 자료를 수집한다. 수집된 자료를 분석하여 키워드를 설정하고 연구 주제의 범위를 좁혀나간다. 충분한 양의 선행 연구 고찰은 주제 선정은 물론 향후 논문 작성에 참고문헌으로 다양하게 사용할 수 있기 때문에 관련된 선행 연구를 고찰하는 것은 매우 중요하다.

3) 연구주제의 중요성을 평가한다.

비록 새로운 연구 분야의 개척은 아니더라도 "연구 주제가 다른 연구자와의 차별성은 있는가?"를 고민하는 것은 상당히 중요하다. 선행 연구에 비슷한 내용이 있다 하더라도 추가로 새롭고 참신한 주제인가에 관한 토의를 한다. 연구할 만한 가치가 있는 중요한 연구인가? 즉, 기존에 이미 많이 발표되었던 주제를 반복해서 연구할 필요는 없기 때문에 선행 연구가 진행하지 않았던 내용을 추가로 포함할 수 있는 주제를 고려한다. 선행 연구와 비슷한 주제로 진행할 경우 연구방법, 중재방법, 측정도구 등의 변화를 통해 기존 연구와 차별성을 둘 수 있도록 노력해야 한다.

4) 연구의 실행 가능성을 확인한다.

아무리 흥미롭고 좋은 주제를 정했다 하더라도 실제로 실행하기 어려우면 연구를 진행하기 어려워진다. "주제를 정하기 전에 관련 실험대상자를 모집할 수 있는가?", "중재방법을 실행할 수 있는 능력, 장소 및 장비가 있는가?", "다른 기관에서 중재가 진행될 때 협약은 되어 있는가?", "비용이 발생할 경우 실험 비용 등에 대해 고려해 보았는가?" 등 실제 연구를 진행할 때 실행 가능성을 충분히 검토한 후 시작하는 것이 바람직하다. 예를 들어, 노인 또는 실제 환자를 대상으로 하는 주제를 가지고 연구를 진행하려고 하면 관련 기관에 있는 기관장과 연구주제에 대해 상의한 후 진행하는 것이 바람직하다. 최근에 개인정보보호법, 환자 인권 등과 관련해서 개인동의서는 물론 기관동의까지 필요하기 때문이다. 또한 선행 연구에 있는 다양한 장비를 가지고 요인을 측정하려고 할 경우에도 실제 장비가 없거나 고장 등으로 인해 사용할 수 없는 경우가 상당히 많기 때문에 측정 장비와 관련해서도 미리 검토해 보는 것이 바람직하다.

2 논문 작성의 필수요건

논문 작성의 필수요건으로 그림 2.1의 7가지 내용 외에도 연구 필요성이 정확히 기술되었는지, 연구 가설이 명확하게 기술되었는지, 제한점이 명확하게 기술되었는지, 중요한 용어가 정의되었는지, 연구설계가 잘 정리되어 있는지, 모집단과 표본에 대한 기술이 있는지, 표본추출 방법과 내용이 기술되어 있는지, 자료수집 방법 및 절차가 기술되어 있는지, 수집된 자료의 신뢰도와 타당도가 검토되었는지, 통계처리를 위한 방법이 잘 제시되어 있는지, 결론이 명확하게 제시되어 있는지, 논문이 논리적으로 구성되어 있는지 등을 고려해서 작성하는 것이 바람직하다.

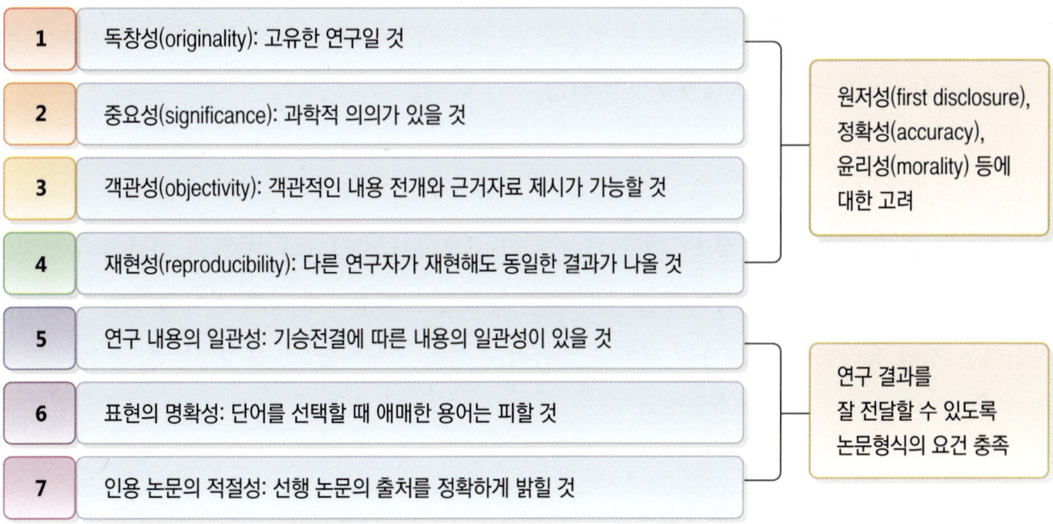

그림 2.1 논문의 주요 요소

3 서론 작성

1) 서론 구성

서론(introduction)은 간단명료하고 독자들의 흥미를 끌 수 있어야 한다. 독자가 서론을 읽었을 때 무엇에 의문을 가져서 연구를 시작하였는지 연구의 목적에서 바로 알아차릴 수 있어야 한다. 서론은 단도직입적이어야 한다. 충분한 정보를 검토한 후 가급적 짧고 명료하게 작성한다. 압축된 서론은 쉬운 글로 작성하고 동료에게 읽게 하여 문제점이 없는지 확인해 보는 방법도 좋다. 서론은 연구의 중요성을 부각시켜 줄 배경 문단, 연구와 관련된 직접적인 문제점에 초점을 맞추어야 한다. 서론에서 다루게 되는 내용은 저자가 결과를 내고자 하는 방향과 논의에 대한 자료를 바탕으로 기술한다. 지금까지 발표된 연구들을 체계적으로 검토하여 선행 연구와의 차이점 및 본 연구가 갖는 의미에 대해서 명확히 밝혀야 한다. 특히 서론의 마지막 부분에 연구의 목적을 제시하는데 이는 연구에서 가장 중요한 부분이다. 연구의 목적은 저자가 왜 이 연구를 진행하였는지를 짧고 간결하고 명확하게 기술해야 한다. 연구의 목적이 불분명할 때 논문에서 주장하고자 하는 것이 무엇인지 알 수 없게 된다. 서론은 앞에서 제시한 바와 같이 연구 목적이 들어가기 때문에 독자에게는 대단히 중요한 단원이다. 따라서 결과와 고찰을 충분히 파악한 후 연구의 핵심 배경, 의문점이 결과와 고찰을 연결할 수 있도록 기술되어야 한다.

서론 작성 기술 시 유의사항으로 첫째, 문장 내용이 중복되지 않도록 유의한다. 둘째, 문장 내용이 바뀔 때는 들여쓰기를 사용하여 주제 내용의 바뀜을 자연스럽게 알린다. 셋째, 쉼표를 적절하게 사용하되 남용하지 않는다. 넷째, 삭제해도 무방한 조사를 줄여 쓴다. '−의', '−과의', '−에로의', '−에서의' 등 필요 없는 조사는 삭제한다. 명확하게 알려진 사실은 현재형으로 기술하고, 최근에 연구된 내용이나 추가적인 연구가 필요한 결과, 타 연구와 상반되는 결과 등은 과거형으로 기술한다.

2) 서론 구성 절차

일반적으로 연구 배경, 연구 목적, 연구 가설 등이 서론에서 작성된다. 서론의 일반적 구성 절차는 대부분 비슷하지만 투고할 학회 및 각 대학마다 조금씩 다른 형식으로 기술하게 되어 있어 투고할 기관의 양식을 확인한 후 작성하는 것이 유리하다. 표 2.1은 서론의 일반적 구성을 기술하였고, 표 2.2는 학위 논문을 진행할 때 조금 더 세부적으로 구성된 내용을 기술하였다.

표 2.1 일반 학회지의 서론 구성 방법

1	연구 주제 배경	연구 배경 및 대상자에 대한 연구 필요성과 현재 화제가 되고 있는 내용을 선행 연구에서 발췌하여 간단히 기술한다.
2	선행 연구	우선적으로 5~10년 이내의 최근 선행 연구를 발췌한다. 연구하고자 하는 주제와 관련하여 연구대상자 및 기존 연구에서 진행하였던 중재방법, 측정방법 등과 관련된 내용을 간단히 서술한다.
3	문제점 제시	기존 선행 연구의 내용을 나열하였으면 추가로 더 보강해야 할 내용, 새롭게 나온 이론을 검증하기 위한 내용 등의 이유로 보완할 필요가 있음을 강조한다.
4	연구 목적 제시	기존 선행 연구와 본인 연구와의 차이점이 무엇인지를 정확히 밝히고 연구 필요성을 제기하면서 서론을 맺는다.

표 2.2 학위 논문의 서론 구성 방법

1	연구 문제 진술	인구통계학적 변인 포함에 대한 이유 및 연구 문제 도출의 배경이 되는 근거를 밝힌다.
2	연구 중요성	연구자는 자신이 다루고 있는 연구에 대한 결과가 학문적으로 또는 실제적으로 어느 정도 기여를 할 수 있을 것인지를 밝힌다. 막연히 근거 없이 기여점만 기술되어서는 안 되고, 기여할 수 있는 선행 근거를 비추어 논리적으로 제시해야 한다.
3	용어 정의	연구 문제와 중요성을 기술하고 나면 연구 문제 속에 포함된 주요 변인이 어떤 의미로 사용되는지 어떻게 측정할 수 있는지를 밝혀야 한다. 주요 변인에 대한 정의는 우선 그 변인의 의미를 밝히는 개념적 정의(conceptual definition)와 그런 의미를 지닌 변인을 어떻게 측정했는지를 밝히는 조작적 정의(operational definition)가 있다. 연구 논문에서 조작적 정의가 중요한 것은 첫째, 연구자가 주어진 변수에 대해 스스로 규정한 개념적 정의에 부합되는 변수를 타당하게 측정할 수 있었음을 증명해 보이는 일이다. 둘째, 독자 입장에서 볼 때 연구자가 개념적 정의에 부합되는 타당한 방법으로 측정하였는지를 평가해 볼 수 있는 객관적 정보가 되기 때문이다.
4	연구 목적 제시	연구 문제에서 다뤄지는 주요 변인의 제한적 의미를 미리 밝혀둠으로써 연구자 자신에게는 연구 결과 해석을 명료하게 제시하고, 독자에게는 연구 결과가 의미하는 바를 정확하게 전달되게 한다. 연구 결과가 그 결과가 얻어진 조건, 특정 대상, 시기, 장소, 방법과 관련하여 주어진 조건을 넘어 일반화할 수 없을 때 미리 밝혀둔다. 이것은 연구자가 자신의 연구 결과를 보호하기 위한 장치이다.
5	연구 가설 설정	모든 연구에서 완벽한 조건하에 연구가 진행될 수 없기 때문에 연구마다 특별한 가정을 세우고, 구체적인 내용은 다를 수 있다. 보건계열 논문에서는 주로 대립가설을 많이 사용하며 "○○○ 중재가 ○○○에 효과가 있을 것이다. 또는 차이가 있을 것이다."라는 가설을 세워 놓고 연구를 진행한다.

3) 서론 작성 사례

학회지 서론 작성 사례 및 분석

압력 생체되먹임 장치를 이용한 호흡재교육 운동이 뇌졸중 환자의 들숨기능에 미치는 영향

제목은 독립변수와 종속변수 내용이 들어가야 한다. 여기서는 호흡재교육운동과 들숨기능 단어를 넣어 제목을 구성하였다.

Effects of respiratory reeducation exercise using pressure biofeedback device on inspiratory function of stroke patients

Kim HS, Lee DW, Cho SH

1. 서론

우리나라에 40~50대 연령층의 사망원인 중 하나인 뇌졸중은 세계 최고 수준의 사망률이며, 대표적인 뇌혈관 질환 중 하나이다[1]. 뇌졸중은 뇌 조직 주변의 혈관이 막히거나 파열되어 비가역적인 뇌 손상을 일으키는 질환이다[2]. 뇌졸중 이후 발생한 장애의 회복은 대개 불완전하게 환자의 50% 정도가 지속적인 신경학적 손상하게 되면[3], 운동장애, 지각 및 인지장애, 언어장애, 시각장애, 호흡 기능장애 등의 증상을 비롯한 여러 가지 합병증이 동반된다[4]. 이것은 일상생활 활동을 제한하고 사회적 참여를 방해하는 요인 중 하나이다[5-6].

뇌졸중 환자가 대표적으로 사망률이 크다는 것을 제시하면서 대상자 연구에 대한 필요성을 제시하였다.

뇌졸중 환자의 호흡 해부생리에 대한 설명과 지금까지 일반적 치료만 진행되었다는 내용을 바탕으로 호흡 재교육의 필요성을 제시하였다.

뇌졸중 환자의 호흡 시스템을 구성하는 요소 중 가로막, 갈비사이근, 배 근육과 같은 호흡근의 협동 작용 약화 때문에 호흡 기능 문제가 발생하며[7-8], 또한 적절한 확장제한 및 몸통의 잘못된 자세조절 등의 원인으로 호흡 기능에 문제가 발생한다고 보고되었다[9]. 그러나 뇌졸중 환자들은 직접적인 호흡 기능 증진을 위한 중재가 포함되지 않고 보행능력과 근력, 관절가동범위 등 신체의 기능적 회복만을 목적으로 이루어지는 일반적인 재활 치료 프로그램이 대부분이다[10]. 그러므로 뇌졸중 환자의 호흡 증진 프로그램이 많이 필요한 시점이다[11]. 호흡 기능은 개인의 운동능력에 따라 심장과 폐가 적절히 반응하는 것이다. 호흡 기능을 증가시키기 위해서는 호흡 근력의 향상이 동반되어야 하며, 이는 호흡근 훈련을 통해 향상하게 시킬 수 있다[12].

뇌졸중은 신체의 기능손상으로 인해 가로막의 근 약화와 몸통 근의 협응 장애 등으로 날숨보다 들숨에 더욱 약화를 보인다[13]. 그리하여 들숨근 훈련은 신경학적 병변과 비신경학적 병변에 의한 들숨근 손상과 관계없이 환기력을 향상하게 시키므로[14], 가슴우리 확장, 가로막 훈련 등 들숨 훈련에 초점이 맞춰져 왔다[15-16].

허리 안정화 운동은 근육과 움직임의 조절 능력을 회복시키는 운동으로 배 근육의 적절한 수축과 신경 근육의 조절 및 협응력을 유지하는 것을 말한다[17]. 또한, 능동적인 허리 관련 조직을 강화함으로써[18], 중심부 근육의 활성을 통해 허리 통증이 있는 환자의 기능과 통증 개선에 효과적이고[19], 몸통과 심부 근력의 향상에 많이 쓰이고 있다[20]. 그러나 허리 통증이 있는 환자에게 실시되는 다양한 운동방법들이 잘못 사용되는 경우 오히려 근육 손상을 일으킬 수 있으며 근력과 지구력에 개선에 효과적이지 못하게 된다.

연구자가 중재하려고 하는 압력 생체되먹임 장치 훈련이 다른 호흡 훈련에 비해 효과적임을 알려주고 있다.

또한, 대부분의 허리 통증이 있는 환자들은 심부에 있는 근육들의 수축방법을 정확하게 못하는 경향이 있다[21]. **그러므로 이러한 점을 보완하기 위해서 본 연구는 압력 생체되먹임 장치를 사용하였다[22]. 압력 생체되먹임 장치는 능동적인 방법으로 체간의 안정화를 유지하며, 근 활성도를 유발한다. 기능의 구조는 압력계가 연결되어 있으며, 내부 압력의 증가로 팽창되는 비탄력적 장치로 원래 능동적으로 허리 안정화를 위한 복부 근육의 능력을 평가하기 위하여 개발되었고, 다양한 연구에서 허리 안정화를 검사하기 위해 사용해 왔다[23-24]. 또한, Da silva (2017)의 선행연구로 복부의 안정화 효과를 측정하기 위해 사용되지만, 복부의 활성화로 인한 호흡압력 값을 측정하는 정확성을 확인하는 데는 사용되지 않지만, 압력 측정을 통해 호흡압력을 교차하는 검증하는 것이다[25].**

호흡재교육 운동은 복부 위에 압박함으로써 복식호흡을 유도하는 것으로, 이러한 장치로 호흡재교육 운동을 하게 되면 복부 근육의 능력 평가와 근육의 수축과 강도를 시각적으로 확인할 수 있다. 또한, 허리뼈의 소근육들을 정확하게 수축하도록 도움으로써, 운동의 효과를 높이는 것으로 보고됐다[26].

들숨과 날숨을 시각적으로 확인할 수 있는 피드백 호흡훈련을 시행하여 뇌졸중 환자의 가슴우리 용적과 폐 기능 증진에 효과가 있다고 보고되었다[27]. 또한, 호흡재교육 운동이 뇌졸중 환자에 노력성 폐활량, 1초간 노력성 날숨량, 최대 들숨압력 등에서 유의하게 증가하였다[28].

타 연구와 중재방법이 다른 것을 강조하였고, 압력 생체되먹임 장치를 이용한 연구가 많이 부족하다는 내용을 기술해 놓았다.

이처럼 여러 선행연구에서 다양한 피드백 방법으로 호흡 기능에 효과를 보고하였지만, 압력 생체되먹임 장치를 사용하지 않은 경우가 대부분이다. 그리고 허리 안정화 운동 및 압력 생체되먹임 장치를 이용한 호흡 중재프로그램에 대한 효과에 관한 연구는 부족한 실정이다.

따라서 본 연구에서는 뇌졸중 환자를 대상으로 압력 생체되먹임 장치를 이용한 호흡재교육 운동이 들숨기능에 어떠한 영향을 미치는지 알아보고자 한다.

본 연구의 목적과 필요성을 제시하였다.

학위논문 서론 작성 사례 및 분석

수중과 지상에서 과제 관련 훈련이 뇌졸중 환자의 균형과 기능 수행 및 삶의 질에 미치는 영향

A study on effect of task-related training in water and on land for chronic stroke patient for a balance, functional performance and the quality of the life.

Lee DJ

I. 서론

1. 연구 배경 및 필요성

생활수준의 향상과 의학의 발달로 인한 노인인구의 증가는 만성 질환의 발생률 증가를 동반하고 있다. **현재 우리나라에서도 뇌졸중은 암에 이어 두 번째로 많은 사망원인으로 보고되고 있다(통계청, 2006). 보건복지부 만성질병 국민영양조사에 의하면 질병으로 인한 활동제한일수는 뇌졸중이 가장 길다고 하였고, 활동제한에 따른 생산액 손실은 국내총생산의 0.96%인 약 5조 2,416억원으로 추정된다고 하였다. 재원일수도 뇌졸중이 가장 길었고, 연간입원의료 이용지출 비용은 입원자당 평균 153만 3천원이 발생한다고 하였다(보건복지부, 2003).** **뇌졸중 환자는 신체의 상지, 하지 안면의 손상과 더불어 어지러움(dizziness), 시각의 손실, 감각의 손실로 인한 균형의 손실 등으로 보행과 일상생활에 어려움을 초래한다(Lamb, Ferrucci, Volapto, Fried, Guralnik, 2003).** 또한 대부분의 뇌졸중으로 인한 편마비 환자는 같은 나이의 정상인에 비해 선자세의 자세동요가 두 배 정도 커지기 때문에(Nicholas, 1997), 균형을 회복하는 것은 낙상과 같은 이차적 손상을 예방하고 기능 증진을 통하여 일상생활로 복귀를 위한 중요한 과정이다(Horak, 1997). 그러나 균형은 다양하고 혼합된 요소에 의해 이루어지기 때문에 뇌졸중 환자의 균형 치료가 쉽지 않다(Bonan et al., 2004).

뇌졸중 환자의 인구통계학적 배경 및 근거를 제시하였다.

뇌졸중 환자의 신체적 문제점을 선행 연구를 통하여 제시하였다.

균형 조절은 수의적 동작에 앞서 자동자세반사조절 기전을 바탕으로 보행 시 개개인에게 안정성을 유지하게 하고 다양한 자세를 취하게 하는 기본적 행동수단으로, 뇌졸중 환자들의 균형 조절 학습은 재활의 중요한 목적이다(Walker, Brouwer, Culham, 2000).

뇌졸중 환자의 균형 재활에는 일반적으로 보바스(Bobath) 개념을 이용한 방법과 고유 수용성 신경근 촉진 기법을 이용한 방법(Jette et al., 2005; Tyson & Selley, 2007), 시각적 피드백 훈련(visual feedback training) (Walker et al., 2000; Carson & Swinnen, 2002) 및 운동학습(motor learning) (Carr & Shepherd, 2003; Dean, Richards, Malouin, 2000; Lord, Rochester, Watherall, Mcpherson, Mcnaughton, 2006; Orrell, Eves, Masters, 2006; Wu, Trombly, Lin, Tickle-Degnen, 2000), 환측 체중이동(Geiger, Allen, O'Keefe, Hicks, 2001; Laufer, Dickstein, Resnik, Marcovitz, 2000) 등의 방법을 사용한다. 보바스 접근법과 고유 수용성 신

기존에 많이 사용되고 있는 다양한 뇌졸중 환자의 치료 기법을 설명하였다.

경근 촉진 기법은 정상적인 긴장성을 촉진하고 비정상적인 반사를 억제하는 방법을 사용함으로써 병리적으로 문제가 있는 지점을 치료하는 기법이다(Tyson & Selley, 2007). 시각적 피드백 훈련을 통한 마비측 체중부하와 자세조절은 환자에게 대칭성 확보를 통한 안정성의 증가에 도움을 준다고 하였다(Walker et al., 2000). 뇌졸중 환자는 체중부하의 대칭성이 손실되며, 비 마비측의 체중부하가 61%에서 80%까지 늘어나고 두 발을 지면에서 떼지 않고 균형을 유지한 상태에서 무게중심을 이동할 수 있는 최대 거리로 정의되는 안정성 한계(limits of stability)에 제한이 따르기 때문에 재활 훈련의 일환으로 체중부하 훈련을 한다고 하였다(Geiger et al., 2001). 그러나 기존의 방법들은 만성 뇌졸중 환자들에게 퇴원 후 가정에서 지속적으로 접근하기 어려운 반면에 과제관련 훈련은 치료사의 적절한 **운동학습이론(motor learning theory)을 바탕으로 하는 순환식 과제지향 훈련(task-oriented circuit training)은 1980년대 Carr와 Shepherd에 의해 소개되었다. 그 후 다양한 과제관련 훈련(task-related training)이 연구되어졌고, 감각 자극과 실제 기능적 활동을 환자에게 제시함으로써, 일상생활에 보다 도움을 줄 수 있는 효율적인 방법으로 이용되었다(Carr & Shepherd, 2003; Dean et al., 2000).** 처방에 의해 스스로도 가능하여 기능 향상을 가져올 수 있다고 하였다(Dean et al., 2000).

연구자가 시도하려고 하는 과제지향 훈련의 이론적 배경과 효과에 대해 간단히 기술하였다.

운동 조절은 정확한 운동 행동과 환경 및 과제에 의해 구성되어지는 외적 요소와, 개인의 신체 및 정신으로 구성되어지는 내적 요소가 신경계 시스템에 어떻게 반응하는지의 여부가 중요한 관심사항이 되고 있으며, 과제 수행 시에 효율적으로 나타난다고 하였다(Doty, McEwen, Parker, Laskin, 1999; Wu, Wong, Lin, Chen, 2001). 운동 학습 훈련은 뇌졸중 환자에게 적절하고 다양한 방법으로 과제를 주어 훈련을 시켰을 때 효과는 더욱 커진다고 하였으며, 기능적 움직임, 보행 속도, 균형, 지구력 등의 증감에 효율적이라는 연구가 꾸준히 보고되고 있다(Silsupadol, Siu, Shumway-Cook, Woollacott, 2006; 김수민, 2004; 조규행, 이석민, 우영근, 2004).

6개월 이상의 만성 뇌졸중 환자에게 낙상은 회복을 지연시키는 중요한 원인으로 병원 및 가정에서 23%~50%가 낙상을 경험하였다고 하였고(Holt, Simpson, Jenner, Kirker, 2000; Jorgensen, Engstad, Jacobsen, 2002), 손상이 발생할 경우 이에 대한 의료 분쟁도 차츰 증가하는 추세로 낙상 예방이 점점 더 중요하게 여겨지게 되었다(전창식, 최경효, 전민호, 1999).

운동 상해의 위험이나 낙상의 부담 없이 할 수 있는 수중운동(swimming pool exercise)은 정형외과적 물리치료의 한 분야인 수중요법에서 유래하여 미국과 일본을 포함한 여러 나라에서 심장혈관계, 신경계, 골격근계의 강화 프로그램으로 발전된 것으로 크게 전형적인 수영운동, 수중에어로빅(aquarobics), 특수 부양기구를 이용하여 몸을 똑바로 세우고 걷기, 달리기, 관절가동범위 증진을 위한 운동 등을 의도하는 목적에 따라 다양하게 구상할 수 있다(김은희, 1998). 그러나 수중운동에서 만성 류마티스 환자, 골관절염 환자, 만성요통 환자, 노인의 근력 향상, 통증 감소, 유연성 향상을 통한 신체의 안정과 심폐량을 향상시켰다는 연구는 많았지만(Booth, 2004; McIlveen & Robertson, 1998; Melton-Rogers, Hunter, Walter, Harrison, 1996; Patrick et al., 2001), 다발성 경화증, 외상성 뇌손상, 뇌졸중, 소아재활과 같은 신경학적 손상환자의 연구는 상대적으로 미흡한 실정이다(Geytenbeek, 2002).

수중운동은 해외에서 많이 시도되고 있으며 다양한 수중운동 방법이 있음을 선행 연구를 통해 제시하였다.

수중운동이 근골격계 환자 위주로 사용되었고, 신경계 환자를 대상으로 진행한 연구는 많지 않음을 선행 연구를 통해 밝힌 부분이다.

Tovin, Wolf, Greenfield, Crouse(1994)는 수중과 지상에서 동일 과제를 적용하여 십자인대 손상 환자에게 관절가동범위와 근력의 향상을 보였지만, 신경계 손상 환자에게도 효과가 동일한지는 알 수 없다고 하였다.

수중과 지상에서 동일한 과제를 적용하여 비교한 선행 논문을 제시하였고, 신경계 환자에게 효과가 명확하지 않음을 밝히며, 신경계 환자에게 연구가 더 필요함을 제시하였다.

또한 수중에서 서기, 스텝, 걷기 등의 다양한 과제를 통하여 신경계 손상 환자의 근력, 균형, 유연성, 보행과 삶의 질의 효과가 부분적으로 입증되었지만, 지상에 비해 큰 효과는 볼 수 없었다고 하였다(Chu et al., 2004; Driver, Rees, O'Connor, Lox., 2004). 조윤미(2007)의 연구에서도 수중 걷기 훈련을 시행한 실험군이 지상에서 운동한 대조군에 비해 균형의 향상을 보였다고 하였지만, 치료 시간이 두 집단 간에 동일하지 않았다. 최종환, 김현주, 신준용, 김희철, 노기택(2005)에 의하면 12주간의 수중과 지상에서 훈련 후 수중에서 근력, 유연성, 동적, 정적 평형성의 향상을 보였다고 하였고, 남상남, 김종혁, 조영수(2004)의 연구에서도 뇌졸중 환자에게 수중과 지상에서 훈련을 하였을 때에 근육강도와 관절가동범위 향상에 효과적이라는 보고가 있지만, 훈련 과제가 두 집단 사이에 동일하지 못하였다.

현재까지 수중 효과는 연구자들에 의해 많이 입증되고는 있지만 동일한 과제를 사용하여 지상에 비해 효과적임을 주장하는 연구는 많지 않은 실정이다.

연구의 목적 및 필요성을 제시한 부분이다.

이에 본 연구는 수중과 지상에서 동일한 과제관련 훈련을 적용한 후에 시기에 따른 균형 및 기능의 차이를 분석하고 일상생활동작과 삶의 질에 미치는 영향을 알아보고자 한다.

2. 연구 목적

본 연구의 목적은 만성 뇌졸중 환자가 쉽게 따라 할 수 있는 과제관련 훈련을 통해 수중과 지상에서 적용하였을 때 측정 시기에 따라 균형 및 기능 향상의 정도와 일상생활동작과 삶의 질에 미치는 영향을 알아봄으로써 뇌졸중 환자의 재활에 도움을 주고자 함이다.

이를 위한 구체적인 연구 목적은 다음과 같다.

첫째, 수중 과제관련 훈련이 균형과 기능 및 일상생활동작과 삶의 질에 미치는 효과를 확인한다.
둘째, 지상 과제관련 훈련이 균형과 기능 및 일상생활동작과 삶의 질에 미치는 효과를 확인한다.
셋째, 수중 과제관련 훈련과 지상 과제관련 훈련을 비교하여 균형과 기능 및 일상생활동작과 삶의 질에 미치는 효과를 확인한다.

연구하려는 목적에 따라 총 세 가지의 연구 목적을 제시하고 있다.

3. 연구 가설

본 연구의 목적에 따라 다음과 같이 가설을 설정하였다.

첫째, 수중 과제관련 훈련과 지상 과제관련 훈련이 측정시기에 따라 균형능력을 증진시킬 것이다.
둘째, 수중 과제관련 훈련과 지상 과제관련 훈련이 측정시기에 따라 유연성을 증진시킬 것이다.
셋째, 수중 과제관련 훈련과 지상 과제관련 훈련이 측정시기에 따라 이동성을 증진시킬 것이다.
넷째, 수중 과제관련 훈련과 지상 과제관련 훈련이 측정시기에 따라 일상생활동작과 삶의 질을 증진시킬 것이다.

연구하려는 변수에 따라 총 네 가지의 연구 가설을 제시하고 있다.

연구에 사용되는 용어와 관련하여 개념적 정의를 통하여 추상적 개념을 사전에 정의된 보편적 언어로 정의하였고, 조작적 정의를 통하여 구성개념들을 구체적인 수치로 표현할 수 있게 정의하였다.

4. 용어 정의

1) 수중 과제관련 훈련

본 연구에서 적용한 정의로 지상에서 과제관련 훈련을 시행한 Dean 등(2000)과 Salbach 등(2004)의 방법과 수중에서 과제관련 훈련을 시행한 Willen, Sunnerhagen, Grimby (2001)에 의해 인용된 방법으로 수중에서 서기, 스텝하기, 걷기 등 열 가지 과제로 구성되어 기능향상을 위해 뇌졸중 환자에게 물속에서 적응하도록 고안된 운동 프로그램이다.

2) 지상 과제관련 훈련

본 연구에서 적용한 정의로 지상에서 과제관련 훈련을 시행한 Dean 등(2000)과 Salbach 등(2004)의 방법과 수중에서 과제관련 훈련을 시행한 Willen 등(2001)에 의해 인용된 방법으로 물리치료실 내에서 서기, 스텝하기, 걷기 등 열 가지 과제수행으로 기능향상을 위해 뇌졸중 환자에게 지상에서 적응하도록 고안된 운동 프로그램이다.

3) 정적 균형

본 연구에서 적용한 정의로 균형측정 장비를 이용하여 30초 동안 눈을 뜬 상태와 감은 상태에서 균형을 유지할 수 있는 능력으로 압력의 중심(center of pressure, COP)에 대한 전후 동요속도(anteroposterior velocity, mm/s)와 좌우 동요속도(mediolateral velocity, mm/s)를 의미한다.

4) 동적 균형

본 연구에서 적용한 정의로 균형 측정 장비를 이용하여 컴퓨터의 모니터 상에 보여 지는 기준점에서 세 방향의 표적으로 과제를 수행하였을 때에 걸리는 시간(초)과 총 거리(mm)를 의미한다.

4 참고문헌 작성과 기술방법

참고문헌은 연구에서 인용한 문헌 자료의 출처를 밝히는 데 유용한 정보를 제공한다. 참고문헌은 저자의 지적권리를 인정하고, 표절에 대한 방어가 될 수 있기 때문에 정확하게 작성하는 것이 중요하다.

참고문헌은 크게 '참고문헌(reference)'과 '서지목록(bibliography)'으로 구분한다. 참고문헌은 본문에서 인용한 자료를 제시하는 것이고, 서지목록은 본문에서 인용한 자료와 더불어 연구를 하는 데 있어서 간접적으로 사용한 보충자료와 독자들의 이해를 돕기 위해 추천하는 자료를 포함하는 것으로, 참고문헌보다는 광범위한 개념이라고 할 수 있다. 논문에서 참고문헌이라고 하면 대체로 reference를 의미한다. 학위논문이나 학회지 논문 투고 시 각 대학 및 학회의 양식이 따로 있어 그 방식에 따르는 것이 일반적이다.

1) APA 스타일

미국심리학회의 형식이며 현재 7판까지 나와 있다. 사회과학 분야에서 많이 사용되고 있으며, 보건 및 간호학 분야 학술지에서 기본 형식으로 사용하는 경우가 있다. 7판의 경우 전자 문헌에 DOI 값이 있는 경우 출력한다.

APA 스타일의 특징은 다음과 같다.

첫째, 본문 중(저자, 연도) 형식으로 다른 문헌을 인용한다.

둘째, 참고문헌은 본문에 인용한 문헌을 이름 순서로 기술한다.

셋째, 학술지명 등은 보통 Full Name을 사용한다.

넷째, 저자명은 성(last name)을 그대로 쓰며, 이름(given name)은 이니셜로 기술한다.

(1) 본문 작성 시 일반규칙

학술지에 따라 세부적인 내용은 다를 수 있다.

- 본문에 언급된 모든 문헌을 포함한다.
- 본문 중 저자명, 출판년도를 괄호로 묶어 서술한다.
- 저자명은 동일 성의 인용할 문헌이 없는 경우 성만 기술한다.
- 동일 성이 있는 문헌은 이니셜을 추가한다.
- 저자의 성과 이니셜은 대문자를 사용한다.
- 다른 문헌을 직접 인용하는 경우 페이지를 추가한다.

예) 1. (Pauling, Liu, & Guo, 2005) / Pauling, Liu, and Guo (2005)

(2) 본문인용

① 서술

- 인용문헌을 본문에서 저자명을 중심으로 서술할 경우 저자명을 괄호에서 분리한다.

  예) 1. Pauling (2005) discovered a possible genetic cause of alcoholism.

- 내용 중심으로 서술할 경우 문장 맨 뒤에 인용문을 기술한다.

  예) 2. A recent study found a possible genetic cause of alcoholism (Pauling, 2005).

- 저자의 성만 쓰지만 동일 성의 같은 연도의 자료를 인용할 경우, 저자별로 참고문헌을 구분하기 위해 이름 이니셜을 추가로 쓴다.

  예) 3. A recent study found a possible genetic cause of alcoholism (A. Pauling, 2005).

- 동일 저자의 동일 연도의 자료를 인용할 경우, 연도 뒤에 알파벳을 붙여 구분한다.

  예) 4. A recent study found a possible genetic cause of alcoholism (Pauling, 2005a).

② 저자 숫자

- 인용문헌의 저자가 1명인 경우

  예) 1. (Pauling, 2005)

- 인용문헌의 저자가 2명인 경우, 저자 사이에 & 또는 and를 사용한다. & 또는 and는 학술지에 따라 다를 수 있다.

  예) 2. (Pauling & Liu, 2005) / Pauling and Liu (2005)

- 인용문헌의 저자가 3~5명인 경우 마지막 저자 앞에 & 또는 , & 또는 and 또는 , and를 사용한다. 동일 문헌을 본문에서 다시 인용하는 경우 첫 저자 뒤에 et al.을 사용한다.

  예) 3. (Pauling, Liu, & Guo, 2005) / Pauling, Liu, and Guo (2005)

- 인용문헌의 저자가 6명 이상인 경우 첫 저자 뒤에 et al.을 사용한다.

  예) 4. Pauling et al. (2005) discovered a possible genetic cause of alcoholism.

(3) 참고문헌 작성 시 일반규칙

- 참고문헌은 첫 저자 이름 순서에 따라 서술한다.
- 저자는 인용문헌의 순서에 따라 서술한다.
- 저자 이름은 저자의 성, 콤마, 빈칸, 이름 이니셜 순서로 서술하며, 2명 이상일 경우 저자 사이에 쉼표와 빈칸을 사용한다.
- 이름 이니셜은 마침표와 빈칸으로 구분하며 마지막 저자 앞에는 , & 또는 , and로 구분한다.

  예) 1. Kim, J. H., & Moon, J. H.

- 저자 7명까지는 모든 이름을 기술하고, 8명 이상일 때 처음 6명까지 기술하고 ', …'로서 기술한다.

  예) 2. Park, B. H., Yoon, J. M., Kim, J. H., Moon, J. H., Lee, Y. H., & Jang, S. M.,….

- 학술지에 따라 4명 이상일 때 3명까지, 7명 이상일 때 3명까지 서술하고 'et al.'을 사용한다.

(4) 학술지

일반적인 규칙은 다음과 같으며, 학술지에 따라 세부적인 적용은 다를 수 있다.

① 논문명

- 논문명의 첫 단어는 대문자로 입력하고, 나머지는 소문자를 사용한다.

  예) 1. Central obesity as a risk factor for non-erosive reflux disease

- 구의 첫 글자를 대문자로 사용한다.
- 고유명사 또는 약어는 대문자를 사용한다.

② 학술지명

학술지명은 Full Name을 사용한다.

③ 표준형식

저자명. (출판년). 논문명. 학술지명, 권(호), 페이지.

Author, A. A., Author, B. B., & Author, C. C. (Year). Title of article. Title of Journal, volume number (issue number), Pagination. https://doi.org/xx.xxx/xxxxx

예) 1. 박동규, 최용근, 김영수, & 신상완. (2009). 대한치과보철학회지에 게재된 논문의 통계적 오류. 대한치과보철학회지, 47(3), 273-285.

예) 2. Bujarski, S., Lau, A.S., Lee, S.S., & Ray, L.A. (2015). Genetic and environmental predictors of alcohol use in Asian American young adults. Journal of Studies on Alcohol and Drugs, 76(5):690-699. https://doi.org/10.15288/jsad.2015.76.690

(5) 교재

일반적인 규칙은 다음과 같다.

① 도서명

- 도서명은 원어 그대로 서술한다.
- 도서명의 첫 단어는 대문자로 서술한다.

② 표준형식

- 저자명 (역할어). (출판년). 도서명 (역할을 달리한 저자) (판차). 발행지: 출판사.

  예) 1. 문수백(1995). 놀이를 통한 사고학습. 서울: 학지사.

- Author, A. A., Author, B.B., & Author, C.C. (Year of publication). Title of book. Place of Publication: Publisher.

  예) 1. Leininger, M. M., & McFarland, M. R. (2006). Culture care diversity and universality: a worldwide nursing theory (2nd ed.). Sudbury, MA: Jones and Bartlett.

- Author, A. A., & Author, B. B. (Year of publication). Title of chapter. In A. A. Editor & B. B. Editor (Eds.), Title of book (pages of chapter). Place of Publication: Publisher.

  예) 1. Hoffman, M. L. (1982). Development of prosocial motivation: Empathy and guilt. In N. Eisenberg & H. Beilin (Eds.), The Development of Prosocial Behavior (pp. 281-313). San Diego: Academic Press.

2) 밴쿠버 스타일

밴쿠버 스타일(ICMJE: Vancouver style)은 1978년 캐나다 브리티시 컬럼비아주 밴쿠버에서 일반 의학학술지 편집인 및 관계자의 비공식적 모임으로 시작되었으며, 미국 국립도서관이 개발한 참고문헌 양식을 작성하여 1979년도에 탄생하였다. 이후 국제의학술지 편집위원회(international commitee of medical journal editors, ICMJE)로 발전하였다.

(1) 참고문헌은 본문 안에 인용되는 순서대로 번호를 매기며, 본문에는 괄호 안에 번호를 써서 어깨번호를 매겨서 아래와 같이 표시한다.

예) 1. 뇌졸중은 뇌 조직 주변의 혈관이 막히거나 파열되어 비가역적인 뇌 손상을 일으키는 질환이다[2]. 뇌졸중 이후 발생한 장애의 회복은 대개 불완전하게 환자의 50% 정도가 지속적인 신경학적 손상하게 되면[3], 운동장애, 지각 및 인지장애, 언어장애, 시각장애, 호흡 기능장애 등의 증상을 비롯한 여러 가지 합병증이 동반된다[4].

(2) 참고문헌은 다음과 같은 방식을 사용한다.

① 학술지 논문

Author(s)–Family name and initials. Title of article. Title of journal–abbreviated Publication year, month, day (month & day only if available); volume(issue): pages

예) 1. D'Mello SR, Anelli R, Calissano P. Lithium induces apoptosis in immature cerebellar granule cells but promotes survival of mature neurons.

② 단행본

Author(s)−Family name and initials. Title of book: subtitle. Publication city: publisher; Publication year.

③ 번역서

Hemingway, E. (1959). 『누구를 위하여 종은 울리나』. (김형일, 옮김). 서울: 동학사. (원서출판 1956).

④ Electronic article – with DOI number

Fletcher D, Wagstaff CRD. Organisational psychology in elite sport: its emergence, application and future. Psychol Sport. 2009;10(4):427−34. doi:10.1016/j.psychsport.2009.03.009.

⑤ Electronic article – without DOI number

Lemanek K. Adherence issues in the medical management of asthma. J Pediatr Psychol [Internet]. 1990 [cited 2010 Apr 22];15(4):437−58. Available from: http://jpepsy.oxfordjournals.org/cgi/reprint /15/4/437.

3) 하버드 스타일

하버드 스타일(Harvard reference style)은 사회과학 분야에서 많이 사용하며, 참고문헌을 저자명의 알파벳 순서로 나열한다. 본문에 표시할 때 번호를 붙이지 않고 괄호 안에 저자 이름과 출판 연도를 써서 표시한다. 하버드 스타일의 특징은 첫째, 각주 대신 본문에 출처를 밝힌다. 둘째, Reference List와 Bibliography가 있다. Reference List에서는 작성자의 논문에 인용 또는 paraphrase 하여 사용한 모든 자료들을 포함한다. Bibliography에서는 작성자가 인용 또는 paraphase 하지 않은 것을 포함하여 논문에 사용된 모든 자료들을 포함한다.

본문에서는 저자의 성과 출간년도만 표기하기 때문에, 직접/간접적으로 인용한 자료 모두는 Reference List에 가나다 순서 혹은 abc 순서로 정리해 주어야 한다. Bibliography는 직접/간접적으로 인용한 것 이외에도 작성자의 논문과 관련된 주제와 내용이 관련되어 있는 자료를 참고만 했더라도 참고문헌 목록에 기재하는 스타일인데, 기관에 따라서 이를 요구하는 곳이 있으므로 어디에서 글을 쓰느냐에 따라 고려하면 된다.

(1) 본문 인용

① 저자명이 글에 나와 있는 경우

예) 1. Thorpe 등(2005)은 10주간의 수중 저항 운동이 뇌성마비 아동의 균형능력을 향상시켰다고 하였다.

② 저자명이 글에 나와 있지 않은 경우

예) 1. 즉 수중에서의 움직임은 신체가 어떻게 움직여지는가를 느끼게 하며 자신의 움직임을 통하여 신체균형, 신체도식, 협응 및 운동감각 등을 촉진한다(Kim, 2010).

예) 2. 수중운동치료는 지상에서 수행하는 운동 중재 방법과 비교했을 때, 물이 가지는 특성으로 인하여 더 안전하고 효율적인 수준의 중재를 하게 해준다(Kelly & Darrah, 2005).

예) 3. 수중재활프로그램을 통하여 직접적, 간접적으로 뇌성마비 아동의 운동 능력에 대한 영향을 분석한 선행 연구에서 Halliwick 기법을 이용한 수중운동프로그램이 8명 아동의 ADL 기능을 93% 정도 향상시키는 것으로 나타났다(Cunha 등, 1996).

③ 한 번에 여러 문헌을 언급해야 하는 경우

세미콜론(;)을 이용하여 출간년도가 빠른 문헌의 저자부터 적어준다.

예) 1. 운동 시에 낙상의 두려움과 급성 손상의 가능성을 줄여 낮은 위험성의 운동 환경을 만들어주므로 수중 환경에서의 운동이 가장 안전하다(Park, 2009; Jung, 2015).

④ 신문, 주간지, 월간지 등의 무기명 기사의 경우

예) 1. 2014년 8월말을 기준으로 우리나라의 스마트폰 가입자 수는 3,965만 명에 이르고 있다(디지털타임스 14/10/14).

(2) 참고문헌 인용

① 책 인용

Author, AA year of publication, Title: subtitle, Publisher, Place of publication.

예) 1. Reynolds, H 2000, Black pioneers, Penguin, Ringwood, Vic

② 책의 장 인용

Chapter author, AA year of publication, 'Title of chapter', in AA Editor (ed.), Title of book, Publisher, Place of publication, pp. xx–yy.

예) 1. Huth, E 2005, 'Fragments of participation in architecture', in P Blundell Jones & J Till (eds), Architecture and participation, Spon Press, London, pp. 141-148.

③ 학술지 인용

Author, AA year of publication, 'Title of article', Title of Journal, vol. volume number, no. issue number, pp. xx–xx.

예) 1. Rogers, G 2009, 'Reflections on teaching remote and isolated children', Education in Rural Australia, vol. 9, no. 2, pp. 65-8.

④ 온라인 저널 이용

Author, AA year of publication, 'Title of article', Title of Journal, vol. volume, no. issue number, pp. xx–xx, viewed Date Month Year, DOI xxxx, 〈URL of journal〉.

예) 1. Vessenes, PM 2003. 'The secrets of managing your time', Journal of Financial Planning, 16, no. 8, pp. 30–32, viewed 20 November 2009, <http://www.fpajournal.org/>.

⑤ 학위논문

예) 1. Cincura, M 2012, Beyond profit-centric: transcendent business modelling. Ph.D thesis, Swinburne University of Technology.

4) 참고문헌 표기 시 사용하는 약어

원어	약어
chapter	chap.
edition	ed.
revised edition	rev. ed.
second edition	2nd ed.
Editor (Editors)	Ed. (Eds.)
Translator (s)	Trans.
page (pages)	p. (pp.)
Volume	Vol.
volumes	vols.
Number	No.
Part	Pt.
Technical Report	Tech. Rep.
Supplement	Suppl.

3

연구 방법

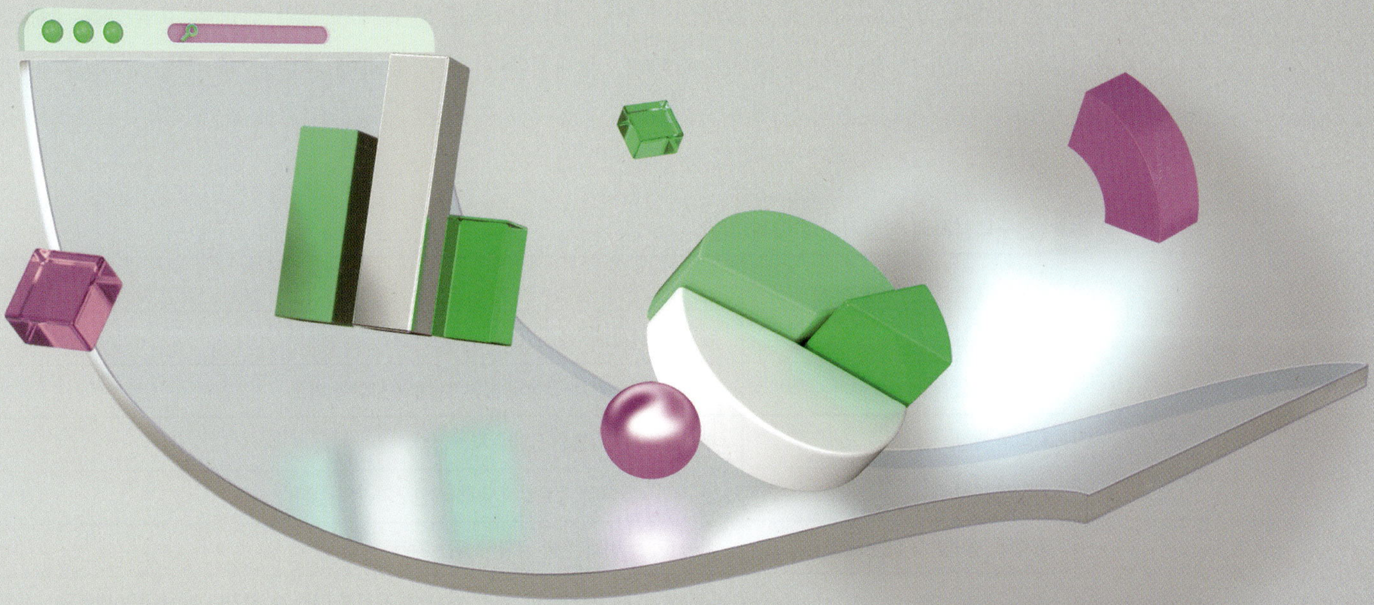

- CONSORT 지침서
- 무작위배정연구
- 표본추출

학습목표

- 논문의 연구 방법 파트를 작성할 수 있다.
- 연구설계를 이해하고 시행할 수 있다.
- 신뢰도와 타당도를 이해하고 논문 작성 시 적용할 수 있다.

1 연구 방법 실제작성

논문 작성에서 연구 방법은 연구과정 및 실험절차를 기술하는 부분으로, 객관적인 연구내용만 기술하여야 하며 연구대상, 연구절차, 측정도구 및 중재 방법, 분석 방법 순으로 기술한다.

1) 연구대상자

연구를 진행할 때 누구를 대상으로 연구를 진행할 것인가를 결정해야 한다. 연구대상의 선정단계에서 모집단(population)은 연구자가 연구의 결과로 얻게 될 결론을 일반화시키고자 하는 집단을 말한다. 대부분 모집단의 일부를 표본(sample)으로 추출하여 표본을 조사하게 된다. 표본을 추출하는 방법에 대해서 명확한 선정기준과 배제기준이 필요하며 정확하게 기술하여야 한다. 선정기준은 연구의 주제와 연구의 효율성을 극대화하기 위해 정확하고 적합한 집단을 선정하는 것이며, 배제기준은 연구 결과에 혼란을 줄 수 있는 경우 배제하는 기준을 말한다.

표 3.1 연구대상자의 선정기준과 배제기준

기준	내용	예
선정기준	임상적 특성	발병 후 24개월 이상인 만성 뇌졸중 환자
	인구적 특성	20대 대학생, 65세 이상의 노인, 20대와 30대의 비교
	지리적 특성	부산광역시 OO병원 입원환자
	시간적 특성	연구 시작일부터 종료일까지 해당 연구기간의 환자
배제기준	중재에 참여할 수 없는 대상자	최근 6개월 이내 수술 경력이 있는 환자
	정보제공이 어려운 자	뇌손상이나 인지기능이 낮아 치료사의 지시를 따를 수 없거나 본 연구의 내용을 이해할 수 없는 자
	중도 탈락	부득이하게 연구 중 다양한 사유로 중재를 실시할 수 없는 자

가장 이상적이고 정확한 방법은 전수조사이지만 조사대상자의 일부분만 선정하여 조사하는 표본조사를 일반적으로 실시한다. 표본을 선정하는 방법에는 크게 무작위추출(random sampling)법과 유의추출(purposive sampling)법으로 나눌 수 있다. 무작위추출법은 모집단에서 뽑힐 확률을 동등하게 설계되도록 연구자의 주관이 개입되지 못하게 하여 객관적인 연구가 될 수 있도록 한다. 유의추출법은 연구자의 경험과 지식을 기반으로 모집단을 잘 대표한다고 판단되는 조사대상을 모집단에서 직접 추출하는 방법이지만, 연구 결과의 객관성을 평가할 수 없다는 단점이 있다. 유의추출법은 비무작위추출법이라고도 한다.

TIP

전수조사에 비해 표본조사가 갖는 장점

- **경제성:** 노력과 기회비용이 적게 소요된다.
- **신속성:** 표본 수가 적기 때문에 상대적으로 빠르게 조사할 수 있다.

표본을 어떻게 선정했는지도 중요하지만 연구에 필요한 표본의 수를 결정하는 것도 중요하다. 이를 위해서 연구 방법에 맞는 G*Power 분석을 통하여 연구에 필요한 표본 수를 제시한다. 참고로 연구가 종료되기 전에 실험집단 또는 통제집단의 피험자가 사정에 의해 연구에 참여하지 못하게 되는 경우를 탈락(attrition)되었다고 한다. 연구대상자를 선정할 때 탈락을 고려하여 충분한 연구대상자를 선정하여야 하며, 보통 표본의 크기에 약 10~20%를 추가로 선정하는 것이 좋다.

연구대상자 선정기준 제시

압력 생체되먹임 장치를 이용한 호흡재교육 운동이 뇌졸중 환자의 들숨기능에 미치는 영향

Effects of respiratory reeducation exercise using pressure biofeedback device on inspiratory function of stroke patients

Kim HS*, Lee DW, Cho SH

2. 연구 방법

2.1 연구대상자

본 연구는 **○○광역시 소재의 S 요양병원에 입원 중인 뇌졸중 환자** 30명을 대상으로 실행하였다. 허리 안정화 운동과 **압력 생체되먹임 장치를 이용한 호흡재교육 운동한 실험군 15명과 허리 안정화 운동만을 시행한 대조군 15명으로 구성하였으며, 난수표를 이용하여 무작위로 배정하였다.** **연구대상자의 표본크기에 대한 설정은 선행연구[29-30]의 결과를 근거로 G*power 3을 이용하여 유의수준(α = 0.05), 효과크기(f= 0.25), 검정력(1-β = 0.80)을 고려하여 산출하였다.** 이상의 조건을 만족하는 대상자 수는 허리 안정화 운동 및 호흡재교육 운동한 실험군과 허리 안정화 운동한 대조군에 각각 14명으로 산출되었다. 본 연구는 실험군과 대조군에 각각 15명씩 모집하여, 총 30명의 연구대상자가 모집되었다.

연구대상자의 지리적 특성과 임상적 특성을 제시한다.

그룹을 나누는 방법을 제시한다(실험군과 대조군).

G*Power 분석을 통하여 연구에 필요한 표본수를 제시한다.

G*power 프로그램에 대한 지속적인 업데이트로 인하여 실제 논문 작성 시의 내용과 본 교재 내용의 일부분이 다를 수도 있음을 알린다.

표 1. 대상자의 일반적인 특성

	EG (n = 15)	CG (n = 15)	X^2/t	p
Gender (M/F)	8/7	8/7	.000	1.000
Affected side (right/left)	6/9	6/9	.000	1.000
Age (year)	64.80±8.78	68.80±12.25	-1.027	.313
Height (cm)	163.80±9.48	162.60±8.65	.434	.668
Weight (kg)	61.73±8.89	58.47±9.38	.979	.336
BMI (kg/m²)	22.80±3.16	22.10±2.30	.645	.524
Onset duration (month)	13.33±3.15	12.80±2.81	.489	.629

M±SD: Mean ± standard deviation
EG: Experimental Group
CG: Control Group

2) 연구절차

새로운 연구 방법에 대해서는 다른 사람들도 같은 방법으로 재현할 수 있을 정도로 충분히 자세하게 기술하되, 기존 방법을 사용했을 때는 참고문헌을 인용하여 인용출처를 밝힌다. 연구 방법의 서술 시 논문에서 사용되는 정확한 용어를 사용한다. 유사한 용어나 같은 의미의 단어를 혼용하여 사용하지 않는다.

예

- 용어를 등척성운동, 등장성운동, 등속성운동이라 쓰고 본문에서 isometric exercise, isotonic exercise, isokinetic exercise처럼 영어용어로만 사용하거나 한글용어를 혼용하여 사용하는 경우
- 의학용어의 경우 신용어와 구용어를 혼용하여 사용하는 경우(넙다리네갈래근과 대퇴사두근으로 혼용하여 사용하는 경우)
- 뇌졸중과 편마비는 유사한 의미이나 편마비의 경우 한쪽으로 근육의 움직임이 사라짐을 나타내는 의미로 뇌졸중과 혼용하여 사용하는 경우 부적확한 표현이 될 수 있음

연구설계의 방법도 실험연구설계인지, 비실험연구설계 방법인지 구체적으로 서술한다. 실험연구의 경우 실험집단과 통제집단의 설명, 집단의 동질성 정도, 중재의 절차 및 효과 측정의 절차를 구체적으로 명시하여야 한다. 연구설계 시 무작위화 연구는 무작위 방법에 대한 설명이 있어야 한다.

자료 수집 방법 중 맹검법을 사용하였다고 하면 연구대상자, 연구자, 실험대상자 중 어떤 대상에 시도하였는지도 기술하여야 한다. 한눈에 연구의 흐름을 알아볼 수 있도록 연구절차에서 지면이 허락한다면 흐름도(flow chart)를 제시하여 독자의 이해를 돕는다. 아울러 실험절차에 대한 기관생명윤리위원회의 승인이 있었다면 이 또한 기술하여야 한다.

연구절차 예시

센터 기반의 원격재활 프로그램이 무릎골관절염 환자의 근기능과 삶의 질에 미치는 영향

Kim JH

2절. 연구절차

선정된 대상자를 운동프로그램을 시행하지 않은 대조군, 직접 방문하여 운동프로그램을 실시한 실험군 I, 실시간 화상연결 장비를 이용하여 원격재활 운동프로그램을 시행한 실험군 II로 3군에 각 16명씩 배정하여 실험연구를 진행하였다.

무작위로 군을 선정하였을 경우 무작위화 방법을 구체적으로 언급하여야 하나, 본 연구에서는 무작위로 군 설정을 하지 않아서 언급하지 않았으며 실험연구로 진행하였음을 언급하였다.

대조군은 사전측정 후 1회 1시간동안 무릎골관절염의 질환 이해와 관리방법에 대한 교육을 실시하고 운동프로그램은 적용하지 않았다. 실험군I과 실험군II는 운동 지침서를 제공하고 8주간 주 3회 1시간씩 동일한 **Kruss (2014)의 운동프로그램을 방문과 원격재활 방법으로 각각 시행**하였다. 모든 대상자는 운동프로그램 전에 사전 평가를 하였으며 운동 8주 후에 사후 평가를 하였다. 연구기간은 2017년 7월 1일부터 10월 31일까지 진행하였다.

연구 방법에 대해서는 다른 사람들도 같은 방법으로 재현할 수 있을 정도로 충분히 자세하게 기술하되, 기존 방법을 사용했을 때는 참고문헌 인용으로 대체할 수 있으며 본 연구에서는 선행연구자의 운동 프로그램에 대한 방법을 인용하였다.

종속변인을 측정하기 위해 무릎관절의 관절가동범위를 알아볼 수 있는 디지털 경사계, 하지근력의 측정을 위해 디지털 근력 측정기를 사용하였고, 근육의 기계적 특성을 측정하기 위해 접촉식 연부조직 측정기, 균형능력을 측정하기 위해 BioRescue 장비, 보행속도를 측정하기 위해 G-WALK 보행분석 장비, 무릎골관절염의 기능을 평가할 수 있는 객관적으로 측량화한 K-WOMAC Index, 건강관련 삶의 질을 측정하기 위해 EQ-5D 한국어판을 이용하였다. 이에 대한 구체적인 연구설계는〔그림 1〕과 같다.

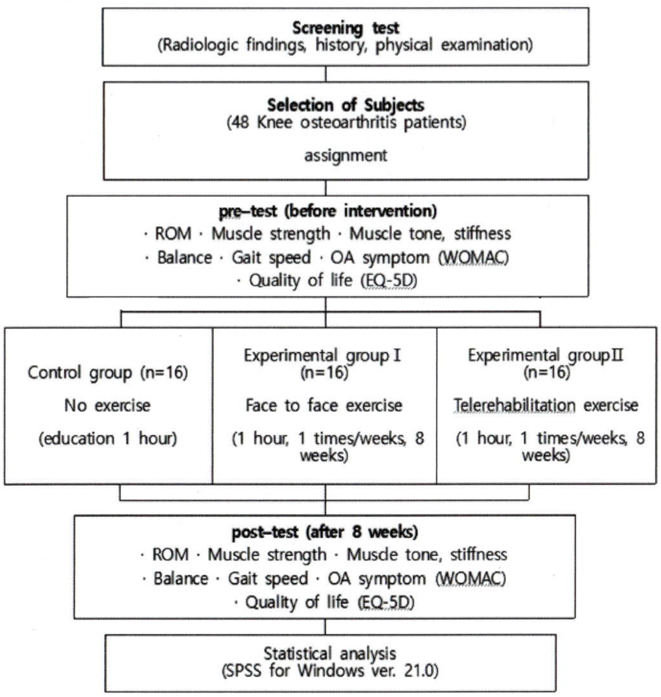

그림 1. 연구설계

연구흐름도: 연구의 진행순서를 독자가 이해하기 쉽게 연구의 시간순서에 따라 기술하였다.

3) 측정도구 및 중재

측정도구 및 중재는 연구의 가설을 증명하기 위해 사용하는 수단으로 검사도구, 기계, 설문지, 프로그램 등 연구의 종류에 따라 다양하다. 특히 연구에 사용된 측정도구는 출처, 제작사, 제작년도, 버전 등 누구나 확인이 가능할 정도로 명확해야 한다. 객관적 연구 결과를 얻기 위해서는 측정도구와 중재 방법이 명확해야 하며, 그렇지 못할 경우에 재현성과 신뢰도가 떨어진다고 할 수 있다. 이처럼 연구에 사용한 측정도구 및 중재 방법은 신뢰도와 타당도에 기초하여 객관적으로 기술해야 한다. 실험에 사용된 모든 기기, 기계, 화학약품 등은 명칭, 모델명, 제작회사 및 제조국가 등 최대한 구체적으로 기술해야 한다.

다음 예시는 학위논문에서 일부를 발췌하였다.

측정도구 신뢰도

조기 어깨가슴관절 중심의 안정화 운동이 돌림근띠 파열로 인한 수술환자에게 미치는 영향

Jung MB

4절. 연구도구

1. 통증 수준 평가

연구 대상자들의 어깨부위의 주관적 통증 수준을 평가하기 위해 시각적 상사 척도(Visual Analog Scale, VAS)를 사용하였다. **시각적 상사 척도는 통증의 정도 측정에 가장 일반적으로 사용되며 타당성이 있고 신뢰할만한 평가 도구이며(진우제 등, 2003), 측정자 내 신뢰도는 .99로 보고된 바 있다(Wagner et al., 2007).** **자신이 인식하는 통증 정도를 통증이 전혀 없는 상태인 0cm에서 참을 수 없을 정도로 매우 극심한 통증인 10cm까지 표현하였다. 통증 강도 평가는 10cm의 눈금 선을 1cm 간격으로 표기한 평가지에 대상자가 자신의 통증 강도 또는 불쾌감에 해당된다고 생각하는 위치에 표시 하도록 하였다.**

> 선행연구 결과를 제시하여 측정도구의 신뢰도와 타당도를 기술한다.

> 연구에 측정 방법을 기술할 시에 누구나 재현할 수 있도록 구체적으로 작성한다.

2. 상지기능 장애 평가

상지기능 장애(Disabilities of the Arm, Shoulder and Hand, DASH) 평가 설문지는 동작수행능력 평가의 30문항으로 구성되어 있고 5점 서열척도로 100점 만점으로 환산하여 점수가 높을수록 더욱 심한 장애가 있음을 나타낸다. **설문도구에 대한 높은 타당도와 신뢰도가 널리 알려져 있으며 한국어판 DASH 설문지의 Cronbach's α는 .94였다(임재영 등, 2005).**

DASH 설문지는 증상 및 특정한 동작을 수행하는 능력에 관한 질문으로 구성되어 지난 주 상태를 기준으로 답변하며 만약 지난 주 동안 질문한 동작을 할 기회가 없었다면 상태에 가장 가까운 답변하고 봉합수술을 실시한 환측에 대한 수행능력을 기준으로 답변하도록 하였다(김규상 · 장기언, 2010).

> 측정도구를 신뢰도와 타당도에 기초하여 객관적으로 기술한다.

> 연구에 중재 방법을 기술할 시에 누구나 재현할 수 있도록 구체적으로 작성한다.

연구에 중재 방법을 기술할 시에 누구나 재현할 수 있도록 구체적으로 작성하여야 하며 중재프로그램에 대해서는 인용하였다고 하면 참고문헌을 제시한다. 명확한 동작이나 글로 표현을 담기 어려울 경우 사진이나 이미지를 이용하여 독자가 읽고 이해하기 쉽게 논문을 작성하여야 한다.

중재 방법 서술 예시

슬링과 멕켄지 운동이 후방 추돌로 인한 급성 편타 손상 환자의 경부 안정화에 미치는 영향

Jung MB

3. 연구 방법

1) 운동프로그램

본 연구에서는 경부에 슬링을 적용한 운동(권재확, 조미주, 박민철, 김선엽, 2002)과 멕켄지 운동법(McKenzie, 1983)을 참고하여 본 연구의 목적에 맞게 굴곡과 신전에 관련된 부분을 차용하여 수정 보완하여 사용하였다. 슬링 준비 시간은 운동시간에 포함하지 않고 순수 운동 시간만을 포함 시켰다. 멕켄지 운동은 경부의 7가지 운동 중 급성기 통증에 관련된 4가지 운동을 정적 최대 근력에서 7초간 지속하여 15~20회 반복 실시를 순차적으로 실시하게 하였다. 운동 시 발생되는 통증에 대해 미리 예측 할 수 있도록 통증 변화와 대처 방법에 대하여 설명하고 적절하게 운동 할 수 있도록 운동방법에 대하여 이해하기 쉽게 직접시범을 보여주는 사진을 첨부하여 환자에게 배포하였다. 20분씩 주 3회 4주간 시행하였다. 운동의 유형과 적용방법은 다음과 같다〈표 2〉.

중재 프로그램에 대해서는 인용 참고문헌을 제시한다.

〈표 2〉 운동의 유형과 적용방법

	Exercise method	Time
Sling exercise	relaxation exercise	20 minutes
	sensorimotor training	
	stabilizing exercise	
	relaxation exercise	
McKenzie exercise	head retracted in sitting position	20 minutes
	neck extension in sitting position	
	head retracted in lying position	
	neck extension in lying position	

중재 방법을 구체적으로 제시하고 누구나 재현할 수 있도록 구체적으로 작성하고 필요하다면 사진이나 그림을 넣는다.

가) 슬링 운동

(1) 이완 운동

슬링을 이용하여 머리를 편안하게 지지 하며 슬링의 현수 높이에 따라 경부의 위치를 달리 할 수 있다(그림 2). 옆으로 누운 자세에서 머리를 천천히 굴곡과 신전을 반복한다. 굴곡을 할 때 턱이 들리지 않게 한다(그림 2).

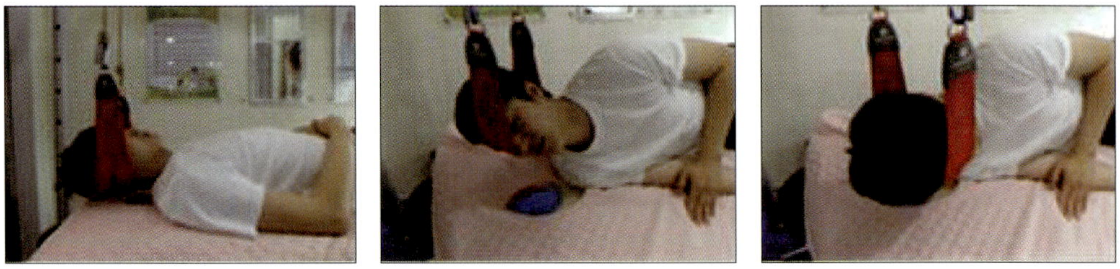

그림 2. 이완운동

4) 분석 방법

연구 방법을 기술할 때 연구설계에 따라 사용한 통계 프로그램에 대한 소프트웨어의 종류와 버전 및 통계 방법, 통계적 유의확률을 기술한다(예: SPSS ver. 29, Jamovi 2.6.19, R ver. 4.4.2, SAS ver. 9.4, Stata ver. 18).

대상자의 동질성 검정, 측정값의 정규성 검정(정규분포도의 가정을 만족하는지 검정) 및 집단 간 비교에 사용되는 통계 방법을 기술하고 통계적 유의확률(p) < .05 혹은 유의수준(α)은 .05로 설정하였다는 내용을 제시한다.

(1) 정규성 검정(normality test)

대개 연구에 사용하는 자료는 정규분포임을 가정하고 사용하기 때문에 자료가 정규성을 만족하는지 확인하는 절차가 필요하다. 만약 자료가 정규분포를 따른다고 가정한다면 모수 검정법을 사용하게 되고, 정규분포를 따르지 않는 경우 비모수 검정법을 사용하게 된다. 즉, 모수 검정법을 사용하기 위해서는 변수가 연속형 변수이고 비율척도 혹은 등간척도여야 하며, 수집된 자료가 정규분포를 하고 있다는 가설을 만족해야 한다. 일반적으로 한 그룹당 30명 이상의 데이터라면 중심극한정리에 의해 정규분포를 따른다고 보는데, 표본수가 그 이하라고 하면 정규성 검정을 통해 정규분포를 따르는지 통계학적으로 검증해 보아야 한다. 정규성 검정은 어떤 분석을 하기 전에 모수적 통계 방법 혹은 비모수적 통계 방법을 사용할 것인지를 결정할 때에 사용된다(상세 내용 9장 참고).

통계방법의 결정 여부(모수 vs 비모수)

- 영가설: 정규성을 만족한다(p > 0.05). → 모수 검정
- 대립가설: 정규성을 만족하지 않는다(p <0.05). → 비모수 검정

TIP

중심극한정리

모집단에서 취한 표본평균값의 분포는 표본 수가 커질 수록 평균값을 중심으로 하는 정규분포에 가까워진다는 정리

예) 동전을 던져 앞면과 뒷면이 나오는 확률이 횟수가 증가함에 따라 정규분포의 모양인 종 모양 형태를 보임

(2) 동질성 검정(homogeneity test)

중재를 통한 처치효과를 검증하기 위해 실험에 참가하는 집단(실험군)과 실험에 참여하나 중재를 하지 않은 집단(통제집단)을 설정하고 실험 전에 측정하려고 하는 변수의 초기 값에 대해서 두 집단 간 동질한 집단인지를 확인한다.

실험 후 사후검사 결과를 통해 집단 간 점수 차이를 비교하여 처치효과 여부를 알 수 있는데 이것은 실험집단과 통제집단이 동질하다는 전제에서이다. 초기에 두 집단이 동질하지 않다면 처치효과를 명확하게 알 수 없다. 중재를 하기 전에 시작점이 다른 집단은 비교하는 것이 무의미하다. 집단의 동질성을 확인하는 것은 실험 전에 고려해야 할 부분이나 대개 실험연구에서 완전하게 동질한 집단을 구하여 비교하는 것은 어렵기 때문에 통계적으로 동질성을 확보할 수 있는 방법을 고려해 보아야 한다.

TIP

평균몸무게 70kg 이상인 실험군과 평균몸무게 50kg인 대조군이 간헐적 단식과 고강도 유산소 운동 후 체중의 변화를 보려고 할 때, 중재 전후의 차이 값의 경우 실험군은 큰 변화량을 가질 수 있고 대조군의 경우 변화량이 적을 수 있다. 때문에 시작단계에서 두 집단의 동질성을 고려하지 않으면 두 집단을 비교하는 것은 어렵다.

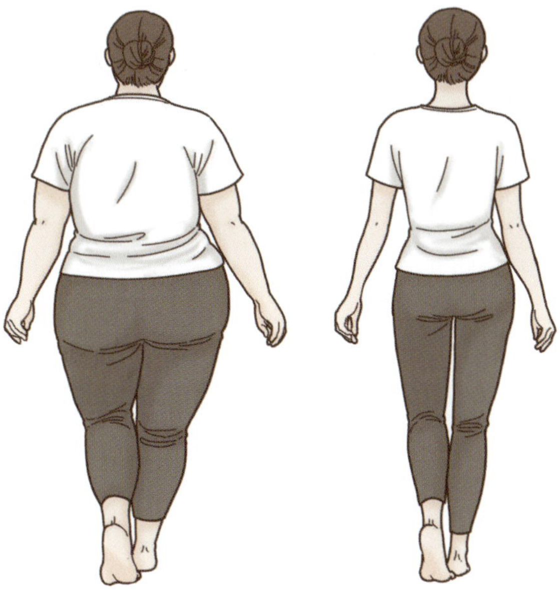

- 영가설: 사전 동질성을 만족한다($p > 0.05$).
- 대립가설: 사전 동질성을 만족하지 않는다($p < 0.05$).
  → 실험을 진행해서는 안 된다.
- 실험군과 대조군의 사전동질성이 다르다면 실험을 진행해서는 안 된다. 그 이유는 각 군의 몸무게, 파워, 성별, 나이에 대한 일반적인 특성의 차이가 생긴다면 연구자가 생각하는 중재에 대한 효과에 대해서 임상적인 내용과 함께 논문을 맥락에 따라 논리적으로 설명할 수가 없다.

(3) 검정통계 방법 선정

어떤 가설이 더 타당한지를 파악하기 위해서 계산할 때 모집단 전체를 사용할 수 없다. 왜냐하면 시간과 비용이 너무 많이 들기 때문이다. 현실적으로 모집단 전체를 조사하기 힘들 때 통계에서는 표본을 뽑아서 표본통계량으로 계산하는데, 이 표본통계량을 가설 검정에서는 검정통계량이라고 한다. 단지 가설 검정에서 사용하는 통계량이기 때문에 검정통계량이라고 부를 뿐 별다른 의미는 없다. 가설 검정을 할 때는 가장 먼저 귀무가설과 대립가설을 설정하고 나서 보통 검정통계량을 계산한다. 검정통계량은 어떤 방법을 사용할 것인지는 연구가설 및 설계 방법, 변수의 측정척도에 따라 결정되는 것으로 검정통계량을 결정하는 것은 곧, 분석 방법을 결정하는 것이다.

(4) 유의수준과 유의확률

가설 검정은 모집단 전체를 대상으로 하는 것이 아닌 표본으로부터 얻어진 통계량을 대상으로 통계적 추론으로 판단하기 때문에 언제든지 잘못 판단할 수 있으며 오류를 범할 가능성이 있다. 유의수준은 통계학적 검정에서 사용하는 판단의 기준으로 오류를 범할 확률의 최대 허용한계를 말하며, 보통 .05(95% 신뢰수준)와 .01(99% 신뢰수준)을 많이 사용한다.

검정통계량으로부터 계산된 유의확률이 유의수준보다 작으면($p<.05$) 영가설은 기각하고, 대립가설을 받아들이며, 유의확률이 유의수준보다 크면($p>.05$) 영가설을 채택하고, 대립가설은 기각한다. 8장에 있는 추정과 가설 검정에서 귀무가설과 대립가설의 검정 방법을 상세히 다루었으며 본 3장에서는 전체적인 흐름만 언급하였다.

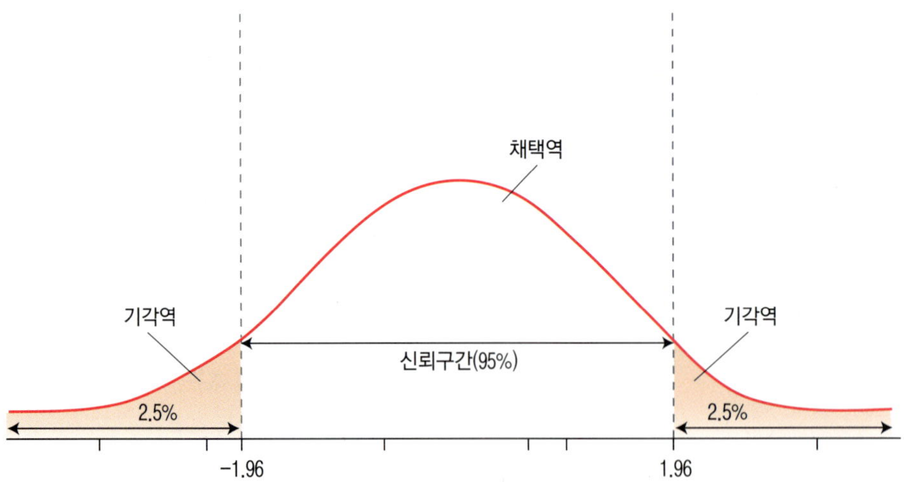

그림 3.1 유의수준과 유의확률

분석 방법 예

수중과 지상에서 과제관련 훈련이 뇌졸중 환자의 균형과기능 수행 및 삶의 질에 미치는 영향

Lee DJ

F. 분석 방법

본 연구는 **SPSS(v.12)를 이용하여 통계 분석**을 하였다. **Kolmogorov-Smirnov에 의한 정규성 검정을 하였다. 각 집단의 사전 동질성과 측정시점에서 세 집단의 차이를 보기위해 one-way ANOVA를 이용하였고, 반복 측정시기 간에 세 집단의 차이와 집단 내의 차이를 보기 위해 반복측정 분산분석(repeated measure ANOVA)을 이용한 후 사후검정은 LSD 방법으로 하였다. 삶의 질 평가도구인 SF-8의 신뢰도는 내적 일관성을 측정하는 Cronbach α 값을 이용하였다. 유의수준은 .05 이하로 하였다.**

사용한 통계프로그램의 소프트웨어의 종류와 버전을 기술한다.

사용한 통계 방법과 동질성 검정, 정규성 검정, 유의수준을 기술한다.

TIP

다양한 통계 분석 방법

독립변수	종속변수	통계분석
범주형(명목, 서열척도)	범주형(명목, 서열척도)	• 카이제곱 t-검정
범주형(명목, 서열척도)	연속형(등간, 비율척도)	• 독립표본 t-검정(두 개 집단 비교) • 대응표본 t-검정(사전-사후 비교) • 일원배치 분산분석(세 개 이상 집단 비교) • 이원배치 분산분석(독립변수가 두 개) • 다변량 분산분석(종속변수가 여러 개) • 반복측정 분산분석(시간적 개념 포함) • 비모수통계(표본수가 적을 때)
연속형	연속형	• 회귀분석(준거변수 한 개) • 구조방정식(종속변수 여러 개)
연속형	이분형	• 로지스틱 회귀분석

2 CONSORT 지침서

무작위 임상시험은 근거기반의 연구를 통한 과학적 방법론의 핵심이며 임상진료와 의료정책과 같은 중요한 의학적 결정에 근거가 된다. 근거기반연구는 1992년 임상역학자인 Gordon Guyatt 등에 의해 처음으로 이름이 지어진 이래 임상연구의 주요 방법론으로서 자리매김하였다. 현재 근거기반접근(evidence-based approach)은 근거기반연구와 보건의료 영역에서도 보편적으로 쓰이고 있으며, 이를 임상 현장에 적용하는 근거중심치료(evidence based practice, EBP)에 대한 사회적 요구와 관심 또한 높아지고 있다. 근거기반접근의 정의는 환자를 치료함에 있어서 최신 그리고 최선의 근거를 이용하는 것이다. 안타깝게도 기존의 여러 연구들이 무작위 임상연구를 진행함에 있어서 방법론적으로 타당성을 확보하지 못하여 의미 없는 연구가 되는 경우가 있었다. 이에 많은 실험의 보고와 충분한 근거를 바탕으로 평가, 통합한 결과에 더해 임상가의 전문적 의견, 환자와 환자 가족의 가치관 및 선호도를 함께 고려하여 CONSORT(consolidated standards of reporting trials) 지침서가 만들어졌다. 근거기반의 연구는 여러 연구들의 결과를 적절하게 종합하여 내린 결론을 임상에 적용한다는 점에서 단일연구의 결과를 임상에 적용하는 연구활용(research utilization)과 차이가 있으며, 임상 현장에 정립시키기 위해서는 질 평가를 거쳐서 타당성을 인정 받은 연구들이 많이 필요하다.

CONSORT 지침서는 무작위 임상시험 연구의 향상을 위한 기준자료를 만들기 위해 1996년에 출판되었으며, 2001년과 2010년에 개정되었다. 이 근거중심 가이드라인은 무작위 임상시험 연구의 질 향상에 긍정적인 영향을 주었으며, 현재 무작위 임상시험 연구에서는 반드시 포함되어야 하는 필수 항목인 25개의 체크리스트와 흐름도를 제공하고 있다.

표 3.2 무작위 임상시험을 보고할 때 포함해야 할 CONSORT 2010 체크리스트(점검표)

대주제/소주제	항목 번호	점검 항목	관련 페이지
제목과 초록			
	1a	제목에 무작위 임상시험임을 밝힌다.	
	1b	시험설계, 방법, 결과, 결론을 구조적으로 요약한다(구체적인 지침을 위해, 초록을 위한 CONSORT 참고 [21, 31]).	
서론			
배경과 목적	2a	과학적 배경과 근거에 대해 설명한다.	
	2b	구체적 목적 또는 가설을 세운다.	
방법			
시험 설계	3a	배정비율을 포함한 시험설계를 서술한다(예: 평행설계, 요인설계).	연구디자인
	3b	시험 개시 이후, 방법의 중대한 변화를 원인과 함께 기술한다(예: 적격기준).	
참가자	4a	참가자의 적격기준	
	4b	자료를 수집한 장소와 조건	
개입	5	각 군에 대한 개입에 재현이 가능하도록 세부사항을 기술하고, 언제, 어떻게 개입이 실제적으로 시행되었는지 포함한다.	

표 3.2 무작위 임상시험을 보고할 때 포함해야 할 CONSORT 2010 체크리스트(점검표)(계속)

대주제/ 소주제	항목 번호	점검 항목	관련 페이지
결과	6a	미리 지정되고 완전히 정의된 일차 결과와 이차결과 그리고 어떻게, 언제 평가되는지를 포함한다.	
	6b	시험 개시 후, 시험 결과의 변경을 원인과 함께 기술한다.	
대상수	7a	어떻게 대상수가 결정되었는지 확인한다.	
	7b	필요에 따라 중간평가나 중단기준에 대해 설명한다.	
무작위배정			
서열 생성	8a	무작위배정서열을 생성하기 위해 사용한 방법이다.	Random 방법
은폐 방법	8b	무작위배정서열의 종류, 제한사항을 구체적으로 기술한다(예: 블록 여부와 블록 크기).	배정은닉(AC)
	9	무작위배정서열을 시행하기 위해 사용한 방법(예: 숫자가 연속 기입된 봉투), 개입에 배정되기까지 서열을 은폐하기 위해 시도한 조치를 기술한다.	
시행	10	무작위배정서열을 생성하는 주체, 참가자를 등록하는 주체, 참가자를 개입에 배정하는 주체이다.	
눈가림	11a	눈가림이 시행됐다면 개입에 배정 후 누군가에게 눈가림이 유지되었으며(예: 참가자, 의료관계자, 결과 분석자), 어떻게	블라인딩
통계적 방법	11b	필요에 따라 개입의 유사성을 기술한다.	통계적 방법
	12a	일차 결과와 이차 결과를 위해 군을 비교하고 위한 통계적 방법이다.	
	12b	하위군 분석, 보정 분석과 같이 추가적 분석을 위한 방법이다.	
연구 결과			
참가 흐름도 (그림 그릴 것을 권고)	13a	각 군당, 무작위배정된 참가자의 수, 의도한 치료를 받은 참가자의 수, 일차 결과를 위해 분석한 참가자의 수	Flow chart
	13b	각 군당, 무작위배정 후 탈락과 제외를 원인과 함께 기술한다.	
모집	14a	모집기간과 추적관찰 기간의 시작 날짜와 종료 날짜	
	14b	시험이 종료되거나 중단된 이유	
시작 시점 자료	15	각 군의 시작 시점에서의 인구학적, 임상적 특성을 보여주는 표	
분석된 수	16	각 군당, 각 분석에 포함된 참가자의 수를 기술하고, 처음 배정된 군에 따라 분석되었는지 여부를 기술한다.	
결과와 추정	17a	각 일차 결과와 이차 결과에 대해 군당 연구결과와 추정된 유효크기를 표현할 것을 권고한다.	
	17b	이분형 결과변수의 경우, 절대적인 유효크기와 상대적인 유효크기를 표현할 것을 권고한다.	
부차적 분석	18	하위군 분석과 보정분석을 포함한 추가적 분석에 대한 연구결과를 기술하고 사전에 미리 지정된 분석인지 탐색적 분석인지 구분한다.	
위해	19	군별로 모든 중대한 위해나 의도하지 않은 부작용을 기술한다(구체적인 지침을 위해, 위해를 위한 CONSORT 참고).	이상반응(safety)
고찰			
한계	20	시험의 한계, 잠재적인 바이어스나, 비정밀도, 필요에 따라 다중분석의 문제	
일반화	21	시험의 발견이 일반화 가능한지(외적 타당도, 응용 가능성)	
해석	22	결과와 일치하고, 편익과 위해가 균형을 유지하며, 관련 있는 다른 증거를 고려한 해석인지	
다른 정보			
등록	23	등록번호 및 시험등록명	PROTOCOL 등록 IRB 통과(번호, 날짜)
연구 계획서	24	필요에 따라 어디서 연구계획서 전문을 확인할 수 있는지	
연구비	25	연구비의 출처와 다른 지원(예: 약제 조달) 및 재정지원자의 역할	

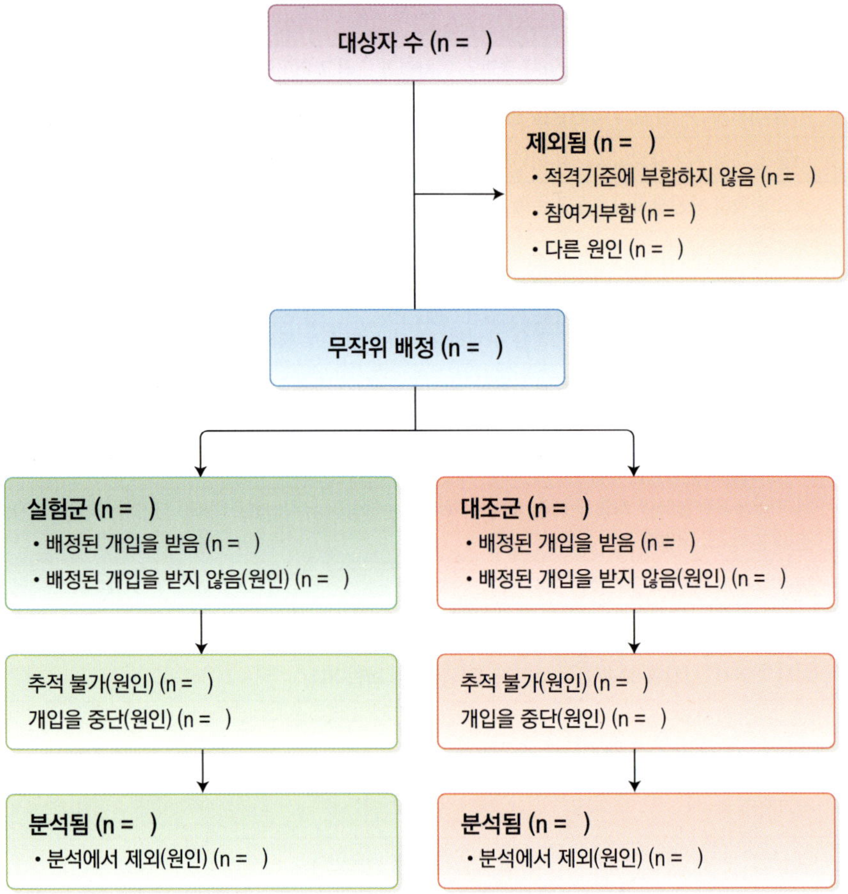

그림 3.2 무작위 임상시험 흐름도(www.consort-statement.org)

3 표본추출 방법 및 종류

1) 표본추출

연구에 적합한 모든 대상자를 모집단이라 하고 모집단의 특성을 가진 규모가 작은 집단을 표본이라고 한다. 모집단의 특징을 잘 드러나게 표본을 잘 선택하여 분석하여야 표본의 의미가 있다.

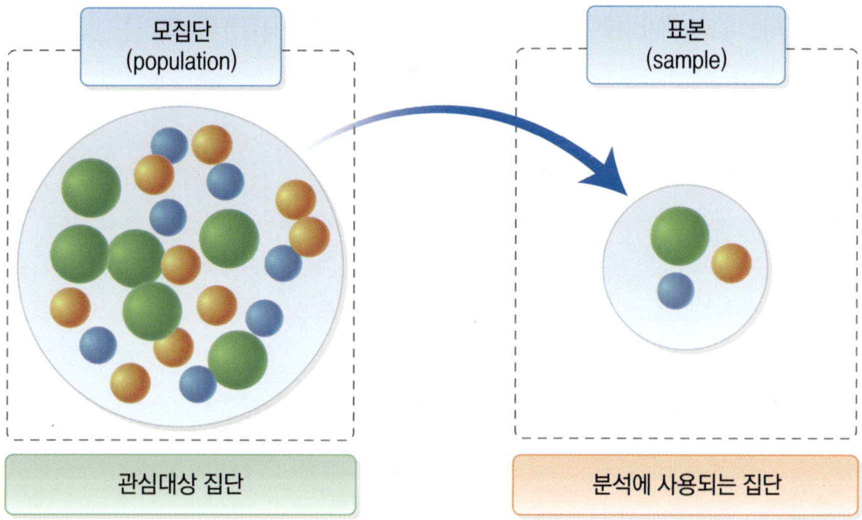

그림 3.3 모집단과 표본

표본추출은 확률적 표본추출 방법(probability sampling)과 비확률적 표본추출 방법(nonprobability sampling)으로 분류할 수 있으며 확률적 추출은 무작위 선택의 절차를 통해 만들어진다. 여기서 무작위는 아무렇게나 추출하는 것을 의미하는 것이 아니다. 모집단의 모든 개체가 공평한 기회와 확률로 선택되는 것을 의미한다. 이러한 방법을 통해 표본추출 시 발생되는 오차를 줄일 수 있으며 모집단을 가장 잘 대표할 수 있게 되는 것이

표 3.3 확률적 표본추출과 비확률적 표본추출

기준	확률적 표본추출	비확률적 표본추출
연구대상이 표본으로 추출될 확률	동등함	동등하지 않음
표본추출 방법	무작위	임의적
모수 추정 가능성	가능	불가능
오차 측정 가능성	가능	불가능
시간과 비용	많이 소요	상대적으로 적게 소요
모집단의 성격과 규모	명확히 정의	불명확 또는 정의 불가능

다. 무작위 방법의 절차 없이 진행되는 비확률적 표본추출 방법은 표본 오차의 정도가 성립하지 않으며, 특별한 추출 방법을 통해 진행되어 일반화를 제한하는 결과를 가져온다. 비확률적 표본추출 방법은 종종 임상연구에서 사용된다.

(1) 표본추출의 순서

조사대상자 집합체(set)를 설정하여 모집단을 선정하고 표본추출단위를 결정하는 표본프레임결정 단계를 거쳐서 적합한 표본추출 방법을 결정한다. 그리고 표본의 크기를 결정하고 실제 표본을 추출하는 순으로 절차가 이뤄진다. 표본의 크기가 클수록 오차가 적으며 표본조사대상의 크기는 조사의 목표 및 비용 등에 따라 바뀔 수 있다.

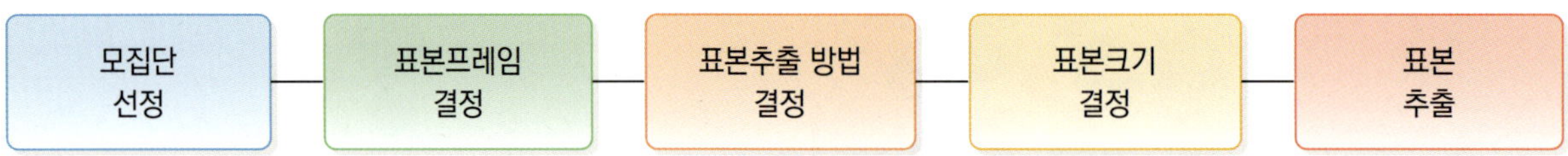

그림 3.4 표본추출의 순서

(2) 확률적 표본추출

확률적 표본추출(probability sampling)은 표본으로 추출될 확률이 알려져 있고 무작위로 추출되는 방법으로, 표본 선정 시 비뚤림(bias)이 적게 발생하기 때문에 표본분석 결과의 일반화가 가능하다. 표본의 대표성은 모집단의 구성요소 하나 하나가 표본으로 뽑힐 확률이 동등할 때 가장 잘 보장되므로 확률적 표본추출이 이상적이라고 할 수 있다. 확률적 추출 방법에는 단순 무작위 표본추출, 체계적 무작위 표본추출, 층화 표본추출, 군집 표본추출 등이 있다.

① 단순 무작위 표본추출(simple random sampling, SRS)

모집단 구성요소가 표본으로 선택될 확률이 같도록 표본을 무작위추출하는 방법으로, 대표적인 방법이 모집단의 각 구성요소에 난수표를 배부하여 고유번호를 부여한 후 무작위로 번호를 뽑아 추출하는 방법이다. 다양한 방법으로 무작위 표본추출하는 방법이 있으나 추첨이나 난수표 이용하기, 엑셀이나 통계적 기법을 이용하는 방법을 통해서 추출하며 선택의 오차를 최소화한다. 한번 뽑힌 요소를 처리하는 방법에 따라 복원추출법과 비복원추출법이 있으며, 한번 뽑힌 요소를 다시 모집단에 포함시키게 되면 복원추출법이라고 하고 한번 뽑힌 요소를 제거하는 경우는 비복원추출법이라고 한다.

예시

- 로또를 뽑는 방식에서 여러 개의 공 중에서 하나를 뽑아내는 방식
- 난수표를 이용하여 100명에게 무작위로 나눠주고 그 중에 추첨하여 10명을 뽑는 방식

② 체계적 무작위 표본추출(systematic random sampling)

단순 무작위 표본추출법과 유사하지만 모집단을 구성하는 구성요소들이 자연적 순서 또는 일정한 순서에 따라 배열된 목록에서 매번 일정한 번호 요소로 추출하여 표본을 형성하는 추출 방법이다. 모집단 전체 응답자에 일련번호를 부여하여 모집단 수를 표본 수로 나누어 그 값을 G라고 한다면 G=N/n이 되고, 응답자 중 난수를 이용하여 한 명을 뽑고 그 다음부터는 그 난수에 G씩 더해가면서 해당되는 일련번호를 뽑는 방법이다. 모집단의 배열이 일정한 주기성과 경향성을 보일 때에는 주기별로 비슷한 특성의 순위가 뽑히기 때문에 오히려 대표성에 문제가 발생할 수도 있다는 단점이 있다.

예시

100명의 대학생 중에 10명을 무작위로 뽑을 때 끝자리 6번을 택하여 체계적 무작위 표본추출을 한다면 표본은 6, 16, 26, 36, 46, 56, 66, 76, 86, 96번이 해당된다.

③ 층화 표본추출(stratified sampling)

조사대상을 몇 개의 그룹으로 구분하여 각 그룹에서 무작위로 추출하는 방법으로, 필요로 하는 표본이 모집단에서 차지하는 비율에 따라 범위를 지정하여 층을 나누어 일정한 표본을 추출하는 방법을 말한다. 나이대나 BMI처럼 일정한 수치 내에 있을 때 동일한 특징을 갖는 그룹을 동질적인 소집단으로 층을 나누어 그룹화한 후, 각 그룹에서 일정한 크기의 표본을 선택한다. 예를 들면, 나이에 따라서 10대, 20대, 30대로 층화시킬 수 있으며, BMI지수를 통해 보통, 저체중, 과체중, 비만, 고도비만 등으로 층화시킬 수 있다. 즉, 층화표본추출은 층화(strata)를 고려해서 뽑는 방식이다. 비례층화표본추출(proportionate stratified sampling)은 특정 층화에 대한 모집단의 비율과 비례해서 표본을 선정하는 방법이며, 비비례층화표본추출(disproportionate stratified sampling)은 특정 층화에 대한 모집단의 비율과 비례하지 않게 표집하는 것을 말한다. 군집 표본추출과의 차이점은 층화로 구별할 수 있으며, 특징은 층화(집단) 내에서는 동질적이고 층화(집단) 간에서는 이질적이라고 할 수 있다. 아래 그림에서 보듯이 각 학년의 층화가 있고, 각 학년 내에서의 성향은 같지만 1학년, 2학년, 3학년 간의 성향은 다르며 각각 층화에 따라 모집하는 방법이다.

예시

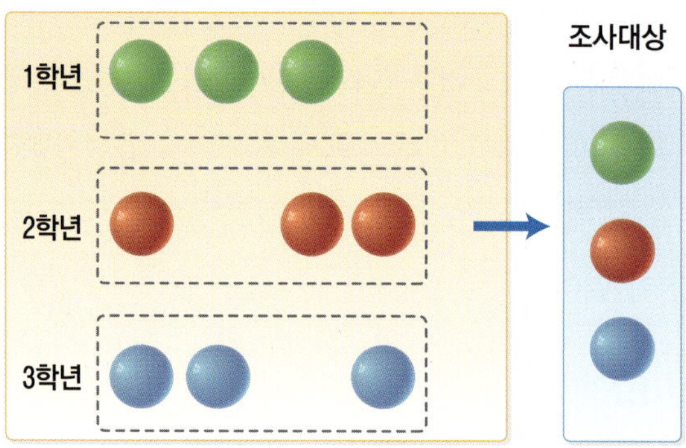

○○지역 고등학교 학생들을 상대로 만족도 조사를 하려고 한다. 이때 무작위로 선정된 ○○고등학교에서 각 학년의 비율에 따라 무작위 또는 체계적 무작위로 몇 명 또는 몇십 명씩 선정한 후 만족도 조사를 실시하여 나온 결과로 ○○지역 고등학교 학생들을 대표할 수 있게 된다. 조사대상을 총 100명으로 하려고 하는데 1학년, 2학년, 3학년 비율이 2:4:4라고 하면 1학년 20명, 2학년 40명, 3학년 40명을 뽑게 된다.

④ 군집 표본추출(cluster sampling)

모집단의 규모가 커서 모집단을 확정할 수 있는 표본프레임을 찾기 어려울 때 모집단을 단계적으로 군집 또는 집단화하여 표본을 추출하는 방법이다. 즉, 모집단에서 먼저 자연적 또는 군집(지역, 학교, 병원 등)을 선정하고 그 군집 중에서 필요한 만큼 표본을 추출하는 것이다. 층화표본추출과 다른 점은 주로 지리적으로 구획하거나 행정적으로 혹은 조직체계적으로 구획한다는 점이며, 특징으로는 집단 내에서는 이질적이고 집단 간은 동질적이라고 할 수 있다. 아래 그림으로 보듯이 각 대학의 1학년, 2학년, 3학년의 성향은 다르지만 A, B, C, D 대학의 성향은 1학년, 2학년, 3학년이 다 포함되어 있어 동질적이라고 볼 수 있다. 즉, 각 집단 내 구성원들은 다양하지만, 집단 간으로 보았을 때는 비슷한 구성으로 되어 있다. 즉, 지리적 특성 등을 고려해서 한 지역 또는 단체 등을 뽑아 조사한 내용으로 전체를 대표할 때 사용하는 방식이다.

예시

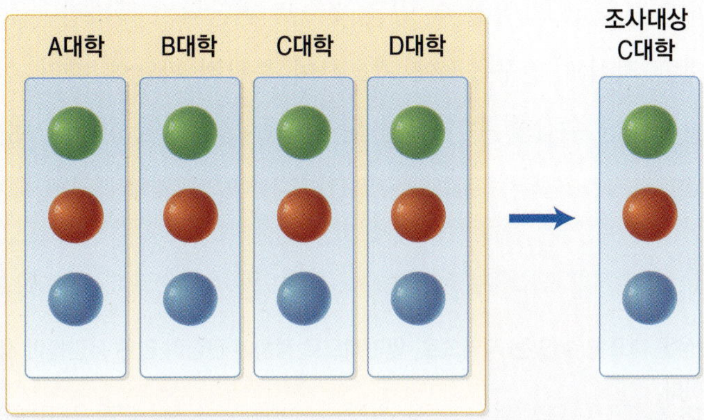

○○지역의 대학생들의 수업만족도에 대해 조사하려고 한다. 그러나 ○○지역에 있는 대학이 너무 많아 모든 대학을 조사하기가 어려워 행정단위 별로 대학을 구분하고 그 중 하나의 대학을 무작위로 선정하여 조사하는 방식이다.

(3) 비확률 표본추출(non-probability sampling)

구성요소가 표본으로 추출될 확률이 동일하지 않은 조건에서 표본을 추출하는 방법으로 확률 표본추출이 불가능한 상황에서 수행이 된다. 표본추출과 관련된 비용과 시간이 확률표본에 비해 상대적으로 적으나 비확률 표본추출은 일반화에 대한 결과의 제공이 어렵다는 단점이 있다.

① 편의 표본추출(convenience sampling)

연구자 자신의 편리한 방법으로 표본을 얻는 것으로 모집단의 특성에 대한 고려 없이 표본을 추출하는 방법이다. 우연히 길거리에서 만난 사람이거나 같은 학과 학생들 중 나와 친한 사람을 연구대상자로 한 경우 이에 해당한다. 가장 간단한 형태로 임의로 선정한 지역과 시간대에 조사자가 원하는 사람들로 표본을 선택하는 방법이다. 언론매체를 통해 '앙케이트조사'라는 형식으로 불리기도 한다. 공익적 목적이나 학술적 연구에서는 적합하지 않다.

예시

유통시장 개방에 대한 인터뷰

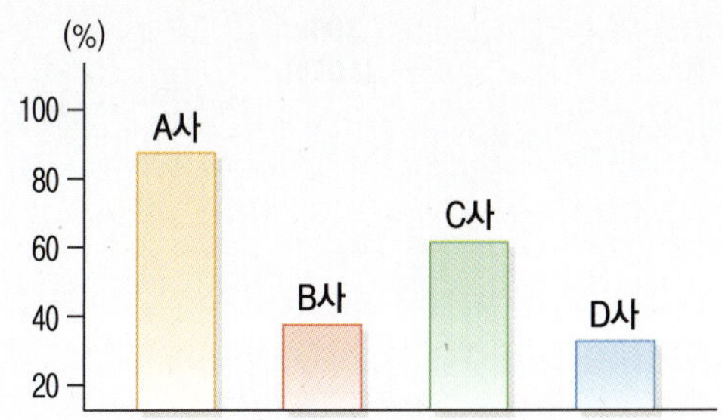

ARS 시청자 의견조사

- 내가 알고 있는 집단이거나 내 주위에 있는 사람을 대상으로 표본을 추출한 경우 또는 특정 거리에서 길거리 설문을 할 때 내 주변에 있었던 사람에게 설문하면 편의상 표본을 추출한 것으로 볼 수 있다.
- 이미 알고 있는 전화번호를 갖고 전화설문을 시행하는 것이 이에 해당한다.

② 판단 표본추출(purposive sampling)

조사문제를 잘 알고 있거나 모집단의 의견을 잘 반영할 수 있을 것으로 판단되는 특정집단을 표본으로 선정하는 표본추출 방법으로 모집단에 대한 지식과 연구목적에 기초하여 주관적 판단에 따라 추출하는 방법이다. 장점은 적은 비용으로 의미 있는 자료를 수집할 수 있으나 단점으로 모집단의 성격을 대표하지 못할 수도 있다.

예

대통령 선거결과를 예측하기 위해 가장 민심을 대표할 수 있는 지역으로, 일반적으로 정치에 관심이 많은 사람들이 사는 지역을 표본으로 선정하여 표본을 추출하는 경우이다.

③ 할당 표본추출(quota sampling)

정해진 분류기준에 의해 분류된 집단별로 표본 수 할당 후 표본추출하는 방법으로, 모집단 특성에 대한 지식은 있으나 접근이 어렵거나 확률 표본추출이 힘들 경우 연구자가 알고 있는 모집단 특성을 가진 소규모 집단을 대상으로 구성된다. 일반적으로 가장 널리 사용된다. 응답자 비율만 맞추면 되므로 조사가 간편하고 경비나 시간적 효율성이 좋다는 장점이 있으며, 모집단과 유사한 비율로 표본을 구성하면 신뢰도 높은 조사가 될 수 있다. 단점으로는 비율 구성을 위한 변수(예: 성별, 연령)의 선택이 잘못되면 조사의 신뢰성이 떨어지고 또한 무작위성이 보장되지 않는 단점이 있다. 조사 담당자는 모집단의 특성을 사전에 충분히 파악하여 적합한 할당 기준을 마련해야 한다.

예시

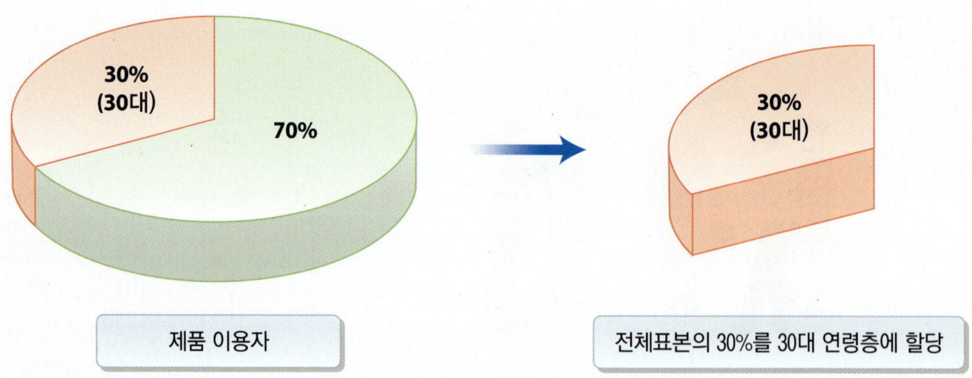

제품이용자의 구성이 30대 30%, 나머지 70%로 구성되어 있어 전체표본의 30%를 30대 연령층에 할당하여 조사한다.

④ 눈덩이 표본추출(snowball sampling)

희귀한 질환을 갖는 환자의 경우나 특수한 환경에 노출된 모집단의 경우처럼 대상자를 찾기 어려워 소개를 받아 연구에 적합한 표본의 크기만큼 키워나가는 방법이다.

예시

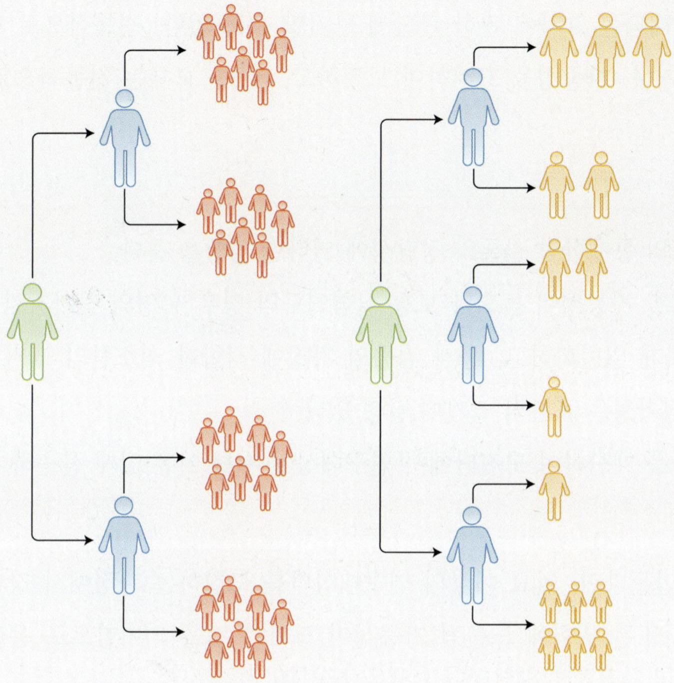

- 학교폭력 실태조사(폭력의 경험이 있는 학생을 통해서 그 표본의 크기를 키움)
- Rh- 형을 갖는 혈액형 환자를 연구
- 동성연애자를 대상으로 본인이 드러내기 싫어하는 사람들을 대상으로 한 연구

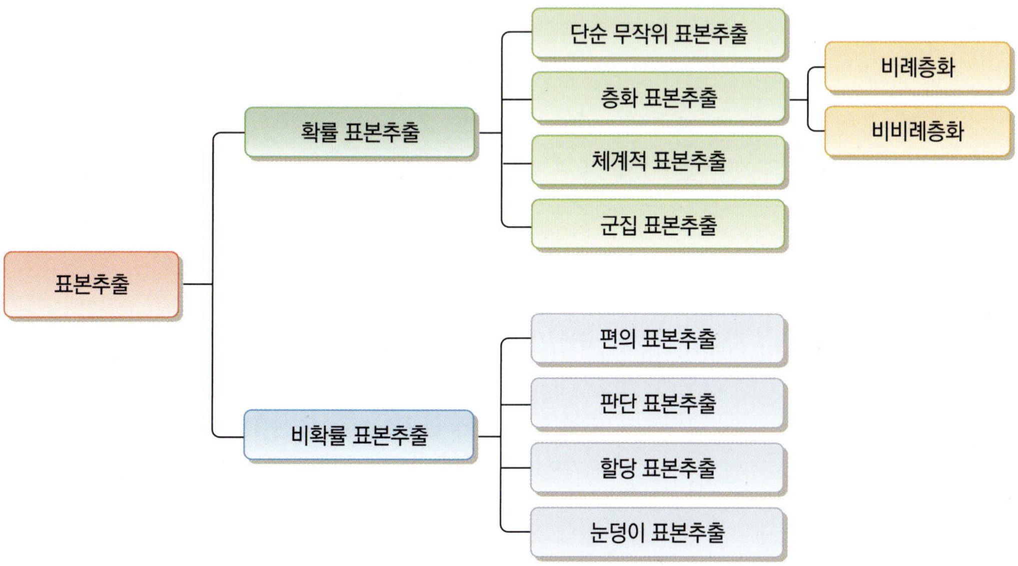

그림 3.5 표본추출 방법

2) 표본수 산출 및 계산하기

(1) 연구대상자 수와 산출

표본 수가 적으면 모집단의 대표성을 갖기 어려워 집단 간 차이에 대한 결과를 인정하기 어렵다. 임상시험 통계 지침서의 내용을 보면 임상연구에서의 연구 대상자수 계산법은 계산에 사용된 추정량과 함께 연구계획서에 제시되어야 하며, 추정량의 근거도 제시되어야 한다. 치료효과의 차이는 환자의 관리에 임상적 관련성이 있는 최소한의 효과 혹은 새로운 치료의 기대되는 효과에 관한 판단에 근거할 수도 있다. 전통적으로 제1종 오류의 확률은 5% 혹은 그 이하로 정해져 있거나, 다중성을 고려하여 보정하고, 제2종 오류는 전통적으로 10%에서 20%로 정해져 있다.

① 예상 연구대상자 수 산출 방법

a. 표본크기에 대한 결정은 연구의 통계학적 결론의 정당성에 커다란 영향을 준다.

b. 표본이 클수록 모집단을 대표할 가능성이 높으나 보통 실험연구의 경우 30명의 참가자가 속해 있는 집단 크기인 경우 모집단을 정당하게 일반화하고, 통계 검증의 가정에 적합한 최소한의 크기로 본다. 그러나 기술적 연구의 경우 기술의 정확성은 표본의 크기에 달려 있다.

c. 연구자는 예상된 중도 탈락률을 계산하여 모집단에서 연구대상자 수를 여유 있게 산출하여야 한다.

② 연구대상자 수 산출 시 주의점

a. 표본크기를 가능한 한 크게 만든다면, 필요 이상의 연구대상자를 모집하는 과정에서 강제성이나 연구를 진행하면서 발생되는 불이익 또는 위험에 노출될 가능성이 크다는 것을 의미함으로 윤리적으로 의문이 생길 수 있다.

b. 표본이 너무 크면 연구 과정에서 다른 측면으로 주의가 분산되는 관리상 문제가 발생된다.

c. 크기가 매우 큰 집단에 대한 연구 결과는 실제로 통계학적 차이가 아주 작을 수 있다.

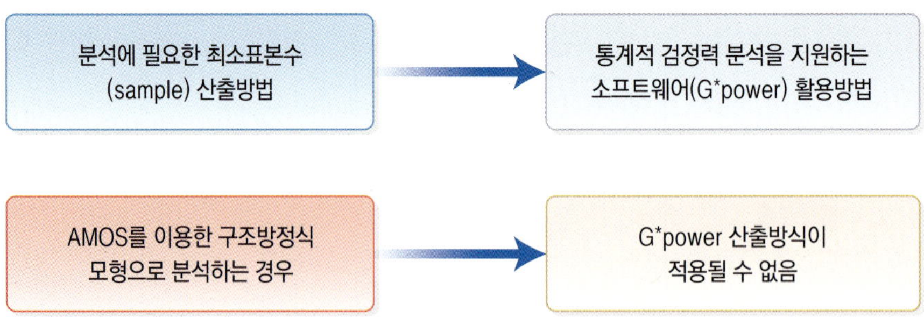

그림 3.6 예상 연구대상자 수와 산출근거

③ 표본의 크기와 검정력

적절하지 않은 표본 수로 연구를 설계하는 것은 연구에 대한 잘못된 결론을 내릴 수 있고, 심지어 환자에게 부적절한 치료로 이어질 수 있다. 너무 적은 표본으로 연구를 한다면 낮은 통계학적인 검정력을 가질 수 있고 결론을 내릴 수 없는 경우가 생긴다. 혹은 정확하지 않은 결론을 얻게 된다. 너무 많은 표본을 연구할 경우 시간과 돈 등의 자원낭비를 할 수 있고, 추적 관찰되는 동안에 많은 중도탈락이 발생할 수 있다. 가설 검정은 표본정보를 바탕으로 이루어지기 때문에 오류가 발생할 확률이 항상 존재한다.

표본의 크기를 결정할 때, 연구의 문제, 모집단의 크기, 연구수행여건(비용, 시간, 인력), 통계적 요인(자료분석방법, 수용오차의 범위, 모집단의 변산도 등)을 모두 고려해야 한다.

a. 오류의 정의

1종 오류(α)	2종 오류(β)
• 귀무가설이 실제로 참이지만 귀무가설을 기각하는 오류 • 실제 음성인 것을 양성으로 판정함 • 거짓양성 또는 알파오류라고도 함	• 귀무가설이 실제로 거짓이지만 귀무가설을 채택하는 오류 • 실제 양성인 것을 음성으로 판정함 • 거짓음성 또는 베타오류라고도 함

b. 검정력

유의수준의 경우 α=.05 또는 .01로 표현하고, 검정력의 경우 잘못된 귀무가설을 기각하는 능력으로 1−β로 표현한다. 검정에서 표본의 크기는 중요하며 표본의 수가 많을수록 검정력이 커진다. 통계학적 검정력은 두 집단 간 차이가 있을 때 차이가 있다고 이야기 할 수 있는 힘을 말하며, α값이 .05이고 파워값이 .8보다 커야 한다. G*power 3.1 프로그램은 F-test, t-test, χ^2-test, z-test 등의 통계 분석에 대해 통계적 검정력 분석을 지원해주며, 따라서 회귀분석(regression) 및 경로분석(path analysis) 수준까지도 분석에 필요한 표본(sample) 수 계산과 검정력(power) 계산이 가능하다.

효과크기는 중간 정도의 효과크기를 사용하며 분석 방법마다 중간 효과크기가 서로 다를 수 있으며, 코헨(1988)의 기준에 따라 다음과 같이 분류한다. .20은 '작은 효과크기(small effect size)', .50은 '중간 효과크기(medium effect size)', .80은 '큰 효과크기(large effect size)'를 의미한다. 효과크기가 0이라는 의미는 실험집단의 평균과 통제집단의 평균이 같다는 것을 의미하고 실험 또는 개입의 효과가 없다는 의미이다. 효과크기가 +로 크다는 것은 실험의 효과가 높다는 것이고, 일반적으로 효과크기가 .80 이상일 경우 효과가 높다고 본다.

검정력은 보통 .80, .85, .90, .95 중에서 선택하며 검정력에 대한 근거를 보여주어야 하기 때문에 최소 0.8 이상을 권장한다. 검정력이 클수록 더 많은 표본 수를 필요로 한다. 표 3.4는 효과크기에 따른 코헨의 통계학적 검정력에 대한 대표적인 내용을 정리하였다.

표 3.4 코헨의 통계적 검정력

통계 방법	index	small	medium	large
t-Test on Menas	d	0.20	0.50	0.80
Correlations	r	0.10	0.30	0.50
ANOVA	f	0.10	0.25	0.40
MLR (Multiple Linear Regression)	f^2	0.02	0.15	0.35
Chi-Square Test	w	0.10	0.30	0.50

출처: Cohen (2013). Statistical power analysis for the behavioral sciences.
※ G*power 프로그램 상의 대표적인 통계 방법
ANOVA (analysis of variance): 분산분석
MLR (Multiple Linear Regression): 다중회귀분석

다양한 통계프로그램 중 G*Power 3.1은 검정력 분석 프로그램으로 통계분석을 수행하기 위해 최소 표본 수를 결정해 주는 무료 소프트웨어로 많이 사용하고 있다. G*Power 프로그램에 대한 사이트 주소는 다음과 같다(http://www.gpower.hhu.de/).

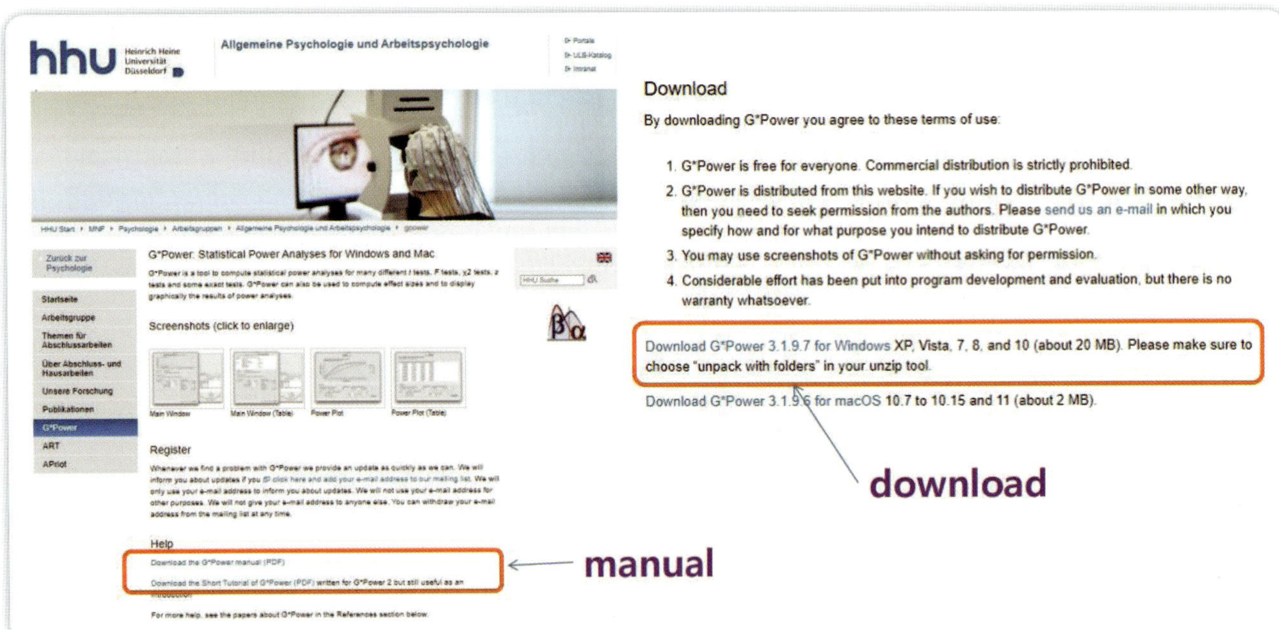

G*power 프로그램을 통해 검정력 분석의 종류(type of power analysis)에서 Post hoc을 통해 검정력을 계산하고, 검정분석 종류에서 Priori를 통해 표본의 수를 계산한다.

(2) G*Power를 이용한 연구진행 전 표본크기 결정(독립 T검정)

예로 남자의 점프력과 여자의 점프력의 차이가 있는지를 보기 위한 연구를 진행하려고 한다. 실험 전 표본크기를 결정하기 위해서 동일한 연구에서 연구 결과를 확인하였더니 차이가 많이 나는 것을 확인하였으며(= 검정력이 크다), 실제 이 연구를 진행할 때 표본의 크기를 결정하려고 한다.

① 프로그램 열기

- 검색창에서 G*power 프로그램을 다운로드 받은 후에 프로그램을 바탕화면에 설치한다.
- G*power 아이콘을 누르면 좌측 그림과 같은 창이 열린다.

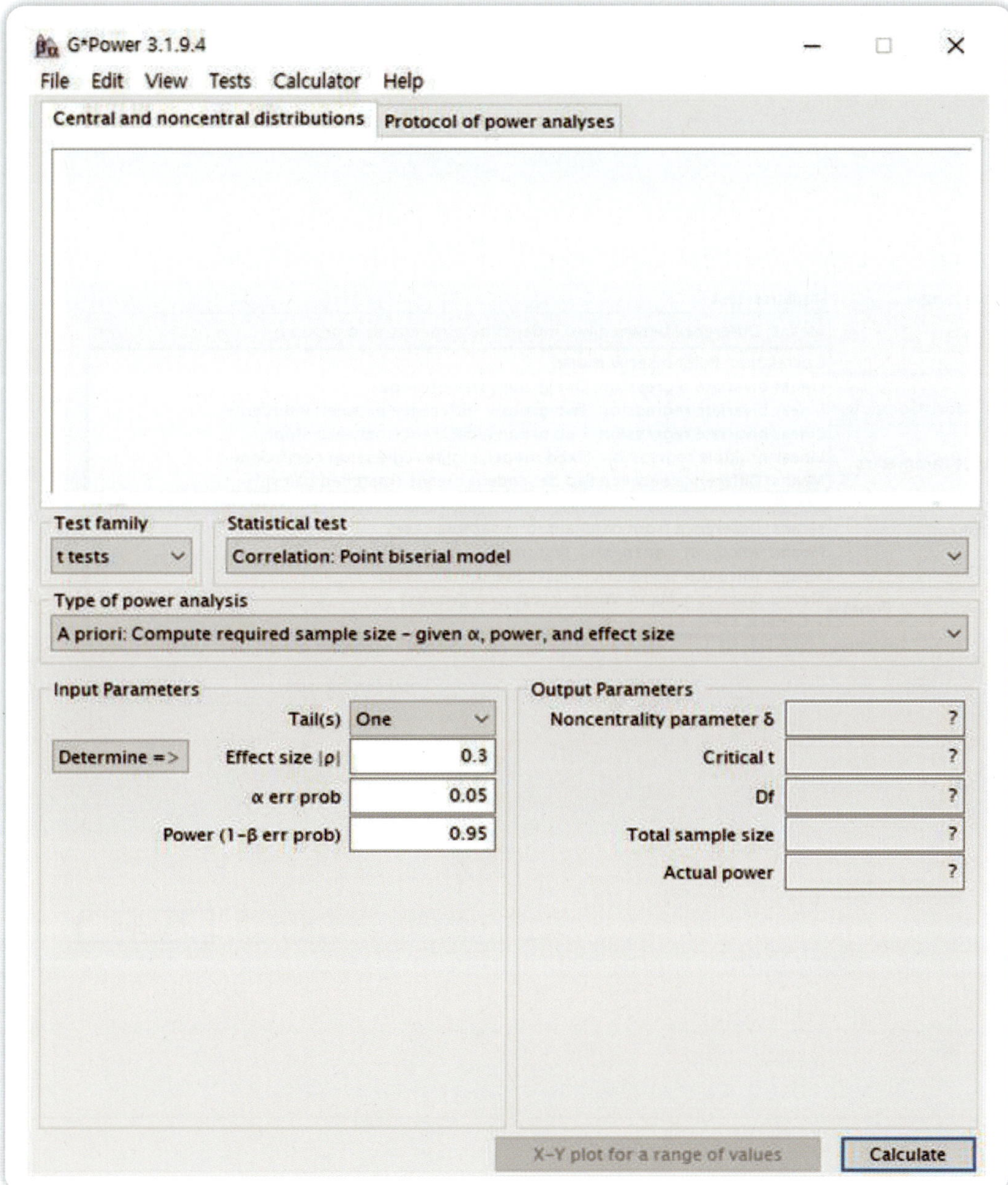

② 설정

① Test Family를 t tests로 선택

Statistical Test → Means: Difference between two independent means (two groups)를 선정한다.

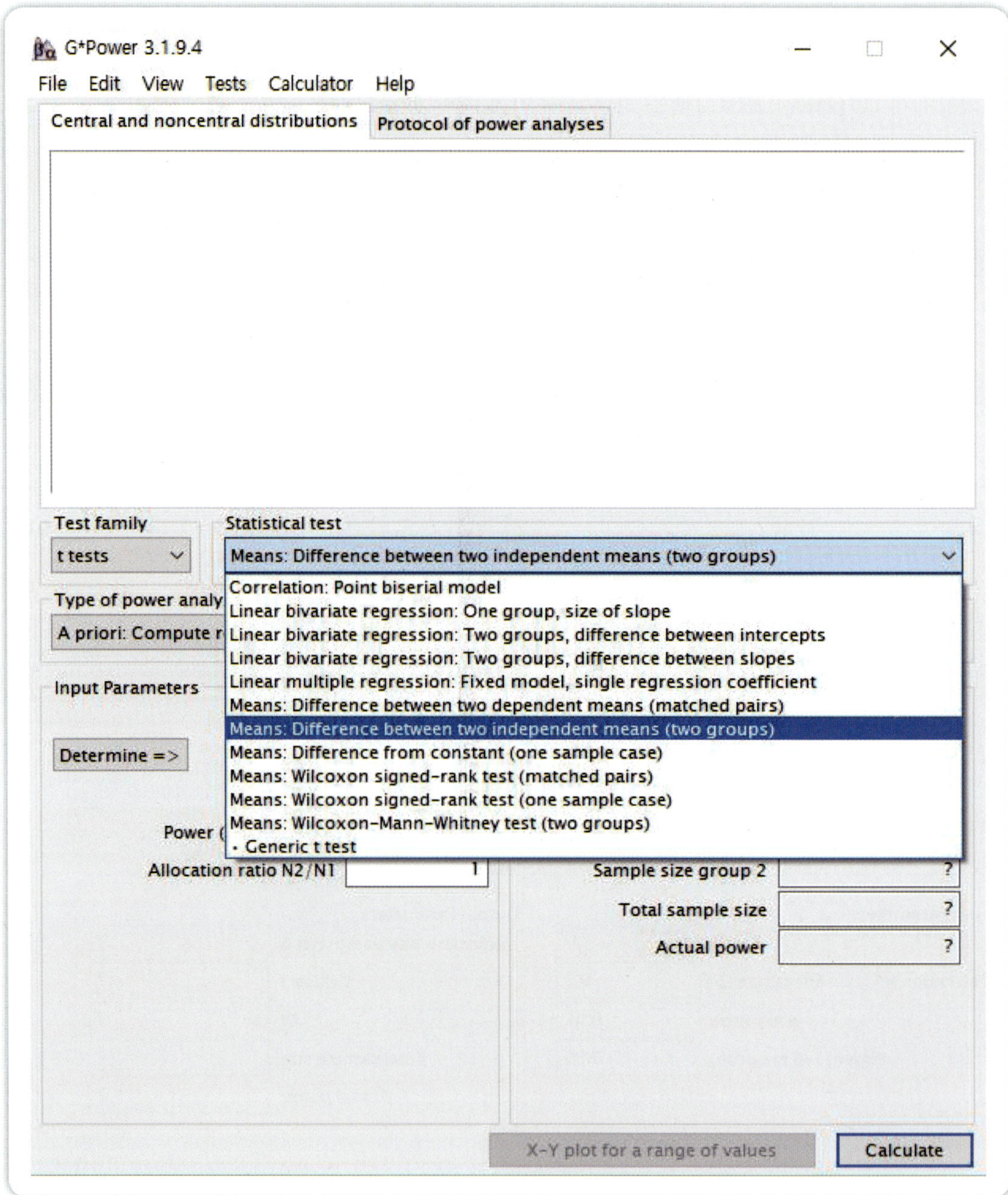

② Type of power analysis에서 A priori:
compute required sample size–given alpha, power and effect size를 선정한다.

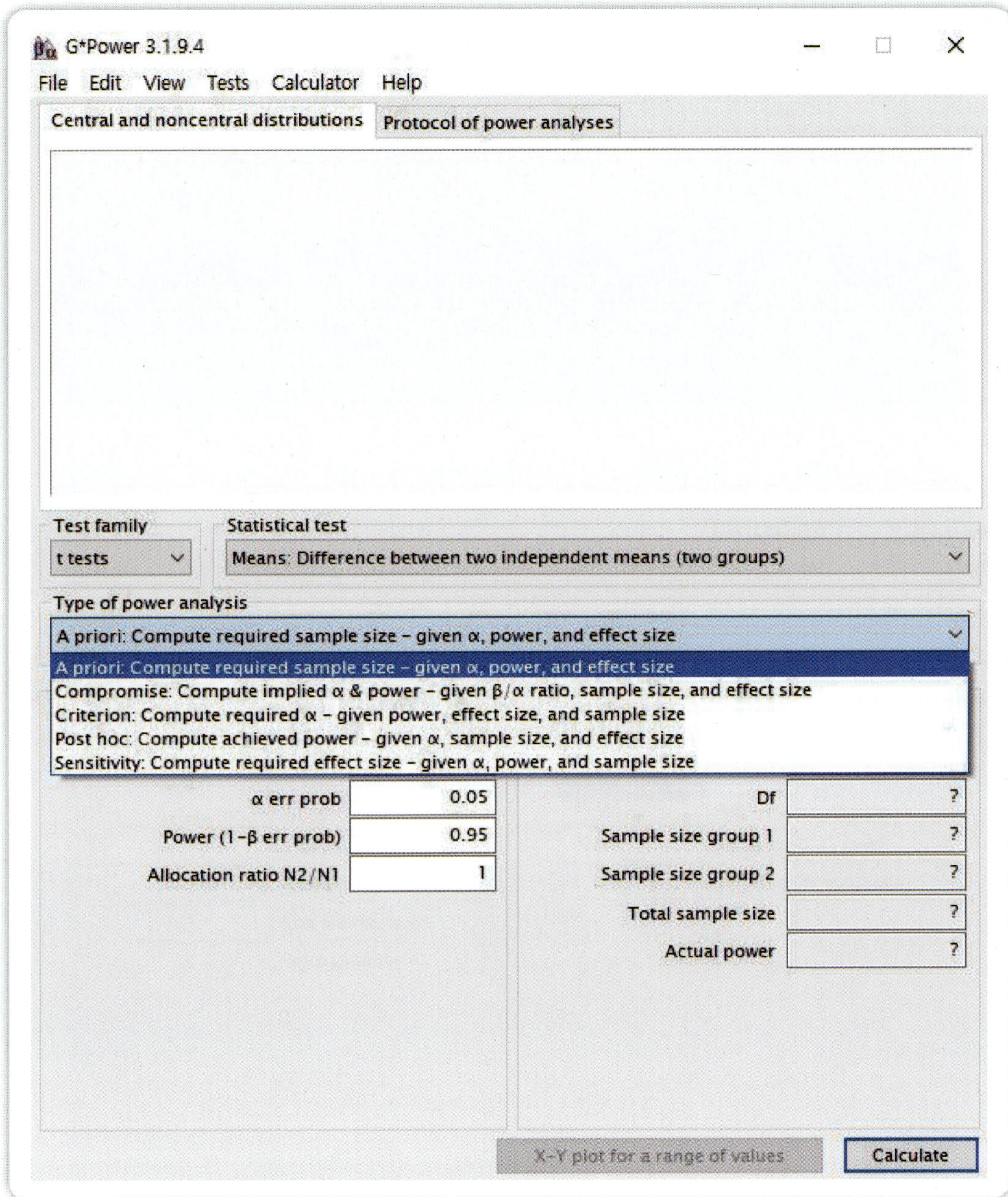

③ 양측 검정인 경우 Tails를 Two로 선택(단측검정의 경우 Tails를 One으로 선택)한다.

④ 확인적 연구일 경우에는 "Determine" 버튼을 눌러서 각 군의 평균과 표준편차를 입력하여 Effect size를 계산한다.

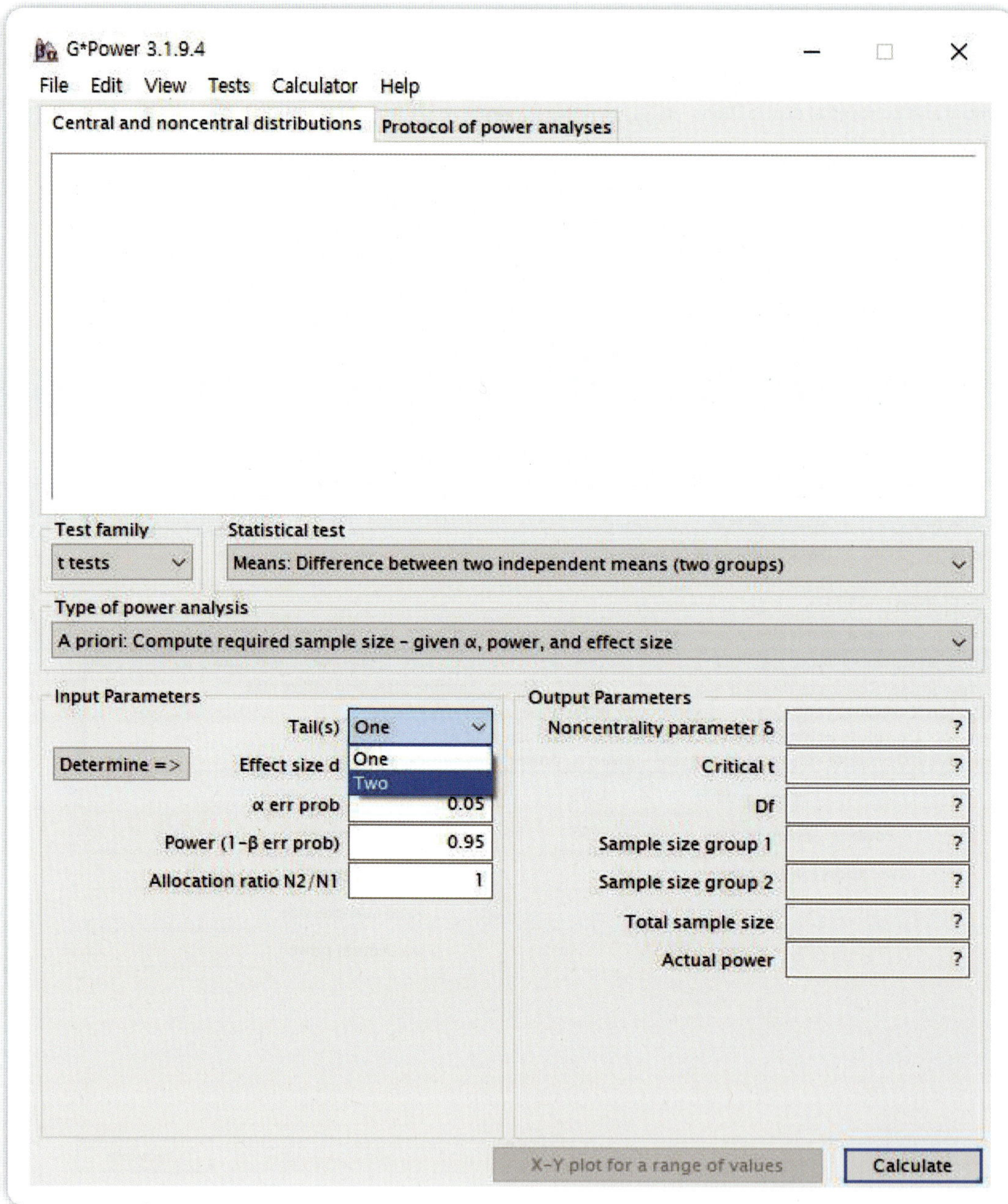

⑤ Effect size는 선행연구에서 두 그룹 간 효과 차이가 큰 경우 0.8로 결정하고 거의 없는 경우 0.2로 결정한다. 예상하는 Effect size d를 직접 입력한다.

⑥ 알파 err prob는 0.05로 Power는 0.8로 결정하고 Allocation ratio는 두 그룹 수를 같게 할 것이므로 1로 선정한다.

⑦ Calculate를 클릭한다.

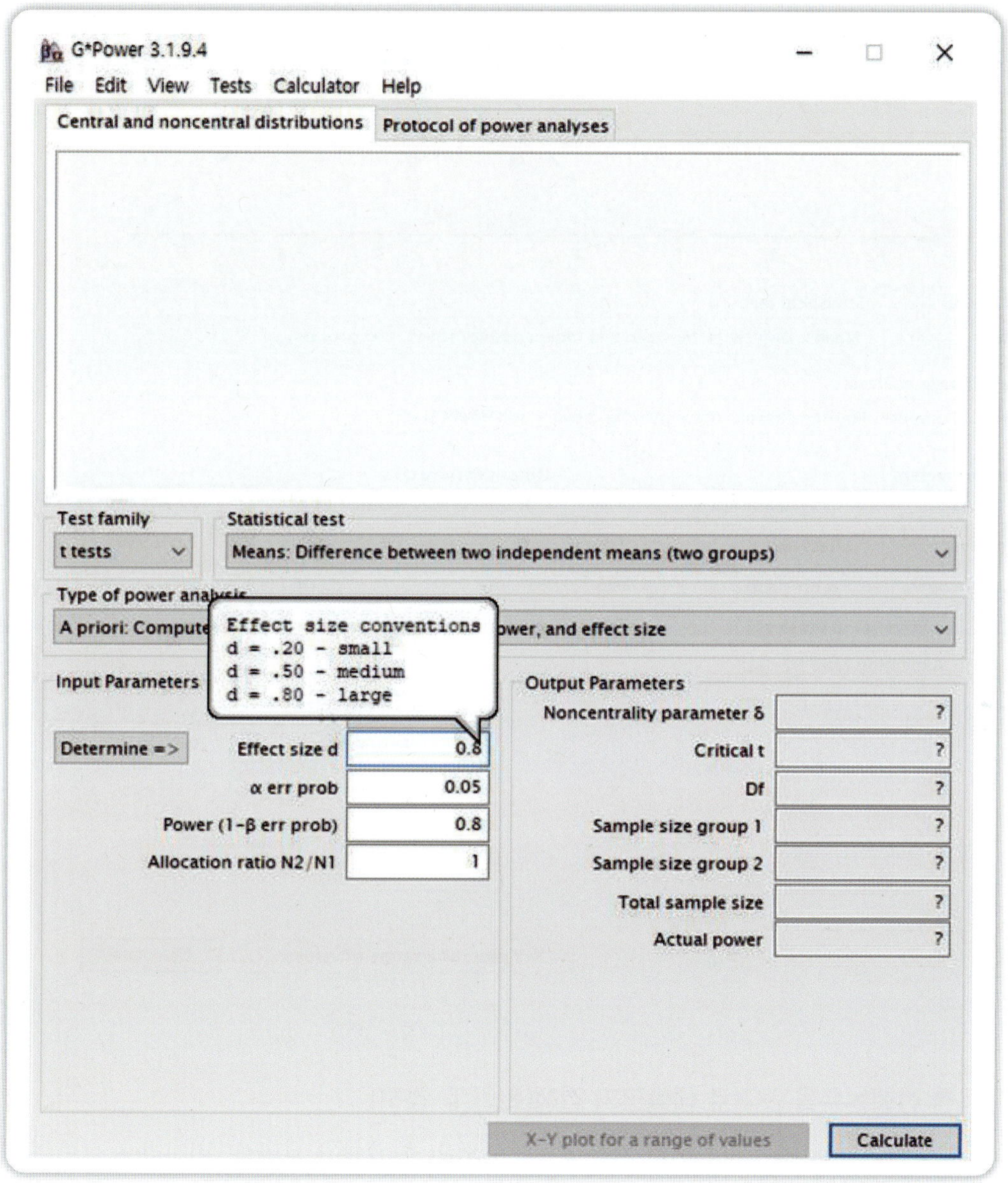

⑧ total sample size = 52

탈락률을 10%로 고려하여 최소 58명을 선정해 각 그룹에 배정한다.

– 52 : x = (1 – 0.1) : 1

→ x = 52 / 0.9 = 57.777 → 58명

연구대상자 샘플수는 보수적으로 소수점을 주로 버리기보다는 올림한다.

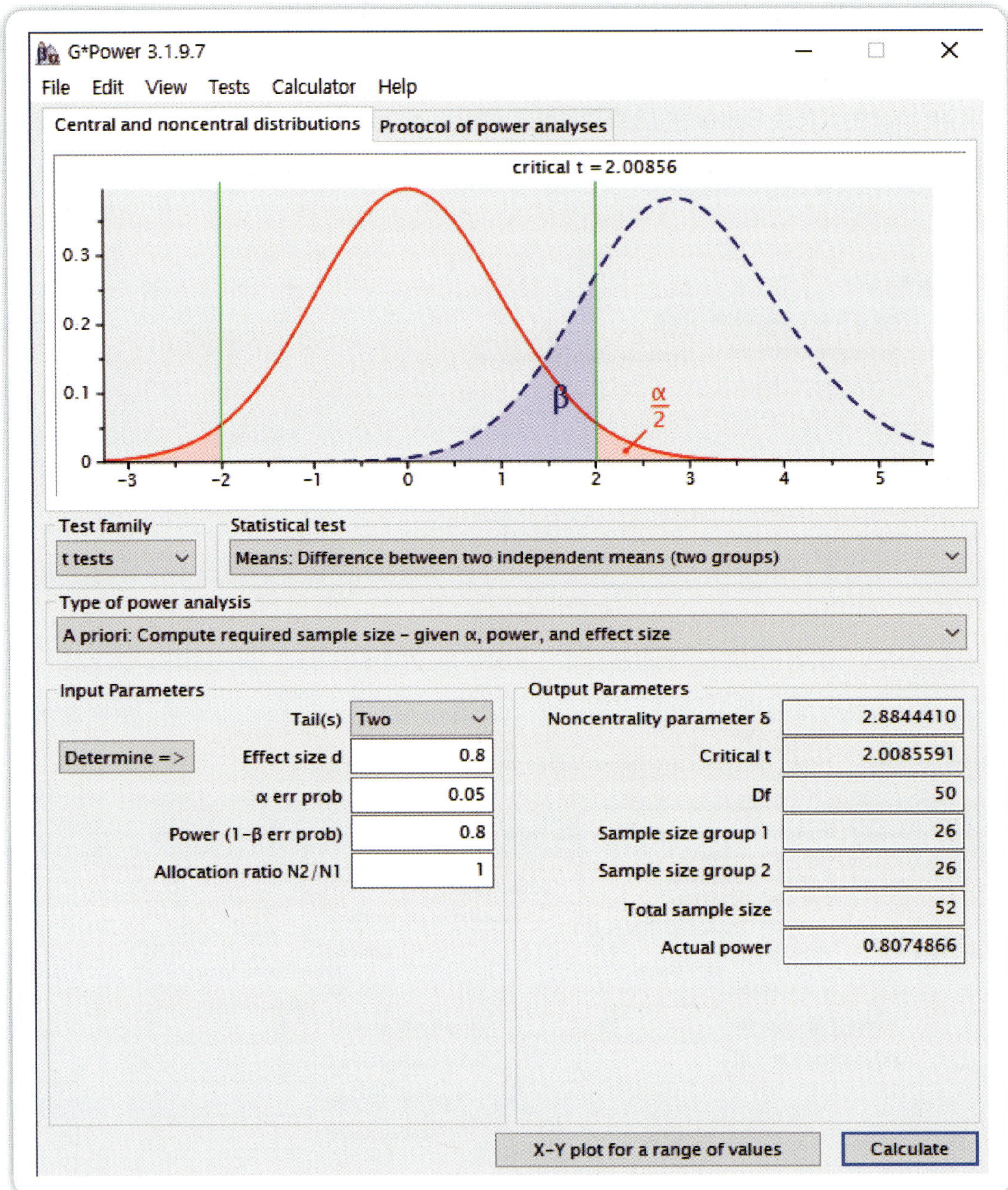

(3) G*Power를 이용한 선행논문을 근거로 샘플크기 결정(독립 T-검정)

고혈압환자 40명을 무작위로 20명씩 나누어서 신약을 4주간 복용 후 효과를 보았다. 변화량을 보였을 때 다음과 같은 결과가 나왔다. 양측 검정이며 유의수준은 0.05이다. 검정력과 표본의 수를 계산해 본다.

대조군 그룹 1(N=20)은 기존의 혈압약을 복용하여 평균은 7.284였으며 표준편차는 3.256, 실험군 그룹 2(N=20)는 신약을 복용하여 평균이 10.560이었으며 표준편차는 5.623이었다.

Post hoc을 이용한 검정력을 계산하고 Priori를 이용한 표본의 크기를 계산할 수 있다. 다음의 순서대로 해 보자.

① Post hoc 이용한 검정력 계산

① test family: t test

② statistical test: Means: Difference between two independent means (two groups)

③ Type of power analysis: post hoc

④ Determine 클릭: 두 그룹 수가 같아서 아래에 체크하고 각 그룹의 평균과 표준편차를 입력한다.

⑤ calculate

⑥ calculate and transfer to main window

⑦ tail(s): two

⑧ calculate를 클릭하면 통계적 검정력이 0.59이므로 낮다.

통계적 검정력이 0.59로 낮다. 보통 검정력이 0.8 이상일 때 믿을 만한 연구라고 한다. 따라서 power를 0.8로 가정하였을 때 표본의 수를 계산해본다.

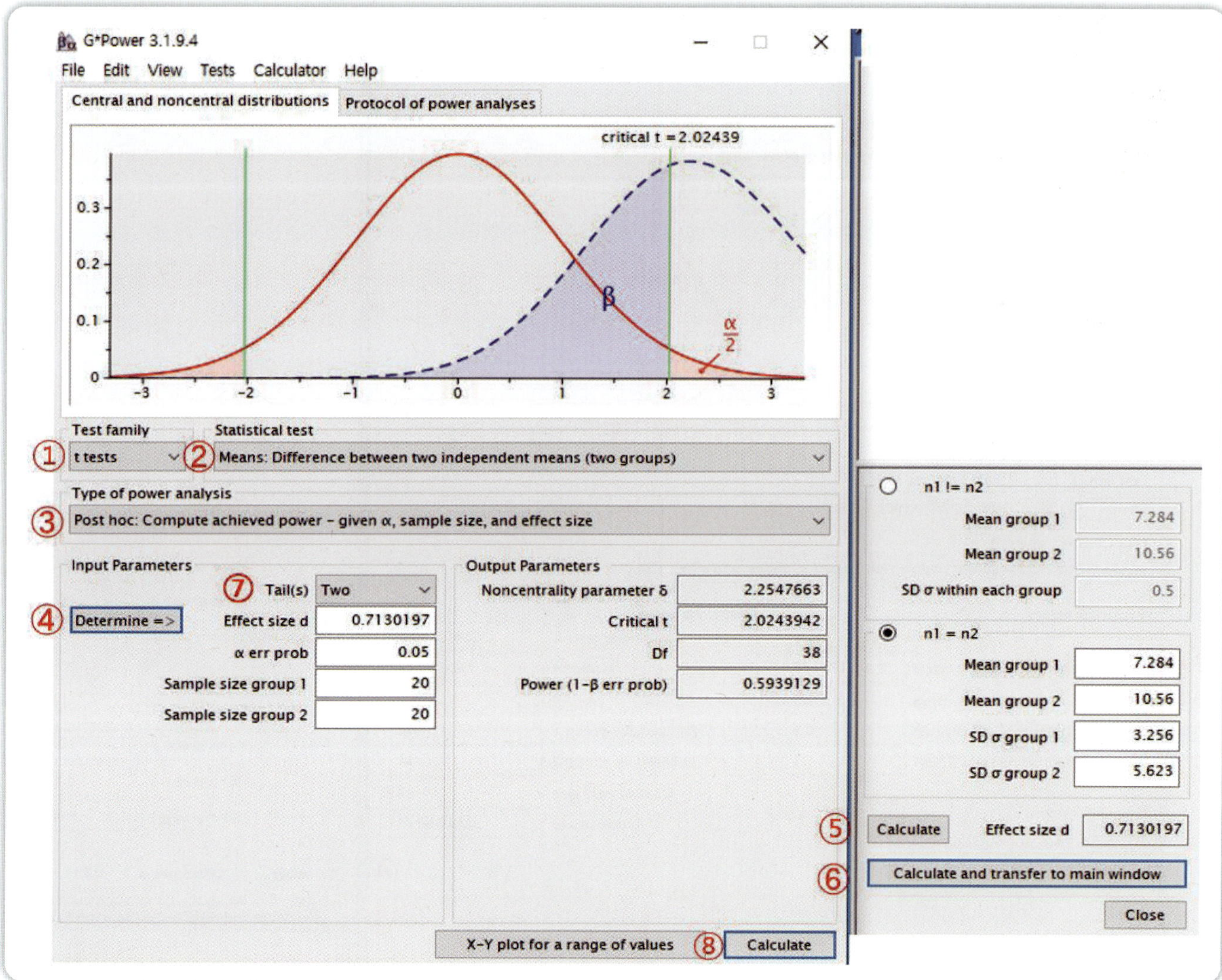

② Priori 이용한 표본의 크기 계산

① test family: t test

② Type of power analysis: A priori: compute required samlpe size

③ Determine 클릭

④ calculate

⑤ calculate and transfer to main window

⑥ tail(s): two: power를 0.8로 변경

⑦ calculate를 클릭하면 표본의 크기가 32명으로 나온다. 따라서 10%의 탈락률을 고려하면 각 그룹당 36명이 필요하다.

연구대상자 산출공식

= 32 / (1− drop rate) = 32 / 0.9 = 35.555

→ 숫자를 올림 처리하여 36명

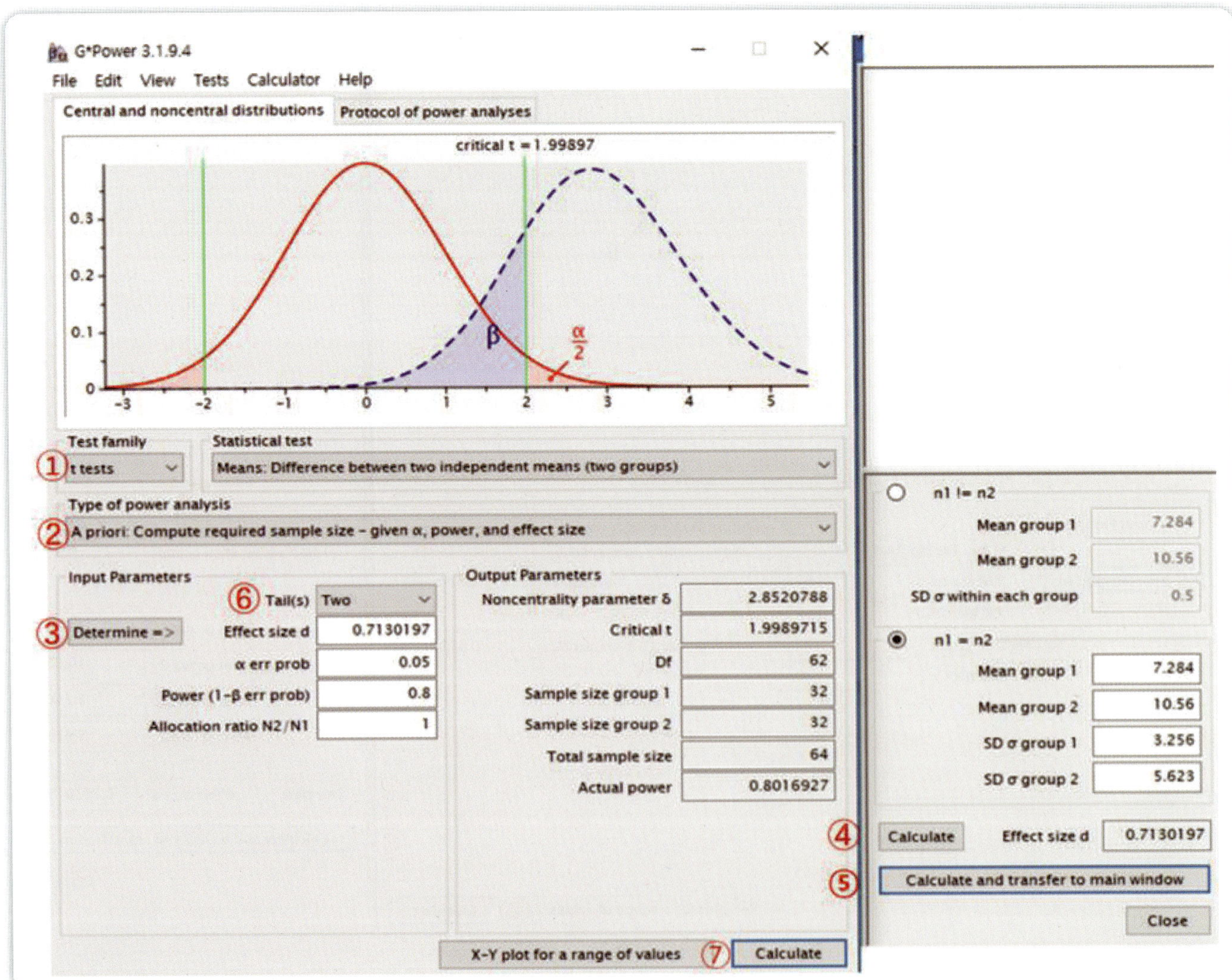

TIP

AMOS를 활용한 구조방정식 모델링(structural equation modeling, SEM)의 경우 공분산(covariance)을 기반으로 하기 때문에 G*Power 프로그램을 사용할 수 없다.

공분산은 하나의 변인이 아닌 두 변인 사이의 관계를 나타낸다. 두 변인에 대한 각각의 편차점수 곱의 합을 사례수 N으로 나누어 얻어진 측정값을 공분산 또는 공변량(covariate)이라 부른다.

$$Cov_{xy} = \frac{\sum_{i=1}^{N}(X_i - \overline{X})(Y_i - \overline{Y})}{N}$$

예상 연구대상자 수와 산출 근거 예시 1

- 실제 연구자가 모집단의 모든 피험자를 대상으로 자료를 수집한다는 것은 거의 불가능하다. 따라서 전체 모집단의 피험자 대신 적은 수의 표본을 통해 동일한 정보를 얻을 수 있기 때문에 모든 실험연구에서는 표본을 통한 자료수집이 이루어진다.
- 표본의 크기에서 신뢰할 만한 피험자 수는 연구문제의 성격과 통계적 분석 방법에 따라 달라지며, 어떤 통계적 분석 방법은 신뢰할 만한 결과를 얻기 위해 최소한의 표본크기를 요구한다.
- 표본크기는 선행연구의 결과를 근거로 G*Power 3(Faul, Erdfelder, Lang,& Buchner, 2007)을 이용하여 유의수준($\alpha = 0.05$), 효과크기($f = 0.4$), 검정력($1-\beta = 0.95$)을 고려하여 산출하였으며, 이상의 조건을 만족하는 대상자 수는 가상현실군과 심상훈련군, 대조군에 각각 8명으로 산출되었다(Figure 1). 30%의 중도 탈락률을 고려하여 가상현실군과 심상훈련군, 대조군에 각각 12명씩 모집하여 총 36명이 모집되었다. 사전조사에서 심상훈련군에서 측정 거부 1명, 퇴원 1명으로 총 2명이 탈락하였으나 가상현실군 12명, 심상훈련군 10명, 대조군 12명으로 총 34명이 연구에 참여하여 본 연구에 필요한 표본 수를 충족하였다. 본 연구의 실험 과정은 사전에 대상자의 자발적인 동의를 얻어 시행되었으며, 남부대학교 생명윤리심의위원회의 심의를 거쳐 이루어졌다(IRB number: 1041478-2017-HR-016).

① 이선우. (2011). 가상현실 운동프로그램이 노인의 신체기능 및 낙상효능감에 미치는 효과. 미간행 박사학위 논문. 이화여자대학교 일반대학원, 서울.

② 문현주. (2014). 가상현실 인지재활훈련이 치매노인의 인지 및 신체기능과 우울에 미치는 영향. 미간행 박사학위 논문. 경북대학교 보건대학원, 대구. ;허서윤, 이효정, 함애지, 김유나, 정시내, 김경미. (2016). 가상현실 프로그램이 뇌졸중 환자의 실행 기능, 균형 능력에 미치는 영향: 무작위 대조군 임상 연구 대한작업치료학회지, 24(4), 1-14.

③ 박명화, 박미현, 김현희. (2015). 복합적 심리교육 프로그램이 치매 환자 가족의 부양부담, 우울, 문제대처행위에 미치는 효과. Gerontol Nurs, 17(1), 10-19.

④ 김수연. (2017) 이미지 상상훈련을 적용한 핵심기본간호술 실습교육이 간호대학생의 임상 수행능력, 자율실습시간에 미치는 효과. Journal of Korean Academic Society of Nursing Education, 23(1), 76-85.

⑤ Fansler, Poff & Shephard. (1985). Effects of Mental Practice on Balance in Elderly Women. American Physical Therapy, Volume 65, Issue 9, 1 September 1985, Pages 1332-1338.

예상 연구대상자 수와 산출 근거 예시 2

실험 연구의 경우

- 표본의 크기는 G*Power 3.1을 이용하여 집단개수를 2, 측정횟수를 3으로 설정하고, 유의수준($\alpha = 0.05$), 효과크기($f = 0.4$). 검정력($1-\beta = 0.9$)을 고려하여 산출하였다.
- 하지만 종합병원에 6주 이상 입원하는 뇌졸중 환자를 대상으로 대상자를 모집하여 종합병원이라는 특성상 한 기관 내 많은 대상자를 구하기 어렵고, 자발적 참여 인원을 통해 이루어지므로 적은 대상자의 수가 예상된다. 또한 실험연구라는 특성상 대상자의 중지 의사, 퇴원 등으로 인한 중도 탈락자가 발생할 수 있다. 그러므로 연구윤리심의위원회, 기관생명윤리위원회의에 연구 승인을 받은 선행 논문 등을 기반으로 최소 16명 이상의 인원 충족과 연구 결과가 나올 시 연구를 종료할 예정이다. 중도 탈락률을 고려하여 20명의 뇌졸중 환자를 대상으로 모집할 예정이며, 실험군과 대조군 각각 10명씩 구분할 것이다. 참고한 선행 논문은 아래와 같다.

  ① 백석대/이범석/2018/BUIRB-201710-HR-019/뇌졸중 환자 18명

  ② 동의대/황제웅/2018/DIRB-201707-HR-E-022/뇌졸중 환자 13명

  ③ 백석대/김민성/2017/BUIRB-201608-HR-018/뇌졸중 환자 14명

  ④ 원광대학교병원/정경만/2018/WKUH 2017-04-024/뇌졸중 환자 14명

예상 연구대상자 수와 산출 근거 예시 3

설문지 연구의 경우

- G*Power를 통해 표본크기(sample size)를 산출
- Test family: F-test 설정
- Statistical test: Linear multiple regression: Fixed model, R^2 deviation from zero로 설정
- 회귀분석 및 경로분석의 경우 기본 default로 지정된 수치인 Effect size=0.15, α err prob=0.05, Power($1-\beta$ error porb)=0.95를 그대로 적용할 것을 권장
- 연구모형에 따라 Number of predictors를 적용: 14개로 설정(아래 독립변수 관련 표 참고)
- 상기 기준들을 통해 G*Power 상에서 194case로 도출되었고, 무응답이나 불성실한 기재 등으로 제외될 설문지를 고려하여(drop out 10%) 약 216명의 연구대상자를 설정

〈독립변수 관련 표〉

독립변수		변수유형 / predictor 수			
		연속	predictor	명목(더미변환)	predictor
개인적 요인	심리적 임파워먼트	○	1		
정신장애 요인	진단명			○	3
	증상의 심각성	○	1		
사회적 요인	사회적 지지	○	1		
	사회적 편견	○	1		
근무환경 요인	고용형태			○	3
	업무형태			○	4
total predictors		14			

예상 연구대상자 수와 산출 근거 예시 4

구조방정식 모형을 활용한 연구

- 측정모델을 포함하고 있는 구조방정식 모형에서는 신뢰로운 추정치를 얻기 위해 보다 많은 피험자를 요구하기 때문에 자유모수치 : 피험자의 비율을 기준으로 최소한 1:10~20이 되어야 함. 표본은 자유모수치의 10~20배 정도의 표본이 필요한 것으로 제시되고 있음. 그러나 어떤 경우에도 표집크기가 200 이상 되어야 한다고 제안함(Jackson, 2003)
- 본 연구모형에서 자유모수치가 20개이므로 이에 10~20배 정도인 200~400명의 연구대상자를 최소한의 기준으로 설정하였고, 무응답이나 불성실한 기재 등으로 제외될 설문지를 고려하여 (drop out 30%) 약 286~572명의 연구대상자를 설정

TIP

탈락률(drop rate)을 고려한 예상 표본크기 계산법

예1) drop rate = 30%

예상 연구대상자 수 = 표본크기 / (1-drop rate)

200 / 0.7 = 285.714285 - 연구대상자 수는 보수적으로 올림을 반영하여 286명으로 산출한다.

400 / 0.7 = 571.428571 - 572명으로 산출한다.

(많이 하는 실수) 200*1.3 = 260 (X)

400*1.3 = 520 (X)

예2) drop rate = 10%

예상 연구대상자 수 = 표본크기 / (1- drop rate)

52 / 0.9 = 57.777 (58명)

TIP

- Sample size & 효과크기(effect size): 반비례
- Sample size & power(1-β; 검정력): 비례
- 효과크기가 작으면 작을수록 작은 차이를 보여야 하기 때문에 연구에 필요한 샘플이 더 많이 필요하다.

TIP

여러 가지 통계 분석의 효과크기 값을 구할 수 있는 사이트

- https://www.campbellcollaboration.org/escalc/html/EffectSizeCalculator-SMD-main.php

TIP

G*Power를 사용했을 때, 아래 논문 인용

1. Faul, F., Erdfelder, E., Lang, A.-G., & Buchner, A. (2007). G*Power 3: A flexible statistical power analysis program for the social, behavioral, and biomedical sciences. Behavior Research Methods, 39, 175-191.
2. Faul, F., Erdfelder, E., Buchner, A., & Lang, A.-G. (2009). Statistical power analyses using G*Power 3.1: Tests for correlation and regression analyses. Behavior Research Methods, 41, 1149-1160.

TIP

효과크기

- 효과크기의 통계학적인 정의는 귀무가설(H_0)과 대립가설(H_1) 간 차이의 크기를 말한다. 다시 말해서 효과크기란 비교할 두 집단 간의 차이가 임상적으로 의미가 있는 정도인가를 설명할 수 있는 값을 말한다. 즉, 비교하려는 집단 간에 얼마나 차이가 있는지를 나타내주는 지표를 말한다.
- 효과크기를 구하는 방법은 통계모형마다 다르다. 예를 들어 상관분석에서는 상관계수 r로, 독립표본 t-검정에서는 d로, 분산분석에서는 f로 표현된다.
- 두 집단의 효과크기를 구할 때에는 모평균과 실제 모평균의 차이를 표준편차로 나눈 효과크기의 개념을 검정력에서 고려할 수 있다.

$$d = \frac{\mu_1 - \mu_0}{\sigma}$$

d: 효과크기
μ_1: 실제모평균, μ_0: 모평균
σ: 표준편차

- 효과크기가 '0'이라는 것은 실험집단의 평균과 통제집단(control group)의 평균이 같다는 뜻이고, +값이 나왔다는 것은 실험집단의 평균이 통제집단의 평균보다 크다는 것을 의미하고, -값은 그 반대의 경우이다. 절대값이 클수록 실험집단과 통제집단의 차이가 크다는 것을 의미하는데, 어느 정도의 효과크기를 사용할 것인지는 임상적인 판단에 따른다.
- 유의한 F값을 얻었다는 것은 집단 간 차이(처치효과)가 유의미하다는 것뿐이다. 즉, 정도(크기)에 대해서는 아무런 정보도 주지 않는다.

  예) A 약효 검증: 무처치(3), 가짜약(4), A약(20) F = 15.231*
  B 약효 검증: 무처치(9), 가짜약(8), A약(39) F = 21.867**
- 즉 효과크기는 평균치들 간의 차이크기를 표준편차와의 비율로 나타내는 것, 즉 효과크기는 분석 결과의 강도이다. 효과크기는 가설검증에서 통계적 검증력에 영향을 주는 요인으로 집단 간의 평균 차이가 커질수록, 즉 효과크기가 클수록 모집단 가설 검증의 검증력을 높이게 된다.

4 연구설계

1) 연구설계의 기초

(1) 변수

연구를 위해서는 연구 가능한 특성들에 관한 질문을 통해 자료를 수집하고 수집된 자료를 통해 그 답을 찾는다. 이러한 질문에 답하기 위해서는 질문과 관련된 변수를 명확하게 정의해야 한다. 변수란 변화하는 값을 갖는 특성 혹은 요인을 의미한다.

변수는 두 가지 이상의 범주형 자료로 구성되거나 혹은 연속형 자료로 구성될 수 있다. 예를 들어 성별이라는 변수는 남자와 여자라는 두 가지 범주 내에서 변할 수 있다. 반면에 지능, 키, 몸무게라는 변수는 연속형 변수로 다양한 값으로 변할 수 있다. 변수는 양적변수, 질적변수로 구분할 수도 있고 연구에서 어떻게 작용하는가에 따라 독립변수, 종속변수, 매개변수, 외생변수, 조절변수로 분류되기도 한다.

① 독립변수 = 영향을 주는 변수

독립변수는 어떤 현상의 원인이 되는 요인을 의미하며 실험연구에서는 처치변수(treatment variable)를 의미하며 자극을 제공하는 변수이다. 연구자가 자신의 관심이나 의도에 따라 실험에서 포함시킬 독립변수의 수준을 결정할 수 있는 경우에 조작 가능(manipulative) 독립변수라 하고, 조작이 불가능한 경우는 조작 불가능(non-manipulative) 독립변수라고 한다.

* 독립변수는 종속변수에 영향을 주는 변수로 학년, 성별, 중재 방법 등이 있다.

② 종속변수 = 영향을 받는 변수

종속변수는 독립변수의 결과로 나타나는 결과(outcome)변수로 효과(effect)변수라고도 한다. 또한 연구의 유형에 따라서는 준거(criterion)변수로 불리는 경우도 있다. 종속변수는 독립변수의 처치 결과로 나타나는 것으로 양적 연구에서는 이를 측정하기 위한 도구가 필요하다.

* 종속변수는 독립변수에 의해 영향을 받는 변수로 연구에서 측정하는 값이 대개 종속변수이다. 예로 인지기능 정도, 통증 정도, 스마트폰 중독지수, 우울, 스트레스지수 등이 있다.

예

다음 중 독립변수와 종속변수를 구분하시오.

- 단기간 고강도운동이 다이어트에 미치는 영향
- 장시간 걷기운동이 노인의 낙상발생 빈도에 미치는 영향

※ 독립변수: 단기간 고강도운동, 장시간 걷기운동
종속변수: 다이어트, 낙상발생 빈도

③ 외생변수

독립변수와 종속변수 간의 관계에서 독립변수 이외에 종속변수에 영향을 미칠 수 있는 변수로 핫팩이 만성 허리통증에 미치는 영향이라는 연구주제에서 치료사의 외모나 치료사의 친절함 혹은 라포형성이 허리통증에 완화에 영향을 주었다면 이는 외모, 친절함, 환자와의 라포형성이 외생변수로 작용했다고 할 수 있다.

대표적 외생변수의 종류

- 우발적 사건: 운동중재 중 발생한 황사발생(대기질이 안 좋아 중재 중에 호흡기에 영향을 미침)
- 성숙효과: 실험기간 중 실험집단의 특성이 변함으로써 결과에 영향을 미치는 경우
- 시험효과(학습효과): 동일한 방법으로 측정을 반복하였을 때 학습효과가 발생함
- 측정수단의 변화: 측정자가 다르거나 측정도구가 바뀐 경우
- 통계적 회귀: 극단적인 상태에서 실험처리를 할 경우 시간이 지남에 따라 평균값으로 접근하려는 경향

정리

- 독립변수(independent variable): 실험연구에서 실험자가 조작하는 변수로 종속변수에 영향을 미치는 변수
- 종속변수(dependent variable): 독립변수의 조작에 의해서 영향을 받는 변수
- 외생변수(exogenous variable): 독립변수와 종속변수 간의 관계에서 독립변수 이외에 종속변수에 영향을 미칠 수 있는 변수

④ 매개변수

독립변수의 종속변수에 대한 효과를 중간에서 변화시키는 제3의 변수로 매개변수를 연구설계에 포함시킬 수 있다. 매개변수는 독립변수와 종속변수 모두와 관계가 있는 심리적 변수들로 양적 연구에서 매개효과를 검증할 경우에는 회귀분석이나 경로분석, 구조방정식모형 등 고급 통계분석기법을 활용할 수 있다. 매개변수는 독립변수와 종속변수 사이에서 중간 다리 역할을 하는 변수로 인과관계가 필요하며, 조절변수와 다른 점은 독립변수 및 종속변수와 직접 영향을 주고 받는다는 것이다.

⑤ 조절변수

독립변수와 종속변수 사이에서 제2의 독립변수를 의미한다. 독립변수와 종속변수 사이의 관계의 강도를 조절해주는 역할을 한다.

(2) 설계의 기본조건

① 조작(manipulation)

연구자가 독립변수의 강도나 시간을 조작함으로써 종속변수에 어떠한 변화가 발생하였는지를 관찰하게 되는데 이때 실험대상자에 가해지는 중재를 조작이라고 한다.

② 변인 통제

좋은 연구설계는 연구의 목적에 맞게 순수하게 독립변수가 종속변수에 어떠한 영향을 미치는지를 확인할 수 있지만 독립변수 이외의 외생변수가 개입하게 되면 종속변수의 변화에 영향을 미칠 수 있으므로 철저히 외생변수를 통제하여야 한다. 외생변수를 통제하는 방법에는 외적통제와 내적통제가 있다.

a. 외적통제

연구상황을 통제하는 방법으로 대조군의 활용, 연구에 영향을 줄 수 있는 환경의 통제, 시간의 통제, 측정도구와 관찰자에 대한 통제, 자료수집 절차의 통제, 처치내용의 통제 등이 있다.

환경통제	• 연구대상자에게 주어진 환경을 지속적으로 유지시키는 통제 • 수면의 질을 평가하려고 할 때 여러 명의 연구대상자에게 동일한 수면환경 제공
시간통제	• 연도, 월, 계절, 요일, 오전/오후에 영향을 받기 때문에 자료수집 시간을 일정하게 유지함
측정도구 및 측정자 통제	• 측정도구의 신뢰도(반복측정해도 같은 결과값이 나와야 함) • 관찰자 간 신뢰도(측정자가 다르면 측정값에 영향을 미침)

b. 내적통제

연구대상자의 특성이 종속변수에 영향을 미치는 요소를 통제하는 것을 내적통제라고 한다.

무작위할당	• 외생변수가 무엇인지 잘 모르는 상황에서 이를 통제하기 위해 그룹 간 특성이 가능한 최대로 비슷하게 되도록 만들어 줌
외생변수의 동질화	• 외생변수로 파악되는 변수의 속성이 동일한 대상자를 표집함(예: 대상자를 남자로만, 대상자를 여자로만 표집함)
무작위블록설계법	• 외생변수를 연구설계 내에 블록으로 포함 • 연구설계 내에 블록으로 포함시켜 오차변량을 최소화시킴(나이대로 군 설정)
짝짓기법	• 관련성이 있는 외생변수를 파악하여 동일한 변수를 갖는 대상자를 실험군과 대조군으로 나눔
중복노출법	• 한 대상자를 한 가지 처치에만 노출시키는 것이 아니라 두 가지 처치 모두에 노출시키는 것
통계학적 통제법	• 자료수집 후에 종속변수에 대한 외생변수의 영향을 통계학적으로 통제하기 위해 공분산분석을 사용

③ 실험대상의 무작위화

실험결과를 일반화하고 보다 높은 근거수준을 위해서는 실험대상자들을 모집단에서 무작위 표본추출해야 하며, 실험대상자는 각 집단의 배정과정에서도 무작위배정이 되어야 한다. 그리고 무작위 여부에 따라 실험/통제 집단 간 사전 동질성 확보에 영향을 미치기 때문에 무작위 임상실험은 순수실험설계의 필수적인 대표요소이다. 무작위화를 통해서 모든 피험자가 받게 되는 치료법의 배정 확률은 연구 과정 동안 동일하게 된다. 실험대상의 무작위화를 하는 경우는 모집단으로부터 무작위배정을 통해 치료의 비교에서 발생하는 편향을 줄일 수 있고, 모집단이 임의적으로 표본을 추출되도록 하여 확률론에 근거한 표준적인 통계적 검정을 타당하게 하기 위해서이다.

무작위배정의 종류로는 단순 무작위배정, 블록 무작위배정, 층화 무작위배정이 있다.

무작위배정의 종류

단순 무작위배정(Simple randomization) - 일반적

- 군을 동전던지기, 제비뽑기, 주사위던지기 등으로 배정할 때 끝자리가 홀수인가 짝수인가로 배정하기

블록 무작위배정(Block randomization) - 군간 불균형을 맞출 때

- 실험집단들의 편중을 줄이기 위해 실험집단을 유사한 것끼리 묶어서 몇 개의 블록으로 만든 후, 각 블록 내에서 실험집단을 각각의 처리수준에 확률적으로 배치
- 예를 들어, A와 B, 2가지 치료가 있고, 피험자를 치료 A에 2명, 치료 B에 2명씩 할당하는 방법은 총 6가지가 있다.

  ① AABB ② BBAA ③ ABAB ④ BABA ⑤ ABBA ⑥ BAAB

층화 무작위배정(Stratified randomization) - 요인(지역/계층별)의 균형을 고려할 때

- 나이 분포에 따른 몇 개의 계층으로 나누어 무작위배정을 하는 경우
- 10대, 20대, 30대처럼 나이분포에 따라 계층을 나누는 방법

TIP

무작위배정 연구를 선호하는 이유

- 편향 없이 치료군 간의 차이를 평가하기 위해
- 무작위배정은 치료의 비교에서 발생하는 편향을 줄이기 위해
- 모집단의 임의표본인 치료집단이 추출되도록 하여 확률론에 근거한 표준적인 통계적 검정을 타당하게 하기 위해

④ 대조군의 활용

외생변수의 개입을 확인하기 위해서 대조군이 필요하다. 보통 대조군의 경우 실험집단이 실험을 하는 동안 처치를 안 하거나 플라시보(Placebo)를 하는 방법으로 대조군을 활용한다.

⑤ 눈가림법(blinding)

눈가림법은 약물에서 나온 개념으로 약 정제, 색깔, 캡슐 크기를 같게 할 수 있다. 실험연구에서 편견이 연구 결과에 오염을 시킬 가능성이 있어 사용하며, 연구의 신뢰도를 높인다. 보통 실험 상황에서 연구자의 기대에 대해 연구대상자가 알고 있다면 의식적으로든 무의식적으로든 연구 결과에 영향을 줄 수 있다. 하지만 실제 임상 실험의 특성상 시술을 하는 사람이 중재하는 것을 모를 수가 없어서 현실적으로 단일 눈가림법을 하기도 어려운 실정이다. 눈가림법이 안 되었다고 해서 반드시 안 좋은 연구는 아니다.

a. 단일 눈가림법(single blinding): 연구대상자 블라인드

연구대상자가 자신이 실험집단에 속해 있는지, 통제집단에 속해 있는지 또는 어떠한 처치를 받고 있는지를 알지 못하도록 하는 방법이다. 이를 통해 연구대상자가 실험 상황이나 연구자의 기대에 영향을 받는 것을 방지하고, 실험오차를 줄여 연구 결과의 신뢰성을 높인다.

예

약의 효과를 위해서 실험군에는 동그란 알약 형태의 신약을 주기적으로 주고 대조군에는 동일한 크기와 형태에 밀가루만 뭉친 알약을 주었다면 연구대상자는 본인이 먹는 약에 대해서 어떠한 약을 먹는지 모르게 한다.

b. 이중 눈가림법(double blinding): 연구대상자-연구자 블라인드

연구대상자와 연구자 모두가 대상자가 어느 집단에 속해 있는지 알지 못하도록 하는 방법이다. 연구자는 데이터 수집 및 분석 과정에서도 그룹 정보를 알 수 없도록 설정된다. 이는 연구대상자와 연구자의 편견을 모두 제거하여 연구 결과의 객관성과 신뢰성을 높이는 데 기여한다.

예

- 중재하는 실험자의 눈가림뿐만 아니라 측정자의 눈가림, 통계전문가의 눈가림 등
- 대부분 의약품에 관한 임상연구 방법으로, 모든 피험자가 연구대상이 되는 진료 또는 위약군에 무작위로 배정되고, 피험자는 물론 연구자 자신도 어느 특정 연구 방법이 어느 피험자에게 시행되었는지 모르게 설정하는 연구 방법이다. 최근에 대부분의 임상시험은 많은 수의 피험자가 필요하게 됨에 따라 다국가, 다기관 임상시험(multinational-multicenter clinical study)으로 진행되고 있다. 피험자의 수가 많을수록 해당 연구의 우수성을 증명할 수 있기 때문에 연구 결과의 신뢰도도 높아진다.

이중 눈가림 연구

저빈도 rTMS의 적용이 만성뇌졸중환자의 인지기능에 미치는 영향

Lee DW

2. 연구 방법

2.2. 실험방법 및 측정도구

2.2.1. 실험방법

본 연구에서는 저빈도 rTMS의 적용이 만성뇌졸중환자의 인지기능에 미치는 효과를 알아보기 위해 2주간 주 5회 1일 20분씩 저빈도 rTMS를 실시하였다. 실험군을 선정하기 전 MMSE-K와 BCRS를 이용하여 인지능력을 평가한 후 수치의 수준에 따라 세군으로 무작위 배정하였다. 측정은 훈련 전, 1주 후, 2주 후, 훈련 종료 후 3개월 후, 총 4회를 측정하였다[22-31]. **1군은 아무처치를 안한군, 2군은 동일한 rTMS처치가 될 때와 동일한 소리만 나게 처치한 군, 3군은 rTMS를 처치한 군으로 무작위 배정하였다. 중재는 타기관에 의뢰하였다.**

1군은 대조군, 2군은 플라시보군, 3군은 실험군으로 나눠 이중 눈가림을 위해 군에 대한 정보 없이 중재 및 측정을 타기관에 의뢰하여 연구를 실시하였다.

그럼 무작위 배정에 의하여 무슨 차이가 발생되나요?

Table: Factors tending to overestimate treatment effect

Factor	percentage over estimation of treatment effect
Not randomised	40
Not double-blind	17
Including duplicate information	20
Using only small triais	30
Trials of poor reporting quality	25

- 통증연구에서 무작위 배정이 안 되었을 때 그 결과를 40% 과대 추정
- 소규모 연구의 경우 그 효과를 30% 과대 추정

퀴즈) 실험연구를 진행할 때 5가지 항목 중에서 연구자가 무엇을 포기하면 안될까요? 1)

1) randomised (무작위를 하지 않으면 원하는 결과의 40%를 과대 추정함)

2) double-blind (블라인드를 하지 않으면 원하는 결과의 17%를 과대 추정함)

3) duplicate information

4) only small trials

5) trials of poor reporting quality

2) 연구설계 분류

연구설계(study design)는 일반적으로 연구주제가 설정된 후 관련된 다양한 연구문제가 만들어지고 연구문제에 대한 답을 구하도록 누구를 또는 어떠한 현상들을 어떻게 관찰하고 관찰 결과를 어떻게 분석할지 계획하는 것이다. 구체적인 연구의 분류에 대한 사항은 다음과 같다(그림 3.7).

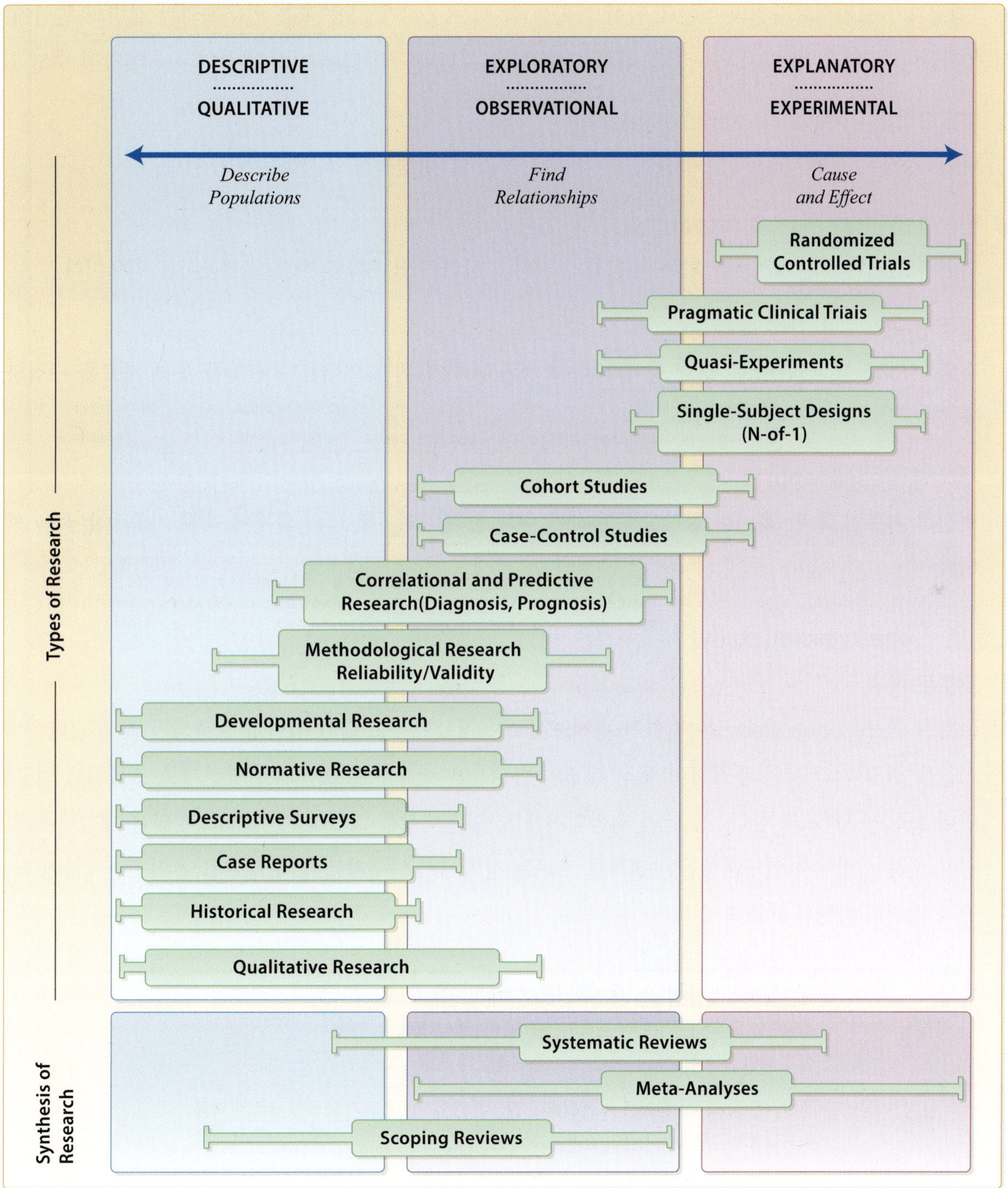

그림 3.7 기술, 관찰, 실험 및 통합연구의 분류도

출처: Portney, L.G. (2020). Foundations of Clinical Research: Applications to Evidence-Based Practice, Fourth edition. F.A. Davis Company.

(1) 기술연구(descriptive study)

연구자는 한 표본, 즉 한 사람이나 한 군에서 무슨 일이 일어났는지 관찰하게 된다. 표본집단에 어떤 중재가 개입되지 않고, 비교를 위한 대조군도 없다. 이런 연구들은 새로운 연구 과제를 위한 아이디어를 얻는 데 유용하다. 사람, 장소, 시간에 따른 질병분포를 파악함으로써 질병의 원인에 대한 가설을 얻기 위하여 수행되는 연구이다.

사람, 장소, 시간에 관한 정보는 비교적 쉽게 얻을 수 있기 때문에 기술연구는 수행하기가 비교적 용이하다. 보건행정가가 보건의료자원의 배분에 관한 기획을 할 때 유용하게 사용된다. 연구결과는 질병의 원인에 대한 단서를 제공한다. 다음 네 가지 연구들은 주로 기술연구이지만 연구방법에 따라 관찰연구에 해당될 수도 있다.

① 발달학적 연구(development research)

나이, 성장 정도에 따라 다른 수준에서 나타나는 개인들의 행동을 조사하는 연구이다.

② 정량화 연구(normative research)

어떤 집단이나 표본에서 나타나는 특징을 면밀히 조사하여 표준화된 자료를 제공하는 연구이다.

③ 질적 연구(qualitative research)

자연, 사회현상, 인간행동, 경험 등에 대한 특성을 밝히기 위해 인터뷰나 관찰을 통해 자료를 수집하여 특성을 심도 있게 파고드는 연구이다.

④ 사례 연구(case reports)

혁신적 치료의 효과, 특이한 현상을 규명하기 위해 한 명 또는 몇 명의 환자에 대해 기술적 분석을 하는 연구이다.

(2) 관찰연구(observational study)

① 코호트 연구

코호트 연구(Cohort study)는 전향적 추적조사로 특정요인에 노출된 집단과 노출되지 않은 집단을 구성하고 이들을 일정 기간 동안 추적하여 특정 질병의 발생률을 비교하여 요인과 질병관계를 조사하는 연구이며, 요인대조군 연구라고도 한다. 즉 어떤 위험인자에 노출된 대상을 그 요인에 노출되지 않은 대상과 짝짓기한다. 연구 시작 시점에서 연구대상들이 결과를 모르는 상태에서 연구자는 양측 집단을 추적 · 관찰하여 각 군 간의 결과 발생의 차이를 비교하게 된다.

장점	• 요인 노출과 질병 발생의 시간적 선후관계가 명확함 • 희귀요인 및 다양한 요인에 노출되었을 때 정보를 수집할 수 있음 • 실제 질병 발생률(actual incidence)을 예측할 수 있음
단점	• 관찰기간 중 특정집단에서 중도 탈락이 발생한 경우 연구결과가 왜곡될 우려가 있음 • 희귀질병의 경우 추적기간이 길어질 수 있음
예	• 질병관리본부의 코호트 연구 자료 제공 – 노인천식 코호트 – 결핵고위험군 코호트 – 심부전질환 코호트 – 알레르기비염 코호트 *코호트 격리: 방역조치의 일환으로 전염병 전파 가능성이 있는 환자들을 묶어 격리함을 이야기하고 여기서 코호트는 동일 집단을 의미함

② 환자-대조군 연구

환자–대조군 연구(case–control study)는 어떤 결과를 가지고 있는 대상자를 모으는 데 집중하여 연구 시작점에 특정 결과를 가지는 군과 다른 군으로 나눠서 중재에 노출시켜 발생되는 결과를 보는 연구 방법이다. 두 개의 집단이 과거에 원인이라고 의심되는 요인에 노출되었던 비율을 비교하여 두 집단 간의 노출 비율의 차이가 통계적으로 유의한가를 검증하는 설계이다.

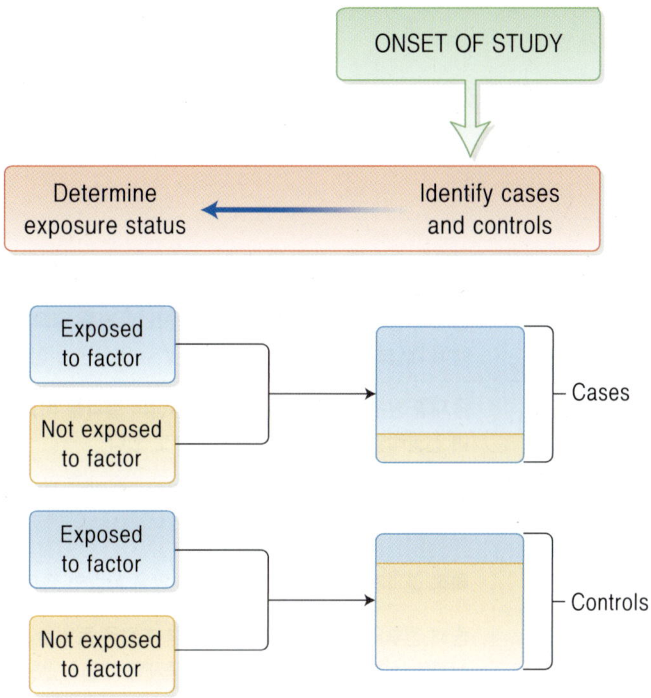

질병 유무 환자를 기준으로 하여 과거에 어떠한 요인 때문에 질병이 발생했는지를 알아보는 연구

환자-대조군 연구

③ 단면조사 연구

어느 한 시점에서 인구집단에서의 노출과 결과의 이환율이 정해진다. 연구자는 대상자들을 추척 · 관찰하지 않으므로 어떤 특정 사건의 시간적 순서에 대한 정보를 얻을 수는 없다. 그래서 연관성에 대한 연구는 가능하지만 인과관계를 판단할 수 없어서 연구의 유용성이 제한적이다.

정리

- 코호트 연구: 위험인자에 노출된 대상자 모집에 집중한다. 연구 시작 시점에 위험인자에 노출된 군과 노출되지 않은 군으로 나누어진다.
  Exposure → Outcome
- 환자-대조군 연구: 어떤 결과를 가지고 있는 대상자를 모으는데 집중한다. 그러므로 연구 시작 시점에 특정 결과를 가지는 군, 그렇지 않은 군으로 나누어진다.
  Exposure ← Outcome
- 단면조사 연구: 특정 시점 특정 인구집단에서 노출과 결과의 이환율(병에 걸리는 사람의 비율)이 정해진다. 그러므로 연구대상자들을 추적 · 관찰하지 않으므로 어떤 특정 사건의 시간적 순서에 대한 정보를 얻을 수 없다. 즉 연관성에 대한 연구는 가능하나 인과관계 연구에는 한계가 있다.
  Exposure - Outcome

관찰연구의 세부적 분류

대조 전후 연구 (Controlled before-and-after study)	중재를 받은 사람과 그렇지 않은 사람에 대한 추적 관찰을 통해 결과를 비교한다. 기저 상태와 중재 후를 측정하여 변화 정도나 최종 결과를 비교한다. 만일 연구자가 중재 시행에 개입하였거나 세밀하게 조작할 수 있으면 실험연구로 구분될 수 있다.
동시 코호트 연구(Concurrent cohort study)	중재를 받은 사람과 그렇지 않은 사람의 결과를 비교한다. 동일한 시기에 참여하여야 하며 전향적일 수도 있고 후향적일 수도 있다.
역사적 코호트 연구(Historical cohort study)	전통적 코호트의 변형으로 새로운 중재를 받은 사람과 그렇지 않은 사람을 다른 시기에 관찰한다.
환자-대조군 연구(Case-control study)	특정 결과가 발생한 사람과 그렇지 않은 사람의 중재를 비교한다.
전후 연구(Before-and-after study)	중재 전후의 결과를 비교한다. 전후 측정은 동일한 사람에 대해서 할 수도 있고 다른 대상자에서 할 수도 있다. 연구자가 중재에 개입하였으면 실험 디자인이 좋을 수 있다.
횡단 연구(Cross-sectional study)	특정 연구 집단에서 특정 시점에서 질병과 관심 있는 변수 간의 관련성을 조사한다.
환자군 연구(Case series)	여러 환자 증례에 대해서 중재와 결과를 기술한다(대조군과의 비교는 없다).

TIP

환자군 연구와 환자-대조군 연구의 차이점

(1) 환자군 연구(case series)

다수의 동일한 질병을 가진 환자를 대상으로 가능한 원인적 요인들을 평가하고 기술하거나 동일한 조건에 노출된 사람들에게 발생되는 여러 가지 질병을 평가하고 기술하는 형태의 연구

(2) 환자-대조군 연구(case-control study)

특정 질환의 환자군과 그 질병이 없는 유사한 특성을 가진 대조군을 선정하여 두 집단에 속한 사람들의 과거경험을 표준화된 설문지를 통해 수집한 후 비교분석함으로써 질병발생에 유의하게 관련된 위험요인을 밝히고자 하는 연구설계 방법

(3) 실험연구

대부분의 분야에서 연구의 종류는 크게 연구가 실험적인가? 아니면 비실험적인가? (관찰)하는 것으로 나누어진다. 실험연구(experimental study)는 상황을 있는 대로 밝히는 기술연구와는 달리 통제된 조건하에 특정 상황에 변화를 주어 그 영향을 확인하는 연구를 말한다. 연구자가 한 개 혹은 복수의 변수를 조작하거나 통제하는 방법으로 얻은 연구 결과를 다른 비교군과 비교하여 관찰하고 조사하는 것이다. 실험연구의 목적은 독립변수와 종속변수 사이에 나타날 수 있는 원인과 영향에 대해 조사하는 것이다. 실험연구에서 연구자는 독립변수의 수준을 조절하여 종속변수에 미치는 영향 또는 차이를 결정한다. 또한 실험연구는 연구대상의 조건이나 중재적 방법의 인과관계를 규명하고 새롭게 정립한다. 단순한 예측을 넘어 원인-결과의 인과관계를 파악할 수 있도록 해줌으로 변수들 사이에 존재하는 관계를 밝히는 연구 방법이다. 일반적으로 인과관계는 독립변수(원인변수)가 종속변수(결과변수)의 값에 영향을 미치는 관계를 말한다.

참고

실험연구설계 시 이해를 돕기 위해 다음과 같은 표기법과 규칙을 사용한다.

- X: 독립변수 조작(중재)이나 관찰
- O: 종속변수 측정 및 결과값, 측정값(outcome)
- R: 무작위화
- (R): 실험단위를 완벽하게 무작위화시키지 못 했지만 구성된 다른 집단을 무작위화시킴

- Rule 1: 시간의 순서는 왼쪽에서 오른쪽으로
- Rule 2: 같은 행에 속한 기호는 같은 집단
- Rule 3: 같은 열에 있는 기호는 같은 시간 대

예) O_1 X O_2

한 집단에 종속변수의 측정(O_1)을 하고 독립변수를 조작하여 종속변수를 다시 측정(O_2)

실험연구(experimental study)는 무작위화 과정에 따라 순수실험설계, 유사실험설계, 원시실험설계로 구분할 수 있다.

실험연구

1. **순수실험설계 = 진실험설계 = 무작위 대조 연구(Randomised controlled trial)**
   참여자는 중재군 혹은 대조군에 무작위로 배정되며 특정 결과가 발생했는지 여부를 일정 기간 동안 추적 관찰하게 된다. 배정 은폐를 통해 두 군 간에 알려진 혹은 알려지지 않은 결정 요인들이 동등하게 분포될 것으로 기대하게 된다.
2. **유사실험설계 = 유사 무작위 연구(Quasi-randomised trial)**
   참여자는 중재군 혹은 대조군에 의해서 배정되지만 진정한 무작위화와 배정 은폐에 의해 이어지지 않는다(즉, 생일, 병원등록번호 등에 따라 이루어진다).
3. **원시실험설계 = 준실험설계 = 비무작위 연구(Non-randomised trial)**
   연구자가 참여자의 배정을 무작위에 따라서 시행하지 않는다(즉, 환자나 의사의 선호도에 따라서 한다). 코호트 연구와의 차이점은 중재가 관찰보다는 실험인 것이다.

① 순수실험설계

실험연구를 위한 설계에서 대상자들은 최소한 두 개 이상의 군에 무작위로 배정한다. 이때 무작위로 실험군과 대조군에 대상자들을 배정하는 것은 연구자의 편향이 개입될 수 있는 경우를 최소화하기 위해서이다. 이렇게 집단의 동질성을 위해 무작위로 실험군과 대조군을 구분하여 시행되는 연구설계가 무작위 대조 연구이다. 무작위 대조 연구(randomized controlled trial, RCT)로 중재의 효과를 시험하기 위해 무작위 배정, 통제, 조작을 정확하게 사용한다.

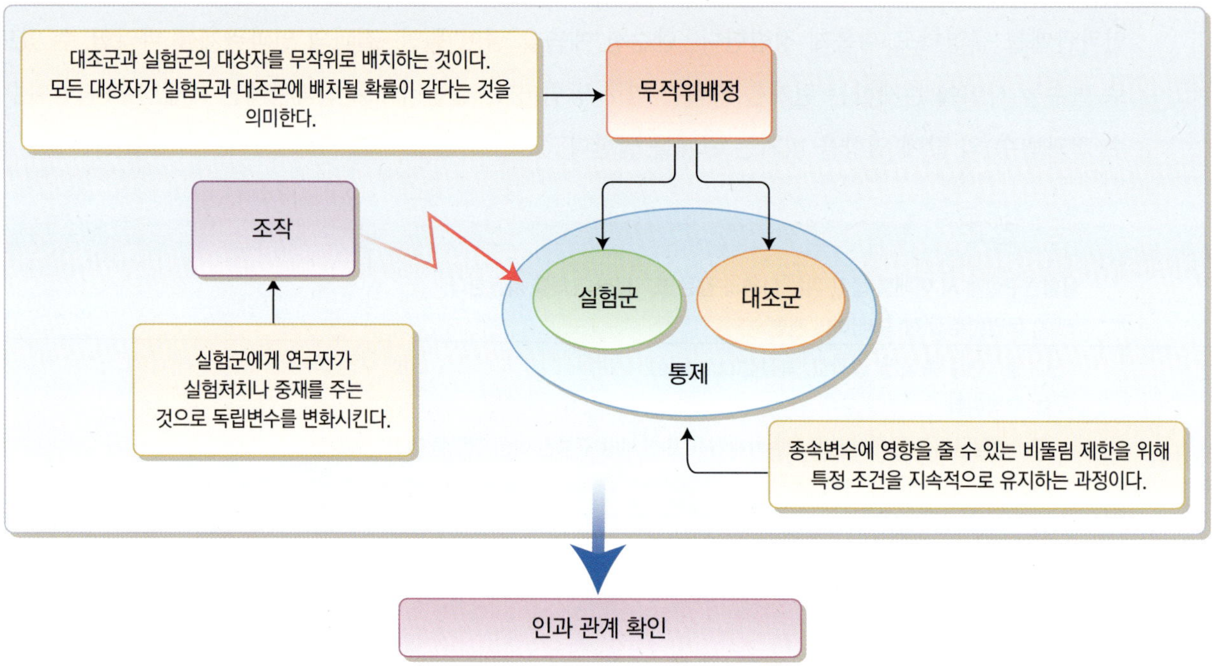

그림 3.8 순수실험 설계의 세 가지 특징

혼란변수의 통제를 위해서 실험단위를 완벽하게 무작위하여 실험집단과 통제집단으로 나누어 설계된 연구를 말한다. 순수실험설계의 특징은 무작위화를 통해 실험군과 대조군에 배치될 확률이 같게 하고, 조작화는 실험군에 연구자가 실험처치나 중재를 주는 것으로 독립변수를 변화시킬 수 있으며, 통제를 통해서 종속변수에 영향을 줄 수 있는 비뚤림을 제한하기 위해 특정 조건을 지속적으로 유지하는 과정을 취한다.

순수실험설계는 임상결과의 비뚤림을 막고 무작위로 실험군과 대조군을 선정하여 각각 다른 중재를 한 후 결과를 비교하는 방법으로 가장 많이 이용되는 연구설계로서 치료효과를 연구하기 위한 가장 적합한 설계이다. 실험참가자는 어느 군에 속할지 선택할 수 없다. 이 연구에서 대상은 무작위적으로 할당된 치료를 받게 되어 선택비뚤림(selection bias)을 최소화하고 무작위 전략에 따라 두 치료군 사이에 동등하게 교란요인(confounding factors)이 분포하게 된다. 무작위 비교 임상시험은 효율성을 측정할 때 믿을 만한 측정 방법이며, 메타분석이 가능하지만 시행하기 어렵고 많은 시간과 비용이 소요된다. 또한 대상군 간의 다른 치료가 시행되어 윤리적으로도 문제가 될 수 있다.

TIP

순수실험설계 = 무작위 대조 연구(Randomised controlled trial)

실험군이나 통제군을 치료 시 환자 배정에 난수표(과거방법)와 같은 수학적 방법들을 사용하는 무작위법이 사용될 때(두 군이 어디에 속할지 예측할 수가 없음- 컴퓨터 전산화로 가능함)

무작위대조연구는 다른 치료법이나 중재를 비교하기 위해 설계되며 각 군들의 구성원이 연구 시작 단계에서 연령과 성별들의 변수분포가 유사하도록 연구대상자들을 무작위로 배정한다. 그리고 나서 치료법과 중재가 시행되고 결과는 추적 · 관찰 종료시점에서 비교된다. 연구대상군과 비교대상이 되는 군은 두 개의 군일 수 있고 그 이상일 수도 있다. 전향적 코호트 연구나 환자-대조군 연구와 같은 관찰 연구와는 반대로 무작위 비교 연구는 대상자의 행위를 바꾸거나 특별한 치료를 제공하는 등의 중재를 시행하여 그것이 어떠한 영향을 주었는지를 알아보는 방법의 연구에 사용된다.

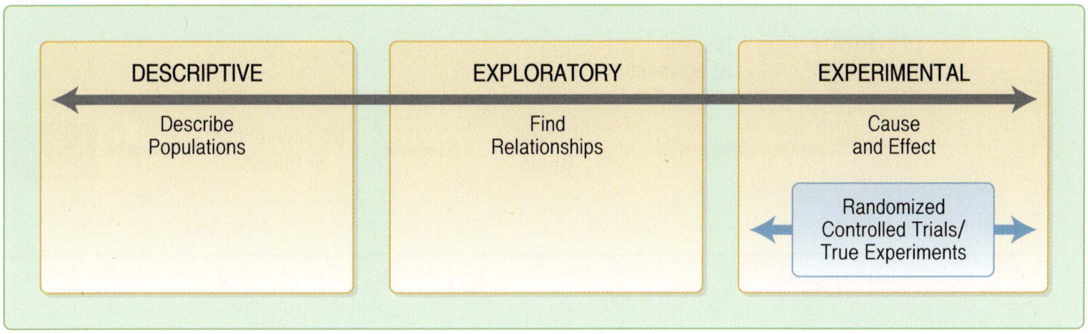

a. 통제집단 사전-사후검사 설계(pretest-posttest control group design)

무작위 임상시험(RCT)의 가장 기본적인 구조이고 많이 활용하는 설계이며, 실험집단과 통제집단의 동질화에 목적을 두고자 한다. 무작위로 실험집단과 통제집단으로 분류하여 사전 O_1, O_3 측정 후 사후 O_2, O_4의 결과값을 얻는 연구로서 X는 실험집단에 행해지는 중재로 전형적인 사전 · 사후 측정 방법이다. 실험집단과 통제집단이 무작위할당으로 결정될 뿐만 아니라 사전검사도 실시된다. 따라서 사후검사에서 실험집단과 통제집단에서 차이가 난다면 그것은 실험처치의 결과 때문이라고 해석할 수 있다. 통제 집단에 대한 중재는 하지 않거나 속임수로 진행한다.

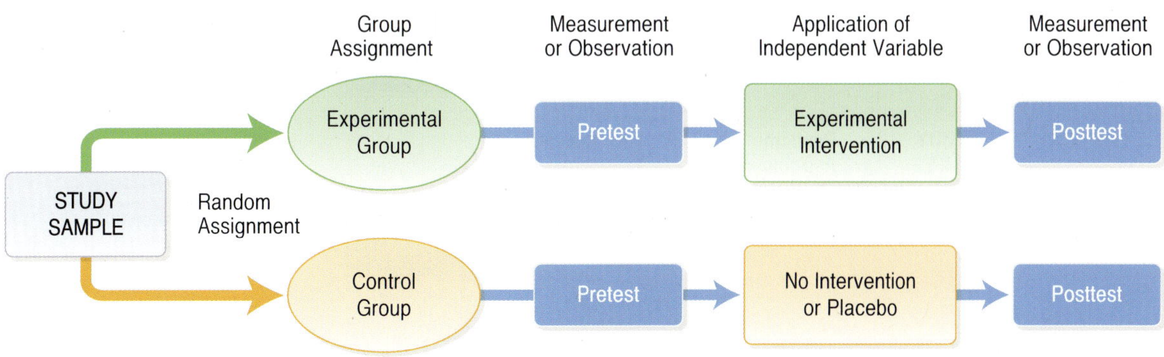

실험집단	R	O_1	X	O_2
통제집단	R	O_3		O_4

b. 통제집단 사후검사 설계(posttest only control group design)

실험집단과 통제집단으로 무작위 분류하여 사후 결과값만을 O_1, O_2로 각각 측정하는 경우로, 이 설계의 경우 사전조사가 불가능할 때 혹은 종속변수의 성질상 사전조사가 사후조사에 영향을 미칠 가능성이 큰 경우에 사용한다. 이 설계는 피험자가 처치 도중에 탈락될 위험이 없을 때 사용하는 것이 바람직하다.

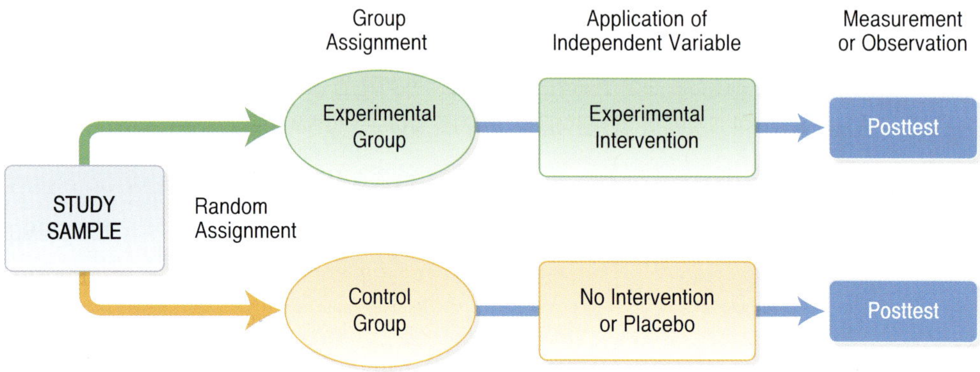

실험집단	R	X	O_1
통제집단	R		O_2

c. 두 집단 사전-사후 설계(two group pretest-posttest design)

무작위할당과 사전검사, 사후검사가 모두 들어있는 설계이다. 중재 부분에 있어서 통제집단 사전-사후검사 설계와 차이가 있다. 실험집단에서 중재는 새로운 치료법이 들어가고 통제집단에서도 윤리적인 문제 등을 고려하여 전통적 치료법 또는 치료법이 중재로 들어가는 설계방법이다. 무작위로 집단을 분류한 후 만약 대조군에 표준 혹은 전통적 치료를 하지 않더라도 동등성을 유지하기 위해 실험군과 대조군에 각기 다른 치료를 제공한다.

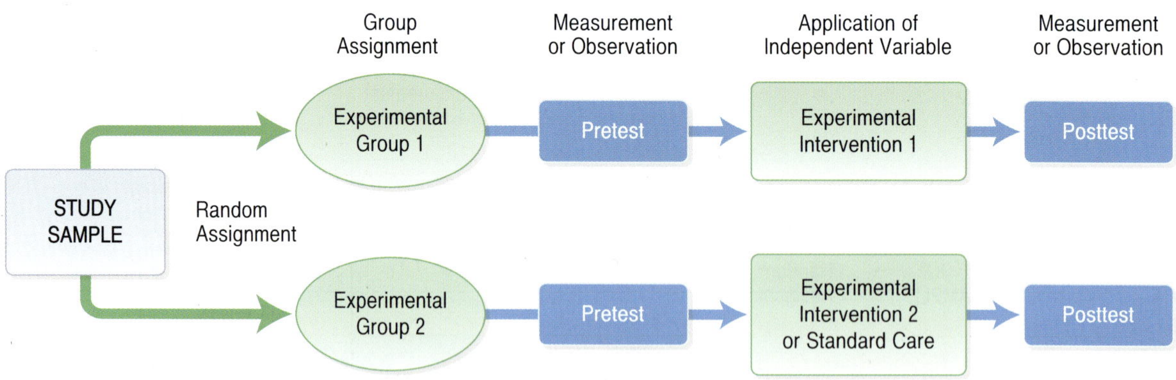

실험집단	R	O_1	X_1	O_2
통제집단	R	O_3	X_2	O_4

d. 다집단 사전-사후 설계(multigroup pretest-posttest design)

이 설계는 통제집단 사전-사후 검사 설계의 확장이며, 강력한 내적 타당성을 갖는다. 사전 검사는 강력한 근거로 집단 간 원인 요소 사이에서 초기 동질성을 만들 수 있는 기본요소를 제공한다. 여러 집단에서 무작위할당이 이루어지기 때문에 선택 편위가 줄어든다.

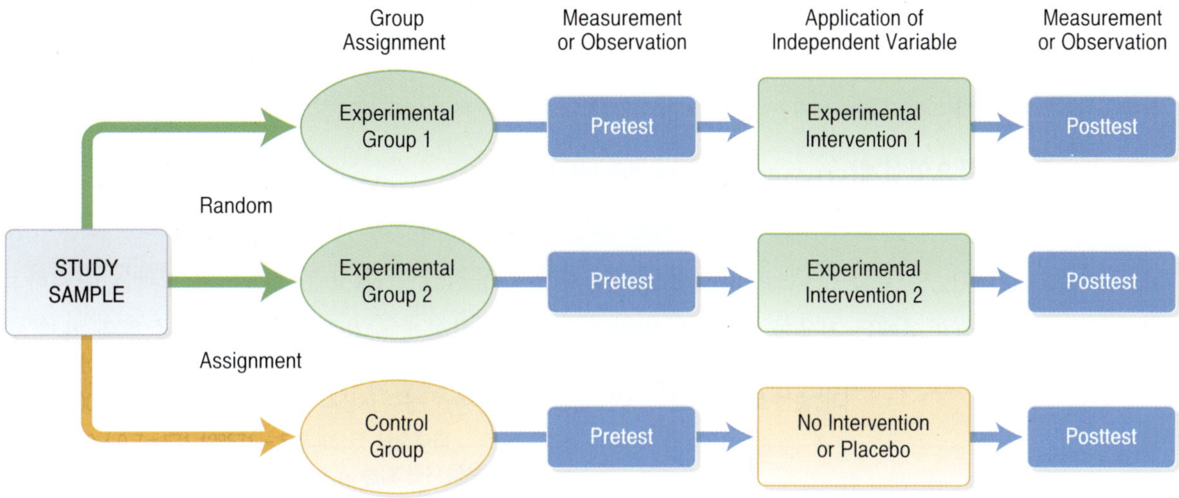

1 실험집단 R	O_1	X_1	O_2
2 실험집단 R	O_3	X_2	O_4
3 대조군 R	O_5		O_6

e. 솔로몬 4집단 설계(solomon four-group design)

무작위 복수대조군 설계라고도 하며 집단을 4개로 분류하여 실험군과 대조군을 각각 두 집단으로 설계하여 실험중재를 한 실험군과 그렇지 않은 대조군에 사전검사를 실시한 경우와 그렇지 않은 경우로 나누어 설계를 한 뒤, 모든 집단에서 사후검사를 실시한다. 이 설계는 이상적이나 경비와 시간이 많이 소요된다.

Group	Baseline assessment	Intervention	Endline assessment
G_1	O_1	X	O_2
G_2	O_3		O_4
G_3		X	O_5
G_4			O_6

실험집단1	R	O_1	X	O_2
통제집단1	R	O_3		O_4
실험집단2	R		X	O_5
통제집단2	R			O_6

f. 요인설계(factorial designs)

두 가지 이상의 독립변인을 조합하여 구성하고, 두 개 이상의 수준을 가진 독립변인이 적어도 두 개 이상 필요하다. 가장 간단한 형태가 2×2 요인설계이며, 장점은 한꺼번에 단일설계를 하기 때문에 경제적이며, 독립변인의 효과와 그들 간의 상호작용 효과를 동시에 조사할 수 있다. 상호작용이란 한 독립변인의 수준이 다른 독립변인의 수준과 조합할 때 동일하게 작용하지 못하고 종속변인에 각각 다르게 영향을 주는 것을 말한다. 보통 두 독립변인의 결합효과가 개별효과의 총합과 다르다면 상호작용이 나타났다고 할 수 있다.

■ **교차요인설계(crossed factors design)**

한 요인의 모든 수준이 각기 다른 요인의 각 수준에 모두 존재하도록 실험조건을 조작하는 것을 의미한다. 예를 들어, 두 가지 운동장소에 따른 운동시간 수준(30분, 60분)의 효과를 검증하고자 할 때 2×2 요인설계를 적용할 수 있다. 만약 2×3×4 요인설계는 각각 2, 3, 4개의 수준을 가진 세 개의 독립변인으로 구성되며, 설정된 독립변인의 수준이 모두 조합되기 때문에 24개 집단이 필요하다.

	운동시간 30분	운동시간 60분
운동장소 평지	G_1	G_2
운동장소 비탈길	G_3	G_4

■ **내재된 요인설계(nested factors design)**

독립변수의 각 수준에서 다른 독립변수의 일부 수준만 포함시키는 설계이다. 이 설계는 비용이나 시간이 부족하거나 현실적인 대안이 없는 경우에 사용된다. 예를 들어, 전통적 교수법을 가르치는 교수자 2명, 연구가 개발한 수업유형 X를 가르치는 교수자 2명이 각각 집단을 가르치도록 설계한다. 한 명의 교수자가 다수의 집단을 가르쳐야 하는 부담이 줄어들고 처치시간을 절약할 수 있는 장점이 있지만 4명의 교수자의 능력이 차이가 없어야 한다는 전제가 있어야 한다.

전통적 교수법	교수자 A	G_1
	교수자 B	G_2
연구자가 개발한 교수법	교수자 C	G_3
	교수자 D	G_4

g. **반복측정설계**(repeated measurement design)

반복측정 설계는 동일한 피험자를 여러 번 반복하여 측정하는 경우에 사용되며 개별학습의 효과를 검증하는 실험에서 학습이 이루어졌는지를 조사하기 위해 사용된다. 만약 n명의 피험자에게 k개의 실험처치를 실시한다면, S는 피험자를 의미하며, 모든 피험자는 동일한 실험처치과정을 거친다. O는 각 실험처치가 끝난 뒤에 종속변인에 대한 측정이 이루어지는 것을 나타낸다.

$$\begin{array}{ccccc} S_1 & X_1O & X_2O & \cdots & X_KO \\ S_2 & X_1O & X_2O & \cdots & X_KO \\ \vdots & \vdots & \vdots & \vdots & \vdots \\ S_n & X_1O & X_2O & \cdots & X_KO \end{array}$$

② 유사실험설계

연구자가 완벽한 무작위화 과정을 통해 연구설계를 할 수 없는 상황이지만 실험단위와 실험집단 또는 통제집단 사이의 중간 형태인 집단이 존재하여 이 집단을 무작위화시키는 실험설계를 의미한다. 인원수의 제약으로 통제집단을 두거나 무작위 할당을 하기에는 현실적으로 제약이 있기 때문에 사회적 현상의 적용에는 유사실험설계가 더 많이 이용된다. 유사실험설계는 현장실험설계라고도 한다. 실험자의 스케줄 및 치료 조건 때문에 무작위 할당이 어렵고 실행이 어려우며, 비윤리적인 문제에 대해 포용적이기 때문에 임상연구에 주요한 기여를 하는 대표적 방법이다.

TIP

유사실험설계 = 유사 무작위 연구(Quasi-randomised trial)

대상자는 연구자에 의해 중재군과 대조군으로 배정되지만 진정한 무작위 배정이 이루어지지 않음. 무작위를 실시했지만 질이 떨어짐

예) 동전던지기(낮게 던지면서 조작할 가능성이 높다고 봄), 진료기록번호(홀짝), 환자의 사회보장번호, 생일, 차트번호, 요일(월수금은 A군, 화목토는 B군에 예측이 가능하다고 봄. 연구자가 마음만 먹으면 실험대상자를 월수금에 되도록 오게 할 수 있음)

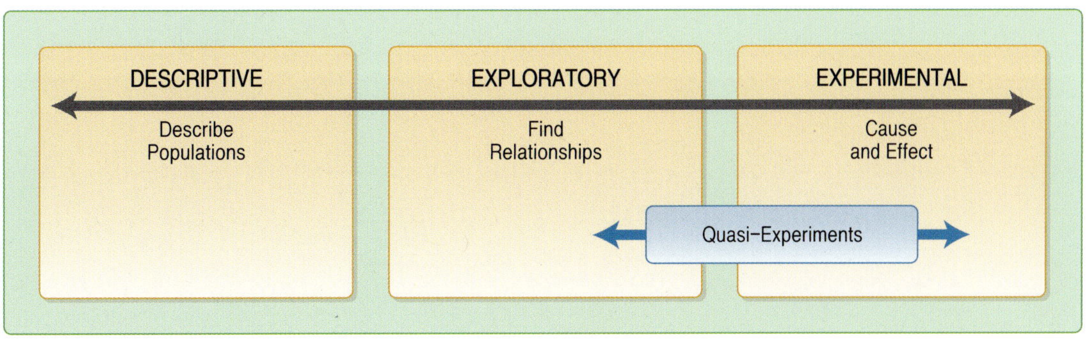

a. 단일집단 사전-사후검사 설계(one group pretest-posttest design)

오직 연구를 위해 한 집단만 가능할 때 사용하며 무작위배정과 대조군이 없다. 사전검사 측정치를 통계적인 통제방법으로 사용할 수 있기 때문에 특히 수업과 관련된 실험에서는 사전검사와 사후검사의 차이점수(gain score)를 분석할 수 있다. 단일군 전후설계의 연구 결과로부터 생성된 근거는 설계상의 제한점을 신중하게 고려하여 해석해야 하는 단점이 있다.

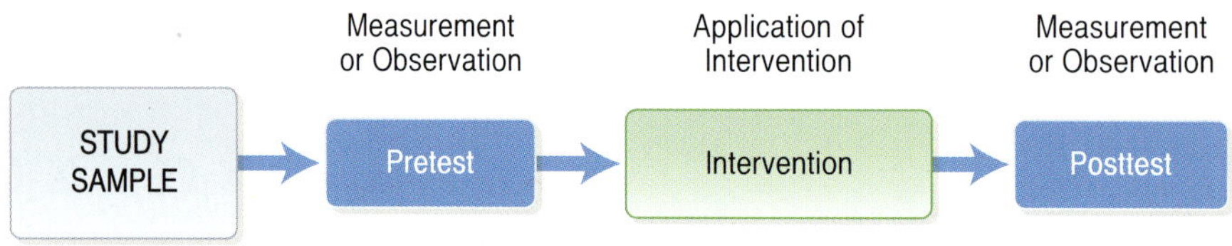

실험집단	(R)	O_1	X	O_2

b. 단일집단 사후검사 설계(one group posttest design)

이 실험 설계는 한 집단의 피험자들에게 실험 처치를 가한 후, 사후검사를 하는 방법이다. 이 설계는 사전검사나 통제집단이 없이 처치로 인하여 결과가 도출되었다는 인과관계가 분명한 경우와 같이 특수한 상황에서 사용되지만, 이러한 조건을 충족시키는 어렵기 때문에 실제로는 별로 쓰이지 않는다.

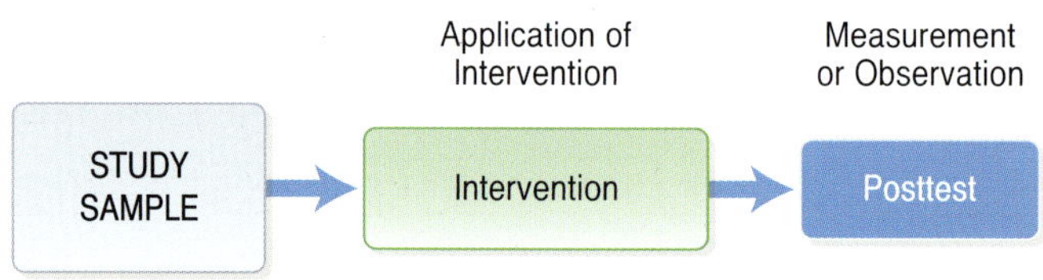

실험집단	(R)	X	O_2

c. 비동등성 통제집단 사전-사후 설계(nonequivalent pretest-posttest control group design)

비동등성 대조군 전후 설계 방법으로 실험군과 대조군을 무작위로 배정하지 못하는 점을 제외하고 흡사한 설계 방법으로 유사실험설계 중 가장 많이 이용된다. 표본이 의도적으로 선택되었기 때문에 실험군에 속한 대상자가 우연히 대조군과 다른 성격을 갖게 되어 그 성질이 종속변수에 영향을 미칠 수 있다. 무작위 분류 없이 실험군과 대조군을 나누어 진행하며, 대조군은 중재를 하지 않는다.

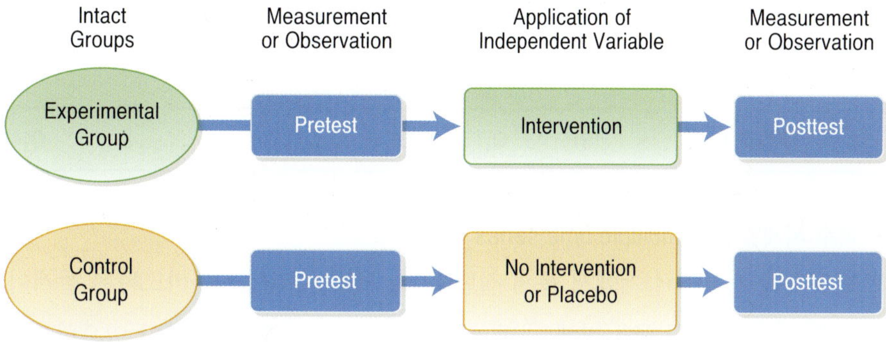

실험집단	(R)	O_1	X	O_2
통제집단	(R)	O_3		O_4

d. 비동등성 통제집단 사후 설계(nonequivalent posttest control group design)

비동등성 대조군 사후 설계라고도 하며 대조군과 실험군을 선정하지만 중재 후 자료를 수집하는 방법으로 실험군 대조군 간의 동질성을 알기 어렵고 외생변수의 영향을 알기 어려운 점이 있다. 비동등성(이질)이란 두 집단이 표집에서 동등하지 않는 것을 의미한다.

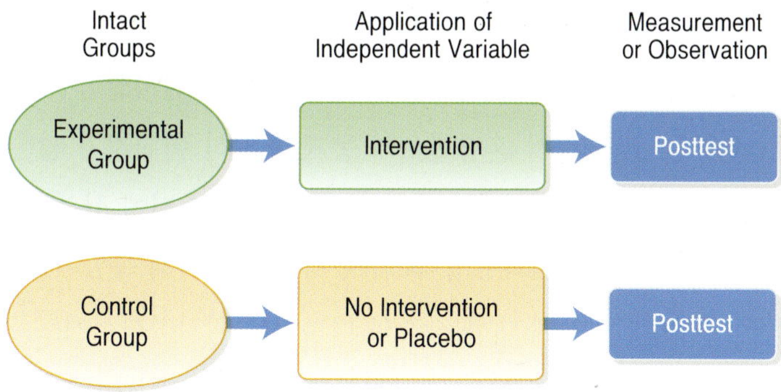

실험집단	(R)	X	O_1
통제집단	(R)		O_2

e. 시계열 설계(time series designs)

하나 또는 그 이상의 집단을 대상으로 처치 이전에 종속변인에 대한 사전조사를 여러 번 반복측정하며, 처치 이후에도 여러 번 반복하여 사후조사를 시행하는 설계방법이다. 시계열 설계는 전체의 변화 유형을 고려하여 많은 유형의 설계가 가능하고, 처치의 효과가 연속적으로 나타나는지 혹은 일시적인 것인지 파악할 수 있는 특징이 있다. 시계열 설계는 행동변화 연구, 정책변화 연구 등에서 많이 사용한다.

- 단일집단 시계열 설계(single-group time series design)
  한 개인이나 집단을 대상으로 하여 처치 전과 후에 검사하여 주기적으로 측정한다.

실험집단	(R)	O_1	O_2	O_3	O_4	X	O_5	O_6	O_7	O_8

- 복수 시계열 설계(multiple time series design)
  단일집단 시계열 설계에서 통제 집단을 추가하여 두 집단을 비교하는 설계이다. 복수 시계열 설계는 단일집단 시계열 설계에 비해 내적 타당도를 높일 수 있는 장점이 있으나, 실험집단과 통제집단 구분의 무작위성이 없어 반드시 동질적이지 않다(이질적일 수 있다)는 단점이 있다.

실험집단	(R)	O_1	O_2	O_3	O_4	X	O_5	O_6	O_7	O_8
통제집단	(R)	O_9	O_{10}	O_{11}	O_{12}		O_{13}	O_{14}	O_{15}	O_{16}

③ 원시실험설계

가장 근거수준이 높고 선택비뚤림이 적은 무작위배정 비교 임상시험을 권하지만 보통 임상시험에서 처치를 대조군에 하지 않아서 대상자에게 치명적인 결과가 예상될 경우 윤리적으로 문제가 있기 때문에 이런 경우 비무작위배정 비교 임상시험을 실시한다. 실제로 무작위 임상시험이 권고되나 무작위 임상시험이 불가능하거나 부적절한 경우도 있다. 실험 결과가 비윤리적일 것으로 사료되는 경우와 환자-대조군연구, 코호트 연구, 단면조사연구의 경우는 무작위 임상시험이 부적절하다. 원시실험설계는 실험단위에 대한 무작위화 과정을 거치지 않은 실험연구설계로서 혼란변수의 통제가 전혀 이뤄지지 않은 실험 설계를 의미한다. 원시실험연구설계는 가설의 검증보다는 문제의 도출을 위해 순수실험 전에 실시하는 탐색조사 수준에 해당한다.

다음은 원시실험설계에 대한 a와 b의 두 가지 사례를 제시해 놓았지만 실제로 무작위화를 하지 않았을 때는 순수실험설계, 유사실험설계에 대한 각각의 디자인도 원시실험설계로 볼 수 있다.

TIP

원시실험설계 = 비무작위 연구(non-randomised trial)

- 연구자가 배정을 지정하지만 무작위 방법/유사무작위배정방법을 쓰지는 않음
  예) 환자 혹은 의사의 선호에 따라 3병동 환자는 A군, 5병동환자는 B군으로 배정함

a. 단일집단 사전-사후 측정 원시실험설계

무작위화 과정 없이, 대조군 없이 실험군만 배정한 설계로 결과를 신뢰하기 어렵고 내적 타당도와 외적 타당도의 모든 요인을 거의 통제하지 못하고 시도하는 설계로 사전조사가 대조군의 역할을 대신해 주지 못하는 특징이 있다.

실험집단	O_1	X	O_2	O_2

b. 두 집단 사후 측정 원시실험설계

무작위화 과정 없이 실험집단과 대조군으로 나눠서 결과값만을 측정하는 방법으로 결과의 인과관계를 설명하기 힘들고 보통 가장 초기단계에 연구문제를 발굴하는 과정의 초기 실험에 가끔 사용된다.

실험집단	X	O_1
통제집단		O_2

TIP

임상연구 VS 임상시험

임상연구

- 사람을 대상(건강인 또는 환자)으로 하는 모든 연구를 포함하는 포괄적 개념의 정의
- 설문조사, 차트리뷰, 후향적 조사, 전향적 연구 등이 모두 포함된 개념

임상시험

- 의약품, 의료기기, 의료기술 등의 안전성과 유효성을 증명하기 위해 사람을 대상으로 실시하는 시험
- 크게 의약품 임상시험, 의료기기 임상시험으로 분류

④ 단일대상설계(single subject design)

단일대상설계는 한 명 또는 소수의 연구대상자를 대상으로 특정 중재(intervention)의 효과를 평가하기 위한 연구 설계로, 개인별 데이터에 초점을 맞춰 대상자의 변화를 추적하고 분석하는 데 활용된다. 집단 설계(group design)와는 달리, 소규모 대상자를 통해 연구를 수행할 수 있어 현장 연구나 실용적 연구에 적합하다. 이 설계는 대상자의 상황에 맞춰 설계를 유연하게 수정하거나, 다양한 중재를 평가할 수 있다는 장점이 있다. 또한, 대규모 집단 연구에 비해 비용과 시간이 적게 소요되는 경제적인 연구 방식이다. 그러나 대상자 수가 적기 때문에 연구 결과를 전체 인구에 일반화하기 어렵다는 한계가 있다. 더불어, 연구자가 대상자와 중재를 동시에 진행할 경우 편향된 해석이 발생할 가능성도 존재한다. 단일대상설계는 개별 대상자의 변화를 심층적으로 분석할 수 있어, 개인화된 중재 효과를 평가하는 데 매우 유용한 연구 설계로 활용된다.

- 시계열 설계와 비슷하며 대상자가 1명이라는 차이가 있고 환자는 기초선에 초점을 맞춰 임상적 결정이 되며 치료가 진행되어 종속변수를 반복하여 측정한다.
- 지속적 평가와 중재를 반복하여 효과를 알아보는 것으로 치료효과를 보기 위해 여러 번 측정하며, 독립변인이 주어지기 전에 자료를 수집하는 기간인 기초선 시기를 거쳐 중재를 한 다음 유지되는 시기를 거쳐 그래프로 표현한다.

a. 기초선단계

중재하기 전의 단계로 연구자가 중재를 실시하기 전의 기간을 의미한다.

b. 중재선단계

중재가 이뤄지는 기간이다.

c. A-B설계

단일대상자 실험설계 중 가장 기본적 설계로 실험자가 기초선 자료를 수집한 후 중재를 시행하여 대상자에 미치는 영향을 본다.

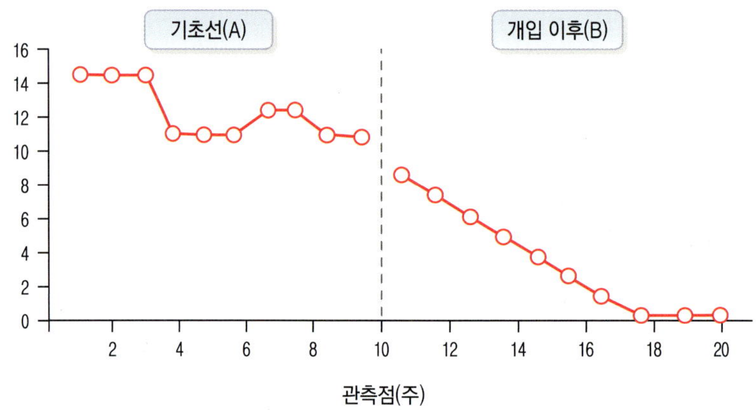

d. A-B-A설계

기초선과 중재 후 다시 기초선을 측정하는 방법으로 중재에 의해 대상자에게 변화가 생긴 사실을 확실하게 설명하기 위한 설계이다.

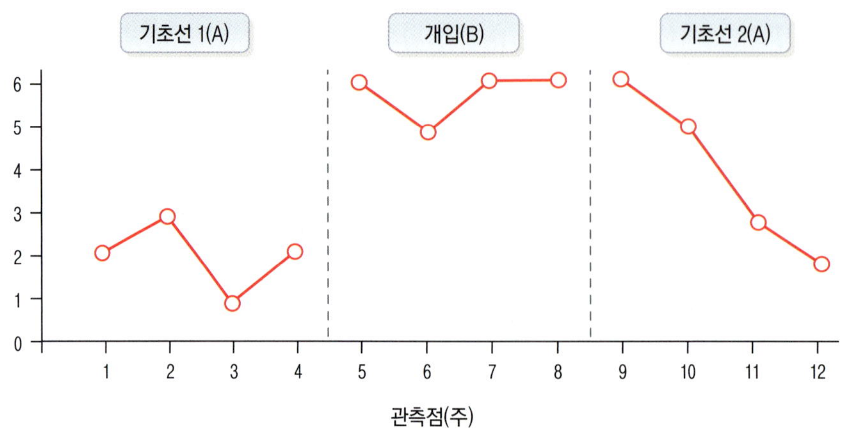

e. A-B-A-B설계

원인과 결과의 관계를 입증해 주는 방법으로 기초선 분석과 중재를 통해 대상자의 변화를 알아보는 설계이다.

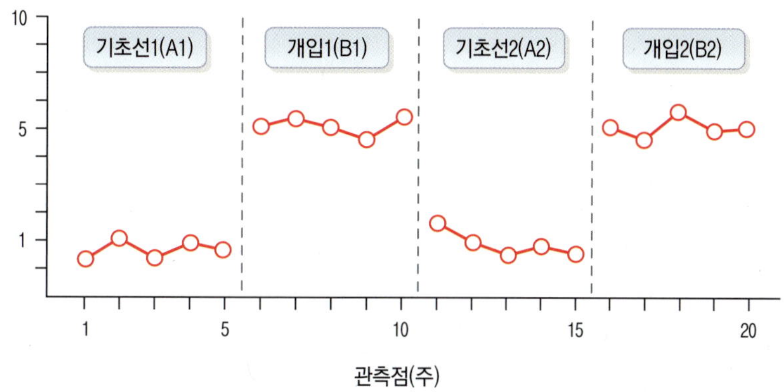

(4) 조사연구

조사연구는 연구방법에 따라 기술연구, 관찰연구 범주에 모두 포함될 수 있다. 자료를 수집하여 분석하는 연구방법으로 사회과학연구에서 많이 쓰이는 연구 방법이다. 치료의 만족도, 직무분석 연구에서 사용한다. 보통 설문형 도구를 사용하여 진행하는데, 조사는 직접 만나 대화하는 면접법이나 설문지를 이용하여 응답하는 설문법이 사용된다. 설문의 경우 최근에는 웹상에서 전자설문을 많이 하며 출력물로 설문지를 사용하기도 한다.

① 대면조사법(face to face interview)

연구자가 연구의 대상자와 직접 대면하여 질문과 응답을 주고 받으면서 연구에 필요한 자료를 직접 얻는 방법이다.

장점	• 자세한 조사를 할 수 있음 • 연구자가 직접 조사하므로 설문조사보다 응답률이 높음
단점	• 시간과 비용이 많이 소요됨 • 훈련되지 않은 면접자의 경우 결과의 오염을 줄 수 있음 • 익명성이 담보되지 않아서 진솔한 답변을 못 얻을 수도 있음

② 전화조사법

대면조사법에 비해서 시간과 비용이 적게 들지만 응답률이 낮아서 모집단에서 표본의 대표성을 인정하기 어렵고 짧은 시간에 조사를 해야 하는 대통령 후보 선호도조사 및 신제품 선호도조사와 같은 여론조사에서 사용한다.

③ 우편조사법

우표가 부착된 반송봉투와 함께 응답자들에게 보낸 후 회수하는 형태의 방법이다.

④ 온라인조사법

최근 들어 전화조사법보다 빨리 여론조사를 하는 방법으로 자리 잡고 있으며, 기존의 대면조사 및 전화조사에 거부율이 높아져서 대안으로 온라인을 통해 메일 혹은 모바일을 활용한 설문을 보내어 조사하는 방법이다. 주의사항은 반드시 온라인 해당 조사지에 응답자의 실명과 전화번호를 확인할 수 있는 문항이 별도로 있어야 중복응답을 구별할 수 있으며, 신뢰성을 확보할 수 있다.

⑤ 설문지조사법

구조화된 조사 방법으로 종이에 인쇄하여 자기 스스로 기입하는 전통적인 조사 방법으로 대면조사법에 비해 본인이 스스로 작성한다는 점에서 차이가 있다.

장점	• 단시간 동안 광범위한 지역 및 넓은 지역에서 시행하여 많은 자료를 얻을 수 있음 • 동일 조건과 표준화된 설문을 통해 응답을 하므로 면접자와 응답자간에 편향을 줄일 수 있음 • 비대면 방법으로 솔직한 답변을 얻을 수 있음
단점	• 설문지의 형태나 질문의 순서 등 구조화에 결과값이 영향을 받음 • 설문지 제작에 많은 시간이 걸림 • 응답률이 비교적 낮고 성의 있는 답변을 기대하기 어려울 수 있음

(5) 체계적 문헌고찰(systematic review)

체계적 문헌고찰은 잘 정리된 일차연구를 모아 분석하는 이차연구로, 연구방법에 따라 기술연구, 관찰연구와 실험연구 범주에 모두 포함될 수 있다.

기존의 1차 연구를 모아 재기술하는 연구로서 동일한 주제에 대해 여러 1차 연구가 수행되어 왔고, 그 결과 문헌들이 존재하며 기존 연구 간에 서로 상반된 결론이 혼재하거나 여러 연구들 간에 명확한 결론을 내리지 못하는 경우에 유용하다. 1차 연구문헌을 모아서 체계적으로 수립된 선정기준과 제외기준에 의해 근거 문헌을 선별하여 정보의 질을 평가한다. 질 평가를 수행한 이후에 최종자료를 정리하여 분석한 결과를 통해 정의된 질문에 대해 비뚤림을 최소화한 종합적인 결론을 내리는 방법이다. 임상적 결정이나 의료보건정책 수립의 의사결정에 활용된다.

체계적 문헌고찰의 특징은 해당 분야 연구의 전체 흐름을 보여주는 연구를 할 수 있으며, 주로 무작위 임상시험(RCT)을 대상으로 수행하기 때문에 체계적 고찰의 결과는 근거중심의학에 매우 높은 수준의 근거를 제공한다는 것이다. 체계적 고찰의 결과를 공유하기 위해 데이터베이스가 운영되고 있는데, 대표적인 데이터베이스는 코크란 콜라보레이션으로, 1993년부터 현재까지 라이브러리를 통해 체계적 문헌고찰에 대한 데이터베이스를 제공하고 있다.

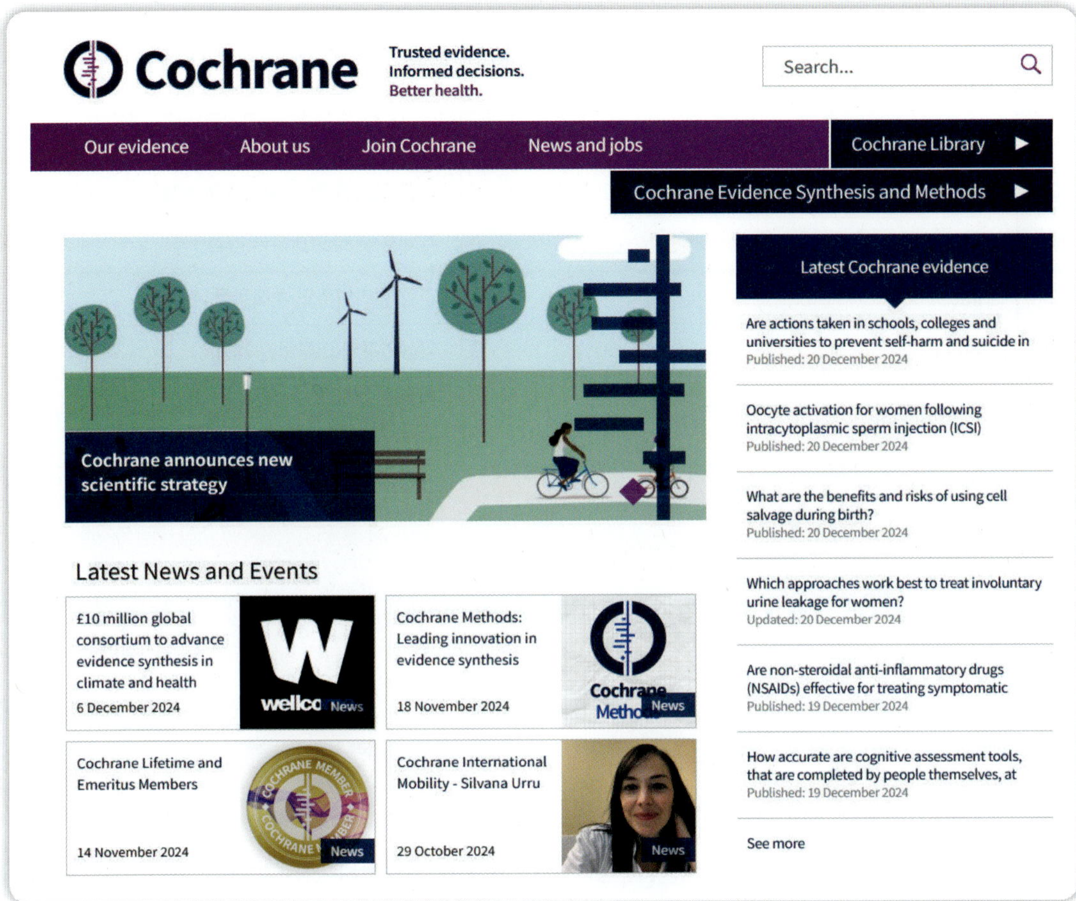

그림 3.9 Cochrane 홈페이지

많은 연구들이 정제 과정을 통해 매우 집약되고 밀착된 정보를 제공함에 따라 새로운 연구를 수행하는 연구자들에게 불필요한 연구를 줄여 주고, 연구의 방향성을 제시하고 있다는 장점이 있다. 단일연구에서는 얻을 수 없는 일반화의 가능성을 체계적 문헌고찰에서는 가능하게 하고, 메타분석과 같은 정량화된 체계적 문헌고찰을 수행하면 좀 더 정밀한 수치들을 통해 효과에 대한 정량적인 평가가 가능해진다.

① 검색방법

- Medline, EMBASE, Web of Science, Cochrane library 등 검색 데이터베이스에서 문헌 검색 후 선택과 분류를 진행한다.
- 핵심질문은 PICOTS-SD 기준에 의해 연구 방법을 구체화하고, PICO를 중심으로 검색어를 검색한다(표 3.5).
- 검색어 확장을 위해서 MeSH, 통제어, 유사어, 접속사 사용을 활용하여 검색한다.
- 출판의 편견을 줄이기 위해서는 출판되지 않은 회색 연구(grey literature)와 편집자들이 연구심사 과정에서 거절(reject)한 연구도 찾아봐야 한다.

표 3.5 PICOTS-SD 설정

P	Patient/Participant/Population/Problem	환자집단, 관심대상, 인구집단, 문제
I	Intervention/Index Test/Prognostic factor/Exposure	중재(치료법, 진단법, 예후요인, 노출 등)
C	Comparator/Comparison/Control	비교 타당한 현존하는 대안 중재
O	Outcomes	중재를 통해 기대하는 결과변수
T	Time	주요 결과변수의 추적관찰 기간
S	Setting	임상연구가 이루어진 세팅
SD	Study Design	체계적 문헌고찰, 무작위배정 비교 임상시험, 비무작위 임상시험, 관찰연구 등

② 선별 과정

- 모두 검색된 원 연구자료들은 엑셀이나 Endnote, RefWorks, Mendeley 등과 같은 참고문헌 관리 프로그램을 통해 정리한다.
- 모든 문헌들의 경우 2명 이상의 독립된 연구자에 의해 제목과 초록들을 검토하여 선정과 제외하는 1차 선별작업을 한 뒤 협의에 의해 결정한다.
- 선정과 제외기준은 명확히 협의하여 결정한다.
- 2차 선별작업은 질적 평가 과정으로 연구의 비뚤림을 줄이기 위한 과정을 실시한다.

선택 비뚤림	• 무작위 배정과 배정의 은폐 • 선택편견을 예방하기 위해 적절한 배정 방법이 수행되었으며 배정 순서가 연구자에게 가려져 있는지를 확인
수행 비뚤림	• 실험군과 대조군에 적용되는 중재의 차이에서 오는 편견 • 연구대상자가 본인이 배정된 군에 대한 정보를 모르게 눈가림 방법을 시행하였는지를 확인
탈락 비뚤림	• 배제된 환자와 남아 있는 환자를 적절하게 분류하였는지 확인
감지 비뚤림	• 환자배정에 대한 지식이 연구 결과에 영향을 미칠 때 발생 • 연구자와 환자 모두에게서 눈가림이 이뤄졌는지 확인

- 질적 통합을 이루는 과정을 마친 문헌들은 양적인 통합을 이루는 메타분석을 통해 최종 합쳐지며, 이런 과정의 절차는 PRISMA (Preferred Reporting Items for systematic reviews and Meta analyses)의 방법을 따른다.

PRISMA 2020 데이터베이스와 레지스트리만 검색한 새 체계적문헌고찰을 위한 문헌선정 흐름도

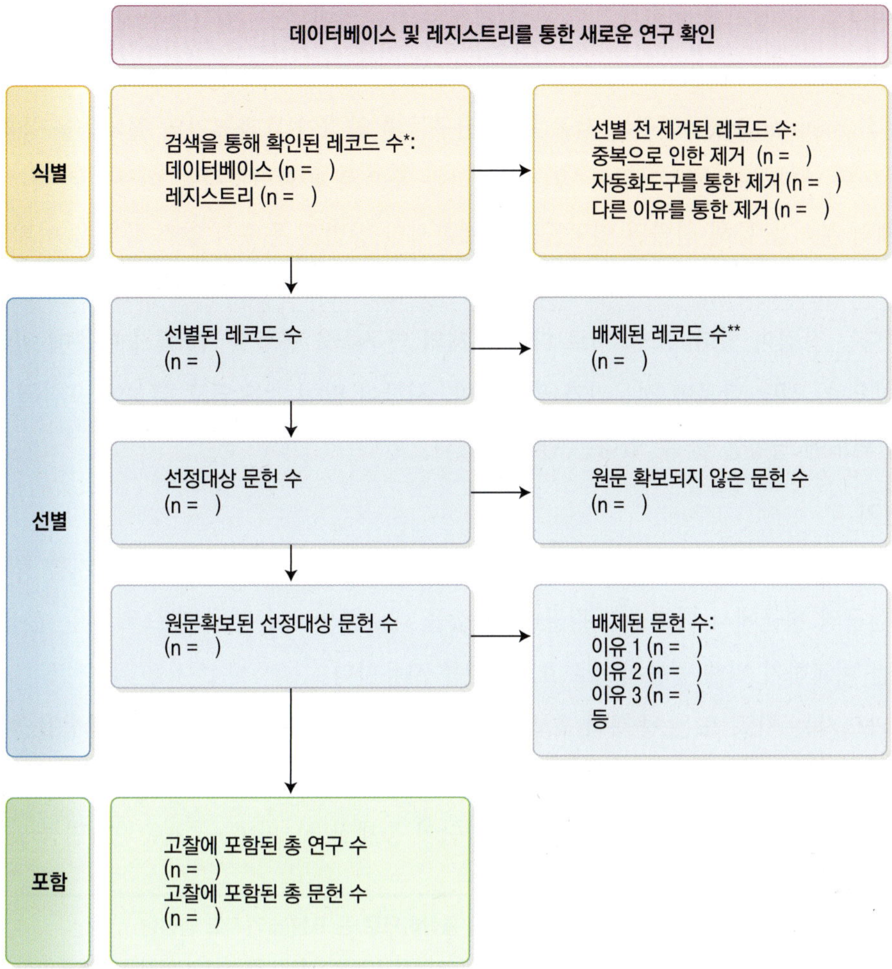

* 가능하면 각 데이터베이스 또는 레지스트리별로 검색한 레코드 수를 보고하는 것(모든 데이터베이스/레지스트리에서 검색된 총 건수보다는)을 고려한다.

** 자동화 도구가 사용된 경우라면 사람이 배제한 레코드 수와 자동화 도구에 의해 배제된 레코드 수가 얼마인지 각각 표시한다.

그림 3.10 PRISMA Flow Chart

출처: Page MJ, McKenzie JE, Bossuyt PM, Boutron I, Hoffmann TC, Mulrow CD, et al. The PRISMA 2020 statement: an updated guideline for reporting systematic reviews. BMJ 2021;372:n71. doi: 10.1136/bmj.n71

(6) 메타분석연구

메타분석연구도 잘 정리된 일차연구를 모아 분석하는 이차연구로, 연구방법에 따라 관찰연구와 실험연구 범주에 포함될 수 있다.

메타분석(meta analysis)연구는 서로 다른 연구들의 양적인 효과크기의 결과들을 통계적으로 통합하기 위한 분석 방법으로 메타(meta)의 어원이 '후(after)'라는 뜻으로 1차 연구들을 대상으로 다시 연구한다는 의미를 갖는다. 체계적 분석을 통해 선별된 연구들을 통계학적인 방법을 통해서 양적 통합을 이뤄 중재에 대한 효과의 결론을 내릴 수 있도록 한다. 수량적인 통합 과정으로 원 데이터에 각각 가중치를 주어 통합하므로 요약된 통계치를 제시한다는 장점이 있다. 또한 서로 다른 주제의 연구들을 통합할 수 있기 때문에 결론을 이끌어 내는 데 유리할 수 있으나, 해당 학문에 전문가가 필요하며, 시간이 많이 소요되고 분석에 포함된 연구 간에 수준 차이가 클 경우 신뢰도에 영향을 줄 수 있다는 단점이 있다.

① 효과크기

- 포함된 각 연구의 효과크기를 구하여 이 효과크기를 합치고 통합된 효과크기를 통해 결론을 도출한다.
- 실험군의 평균에서 대조군의 평균을 뺀 값을 대조군의 표준편차 값으로 나눈 값을 의미하며, 각 연구 결과를 비교하기 위해 공통척도로 효과크기를 사용한다.
- 효과크기는 치료 또는 중재의 효과를 나타내고, 두 변수 간의 관계 및 방향을 나타내는 데 활용되기도 한다.

  예시) Effect size = −0.63이라면 처치집단이 통제집단보다 0.63 표준편차만큼 낮다고 해석한다.

장점	• 포함된 연구들의 효과크기를 통합하므로 큰 표본을 가지고 검정함 • 표본의 수가 커지면 검정력이 높아지고 표준오차가 감소하여 신뢰구간이 좁아짐으로써 추정 시 정확성을 높일 수 있음
단점	• 이질적 연구 결과를 통합하는 문제 발생(성격이 다른 연구에서 연구 결과 통합: 예로 연구기간이 4주인 연구와 8주인 연구 간의 결과값) • 포함된 연구의 질의 차이: 좋은 연구에 가중치를 주고 있으나 한계가 있음 • 출판의 편견: 연구 결과가 부정적이었거나 유의미한 결과가 안 나온 연구도 있을 가능성이 있음 (실제 출판은 긍정적인 결과 중심으로 출판되었을 가능성이 큼)

② 절차 및 방법

메타분석은 다음의 순서에 따라 이루어진다.

a. 체계적 고찰을 통해 연구자료의 범위 선정 및 수집(연구자료 출처, 연도)

b. 분석자료의 특성에 따른 코딩

c. 메타분석

- 분석대상 연구들의 효과크기 산출

- 효과크기의 평균과 통계적 유의미성 확인
- 효과크기의 일관성 확인 및 동질성 검증
- 이질적 효과크기 자료들의 분석
- 전체 연구 결과의 타당성 검증

d. 분석 결과 제시 및 해석

③ 메타분석연구 결과 해석

메타분석연구의 결과를 해석하기 위해서 분석할 대조군과 결과도구 및 통계기법을 정해야 한다. 각각의 연구 결과에서 자료를 추출하여 요약 통계량을 산출하고 연구자료들 간의 차이를 확인하고 결과를 해석한다.

a. 관심효과

관심효과는 수치인 연속형인 경우 두 그룹 평균의 차이로, 여기에서 0의 값에 가까울수록 처리효과가 없다는 것을 의미한다. 이분형의 모양인 경우 효과크기는 relative risk(RR)이거나 odd ratio(OR)가 되며, 1의 값에 가까울수록 처리효과가 없음을 의미한다.

b. 이질성

이질성(heterogeneity)은 각 개별 연구에서 나타난 효과크기의 분포(dispersion of effect sizes)의 정도를 의미하는 것이며, 연구 간 효과크기가 일관되지 않은 정도를 의미한다(inconsistency across studies). 각 연구에서의 효과크기가 동일하다는 귀무가설을 검정해서 이질성 여부를 파악해야 된다. 일반적으로 이질성은 환자, 치료 방법, 연구설계, 연구수행 등이 동일하지 않을 때 생긴다.

이질성의 크기는 연구들 간의 전체 변동량 중 이질성으로 인해 발생된 변동량의 비율인 I^2을 이용하여 검정한다. 계산식은 $I^2=100\%\times(Q-df)/Q$로 여기에서 Q값은 메타분석에서 각 효과크기들의 관찰된 분산(observed weighted sum of squares)을 의미하며, df 값은 자유도를 말한다.

일반적으로 I^2이 25%이면 이질성이 작은 것으로 해석하며, 50%이면 중간 크기 정도로, 75% 이상되면 이질성이 매우 큰 것으로 해석한다. 이질성에 대한 판단은 총분산에 대한 실제분산의 비율(I^2)이 50% 이상이고 동질성 검증의 유의확률이 0.10보다 작은 경우, 효과크기의 이질성은 상당하다고 판단한다(Higgins & Green, 2011).

c. 모델의 결정

메타분석의 통계학적 모델은 고정효과모델과 변량효과모델이 있으며, 고정효과모델은 연구의 효과크기가 유사한 경우의 모델을 말한다. 변량효과모델은 각각의 연구 효과크기가 다른 모델을 말하며 여기에는 각 연구에 가중치가 적용된다. 메타분석 시 모델을 결정할 때 주의사항으로는 동질성 검증 통계량에 기초하는 것이 아니라 연구자가 데이터를 이해할 때 연구의 특성, 개입 방법, 연구의 환경 등에 기초하여 모형을 선택해야 하는 것이다.

d. 숲 그림 해석

Is the Intensity or Duration of Treadmill Training Important for Stroke Patients? A Meta-Analysis

Sadegh Abbasian and Mahsa Rastegar

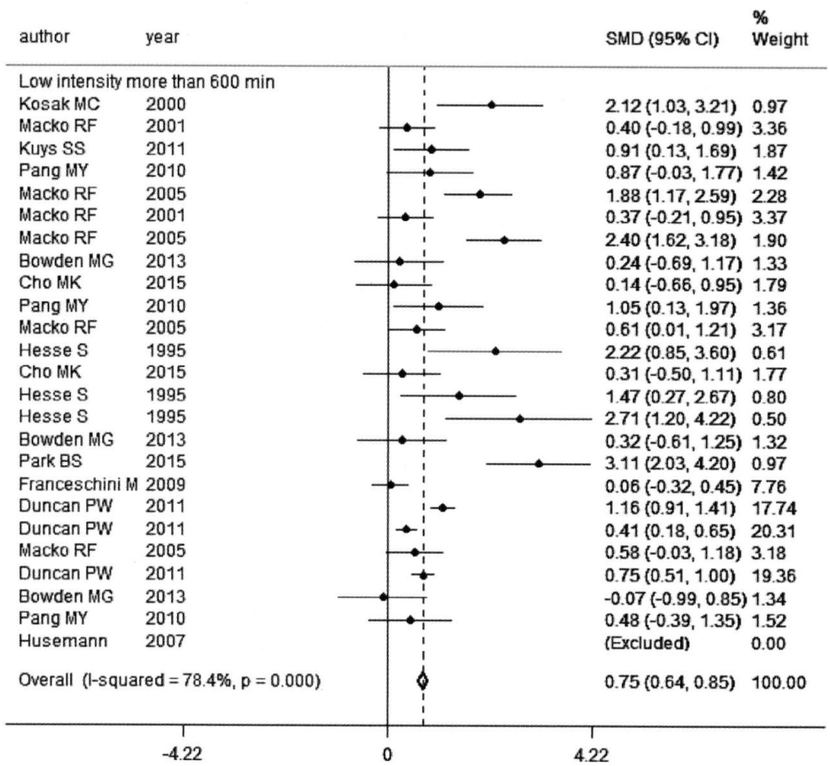

Figure. Recovery of motor function after stroke in the low-intensity-high-duration strategy.
Abbreviations: CI, confidence interval; SMD, standard mean difference.

앞선 그림의 해석은 다음과 같다. 낮은 강도와 높은 기간의 트레드밀 훈련이 뇌졸중환자에게 운동기능의 회복에 효과적인지 알아보고자 선별기준에 해당되는 임상연구 총 25편을 조사하였다. 본 연구의 제외기준에 따라 1편을 제외한 후 24편을 대상으로 메타분석을 실시한 결과, 평균 효과크기는 0.75이고(0.8에 가까우므로 큰 효과크기를 나타내며), 이질성은 78.4%로 나타났다. 25편 연구물 중 1편을 제외한 24편 중 95% 신뢰구간(하한선~상한선)이 0을 만나는 연구물이 11편(통계적으로 유의하지 않음), 0을 만나지 않은 연구물이 13편(통계적으로 유의함)이다. 평균 효과크기(다이아몬드)의 신뢰구간(하한값 0.64 ~ 상한값 0.85)이 수직선(0값)을 포함하지 않았기 때문에 통계적으로 유의하다고 해석한다($p<.05$).

- 각 상자의 가로선은 신뢰구간을 의미하고 상자의 면적은 메타분석에 사용된 각 연구의 중요도와 비슷하다. 큰 표본수와 더 정확한 추정치를 가진 신뢰구간이 짧은 연구가 좀 더 큰 중요도를 가진다.
- 가로선이 수직선(0값)을 가로지를 경우 연구 결과가 통계적으로 유의하지 않거나 표본 수가 작아서 진실인 연구 결과가 거짓/반대로 나타날 수 있음을 보여준다. 반대로 가로선이 수직선을 가로지르지 않을 경우 그 결과는 통계학적으로 유의함을 보여준다.
- 제일 아래쪽에 위치한 다이아몬드는 메타분석의 평균 효과크기를 표현하고 가로 넓이는 모든 연구의 결과의 95% 신뢰구간의 합을 나타낸다.

TIP

1) 효과크기 해석

- 정사각형(square): 개별연구의 효과크기
- 정사각형의 크기: 가중치
- 정사각형의 위치: 효과크기의 방향(+ or −)
- 정사각형의 가운데 위치: 효과크기(magnitude of the effect)
- 다이아몬드(diamond): 전체 효과크기 = 평균효과크기(mean effect size or summary effect size)

2) 유의확률(p-value) vs. 신뢰구간(Confidence interval)

- 유의확률 값과 신뢰구간은 보통 일치하는데, 즉 95% 수준의 신뢰구간이 0값을 포함하지 않을 경우에만 유의확률 값이 0.05보다 작게 나타난다(통계적으로 유의하다고 한다).
- 신뢰구간은 효과크기의 정밀성(precision)을 나타내는데, 하한선(lower limit)과 상한선(upper limit)으로 제시되는 신뢰구간이 짧을수록 추정된 효과크기가 정밀하다고 할 수 있다.

3) 숲 그림의 해석

메타분석 후 결과를 해석하는 대표적인 방법 중 하나가 분석 결과를 숲 그림의 형태로 나타내는 것이다.

① 수직선: 수직선은 효과가 없음을 나타내는 선으로 무효화선이라고 한다.

② 가로선: 각 연구의 가로선은 신뢰구간을 나타내며, 신뢰구간은 효과크기의 정밀성(precision)을 나타내기도 한다. 하한선(lower limit)과 상한선(upper limit)으로 제시되는 신뢰구간이 짧을수록 효과크기가 정밀하다고 할 수 있다. 가로선은 수직선과 만나지 않아야 통계적으로 유의미함을 의미한다. 신뢰구간이 제로(0)값을 포함하지 않을 때 통계적으로 유의하다고 한다.

③ 가로축 숫자: 효과크기를 의미하며, 연속형은 가운데 0을 중심으로 숫자가 배열되고 이분형의 경우 1을 중심으로 숫자가 배열된다.

④ 각 연구의 가로선의 중심점: 중심의 점은 효과크기의 추정치로 중심점의 크기는 표본의 크기를 나타내며 가중치를 의미한다.

⑤ 다이아몬드: 전체 효과크기, 즉 평균 효과크기(mean effect size 또는 summary effect size)를 의미하며 수직선과 만나면 통계학적 의미가 없음을 의미한다.

5 타당도와 신뢰도

1) 타당도

타당도(validity)는 측정하고자 하는 것을 얼마나 제대로 측정하고 있는가를 의미한다. 측정도구가 측정하고자 하는 것을 얼마나 충실히 측정하였는가, 측정 결과가 측정의 목적에 얼마나 부합하느냐의 문제이다.

가령 어떤 사람이 자를 가지고 몸무게를 측정하려고 한다면 "타당성이 없다"라고 할 수 있다. 타당도는 내용타당도(content validity), 구성타당도(construct validity) 그리고 준거타당도(criterion validity)가 있으며, 준거타당도는 공인타당도(concurrent validity)와 예측타당도(predictive validity)로 나누어진다.

질적 접근	내용타당도	내용타당도는 측정도구가 측정하고자 하는 구성이나 내용 영역의 문항들을 얼마나 충실히 측정하고 있는가에 대한 지표이다. 측정하고자 하는 분야의 전문가가 자신의 지식이나 논리에 의해서 타당성을 결정하는 방법이다. 내용타당도는 객관적 자료에 의해 타당도가 결정되지 않고, 전문가의 주관적 판단에 의해 이루어지기 때문에 타당도를 검증하는 전문가의 주관이 많이 개입된다는 단점이 있다. 따라서 그 객관성을 높이기 위해 검사도구를 만든 사람과 검증자 간의 일치도나 복수의 검증자 간의 일치도를 확인해 보는 등의 검증이 필요할 수 있다. 예) 균형 평가 도구인 버그균형척도(BBS)는 내용 영역에 있어 충실한가?
양적 통계적 접근	구성타당도 (개념타당도)	측정하고자 하는 추상적 개념이 실제로 측정도구에 의해 제대로 측정되었는지를 의미한다. 측정하고자 하는 속성과 목적이 이론적 합리성에 비추어 얼마나 적합한가를 확인하는 것이다. 연구에 따라서는 직접 측정이 불가능한 추상적 개념을 다뤄야 할 경우가 있다. 태도, 성격, 동기 등과 같은 추상적 구성개념이 측정도구에 의해 제대로 측정되었는지의 정도를 나타내는 것이 바로 구성타당도이다. 구성타당도는 집중타당도와 판별타당도로 구분한다. 예) 창의력을 테스트 하려는데 문항들의 내용이 창의력을 평가하는 데 이론적 개념을 잘 반영하는가?
	준거타당도	하나의 측정지표를 사용하여 측정한 결과를 다른 기준지표를 사용하여 측정한 결과와 비교하여 나타난 관련성의 정도를 뜻한다. 연구자가 새로운 검사법을 개발한다고 할 때, 규준이 될 수 있는 기존의 검사를 찾고, 기존의 검사와 새로 개발한 검사 방법을 비교하게 된다. 만약 새로운 검사가 준거(criterion)가 되는 기존의 검사와 비교해서 의도한 바의 결과를 얻는다면 새로운 검사가 타당하다고 말할 수 있다. 준거타당도에서 타당도 정도는 기존 검사와 새로 개발한 검사 간의 통계적 상관에 의해 결정된다. 만약 두 검사 간의 상관계수가 양(positive)의 값을 갖고 그 수치가 높으면, 두 검사가 동일한 특성을 측정한다고 볼 수 있으며 결국, 검사의 타당도가 높다고 볼 수 있다. 준거타당도는 예측타당도와 공인타당도로 구분한다. ① 예측타당도: 새롭게 개발하거나 사전에 검사한 점수와 관련된 미래 행동이나 결과 간의 상관 정도를 보는 타당도를 말함(예: 초등학생 때 측정한 IQ와 고등학생 시 수능점수가 높은 상관관계가 있다면 초등학생 때 측정한 IQ는 수능점수에 대해 예측타당도가 높다라고 할 수 있음) ② 공인타당도: 널리 타당성을 인정받고 있는 기존의 검사와 새로운 검사 간의 상관관계를 보는 방법을 말함(예: 새로 개발되는 검사가 기존의 검사와 상관관계가 높으면, 우리는 개발되는 검사가 높은 공인타당도를 갖는다고 할 수 있음)

2) 신뢰도

신뢰도(reliability)는 동일한 측정대상에게 같은 측정도구로 여러 번 반복측정했을 때 결과가 어느 정도로 일치하는가를 나타내는 것으로 안전성, 일관성, 예측 가능성, 정확성으로 표현할 수 있다. 연구자가 설문이나 검사도구 같은 측정도구(또는 방법)를 얼마나 믿을 수 있는지에 대한 정도를 나타내는 것이다. 문항 안에 두 가지 내용을 담지 않아야 한다. 검사도구 역시 측정 시마다 다른 점수를 얻는다면 신뢰하지 못하는 측정도구가 되고, 측정할 때마다 같은 점수를 얻는다면 이 검사도구는 신뢰성이 있다고 한다. 신뢰도는 검사-재검사 신뢰도(test-retest reliability), 동형검사 신뢰도(equivalent-form reliability), 반분 신뢰도(split-half reliability), 문항 내적 일치도(inter-item consistency), 검사자 간 신뢰도(inter-tester reliability)로 나눈다.

검사 - 재검사 신뢰도	일정한 시간 간격을 두고 반복해서 측정하였을 때 측정한 값이 얼마나 일치하는지를 보는 방법으로, 이 두 측정결과의 유사성이 높으면 높을수록 검사-재검사 신뢰도는 높다고 할 수 있다. 이 신뢰도는 측정이 얼마나 안정성을 유지하면서 이루어지는지를 나타낸다는 점에서 안정성 계수(coefficient of stability) 값으로 확인할 수 있다. 단점으로는 학습효과가 영향을 줄 수 있다(인기기능검사의 경우 같은 문항으로 일정기간 후에 측정하면 학습효과로 다음 측정값에 순수 내가 측정하고자 하는 인지기능검사가 이뤄지는 것이 아닌 이전의 학습효과가 있을 수 있음).
동형검사 신뢰도	형식과 난이도는 같으나 문항의 내용이나 형태가 다른 두 개의 검사를 같은 피험자 집단에게 실시한 후, 두 동형검사 간에서 얻은 점수 사이의 상관을 산출하는 방법으로 이러한 신뢰도를 동형성 계수(coefficient of equivalence)라고 한다. 설문지 등의 신뢰도 평가 시 측정하고자 하는 특성에 대한 평가내용과 동일한 난이도의 대체 평가를 실시하여 두 결과값이 동일하게 나타나는 정도를 말한다(예: A형 문항, B형 문항- 동형검사 신뢰도가 높게 나오면 문항은 다르지만 같은 배점으로 채점할 수 있다).
반분 신뢰도	설문지에서 설문항목들이 조사하고자 하는 특성을 일관성 있게 측정하고 있는지를 나타내 주는 신뢰도이다. 설문항목을 짝수 항목과 홀수 항목들로 나눈 후, 짝수 항목들의 점수와 홀수 항목들의 점수를 비교하여 상관계수를 구하면 설문문항들이 일관성 있게 구성되었는지를 알아볼 수 있다. 이미 설문의 내적 일치도가 확립된 경우라면 응답자들이 얼마나 일관성 있게 응답을 하였는지를 판단할 수 있다.
문항 내적 일치도	검사 속의 개별 문항 하나하나를 독립된 한 개의 검사단위로 보고 각 문항들이 일관되게 동일한 능력을 측정하고 있는 정도를 수치화하는 방법이다. 크론바흐 알파계수로 추정한다. 설문의 신뢰도를 비교하여 문항들 간의 상호 관련성이 높은지를 확인하는 신뢰도 검사방법이다.
검사자 간 신뢰도	두 명 이상의 검사자가 동일한 대상자에게 시행하여 어느 정도 같은 결과값을 낼 수 있는지를 나타내는 신뢰도이다.

TIP

전국체전에서 총 10개의 기회를 부여받아 각 선수가 총 10개의 총알을 발사하였다. 높은 점수를 받은 3번 선수, 중간점수를 받은 1번 선수, 가장 낮은 점수를 받은 2번 선수에 대해서 어떻게 평가할 수 있는가?

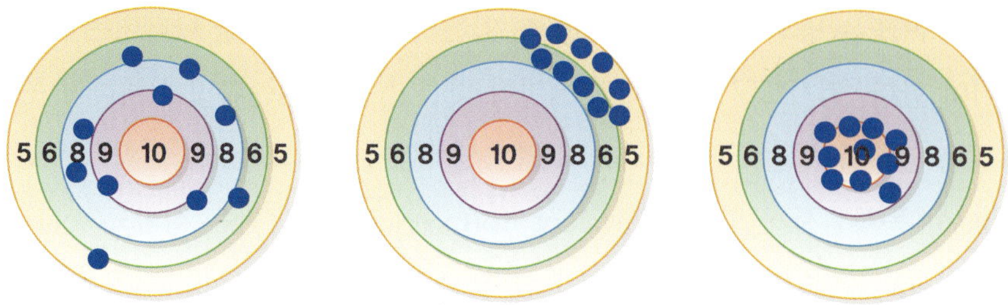

1번 선수 2번 선수 3번 선수

동일한 조건으로 측정을 반복했을 때 그 결과가 1번 선수처럼 나타난다면 이는 “신뢰도가 낮다”라고 판단할 수 있다.

2번 선수 같은 경우 5점과 6점대에 총알이 밀집되어 있는 것을 볼 수 있다. 위의 그림에서 알 수 있는 것은 총알이 반복적으로 5, 6점대를 맞혔기 때문에 신뢰도는 높다고 판단할 수 있다. 즉, 맞혀야 할 곳을 맞히지 못했기 때문에 정확도(타당도)가 낮다고 할 수 있다.

마지막으로 3번 선수는 신뢰도와 타당도가 가장 높다고 할 수 있다.

- 신뢰도가 높은 경우 2번과 3번
- 타당도가 높은 경우 3번

4

연구 결과 정리하기

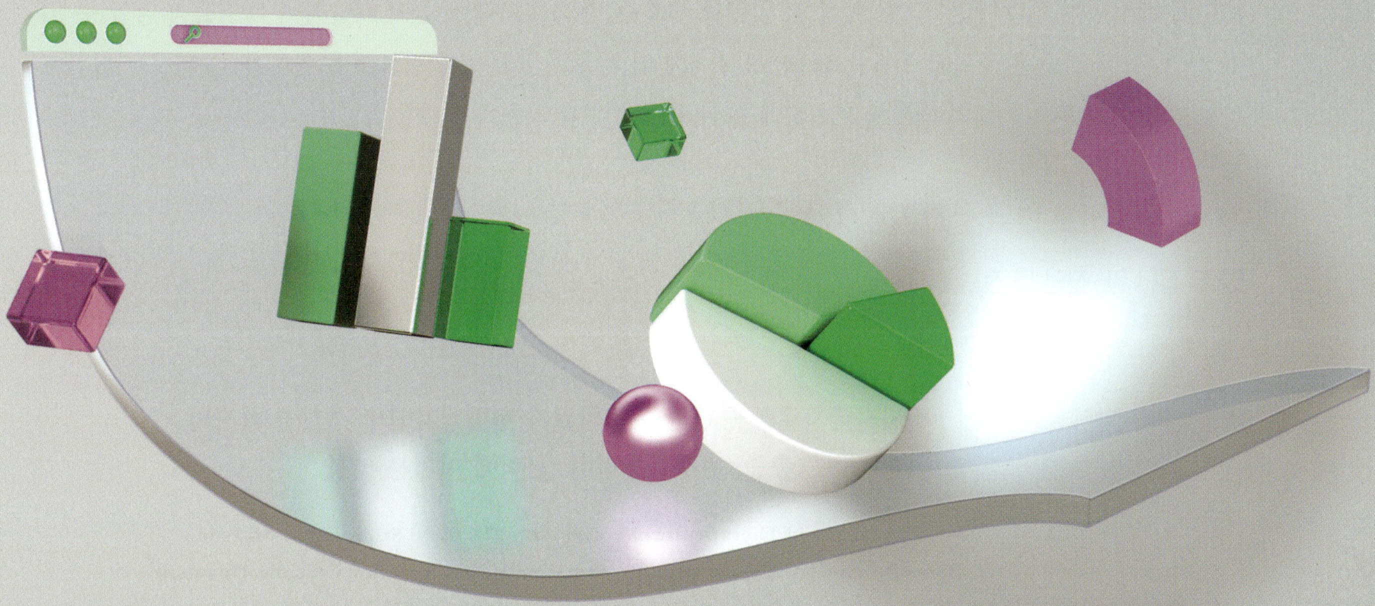

효율적인 연구 결과 정리 방법

학습목표

- 통계처리 방법에 따라 연구 결과를 파악할 수 있다.
- 통계처리 방법에 따라 표와 내용을 작성할 수 있다.

1 연구 결과 작성

결과는 논문의 핵심이며 중심뼈대이다. 결과와 관련된 내용이 논문의 모든 단원으로 연결되기 때문이다. 결과 부분은 조사한 특성과 수치에 대한 객관적 기술만 필요하다. 이 부분에서는 주관적 의견, 선행 연구의 내용은 넣지 않는다. 측정한 데이터를 분석한 유의한 차이를 통계방법에 따라 기술한 후 아래 부분에 표나 통계 그림을 넣는다. 결과는 데이터와 다르다. 데이터는 숫자로 표시되는 사실(fact)일 뿐이다. 연구의 주요 의문에 대한 답은 결과로 제시하고, 보조적으로 데이터를 제시한다. 주로 통계분석 결과를 표나 그림으로 나타낸다. 연구방법에 기술된 실험군과 대조군의 내용에 따라 자료를 수집하여 통계처리 후 분석하게 되면 가설의 진위 여부를 밝힐 수 있는 결과를 얻게 된다. 연구 결과는 통계처리에서 약속된 방식에 따라 간단하고 명료하게 제시해야 한다. 표와 그림 작성 시 약어나 기호는 반드시 아래에 풀어 기술하여 의미를 파악할 수 있게 한다. 표나 그림은 중복할 필요는 없고, 표로 설명이 부족한 부분을 그림으로 보완한다. 결과물이 많다고 반드시 좋은 논문은 아니기 때문에 무리하게 많이 삽입할 필요는 없다.

1) 두 집단 비교 연구 결과 작성 사례

두 집단 간, 집단 내 전후 비교

전기자극치료를 동반한 운동치료가 전방십자인대 재건술 환자의 통증, 관절가동범위, 근력에 미치는 영향

The Effects of Therapeutic exercise with Electrical Stimulation on Pain, Range of motion, Muscle strength in patients after Anterior Cruciate Ligament Reconstruction

Min DK, Lee SJ

2.1 연구대상자 및 연구기간

본 연구의 대상자는 대구광역시 소재 T병원에 내원한 50세 이하 환자 중 전방십자인대 파열로 진단받아 전방십자인대 재건술을 받은 환자 20명을 선정하였다. 무작위 배치로 운동치료군 10명, 전기자극을 동반한 운동치료군 10명으로 나누어 각각 3주간 주 3회 중재를 수행하였다. 참여하는 모든 대상자에게 연구 내용을 설명하고, 자발적 참여 동의를 구하여 실시하였다.

2.2 연구방법

2.2.1 운동방법

총 3주간 주 3회 실시하였고, 운동은 넙다리네갈래근 근고정, 엎드려 무릎 굽힘 운동, 바로 누워 균형운동을 10초 유지 1회로 하여, 총 10회씩 3세트 적용하였다.

2.2.2 전기자극치료를 동반한 운동치료

본 연구에서는 실험군은 대조군과 같은 운동치료 방법을 실시하였다. 전기자극 주파수를 20Hz로 설정하여, 운동치료 시 동시에 실시하였다.

2.3 평가도구 및 측정방법

2.3.1 시각적 상사척도

2.3.2 측각기

2.3.4 휴대용 근력측정기

2.4. 통계처리

본 연구의 모든 통계처리는 SPSS/PC Ver.23.0을 사용하여 평균과 표준편차를 산출하였다. 두 그룹간 일반적인 특성에 대한 동질성을 검정하기 위해 카이제곱 검정(chi-square test)과 독립표본 t-검정(independent t-test)을 실시하였다. 각 그룹 내 중재 전과 중재 후 효과를 알아보기 위해 대응표본 t-검정(paired t-test)을 실시하였고, 각 그룹 간 검사는 독립표본 t-검정을 실시하였다. 모든 통계학적 유의수준은 .05로 설정하였다.

3. 연구 결과

3.2 중재에 따른 통증정도 점수 비교

독립 t-검정으로 집단간 차이를 보였고, 대응 t-검정으로 집단 내 전후 차이를 작성한 표이다. 연구자가 효과를 보고자 하는 관점에 따라 집단 간 차이는 전과 후를 독립적으로 비교하는 것도 있고, 전과 전후 차이 값을 비교하는 경우도 있다.

각 그룹의 시각적 상사 척도 점수(visual analoguescale, VAS)의 비교는 중재 전 · 후 각 그룹 내 변화에서 두 그룹 모두 통계학적인 유의한 차이를 나타내었다($p<.05$)[Table 2]. 그리고 중재 후 그룹 간 변화에서도 통계학적인 유의한 차이를 나타내었다($p<.05$)[Table 2].

Table 2. Comparison of visual analogue scale score between each groups (unit: score)

Group	Pre	Post	difference	t	*p*
CG	8.30±.82	4.30±.41	4.00±.94	6.508	0.001*
EG	7.80±.78	2.80±.47	5.00±.15	13.693	0.001*
t	1.387	2.318	-1.399		
p	0.182	0.032*	0.179		

*$p<.05$, CG: Control group, EG: Experiment group

※ 실제 논문에는 전후 차이 값에 대한 내용은 없으나 저자와 동의하여 전후 차이 값도 표시하여 놓았다. 전후 차이의 집단 간 비교를 한 결과 유의한 차이가 없는 것을 알 수 있다($p>.05$).

2) 세 집단 이상 비교 연구 결과 작성 사례

➡ 네 집단 간 비교 결과 정리 사례

The Effect of Frequency to Whole Body Vibration Exercise on Ankle Joint Spasticity Patients with Chronic Stroke

Jo YR, Jeong MB, Lee DW

II. 연구방법

1. 연구대상

본 연구는 2017년 9월 11일부터 30일까지 광주광역시 C 재활의학과 요양병원에 입원한 뇌졸중 환자 72명을 대상으로 하였다.

2. 실험방법

1) 중재방법

총 72명의 실험 참가자들은 0, 10, 20, 30Hz 네 가지 빈도수의 수직 전신 진동 운동에 참여했다. 각 빈도수마다 5분간 전신 진동 운동을 수행하고 2분 휴식 후 측정하였다.

2) 측정도구

(1) 경직 수준 자가 평가 (2) 발목관절 경직 평가(근긴장도 & 근경도)

3) 분석방법

집단 간 차이를 보이는 비교 범주가 하나일 때 세 집단 이상인 경우는 일원배치 분산분석을 사용한다. 본 연구에서는 네 개의 집단 간 비교에서 각각의 집단 간의 실제적인 차이를 확인하기 위해 사후 검정을 시행하였다.

이 연구의 모든 자료는 SPSS software (ver. 21.0 for Windows; SPSS, Chicago, IL, USA)를 사용하여 분석했다. 대상자의 일반적 특성은 기술 통계로 결과를 서술하였고, **각 조건에서의 변화를 보기 위하여 일원배치 분산분석(one-way ANOVA)을 사용하여 분석하였다. 조건 간 차이의 유의성 검정을 위하여 사후 검정으로 Tukey HSD(honestly significant difference) 검정을 실시했다. 자료의 통계 분석에서 모든 통계학적 유의수준은 α=0.05로 정했다.**

III. 결과

2. 발목관절 경직 측정치 변화

결과는 측정변수를 나열한 순으로 동일하게 진행한다. 일반적으로 중요도 순으로 기입한다. 통계처리 값과 유의성 내용만 기술한다.

1) 근긴장도(Hz)의 변화

결과는 일반적으로 표로 제시하거나 그림으로 결과를 제시한다. 아울러 결과 내용 기술 시 반드시 수치도 표기한다.

본연의 진동을 나타내며 수의적인 동작 없이 수동적 움직임 혹은 쉬고 있는 상태에서의 근긴장도(muscle tone)의 변화량 차이를 나타내었다(Figure 2). 운동 적용 후 대상자들의 근긴장도인 진동 주파수의 변화량은 0Hz 조건에서 −0.45±.39Hz, 10Hz 적용 후 −3.16±.48Hz, 20Hz 적용 후 −6.33±.26Hz, 30Hz 적용 후 −8.07±.46Hz로 전신 진동 운동 후에 진동 주파수의 변화량이 증가하는 양상을 보이며, 진동 주파수의 변화는 통계적으로 유의한 차이가 있었다(p<0.05). 사후 분석 결과 전신 진동 운동 0Hz조건은 20Hz, 30Hz 적용 조건 사이에서 모두와 유의하였으나(p<0.05), 10Hz 조건 사이에서는 유의한 차이가 없었다. 10Hz 적용 조

건은 30Hz 조건 사이에서 유의하였으나(p<0.05), 20Hz 적용 조건 사이에서는 유의한 차이가 없었다. 20Hz 조건과 30Hz 적용 조건 사이에서도 유의한 차이가 없었다.

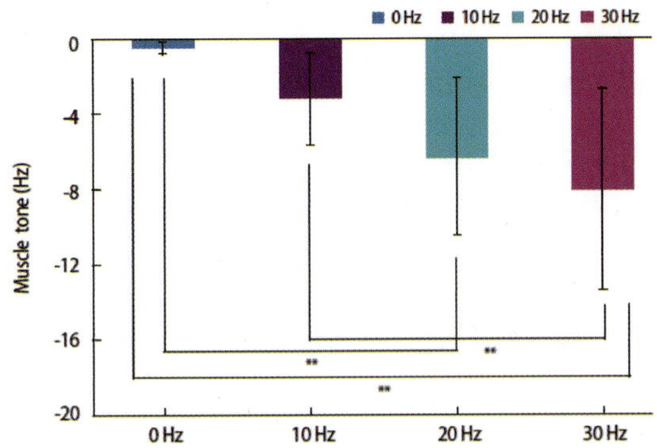

Figure 2. The compared of change in muscle tone per Hz (**p < 0.01)

3) 이원배치 반복측정 분산분석 연구 결과 작성 사례

압력 생체되먹임 장치를 이용한 호흡재교육 운동이 뇌졸중 환자의 들숨기능에 미치는 영향

Kim HS, Lee DW, Cho SH

2. 연구방법

2.1 연구대상자

본 연구는 OO광역시 소재의 S요양병원에 입원 중인 뇌졸중 환자 30명을 대상으로 실행하였다. 허리 안정화 운동과 압력 생체되먹임 장치를 이용한 호흡재교육 운동한 실험군 15명과 허리 안정화 운동만을 시행한 대조군 15명으로 구성하였으며, 난수표를 이용하여 무작위로 배정하였다.

연구대상자의 표본크기에 대한 설정은 선행연구[29-30]의 결과를 근거로 G*power 3을 이용하여 유의수준(α = 0.05), 효과크기(f = 0.4), 검정력(1−β = 0.80)을 고려하여 산출하였다. 이상의 조건을 만족하는 대상자 수는 허리 안정화 운동 및 호흡재교육 운동한 실험군과 허리 안정화 운동한 대조군에 각각 14명으로 산출되었다. 본 연구는 실험군과 대조군에 각각 15명씩 모집하여, 총 30명의 연구대상자가 모집되었다(Fig. 1)(Table 1).

2.2 측정 도구 및 방법

2.2.1 역치성 저항성 들숨 측정기

2.2.2 압력 생체되먹임 장치

2.3 실험방법

2.4 분석방법

결과에 표를 정리하기 위해서는 연구자가 분석방법에서 기술한 통계처리 내용을 결과에 표 및 그림과 함께 수치에 대한 분석을 기술한다.

본 연구에서 뇌졸중 환자의 들숨기능에 미치는 영향을 분석하기 위해서 연구 결과는 IBM SPSS Statistics 23.0 software를 이용하여 통계처리 하였다. **각 변인에 관한 기술 통계량 및 평균과 표준편차를 산출하였다. 두 그룹의 운동 전과 운동 3주 후, 운동 6주 후의 측정 변인에 대한 변화를 알아보기 위해 이원배치 반복측정 분산분석(two-way repeated measures ANOVA)을 이용하였다. 그룹과 시간 간의 교호작용이 있는 경우에는 시점별 군간 비교를 알아보기 위해 독립표본 t-검정(independent t-test)하였다. 통계학적 유의수준 α는 .05로 설정하였다.**

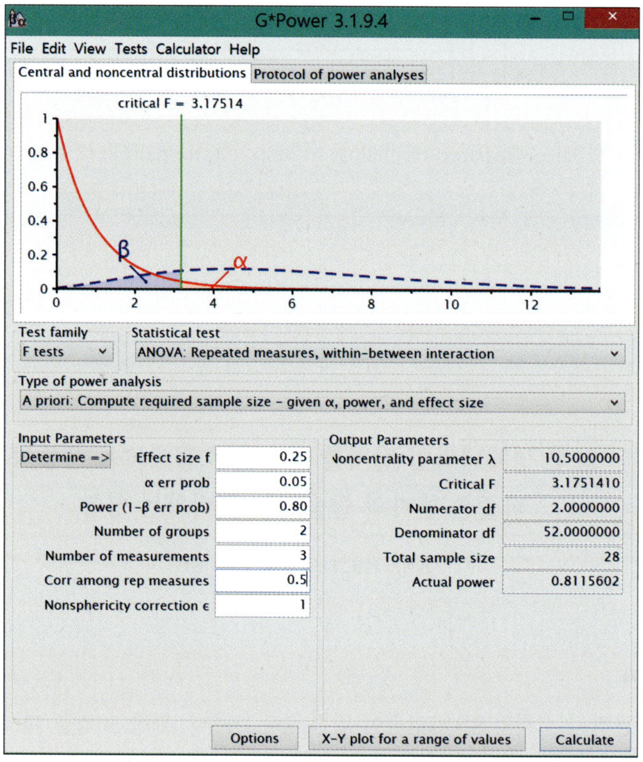

그림 1. G*Power 3 프로그램

3. 결과

이원배치 반복측정 분산분석 결과는 다음과 같다. 들숨압력은 들숨 근력지수를 나타내는 것을 말하는 것이다. 실험 기간에 따른 주 효과 검정에서는 유의한 차이가 있었으며, 집단과 실험 기간 간의 상호작용에서도 통계학적으로 유의한 차이가 있었다($p < .05$). 두 그룹의 중재 기간별 들숨압력의 변화를 개체 내 대비 검정으로 시행한 결과 사전과 3주 후, 사전과 6주 후에서 유의한 차이가 보였다($p < .05$). 집단 및 시점에 따른 들숨압력의 변화는 실험군의 경우 사전 40.21±5.63cmH_2O에서 사후 44.84±7.59cmH_2O으로 11.69%가 증가하였으며, 대조군의 경우 사전 40.15±8.96cmH_2O에서 사후 42.18±8.49cmH_2O으로 5.75%가 증가하였다. 운동과 그룹의 상호작용에서는 사전과 3주 후, 사전과 6주 후에서 유의한 차이가 있었다($p < .05$).

최대들숨유속은 일정 시간 내에 보내지는 들숨의 최대속도를 말하는 것이다. 실험 기간에 따른 주 효과 검정에서는 유의한 차이가 있었으며, 집단과 실험 기간 간의 상호작용에서도 통계학적으로 유의한 차이가 있었다($p < .05$). 두 그룹의 중재 기간별 최대들숨유속값의 변화를 개체 내 대비 검정으로 시행한 결과 사전과 3주 후, 사전과 6주 후에서 유의한 차이를 보였다($p < .05$). 집단 및 시점에 따른 최대들숨유속값의 변화는 실험군의 경우 사전 2.13±0.26Liters/sec에서 사후 2.26±0.28Liters/sec으로 5.79%가 증가하였으며, 대조군의 경우 사전 2.05±0.50Liters/sec에서 사후 2.09±0.49Liters/sec으로 2.06%가 증가하였다. 운동과 그룹의 상호작용에서는 사전과 3주 후, 사전과 6주 후에서 유의한 차이가 있었다($p < .05$).

들숨량은 훈련 동안 호흡당 평균 흡입 공기량을 말하는 것이다. 각 군의 두 집단 간에 대한 주 효과 검정에서 통계학적으로 유의한 차이가 없었고($p > .05$), 실험 기간에 따른 주 효과 검정에서는 유의한 차이가 있었으며, 집단과 실험 기간 간의 상호작용에서는 통계학적으로 유의한 차이가 없었다($p > .05$). 집단 및 시점에 따른 들숨량의 변화는 실험군의 경우 사전 1.40±0.09Liters에서 사후 1.53±0.23Liters으로 8.59%가 증가하였으며, 대조군의 경우 사전 1.41±0.12Liters에서 사후 1.43±0.17Liters으로 2.20%가 증가하였다. 각 측정 시기별에 따른 집단 간 비교에서 실험군은 사전과 3주에서 유의한 차이를 보였으며, 대조군은 사전과 3주에서 유의한 차이를 보였다($p < .05$)(Table 2).

Table 2. Changes in strength index, maximal inspiratory flow over the period for each group

이원배치 반복측정 분산분석에서 집단 분석은 시기를 합친 평균 집단의 차이를 의미하고, 기간은 집단에 의미를 두지 않고 시기 별 평균의 차이를 의미하며, 집단×기간의 상호작용은 집단에 따른 기간의 차이가 있음을 의미한다.

	Pre-test	3 week	6 week	F (p)		
				Group	Period	Group × Period
S-index EG	40.21 ±.63	41.38 ±.64	44.84 ±.59	.195 (.662)	20.466 (.000*)	4.478 (.021*)
S-index CG	40.15 ±.96	40.46 ±.96	42.18 ±.49			
PIF EG	2.13 ±.26	2.20 ±.26	2.26 ±.28	.803 (.378)	22.659 (.000*)	6.601 (.003*)
PIF CG	2.05 ±.50	2.07 ±.50	2.09 ±.49			
Volume EG	1.40 ±.09	1.43 ±.08	1.53 ±.23	.399 (.533)	17.248 (.000*)	1.252 (.302)
Volume CG	1.41 ±.12	1.43 ±.12	1.43 ±.17			

*$p < .05$, M±SD: Mean ± standard deviation
EG: experimental group, CG: control group,
S-index: strength index(unit: cmH_2O),
PIF: peak inspiratory flow(unit: Liters/sec),
Volume: inspiratory volume(unit: Liters)

4) 상관성 분석 논문 연구 결과 작성 사례

상관성 분석 논문 결과 정리 사례

뇌졸중 후 우울 증상과 인지, 신체 기능 및 일상생활동작과의 관련성

Relationships between symptoms of depression and cognitive function, physical functions, and activities of daily living in stroke patients

Lee DJ, Ko TS

4. 연구방법

정규성 검정은 표본수가 한 그룹당 30명 이상일 때 Kolmogorov-smirnov 방법을 사용하고, 한 그룹당 30명 미만일 경우 Shapiro-Wilk 방법을 사용한다. 모수 상관관계 검정 시 Pearson 상관관계 분석을 시행한다.

수집된 자료는 SPSS PC 18.0을 이용하였다. **정규성 검정은 Shapiro-Wilk 방법으로 시행하였고, 결과 모든 변수가 정규분포하였다. 유병 기간, 인지기능, 일상생활동작, 상지기능과 우울증과 연관성을 파악하기 위해 Pearson 상관관계 분석을 시행하였다.** 통계적 유의수준은 .05 이하로 하였다.

III. 연구 결과

5. 인지기능, 일상생활동작, 상지기능에 따른 우울증 상관관계

상관성 분석은 아래 표와 같이 r값만 나타내고, p값은 따로 표기하지 않고 * 표시로 유의한 차이를 나타내는 것이 일반적이다.

뇌졸중 환자의 인지기능, 일상생활동작, 상지기능, 우울 척도에 따른 상관관계는 다음과 같다〈표 3-4〉. MMSE-K에서는 일상생활동작과 유의한 관계가 보였으며($p<.05$), 우울증 척도인 HDRS와 BDI에서도 음의 상관성이 있는 것으로 나타났다($p<.05$). MBI은 상지기능과 높은 상관성이 있었으며($p<.05$), HDRS에서도 음의 상관성이 있는 것으로 나타났다($p<.05$). MFT에서도 HDRS와 BDI에서 유의한 음의 상관성을 보였다($p<.05$). 우울증 검사에서 자기척도인 BDI와 관찰자 보고자 척도인 HDRS는 매우 높은 상관성을 보였다($p<.01$).

〈표 3-4〉 나이, 유병기간, 신체적 증상에 따른 우울증 상관관계

항목	MMSE-K	MBI	MFT	HDRS
MBI	.530**			
MFT	.158	.433*		
HDRS	-.443**	-.398*	-.380*	
BDI	-.343*	-.300	-.429*	.709**

*$p<.05$, **$p<.01$

MMSE-K: Mini Mental Status Examination-Korea

MBI: Modified Barthel Index

MFT: Manual Function Test

HDRS: Hamilton Depression Rating Scale

BDI: Beck Depression Inventor

5) 메타분석 논문 연구 결과 작성 사례

메타분석 결과 정리와 숲그림 사례

호흡재활프로그램이 만성 뇌졸중 환자의 폐 기능에 미치는 효과: 메타분석

Effect of Respiration Rehabilitation Program on Pulmonary Function in the Chronic Stroke Patients : Meta-Analysis

Cho SH, Kim TG

3. 연구 결과

3.1 호흡 재활 프로그램 중재의 효과크기

선정된 연구 16편을 대상으로 두 집단의 사전·사후 차이의 평균, 차이의 표준편차, 표본크기를 이용하여 교정된 표준화된 평균 차이 즉, Hedges's g를 산출한 결과를 forest plot으로 제시하였다. 먼저 전체 연구의 평균 효과크기는 Hedges's g=0.606(95% CI: 0.420~0.792)으로 나타나 중간 크기의 효과크기를 보이며 통계적으로 유의하게 나타났다(Figure. 2). 이는 Cohen이 제시한 누적표준화 분포인 U3로 나타내면 비교집단의 평균이 50%일 때 실험집단의 평균은 비교집단의 약 73%에 해당되는 것으로 해석할 수 있다[50]. 그리고 전체 효과크기의 이질성은 I^2=0%(Q=8.595, *p*=.898)로 나타나 이질성이 없는 것을 알 수 있다[46].

교정화된 평균 차이가 0.606으로 유의하게 나타난 것은 만성 뇌졸중 환자에게 적용된 호흡재활프로그램이 긍정적인 영향을 주는 것을 의미한다.

이어서 호흡재활프로그램 평가항목별에 대한 하위 결과변수별로 분석해보면, 먼저 FVC의 경우 Hedges's g==0.677(95% CI: 0.498~0.857)로 나타나 효과크기가 중간크기의 것으로 나타났으며, I^2=20%(Q=26.176, *p*=.200)로 나타나 이질성이 작은 것으로 나타났다. FEV1의 경우 Hedges's g=0.656(95% CI: 0.490~0.823)으로 효과크기가 중간크기의 것으로 나타났으며, I^2=0%(Q=15.747, *p*=.674)로 이질성이 없는 것으로 나타났다. FEV1/FVC의 경우 Hedges's g=0.274(95% CI: 0.087~0.461)로 나타나 효과크기는 작은 크기인 것으로 나타났으며, I^2=0%(Q=9.006, *p*=.831)로 나타나 이질성이 없는 것으로 나타났다. PEF의 경우 Hedges's g=0.795(95% CI: 0.490~1.101)로 나타나 효과크기가 큰 것으로 나타났으며, I^2=60%(Q=37.432, *p*=.001)로 나타나 중간크기의 이질성을 보였다. 이상에서 볼 때 4가지 하위 결과의 효과크기가 모두 유의하기는 하나, 각 결과 값이 변수에 따라 차이가 나는 것으로 나타났다[50]. 이 중 PEF의 효과크기가 .795로 가장 크게 나타났고 이어서 FVC, FEV1, FEV1/FVC의 순으로 나타났다(Table. 2).

선정된 16편으로 각 폐 기능 영역을 세부항목으로 나누어 효과크기를 분석한 결과, PEF(.795), FVC(.677), FEV1(.656), FEV1/FVC(.274) 순으로 효과적임을 알 수 있다.

3.2 효과크기의 이질성 검증: 조절효과 분석

Higgins와 Green이 제시하는 이질성(moderate heterogeneity)의 범위 중에 속하지 않는 것으로 나타났다[46]. 추가적으로 연구 수준의 변수인 연구 출간유형을 조절변수(moderators)로 하여 **메타 ANOVA**를 실시하였다. 먼저, 학위논문과 학술지논문 간의 효과크기의 차이 분석에서, 학위논문의 경우 0.640, 학술지 논문의 경우 효과크기가 0.540으로 나타나 학위논문 집단의 효과크기가 더 큰 것

메타ANOVA의 올바른 표현은 '하위집단분석(sub-group analysis)'이다.

으로 나타났지만, 두 집단 간의 Q값, 즉 $Qb = 0.249(df = 1,\ p = .618)$로 나타나 학술지논문 집단과 학위논문 집단 간에는 효과크기의 차이는 통계적으로 유의하지 않은 것으로 나타났다(Table. 3).

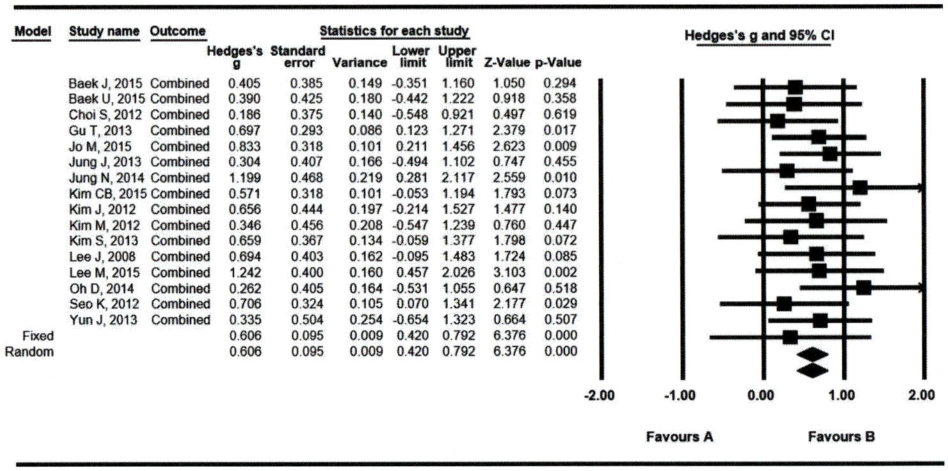

Fig. 2. Forest plots for pulmonary function after respiration rehabilitation program

> 호흡재활의 숲그림으로 각각의 연구에 대한 효과크기를 볼 수 있고 모든 자료를 합한 전체 연구의 평균 효과크기도 알 수 있다. 네모 모양의 크기는 가중치를 의미하고 가로선이 수직선(0값)에 닿았을 경우 유의확률 값이 0.05보다 크게 나타난다. P값을 보아도 확인 가능하다. 16편의 각 개별 연구의 95% 신뢰구간의 상한값과 하한값을 살펴보면 수직선에 닿지 않은 연구가 5편, 수직선에 닿은 연구가 11편이다. 그러므로 통계적으로 유의한 차이가 있는 연구는 5편, 유의한 차이가 없는 연구는 11편이다. 그리고 효과크기가 가장 큰 연구 이름은 Lee M, 2015이고(Hedges's g=1.242), 효과크기가 가장 작은 연구 이름은 Choi S, 2012이다(Hedges's g=0.186). 제일 아래 다이아몬드 그림이 전체 연구의 평균 효과크기로 0에 닿지 않고 유의한 차이가 있음을 알 수 있다.

Table 2. Characteristics of sub-outcome variables for evaluation items of respiratory rehabilitation program

Sub-outcome variables	k	Hedges'g	95% CI		Heterogeneity		
			Lower	Upper	Q	p	I^2(%)
FVC	16	0.677	0.498	0.857	26.176	0.200	20
FEV1	14	0.656	0.490	0.823	15.747	0.694	0
FVC/FEV1	11	0.274	0.087	0.461	9.006	0.831	0
PEF	11	0.795	0.490	1.101	37.432	0.001	60

Table 3. Meta-ANOVA by publication type

Category	Subgroup	k	Hedges's	95% CI		$Z(p)$	I^2(%)	$Q_b(p)$
				Lower limit	Upper limit			
Publication type	Thesis	10	0.640	0.411	0.869	5.468 (<0.001)	0.000	0.249 (.618)
	Journal	6	0.540	0.219	0.860	3.299 (<0.001)	0.910	

5

고찰 및 결론 작성하기

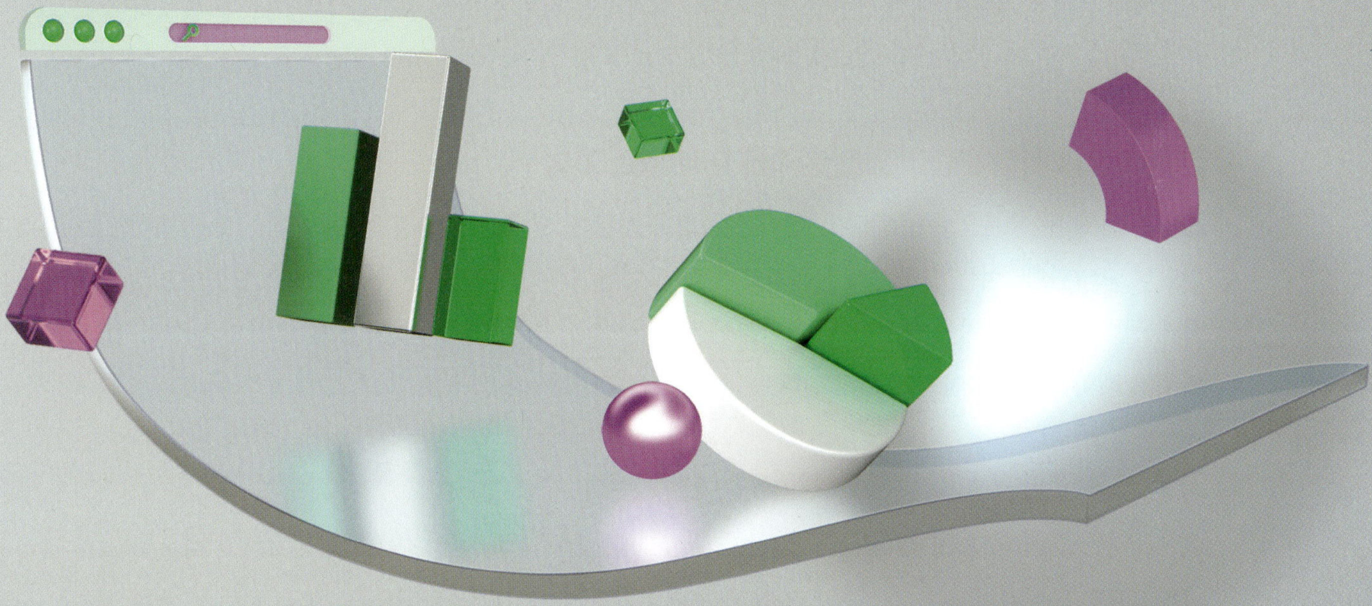

성공적인 고찰 및 결론 작성법

학습목표

- 고찰을 작성할 수 있다.
- 결론 및 제언을 작성할 수 있다.

1 고찰 작성

결과에서 보고된 내용은 아직 해석되지 않은 단순한 정보에 불과하다. 이러한 정보는 그 정보와 관련된 선행 연구나 관련된 이론의 틀 속에서 논리적으로 해석되고 설명될 때 의미 있는 지식으로 바뀔 수 있다. 연구 결과인 정보가 이해된다는 말은 그 정보가 관련 분야의 이론이나 선행 연구 결과의 맥락 속에서 논리적으로 해석된다는 말이다. 따라서 단순한 정보에 불과한 연구 결과는 선행 연구나 관련 이론과의 관계에 비추어 논리적으로 고찰되어야 비로소 과학적 지식으로 재생산될 수 있다. 최종 결과를 요약하여 고찰의 처음 부분에 배치하여 연구의 결과를 강조한다. 결론을 내리고 이에 대한 타당성을 선행 연구 결과와 비교하며 기술하는 것이 좋다. 연구 배경이나 필요성은 고찰에서는 다시 언급하지 않는다. 선행 연구와 다른 결과가 유사하거나 다르게 나왔을 경우 반드시 참고문헌을 언급하여 저자의 해석과 논리적 추론에 대한 근거로 활용한다. 효과적인 비판을 위해 충분한 문헌자료를 확보하여 작성하는 것이 바람직하다. 연구방법에 대한 새로운 관점 및 한계점을 잘 기술하여야 한다.

1) 연구 가설과 직접 관련이 있는 통계적 분석 결과 기술

논의는 크게 두 부분으로 구성된다. 전반부는 결과 부분에 제시된 통계 분석 결과 및 유의성 검증 결과를 풀어서 간단히 요약한다. 이는 연구자가 논의하고자 하는 내용이 무엇인지 간단히 요약하고 진술함으로써 앞으로 논의하게 될 내용을 제시하는 부분이다. 후반부에는 얻은 연구 결과가 어떤 의미가 있는지 기존 연구 결과 및 이론에 비추어 해석하는 부분이 뒤따르게 된다.

2) 가설 검증 결과가 선행 연구와 부합하는 내용 분석

만약 연구 가설이 이론적 틀 속에서 도출된 것이라면, 얻은 연구 결과는 하나의 사실로서 바로 이론의 타당성을 경험적으로 확인시켜 주거나 이론의 실제적 적용범위를 확장시켜 주는 기능을 하게 되므로 결국 기존의 이론에 기여하는 경우가 된다. 경험적 확인을 통해 이론이 사실로 입증될 경우 일반화의 가능성은 더 높아지게 된다. 선행 연구들과의 관계가 자신의 연구 결과를 하나의 관계로 묶어서 설명하면서 자신의 연구 결과가 주어진 변인과 관계를 설명하는 데 있어서 어떻게 부합하는지를 설명한다. 가설 검증 결과가 선행논문과 부합할 경우라도 연구자는 자신의 연구와 선행 연구들의 차이점을 파악하여 그러한 차이점에도 불구하고 맥락을 같이하는 것으로 자신의 연구 결과를 부각시켜 해석한다.

3) 가설 검증 결과가 선행 연구와 부합하지 않을 때 내용 분석

연구 결과가 선행 연구 및 관련 이론의 고찰을 통해 도출된 기대와 부합하지 않은 것으로 나타날 때가 있다. 만약 주어진 연구 결과가 모든 연구과정이 합리적이며 객관적으로 진행되었다면, 연구자가 경험적으로 얻은 결과가 비록 논리적 기대와 일치하지 않더라도 그 자체로 중요한 의미를 지니기 때문에 연구 결과가 일치하지 않은 이유를 가능한 논리적으로 추출하여 새로운 설명을 제공한다. 이 새로운 설명은 아직 검증되지 않은 또 하나의 가설이 될 수 있기 때문에 차후 새로운 연구에서 다시 검증하기 위한 연구 주제가 될 수도 있다.

4) 향후 연구에 대한 방향 제시

자신의 연구 결과를 바탕으로 조금 더 보완할 부분이나 연구 시 문제가 되었던 제한점을 기술하고 추가로 연구되어야 할 사항을 언급함으로써 향후 연구되어야 할 방향을 제시한다.

5) 고찰 작성 사례

고찰 작성 사례 1

압력 생체되먹임 장치를 이용한 호흡재교육 운동이 뇌졸중 환자의 들숨기능에 미치는 영향

Kim HS, Lee DW, Cho SH

4. 고찰

본 연구에서는 들숨 근력을 간접적으로 평가하기 위해 각 군의 들숨압력을 비교하였다. 들숨압력에서 실험 기간에 따른 검정에서는 유의한 차이가 있었고, 집단과 실험 기간 간의 상호작용에서도 통계학적으로 유의한 차이가 있었다. 선행 연구에 따르면 들숨압력의 경우 고강도 호흡근운동 그룹과 저강도 호흡근운동 그룹 모두 중재 전과 후에서 유의한 증가세를 보였으며[9], 또한 다른 연구에서는 뇌졸중 환자를 대상으로 6주간의 들숨근 훈련이 들숨압력을 향상한다고 하였다[52]. 본 연구에서 뇌졸중 환자를 대상으로 한 압력 생체되먹임 장치를 이용한 호흡재교육 운동이 허리 안정화 운동만 한 군보다 유의한 차이를 보였다. 이는 압력 생체되먹임 장치를 이용한 호흡재교육 운동이 환자들의 증상을 호전시키는 데 있어서 긍정적인 영향을 준다고 보인다. 그러므로 일반적인 허리 안정화 운동만을 하는 것보다 압력 생체되먹임 장치를 사용한 호흡재교육 운동 중재를 같이 해 준다면 보다 긍정적인 효과를 볼 수 있을 것으로 생각한다.

> 본 연구의 결과내용에 대한 간단한 설명과 결과를 제시하였다.

> 본 연구와 유사한 실험을 진행한 선행 연구의 결과를 제시하였다.

> 압력 생체되먹임 장치를 이용한 허리 안정화 운동이 호흡재교육에도 효과적임을 강조하고 있다.

콧속 안의 폐쇄가 있으면 최대들숨유속값의 감소를 한다[53]. 그래서 본 연구에서는 콧속 안의 폐쇄를 간접적으로 알아보기 위해 최대들숨유속값을 알아보았으며, 최대들숨유속값은 실험 기간에 따른 검정에서는 유의한 차이가 있었고, 집단과 실험 기간 간의 상호작용에서도 통계학적으로 유의한 차이가 있었다. 또한 윤준원(2013)에서는 운동 전 · 후 최대들숨유속 변화량 비교에서 전 · 후 차이는 없었으나, 그룹 간 비교에서 유의한 차이를 보였다[47]. 이는 연구에서 호흡재교육 운동이 최대들숨유속값을 증가시키는 가장 큰 요인이라 생각되며 또한 이러한 결과 때문에 콧속 안의 폐쇄를 간접적으로 알아보았으며, 콧속 안의 폐쇄 정도 또한 호전되어 졌다고 할 수 있다.

본 연구에서의 들숨량값은 실험 기간에 따른 효과 검정에서는 유의한 차이를 보였으며, 선행 연구에서도 정상인을 대상으로 피드백 호흡 장비를 사용한 훈련에서 들숨량값이 유의한 증가를 보였다[54]. 그리고 다른 선행 연구에서는 하모니카를 이용한 음악치료로 뇌졸중 환자의 들숨량값과 1초간 노력성 날숨량을 향상하게 시켰으며, 이는 취주악기를 활용한 음악치료 프로그램이 뇌졸중 환자의 호흡 기능에 긍정적인 영향을 미친다고 하였다[55-56]. 이는 여러 선행 연구를 바탕으로 봤을 때 호흡재교육 운동이 들숨량값 향상에 도움을 주는 것으로 보인다.

본 연구의 중재가 효과적이었음을 제시하고, 이러한 이유에 대해 해부학적 설명을 통해 호흡재교육 운동에 효과적인 이론적 근거를 제시였다.

본 연구의 결과를 미루어 볼 때 호흡재교육 운동으로 들숨 시 복부를 전방으로 전위시키는데 치료사의 손으로 압박으로 가로막 움직임의 증가로 인해 들숨압력, 최대들숨유속과 들숨량이 증가하였다. 김창범과 최종덕(2015)의 선행 연구에서도 호흡재교육 운동으로 가로막 움직임이 증가하고 들숨 호흡기전의 향상을 보여주었다[57]. **본 연구는 뇌졸중 환자의 들숨 기능의 증진을 위하여 압력 생체되먹임 장치를 이용해 호흡재교육 운동이 더 큰 개선이 있었음을 증명하였다. 압력 생체되먹임 장치를 이용한 호흡재교육 운동한 실험군과 허리 안정화 운동만 한 대조군을 비교하면 전반적으로 압력 생체되먹임 장치를 이용한 호흡재교육 운동이 더욱 증가한 양상을 보였다. 이는 가로막이 아래로 내려오면서 배의 장기를 아래로 내리고 그로 인해 가슴안의 부피가 증가하고 가슴우리 내압이 감소해서 공기가 들어오는 동시에 배 안의 부피가 늘어 배 안 내압이 상승으로 큰 영향을 주었을 것으로 생각된다.** 그리고 들숨근의 기능이 향상되어 지속적인 호흡 관리를 통해 질적인 연구에 기초 자료를 제공할 수 있다고 기대하며, 추후 지속적인 연구가 이루어져야 할 것으로 생각된다.

본 연구의 제한점을 설명하고 이를 바탕으로 추후 연구에서 진행되어야 할 내용을 제안하였다.

본 연구의 제한점으로는 임상적 논문의 특성상 환자의 치료시간 이외에 통제 변인을 고려하지 않았으며, 대상자 수도 많지 않아 최소인원으로 하여 일반화시키기에는 한계가 있다고 생각된다. 또한 실험 기간이 6주간으로 구성되어 있어 장기간의 효과는 알아보지 못하였다. 그리고 들숨근의 직접적인 근 두께와 근전도 평가는 하지 않았다. 그러므로 차후 연구에서는 근 두께와 근전도 평가를 실시한다면 호흡재교육 운동의 효과를 입증하는 데 큰 도움이 될 것으로 생각된다.

고찰 작성 사례 2

The Effect of Frequency to Whole Body Vibration Exercise on Ankle JointSpasticity Patients with Chronic Stroke

Jo YR, Jeong MB, Lee DW

IV. 고찰

고찰을 기술하기에 앞서 연구의 목적을 다시 한번 상기시켰다.

통계를 통해 검증된 연구 결과를 고찰 첫 문단에 정리해서 기술하여 연구 결과를 강조하였다.

본 연구는 72명의 만성 뇌졸중 환자를 대상으로 전신 진동 운동의 빈도수가 발목관절의 경직수준에 미치는 영향을 알아보기 위하여 시행되었다. 효과의 차이에 따라 전신 진동 운동이 인체에 미치는 부정적 영향이 최소화되고 긍정적인 영향이 있는 진동 주파수를 알아보고자 하였다. 근긴장도는 전신 진동 운동 전후 통계적으로 유의한 차이가 있었다. 0Hz 조건과 20Hz, 30Hz 조건 사이에서, 10Hz와 30Hz 조건 사이에서의 변화량 차이에서도 유의하게 증가하였다($p<0.05$).

근경도의 경우에도 통계적으로 유의한 차이를 볼 수 있었는데 0Hz 조건과 20Hz, 30Hz 조건 사이에서, 10Hz 조건과 20Hz, 30Hz 조건 사이에서도 변화량 차이가 유의하게 증가하는 결과를 볼 수 있었다($p<0.05$). 이러한 경직 측정 결과에서 공통적으로 전신 진동 운동의 빈도수가 높아질수록 경직이 감소하는 것을 볼 수 있는데, 이는 20Hz 이상의 전신 진동 운동 빈도수가 뇌졸중 편마비 환자의 신경 조절 능력을 개선시킨다는 선행 연구와 비슷한 결과를 나타내고 있다.[30] **또한 전신 진동 운동을 만성 뇌졸중 환자에게 단기간 적용 했을 때 발목관절 경직을 감소시킬 수 있어 이동 능력 증진에 효과적이라고 보고한 선행 연구와도 같은 결과를 나타낸다.[24] 또 Pang 등[31]은 82명의 뇌졸중 환자에게 전신 진동 운동을 적용하여 무릎과 발목관절의 경직에 유의한 차이가 발생했다고 보고했다. Miyara 등[12]은 뇌졸중 환자에게 30Hz의 전신 진동 운동을 뒤넙다리근과 장딴지근, 가자미근에 5분간 적용한 결과 경직이 감소되었다고 하였다. 그 외에 다발성 경화증, 뇌성마비 등의 다른 신경계 환자를 대상으로 한 선행 연구에서도 유의한 결과가 나타났다. Schyns 등[32]은 다발성 경화증 환자를 대상으로 4주간 전신 진동 운동을 적용한 결과 경직에서 유의한 변화가 있었다고 보고했다. 또한 Cheng 등[33]은 4주간 뇌성마비 아동에게 전신 진동 운동을 적용한 결과 넙다리네갈래근의 경직 감소가 대조군에 비해 크게 변화하였다고 보고했다.** 이와 관련되어 경직 자가 평가 부분에서도 유의한 감소를 볼 수 있었다. **0Hz 조건과 20Hz 조건 사이에서 유의한 변화를 볼 수 있었고($p<0.05$), 30Hz 조건에서는 20Hz에 비해 경직 자가 평가 점수가 증가한 것을 볼 수 있었다. 이것은 대상자들이 30Hz에서 느끼는 실제 진동 강도가 강하여 보바스 테이블에 앉아 있음에도 불구하고 자세유지의 어려움과 미끄러져 낙상에 대한 공포심으로 실상 체감하기에 불편함이 있어 만족도가 상대적으로 떨어졌기 때문으로 보인다.**

선행 연구에서 유의한 차이가 있었다는 결과 분석 사례를 들어 연구자의 결과와 일치한다는 것을 알려주고 있다.

Hz 간 차이가 있었던 이유에 관하여 연구자의 견해를 밝히고 있다.

전신 진동 운동은 연접전억제(presynaptic inhibition)를 촉진시켜 운동 신경 전달을 조절한다.[34] 근육에 직접 전달되는 진동 자극이 연접 이전의 Ia 구심성 억제를 유도하여 신경전달 물질 방출을 감소시키고 알파운동신경에 대한 Ia 구심성 영향을 저하시킨다. 또한 구심성 감각 신경은 척수 전각의 Ia 억제성 개재신경원(Ia inhibitory interneuron)을 통해 길항근에 전달되는 알파운동신경원의 흥분성을 억제시켜 길항근을 이완시키는 상호억제 반응(reciprocal inhibition)이 일어난다. Ia 억제성 개재신경원은 하행경로(descending pathway)로부터 흥분과 억제신호를 받게 되고 알파운동신경원과 감마운동신경원은 고위 중추(higher center)로부터 적당한 근긴장도를 유지하도록 조절된다.[35] 이러한 신경 생리학적 억제 기전들과 근육의 반사 작용과 기계적 성질에 대한 전신 진동의 영향은 경직이 있는 중추 신경계 환자들에게 긍정적 영향을 미칠 수 있다.[36] 또한 경직으로 인한 다양한 2차적 문제 중 기능적인 이동 능력과 활동과 참여 부분에도 영향을 미친다.[37]

전신운동의 생리적 효과를 선행 연구 이론을 정리하여 기술하였고, 본 연구 시 전신 진동 운동의 필요성을 다시 한번 강조하였다.

본 연구는 전신 진동 적용 후 즉각적인 효과를 확인하기 위하여 단기간 적용하였다. 전신 진동 운동의 단기간 적용 시 운동 단위는 즉각적으로 평소 상태나 수의적 근수축보다 더 많은 운동 단위나 근섬유를 활성화시킨다.[38] 그래서 근육을 더욱 신속하고 효율적으로 사용할 수 있어 작은 근피로로 더 많은 힘을 생산할 수 있다. Da silva 등[39]의 연구에 따르면 전신 진동 운동을 적용한 후 적절한 휴식시간은 단기간 전신 진동 운동을 적용했을 경우 2분, 장기간 연구에서는 누적된 자극으로 인해 1분의 휴식시간이 효과적인 근 기능 향상을 보였다고 하였다. 이에 기초하여 본 연구도 매 조건의 전신 진동 운동 적용 후 2분의 휴식시간을 제공 후 평가했다.

연구자의 결과를 바탕으로 근긴장도와 근경도에 효과적인 Hz를 제시하고 있다.

본 연구는 대상자에게 전신 진동 운동을 단기간으로 적용하였을 때 근긴장도, 근경도에 있어서는 20Hz 이상이 유의한 차이를 보였지만 자가 경직수준 평가에서는 30Hz 이상은 운동 시 대상자에게 불편함을 줄 수 있는 강도로 사료된다. 보바스 테이블에 완전한 체중지지를 실시하게 되는 대상작용을 최대한 배제하고 치료 효과에 포커스를 맞췄다. **그러나 대상자 수가 적고 병원에 입원 중인 환자 중에서 연구 조건에 충족하는 일부를 대상자로 선정하였기에 만성 뇌졸중 환자 전체에 일반화하기 어렵고 장기간 전신 진동 운동을 적용 하였을 때 대상자의 발목관절 경직과 보행 능력에 어떠한 영향을 미치는지 알 수 없다는 제한점이 있다.** 또한 실험을 진행하면서 연구대상자의 모집 시 발병기간이 달라 중재프로그램에 대한 종속변인의 임상적인 효과를 제시하기에는 어려움이 있다.

연구의 제한점을 기술해 놓았다. 후속 연구 시 참고할 수 있는 부분이다.

앞으로 10, 20, 30Hz보다 다양한 기간과 더 좁은 범위의 빈도수, 다양한 진폭, 진동 방향을 적용하여 체계적이고 효율적이며 선택적으로 적용할 수 있는 일반화된 프로토콜에 대한 연구가 계속되어야 할 것이다.

추후 연구되어야 할 내용을 제시하면서 마무리를 지었다.

2 결론 및 제언 작성

연구 결과에 대한 논의가 끝나면 연구 결과와 논의내용을 요약하여 결론 및 제언을 작성하게 된다. 이 부분의 주목적은 연구문제의 제기에서 논의에 이르기까지 제시되고 언급된 모든 내용을 요약하여 제시하는 데 있다. 전반부에서는 연구문제 또는 연구 가설과 연구 가설 검증을 위해 어떤 통계분석 방법을 사용했는지를 간단히 요약하여 제시한다. 후반부는 구체적 연구 가설 검증 결과와 논의의 내용을 연구 가설별로 간결하게 요약하여 제시한다. 추가로 향후 연구 방향이나 임상적 활용 방안, 기대효과 등을 제시해 주면 좋다.

학회지 논문 결론 사례

호흡재활프로그램이 만성 뇌졸중 환자의 폐 기능에 미치는 효과: 메타분석

Cho SH, Kim TG

5. 결론

연구의 목적을 다시 간단하게 기술한 부분이다.

본 연구는 호흡재활프로그램이 만성 뇌졸중 환자의 폐 기능에 미치는 효과를 알아보기 위해 연구물들을 종합하여 분석할 수 있는 메타분석을 실시하였다. 호흡재활프로그램이 만성 뇌졸중 환자에게 미치는 영향에 대한 국내 논문들을 조사하여 메타분석을 통해 효과크기를 알아본 결과, 전체 폐 기능의 효과 크기를 알아본 결과, 전체 폐 기능의 효과크기가 .606으로 나타나 만성 뇌졸중 환자에게 적용된 호흡재활프로그램이 긍정적인 영향을 주는 것으로 확인되었다($p<.05$).

분석 결과에 대한 내용을 간단히 정리하여 기술하였고 추후 연구의 방향을 제시하고 있다.

각 폐 기능 영역을 세부항목으로 나누어 효과크기를 분석한 결과, PEF(.795), FVC(.677), FEV1(.656), FEV1/FVC(.274) 크기 순서대로 결과가 나왔다. 호흡재활프로그램 중재 후 지속적인 효과에 대한 장기간에 걸친 추적조사 연구와 환자가 흥미를 가질 수 있는 구체적이고 체계적인 호흡재활프로그램의 개발이 필요할 것으로 생각되며, 이를 위해 질 높은 임상연구와 체계적 문헌고찰 및 메타분석 연구가 계속되어야 할 것이다.

학위 논문 결론 작성 사례

수중과 지상에서 과제관련 훈련이 뇌졸중 환자의 균형과 기능 수행 및 삶의 질에 미치는 영향

Lee DJ

VI. 결론

본 연구는 만성 뇌졸중 환자에게 균형 및 기능향상을 위해 기존 치료에 대안으로 퇴원 후에도 쉽게 할 수 있는 과제를 가지고 수중과 지상에서 효과를 비교하였다. 청주에 소재한 H병원에서 3개월 동안 시행하였으며, 연구 대상자는 수중 과제관련 훈련군 17명, 지상 과제관련 훈련군 17명, 대조군 15명이었다. 균형 검사는 Good balance system과 Berg Balance Scale(BBS)을 이용하여 정적 균형과 동적 균형을 측정하였으며, Functional Reach(FR)로 유연성을 측정하였고, 10m 편하게 걷기 속도와 Timed Up & Go(TUG)로 이동 시간을 측정하였다. 측정은 사전, 4주, 8주, 12주에 각각 실시하였다. 일상생활동작은 MBI로, 삶의 질은 SF-8로 운동 전후 측정을 통하여 비교 분석하였다.

> 연구설계에 대한 내용과 이 연구에 대한 주요변수를 간단히 요약하여 기술해 놓았다.

본 연구 결과 다음과 같은 결과를 얻었다.

1. 전체시기 간에 반복측정 결과 정적 균형 검사에서 눈을 떴을 때와 감았을 때에 전후 동요속도는 대조군에 비해 수중 과제관련 훈련군과 지상 과제관련 훈련군이 유의하게 감소하였다($p<.05$). 좌우 동요속도는 대조군에 비해 수중 과제관련 훈련군에서 유의하게 감소하였다($p<.05$). 동적 균형 검사에서 시간단축과 거리는 대조군에 비해 수중 과제관련 훈련군과 지상 과제관련 훈련군에서 유의하게 감소하였고($p<.05$), 8주, 12주 측정시점에서 수중 과제관련 훈련군이 지상 과제관련 훈련군과도 유의한 차이가 있었다($p<.05$). 전체 시기 간에 반복측정 결과 BBS 검사는 차이는 보이지 않았지만($p>.05$), 8주 측정시점에서 수중 과제관련 훈련군이 대조군에 비해 점수 향상이 있었고, 12주 측정시점에서 수중 과제관련 훈련군과 지상 과제관련 훈련군이 대조군에 비해 점수의 향상이 있었다($p<.05$).
2. 전체시기 간에 반복측정 결과 유연성 검사는 대조군에 비해 수중 과제관련 훈련군과 지상 과제관련 훈련군에서 기능적 팔 뻗기의 유의한 향상이 있었다($p<.05$).
3. 전체시기 간에 반복측정한 결과 10m 편하게 걷기는 차이가 보이지 않았지만($p>.05$), 12주

> 연구 가설별로 도출된 결과를 변수별로 정리하여 제시하였다.

검증 결과를 바탕으로 최종적으로 수중 과제관련 훈련이 효과적임을 제시하였다.

향후 연구 방향을 제시하며 글을 마무리하였다.

측정시점에서 대조군에 비해 수중 과제관련 훈련군과 지상 과제관련 훈련군에서 유의한 향상이 있었다($p<.05$).

4. 전체시기 간에 반복측정한 결과 TUG 검사에서 대조군에 비해 수중 과제관련 훈련군에서 유의한 향상이 있었다($p<.05$).
5. 일상생활동작은 대조군에 비해 수중 과제관련 훈련군과 지상 과제관련 훈련군에서 유의한 향상이 있었다($p<.05$).
6. 삶의 질은 대조군에 비해 수중 과제관련 훈련군과 지상 과제관련 훈련군에서 유의한 향상이 있었다($p<.05$).

본 연구는 만성 뇌졸중 환자를 치료하기 위하여 기존 치료 방법의 대안으로 열 가지 과제를 사용하여 수중과 지상에서 효과를 비교함으로써 다양한 환경에서 치료를 시도하였다. 결론적으로 수중 과제관련 훈련군과 지상 과제관련 훈련군이 대조군에 비하여 향상이 있었고, 정적 균형에서 좌우 동요속도와 동적 균형에서 수행 시간과 이동 거리, TUG는 수중 과제관련 훈련군에서 더욱 효과적임을 알 수 있었다.

향후 수중에서 다양한 과제의 적용을 통한 비교 분석이 필요하리라 생각되며, 물의 고유한 특성과 다양한 실험 환경의 변화를 통하여 나타나는 차이점을 비교 분석하여 뇌졸중 환자에게 최적의 치료 방법을 제시할 필요가 있을 것으로 사료된다.

6

연구윤리

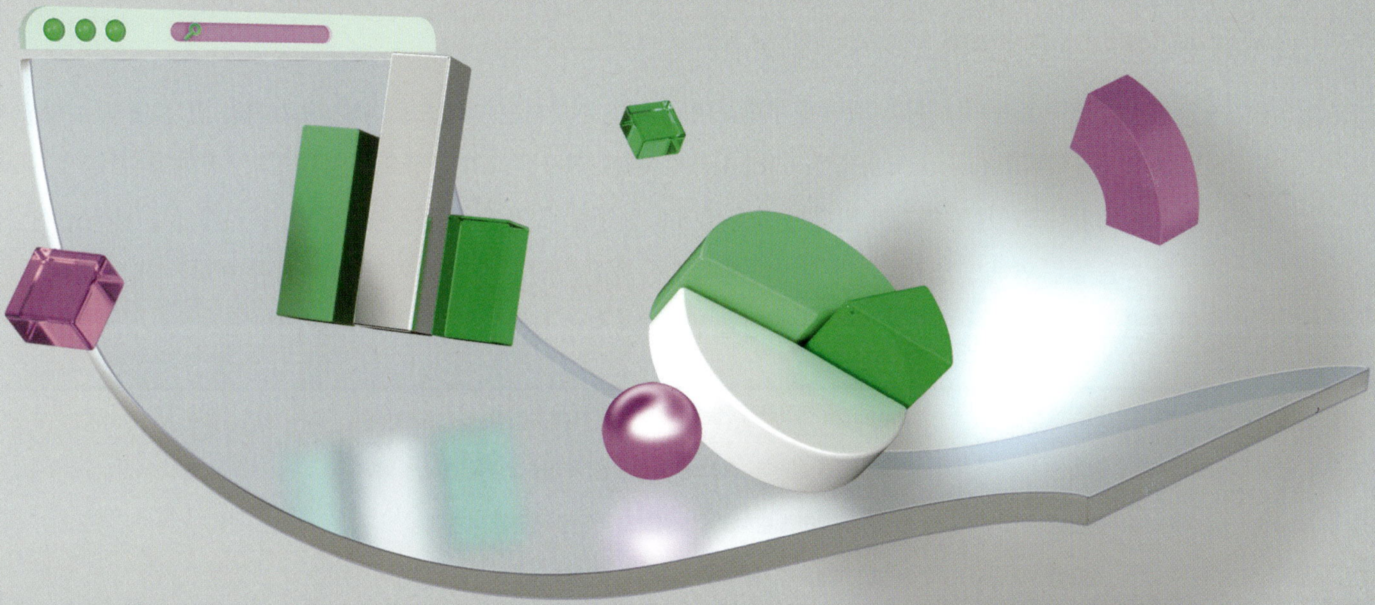

바람직한 연구를 위한 연구윤리 원칙

학습목표

- 연구윤리원칙에 대해 설명할 수 있다.
- 연구부정행위의 종류와 내용을 설명할 수 있다.
- 기관생명윤리위원회의 업무와 기능을 이해할 수 있다.

1 연구윤리

연구윤리에 대한 필요성이 많이 대두되고 있다. 연구윤리란 연구자가 연구를 진행하면서 실천해야 할 원칙 또는 행동양식을 의미하며 연구자와 연구공동체를 보호하기 위해 필요하다. 연구자가 스스로 정직하고 성실하게 연구를 수행하고 연구 결과에 대한 윤리적 책임을 지는 것과 함께 연구본연의 가치를 지키기 위해 연구윤리에 대한 교육이 지속적으로 필요하다. 특히 연구윤리는 의학연구 분야에서 가장 발달했으며 인간과 동물을 대상으로 한 실험, 연구부정행위, 부도덕한 연구행위 등이 연구윤리 논쟁의 쟁점이 되고 있다. 연구자의 연구윤리 준수의 중요성은 우리나라에서는 2007년 연구윤리 확립 추진위원회의 권고문에 잘 기술되어 있다. 주요 내용으로 연구 환경의 개선과 연구윤리교육의 활성화, 연구 결과의 심사윤리 및 출판윤리, 이해상충의 관리, 연구부정행위 처리 절차 등을 강조하였다.

1) 연구윤리의 구성요소

연구자의 연구 활동이 사회적 책임에 부합하여 공익을 추구하는 방향으로 나아가고 책임 있는 연구 수행을 위해 미국 연구윤리국(office of research integrity, ORI)은 연구윤리의 구성요소를 정직성, 정확성, 효율성 및 객관성으로 요약하고 있다. 여기서 말하는 효율성이란 연구함에 있어 자원적 · 시간적 · 윤리적 효율성을 말한다. 윤리적 효율성은 연구를 조작하거나 부정하게 진행한 경우 연구로서의 가치가 없기 때문에 독자가 읽었을 때 가치의 효율성이 떨어지는 것으로 판단하게 됨을 말한다.

구성요소	내용
정직성	연구정보를 정직하게 전달하고 약속을 지킨다.
정확성	연구 결과를 정확하게 보고하고 오판을 피하는 노력을 한다.
객관성	사실을 정확하게 밝히도록 노력하고 부당한 편견을 피한다.
효율성	자원을 현명하게 사용하고 낭비하지 않는다.

2) 연구윤리의 원칙

미국의 연구윤리학자 레스닉(David B. Resnik)은 연구계획, 수행, 보고 등과 같은 연구의 전 과정에서 책임있는 태도로 바람직한 연구를 추진하기 위해서 지켜야 할 윤리적 실천 원칙을 제시하였다(표 6.1). 연구의 정직성, 객관적 타당성 확보, 일관된 진실성, 연구수행과정에 대한 조심성과 개방성, 지식재산의 존중, 연구대상자의 비밀준수, 책임있는 출판, 차세대 연구자를 위한 멘토링, 사회적 책임, 법의 준수, 연구대상자의 보호에 대한 내용들이 포함되어 있다.

참고

- 연구책임자 및 참여연구원은 연구윤리 교육의 내용에 대하여 숙지해야 한다.
- 국가과학기술인력개발원(KIRD) 사이버 연구윤리교육 링크 https://cyber.kird.re.kr/main.do

표 6.1 레스닉의 연구의 윤리적 실천 원칙(2015)

원칙	내용
정직성	• 논문, 보고서, 연구비 신청서에서 데이터를 날조, 변조하거나 왜곡하여 제시해서는 안 됨 • 연구자는 연구과정의 모든 측면에서 객관적이고 비편향적이며 정직해야 함 • 동료, 연구 스폰서 또는 대중을 기만하지 말아야 함
객관적 타당성	• 실험설계, 데이터분석, 데이터해석, 동료검토, 인사결정, 연구비활용, 전문가 증언 및 객관성이 요구되는 연구의 다른 측면에서 편견을 피하기 위해 노력해야 하며 편견이나 자기기만을 피하거나 최소화해야 함 • 연구에 영향을 줄 수 있는 개인적 또는 재정적 이해관계를 공개해야 함
진실성	• 연구자 서약서에 맞추어 진실되게 일관된 생각과 행동을 해야 함
조심성	• 연구자는 본인뿐 아니라 동료의 연구수행과정이나 결과제시과정에서 오류가 발생하지 않도록 주의해야 함 • 데이터수집, 실험설계, 피험자동의확보, 논문투고 후 교신 등의 연구 활동에서 철저히 기록을 남겨야 함
개방성	• 자료, 결과, 방법, 아이디어, 기법, 도구 등을 공유해야 함 • 다른 연구자들의 비판을 수용하는 한편 새로운 아이디어에 열려 있어야 함
지식재산의 존중	• 특허, 저작권 등 지식재산을 존중하여야 하며 타인의 발표되지 않은 데이터, 방법 혹은 결과를 허가 없이 사용해서는 안 됨 • 인용을 한 경우 출처를 밝혀야 하며 표절해서는 안 됨
비밀준수	• 논문심사와 연구비 제안서 등은 물론, 기업과 군사의 기밀사항 그리고 연구대상자의 개인기록에 대한 보안을 확보해야 함
책임있는 출판	• 논문 등은 개인의 경력을 향상시키는 것보다 학문적으로나 사회적인 발전을 위하여 출판하여야 함 • 낭비적이고 중복된 발행물은 출판하지 말아야 함
책임있는 멘토링	• 차세대 연구자들을 교육하고, 조언하고 도와야 함
동료 존중	• 동료, 학생 그리고 연구원을 존중해야 하며 해를 가해서는 안 됨 • 공정한 대우와 성, 인종, 종교 등 과학적 소양과 무관한 이유로 동료를 차별해서는 안 됨
사회적 책임	• 사회에 해를 끼치는 것을 피하고 이익을 줄 수 있도록 해야 함
비차별주의	• 성, 인종, 민족성, 종교 등 과학적 역량 및 성실성과 무관하게 동료나 학생, 부하 연구자에 대해 차별해서는 안 됨
능력 함양	• 평생교육과 학습을 통해 연구자의 전문역량과 전문성을 유지하고 향상시키며 전체 과학의 발전을 위해 노력해야 함
준법	• 연구자는 자신의 연구 활동에 적용되는 법규 및 기관의 규정을 숙지하고 준수해야 함
연구대상자 보호	• 인간을 대상으로 연구 수행 시 위험을 최소화하고 이익을 극대화해야 함 • 인간의 존엄성, 사생활, 자치권을 존중해야 함 • 취약 연구대상에 특별한 주의를 기울여야 함 • 연구의 편익과 부담을 공정하게 분배하기 위해 노력해야 함

2 연구부정행위

국내에서 연구윤리에 대한 논란이 커진 시기는 2005년 황우석박사 사건이다. Science지에 게재된 황우석박사의 연구에서 연구용 난자의 출처와 피시험자의 인권문제뿐만 아니라 연구 결과의 진실성도 문제가 되면서 연구윤리의 전 영역에 걸쳐 문제가 있었다. 지금도 연구윤리의 역사에 회자되는 일대의 사건이었다. 이는 우리나라만의 문제라고 할 수 없는데, 이웃나라인 일본에서도 2014년 오보카타 하루코가 '자극 야기성 다기능성 획득 세포' 만드는 방법을 세계 최초로 개발했다고 발표하여 Nature지에 실렸으나, 위조한 것이 밝혀져 세계적으로 조롱받았던 사건이 있었다. 이 사건은 Nature지에 실리기 위해 저명한 교수를 선물저자로 연구 결과물에 넣으면서 부당한 저자 문제에 대해서도 지탄을 받게 되었다. 이처럼 연구과정에서 행하는 위조, 변조, 표절, 부당한 저자 표시 등으로 학문 분야에서 일상적으로 용인되는 범위를 일탈하는 행위를 연구부정행위로 간주한다.

우리나라의 경우 교육부가 2007년에 제정한 연구윤리 확보를 위한 지침에서 연구부정행위는 "연구자의 속임수, 자기기만 등으로 연구자뿐만 아니라 사회 전반에 심각한 위해를 유발하는 것"이라고 정의하였다. 위조(fabrication), 변조(falsification), 표절(plagiarism)이 대표적으로, 대문자 앞글자를 따서 FFP라고도 한다.

1) 부정행위

(1) 위조

위조(fabrication)는 연구자가 실험이나 관찰, 혹은 조사 등을 통해 얻은 결과가 존재하지도 않으면서 실험의 결과 및 자료를 있는 것으로 꾸미거나 만들어내는 행위를 말한다.

위조의 예

- 사회과학 분야 연구에서 설문조사나 관찰 등에서 나타나지 않은 데이터를 허위로 실제 데이터처럼 제시하는 경우
- 연구계획서의 내용과 일치하게 하기 위해 연구기록을 허위로 제시하는 경우
- 실제 진행하지 않은 실험자료를 거짓으로 만드는 경우

(2) 변조

연구자가 연구자료, 장비 또는 연구절차 내지는 과정을 조작하거나 데이터 또는 연구 결과를 바꾸거나 누락하여 연구기록이 정확하게 표현되지 못하도록 하는 행위 일체를 변조(falsification)라고 한다.

변조의 예

- 수집된 자료의 내용을 임의적으로 누락, 변경, 추가하는 경우
- 연구기록에 날짜나 실험과정을 사후에 바꾸는 경우
- 연구대상이나 연구 방법 등을 그릇되게 설명하는 경우
- 임의로 표본을 자르거나 통계분석 결과를 그릇되게 설명하는 경우
- 선택적으로 자료를 선별하는 경우

(3) 표절

표절(plagiarism)은 연구자가 의도적이든 비의도적이든 내 지식이 아닌 타인의 아이디어나 저작물을 적절한 출처 없이 자신의 것처럼 부당하게 사용하는 학문적 부정행위를 말한다. 표절은 자연, 인문, 사회 및 예체능 분야 할 것 없이 연구부정행위 사례 중 가장 높은 비율을 차지한다. 교육부의 『연구윤리 확보를 위한 지침』 제12조에서 밝힌 내용을 보면 다음과 같다. 표절의 범위는 첫째, 다른 사람의 연구 결과를 인용과 출처 표시 없이 일부러 복사하기와 붙이기를 반복하여 본인의 연구 결과로 기재했다면 완전한 표절로 볼 수 있다. 둘째, 타인의 저작물의 단어, 문장 구조를 일부 변형하여 사용하면서 출처표시를 하지 않은 경우이다. 셋째, 타인의 독창적인 생각 등을 활용하면서 출처를 표시하지 않은 경우이며, 넷째, 타인의 저작물을 번역하여 활용하면서 출처를 표시하지 않은 경우가 표절에 해당한다.

표 6.2 표절의 세부 유형

유형	내용
중복	• 연구자가 자신의 이전 연구 결과 및 논문을 밝히지 않고 재사용하는 경우
반복연구	• 재사용의 다른 형태로 비슷한 연구에 데이터나 글을 인용의 표현 없이 새로운 연구에 다시 재사용하는 경우
복제	• 하나의 연구를 여러 간행물에 제출하여 동일한 연구 결과가 2번 이상 발표되는 경우
유효하지 않은 출처	• 잘못된 인용이나 조작, 변조하는 경우
표현의 변경	• 표절의 일종으로 다른 연구에 대부분의 내용을 그대로 쓰고 거기에 단어만 일부 바꾸어 인용표시 없이 독창적인 아이디어나 연구 결과로 보이게 표현하는 경우
2차 출처	• 연구자가 2차 문헌을 이용하였으나 2차 출처에 포함된 1차 출처만 인용표시하는 경우
비윤리적 협력	• 공동연구자나 공동의 연구 결과임에도 불구하고 밝히지 않는 행위
문헌 표절	• 출처를 전혀 밝히지 않고 다른 사람이 쓴 내용을 자신이 쓴 것으로 비쳐지게 활용한 경우 • 출처를 밝히더라도 다른 사람의 연구서술내용을 일정 부분 들어서 복사하여 활용하는 경우
완전 표절	• 연구자가 다른 연구자의 연구 내용 전체를 자신의 이름으로 제출 및 활용하는 경우

(4) 중복게재

연구자의 허락이나 동의 없이 같은 논문이나 자료의 이용을 통해 상당 부분 겹치거나 유사하게 작성된 논문을 중복으로 학술지에 게재하는 행위를 말한다.

대표적인 사례가 복사 중복게재로, 과거의 논문 전부 또는 일부를 동일하거나 비슷하게 복사해서 다른 곳에 게재하는 행위이다. 또 쪼개기 중복게재의 경우 하나의 연구 결과로 생긴 데이터를 쪼개서 여러 편의 논문에 게재하는 행위이다.

쪼개기 중복게재의 예

당뇨에 대한 연구를 한번에 진행하면서 땅콩, 오디, 돼지감자, 가시오가피가 당뇨에 미치는 결과값을 얻은 후, 땅콩이 당뇨에 미치는 영향, 오디가 당뇨에 미치는 영향, 돼지감자가 당뇨에 미치는 영향, 가시오가피가 당뇨에 미치는 영향으로 4개로 쪼개어 논문에 게재함

그 밖에도 기존에 출판된 논문에 결과를 덧붙여서 새 논문으로 게재하는 경우나 한글로 게재된 논문을 영어로 번역하여 국제학술지에 다시 게재하는 번역출판도 중복게재의 경우에 속한다.

2) 부당한 논문 저자 표시

연구자의 실험 및 연구에서 얻은 내용과 결과에 과학적 · 기술적으로 전혀 기여하지 않았음에도 불구하고, 감사의 표시 및 예우를 해주기 위해 논문의 저자 자격을 부여하는 것을 말한다. 이 역시 연구부정행위에 해당한다.

선물저자	자격이 없는 연구자에게 연구자의 개인친분을 통해 저자에 포함시켜 주는 저자로 흔히 기관이나 조직의 실적을 위해 저자등록이 되는 경우가 많으며 명예저자라고도 함
유령저자	연구에 중요한 역할을 하였으나 저자에서 제외된 경우
도용저자	논문의 등재나 채택을 위해서 연구에 참여하지 않은 인사를 허락 없이 저자에 포함시키는 경우로 외국 유명 저널이나 학회지 등재를 위해 도용하는 경우
교환저자	같은 학문 분야에서 서로 자기 논문에 상대편의 저자를 포함시켜 주는 경우

3) 연구부정행위의 예방 및 준수

최근 들어 대학이나 연구기관 및 학술단체에서 연구논문 투고 대상자들에게 '연구윤리준수 확인서'를 제출하도록 요구하고 있다. 또한 연구기관 및 학계에서는 연구윤리 의식의 고취와 연구부정행위 예방을 위해 논문을 준비하는 학부생, 대학원생, 교수 및 연구책임자를 대상으로 정기적으로 연구윤리 교육을 실시하고 있다.

논문 표절은 매스컴을 통해 연일 사회적 이슈화되어 보도되고 있고 대학 및 학계와 연구기관에서는 이러한 부정적 이미지를 바꾸기 위한 방안으로 논문 유사도 검사를 하도록 투고자들에게 제안하고 있다. 정부에서도 학회 등에 연구윤리 이행 여부와 관련하여 객관적인 검증 절차를 구비하도록 요구하고 있다. 현재 중복게재, 표절 예방을 위한 학술단체 전용서비스도 많이 보급되어 있으며, 국내외 표절 검색 시스템으로 카피킬러(Copykiller, http://www.copykiller.com)와 Scholar's Aid, DEVAC Plagscout가 있다. 특히 해외 논문의 경우 1994년 미국 UC버클리 대학교 학생들이 만들어 지금은 전 세계 126개국에서 유료로 사용하는 세계적 논문 표절 검색 시스템인 'Turnitin (http://www.turnitin.com)'도 많이 사용되고 있다.

Copy Killer
GPT Killer
이용방법
고객 지원
로그인 / 회원가입
문서 평가
GPT 복붙도 표절!
AI 표절 탐지 GPT킬러
생성형 AI 사용하셨나요?
제출 전, GPT킬러로 AI 표절 여부를 확인하세요.
지금 검사하기 >
표절률 88%
카피킬러
GPT킬러
GPT 작성 의심 영역
그러나 이러한 단어의 음운이 극히 일부에 지나지 않는다. 현대 중국어의 단어는 점차 다음절화(多音節化)되어, 특히 이음절화(二音節化)되는 추세이다.
의심 문장
출처: CopyKiller
한 언어에서 대해 분류하는 방법이 많다. 한국어의 경우에 어종에 의한 분류, 어휘소에 의한 분류, 문법 기능에 의한 분류 등으로 나눌 수 있다.
비교 문장 열기(3)
평가로 더해지는 새로운 가치
표절검사의 기준. 카피킬러
100억 건 이상의 데이터 기반으로 문서를 평가하여
표절 여부를 증명할수 있는 국내 유일 표절검사 서비스입니다.
문서 평가하기 →
기관/기업 도입문의 ↗

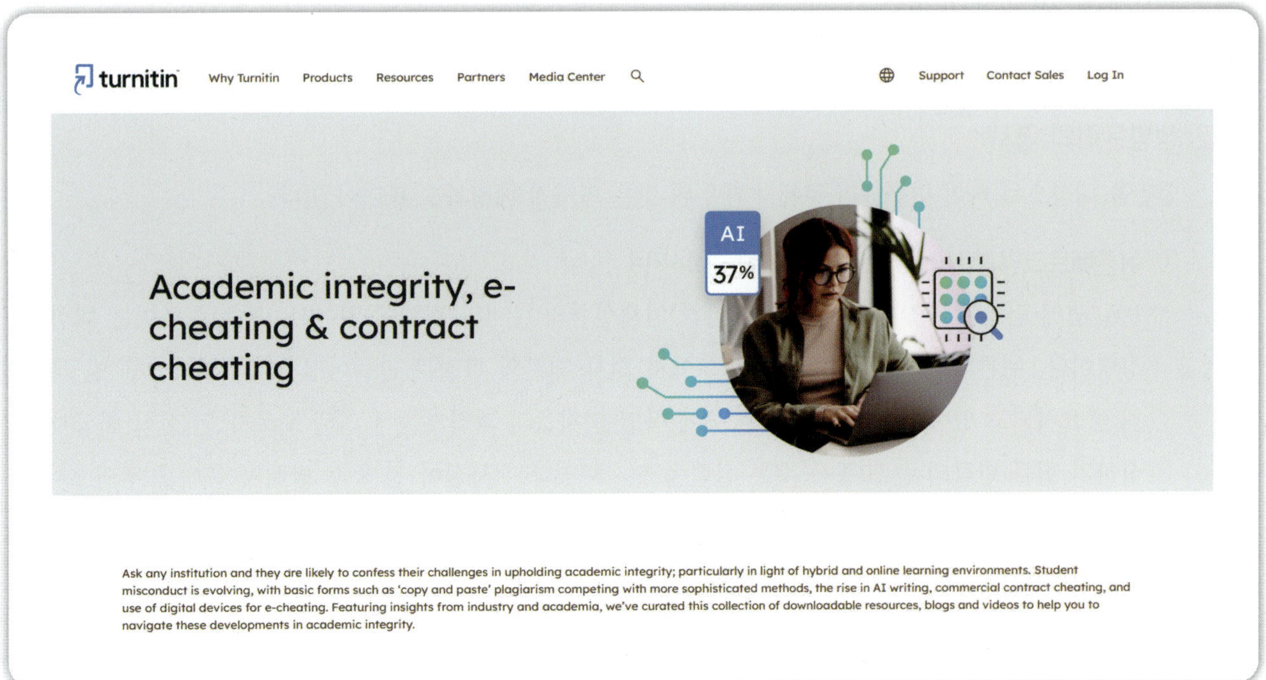
turnitin
Why Turnitin
Products
Resources
Partners
Media Center
Support
Contact Sales
Log In
Academic integrity, e-cheating & contract cheating
AI
37%
Ask any institution and they are likely to confess their challenges in upholding academic integrity; particularly in light of hybrid and online learning environments. Student misconduct is evolving, with basic forms such as 'copy and paste' plagiarism competing with more sophisticated methods, the rise in AI writing, commercial contract cheating, and use of digital devices for e-cheating. Featuring insights from industry and academia, we've curated this collection of downloadable resources, blogs and videos to help you to navigate these developments in academic integrity.

3 인간대상 연구윤리

1) 생명윤리

생명윤리(bioethics)는 인간의 생명과 관련하여 지켜야 할 윤리를 말하며, 인간대상자와 동물을 대상으로 한 연구에서 이를 보호해야 하는 연구윤리로 정의할 수 있다. 생명윤리라는 말을 처음으로 사용한 사람은 1970년 미국 위스콘신대학의 종양학자 포티이다. 포티(1970)에 의하면 생명윤리란 '생물학의 지식과 인간의 가치 체계에 관한 지식을 결합하는 새로운 학문 분야'라고 정의하였다.

(1) 생명윤리법

「생명윤리법」은 생명윤리 및 안전에 관한 법률로 이 법률은 생명과학기술의 발전이 인간의 존엄과 가치를 침해하거나 인체에 위해를 주지 않도록 생명윤리와 안전을 확보하고 생명과학기술의 건전한 발전에 이바지하기 위한 목적으로 2004년 1월 제정되어 2005년부터 시행되었다.

보건복지부의 입법예고안을 통해 인간복제 금지, 체세포복제 금지, 이종 간 핵이식 금지를 주 내용으로 하고 있으며, 이종 간 핵이식을 포함한 체세포복제는 대통령 자문기구인 국가생명윤리 자문위원회의 허가를 받아야 한다. 현재 「생명윤리법」 47조에서는 "유전자 치료는 배아 · 난자 · 정자 및 태아에 대해서 시행하여서는 안 된다"고 규정하고 있다. 무분별한 난자 채취와 논문 조작으로 물의를 빚었던 '황우석 사태'를 거치면서 인간 배아 유전자 교정 연구를 엄격하게 금지하는 방향으로 개정된 것이다. 그러나 최근 유전자 가위 등 생명공학 기술이 빠르게 발전하면서 「생명윤리법」도 그것에 맞게 바뀌어야 한다는 주장이 "생명과학의 발전이 우선인가? 생명윤리가 우선인가?"라는 딜레마에 빠져 있으며 사회적 합의가 필요한 시점이다.

(2) 생명윤리의 역사

인간을 대상으로 하여 연구윤리 문제가 대두된 것은 역사적 배경과도 관련이 있다.

① 뉘른베르크강령(Nuremberg Code) - 1947년

1947년에 만들어졌으며 의료 및 심리학적 인체실험의 준비와 진행에 있어서, 오늘날 쓰이는 핵심적인 윤리강령이다. 뉘른베르크강령은 뉘른베르크에서 의사 재판의 판결로 만들어진 이후, 의학연구 및 교육에서 특히 중요시되고 있다. 제2차 세계대전 중에 독일 의사들과 과학자들에 의해 포로가 된 실험 대상자들에게 상상하기 힘들 만큼의 큰 고통을 주는 실험을 실시하였다는 사실이 전쟁 후 밝혀져 충격을 주었으며, 의학 연구라는 이름으로 인간에게 가해졌던 반인류적인 의학 실험(특히 범죄적인 약물 실험 및 강압적인 여성 불임 시술)이 뉘른베르크강령이 만들어지게 된 동기다.

② 헬싱키 선언(Declaration of Helsinki) - 1964년

1964년 핀란드 헬싱키에서 열린 의사협회 총회에서 채택된 의료윤리선언으로, 1947년 나치즘의 인체실험에 대한 반성으로 만들어진 뉘른베르크강령에서 의학연구자가 스스로 채택한 인체실험에 대한 윤리규범이다. 정식 명칭은 사람을 대상으로 한 의학연구에 대한 윤리원칙이다.

첫 헬싱키 선언 후 시대의 영향에 따라 몇 번의 수정절차를 거쳤으며 2000년에는 인간게놈계획에 관한 부분이 에든버러 총회에서 개정되었다. 헬싱키 선언의 취지를 이어서 각 대학교 및 연구기관에서 연구윤리위원회를 설치하게 되었으며 각 대학 및 인체연구기관의 연구윤리위원회의 강령은 헬싱키 선언을 따르고 있다.

뉘른베르크강령의 주요 내용

1. 실험 대상이 되는 사람의 자발적인 동의(voluntary consent)는 절대 필수적이다.
2. 실험은 다른 연구방법 · 수단에 의해서는 얻을 수 없는 사회적 이익을 위해 유익한 결과를 낳을 수 있는 것이어야 하며, 성질상 무작위로 행해지거나 불필요한 것이어서는 안 된다.
3. 실험은 그로 인하여 기대되는 결과가 당해 실험의 실행을 정당화할 수 있도록 동물실험의 결과와 연구대상이 되는 질병의 자연발생사 및 기타 문제에 관한 지식에 근거하여 계획해야 한다.
4. 실험을 할 때는 모든 불필요한 신체적 · 정신적 고통과 침해를 피해야 한다.
5. 사망 또는 불구의 장해가 발생할 수 있으리라고 추측할 만한 이유가 있는 경우에는 실험을 행할 수 없다. 단, 실험을 하는 의료진도 그 대상이 되는 실험의 경우는 예외로 한다.
6. 실험으로 인하여 감수해야 하는 위험의 정도나 그로 인하여 해결되는 문제의 인도주의적 중요성 정도를 초과하여서는 안 된다.
7. 상해, 불구, 사망의 어떠한 가능성으로부터도 실험대상자를 보호하기 위하여 적절한 준비와 적당한 시설을 갖추어야 한다.
8. 실험은 과학적으로 자격을 갖춘 자에 의해서만 행해져야 한다. 실험을 시행하고 이에 참여하는 사람에게는 실험의 모든 단계를 통하여 최고도의 기술과 주의가 요구된다.
9. 실험이 진행되는 동안 실험 대상자는 실험의 계속이 불가능하다고 보이는 신체적 · 정신적 상태에 이르게 된 경우 실험을 자유로이 종료시킬 수 있어야 한다.
10. 실험이 진행되는 동안 과학자는 그에게 요구되는 좋은 의지, 고도의 기술 및 주의력으로 판단해 볼 때, 실험의 진행이 실험 대상자에게 상해, 장애 또는 죽음을 야기하리라고 믿을 만한 상당한 이유가 있는 경우에는 어느 단계에서든 실험을 중단하여야 한다.

헬싱키 선언의 주요 내용

1. 인간을 대상으로 하는 생명의료연구는 일반적으로 승인된 과학원칙에 따라야 하며, 적절히 시행된 실험 · 동물실험의 근거가 있어야 한다.
2. 실험의 계획 및 시행은 국내법 규정에 따라 독립적인 위원회의 사전심의를 거쳐야 한다.
3. 자격 있는 유능한 과학자의 책임하에 연구를 진행해야 한다.
4. 연구 목적의 중요성은 위험과 균형을 이루어야 한다.
5. 피험자의 이익에 대한 고려를 과학 및 사회의 이익보다 우선시해야 한다.
6. 신체의 완전성에 대한 권리, 프라이버시를 존중해야 한다.
7. 연구에 따른 위험이 잠재적 이익보다 크다고 판단할 때에는 연구를 중단해야 한다.
8. 연구 결과를 발표할 때 의료진은 결과의 정확성을 유지하고, 이 선언에 규정된 원칙을 따라야 한다.
9. 연구 자체의 목적과 방법, 예견되는 이익과 내재하는 위험성, 그에 따르는 고통 등에 관하여 피험자에게 사전에 충분히 알려 주어야 하며 또한 그들로부터 충분한 설명에 근거하여 자유로이 이루어진 동의를 받아야 한다.
10. 이때 동의는 그 연구에 참가하지 않고, 독립된 지위에 있는 의료인이 받아야 한다.
11. 법률상 무능력자에 대해서는 국내법에 따라 법적 대리인의 동의를 얻어야 한다.
12. 연구자는 모든 재정적 이해관계를 윤리심사위원회와 잠재적 연구 참여자에게 밝혀야 하며, 간행되는 논문에도 이를 명시해야 한다.
13. 새로운 치료의 유효성을 지지하지 않는 반대연구의 결과도 발표되어야 한다.
14. 학술잡지는 이 선언의 원칙을 준수하지 않는 보고서를 수용해서는 안 된다.

이후 꾸준이 개정되었으며 최근 2013년 브라질 포르탈레자에서 열린 제64차 세계의사협회 총회에서 7차 개정을 하였다.

③ 벨몬트 보고서(Belmont Report) - 1979년

우리나라의 생명윤리 창간호(생명윤리 제1권 제1호; 13-21, 2000)에서 첫 내용으로 다뤘을 만큼 인간 피험자 보호를 위한 윤리원칙 가이드라인을 제공하는 보고서이다. 미국 공중보건국에서 1932년부터 40년 동안 미국정부가 가난한 흑인 600여 명을 상대로 매독실험을 자행한 비윤리적인 사실을 1972년에 한 기자가 폭로한 것이 발단이 되었다. 터스키기 지역에 사는 가난하고 문맹인 흑인들에게 당신들이 지금 나쁜 병에 걸려 있으니 정부가 치료를 해주는 것이라고 속이고 정기적으로 피를 뽑고 매독으로 죽어가는 흑인 환자들의 경과를 관찰해온 것이다. 이런 사실은 당시 사회적 반향을 일으켰으며 매독실험은 이듬해 중단되었다. 곧이어 청문회와 인간연구 관련 원칙들이 다음의 내용으로 제정되었다.

첫 번째 원칙은 인간존중의 원칙이다. 임마누엘 칸트의 인간존중 사상을 인용한 원칙으로 인간은 자율성을 가진 존재이므로 어떤 목적을 위한 수단으로 사용해서는 안 된다는 원칙이다. 그러기 위해서는 충분한 정보가 제공되어야 하고, 피험자 스스로가 자율적으로 판단하도록 해야 한다는 원칙이다.

두 번째 원칙은 선행의 원칙이다. 연구가 인간에 해를 주어서는 안 되고 가능한 한 위험이나 피해는 최소화하고 이득은 최대화하라는 원칙이다.

세 번째 원칙은 정의의 원칙이다. 열악한 환경이나 위치에 있는 피험자를 착취해서는 안 된다는 원칙이다.

4 기관생명윤리위원회

생명공학의 발달과 인권의 발달로 인간 또는 인체유래물을 대상으로 한 연구나 배아 또는 유전자 등을 취급하는 기관에서 이뤄지는 연구 및 실험을 조사·감독하는 위원회를 기관생명윤리위원회(institutional review board, IRB)라고 한다. 해당 기관의 연구 신청자는 연구계획서, 연구신청서, 실험참여동의서 등을 제출하게 되고, 위원회에서는 이를 심의하고 연구 과정 및 연구 결과를 감독, 조사한다. 더불어 연구자 및 연구 대상자를 상호 보호하는 자율적 독립 윤리심의기구이다.

또한 연구를 통해 인체로부터 수집하거나 채취한 조직, 세포, 혈액, 체액 등 이들로부터 분리된 혈청, 혈장, 염색체, DNA, RNA, 단백질 등 인체유래물 포함, 배아줄기세포의 등록, 제공 및 이용, 유전정보의 취급까지 기관생명윤리위원회의 관리범위에 속한다.

1) 기관생명윤리위원회 설치 기관

생명윤리 및 안전에 관한 법률에 따라 다음과 같은 기관에 설치하여야 한다.

제2절 기관생명윤리위원회

제10조(기관생명윤리위원회의 설치 및 기능) ① 생명윤리 및 안전을 확보하기 위하여 다음 각 호의 기관은 기관생명윤리위원회(이하 "기관위원회"라 한다)를 설치하여야 한다.

1. 인간대상연구를 수행하는 자(이하 "인간대상연구자"라 한다)가 소속된 교육 · 연구 기관 또는 병원 등
2. 인체유래물연구를 수행하는 자(이하 "인체유래물연구자"라 한다)가 소속된 교육 · 연구 기관 또는 병원 등
3. 제22조제1항에 따라 지정된 배아생성의료기관
4. 제29조제2항에 따라 등록한 배아연구기관
5. 제31조제3항에 따라 등록한 체세포복제배아 등의 연구기관
6. 제41조제1항에 따라 보건복지부장관의 허가를 받은 인체유래물은행
7. 그 밖에 생명윤리 및 안전에 관하여 사회적으로 심각한 영향을 미칠 수 있는 기관으로서 보건복지부령으로 정하는 기관

② 제1항에도 불구하고 보건복지부령으로 정하는 바에 따라 다른 기관의 기관위원회 또는 제12조제1항에 따른 공용기관생명윤리위원회와 제3항 및 제11조제4항에서 정한 기관위원회 업무의 수행을 위탁하기로 협약을 맺은 기관은 기관위원회를 설치한 것으로 본다.

2) 기관생명윤리위원회 구성

각 위원회는 그 기관에서 많이 수행되는 연구 활동을 적절하게 심의할 수 있도록 다양한 배경을 가진 5인 이상의 위원으로 구성된다. 해당 연구 분야의 경험과 전문성이 있는 사람으로 성별, 문화적 배경에서 다양성을 인정하고 피험자의 권리와 복지를 지킬 수 있도록 조언할 수 있는 사람들로 구성한다. 아울러 성적 차별이 생기지 않도록 위원회의 구성 시 성별 편향이 있어서는 안 되고 다양성을 반영하기 위해 외부 위원들도 위원회에 포함하여 구성한다. 외부 위원들은 연구대상자의 의학적 · 법적 · 종교적 · 심리적 보호를 위해 의사, 변호사, 종교인, 상담심리학자가 포함되기를 권하고 있다.

3) 기관생명윤리위원회 기능 및 업무

- 연구계획서의 윤리적 · 과학적 타당성 여부
- 연구 대상자 등으로부터 적법한 절차에 따라 동의를 받았는지 여부
- 연구 대상자 등의 안전에 관한 사항
- 연구 대상자 등의 개인정보보호 대책
- 해당 기관에서 수행 중인 연구의 진행과정 및 결과에 대한 조사 · 감독
- 해당 기관의 연구자 및 종사자 교육
- 취약한 연구 대상자 등의 보호 대책 수립
- 연구자를 위한 윤리지침 마련

4) 기관생명윤리위원회 제출 서류

기관에 따라 다르지만 공통된 사항으로 다음 서류를 제출하며, 제출하여야 하는 서류의 종류는 기관에 따라 다르다. 제출서류를 검토하여 기관생명윤리위원회에서는 심의결과를 통보하게 된다.

제출 서류

- 연구계획 심의신청서(부록 1 참고)
- 생명윤리준수서약서(부록 2 참고)
- 생명윤리심의위원회 심의용 연구계획서(부록 3 참고)

7

논문 투고하기

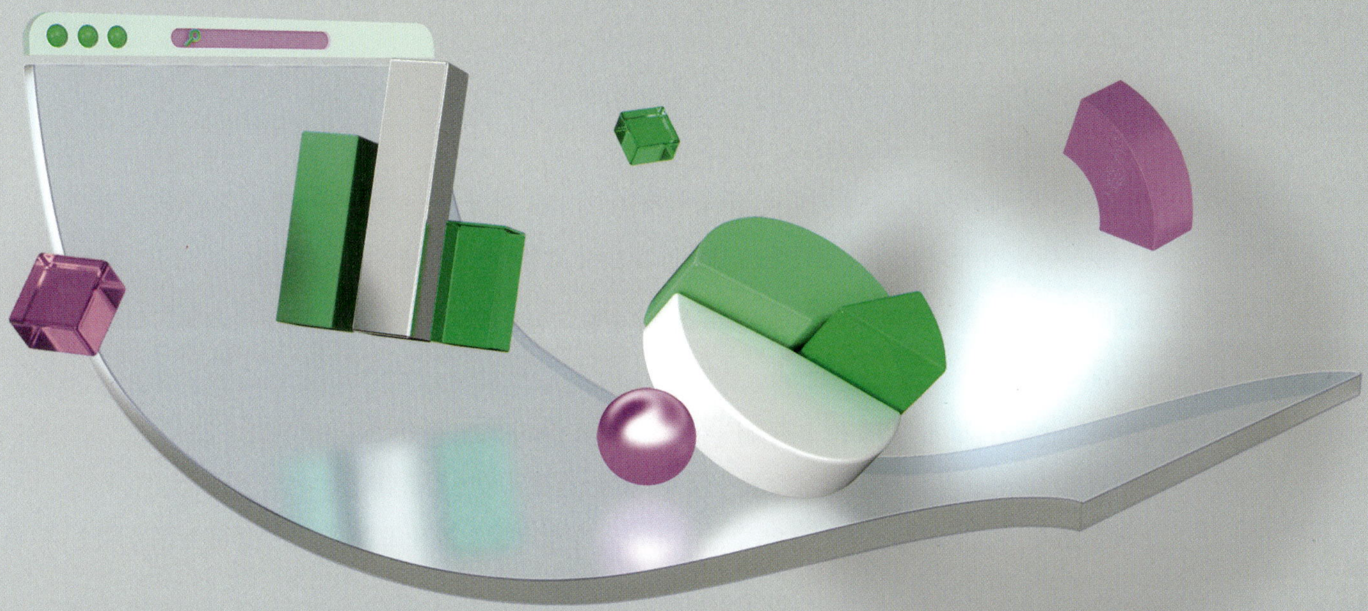

국내/외의 논문 투고 방법

학습목표

- 논문 투고 과정에 대해 알 수 있다.
- 국내 논문 투고 시스템 과정을 이해하고 투고할 수 있다.
- 외국 논문 투고 시스템 과정을 이해하고 투고할 수 있다.

1 논문 투고 시스템(국내/외 논문 케이스)

1) 논문 투고 시 주의사항

① 가장 먼저 연구한 내용을 어떤 학술지 또는 등재지에 투고할 것인지 검색하고 연구 목적과 방향에 맞는 학회를 선정한 후 회원가입을 한다.

② 기본적으로 주 저자(제1저자와 교신저자)는 해당 학회의 회원이면서 정회원이어야 하며, 온라인 논문 투고 시스템으로 논문을 투고할 수 있다.

③ 논문 투고 시 확인사항

- 각각의 학회마다 설정해 놓은 게재 기본 양식에 맞춰 논문을 제작한다(분량, 여백, 그림, 결과표, 참고문헌 등).
- 본인의 연구 목적과 내용이 투고하고자 하는 학회에 부합한지 잘 확인한다.
- 각각 학회의 심사료와 게재료를 확인한다.
- 심사 기간에 의뢰 및 수정 기한을 잘 확인하고, 기한을 어길 시 당하는 불이익을 확인한다.
- 논문 투고 시 연구윤리에 위배하는 사항이 없는지 명확하게 확인한다.

④ 연회비 및 심사료를 납부한 후 선정되는 전문심사위원들의 심사결과에 맞춰 지적사항을 수정하고 다시 심사하는 과정을 반복한다.

⑤ 대부분의 논문은 [게재가], [수정 후 게재], [수정 후 재심], [게재불가] 중 하나로 판정된다.

- [게재가]: 논문의 내용을 그대로 게재할 수 있다. 편집위원이 검토한다.
- [수정 후 게재]: 저자에게 논문의 수정과 심사의견에 대한 답변을 요청하고, 수정된 논문을 확인 후 편집위원이 검토한다.
- [수정 후 재심]: 저자에게 논문의 수정과 심사의견에 대한 답변을 요청하고, 수정된 논문과 답변서를 제출받아 재심을 의뢰한다.
- [게재불가]: 심사의견을 편집위원이 재검토한다.

⑥ 모든 논문 투고 과정이 완료되고 [게재가]로 판정될 경우 게재료를 납부하고 논문을 투고한다.

⑦ 저작권 활용 동의 및 의무를 확인한다.

- 논문에 대한 저작권은 학회에 귀속되며, 학회의 승인 없이 무단 복제할 수 없다.
- 타인의 저작물을 인용하는 경우에 발생되는 저작권 관련 문제는 모두 저자의 책임이므로 이에 주의하여야 한다.
- 게재된 논문의 일부 또는 전부는 학회 기준에 따라 연구 또는 교육용으로 활용할 수 있다.

2) 국내 논문 투고 시스템 과정 이해하기 대한통합의학회, http://www.ksim.kr/

① 학회 홈페이지에 접속하여 회원가입을 한다.

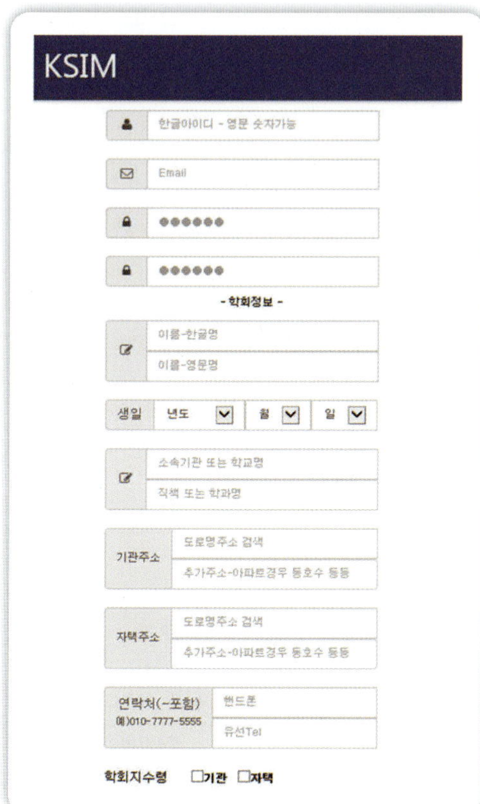

② 학회의 논문 투고 규정과 양식을 다운로드하여 논문을 작성한다.

③ 양식에 맞춰 논문을 모두 작성한 후 온라인 논문 투고 시스템에 접속하여 회원가입을 실시한다.

④ 회원가입을 완료한 후 가입비(3만 원) 및 연회비(3만 원)를 납부한 후 학회 양식에 맞춰 논문을 투고한다.

⑤ 논문을 양식에 맞춰 업로드하고, 저작권 이양 동의서, 논문유도검사를 완료하여 첨부한 후 심사료(6만 원)를 납부하면 논문 투고가 완료된다.

결제정보

☐	회비종류	금액	내용	유효기간	결제취소
☐	가입비	30,000			결제취소
☐	연회비(회원)	30,000		2019-12-31	결제취소
☐	심사료(투고자)	60,000	무릎뼈 관절가동술을 동반한 운동치료가 무릎관절 전치환술 환자의 관절가동범위, 근력, 보행에 미치는 영향		결제취소
합계					

⑥ 심사진행 현황에서 나의 논문 진행과정을 알아볼 수 있다.

⑦ 심사의견에 맞춰 답변서를 보내며 논문 내용에 대한 수정을 반복한다. 최종결과 [게재가]로 판정받을 경우 게재료를 납부한 후 등재된 논문을 확인한다.

3) 외국 논문 투고 시스템 과정 이해하기 Neuroscience Letters, http://www.journals.elsevier.com/neuroscience-letters/

① 학회 홈페이지에 접속(http://www.journals.elsevier.com/neuroscience-letters/)한다.

② 학회의 논문 투고 규정과 양식을 다운로드하여 논문을 작성한다.

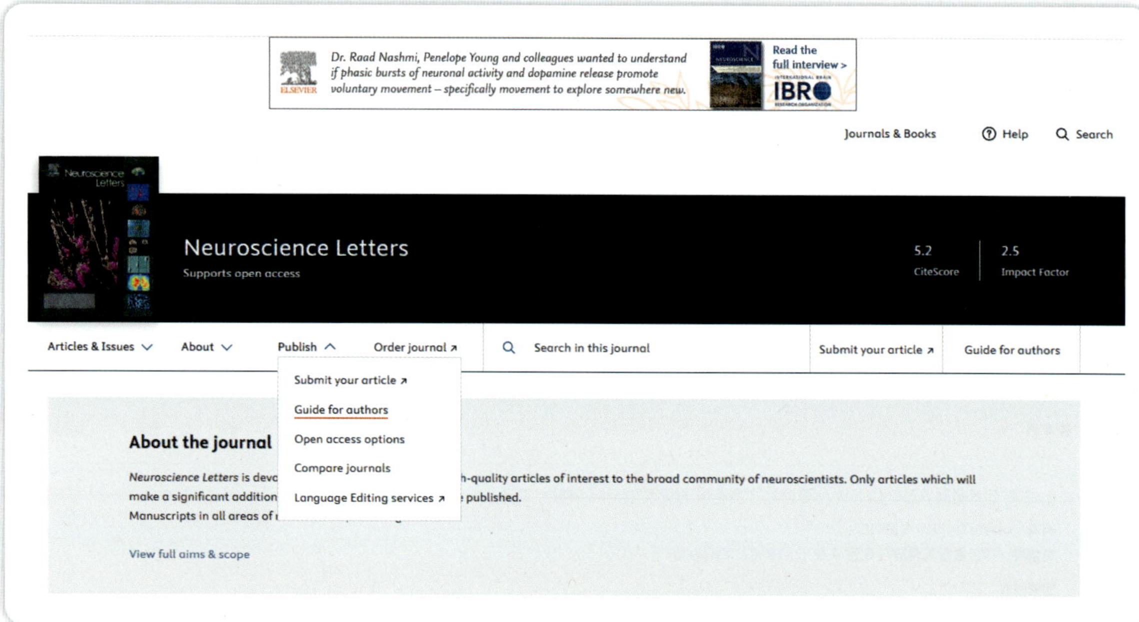

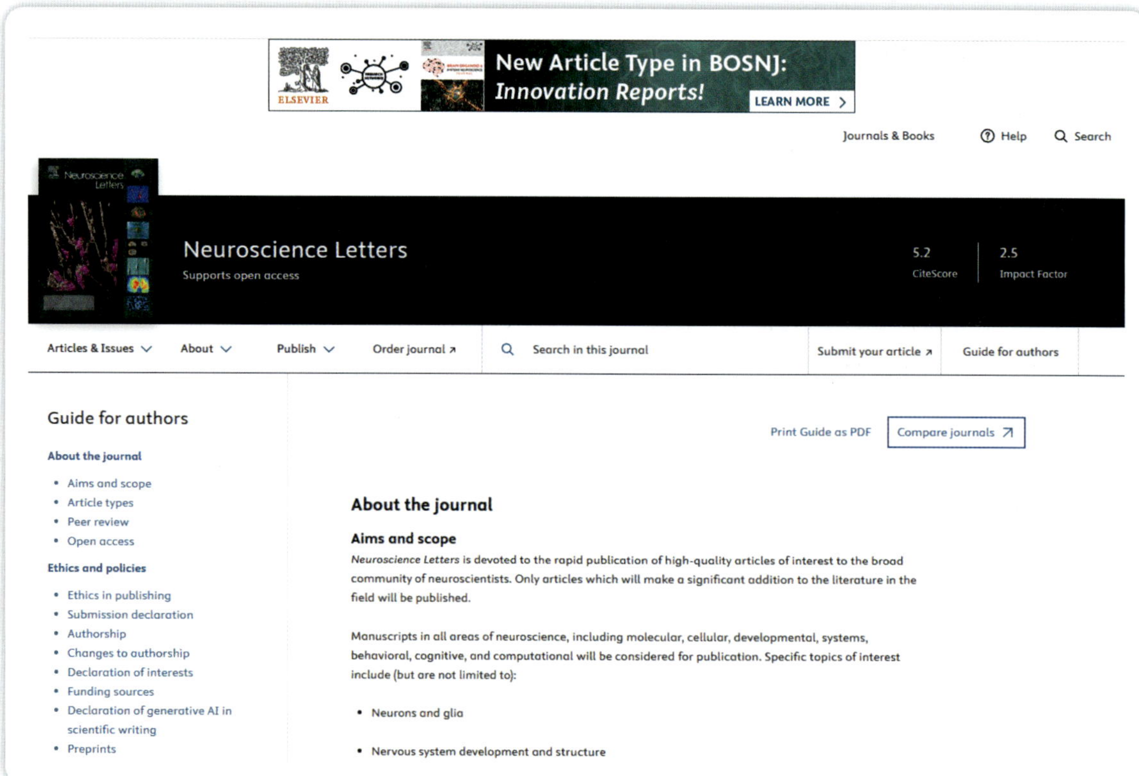

③ 양식에 맞춰 논문을 모두 작성한 후 Submit Your Paper에서 회원가입 후 로그인한다.

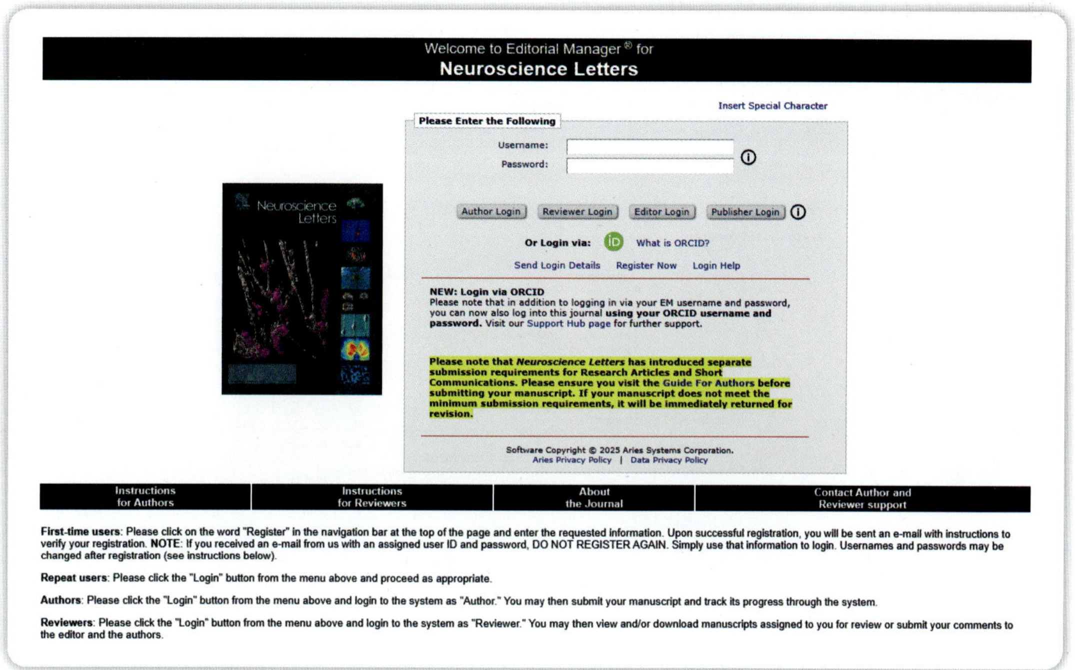

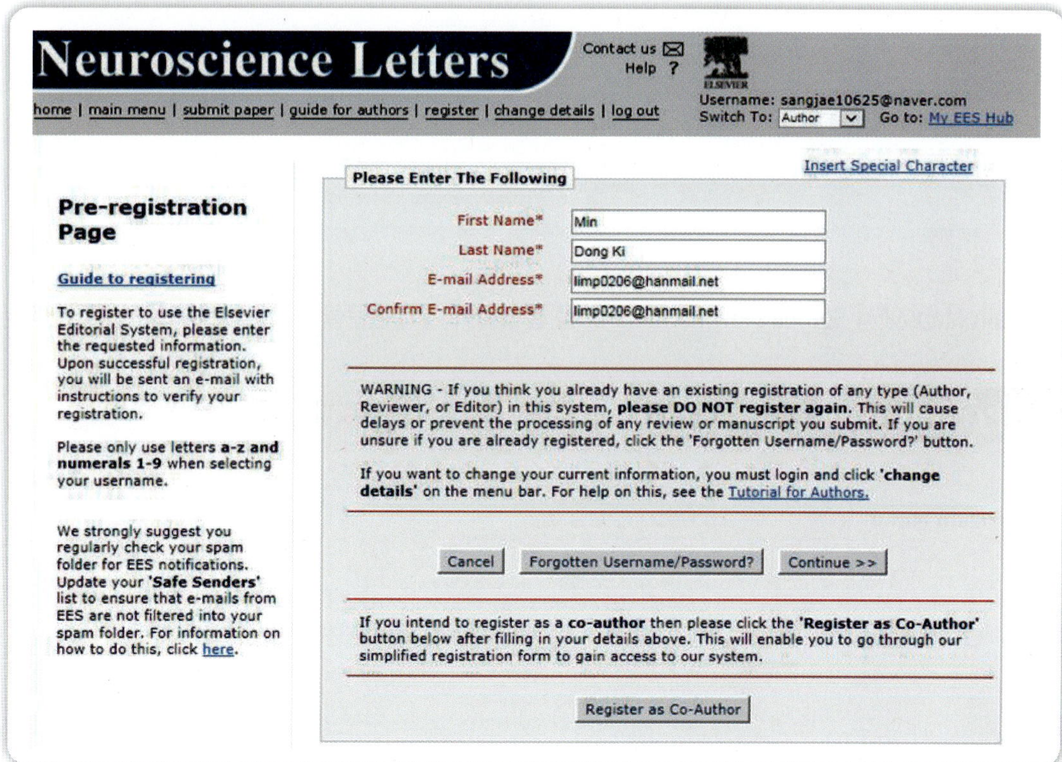

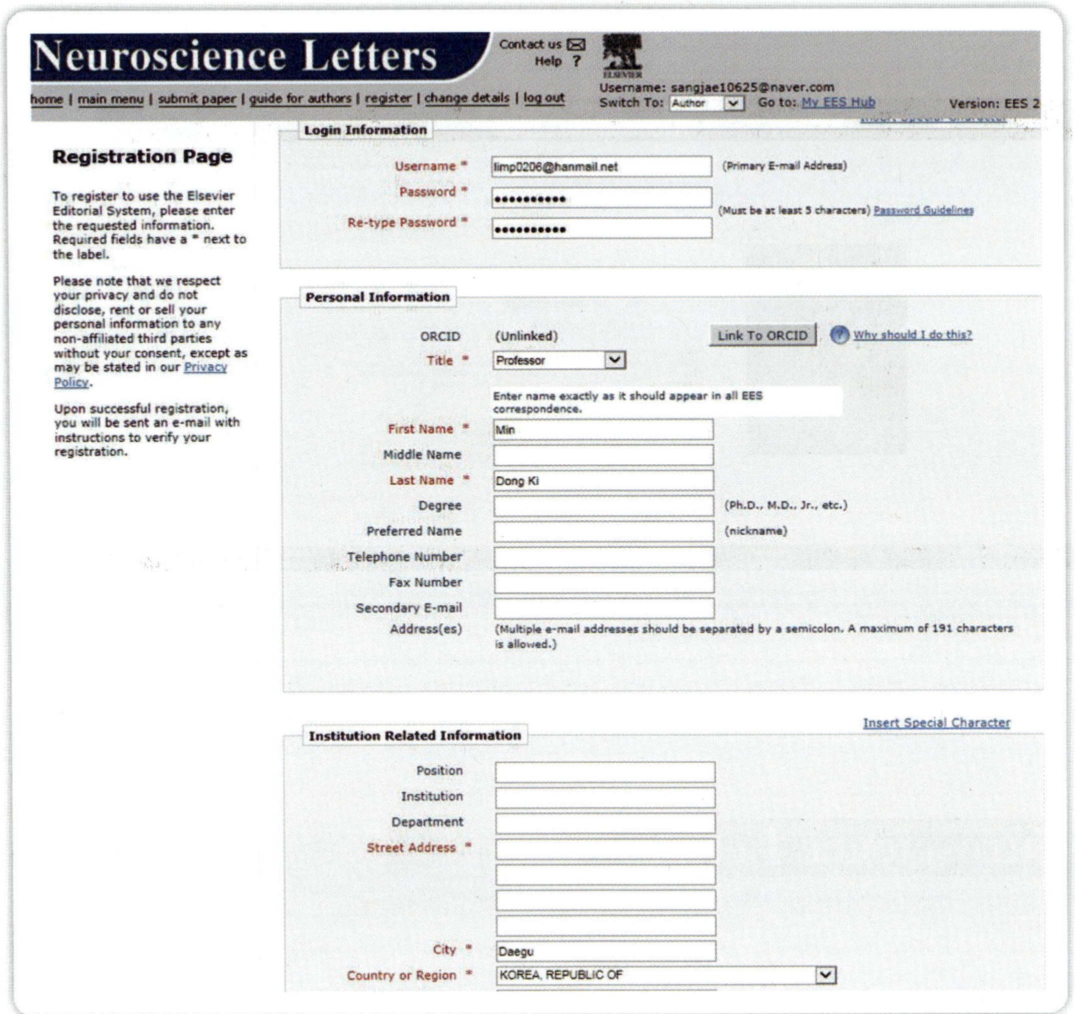

④ Author Main Menu에서 Submit New Manuscript를 클릭하여 나의 논문을 차례차례 정리하여 투고한다.

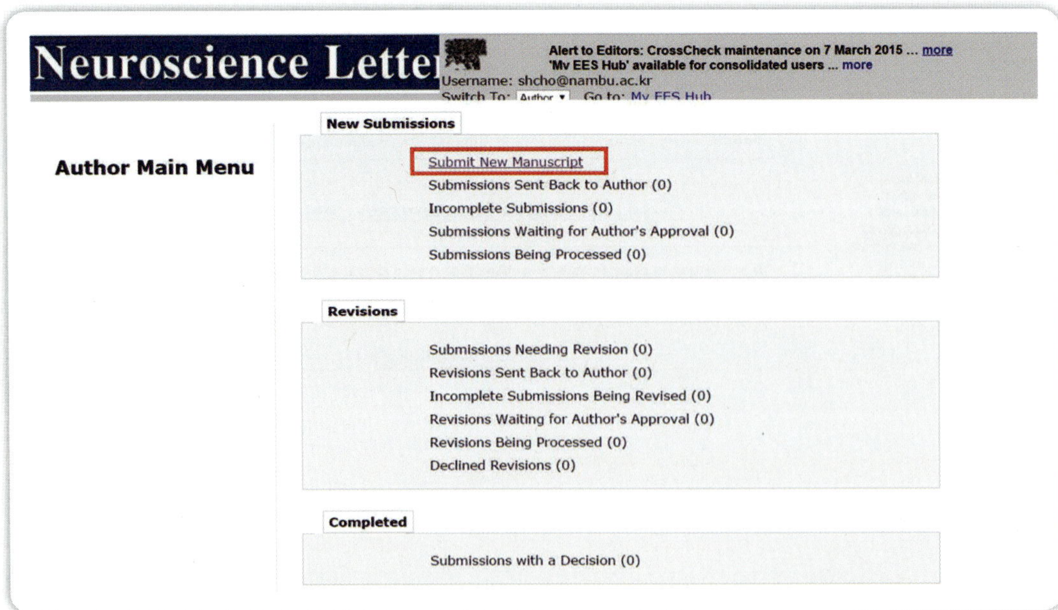

⑤ 왼쪽 New Submission 하단 메뉴를 차근차근 입력하여, 나의 논문에 대한 모든 단계를 정리하여 Submit을 누르면 최종 투고가 완료된다.

■ 논문 제목 입력(Enter Title)

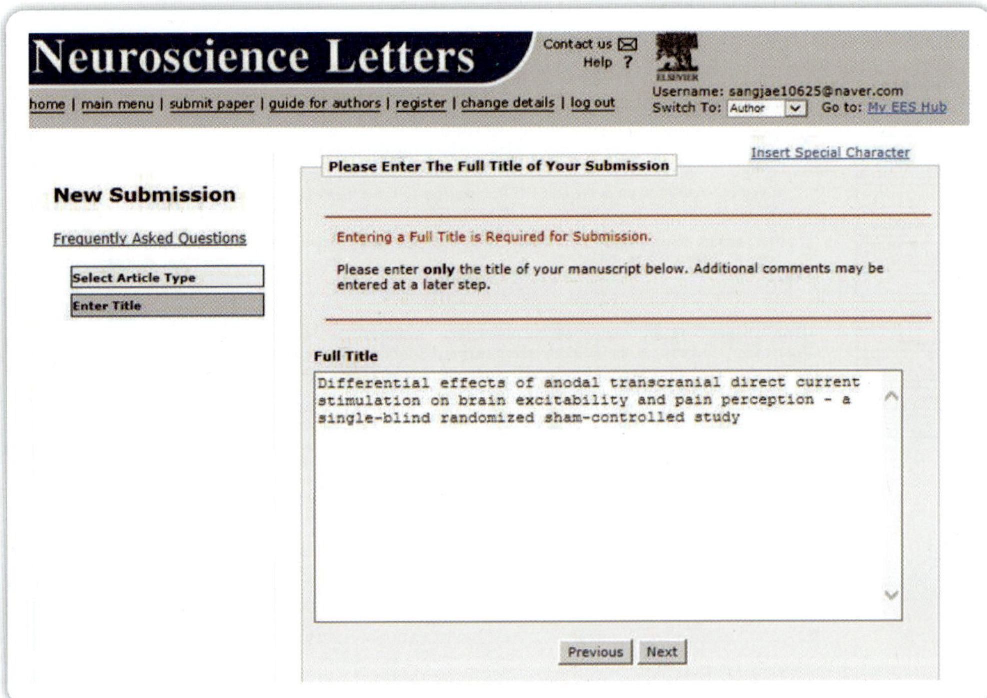

■ 저자 정보 입력(Add/Edit/Remove Authors)

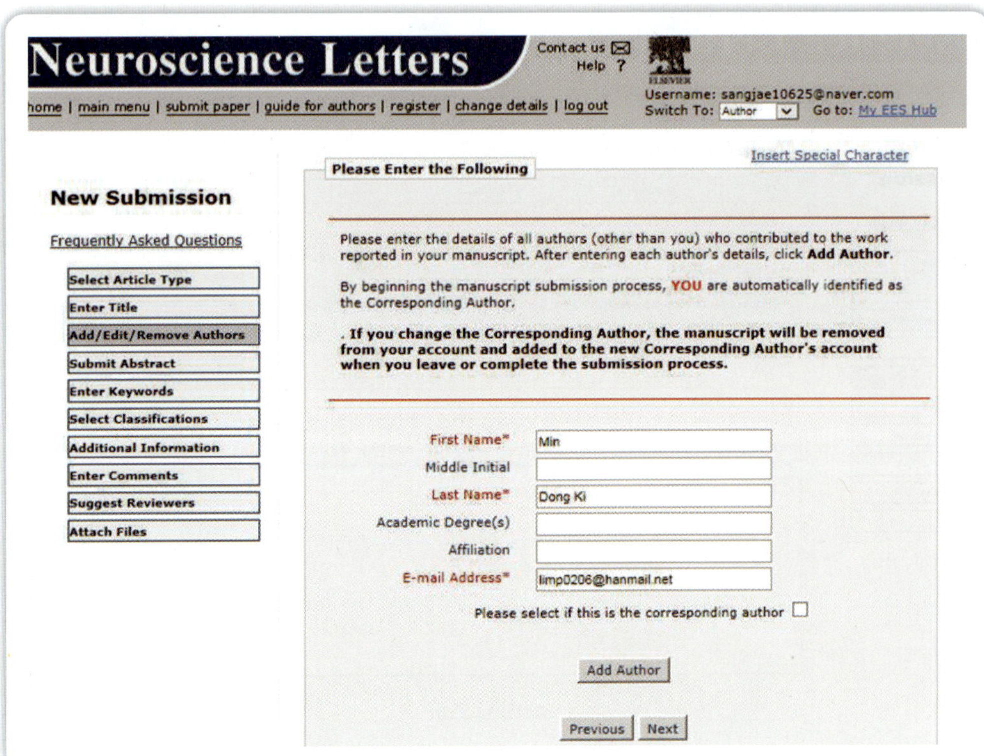

■ 초록 입력(Submit Abstract)

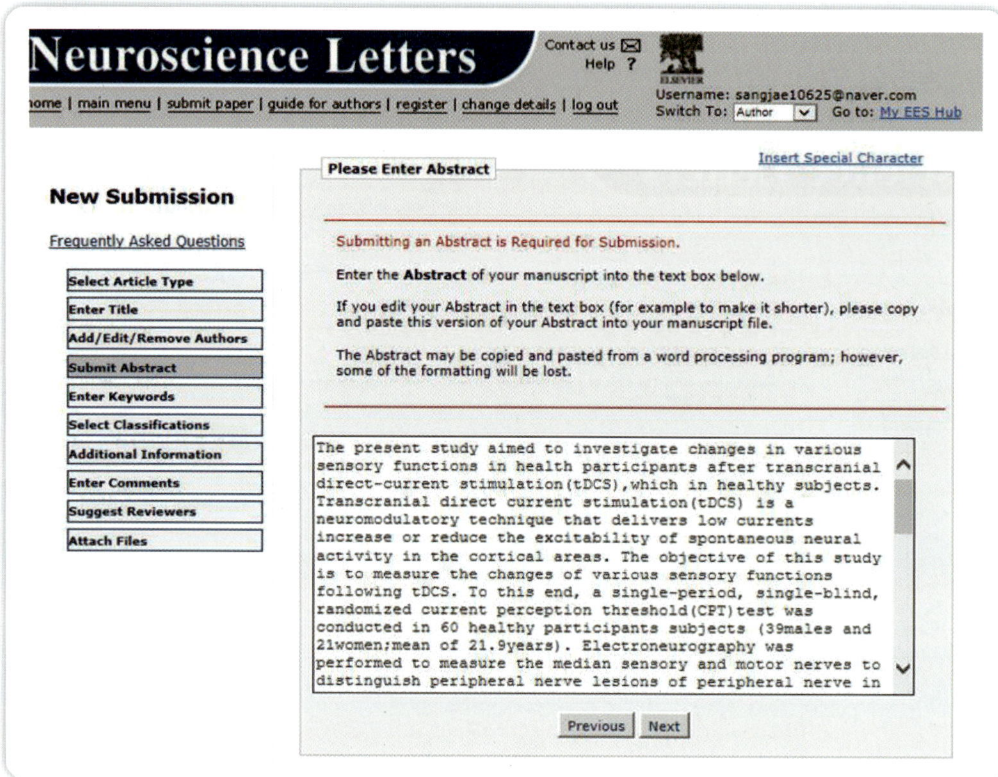

■ 키워드 입력(Enter Keywords)

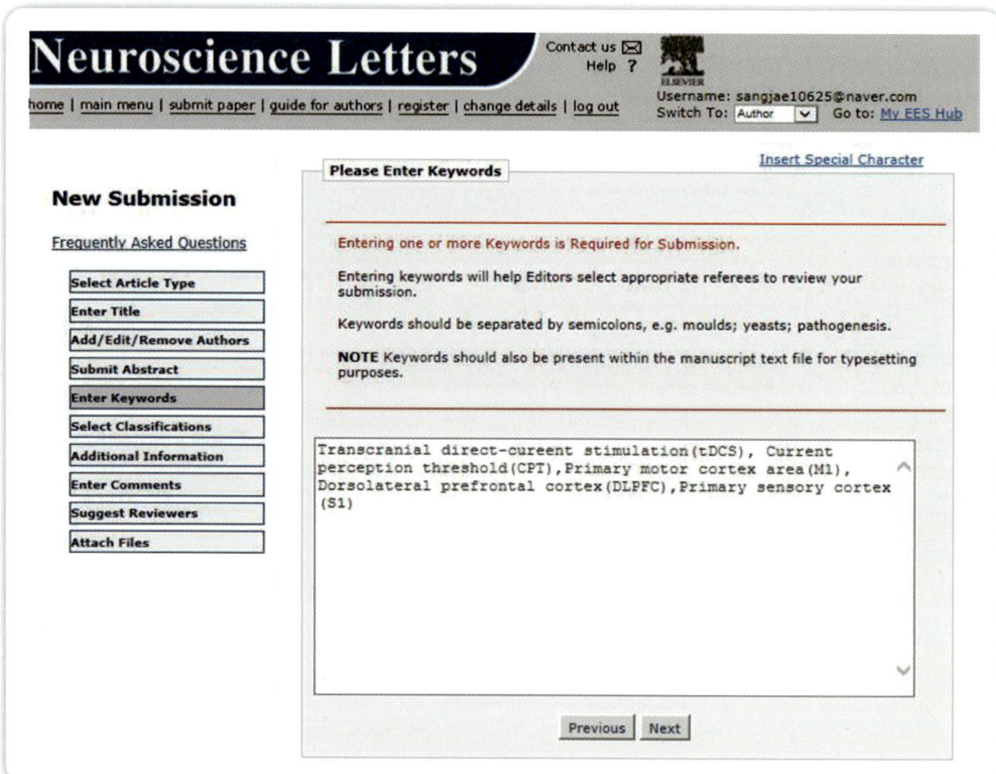

■ 추가 정보 입력(Additional Information)

⑥ 투고된 논문을 검색하여 확인한다.

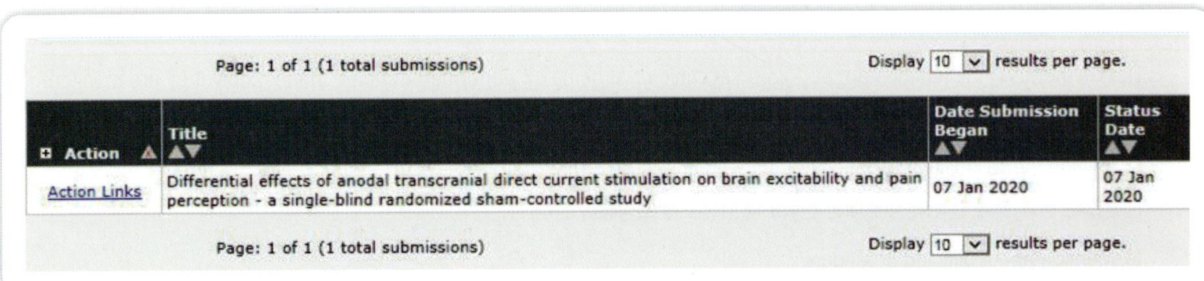

참고사항

외국 논문을 투고한 후의 심사자 의견의 실제 예시이다. 다음의 심사 내용을 반영하여 논문 원고를 수정한 후 학회지에 투고한다.

■ **Reviewer comments: 심사자 의견**

Thank you for giving the opportunity to review this article.
이 논문을 심사할 수 있는 기회를 주셔서 감사합니다.

■ **Abstract: 초록**

1. Include the study design, randomization and allocation procedure.
   연구설계, 무작위방법과 할당 절차를 언급해야 한다.
2. Include the outcome measures used for measuring the variables.
   변수들을 측정하는 데 사용한 결과 측정 방법들을 포함시켜야 한다.
3. Results part should be more informative including CI 95% with p scores.
   결과 부분은 유의확률과 함께 95% 신뢰구간의 하한값~상한값을 포함시켜야 한다.
4. Make the conclusion more precise and avoid abbreviations.
   결론을 보다 정확하게 기술하고 약어를 피해야 한다.

■ **Introduction: 서론**

5. The introduction part fails to show the research gap and prove the novelty with recent references.
   서론 부분이 최근의 레퍼런스를 참고하여 연구와의 차이를 보여 주지 못하고 독창성을 증명하지 못 한다.
6. Add the clinical significance of this article over the participants and researchers.
   참가자와 연구자를 통해서 이 논문의 임상적인 중요성을 추가해야 한다.

■ **Methods: 방법**

7. The included reference for sample size calculation was outdated one 1985 and also mention the primary variable considered for calculation. The sample size used for this trial was too low.
   표본 크기 계산에 대한 포함된 참고문헌이 1985년 구식이며, 계산에 고려된 주요 변수도 언급해야 한다. 본 연구에 사용된 표본크기가 너무 작다.
8. Include the clinical trial registration number.
   임상 시험 등록 번호를 포함해야 한다.
9. Include the study design, randomization and allocation procedure in detail.
   연구 설계, 무작위화 및 할당 절차를 자세히 포함해야 한다.
10. Include the study duration.
    연구 기간을 포함해야 한다.
11. Whether the interventions are performed at clinic or at home? If performed at home means, how they are monitored?
    실험 중재가 병원 또는 집에서 수행되는가? 만약 집에서 하면 어떻게 대상자를 모니터링하는가?
12. Include the reliability and validity of outcome measures with references.
    참고문헌과 함께 결과 측정에 대한 신뢰도와 타당도를 포함해야 한다.
13. Mention about blinding procedure.
    맹검법 절차에 대해서 언급해야 한다.

계속

■ **Results: 결과**

14. Mention the test used for analyzing homogeneity.
동질성을 분석하는 데 사용되는 검사를 언급해야 한다.

15. Include the reports with CI 95% with p scores.
유의확률값과 함께 95% 신뢰구간을 보고해야 한다.

16. Mention the effect size of primary and secondary variables and its MCID scores.
일차 변수와 이차 변수의 효과크기와 MCID 점수를 언급해야 한다.

■ **Discussion: 고찰**

17. The discussion part should discuss the relation between the outcome variables and falls in elderly patients with latest references.
고찰 부분은 최신 레퍼런스를 가지고 결과 변수와 노인 환자의 낙상과의 연관성을 논의해야 한다.

18. Summarize the conclusion and make it more precise.
결론을 요약하고 더 정확하게 기술해야 한다.

UNIT 2

기초 통계를 위한 이론

8

추정과 가설 검정

통계의 추정과 가설 검정 설정

학습목표

- 정규분포와 표준정규분포를 이해할 수 있다.
- 통계학적 추정을 설명할 수 있다.
- 신뢰수준과 신뢰구간을 설명할 수 있다.
- 귀무가설과 대립가설을 설명할 수 있다.
- 단측검정과 양측검정을 설명할 수 있다.
- 유의수준과 유의확률을 설정할 수 있다.
- 제1종 오류와 제2종 오류를 설명할 수 있다.
- 효과크기를 이해할 수 있다.

1 정규분포와 표준정규분포

1) 정규분포

정규분포는 모분포 또는 가우스분포라 하는 이상적인 모형이고, 종 모양의 분포를 띠고 있으면서 좌/우 대칭적이며 통계학에서 기본이 되는 연속확률변수이다.

정규분포곡선은 평균과 표준편차에 의해 정의되며 평균이 μ(모집단 평균)이고 분산이 σ^2(모집단 분산)인 좌/우가 대칭인 곡선이다.

정규분포의 특성은 다음과 같다(그림 8.1).

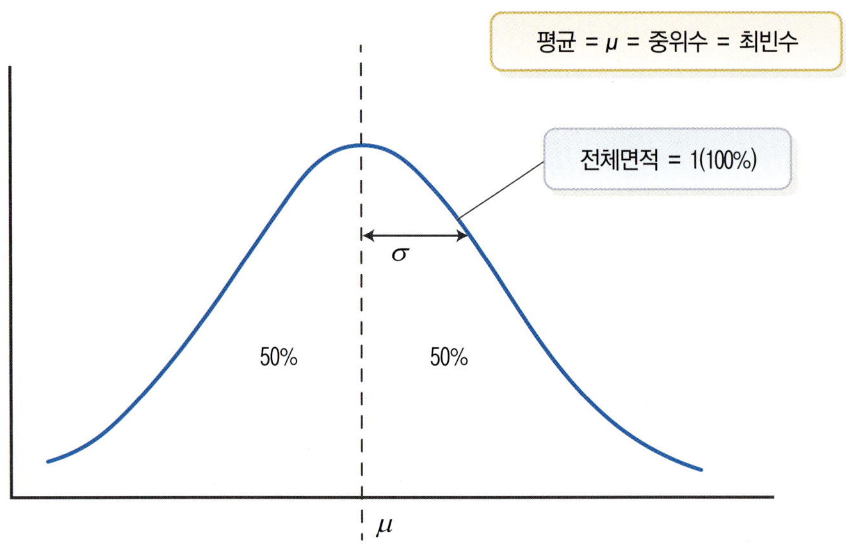

그림 8.1 정규분포

- 평균을 중심으로 좌/우 대칭이다.
- 평균, 중위수, 최빈수가 같다.
- 전체면적은 1(100%)이고 곡선이 x축에 붙지 않으며 평균(μ)을 중심으로 좌/우 각각 50%씩의 면적을 차지한다.
- 정규분포는 평균과 표준편차에 의해 결정되어진다. 평균이 중앙에 위치할 때 표준편차(σ)에 의해 곡선의 넓이가 결정되고 표준편차(σ)에 의해 자료의 퍼짐 정도(산포도)를 알 수 있다. 그림 8.2에는 표준편차(σ) 1, 2가 있다. 표준편차의 값이 작으면 산포도는 작고(a), 표준편차의 값이 크면 산포도는 커진다(b).

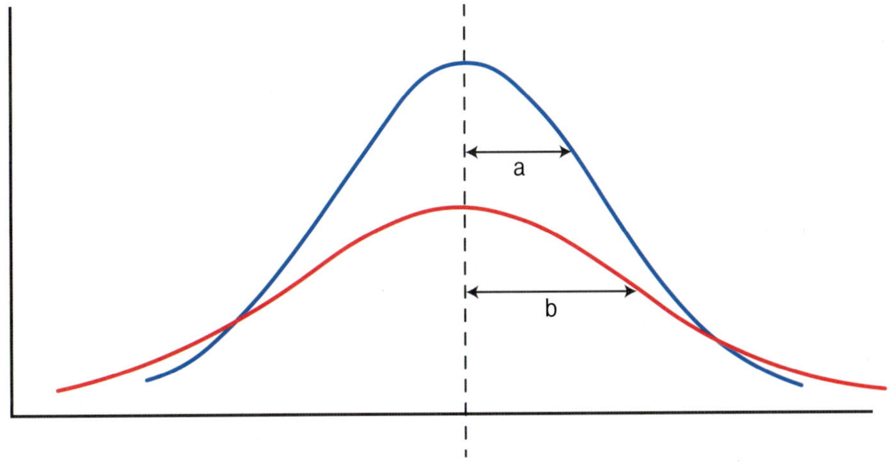

그림 8.2 표준편차와 산포도의 차이

- 평균으로부터 표준편차까지의 거리를 면적으로 나타낸다. 평균 ± 표준편차($\mu \pm \sigma$)로 표시하며 면적은 다음과 같다.

$$\mu \pm 1\sigma = 68.26\%$$
$$\mu \pm 2\sigma = 95.44\%$$
$$\mu \pm 3\sigma = 99.73\%$$

위의 면적을 정규분포곡선으로 표현하면 다음과 같다(그림 8.3).

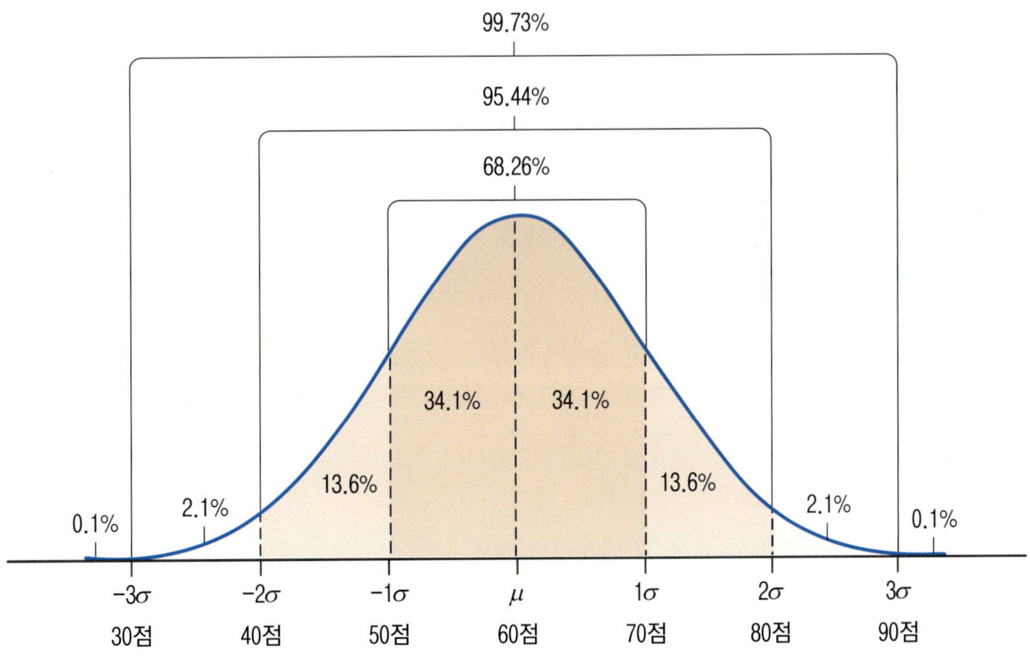

그림 8.3 정규분포곡선

앞의 정규분포곡선과 같이 만약 평균이 60점이고 표준편차가 10점인 성적이 있다. 이 학생들 중 50~70점($\mu \pm 1\sigma$) 사이에 있는 학생은 전체의 68.26%이고, 40~80점($\mu \pm 2\sigma$) 사이에 있는 학생은 전체의 95.44%이며, 30~90점($\mu \pm 3\sigma$) 사이에 있는 학생은 전체의 99.73%이다. 반대로 생각하면 90점 이상과 30점 이하의 학생은 전체의 0.27%이다.

즉, 평균 근처에서는 확률변수 값이 나타날 확률이 높고, 평균에서 멀어지면 확률은 낮다. 60점에서 70점을 받을 확률은 34.1%로 높지만, 80점에서 90점을 받을 확률은 2.1%로 매우 낮다.

정규분포를 이해하기 위해서 전반적으로 요약한 그림은 다음과 같다(그림 8.4).

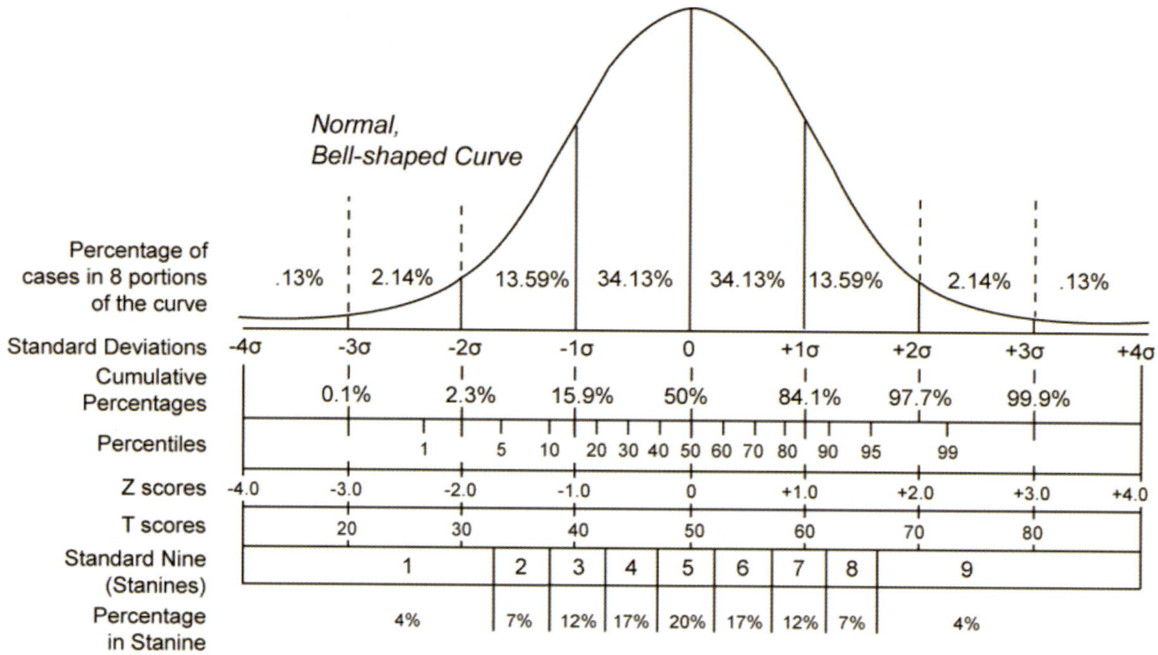

그림 8.4 정규분포의 이해

2) 표준정규분포(Z분포)

정규분포곡선에서 평균이 60점이고, 표준편차가 5점인 정규분포(정규분포 1)와 평균이 80점이고, 표준편차가 15점인 정규분포(정규분포 2)를 평균(μ) = 0, 표준편차(σ) = 1인 정규분포로 만든 분포를 표준정규분포라고 말하며 표준정규분포를 Z분포라고 한다(그림 8.5).

> **TIP**
>
> **표준정규분포를 이해하기 위한 사이트 주소**
>
> https://www.mathsisfun.com/data/standard-normal-distribution-table.html
>
> - 표준정규분포를 통한 확률 계산
> - 표준정규분포의 확률을 통한 Z값 산출

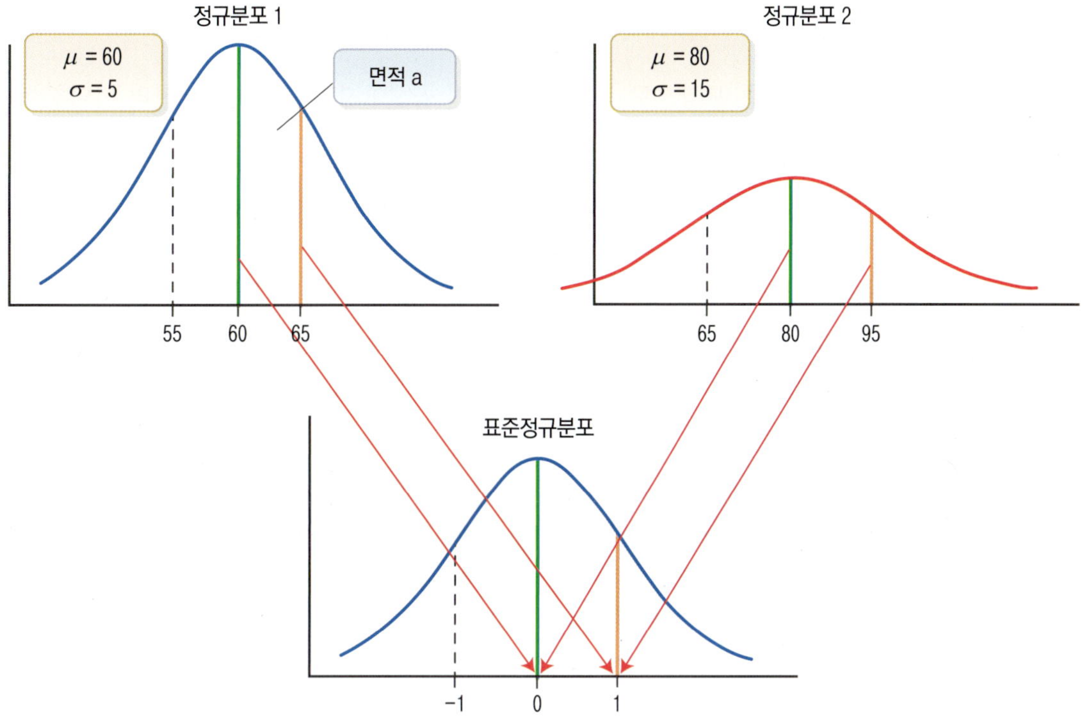

그림 8.5 정규분포와 표준정규분포의 관계

TIP

Z분포와 t-분포

Z분포	t-분포
• 모집단이 정규분포을 따르고, 모집단의 표준편차(σ)를 알고 있는 경우 사용한다. • 주로 대규모 표본(n ≥ 30)에서 활용된다.	• 모집단이 정규분포를 따르지만, 모집단의 표준편차(σ)를 알 수 없는 경우 사용한다. • 표본 표준편차(s)를 이용하여 검정을 수행하며, 소규모 표본 (n < 30)에서 주로 사용된다.

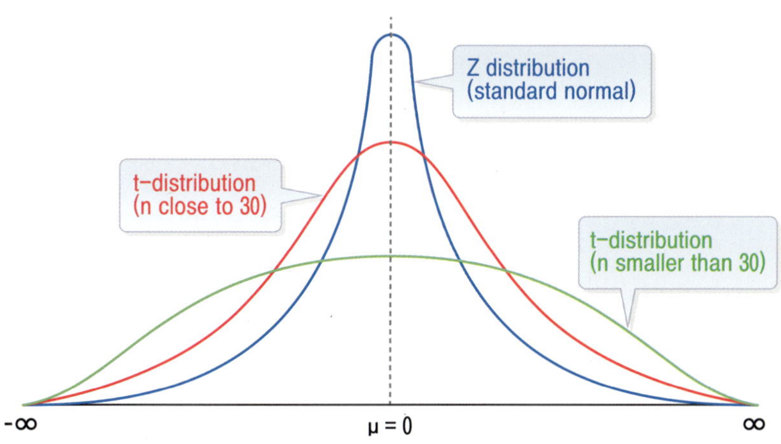

- 표본 크기가 크지 않고 질적인 자료가 아닌 경우, t-검정(t-test)을 주로 사용한다. 표본 수를 늘리면 신뢰도를 높일 수 있지만, 현실적으로 시간과 비용의 제약으로 인해 많은 표본을 확보하기 어려운 경우가 있다. 이러한 상황에서는 정규분포보다 예측범위가 넓은 t-분포를 활용한다.
- t-분포는 표본의 수가 많아질수록 그래프가 표준정규분포와 점점 더 비슷해지고, 표본의 수가 적을수록 그래프가 옆으로 퍼지는 형태를 나타낸다. 이는 표본 크기가 작을수록 실험의 신뢰도가 낮아지기 때문에, 예측범위를 넓히기 위해 그래프가 퍼지는 것으로 설명할 수 있다. 또한, t-분포는 자유도에 따라 그 모양이 결정되며, 자유도가 높아질수록 표준정규분포에 더 가까워진다.

3) 첨도와 왜도

정규분포곡선은 좌/우 대칭적인 종 모양으로 전체면적이 1인 곡선이지만 정규분포곡선의 비대칭 정도를 모양으로 표현한 용어에서는 첨도와 왜도로 설명한다.

(1) 첨도

정규분포의 모양이 위쪽으로 뾰족한지 아니면 아래쪽으로 치우쳤는지를 표현하는 용어를 첨도라 하며, 평균과 중위수 주변에 많이 모여 있는지 아니면 넓게 펼쳐져 있는지를 나타내는 분포이다(그림 8.6).

예시

어느 초등학교 남학생의 몸무게를 측정한 결과, 각각 30명인 1반과 2반의 몸무게 분포는 다음과 같았다. 1반은 10명이 50kg, 8명 55kg, 8명 45kg, 나머지 4명은 50kg 이상 2명과 45kg 미만이 2명이어서 중앙에 집중되는 곡선의 분포를 이룰 것이고, 반대로 2반은 5명이 50kg, 10명 55kg, 10명 45kg, 나머지 5명은 흩어져 있어서 곡선은 중앙에 집중되어 있지 않고, 표준편차가 넓게 아래로 치우쳐 있는 곡선의 분포를 나타낸다. 따라서 위로 올라간 곡선을 양의 첨도(급첨), 반대로 아래로 내려간 곡선을 음의 첨도(완첨)라 표현한다.

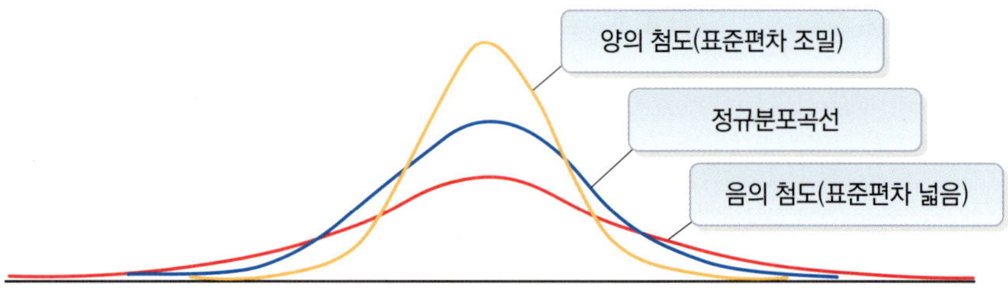

그림 8.6 첨도

(2) 왜도

왜도(skewness)는 자료의 분포가 왼쪽 또는 오른쪽으로 기울어진 정도를 나타내는 값이며, 정규분포의 곡선이 좌/우로 대칭 또는 비대칭 정도를 표현한 것이다(그림 8.7).

예시

어느 고등학교 전교 학생의 국어성적 평균과 빈도가 60~80점 사이에 많이 분포한다면 곡선은 오른쪽으로 치우치게 분포할 것이고, 반면에 전교 학생의 수학성적이 35~45점 사이에 많이 분포하면 곡선은 왼쪽으로 치우치게 될 것이다.

평균과 중위수가 같으면 정규분포를 이루게 되어 왜도 값이 0으로 좌/우가 대칭인 형태의 곡선을 보이게 된다. 왜도는 꼬리에 따라 평균이 얼마나 당겨졌는지 알 수 있으며, 변화는 봉우리 중심이 아니라 꼬리 중심으로 이해한다. 단봉분포에서 긴 꼬리가 왼쪽에 위치하고 왜도곡선에서 오른쪽으로 치우치면 평균이 중위수와 최빈수보다 좌측에 위치하여 음의 왜도 값을 가지는 우비대칭형이라 하고, 반대로 단봉분포에서 긴 꼬리가 오른쪽에 위치하고 왜도곡선이 왼쪽으로 치우치면 평균이 중위수와 최빈수보다 우측에 위치하여 양의 왜도 값을 가지는 좌비대칭형이라고 한다.

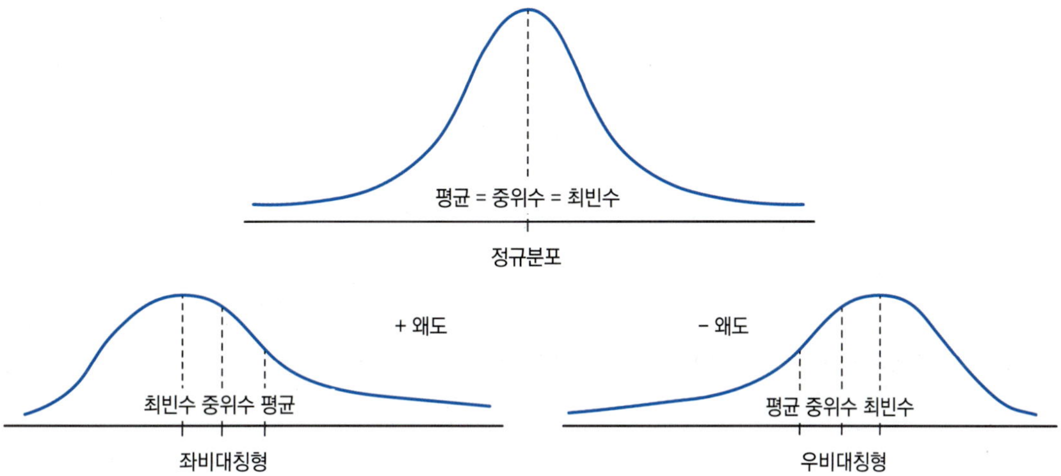

그림 8.7 왜도

4) 중심극한정리

정규분포를 이루는 모집단에서 추출한 표본집단의 평균과 표본분포는 정규분포를 따르게 된다. 만일 모집단이 정규분포를 이루지 않으면 어떻게 할지 고민하겠지만 모집단의 분포와 상관없이 표본의 크기가 증가함에 따라, 즉 n의 숫자가 크면 표본분포의 분포는 정규분포를 따르게 되는데, 이러한 정리를 중심극한정리(central limit theorem)라고 한다.

예시

모집단의 평균이 μ이고 분산이 σ^2일 때, 임의 추출된 표본의 표본평균 $\overline{X}$는 표본의 크기 n이 큰 경우(보통 30 이상) 근사적으로 정규분포를 따르게 되며, 그 평균은 μ이고 표준편차는 $\sigma / \sqrt{n}$ 가 된다. 이를 표준화하면 다음과 같다.

$$Z(\text{검정통계량}) = \frac{\overline{X} - \mu}{\sigma / \sqrt{n}} \sim N(0,1)$$

일반적으로 대상의 수가 30 이상이면 모집단의 분포에 상관없이 표본집단은 정규분포를 이루게 된다. 따라서 모집단의 분포가 연속형 또는 이산형, 대칭 또는 비대칭이든 상관없이 모분산이 유한하기만 하면 중심극한정리를 사용할 수 있다.

TIP

표집분포의 이해를 위한 시뮬레이션 링크

https://onlinestatbook.com/stat_sim/sampling_dist/index.html

2 통계학 추정

통계학 추정은 모집단의 값을 유추해 내는 것을 말하며, 예를 들어 우리나라 남성의 평균 수명을 알기 위해 표본을 통해 전체 평균 수명을 유추하는 것이다. 즉, 표본집단의 표본평균($\overline{X}$) 수명을 이용하여 모평균(μ)인 우리나라 평균 수명을 추정하게 된다. 이처럼 표본의 통계치를 이용해서 모집단의 수를 유추하거나 예측한 것을 통계적 추정 혹은 추정이라 한다. 추정을 위해 사용된 표본의 통계치를 추정통계량 또는 추정량이라고 한다.

추정량은 특정 모집단의 수를 추정하기 위하여 사용되는 표본통계치($\overline{X}$)를 말하며, 추정치는 모수를 구체적으로 추정한 값이다. 만약 표본조사 결과 표본 수명의 평균이 78세로 나왔다면 이 수치는 모평균의 추정치가 되는 것이다.

1) 점추정과 구간추정

(1) 점추정

점추정(point estimation)은 모집단의 표본으로부터 얻은 통계량으로부터 모집단의 모수를 하나의 값으로 추정하는 것을 말하고, 추정을 위해 사용되는 통계량을 추정량, 추정량의 구체적인 모수값을 추정값이라고 한다. 점추정에 사용되는 통계는 표본평균, 표본분산, 중위수, 최빈값이 있다. 예를 들어, 우리나라 대학교 1학년 학생의 평균 성적을 알고자 하여, 100명의 표본으로부터 우리나라 대학교 1학년 학생의 평균 성적을 추정해내야 한다.

표본으로부터 평균값을 계산한 결과 60점이 나왔다. 먼저 표본을 100명으로 조사했기에 중심극한정리에 의해 정규분포를 이룬다고 말할 수 있다. 이 표본 평균값이 60점이므로 60점은 우리나라 대학교 1학년 평균 점수라 추정한다($\mu=60$점). 이와 같이 하나의 값으로 추정하는 것을 점추정이라 한다.

(2) 구간추정

구간추정(interval estimation)은 추정값에 대한 신뢰도를 제시하면서 범위로 모수를 추정하는 방법이다. 우리나라 대학교 1학년 학생의 평균 성적은 60~65점 사이이다. 이와 같이 구간으로 추정하는 것을 구간추정이라 한다.

구간추정을 사용하는 것은 점추정만으로는 추정의 결과를 어느 정도 신뢰할 수 있는지, 혹은 오차가 어느 정도 발생할 수 있는지 알 수 있는 방법이 없다. 항상 추정량의 분포에 대한 전제가 주어져야 하고, 구해진 구간 안에 모수가 있을 가능성의 크기(신뢰수준)가 주어져야 한다. 따라서 모집단의 충분한 정보를 얻기 위해 모집단의 수가 어떤 구간에 위치하고, 이 수치의 신뢰 정도를 제시함으로써 점추정의 불확실성을 보완하는 방법이 구간추정이며, 이러한 구간을 신뢰구간이라 한다.

2) 신뢰수준과 신뢰구간

대표적인 구간추정 용어로는 신뢰수준과 신뢰구간이 있다.

신뢰수준(confidence level)은 추정값이 존재하는 구간에 모수가 포함될 확률이다. 신뢰수준은 $100\times(1-\alpha)\%$로 계산된다. 여기서 α는 조사에서 인정하는 오차수준(유의수준)이다. 예를 들어, 신뢰수준이 95%라면 (1−

α)=0.95, 즉 α=0.05이다. 즉, 95% 신뢰수준이란 신뢰구간 100개 중에서 95개는 평균을 포함할 것으로 기대할 수 있다는 것이고, 오차(α)는 5개, 즉 5%, 0.05가 된다.

신뢰구간(confidence interval, CI)은 신뢰수준을 기준으로 모수가 실제로 포함될 것으로 예측되는 범위(하한값~상한값)이다. 표본집단의 측정치를 가지고 모집단을 추정할 때 모집단의 수가 포함될 가능성이 있는 구간이라고 정의할 수 있다(그림 8.8). 집단 전체를 연구하는 것은 불가능하므로 샘플링된 데이터를 기반으로 모수의 범위를 추정하기 위해 사용된다. 따라서 신뢰구간은 샘플링된 표본이 연구 중인 모집단을 얼마나 잘 대표하는지 측정하는 방법이다. 신뢰수준에 대한 Z-Score가 사용되며, 일반적으로 95% 또는 99%에 해당되는 Z-Score가 사용된다.

신뢰수준	Z-Score
99%	2.576
95%	1.960
90%	1.645

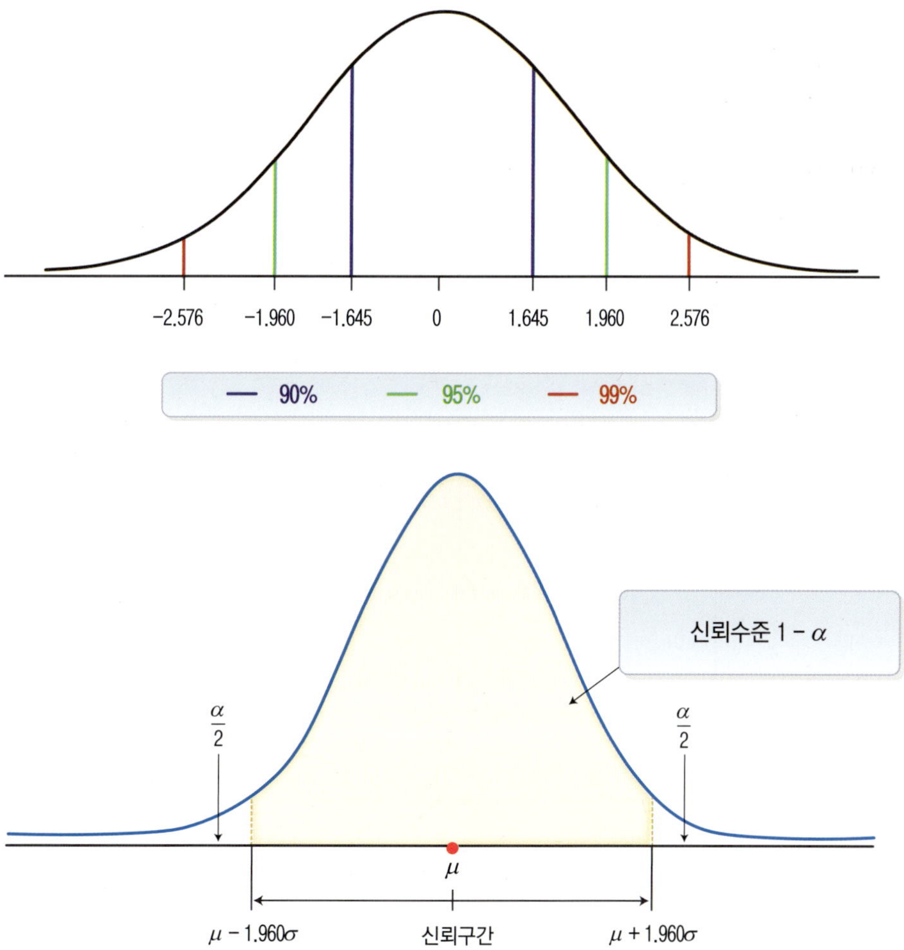

그림 8.8 신뢰수준과 신뢰구간

정규분포곡선과 같이 평균 60점이고 표준편차가 10점인 성적에서 대부분의 성적은 모집단 평균 μ=60점을 중심으로 분포의 95%를 차지하고 있다. 모평균 60점을 중심으로 좌/우 1.960σ의 거리까지의 면적이다.

즉, 95%의 신뢰구간은 표본의 평균으로부터 표준오차인 1.96배를 더하고 뺀 신뢰구간($\mu \pm 1.960\sigma$)을 작성하면 신뢰구간인 95%는 모평균을 포함한다는 뜻이다. 신뢰구간이 모집단의 수를 포함할 범위이며, 이 확률이 신뢰수준인 것이다.

신뢰구간(CI)의 특성으로는 신뢰구간이 좁을수록 모집단 평균 추정치가 정확해진다. 일반적으로 표본크기(sample size)가 클수록 신뢰구간이 좁아진다. 따라서 표본이 클수록 더 정확하게 모집단 평균을 추정할 수 있다.

TIP

신뢰구간 계산기(Confidence Interval Calculator)

https://www.mathsisfun.com/data/confidence-interval-calculator.html

TIP

신뢰구간과 표본 크기의 관계

- 95% 신뢰구간: 표본의 평균 100개 중에서 95개가 모집단의 평균을 포함할 확률(표본이 클수록 신뢰구간이 좁아지고, 모집단 평균 추정치가 정확하다.)
- 5% 오차: 5개는 모집단의 평균을 포함하지 않을 확률
- N=5: 표본 크기가 작아 신뢰구간이 넓고, 데이터 분포가 흩어져 있다.
- N=10: 표본 크기가 증가하면서 신뢰구간이 좁아지고, 데이터 분포가 더 집중된다.
- N=150: 표본 크기가 크게 증가하여 신뢰구간이 매우 좁아지고, 평균 추정의 정확성이 크게 향상된다.

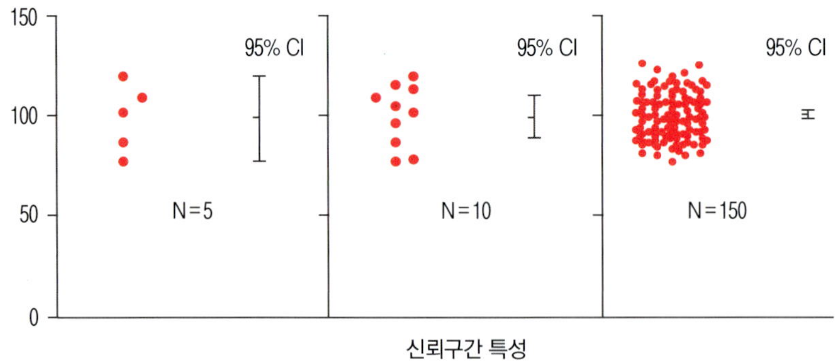

3 가설 검정

가설 검정(statistical hypothesis testing)이란 모집단의 성질을 증명하기 위해 특정 가설을 세운 후, 표본에서의 값을 가지고 세운 가설의 채택과 기각 여부를 결정하여 모집단의 성질을 증명하는 것을 말한다. 예를 들어, 기존의 운동방법과 몸통 안정화의 운동방법에 대한 효과를 증명하기 위해 가설을 세우고 가설을 증명해 가는 과정이다.

예를 들면, 복부 안정화운동이 복부근 두께에 미치는 영향에서 가설은 이분법 논리에 의해 복부 안정화운동이 복부근 두께에 영향을 미치지 않을 것이다. 혹은 복부 안정화운동이 복부근 두께에 영향을 미칠 것이다. 이와 같이 연구자가 실험을 통하여 밝히고자 하는 어떠한 사실을 증명하기 전에 결과에 대한 예상과 주장을 말하는 것이다.

가설 검정은 모집단의 어떤 특성에 대한 통계적 가설을 표본집단의 자료를 이용하여 검토하는 과정을 말한다. 연구에서는 가설을 세워 결과에 따라 가설을 기각할 것인지, 채택할 것인지를 선택하여 결론을 얻는 과정으로 가장 중요한 부분이다. 예를 들면, 앞선 연구 가설의 실험 결과, 복부 안정화운동이 복부근 두께를 두껍게 하지 않았다면 복부 안정화운동이 복부근 두께에 영향을 미치지 않을 것이라는 가설은 기각하고, 복부 안정화운동이 복부근 두께에 영향을 미친다는 가설을 채택할 것이다.

가설 검정은 모집단이 정규분포를 이루는지 아니면 이루지 않는지에 따라 모수 검정과 비모수 검정으로 구분할 수 있다. 모수 검정은 모집단이 정규분포를 따르고, 분산의 동질성이 확보되며, 변수의 측정 수준이 등간척도나 비율척도일 때 타당하게 적용되는 검정 방법이다.

비모수 검정은 모집단이 정규분포를 따르지 않거나 분산이 동일하지 않으며, 변수의 측정 수준이 명목척도나 서열척도일 때 적용되는 검정 방법이다.

1) 가설

(1) 귀무가설

귀무가설은 영가설이라고도 하며 이 가설은 직접적으로 검증을 받는 가설로, 즉 무효화하기 위해 설정하는 모수의 값이다. “독립변수와 종속변수 간의 유의한 차이가 없을 것이다.”라는 가설을 기각할 것을 전제로 한 가설이다. 일반적으로 $H_0(p>.05)$로 표기한다. 귀무가설은 일반 모집단에서 변화나 차이, 또는 관련성이 없다는 가정을 의미한다. 실험의 맥락에서는 이를 독립변수(처치)가 종속변수(점수)에 아무런 영향을 미치지 않는다는 예측으로 해석할 수 있다.

(2) 대립가설

대립가설은 귀무가설과 상대적으로 반대되는 개념으로 연구자가 연구를 통하여 긍정되기를 기대하는 예상이나 주장하고자 하는 내용을 대립가설로 설정하는 가설이고, 실험을 통해 증명하여 가설을 채택할 것을 전제로 한 가설이다. “독립변수와 종속변수 간의 유의한 차이가 있을 것이다.”를 채택하는 가설을 말한다. 귀무가설이 기각되면 자동적으로 대립가설은 채택된다. 대립가설은 $H_1(p<.05)$로 표기한다. 대립가설은 일반 모집단에서 변

화나 차이, 또는 관련이 있다는 가정을 의미한다. 실험의 맥락에서는 이를 독립변수(처치)가 종속변수(점수)에 영향을 미친다는 예측으로 해석할 수 있다.

예시

- 연구 질문: 레이저 치료는 욕창 감소에 효과적인가?
- 귀무가설(H_0): 레이저 치료와 초음파 치료는 욕창 감소에 효과 차이가 없다. 즉, 레이저 치료는 욕창 감소에 효과적이지 않다($p > .05$).
- 대립가설(H_1): 레이저 치료가 초음파 치료보다 욕창 감소에 더 효과적이다. 즉, 레이저 치료는 욕창 감소에 효과적이다($p < .05$).
- 결론 도출 기준: $p > 0.05$: 귀무가설 채택 → 레이저 치료와 초음파 치료의 효과 차이가 없다.
  $p < 0.05$: 귀무가설 기각 → 레이저 치료가 초음파 치료보다 효과적이다.

귀무가설	대립가설
효과(or 차이)가 없을 것이다($p > .05$).	효과(or 차이)가 있을 것이다($p < .05$).

2) 양측검정과 단측검정

가설을 검정하기 위해서는 가설을 먼저 세우고 대립가설을 기준으로 유의수준을 설정한다. 유의수준과 관련하여 가설 검정은 양측검정(two-tailed tests or two-side tests)과 단측검정(one-tailed tests or one-side tests)으로 나뉜다.

(1) 양측검정

양측검정은 표본의 평균이 모집단의 평균이 같지 않다(반드시 크거나 작아야 한다)를 판정하는 경우의 가설과 검정 방법이다. 통계적 검증이 표집분포의 양측 꼬리에서 동시에 이루어지기 때문에 이를 양측검정이라고 한다. 효과의 방향성을 고려하지 않는 가설에 사용되며, 정적효과와 부적 효과를 모두 효과로 간주하는 가설을 검정할 때 적용된다.

- 귀무가설: H_0; : $u = u_0$
- 대립가설: H_1: $u \neq u_0 \Rightarrow u > u_0$ 이거나 $u < u_0$
- 두 숫자가 비교에서 같지 않다는 의미는 두 숫자 중 하나는 반드시 크거나 작아야 한다.
- 정규분포는 평균을 중심으로 대칭이기 때문에 유의수준을 반으로 나눈다.

$|z| \geq z_{\frac{\alpha}{2}}$ (α는 유의수준)

z가 $z_{\frac{\alpha}{2}}$ 이상이거나 $-z_{\frac{\alpha}{2}}$ 이하일 경우 귀무가설 기각

$|z| < z_{\frac{\alpha}{2}}$ (α는 유의수준)

$\Rightarrow$ 귀무가설 채택

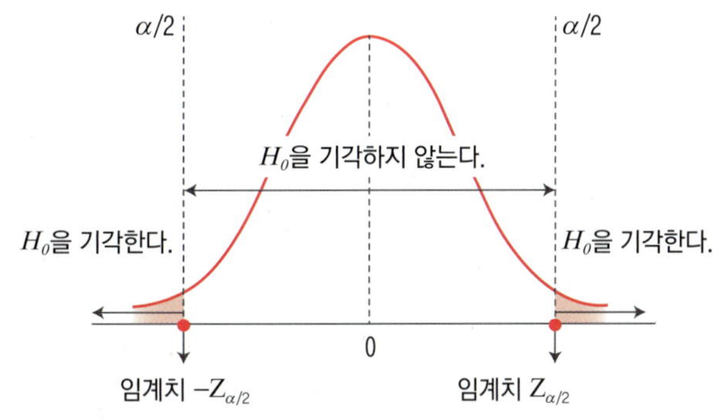

(2) 단측검정

단측검정은 표본의 평균이 모집단의 평균보다 큰지 또는 작은지를 판정하는 경우의 가설과 검정 방법이다. 즉, 대립가설이 어느 특정 모수 이상이거나 이하일 때 검정하는 것이다. 통계적 검증이 표집분포의 한쪽 꼬리에서만 이루어지기 때문에 이를 단측검정이라고 부른다.

1) 대립가설: 우리나라 대학교 1학년 성적 평균이 60점보다 높다고 할 수 있는가?

$H_0 : u \le u_0$

$H_1 : u > u_0$

$H_0 : u \le u_0$: 평균 성적 이하이다.

$H_1 : u > u_0$: 평균 성적보다 높다.

$Z \ge Z_\alpha$ (α 유의수준): Z가 Z_α 이상일 경우 귀무가설 기각

$Z < Z_\alpha$ (α 유의수준): Z가 Z_α보다 작다면 귀무가설 채택

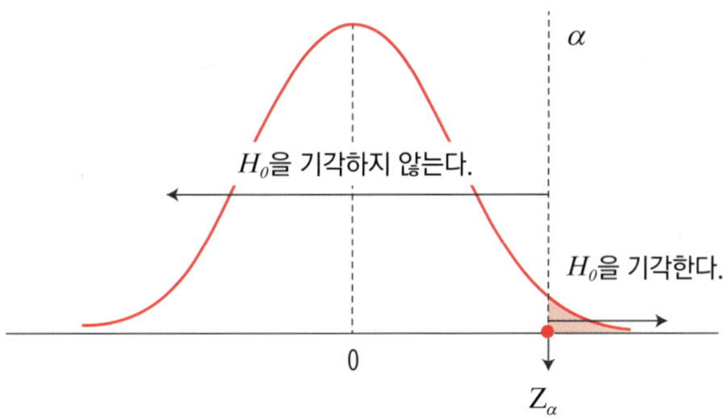

2) 대립가설: 우리나라 대학교 1학년 성적 평균이 60점보다 낮다고 할 수 있는가?

$H_0 : u \geq u_0$

$H_1 : u < u_0$

$H_0 : u \geq u_0$: 평균 성적 이상이다.

$H_1 : u < u_0$: 평균 성적보다 낮다.

$Z \leq -Z_\alpha$ (α 유의수준): Z가 $-Z_\alpha$ 이하일 경우 귀무가설 기각

$Z > -Z_\alpha$ (α 유의수준): Z가 $-Z_\alpha$보다 크다면 귀무가설 채택

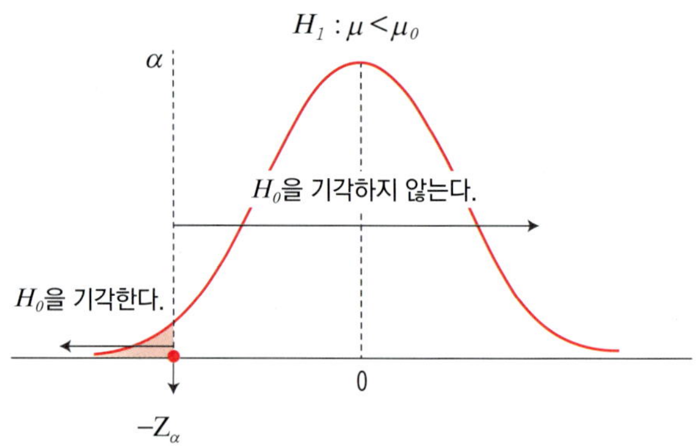

3) 기각역과 채택역

기각역은 귀무가설을 기각할 수 있는 통계량의 영역(대립가설 채택, $p<0.05$)이고, 채택역은 귀무가설을 채택할 수 있는 통계량의 영역(대립가설 기각, $p>0.05$)을 말하며, 기각역과 채택역의 경계를 임계점이라고 한다. 임계점은 기각역과 채택역을 결정하는 데 중요하고 유의수준으로 결정한다(그림 8.9).

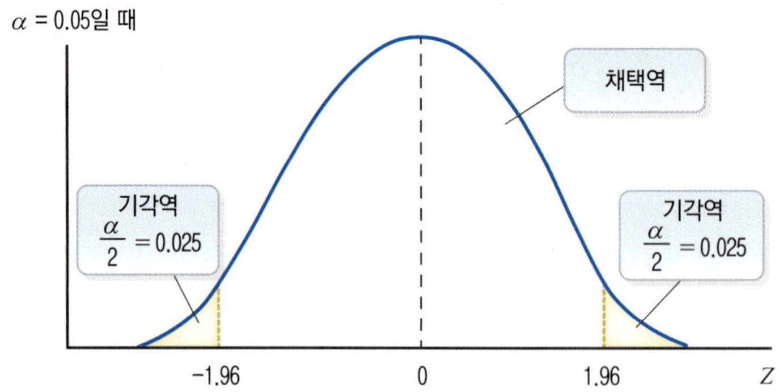

그림 8.9 기각역과 채택역

양측검정과 단측검정에서의 기각역과 채택역의 설명은 다음과 같다(그림 8.10).

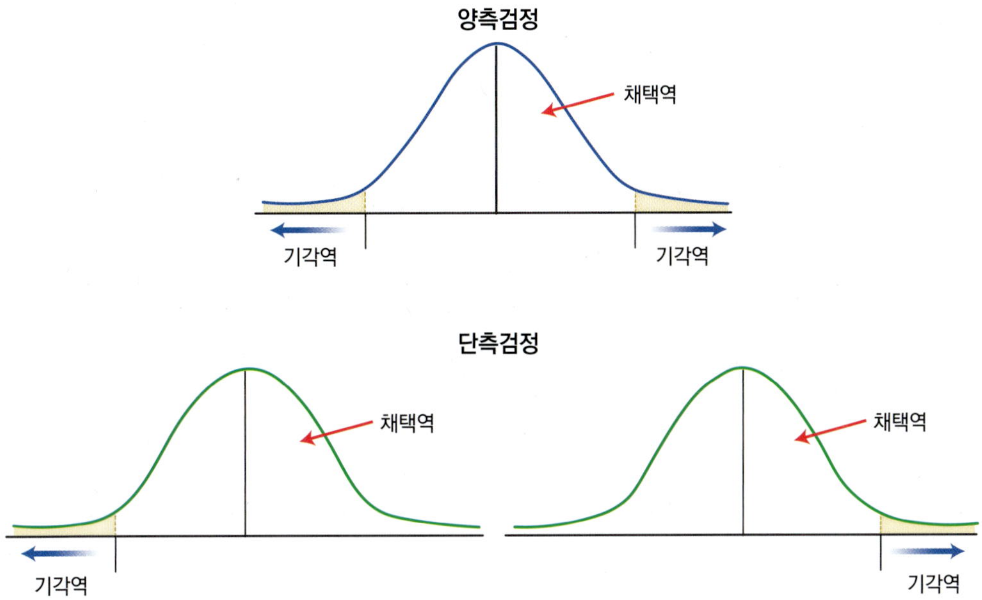

그림 8.10 양측검정과 단측검정의 기각역과 채택역

> **TIP**
>
> **기각역**
>
> - 기각역은 귀무가설이 참일 경우 거의 관찰되기 어려운 극단적인 표본값들로 구성되며, 이는 유의수준에 의해 정의된다.
> - 기각역의 경곗값은 유의수준에 따라 결정된다.
> - 표본 자료가 기각역에 속하면, 귀무가설을 기각한다.

4 유의수준와 유의확률

1) 유의수준

유의수준(level of significance, α)은 연구자가 귀무가설의 기각 여부를 판단하는 기준의 확률값이고, 통계분석 결과 집단 간에 통계적으로 유의한 차이가 있는지를 판단하는 확률수준을 의미한다. 따라서 유의수준(α)은 실제로 효과가 없는 데도 불구하고 효과가 있다는 잘못된 결론을 내리게 되는 제1종 오류의 최대 허용한계이며, 일반적으로 0.05(95% 신뢰수준)와 0.01(99% 신뢰수준)을 많이 사용한다.

TIP

유의수준과 신뢰수준

5% 유의수준하에서의 기각역은 95% 신뢰수준하에서의 신뢰구간과 반대의 의미를 갖는다. 따라서 유의수준 α%하에서의 검정은 (100−α)%의 신뢰수준하에서의 검정이라고도 표현한다.

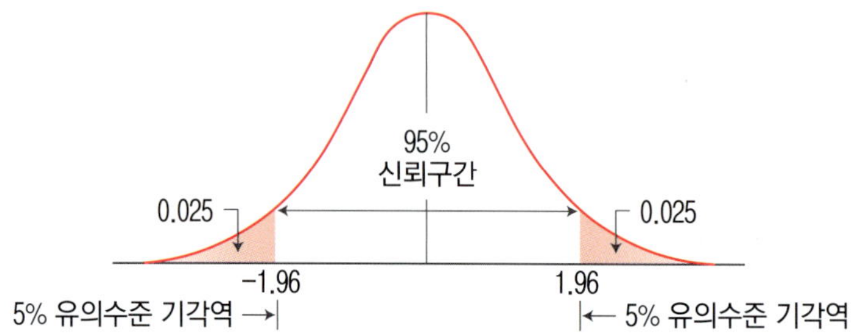

2) 유의확률

유의확률(probability of significance, p)은 통계결과에서 제시되는 p값, sig값을 말하고 p값은 검정통계량의 결과값에 대해 귀무가설을 기각하게 되는 제1종 오류를 범할 확률을 말한다. p값은 귀무가설이 참이라는 가정에 따라 주어진 표본 데이터를 희소 또는 극한값으로 얻을 확률 값이다. 따라서 대립가설의 결과값이 나올 확률이 얼마나 되는지를 나타내는 값이다. 통계결과의 유의확률이 유의수준보다 작으면($p<0.05$) 귀무가설을 기각하고 대립가설을 채택하고, 유의확률이 유의수준보다 크면($p>0.05$) 귀무가설을 채택한다.

유의수준(α)과 유의확률(p)에 따른 귀무가설의 기각여부

$p<\alpha$	귀무가설의 기각	두 모집단(실험군과 대조군)의 평균은 유의한 차이가 있다.	통계학적으로 유의함
$p>\alpha$	귀무가설의 채택	두 모집단(실험군과 대조군)의 평균은 유의한 차이가 없다.	통계학적으로 유의하지 않음

TIP

유의수준과 유의확률의 비교

- 유의수준(α)은 연구자가 미리 설정한 기준값으로, 귀무가설이 참임에도 불구하고 기각할 오류(제1종 오류)의 허용 범위를 나타낸다.
- 유의확률(P-value)은 데이터를 기반으로 계산된 값이며, 귀무가설이 참일 때 현재 데이터를 관찰할 확률을 의미한다. 유의확률이 유의수준보다 작으면, 통계적으로 유의미한 차이가 있다고 판단하여 귀무가설을 기각한다.
- 유의수준은 연구자가 설정 가능하며, 일반적으로 0.05(5%) 또는 0.01(1%)로 설정된다. 표본 크기가 증가하면, 그 적용 효과가 달라질 수 있다.

5 오류

연구의 가설 검정 과정에서 표본집단을 가지고 모집단을 추정할 때 두 가지 오류가 발생할 수 있는데, 이것을 제1종 오류와 제2종 오류로 분류한다.

1) 제1종 오류

제1종 오류(α)는 귀무가설이 옳지만(효과 또는 차이가 없음) 귀무가설을 기각하고 대립가설을 채택하는 오류를 말한다. 즉 귀무가설이 옳은데도 틀렸다고 기각하는 오류이고 검정의 유의수준이라고 한다.

2) 제2종 오류

제2종 오류(β)는 귀무가설이 옳지 않지만(효과 또는 차이가 있음) 귀무가설을 채택하게 되는 오류를 말한다. 즉 귀무가설이 틀렸는데도 옳다고 수용하는 오류이고 검정의 검정력이라고 한다.

	귀무가설이 옳은 경우	귀무가설이 거짓인 경우
귀무가설 기각	제1종 오류(α)	올바른 의사결정(검정력, $1-\beta$)
귀무가설 채택	올바른 의사결정(신뢰수준, $1-\alpha$)	제2종 오류(β)

TIP

- 제1종 오류(α오류): 귀무가설이 옳은데도 틀렸다고 기각하는 오류
- 제2종 오류(β오류): 귀무가설이 틀렸는데도 옳다고 수용하는 오류

3) 검정력

검정력(power)은 연구에서 어떤 효과가 실제로 존재하는 경우 통계적으로 발견해 낼 수 있는 확률을 말한다. 연구에서 검정은 표본의 크기와 비례하여 중요하며 표본의 수가 많을수록 통계적 검정력이 우수하다. 표본의 수가 적으면 모집단의 특성을 대표하기에는 어려움이 뒤따르기 때문에 연구를 설계할 때 모집단을 대표할 수 있는 적정 표본수를 산정해야 한다. 통계적 검정력은 두 집단의 차이를 차이가 있다고 말할 수 있는 힘을 의미한다. 따라서 임상연구에서 적은 표본을 사용한 연구는 검정력이 상당히 떨어진다고 이야기할 수 있다.

TIP

- 검정력: 대립가설이 참일 때 귀무가설을 기각시킬 수 있는 확률로서, 귀무가설이 거짓이면 대립가설을 채택하는 것이다. 이 값이 크면 검정력이 좋다는 것을 의미한다. 따라서 제2종 오류가 최소일 때 검정력은 가장 커진다.

6 가설설정 방법의 절차

모집단에서 추출한 표본을 가지고 모집단의 특성을 추론하고 그 결과에 대해 신뢰성 여부를 검정하는 것이 추론통계이다. 따라서 가설을 검정하는 것은 연구자가 실험을 통해 가설의 채택과 기각 여부를 결정하는 방법이다. 가설설정 방법의 절차는 다음과 같다.

① 귀무가설 H_0와 대립가설 H_1을 설정한다.
양측검정을 할 것인지 단측검정을 할 것인지 결정한다.
② 유의수준 α (보통 실험 연구에서는 $\alpha=0.05$ 또는 $\alpha=0.01$) 값을 설정한 후 기각역과 채택역을 정한다.
③ 검정통계량을 계산한다.
④ 통계적 결정을 내린다.
⑤ 결론을 내린다.

계산된 유의확률(p값)이 유의수준보다 작으면 귀무가설을 기각하고 대립가설을 채택하여 통계학적으로 유의한 결과를 나타낸 것이며, 계산된 유의확률(p값)이 유의수준(α)보다 크면 귀무가설을 채택하고 대립가설을 기각하여 유의수준(α)에서 통계적으로 유의하지 않다고 한다.

7 통계적 유의성과 실제적 유의성

1) 통계적 유의성

연구자가 통계적 가설검증을 위해 설정한 유의수준에 따라 귀무가설을 기각할 만큼 유의미한 정도를 통계적 유의성이라 한다(그림 8.11).

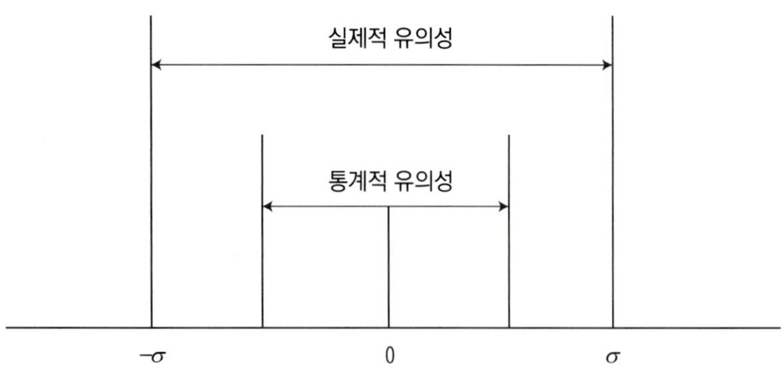

그림 8.11 통계적 유의성과 실제적 유의성

2) 실제적 유의성

연구자가 연구를 진행하여 나온 연구 결과가 실질적으로 집단 간에 차이가 있는지 또는 변수 간에 고려할 사항이 있는지의 정도를 실제적 유의성이라 한다(그림 8.11).

> **TIP**
> - 통계적 유의성은 결과가 실제적으로 유의하다는 것을 의미하지 않는다.
> - 통계적으로 유의하더라도 실제적 유의성은 존재하지 않을 수 있고, 통계적 유의성은 없으나 실제적 유의성이 있는 경우도 있다.
> - 통계적 유의성의 검정은 표본의 크기에 따라 결정된다.

8 효과크기

효과크기(effect size)는 비교하고자 하는 집단 사이에 얼마나 차이가 있는지 또는 연관성의 정도를 나타내는 표준화된 지표이다. 효과크기는 연구 결과에서 비교하려는 집단 사이의 차이 또는 연관성을 직접적으로 기술하는 장점을 가지고 있다. 효과크기가 클 경우에는 적은 표본수로도 검증이 가능하지만 효과크기가 작을 경우 검증을 위해 많은 표본수가 필요하다.

즉, 값이 크다는 것은 실험효과가 좋다는 것을 의미하고 값이 작다는 것은 실험효과가 낮다는 것을 의미한다. 일반적으로 효과크기가 .80 이상일 경우 효과가 높다고 본다.

> **TIP**
>
> **효과크기의 이해**
>
> - 정의: 실험집단의 평균과 통제집단의 평균의 차를 실험집단과 통제집단의 통합 표준편차로 나눈 값
> - ES = 0: 실험군의 평균과 대조군의 평균이 같다.

$$ESsm = \frac{Xe - Xc}{S_{pooled}}$$

$$S_{pooled} = \sqrt{\frac{(n_e - 1)S_e^2 + (n_c - 1)S_c^2}{(n_e + n_c - 2)}}$$

ESsm: 효과크기, X_e: 실험집단의 평균, Xc: 통제집단의 평균

Spooled: 실험집단과 통제집단의 통합표준편차

n_e: 실험집단의 사례수

n_c: 통제집단의 사례수

S_e: 실험집단의 표준편차

S_c: 통제집단의 표준편차

통계분석방법에 따른 효과크기

	index	small	medium	large
T-test on menas	d	0.20	0.50	0.80
correlations	r	0.10	0.30	0.50
ANOVA	f	0.10	0.25	0.40
Multiple Linear Regression	f^2	0.02	0.15	0.35
Chi-square test	w	0.10	0.30	0.50

Cohen, J. (1988). Statistical power analysis for the behavioral sciences (2nd ed.). Hillsdale, NJ; Erlbaum.

9

모수 검정과 비모수 검정

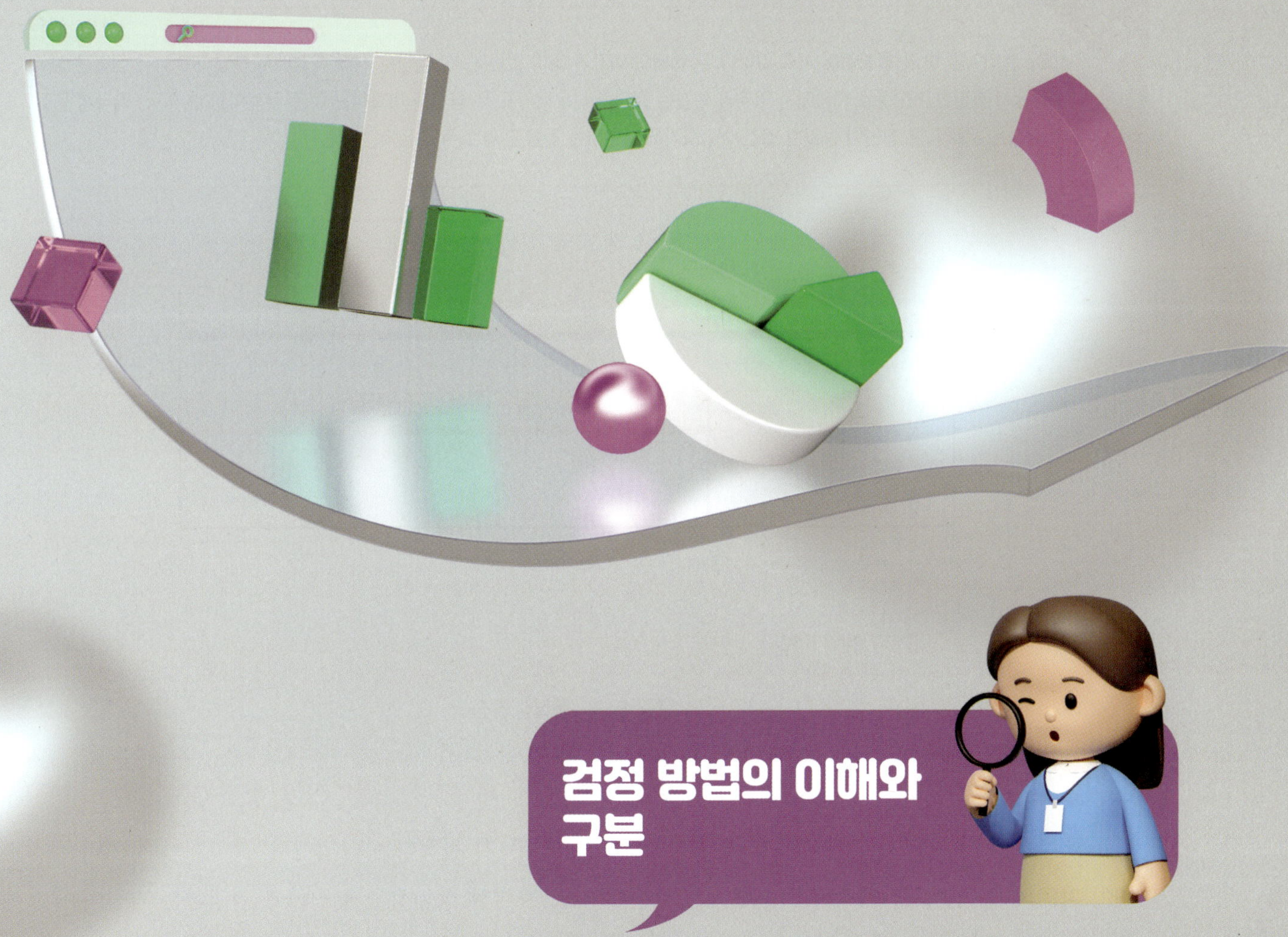

검정 방법의 이해와 구분

학습목표

- 동질성 검정과 정규성 검정을 이해할 수 있다.
- 척도의 분류와 특성을 이해할 수 있다.
- 모수와 비모수 검정 방법을 구분할 수 있다.

1 동질성 검정과 정규성 검정

1) 동질성 검정

동질성 검정(homogeneity test)은 두 개 이상의 집단으로 나누어 연구할 때 각각의 집단이 서로 유사성과 동질성을 가지고 있어야 하는데, 비교대상이 유사성을 가져야 서로 비교할 수 있기 때문이다. 동질성 검정은 연구대상 모집단 분포의 형태가 동일한지를 검증하는 것이기 때문에 시작 지점이 서로 다른 집단을 비교하는 것은 유사한 집단이 아닌 다른 집단을 실험하여 비교하는 것이고, 유사성이 없는 집단을 대상으로 실험을 하면 실험설계가 잘못된 것이어서 "집단의 동질성이 없다"라고 할 수 있다(그림 9.1).

TIP

100m 달리기를 할 때 출발점이 서로 같아야 두 집단의 비교가 의미 있는데, 한 집단은 시작 지점에서 출발하고 다른 집단은 30m 지점에서 출발한다면 종료 지점에서 아무리 똑같은 결과가 나오더라도 두 집단을 비교하는 것은 무의미할 수 있다. 따라서 동질성 검정은 서로 다른 집단이 동일한 조건에서 시작해야 한다는 것을 전제로 두고 있다.

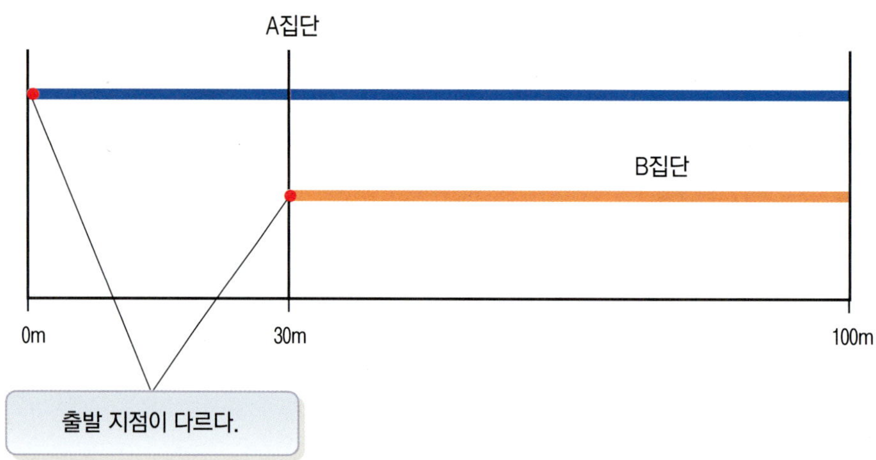

그림 9.1 동질성 검정

2) 정규성 검정

정규성 검정(normality test)은 자료값들이 정규분포를 따르는지 검정하는 방법이다. 통계학에서 여러 검정 방법들이 자료의 정규분포를 가정하고 수행되기 때문에 자료 자체의 정규성을 확인하고 검정하는 과정이 필요하다. 자료의 수가 30개 이상이면 중심극한정리에 의해 자료는 모수를 따르기 때문에 정규성 검정을 생략할 수 있으나 일반적으로 자료의 수가 30개 미만이면 정규성 검정 방법으로 정규성 여부를 확인해야 한다.

귀무가설은 자료가 정규분포에 적합한 것이고, 대립가설은 자료가 정규분포에 적합하지 않다는 것이다. 대부분의 가설 검정이 H_1인 대립가설을 채택하기 위한 가설이다. 따라서 *p-value*가 0.05보다 크면 정규성이 있는 것으로 판단되고, 반면에 *p-value*가 0.05보다 작으면 정규분포를 이루지 않는다.

(1) Kolmogorov-Smirnov 검정

표본의 누적 확률분포와 가설로 설정된 모집단의 누적 확률분포를 상호 비교하여 표본의 분포가 가설로 설정된 확률분포에 적합한 것인지를 결정하는 검정 방법으로 두 개의 결과값이 의미 있게 다른 경우 실시한다. 일반적으로 표본의 수가 한 그룹당 30명 이상으로 자료가 많을 때 적합한 정규성 검정 방법이다.

(2) Shapiro-Wilk 검정

표본이 정규분포로부터 추출된 것인지 검정하는 방법으로 표본의 수가 한 그룹당 30명 미만으로 자료가 적을 때 사용하는 정규성 검정 방법이다.

연구: 측정 전의 통증지수와 측정 후의 통증지수를 비교하시오. 유의수준(α)은 0.05이다.
(통증지수: 심한 통증 = 100. 통증 없음 = 0. 10단위로 측정)
60. 80. 90. 70. 60. 90. 80. 90. 70. 60 [표본집단 평균(μ전) = 75.00]
50. 60. 70. 80. 60. 50. 40. 40. 50. 40 [표본집단 평균(μ후) =5 4.00]

SPSS 기술통계량의 결과

측정	N	평균	표준편차
전	10	75.000	12.692
후	10	54.000	13.498

- 측정 전 · 후의 통증지수는 같은가?
- 측정 전 · 후의 통증지수는 어느 쪽이 낮은가?

동일한 집단의 측정 전 값을 μ전=75.0, 측정 후 값을 μ후=54.0, 측정 전 · 후 차이를 μd= 21.0

1. 정규성 검정 단계
   - 측정 전-후 데이터의 차이에 대한 하나의 변수를 만든 후 정규성 검정을 실시한다.
   - 일반적으로 "D_변수명 또는 diff_변수명"으로 표현하여 하나의 변수를 만든다.
   - Kolmogorov-Smirnov 검정과 Shapiro-Wilk 검정을 실시한다.

   1) 정규성에 대한 가설을 설정한다.
      - H_0: 자료는 정규분포를 따른다.
      - H_1: 자료는 정규분포를 따르지 않는다.
   2) 정규성 검정을 실시한다.

	Kolmogorov-Smirnov[a]			Shapiro-Wilk		
	통계량	자유도	유의확률	통계량	자유도	유의확률
diff_통증지수	.222	10	.179	.944	10	.600

a. Lilliefors 유의확률 수정

두 검정 모두 F = .222, p = .179, F = .944, p = .600으로 유의수준 .05보다 크기 때문에 귀무가설을 기각할 수 없으므로 전 · 후 차이 데이터의 정규성은 만족되었다. 따라서 모수 검정 방법으로 대응표본 t-검정을 실시한다.

2 척도의 분류와 특성

1) 척도의 분류

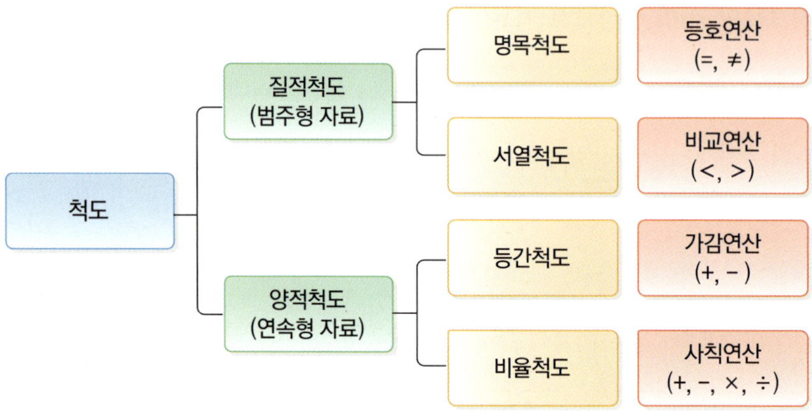

2) 척도의 특성

(1) 명목척도

- 명목척도는 집단의 분류가 목적으로 사용된 척도이다[예: 성별 − 남(1), 여(2)].
- 부여된 수치는 크기를 의미하지 않는다.
- 남1과 여2는 단순히 범주화하는 의미의 숫자이다.

[예] 인종, 종교, 진단명, 주민등록번호, 우편번호, 선수의 등번호, 지역구 등

(2) 서열척도

- 측정 대상의 분류뿐만 아니라 측정 대상을 크기에 따라 순서적으로 배열할 수 있는 측정 방법이다.
- 측정 대상의 상대적 크기(강도)를 말할 수 있다.

[예] 반석차에서 1등, 2등, 3등 순위는 전형적인 서열척도이다. 1등이 2등보다 우수한 수준이라는 것을 말해준다. 계급, 석차, 경제상태(상, 중, 하)

(3) 등간척도

- 명목척도와 서열척도의 특성을 모두 갖고 있으면서 "크기의 정도"를 말할 수 있는 측정척도이다. 즉, 등간척도로 측정된 자료는 '어느 정도 크다 혹은 작다'를 파악할 수 있다.

[예] 온도, 지능점수, 물가지수, 주가지수 등

(4) 비율척도

- 가장 포괄적인 정보를 제공하는 최상위 수준의 측정척도로 등간척도의 모든 정보를 제공하면서 절대영점을 갖는다.

[예] 질량, 나이, 개수, 거리, 시간, 각도, 월 소득, 연령 등

TIP

절대영점

- 절대영점은 측정하려는 사물이나 사람의 속성이 완전히 없는 상태를 의미한다.
- 등간척도는 영점이 임의의 값으로 설정된 값으로, 예를 들어 섭씨 0도는 1기압에서 얼음이 녹는 온도를 기준으로 정한 값이다.
- 등간척도는 절대영점이 없기 때문에, 비율적인 해석에 제한이 있다.
  예) "40도는 20도의 두 배 더 덥다"는 해석은 성립하지 않는다.
- 비율척도는 등간척도의 모든 특성을 포함하며, 추가로 절대영점을 가진다.

3 모수와 비모수 검정 방법 정리

가설 검정은 모집단의 정규분포 여부에 따라 모수 검정과 비모수 검정으로 구분할 수 있다. 가설 검정을 할 때 모집단으로부터 추출된 표본을 통하여 추정을 하게 되는데, 이러한 과정에서 추론의 근거를 뒷받침해 줄 수 있는 가장 중심이 되는 것이 바로 모집단의 함수 형태, 즉 분포에 관한 것이다. 따라서 모집단의 분포가 정규분포를 가정했을 때에는 모수 검정을 실시하고 정규분포를 가정하지 못할 때는 비모수 검정을 실시한다(그림 9.2).

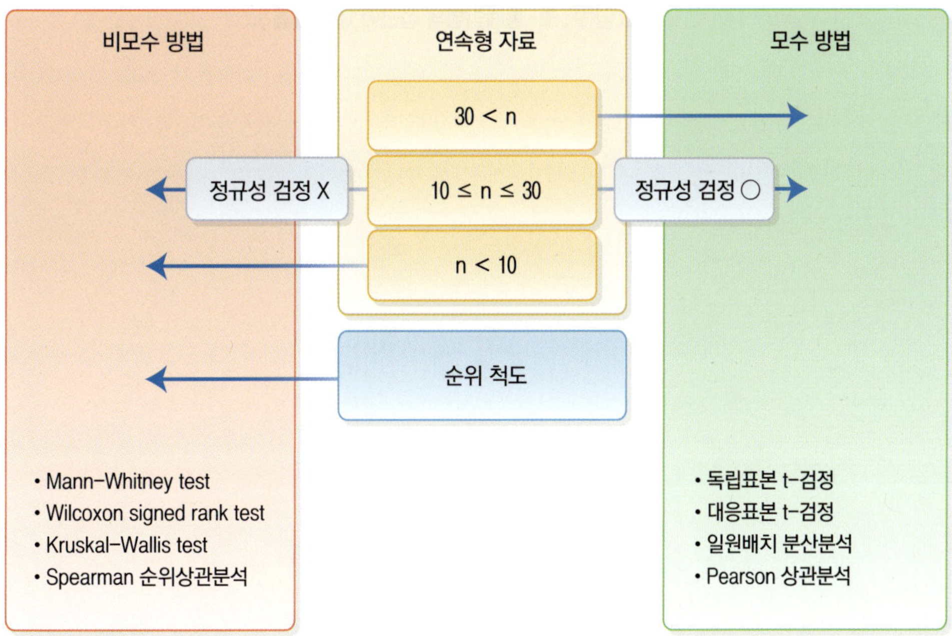

그림 9.2 모수와 비모수 검정 방법

TIP

- 정규성 만족할 때 – 모수 검정 방법
- 정규성 만족하지 않을 때 – 비모수 검정 방법

다음은 변수의 형태와 종류에 따른 분석모형을 보여준다(그림 9.3).

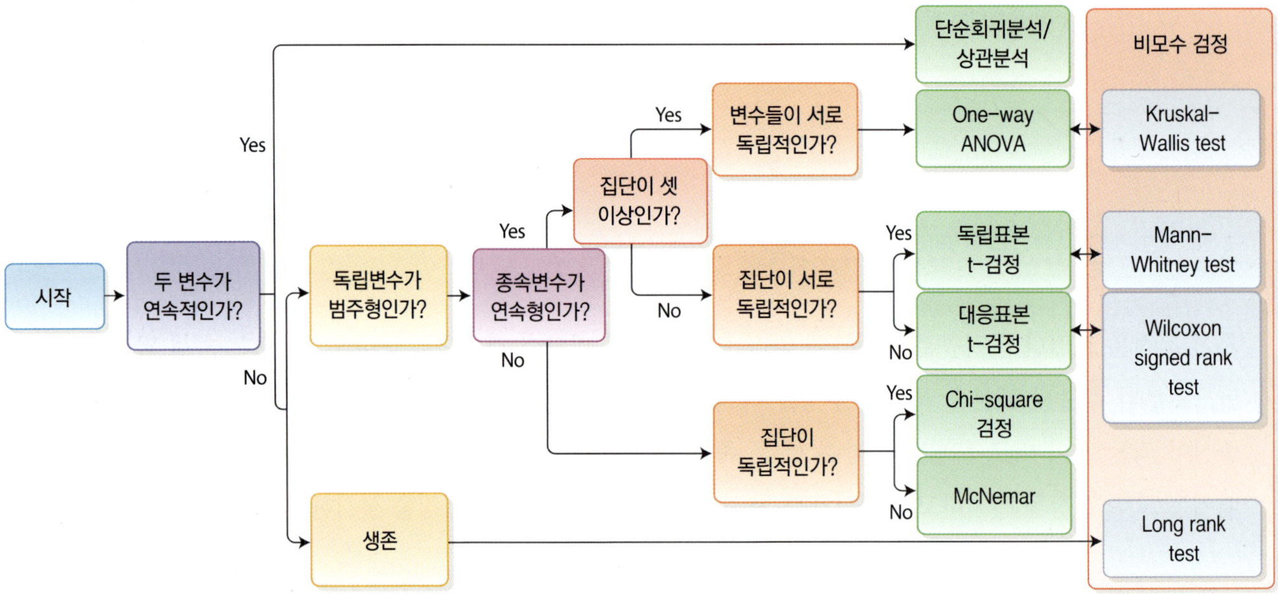

그림 9.3 통계방법의 접근에 대한 흐름도

UNIT 3

실전통계와 실습

10

기초 SPSS 활용

학습목표

- 기초적인 SPSS의 사용법을 이해하고 실행할 수 있다.
- 다중응답 입력에 대해 이해하고, 통계프로그램을 통해 응용할 수 있다.
- 자료 변환, 파일 합치기, 케이스 선택, 데이터 통합 방법을 이해할 수 있다.
- 기초통계량, 도수분포표 및 막대그래프 & 히스토그램에 다양하게 제시할 수 있다.

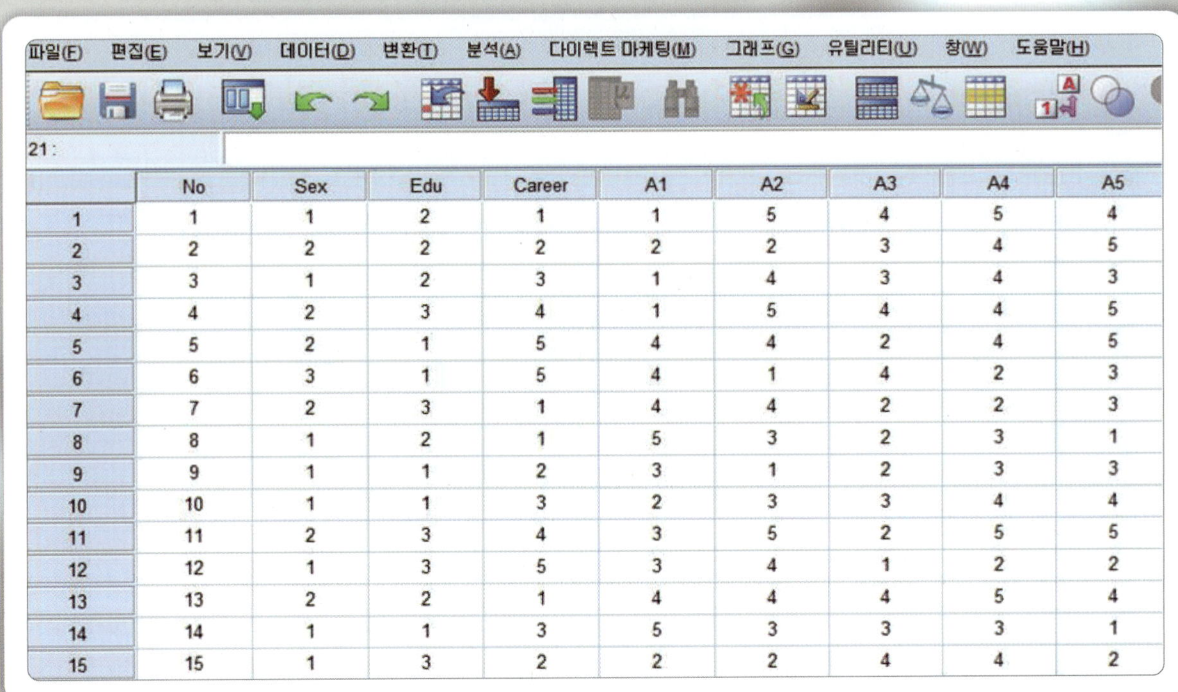

	No	Sex	Edu	Career	A1	A2	A3	A4	A5
1	1	1	2	1	1	5	4	5	4
2	2	2	2	2	2	2	3	4	5
3	3	1	2	3	1	4	3	4	3
4	4	2	3	4	1	5	4	4	5
5	5	2	1	5	4	4	2	4	5
6	6	3	1	5	4	1	4	2	3
7	7	2	3	1	4	4	2	2	3
8	8	1	2	1	5	3	2	3	1
9	9	1	1	2	3	1	2	3	3
10	10	1	1	3	2	3	3	4	4
11	11	2	3	4	3	5	2	5	5
12	12	1	3	5	3	4	1	2	2
13	13	2	2	1	4	4	4	5	4
14	14	1	1	3	5	3	3	3	1
15	15	1	3	2	2	2	4	4	2

1 SPSS의 시작

통계학이란 관심의 대상이나 연구분야에 대한 자료를 수집하고 정리 및 요약하여, 수집된 자료를 과학적이고 통계학적인 판단을 내릴 수 있게 분석하는 학문이다.

SPSS(Statistical Package for the Social Science)는 사회과학을 포함한 다양한 분야의 연구 결과를 분석하고 결과를 도출하는 목적으로 만들어진 프로그램이다. SPSS는 연구자들이 쉽게 접근할 수 있도록 대표적으로 엑셀(Excel)프로그램이 있고, 그 외에 메모장, 한글 워드프로세서, MS 워드프로세서를 이용한 자료들을 사용하여 데이터를 입력하고 분석할 수 있다.

이 책에서는 한글 SPSS Statistics 26.0을 기준으로 작성하였다.

1) SPSS의 시작

① SPSS를 시작하기 위해 윈도우 바탕화면에서 다음 메뉴들을 차례로 클릭한다.
[시작] – [프로그램] – [IBM SPSS Statistics] – [IBM SPSS Statistics 26.0]

② SPSS 프로그램을 실행한다.

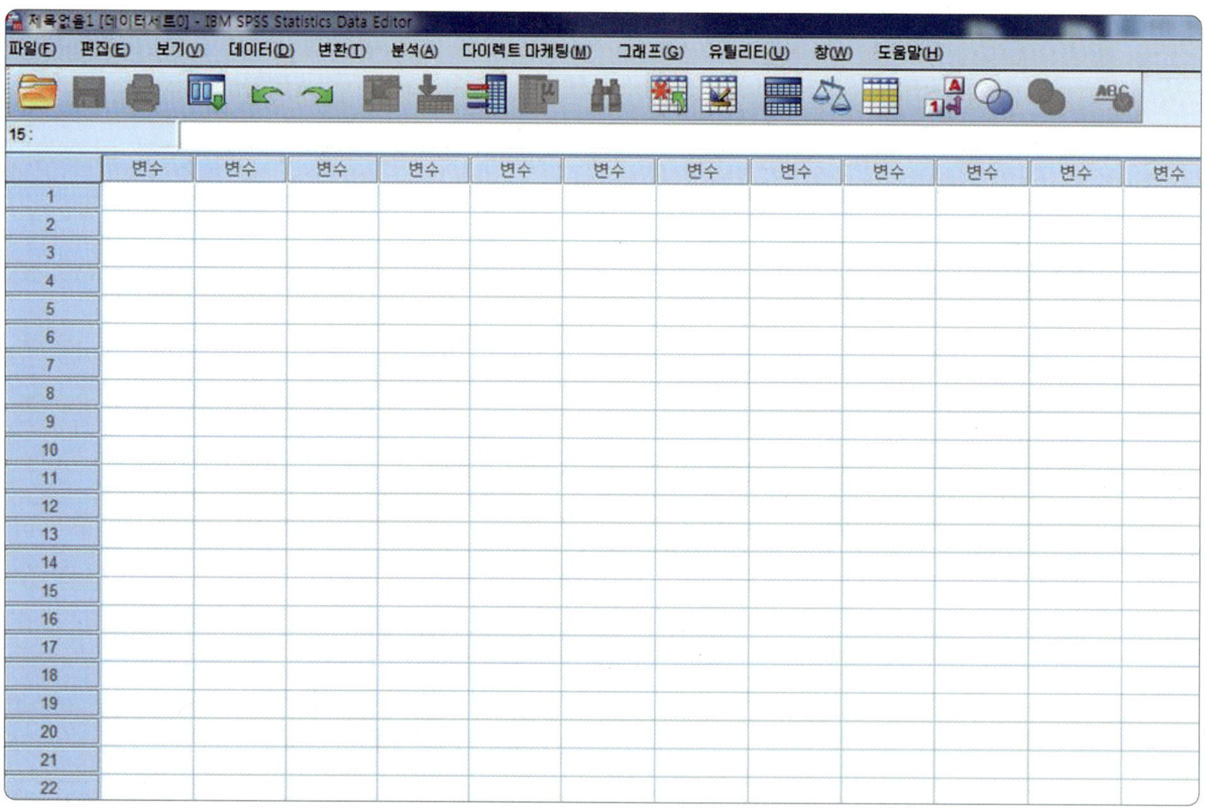

2 엑셀에 자료 입력하기, 엑셀 저장법

연구 결과나 설문지를 통해 얻은 데이터를 분석하려면 SPSS에 수집된 데이터를 입력하고, 연구 목적에 맞게 변수를 정하여 변환하는 과정이 필요하다. 엑셀 프로그램을 이용하여 자료 입력하는 방법은 다음과 같다.

1) 엑셀에 설문지 데이터 입력하기

직장만족도 설문 조사

1. 응답자의 일반적 사항에 관한 질문입니다. 각 설문에 "V" 표시를 해주세요.
   (1) 귀하의 성별은? ① 남자 ② 여자
   (2) 귀하의 학력은? ① 고졸 ② 전문학사 이상 ③ 석사 이상
   (3) 귀하의 근무경력? ① 1~3년 미만 ② 3~5년 미만 ③ 5~7년 미만 ④ 7~9년 미만 ⑤ 9년 이상

2. 응답자가 직장에 근무하면서 느꼈던 만족도에 대한 질문입니다. 각 설문에 "V" 표시를 해주세요.

전혀 그렇지 않다	그렇지 않다	보통이다	그렇다	매우 그렇다
1	2	3	4	5

설문 문항	1	2	3	4	5
(1) 직장의 급여 정도에 만족한다.					
(2) 직장의 복지에 만족한다.					
(3) 직원들은 항상 열정을 가지고 근무한다.					
(4) 연차 및 개인적인 휴가는 자유롭게 사용할 수 있다.					
(5) 상관의 불합리한 업무지시가 많은 편이다.					

2) 데이터 파일의 코딩 양식

변수명	설문 문항	변수값 설명
sex	성별	남자=1, 여자=2
edu	학력	고졸 이상=1, 전문학사 이상=2, 석사 이상=3
career	근무경력	1~3년 미만=1, 3~5년 미만=2, 5~7년 미만=3, 7~9년 미만=4, 9년 이상=5
A1	직장의 급여 만족도	전혀 그렇지 않다=1 그렇지 않다=2 보통이다=3 그렇다=4 매우 그렇다=5
A2	직장의 복지 만족도	
A3	직원의 근무 태도	
A4	직장의 연차 만족도	
A5	상관의 업무 적절	

3) 직장 만족도 설문지 데이터

No	Sex	Edu	Career	A1	A2	A3	A4	A5
1	1	2	1	1	5	4	5	4
2	2	2	2	2	2	3	4	5
3	1	2	3	1	4	3	4	3
4	2	3	4	1	5	4	4	5
5	2	1	5	4	4	2	4	5
6	2	1	5	4	1	4	2	3
7	2	3	1	4	4	2	2	3
8	1	2	1	5	3	2	3	1
9	1	1	2	3	1	2	3	3
10	1	1	3	2	3	3	4	4
11	2	3	4	3	5	2	5	5
12	1	3	5	3	4	1	2	2
13	2	2	1	4	4	4	5	4
14	1	1	3	5	3	3	3	1
15	1	3	2	2	2	4	4	2

[ch10_Q1]

4) 엑셀 입력하기

아래의 그림과 같이 변수명은 엑셀 창 첫 행(A1~I1)에 입력하고, 다음 행부터 각 응답자의 설문지 데이터를 순차적으로 입력하면 된다.

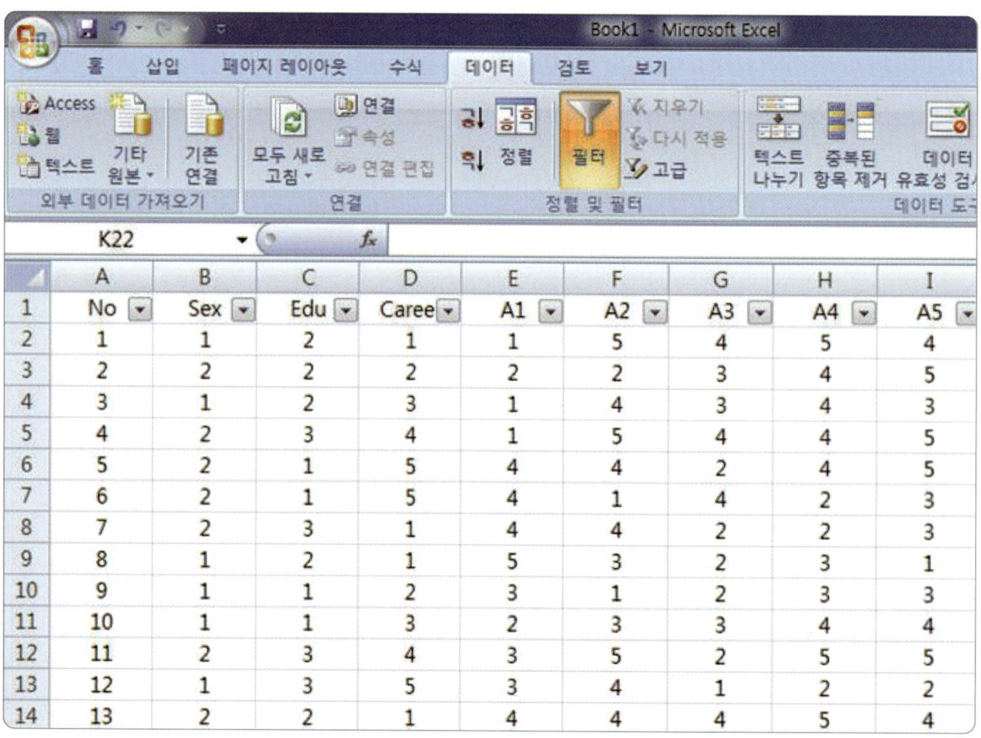

	A	B	C	D	E	F	G	H	I
1	No	Sex	Edu	Caree	A1	A2	A3	A4	A5
2	1	1	2	1	1	5	4	5	4
3	2	2	2	2	2	2	3	4	5
4	3	1	2	3	1	4	3	4	3
5	4	2	3	4	1	5	4	4	5
6	5	2	1	5	4	4	2	4	5
7	6	2	1	5	4	1	4	2	3
8	7	2	3	1	4	4	2	2	3
9	8	1	2	1	5	3	2	3	1
10	9	1	1	2	3	1	2	3	3
11	10	1	1	3	2	3	3	4	4
12	11	2	3	4	3	5	2	5	5
13	12	1	3	5	3	4	1	2	2
14	13	2	2	1	4	4	4	5	4

5) 엑셀 저장하기

작성된 데이터의 저장 방법은 엑셀 파일을 종료하면서 저장하거나 왼쪽 상단의 [Office 단추] – [저장]을 선택하여 파일을 원하는 이름으로 저장한다.

3 SPSS 데이터 입력하기, 불러오기, 저장하기

수집된 자료를 SPSS 프로그램에 직접 입력하는 방법은 다음과 같다.

TIP

데이터 편집기의 기본 구성

① 제목표시줄: 파일이름과 SPSS 창의 종류를 나타낸다.
② 메뉴표시줄: 파일, 편집, 보기, 데이터 등의 주 메뉴를 나타낸다.
③ 변수표시창: 선택된 셀의 행 번호와 변수 이름을 보여준다.
④ 데이터 입력란: 선택된 데이터 셀에 데이터를 입력하거나 이미 입력된 데이터 값을 표시한다.
⑤ 변수명 표시줄: 각 열에 해당하는 변수 이름을 표시한다.
⑥ 데이터 보기와 변수 보기: [데이터 보기] 탭과 [변수 보기] 탭을 클릭하면 원하는 탭을 선택할 수 있다.
⑦ 셀 편집기: 데이터의 입력과 입력된 데이터를 보여준다.

1) SPSS 데이터 입력하기

① 데이터 편집기의 [변수 보기] 탭에서 변수 이름을 입력한다. 기본 설정된 값을 사용하고, 소수점 이하 자릿수는 기본 설정이 2로 되어 있어, 소수점 이하 자릿수를 0으로 하고 싶으면 0으로 변경한다.

	이름	유형	너비	소수점이...	레이블	값	결측값	열	맞춤	측도	역할
1	No	숫자	8	0	No	없음	없음	8	가운데	명목형	입력
2	Sex	숫자	8	0	Sex	{1, 남자}...	없음	8	가운데	명목형	입력
3	Edu	숫자	8	0	Edu	{1, 고졸이상...	없음	8	가운데	명목형	입력
4	Career	숫자	8	0	Career	{1, 1~3년 미...	없음	8	가운데	척도	입력
5	A1	숫자	8	0	A1	{1, 전혀 그...	없음	8	가운데	척도	입력
6	A2	숫자	8	0	A2	{1, 전혀 그...	없음	8	가운데	척도	입력
7	A3	숫자	8	0	A3	{1, 전혀 그...	없음	8	가운데	척도	입력
8	A4	숫자	8	0	A4	{1, 전혀 그...	없음	8	가운데	척도	입력
9	A5	숫자	8	0	A5	{1, 전혀 그...	없음	8	가운데	척도	입력

② 데이터 편집기의 [데이터 보기] 탭을 클릭하고 해당 변수의 데이터값을 입력한다.

	No	Sex	Edu	Career	A1	A2	A3	A4	A5
1	1	1	2	1	1	5	4	5	4
2	2	2	2	2	2	2	3	4	5
3	3	1	2	3	1	4	3	4	3
4	4	2	3	4	1	5	4	4	5
5	5	2	1	5	4	4	2	4	5
6	6	3	1	5	4	1	4	2	3
7	7	2	3	1	4	4	2	2	3
8	8	1	2	1	5	3	2	3	1
9	9	1	1	2	3	1	2	3	3
10	10	1	1	3	2	3	3	4	4
11	11	2	3	4	3	5	2	5	5
12	12	1	3	5	3	4	1	2	2
13	13	2	2	1	4	4	4	5	4
14	14	1	1	3	5	3	3	3	1

2) SPSS 불러오기

엑셀 프로그램, 메모장, 한글 워드프로세서, MS 워드프로세서 등을 이용하여 저장된 파일 중 엑셀 프로그램을 이용하여 저장된 파일을 불러오는 방법은 다음과 같다.

① SPSS를 실행시키고, 메뉴에서 [파일] – [열기] – [데이터]를 선택한다.
[데이터 열기] 창에서 파일 유형을 엑셀로 바꾸고 불러오려는 파일을 선택하여 [열기]를 클릭한다.

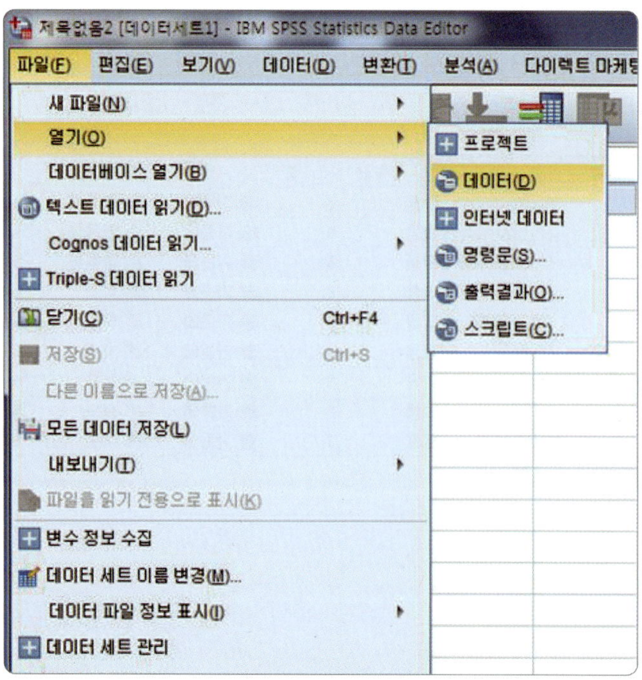

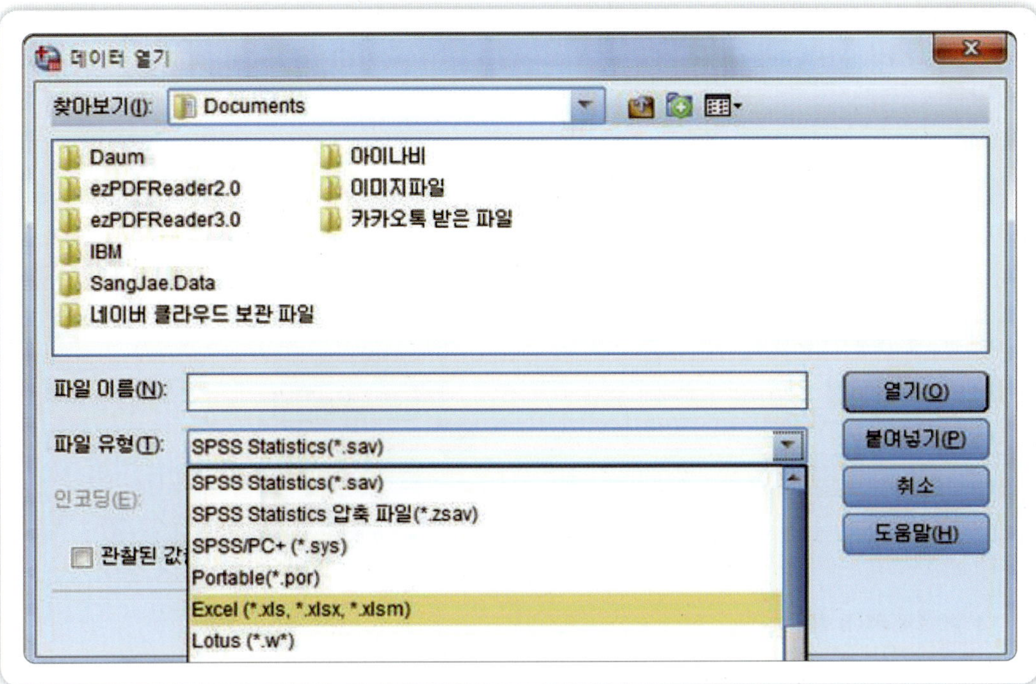

3) SPSS 저장하기

① 저장하기는 [파일] - [저장]을 선택하거나 종료 시 나타나는 창을 통해 원하는 파일 이름(제목)을 입력 후 [저장]을 클릭한다.

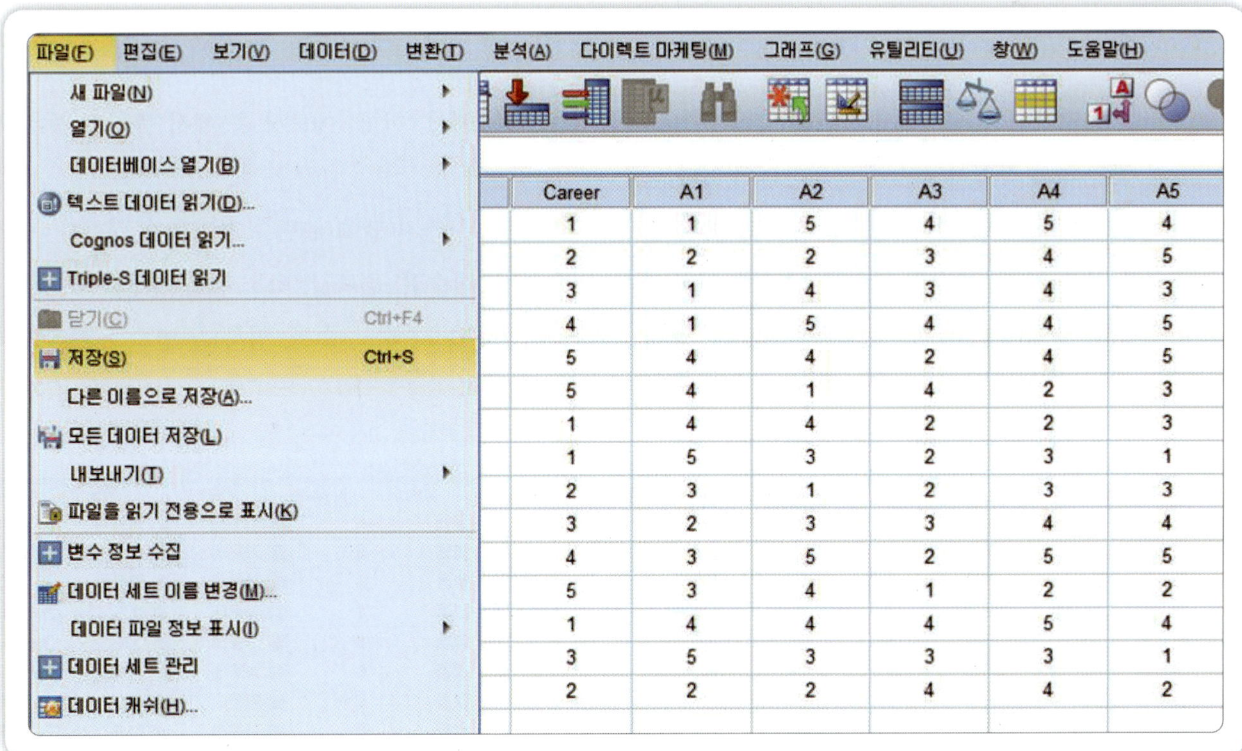

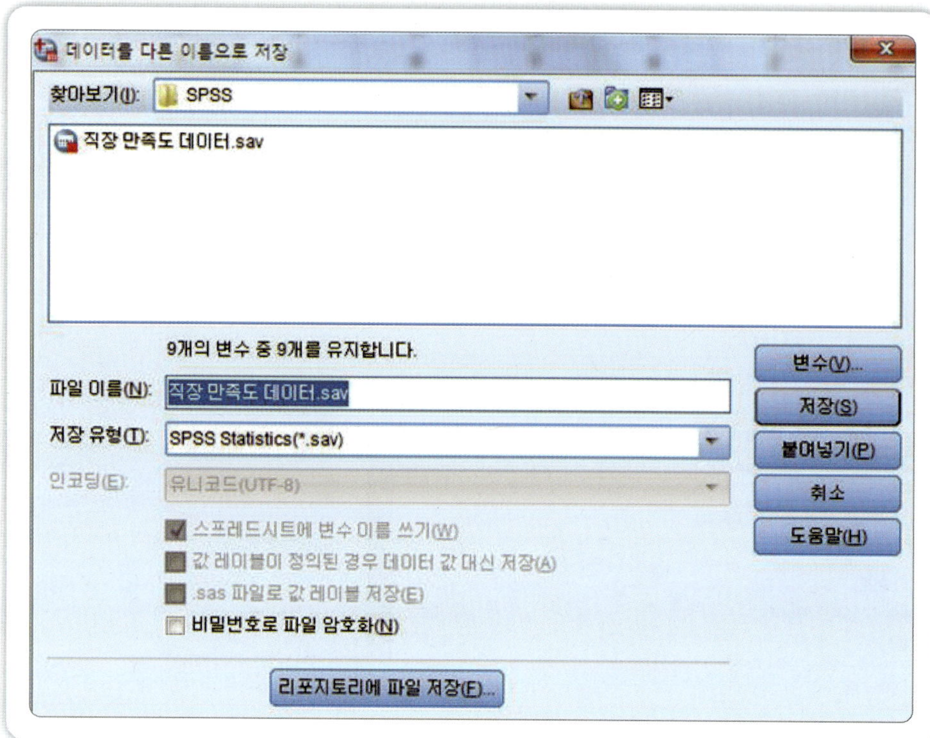

4 변수 특성 및 코딩오류 처리

1) 변수의 정의

SPSS 프로그램 편집기에서 자료를 입력하거나 다른 프로그램(엑셀, 한글, 메모장 등)에서 불러온 경우 가장 먼저 해야 하는 작업이 변수를 정의하는 것이다.

SPSS 프로그램 왼쪽 하단에 '데이터 보기'와 '변수 보기'의 두 가지 탭에서 변수 보기를 클릭한다. 여기서 변수명, 변수 유형, 변수의 자릿수, 소수점 이하 자리, 변수설명, 변수값, 결측값, 측도 등을 설정할 수 있다.

코딩 형식에 따른 각 변수의 유형(숫자, 문자, 날짜 변수)과 측도(척도, 순서, 명목)를 변수 유형에 맞게 설정한다.

	이름	유형	너비	소수점이...	레이블	값	결측값	열	맞춤	측도	역할
1	No	숫자	8	0	No	없음	없음	8	가운데	명목형	입력
2	Sex	숫자	8	0	Sex	{1, 남자}...	없음	8	가운데	명목형	입력
3	Edu	숫자	8	0	Edu	{1, 고졸이상...	없음	8	가운데	명목형	입력
4	Career	숫자	8	0	Career	{1, 1~3년 미...	없음	8	가운데	척도	입력
5	A1	숫자	8	0	A1	{1, 전혀 그...	없음	8	가운데	척도	입력
6	A2	숫자	8	0	A2	{1, 전혀 그...	없음	8	가운데	척도	입력
7	A3	숫자	8	0	A3	{1, 전혀 그...	없음	8	가운데	척도	입력
8	A4	숫자	8	0	A4	{1, 전혀 그...	없음	8	가운데	척도	입력
9	A5	숫자	8	0	A5	{1, 전혀 그...	없음	8	가운데	척도	입력

2) 변수 보기 창의 기본 구성

① 이름: 최대 영 · 숫자 64자, 한글 32자를 사용할 수 있으며, 변수 이름에 공백을 포함할 수 없다.

② 유형: 변수 유형 대화상자를 열고 변수의 유형과 너비 등을 선택한다.

③ 너비: 직접 필요한 변수 크기를 입력하거나 상하버튼을 클릭하여 변경한다.

④ 소수점 이하 자리: 너비와 같은 방법으로 변경한다.

⑤ 설명: 변수에 대한 구체적 설명을 적을 수 있다.

⑥ 값: 변수값을 설명한다. 변수값 설명 대화상자를 열고 변수값과 변수값에 해당하는 설명을 입력하고 [추가]를 클릭한다. 변수값 설명을 마치면 [확인]을 눌러 등록한다.

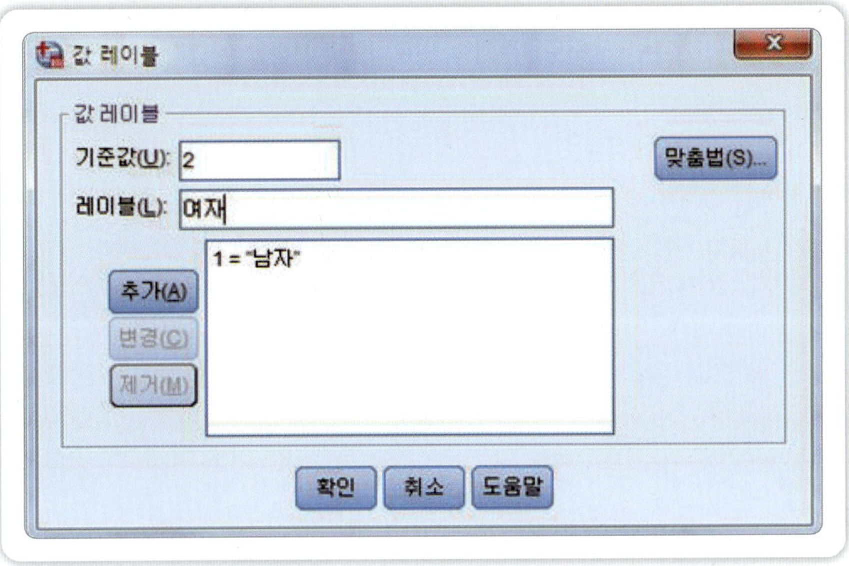

⑦ 결측값: 결측값 대화상자를 열고 지정한 데이터 값을 사용자-결측값으로 정의한다. 지정된 데이터 값은 특수 처리로 표시되고 일반적인 계산에서 제외된다.

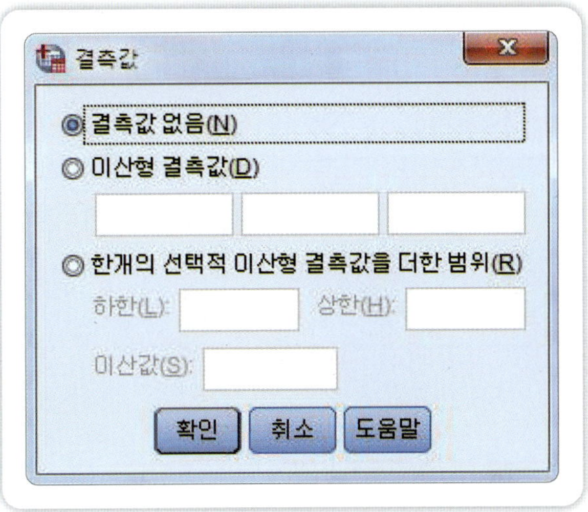

⑧ 열: 열 너비에 대한 문자수를 지정할 수 있다. 상하버튼을 클릭하여 변경하거나 데이터 보기에서 열 경계선을 눌러 끌면(drag & drop) 열 너비를 바꿀 수 있다.

⑨ 맞춤: 데이터 보기에서 데이터값 또는 변수값 설명 표시를 제어한다. 숫자변수에서는 오른쪽, 문자변수에서는 왼쪽이 값으로 설정되어 있으며, 데이터 보기에서 적용된다.

⑩ 측도: 측정 수준을 척도(구간의 숫자 데이터 또는 비율척도), 순서형, 명목형으로 지정할 수 있다.

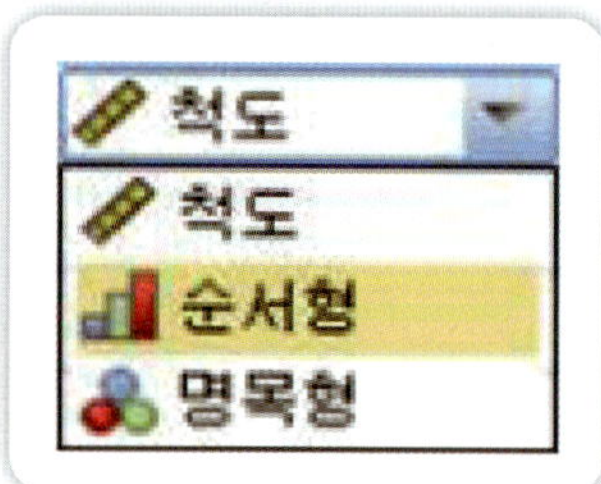

TIP

변수 입력할 때 주의사항

① 변수의 첫 글자는 반드시 문자로 시작해야 한다.

② 변수 이름 첫 문자에 #, $, %, &, * 와 같은 특수문자는 사용할 수 없다.

③ 변수 이름은 한글, 영문이 가능하며 대 · 소문자를 구별하지 않는다.

④ Not, or, and 등과 같은 SPSS 예약어는 사용할 수 없다.

⑤ 변수 이름은 너무 길지 않게 하는 것이 바람직하다.

3) 코딩 오류 처리

SPSS에서 자료의 이상한 값(즉, 입력 오류)을 찾는 방법으로 빈도분석을 이용한다.

직장 만족도 데이터 입력 오류

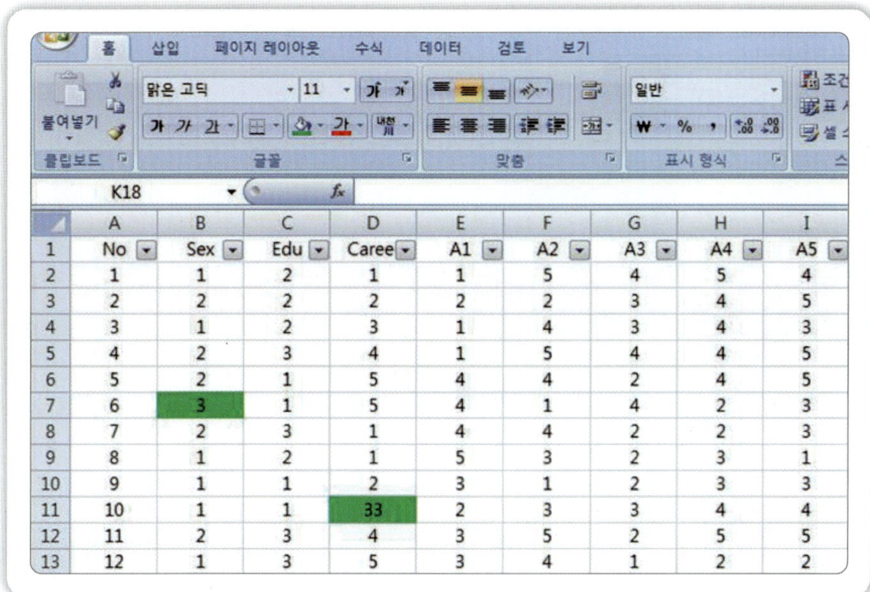

[ch10_Q2]

- 변수 sex에서 3은 입력 오류
- 변수 career에서 33은 입력 오류

(1) 코딩 오류값 찾기

① 메뉴에서 [분석] – [기술통계량] – [빈도분석]을 선택한다.

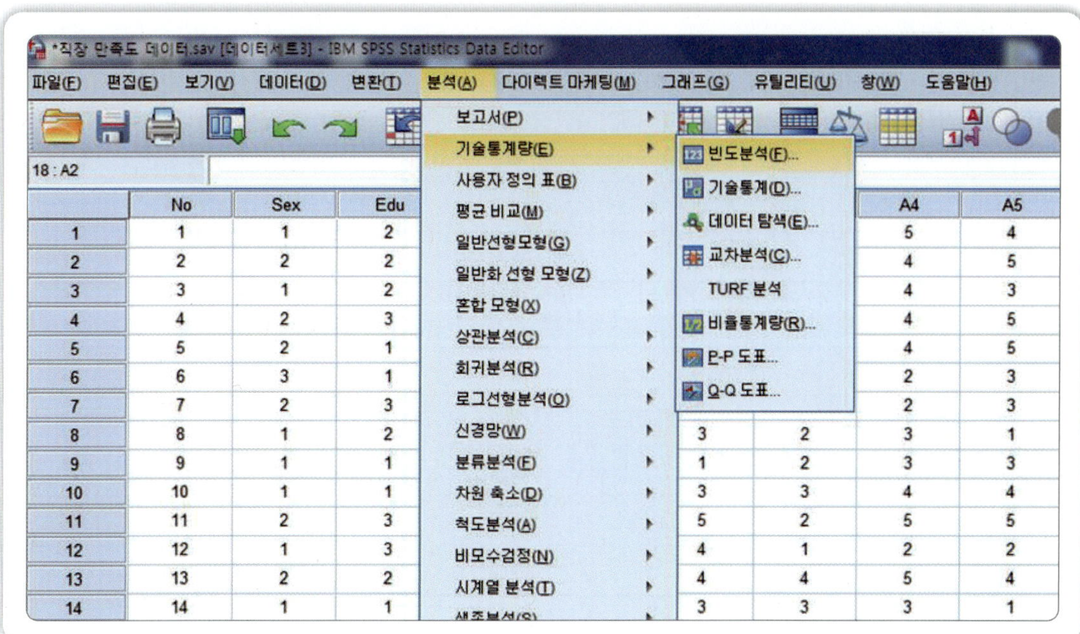

② [빈도분석] 대화상자에서 번호 변수를 제외한 모든 변수를 선택하여 [변수]로 이동시킨 후 [빈도표 표시]가 체크된 상태에서 [확인]을 클릭하면 결과가 나타난다.

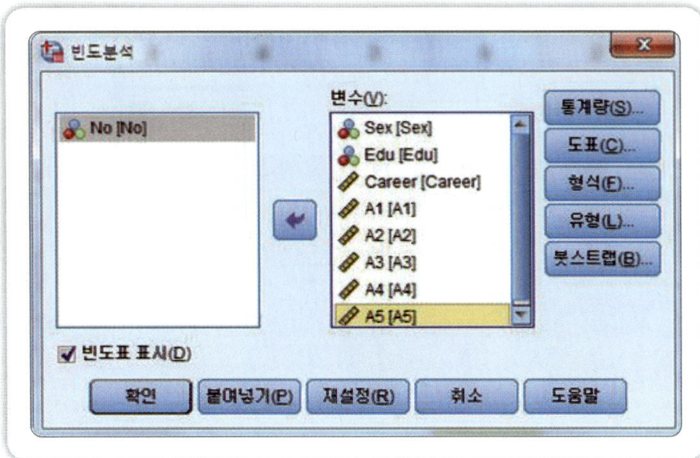

결과 분석

Sex, career 변수에서 응답 범위를 벗어난 값이 존재함을 한 눈에 찾아 볼 수 있다.

통계량

		Sex	Edu	Career	A1	A2	A3	A4	A5
N	유효	15	15	15	15	15	15	15	15
	결측	0	0	0	0	0	0	0	0

빈도표

■ Sex

		빈도	퍼센트	유효 퍼센트	누적 퍼센트
유효	남자	8	53.3	53.3	53.3
	여자	6	40.0	40.0	93.3
	3	1	6.7	6.7	100.0
	전체	15	100.0	100.0	

■ Edu

		빈도	퍼센트	유효 퍼센트	누적 퍼센트
유효	고졸이상	5	33.3	33.3	33.3
	전문학사이상	5	33.3	33.3	66.7
	석사이상	5	33.3	33.3	100.0
	전체	15	100.0	100.0	

■ Career

		빈도	퍼센트	유효 퍼센트	누적 퍼센트
유효	1~3년 미만	4	26.7	26.7	26.7
	3~5년 미만	3	20.0	20.0	46.7
	5~7년 미만	2	13.3	13.3	60.0
	7~9년 미만	2	13.3	13.3	73.3
	9년 이상	3	20.0	20.0	93.3
	33	1	6.7	6.7	100.0
	전체	15	100.0	100.0	

양적 자료는 다른 자료와 비교하여 유난히 크거나 작은 값을 갖는 자료(이상치)가 있는지 확인하기 위해서는 SPSS 메뉴에서 [분석] – [기술통계량] – [데이터탐색]을 이용하여 찾을 수 있다.

5 다중응답 입력

일반적으로 응답자가 하나의 설문 문항에 1개의 응답만 하는 자료에 대한 분석을 실시하지만 경우에 따라서 하나의 설문 문항에 2개 이상의 응답(다중응답 또는 복수응답)을 할 수 있게 한 경우에도 데이터를 분석할 수 있다.

다중응답 분석

응답자가 설문지나 조사내용에서 어떤 특정 설문 문항에 2개 이상의 응답(다중응답 또는 복수응답)을 한 내용을 분석하는 통계적 분석기법을 말한다.

다중응답을 선택하도록 구성된 설문지는 설문 문항 방식에 따라 이분형(dichotomy)과 범주형(category)으로 구분되고, 자료를 입력하는 코딩 방식도 각각 다르다.

질문

귀하가 중식당에서 즐겨 먹는 요리 음식을 모두 고르시오.

① 전가복 ② 유산슬 ③ 탕수육 ④ 깐쇼새우 ⑤ 양장피 ⑥ 팔보채

질문

귀하가 선호하는 중식당 요리 음식 중 1순위와 2순위를 각각 쓰시오.

① 전가복( ) ② 유산슬( ) ③ 탕수육( ) ④ 깐쇼새우( ) ⑤ 양장피( ) ⑥ 팔보채( )

1) 이분형 코딩 방식

이분형 코딩 방식은 응답하는 값이 둘 중 하나인 것, 즉 응답하면 1, 응답하지 않으면 0과 같이 둘 중 하나를 선택하는 코딩 방식이다. 설문 문항의 보기 개수만큼 변수로 만들어 '0'과 '1'로 설정한다. 선택한 보기는 '1'로 입력하고, 선택하지 않은 보기는 '0'으로 하나씩 입력한다(선택=1, 선택 안 함=0).

	A	B	C	D	E	F	G
1	번호	전가복	유산슬	탕수육	깐쇼새우	양장피	팔보채
2	1	1	0	1	0	0	0
3	2	0	0	1	1	0	1
4	3	1	0	0	1	0	0
5	4	0	1	0	1	0	1
6	5	0	1	0	1	1	0
7	6	1	1	0	0	0	1
8	7	0	1	1	1	0	1
9	8	1	0	1	0	1	0
10	9	0	0	0	0	1	1
11	10	1	1	0	1	0	0

[ch10_Q3]

2) 범주형 코딩 방식

범주형 코딩 방식은 응답하는 값을 범주가 있는, 즉 1~2번 또는 1~7번처럼 원하는 범주를 정하여 여러 항목 중 선택하는 것이다. 설문 문항에서 선택 조건으로 제시한 순위 개수만큼 변수를 만들어 응답자가 선택한 보기의 값을 직접 입력한다. 설문 문항에 순위를 2개만 기입하게 하였으므로 2개의 변수를 만들어 준다.

	A	B	C
1	번호	1순위	2순위
2	1	1	3
3	2	3	4
4	3	1	4
5	4	2	6
6	5	4	5
7	6	1	2
8	7	3	4
9	8	1	5
10	9	5	6
11	10	1	4
12			

변수값

전가복 = 1
유산슬 = 2
탕수육 = 3
깐쇼새우 = 4
양장피 = 5
팔보채 = 6

[ch10_Q4]

(1) 다중응답 – 빈도분석

① 자료를 SPSS [데이터 보기] 창에 입력하고 [변수 정의]와 [설명]을 한다.

- 데이터 보기 창에 자료를 입력한다.

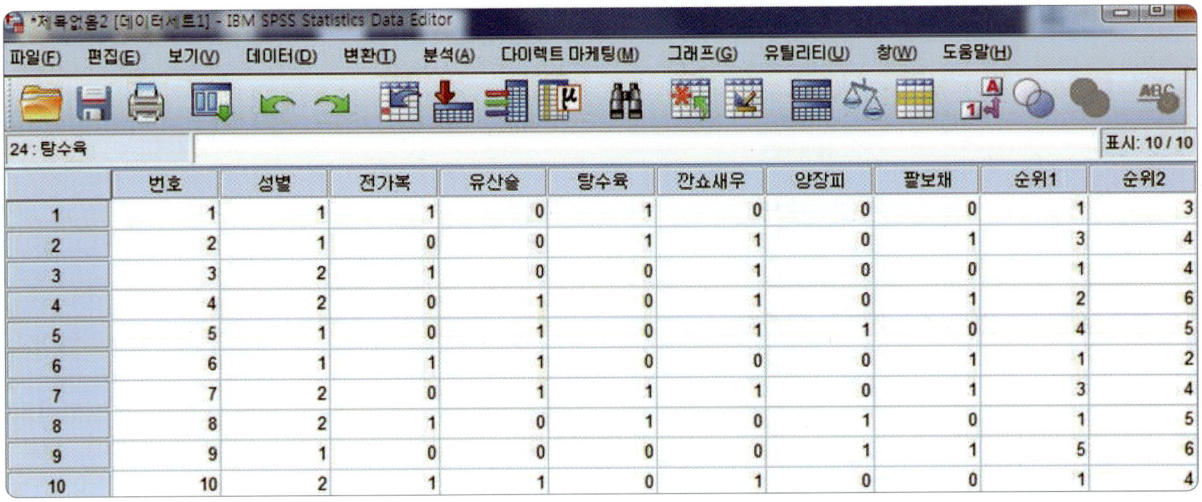

	번호	성별	전가복	유산슬	탕수육	깐쇼새우	양장피	팔보채	순위1	순위2
1	1	1	1	0	1	0	0	0	1	3
2	2	1	0	0	1	1	0	1	3	4
3	3	2	1	0	0	1	0	0	1	4
4	4	2	0	1	0	1	0	1	2	6
5	5	1	0	1	0	1	1	0	4	5
6	6	1	1	1	0	0	0	1	1	2
7	7	2	0	1	1	1	0	1	3	4
8	8	2	1	0	1	0	1	0	1	5
9	9	1	0	0	0	0	1	1	5	6
10	10	2	1	1	0	1	0	0	1	4

- 변수 보기 창에서 설명은 다음과 같다.

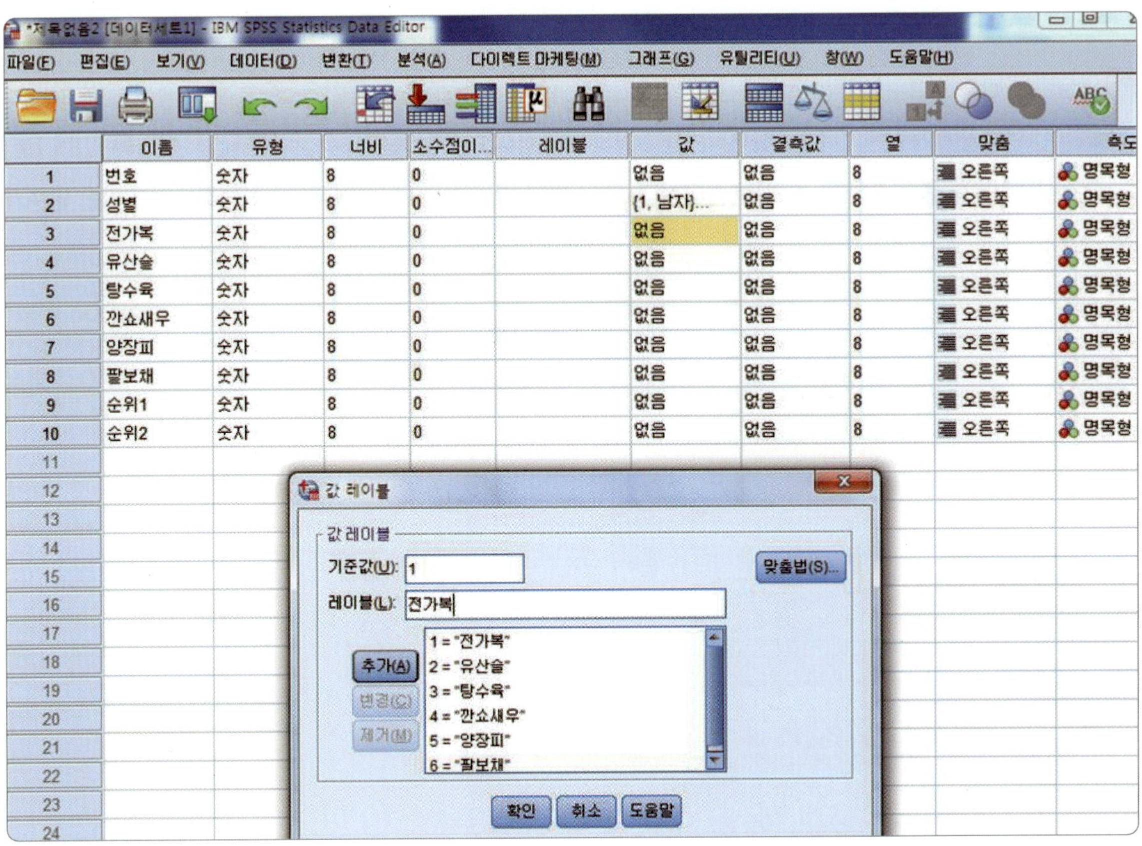

	이름	유형	너비	소수점이...	레이블	값	결측값	열	맞춤	측도
1	번호	숫자	8	0		없음	없음	8	오른쪽	명목형
2	성별	숫자	8	0		{1, 남자}...	없음	8	오른쪽	명목형
3	전가복	숫자	8	0		없음	없음	8	오른쪽	명목형
4	유산슬	숫자	8	0		없음	없음	8	오른쪽	명목형
5	탕수육	숫자	8	0		없음	없음	8	오른쪽	명목형
6	깐쇼새우	숫자	8	0		없음	없음	8	오른쪽	명목형
7	양장피	숫자	8	0		없음	없음	8	오른쪽	명목형
8	팔보채	숫자	8	0		없음	없음	8	오른쪽	명목형
9	순위1	숫자	8	0		없음	없음	8	오른쪽	명목형
10	순위2	숫자	8	0		없음	없음	8	오른쪽	명목형

② SPSS 메뉴에서 [분석] - [다중반응] - [변수군 정의]를 선택한다.

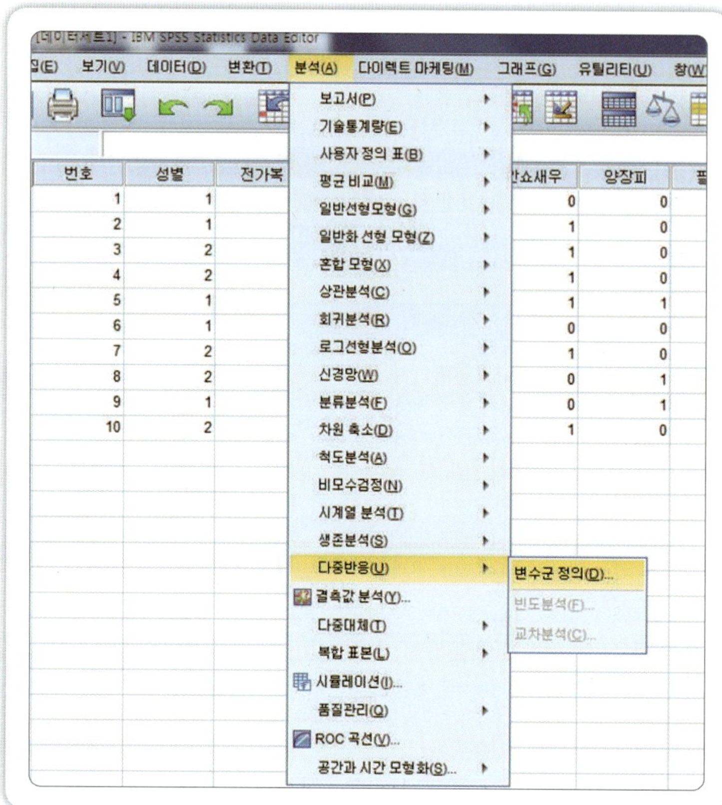

③ [다중반응 변수군 정의] 대화상자가 나타난다. [변수군 정의]에서 '전가복, 유산슬, 탕수육, 깐쇼새우, 양장피, 팔보채'를 선택하여 [변수군에 포함된 변수]로 보낸다. [변수들의 코딩형식]에서 [이분형]을 선택한 다음 [빈도화 값]에 1을, [이름]에는 '요리선택이분형'을 입력하고 [추가]를 클릭한다. [다중반응 변수군(S)] 목록에 '$요리선택이분형'이라는 변수가 생성된다.

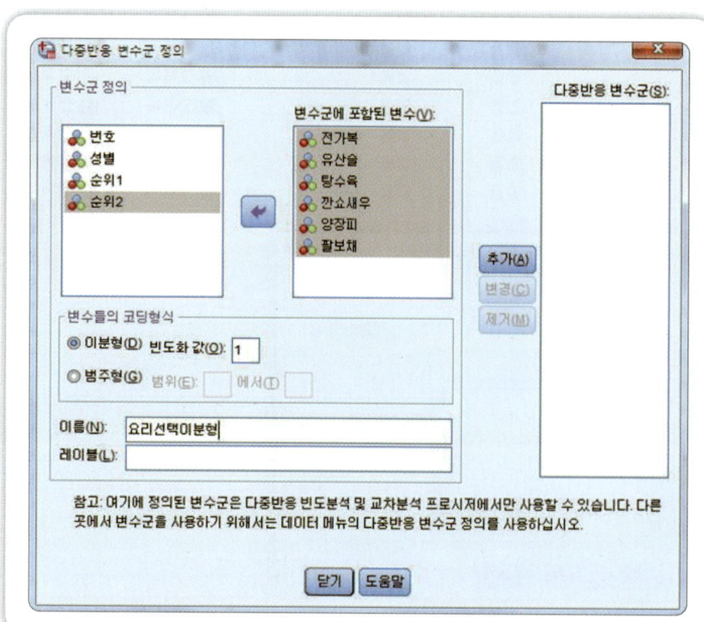

④ [다중반응 변수군 정의]의 [변수군 정의]에서 '순위1, 순위2'를 선택하여 [변수군에 포함된 변수]로 보낸다. [변수들의 코딩형식]에서 [범주형]을 선택한 다음 [범위]에 1과 6을, [이름]에는 '요리선택범주형'을 입력하고 [추가], [닫기]를 클릭한다. [다중반응 변수군(S)] 목록에 '$요리선택범주형'이라는 변수가 생성된다.

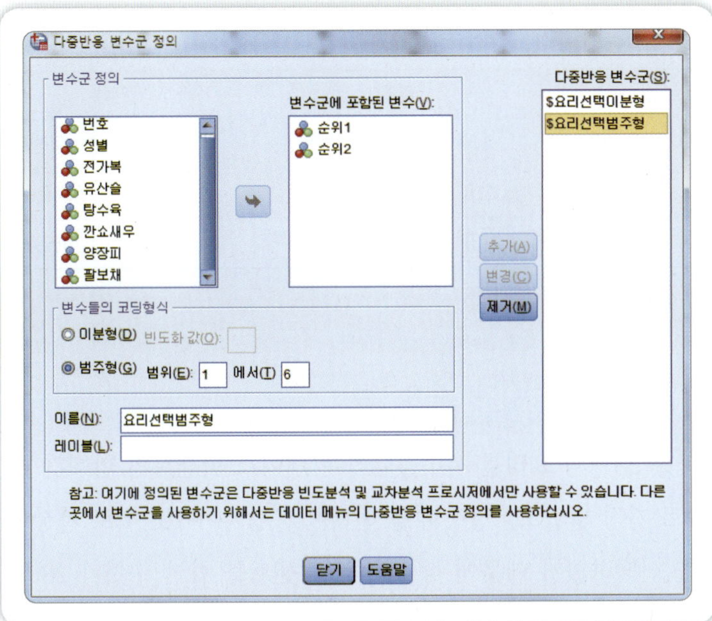

⑤ 복수응답에 대한 빈도분석을 실시하기 위해 SPSS 메뉴에서 [분석] - [다중반응] - [빈도분석]을 클릭한다.

⑥ [다중반응 빈도분석] 대화상자가 나타난다. 분석할 변수 '$요리선택이분형'과 '$요리선택범주형'을 오른쪽의 [표작성 반응군]으로 보낸 다음 확인을 클릭하면 결과가 나타난다.

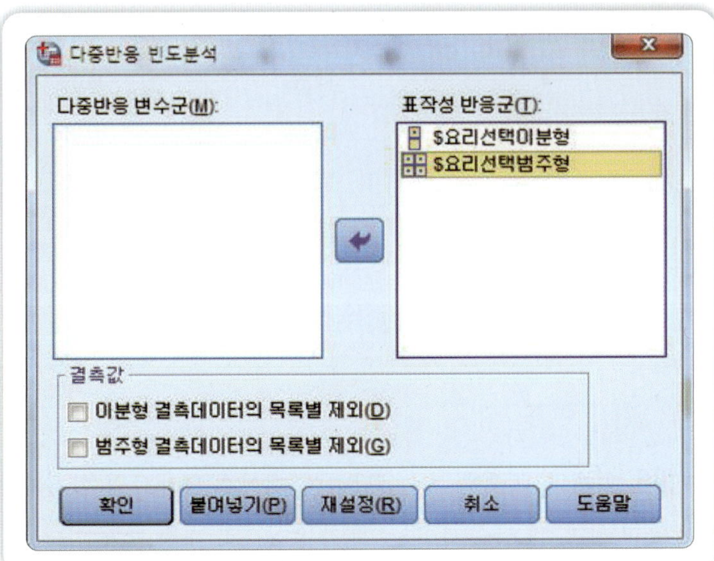

결과 분석

[케이스 요약]을 보면 전체 10명 중 10명이 요리 선택에 응답하였고 결측은 없다.

케이스 요약

	케이스					
	유효		결측		전체	
	N	퍼센트	N	퍼센트	N	퍼센트
$요리선택이분형[a]	10	100.0%	0	0.0%	10	100.0%
$요리선택범주형[b]	10	100.0%	0	0.0%	10	100.0%

a. 값 1을(를) 가지는 이분형 변수집단
b. 범주형 변수집단

[$요리선택이분형 빈도] 응답자 10명 중 28개의 요리를 복수응답하여 케이스 퍼센트의 합계가 280.0%이다. '깐쇼새우'를 선택한 응답자가 21.4%로 가장 많았고, '양장피'를 선택한 응답자가 10.7%로 가장 적었다고 볼 수 있다. 1명의 응답자가 여러 범주를 선택하였기 때문에 각 범주의 퍼센트를 합한 수치가 280.0%로 요리를 평균 2.8개 선택했음을 알 수 있다.

$요리선택이분형 빈도

		반응		케이스 중 %
		N	퍼센트	
$요리선택이분형[a]	전가복	5	17.9%	50.0%
	유산슬	5	17.9%	50.0%
	탕수육	4	14.3%	40.0%
	깐쇼새우	6	21.4%	60.0%
	양장피	3	10.7%	30.0%
	팔보채	5	17.9%	50.0%
전체		28	100.0%	280.0%

a. 값 1을(를) 가지는 이분형 변수집단

[$요리선택범주형 빈도] 응답자의 10명이 20개의 요리에 복수응답하여 케이스 퍼센트의 합계가 200.0%이다. '전가복'과 '깐쇼새우'가 25.0%로 가장 많았고, '유산슬'과 '팔보채'가 10.0%로 가장 낮게 나타났다.

$요리선택범주형 빈도

		반응		케이스 중 %
		N	퍼센트	
$요리선택범주형[a]	전가복	5	25.0%	50.0%
	유산슬	2	10.0%	20.0%
	탕수육	3	15.0%	30.0%
	깐쇼새우	5	25.0%	50.0%
	양장피	3	15.0%	30.0%
	팔보채	2	10.0%	20.0%
전체		20	100.0%	200.0%

a. 범주형 변수집단

(2) 다중응답 – 교차분석

① 복수응답에 대한 교차분석을 실시하기 위해 SPSS 메뉴에서 [분석] – [다중반응] – [교차분석]을 클릭한다.

② [다중반응 교차분석] 대화상자에서 [행]에 '성별', [열]에 '$요리선택이분형'과 '$요리선택범주형'을 보낸다. [행]의 '성별(? ?)'을 선택한 다음 [범위지정]을 클릭한다. '성별'의 범주가 1과 2이므로 최소값에 1, 최대값에 2를 입력하고 [계속]을 누른다.

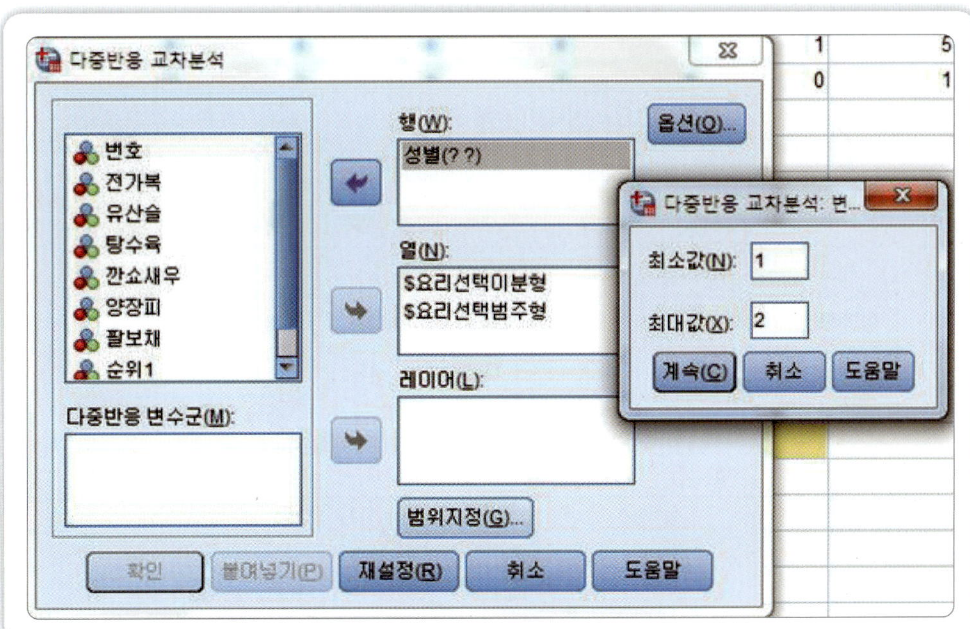

③ [다중반응 교차분석] 대화상자에서 [옵션]을 클릭한 다음 [셀 퍼센트]에서 퍼센트 계산을 할 때 기준으로 삼기 원하는 것을 지정해 준다. '성별'에 따라 정리해 보기 위해서 [행]을 선택한 다음 [계속], [확인]을 클릭하면 결과가 나타난다.

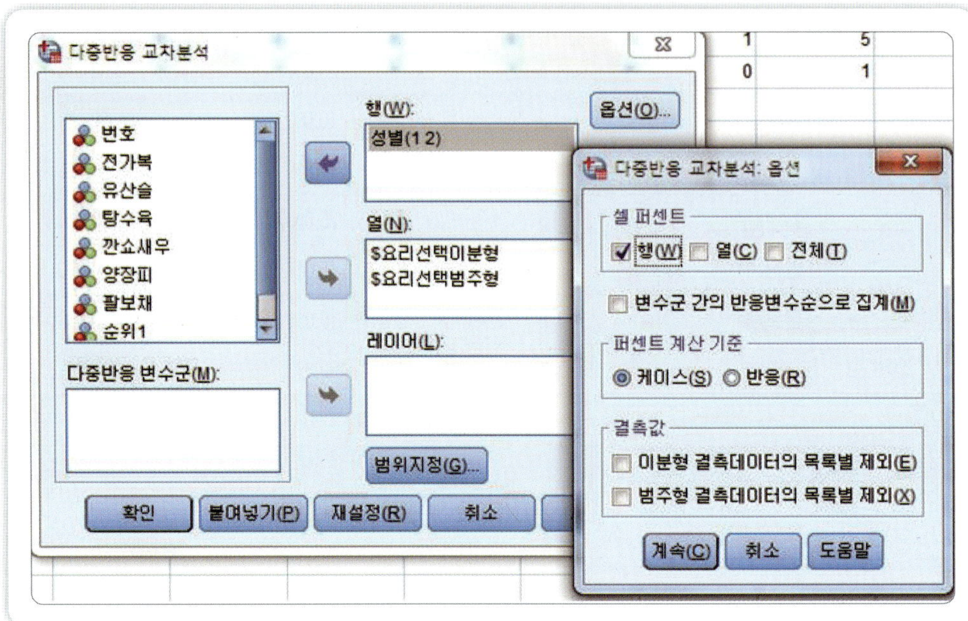

결과 분석

[성별*$요리선택이분형 교차표] 응답자의 성별이 남자인 경우 '팔보채'를 선호하는 경우가 60.0%로 가장 많았고, 여자인 경우 '깐쇼새우'를 선호하는 경우가 80.0%로 가장 많았다.

성별*$요리선택이분형 교차표

			$요리선택이분형[a]						전체
			전가복	유산슬	탕수육	깐쇼새우	양장피	팔보채	
성별	남자	빈도	2	2	2	2	2	3	5
		성별 중 %	40.0%	40.0%	40.0%	40.0%	40.0%	60.0%	
	여자	빈도	3	3	2	4	1	2	5
		성별 중 %	60.0%	60.0%	40.0%	80.0%	20.0%	40.0%	
전체		빈도	5	5	4	6	3	5	10

퍼센트 및 합계는 반응자 수를 기준으로 함

a. 값 1을(를) 가지는 이분형 변수집단

[성별*$요리선택범주형 교차표] 응답자의 성별이 남자인 경우 '전가복, 탕수육, 깐쇼새우, 양장피'를 선호하는 경우가 40.0%로 가장 많았고, 여자인 경우 '전가복, 깐쇼새우'를 선호하는 경우가 60.0%로 가장 많았다.

성별*$요리선택범주형 교차표

			$요리선택범주형[a]						전체
			전가복	유산슬	탕수육	깐쇼새우	양장피	팔보채	
성별	남자	빈도	2	1	2	2	2	1	5
		성별 중 %	40.0%	20.0%	40.0%	40.0%	40.0%	20.0%	
	여자	빈도	3	1	1	3	1	1	5
		성별 중 %	60.0%	20.0%	20.0%	60.0%	20.0%	20.0%	
전체		빈도	5	2	3	5	3	2	10

퍼센트 및 합계는 반응자 수를 기준으로 함

a. 범주형 변수집단

6 자료 변환, 케이스 선택

자료 변환은 분석자의 연구 목적에 맞게 기존 데이터를 변환하여 통계분석을 다양한 방법으로 분석하기 위한 절차이다.

1) 자료 변환 - 변수 계산(Sum과 Mean)

직장 만족도 변수 A1, A2, A3, A4, A5를 이용하여 각 문항별 합계 점수와 평균 점수를 계산하여 SA(만족도 합)와 MA(만족도 평균)를 구해보도록 한다.

① 각 문항별 합계 점수 SA 계산 : 메뉴에서 [변환] – [변수 계산]을 선택한다.

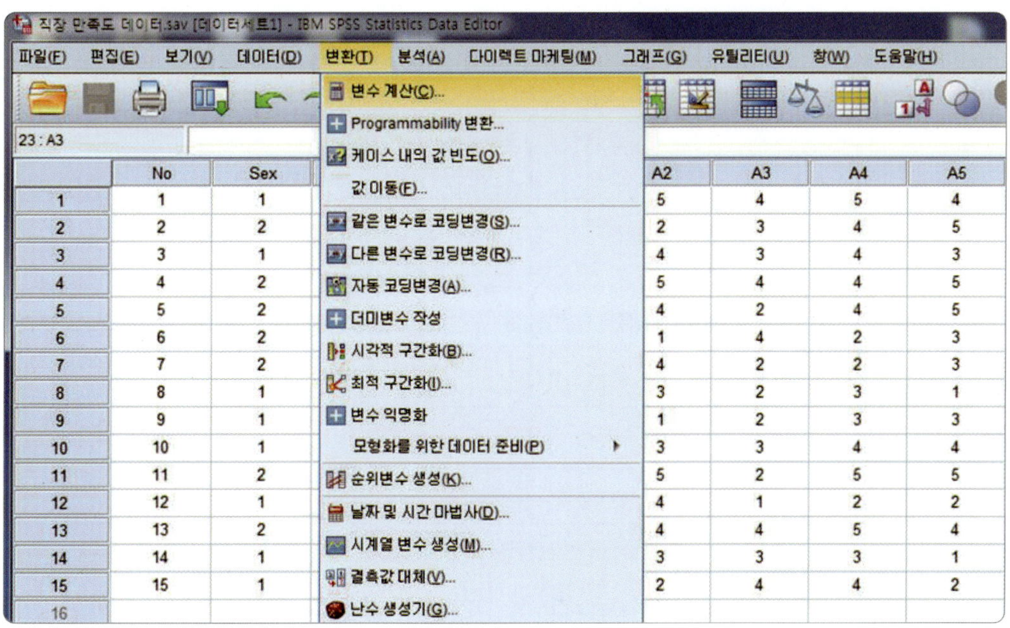

② [변수 계산] 대화상자에서 목표변수에 SA를 입력하고 [함수 집단]의 [통계]를 선택한 후 [함수 및 특수변수]에서 'sum'을 선택하면 숫자표현식에 SUM(?,?)이 표시된다. 여기에 SUM(A1, A2, A3, A4, A5)으로 입력한 다음 [확인]을 클릭한다.

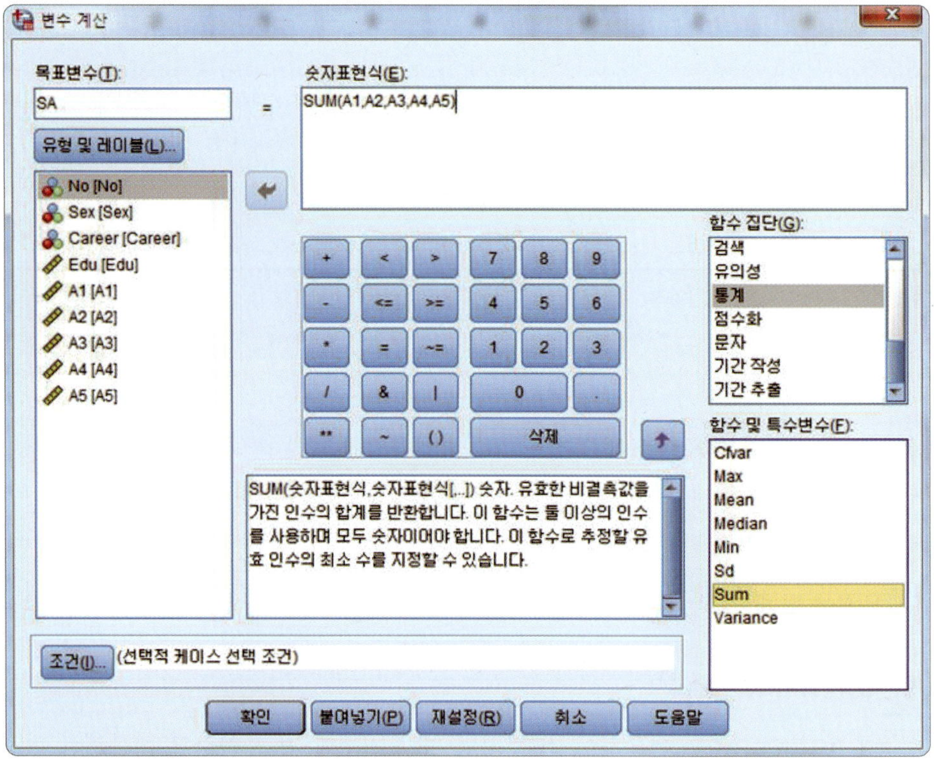

③ SPSS [데이터 보기] 창에 새로운 변수 SA가 생성되어 있음을 확인할 수 있다.

	No	Sex	Career	Edu	A1	A2	A3	A4	A5	SA
1	1	1	2	1	1	5	4	5	4	19.00
2	2	2	2	2	2	2	3	4	5	16.00
3	3	1	2	3	1	4	3	4	3	15.00
4	4	2	3	4	1	5	4	4	5	19.00
5	5	2	1	5	4	4	2	4	5	19.00
6	6	2	1	5	4	1	4	2	3	14.00
7	7	2	3	1	4	4	2	2	3	15.00
8	8	1	2	1	5	3	2	3	1	14.00
9	9	1	1	2	3	1	2	3	3	12.00
10	10	1	1	3	2	3	3	4	4	16.00
11	11	2	3	4	3	5	2	5	5	20.00
12	12	1	3	5	3	4	1	2	2	12.00
13	13	2	2	1	4	4	4	5	4	21.00
14	14	1	1	3	5	3	3	3	1	15.00
15	15	1	3	2	2	2	4	4	2	14.00

④ 각 문항별 평균 점수 MA 계산 방법은 앞서 설명한 합계 점수 계산 방법에서 'Sum'을 'Mean'으로 변경하여 실시하면 된다.

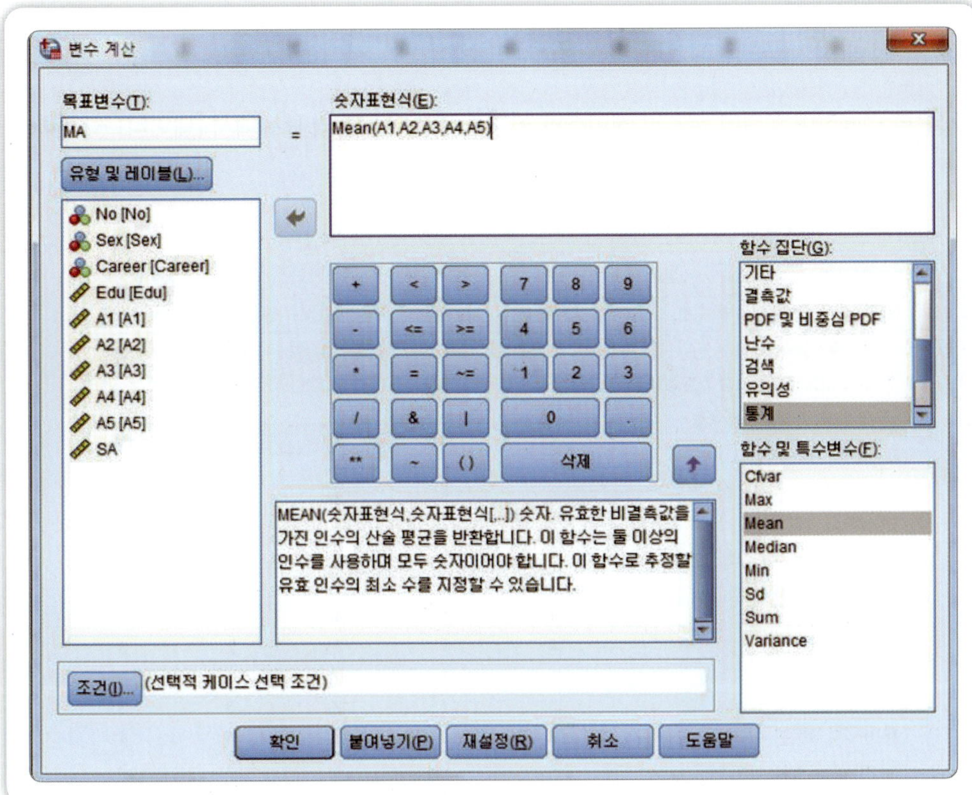

⑤ SPSS [데이터 보기] 창에 새로운 변수 MA가 생성되어 있음을 확인할 수 있다.

	No	Sex	Career	Edu	A1	A2	A3	A4	A5	SA	MA
1	1	1	2	1	1	5	4	5	4	19.00	3.80
2	2	2	2	2	2	2	3	4	5	16.00	3.20
3	3	1	2	3	1	4	3	4	3	15.00	3.00
4	4	2	3	4	1	5	4	4	5	19.00	3.80
5	5	2	1	5	4	4	2	4	5	19.00	3.80
6	6	2	1	5	4	1	4	2	3	14.00	2.80
7	7	2	3	1	4	4	2	2	3	15.00	3.00
8	8	1	2	1	5	3	2	3	1	14.00	2.80
9	9	1	1	2	3	1	2	3	3	12.00	2.40
10	10	1	1	3	2	3	3	4	4	16.00	3.20
11	11	2	3	4	3	5	2	5	5	20.00	4.00
12	12	1	3	5	3	4	1	2	2	12.00	2.40
13	13	2	2	1	4	4	4	5	4	21.00	4.20
14	14	1	1	3	5	3	3	3	1	15.00	3.00
15	15	1	3	2	2	2	4	4	2	14.00	2.80

2) 케이스 선택

일반적으로 케이스 선택은 케이스의 수가 매우 큰 경우에 연구자가 필요로 하는 데이터의 일부를 선택하여 분석하고자 하는 경우에 사용한다.

직장만족도 자료에서 성별(남자 = 1, 여자 = 2)이 남자인 케이스만 선택해 보자.

① 직장만족도 조사 자료를 이용하여 성별이 남자인 케이스만 선택하기 위해 다음의 메뉴에서 [데이터] - [케이스 선택]을 이용한다.

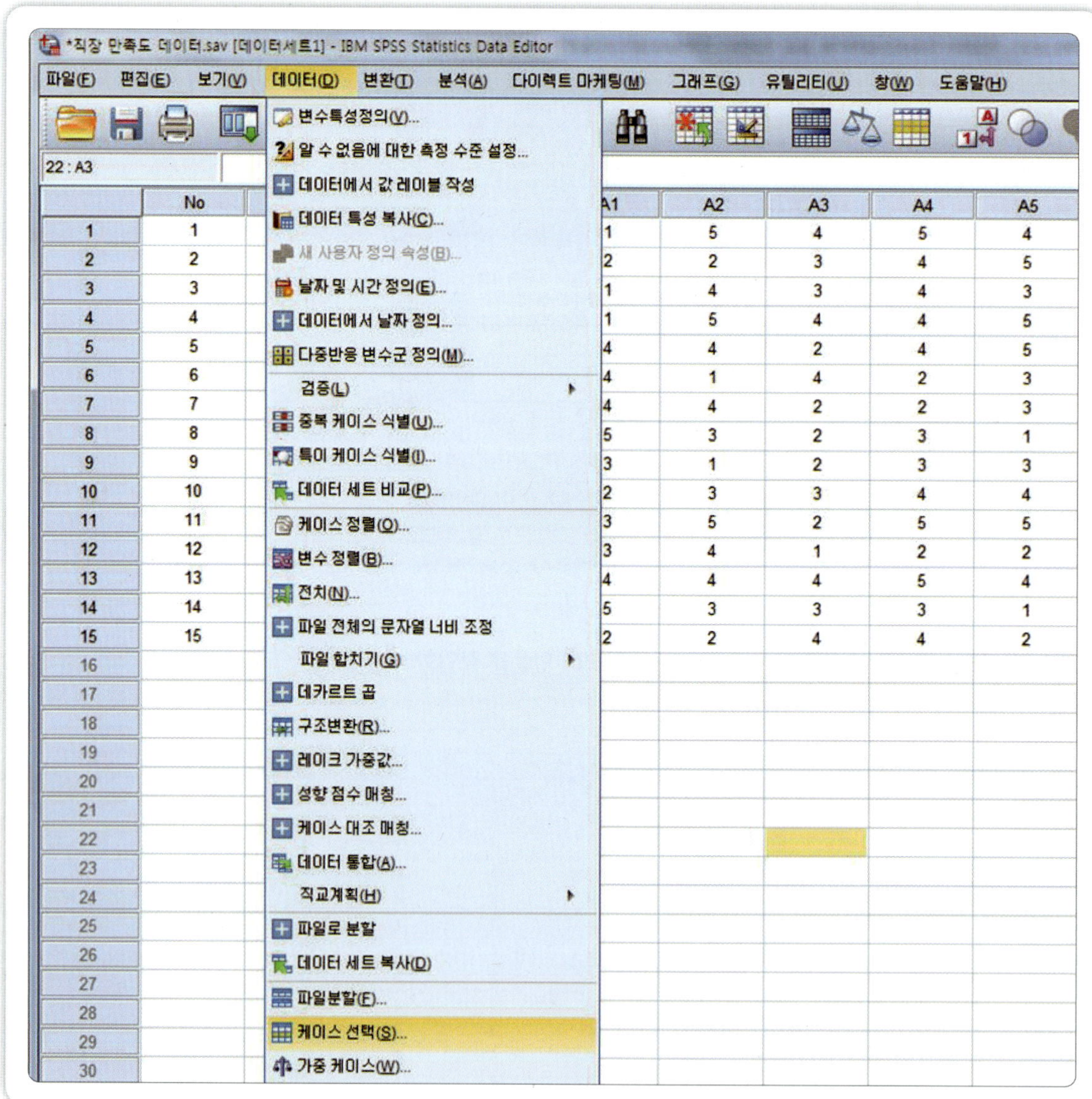

② [케이스 선택] 대화상자에서 [조건을 만족하는 케이스]를 선택한 후 [조건]을 클릭한다.

③ [케이스 선택: 조건] 대화상자에서 성별 변수인 'Sex'를 더블클릭한 후 성별이 1인 경우가 남자이므로 조건문에 Sex = 1을 입력한 후 [계속]을 클릭한다.

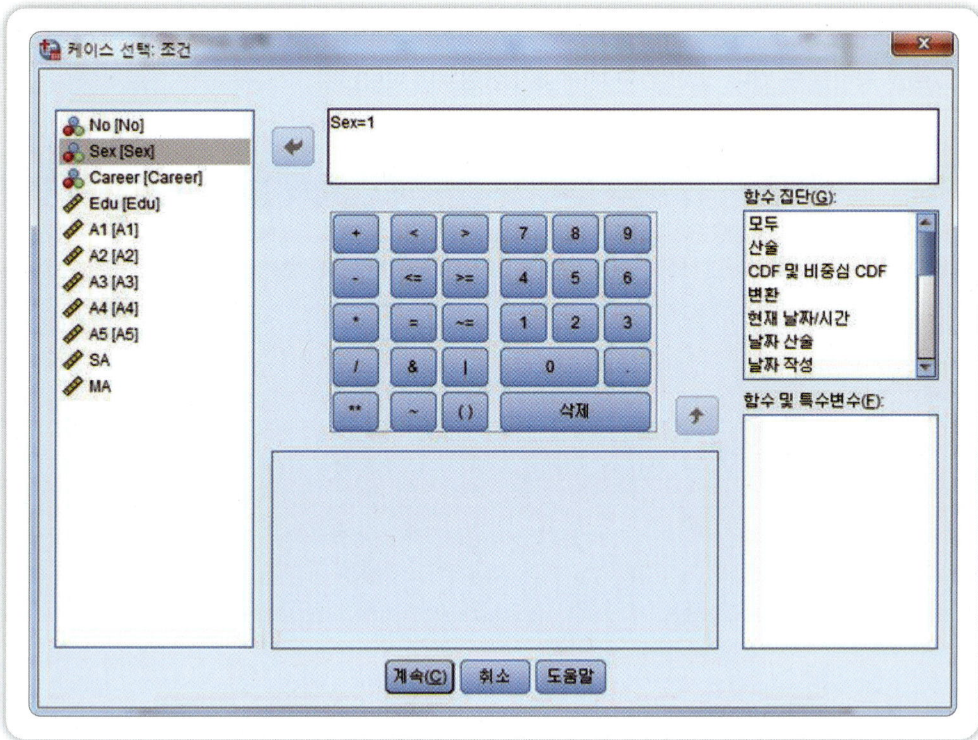

④ [케이스 선택] 대화상자의 [조건] 옆에 Sex = 1 표시가 나타난다. [확인] 단추를 클릭하여 작업을 마친다.

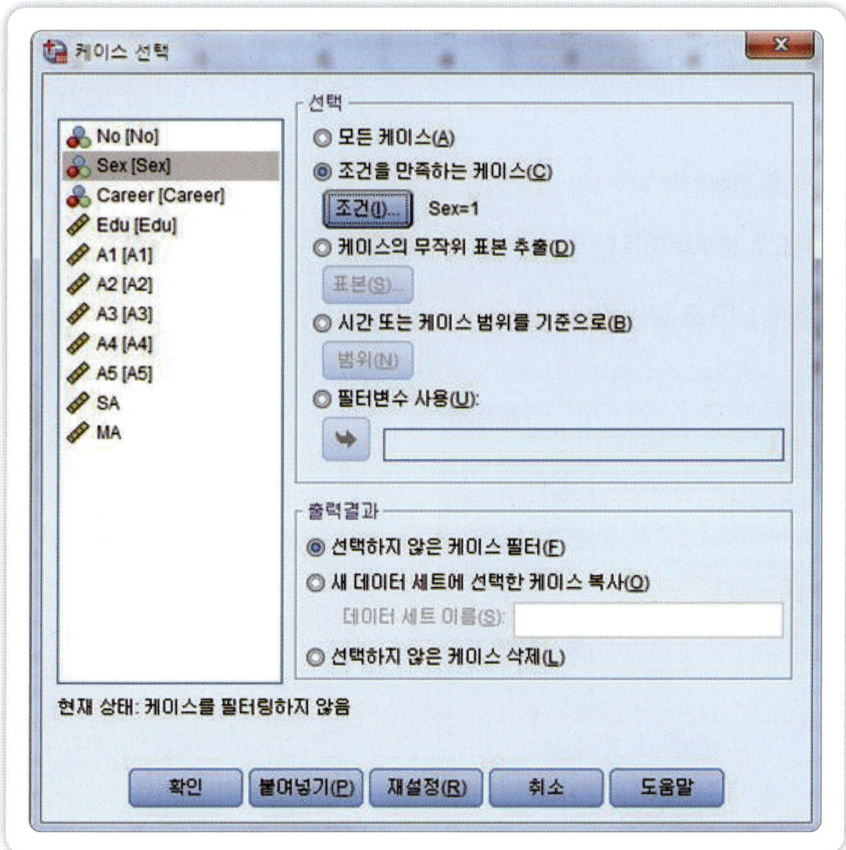

⑤ [데이터 보기] 창에 성별 중 남자 = 1의 경우만 선택되고, 여자 = 2인 경우는 선택되지 않은 케이스로 케이스 번호에 ' / '로 표시되어 있음을 확인할 수 있다. 또한 변수 filter_$가 생성되어 나타난다.

	No	Sex	Career	Edu	A1	A2	A3	A4	A5	filter_$
1	1	1	2	1	1	5	4	5	4	1
2	2	2	2	2	2	2	3	4	5	0
3	3	1	2	3	1	4	3	4	3	1
4	4	2	3	4	1	5	4	4	5	0
5	5	2	1	5	4	4	2	4	5	0
6	6	2	1	5	4	1	4	2	3	0
7	7	2	3	1	4	4	2	2	3	0
8	8	1	2	1	5	3	2	3	1	1
9	9	1	1	2	3	1	2	3	3	1
10	10	1	1	3	2	3	3	4	4	1
11	11	2	3	4	3	5	2	5	5	0
12	12	1	3	5	3	4	1	2	2	1
13	13	2	2	1	4	4	4	5	4	0
14	14	1	1	3	5	3	3	3	1	1
15	15	1	3	2	2	2	4	4	2	1

7 기초통계량, 도수분포표 및 막대그래프 & 히스토그램

1) 기초통계량, 도수분포표

매우 복잡한 통계적 분석을 사용하더라도 제일 먼저 해야 할 일은 자료를 이해하기 쉽도록 정리 · 요약을 하는 것이다.

① [분석] – [기술통계량] – [빈도분석]을 선택한다.

② 분석할 변수를 선택하여 오른쪽 칸으로 변수를 이동한 후 [확인]을 누른다.

➡ 통계량이나 도표를 그리려면 [통계량], [도표]를 누른다.

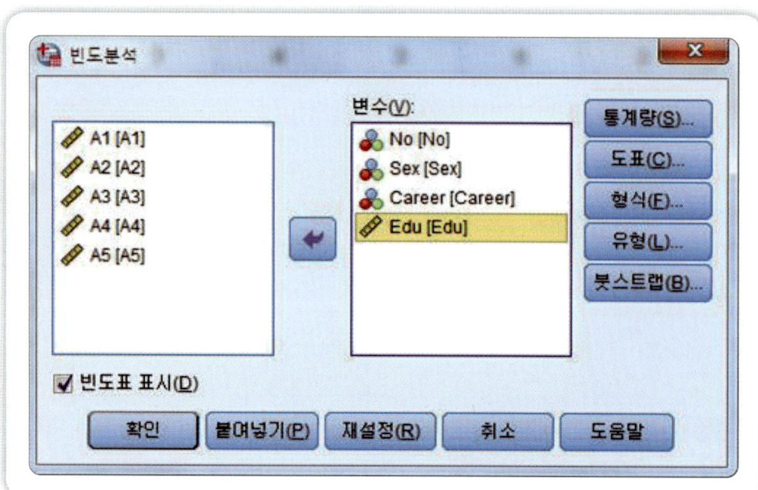

③ 빈도분석 결과를 확인한다.

- 통계량의 결측은 값이 기록되지 않는 것을 의미한다.
- 빈도는 각 구간의 도수를 의미한다.
- 퍼센트는 결측값을 포함한 각 구간의 백분율을 의미한다.
- 유효 퍼센트는 결측값을 제외한 각 구간의 백분율을 의미한다.
- 누적 퍼센트는 각 구간 이하의 백분율(유효 퍼센트)을 더해서 얻은 결과이다.

통계량

		번호	성별	학력	근무경력
N	유효	15	15	15	15
	결측	0	0	0	0

빈도표

■ **번호**

		빈도	퍼센트	유효 퍼센트	누적 퍼센트
유효	1	1	6.7	6.7	6.7
	2	1	6.7	6.7	13.3
	3	1	6.7	6.7	20.0
	4	1	6.7	6.7	26.7
	5	1	6.7	6.7	33.3
	6	1	6.7	6.7	40.0
	7	1	6.7	6.7	46.7
	8	1	6.7	6.7	53.3
	9	1	6.7	6.7	60.0
	10	1	6.7	6.7	66.7
	11	1	6.7	6.7	73.3
	12	1	6.7	6.7	80.0
	13	1	6.7	6.7	86.7
	14	1	6.7	6.7	93.3
	15	1	6.7	6.7	100.0
	전체	15	100.0	100.0	

■ **성별**

		빈도	퍼센트	유효 퍼센트	누적 퍼센트
유효	남자	8	53.3	53.3	53.3
	여자	7	46.7	46.7	100.0
	전체	15	100.0	100.0	

■ 학력

		빈도	퍼센트	유효 퍼센트	누적 퍼센트
유효	고졸이상	5	33.3	33.3	33.3
	전문학사이상	5	33.3	33.3	66.7
	석사이상	5	33.3	33.3	100.0
	전체	15	100.0	100.0	

■ 근무경력

		빈도	퍼센트	유효 퍼센트	누적 퍼센트
유효	1~3년 미만	4	26.7	26.7	26.7
	3~5년 미만	3	20.0	20.0	46.7
	5~7년 미만	3	20.0	20.0	66.7
	7~9년 미만	2	13.3	13.3	80.0
	9년 이상	3	20.0	20.0	100.0
	전체	15	100.0	100.0	

2) 막대그래프 & 히스토그램

자료의 정리와 분석을 이용 목적에 맞게 간결한 형태로 표현할 목적으로 사용된다. 조사된 결과의 분석에 많은 정보가 있으면 한 눈에 알아보기가 어렵다. 이러한 통계자료를 시각적으로 빠르게 전달되어 쉽게 이해할 수 있도록 막대그래프, 원그래프, 히스토그램, 선그래프, 점도표 등을 사용한다. 질적척도에서는 막대차트나 원그래프가 이용되고, 양적척도에서는 주로 히스토그램을 사용한다.

(1) 막대도표

막대도표는 항목들에 대해 수량을 막대 길이로 나타내어 수량의 많고 적음을 비교하기 쉽도록 표현한 그래프이다. 히스토그램과 달리 막대는 서로 연속성이 없이 분리되어 있어서 각각 항목의 수량을 나타낸다. 막대도표는 자료를 시각적으로 쉽게 파악할 수 있으며, 각 부분의 수량을 쉽게 비교할 수 있다.

① [분석] – [기술통계량] – [빈도분석]을 선택한다.

② 원하는 변수를 선택한 후 [도표]를 누른다.

③ [도표 유형] – [막대도표]를 선택하고 [도표화 값]은 [빈도], [퍼센트] 중 원하는 값을 선택한 후 [계속]을 누른다.

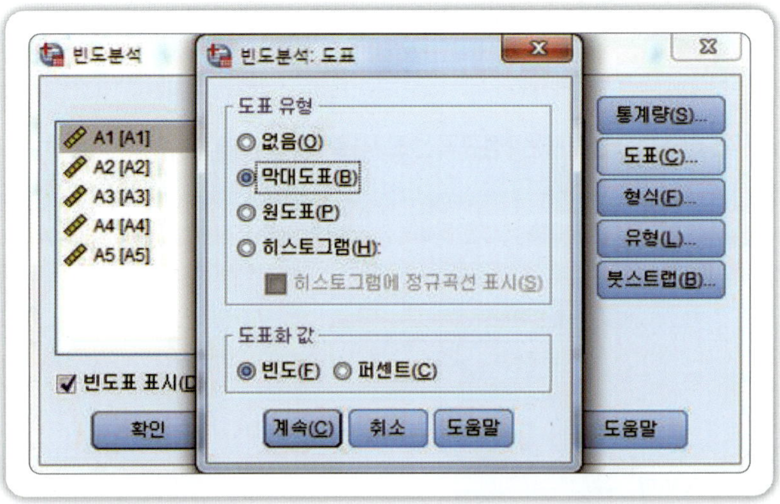

④ 설정이 모두 끝나면 [확인]을 누른다.

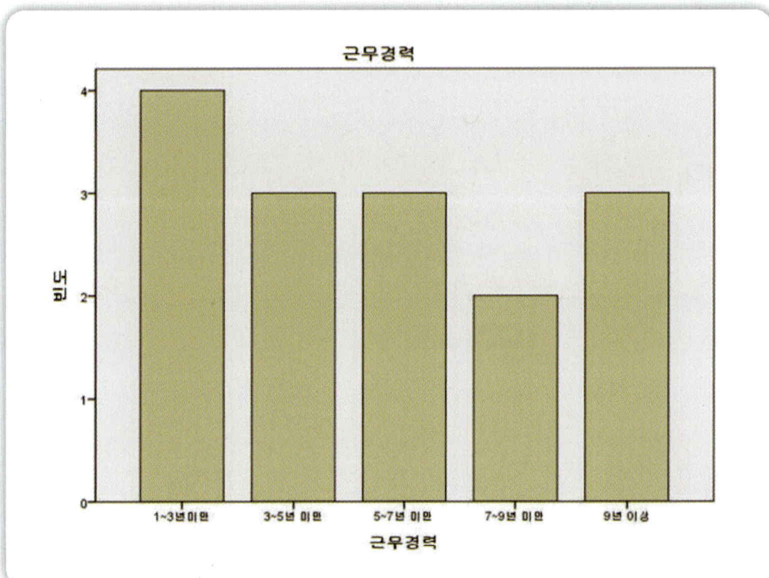

⑤ 뷰어창에 그려진 막대도표를 확인하고, 모양과 색은 도표를 더블클릭하면 나타나는 차트 편집기를 통해서 원하는 형태로 변경할 수 있다.

(2) 히스토그램

히스토그램은 가로축에 계급(구간), 세로축에 빈도를 표현한 그래프이다. 각 계급의 크기를 가로의 길이로, 빈도를 세로의 길이로 하는 직사각형을 차례대로 나타낸다. 주어진 자료를 보고 적당한 구간을 정해 계급을 만들고, 각 계급에 속하는 자료의 수를 세어 빈도를 알아본다. 전체 집단의 분포 상태를 파악하거나 비교할 때 사용한다.

① [분석] – [기술통계량] – [빈도분석]을 선택한다.

② 원하는 변수를 선택한 후 [도표]를 누른다.

③ [히스토그램]을 선택하고 [계속]을 누른다. 히스토그램에서는 [정규곡선 표시]를 선택하여 나타낼 수 있다.

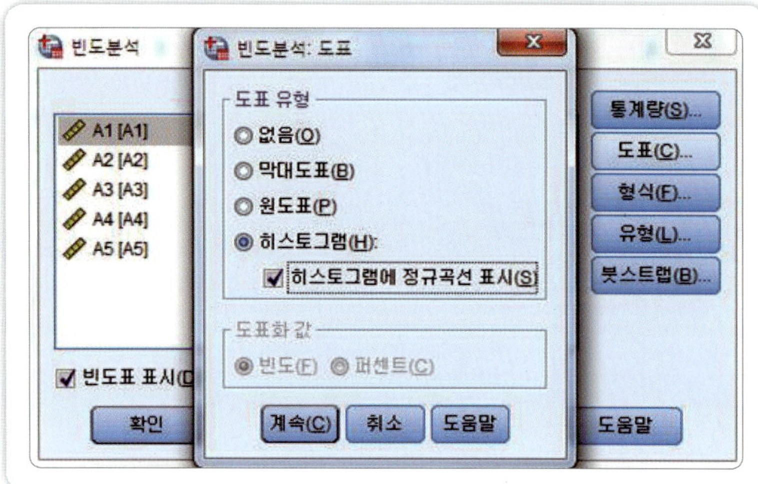

④ [확인]을 눌러 히스토그램의 결과를 확인한다.

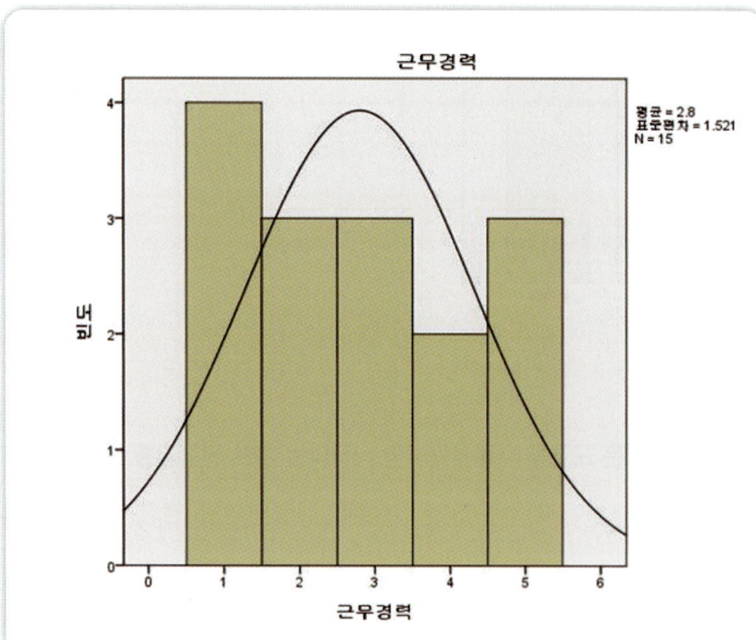

TIP

데이터 분석 시 시각화 방법과 수치적 계산 방법

그래프나 도표를 이용하는 방법	간단한 수치적 계산에 의한 방법
• 점도표: 데이터의 분포를 수직선 위에 점으로 표시 • 막대그래프: 카테고리별 데이터 크기를 막대로 비교 • 히스토그램: 연속형 데이터의 분포를 나타냄 • 산점도: 두 변수 간의 관계를 점으로 표현 • 상자 그림(Box Plot): 데이터의 분포와 이상치를 시각화 • 줄기와 잎 그림: 데이터의 분포를 간단히 나타냄 • (꺾은) 선 그래프: 데이터의 변화를 선으로 연결 • 파이차트: 카테고리별 비율을 원형으로 표현 • 파레토 그림: 항목별 빈도 또는 영향을 나타냄	**중심위치의 측도** • 빈도와 백분율: 데이터의 발생 빈도와 비율 • 평균: 데이터의 산술 평균값 • 중앙값: 데이터의 중앙에 위치한 값 • 최빈값: 가장 자주 나타나는 값 • 사분위수: 데이터 분포를 4등분한 값 • 절단평균: 극단값을 제거한 평균 • 백분위수: 특정 백분위에 해당하는 값 **산포의 측도** • 분산: 데이터 분포의 흩어짐 정도 • 표준편차: 분산의 제곱근으로, 데이터의 평균과의 차이 • 범위: 최대값과 최소값의 차이 • 사분위수 범위(IQR): 1사분위수와 3사분위수의 차이

통계분석

[분석의 종류]

■ 차이 검증(A = B)

단계	통계기법
1	빈도분석(n, %)
2	기술통계분석(M, SD)
3	요인분석(고유값, 분산, 누적분산, KMO, 자유도, χ^2)
4	신뢰도 검증(Cronbach α)(α값)
5	일표본 t-검증, 독립표본 t-검증, 대응표본 t-검증(t, p)
	일원배치 분산분석(ANOVA)(F, p)
	χ^2 검정(χ^2, p)

■ 상관관계(A ↔ B, A ↔ C)

단계	통계기법
1	빈도분석
2	기술통계분석
3	요인분석(내적타당도 검증)
4	신뢰도 검증(Cronbach α)
5	Pearson 상관분석(r, p)

■ 예측 검증(A → C, B → C)

단계	통계기법
1	빈도분석
2	기술통계분석
3	요인분석(내적타당도 검증)
4	신뢰도 검증(Cronbach α)
5	Pearson 상관분석
6	회귀분석(B, t, F, p, R^2)

■ 구조방정식(A → B, B → C, A → C)

단계	통계기법	패키지
1	빈도분석	SPSS
2	기술통계분석	SPSS
3	신뢰도검증(Cronbach α)	SPSS
4	Pearson 상관기법	SPSS
5	확인적 요인분석(모델적합지수, B, p)	AMOS
6	경로분석, 구조방정식(모델적합지수, B, p)	AMOS

[SPSS 시작하기]

- SPSS (Statistical Package for Socal Science)
- 데이터 파일: sav

- 출력결과 파일: spo
- 데이터 보기: 설문결과물 코딩(무응답은 미입력 혹은 9, 99와 같은 특정한 값으로 결측값을 처리함)
- 변수 보기: 설문양식 입력(변수 이름, 값 등)
- 데이터코딩: '엑셀' 입력 후 복사하여 '데이터 보기'에 붙여넣기
- 출력결과: '엑셀'로 복사하여 소수점자리를 수정한 후 '**한글**'로 복사하여 변환

[기초자료 분석]

■ 분석기법

기법	결과물	주요내용
빈도분석	빈도(n), 비율(%)	명목척도 예) 인구통계분석 비율(4:6, 4.5:5.5, 5:5)
기술통계분석	빈도(n), 평균(M), 표준편차(SD)	등간척도, 5점 Likert 척도 예) 평균(3.0), 표준편차(0.999 이하)

■ 분석과정

기법	과정	결과물
빈도분석	분석 → 기술통계량 → 빈도분석	빈도(n), 비율(%)
기술통계분석	분석 → 기술통계량 → 기술통계	빈도(n), 평균(M), 표준편차(SD)

[차이 검증]

■ 1개 집단 및 2개 이상의 집단 간의 차이를 검증

기법		조건	결과물
t-검증	일표본	1개의 집단, 변수가 양적변수	n, M, SD, t, p n, M, SD, t, p n, M, SD, t, p
	독립표본	2개의 집단, 종속변수가 양적변수 2개의 집단(통제집단, 실험집단) → ※ 등분산 가정	
	대응표본	1개의 집단(실험집단) → ※ 사전, 사후검증 → ※ 변수가 양적변수	
일원배치 분산분석(ANOVA)		3개 이상의 집단 종속변수가 양적변수	n, M, SD, F, p, 에타제곱(n^2)

■ 분석과정

기법		분석과정	비고
t-검증	일표본	분석 → 평균비교 → 일표본 t-검정	검정변수(종속변수)
	독립표본	분석 → 평균비교 → 독립표본 t-검정	집단변수(독립변수)
	대응표본	분석 → 평균비교 → 대응표본 t-검정	대응변수(2개 종속변수)
일원배치 분산분석(ANOVA)		분석 → 평균비교 → 일원배치 분산분석	종속변수, 요인(독립변수) 옵션(기술통계)

▶ *t*값이 음수(−)인 경우는 앞변수보다 뒷변수가 더 크게 변화되거나 클 경우

▶ *p*값: $^{*}p < 0.05$, $^{**}p < 0.01$, $^{***}p < 0.001$

[코딩변경(역코딩) 새로운 변수 코딩변경]

▶ 부정적인 문항의 답변을 긍정으로, 긍정적인 문항의 답변을 부정으로 할 경우
여러 항목의 평균값을 산출 시 긍정 또는 부정의 항목이 중복되어 있는 경우에는 반드시 긍정이던 부정이던 택일하여 변경해야 함

■ 변환과정

기법	변환과정	결과물
변환	'같은 변수로 코딩변경' → 변경하고자 하는 변수를 '숫자변수'로 이동 → '기존값 새로운값' → '기존값'과 '새로운값'에 숫자 입력 후 '추가' 모두 변경 → '계속'	변경된 변수값

[자료변환(변수의 집단화)]

▶ 요인분석을 통해 변수의 타당성 검증과 신뢰도 분석을 통해 신뢰성이 동시에 검증될 경우에 사용. 해당하는 변수를 요인화하기 위한 평균값을 만들고자 할 때 사용

■ 변환과정

기법	변환과정	결과물
변환	'변수계산' → '대상변수'에 요인명 입력 → '숫자표현식' mean(변수, 변수, 변수, 변수) → '확인'	신규요인명이 입력된 변수 생성

[통계분석법을 올바르게 사용하기 위한 두 가지 측면]

① 분석하고자 하는 변수(독립변수와 종속변수)의 척도를 명확히 구분해야 한다.

② 각 통계학적 방법론마다 가지는 가정에 위배되지 않는 자료를 적용해야 한다.

모수	비모수
• 모집단의 평균, 표준편차, 분산, 비율 등의 특성을 나타낸다. • 모수 검정은 대표수를 가지고 가설을 세우고 그것을 검정하는 방법이다. • 모수 검정을 위해서는 측정값의 사칙연산이 가능해야 한다. • 모수 검정을 위해 실험집단은 정규분포가 되고 분산의 동질성과 독립성이 이루어져야 한다.	• 정규분포와 분산의 동질성이 맞지 않은 경우에 사용한다. • 예를 들어 대상자의 수가 너무 작아 정규분포를 이루지 못하거나, 값의 수치가 아주 크거나 작은 값이 존재할 때 사용한다. • 측정값을 부호나 순위를 가지고 결정한다.

[모수적 방법을 선호하는 이유]

▶ 가정이 잘 충족되는 경우 모수적 방법이 비모수적 방법보다 검정력이 다소 높고, 두 군 사이에 크기의 차이가 있는 경우에는 차이의 정도를 함께 제시해 줄 수 있다는 장점을 갖기 때문이다.

[비모수적 방법]

① 일반적으로 모수적 방법에 비해 분포에 대한 가정이 완화되거나 가정이 거의 없으며, 표본의 크기가 작은 경우에도 안정적이다.

② 대부분의 비모수적 방법들은 부호 또는 상대 크기의 순위 등 직관적이고 이해하기 쉬운 정보를 사용한다.

[다양한 통계 분석 방법]

독립변수	종속변수	통계분석
범주형(명목, 서열척도)	범주형(명목, 서열척도)	• 카이제곱 검정
범주형(명목, 서열척도)	연속형(등간, 비율척도)	• 독립표본 t-검정(두 개 집단 비교) • 대응표본 t-검정(사전-사후 비교) • 일원배치 분산분석(세 개 이상 집단 비교) • 이원배치 분산분석(독립변수가 두 개) • 다변량 분산분석(종속변수가 여러 개) • 반복측정 분산분석(시간적 개념 포함) • 비모수통계(표본수가 적을 때)
연속형	연속형	• 회귀분석(준거변수 한 개) • 구조방정식(종속변수 여러 개)
연속형	이분형	• 로지스틱 회귀분석

11

한 집단, 두 집단 분석

학습목표

- 정규성, 등분산 검정의 의미를 설명할 수 있다.
- 한 집단, 두 집단 분석 절차에 대해 이해하고 다양하게 제시할 수 있다.
- 실제 통계 프로그램을 이용하여 독립 · 대응 t-검정을 예로 들 수 있다.
- 모수, 비모수에 따른 통계방법을 이해할 수 있다.
- 한 집단, 두 집단 분석의 실제 분석 사례를 알아보고 다양하게 제시할 수 있다.

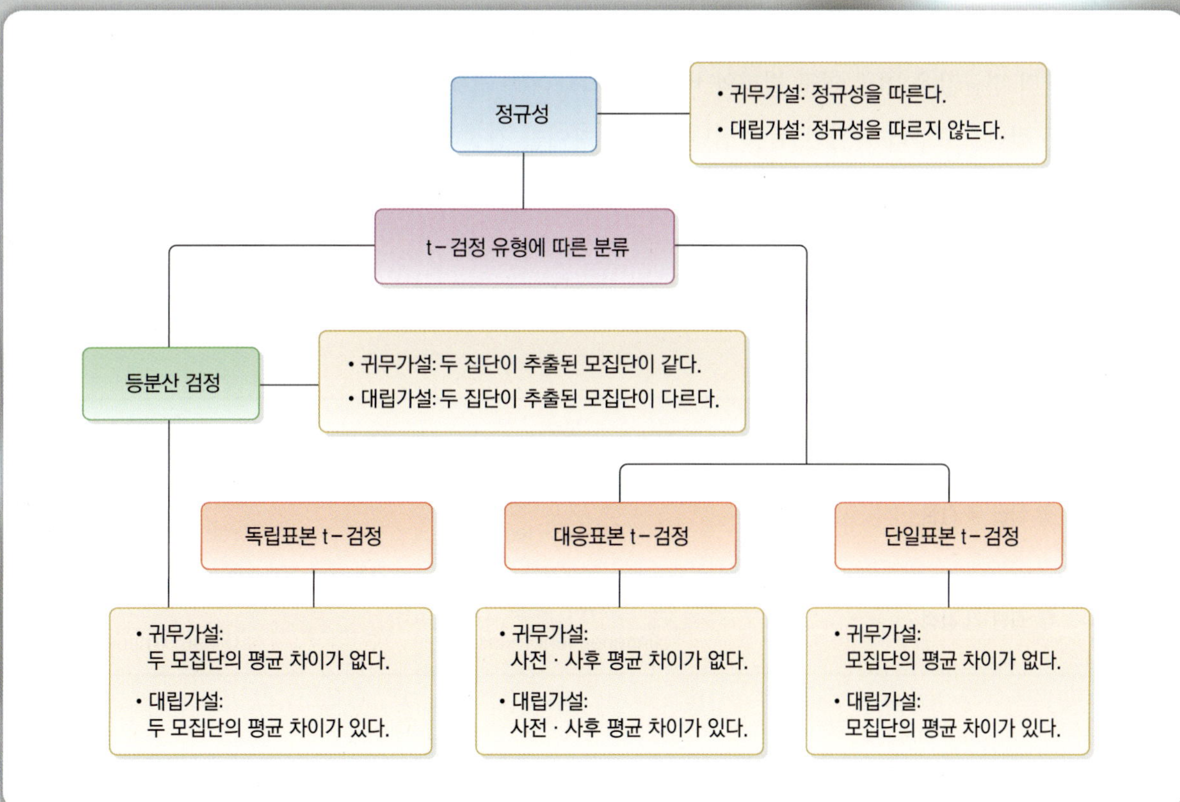

1 t-검정

1) 개요

't-검정(t-test)' 또는 't-테스트'는 검정통계량이 귀무가설하에 t-분포를 따르는 통계적 가설 검정이다.

t-검정은 검정통계량이 정규분포를 따르는 경우 가장 일반적으로 적용된다. 데이터를 기반으로 한 추정값이 대체되면 테스트 통계는 t-분포를 따른다. 예를 들어, t-검정을 사용하여 두 집단의 평균이 서로 유의하게 다른지 여부를 판별할 수 있다.

모집단의 정규성 분포에 대하여 가정하는 모수적 통계 검정과, 정규성 분포를 가정하지 않는 비모수적 통계 검정이 있다. 이 중 모수적 통계 검정을 t-검정이라 하며, 모집단의 분산이나 표준편차를 알지 못할 때 모집단을 대표하는 표본으로부터 추정된 분산이나 표준편차를 통하여 검정하는 방법이다.

t-검정은 '두 집단 간 평균 차이가 없다'라는 귀무가설과 '두 집단의 평균에는 차이가 있다'라는 대립가설 중 하나를 채택하고, 다른 하나는 기각하는 방식으로 이루어진다. t-검정은 t-분포에 의존하여 두 집단 간의 평균이 통계적으로 유의미한 차이를 보이는지 판별한다. t-검정을 위한 가정에서는 모집단이 정규분포임을 가정하는데, 표본의 크기가 커질수록 자유도가 증가하며 이에 따라 t-분포 역시 정규분포에 가까워진다.

2) 목적

- 한 집단의 평균값을 기존 연구 결과와 비교 · 분석하려는 경우 (단일표본 t-검정)
- 두 표본 집단으로부터 독립된 두 모집단의 평균 차이를 검정하려는 경우 (독립표본 t-검정)
- 동일한 집단에 두 번의 처리를 가하여 두 처리 간 평균 차이를 검정하려는 경우 (대응표본 t-검정)

3) 통계 지식

(1) 모수 · 비모수 통계 검정 방법

	모수	비모수
한 집단 내 검정	대응 t-검정 (Paired t-test)	Wilcoxon 부호순위 검정 (Wilcoxon rank sum test)
두 집단 간 검정	독립 t-검정 (Independent t-test)	Mann-Whitney U 검정 (Mann-Whitney U test)

(2) 한 집단, 두 집단 분석 절차

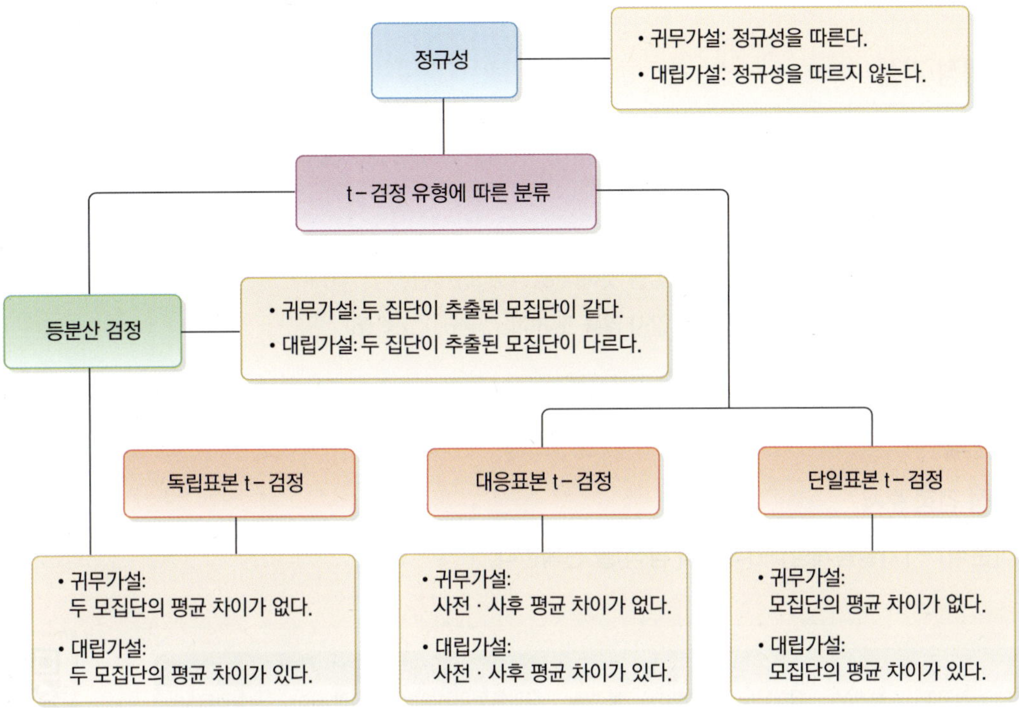

(3) 등분산 검정

변수의 정규성 검정을 한 다음, 집단 간 차이를 보는 독립표본 t-검정을 사용할 경우 연구에 참여한 집단이 서로 얼마나 유사한 집단인지 알아보아야 한다. 각 집단의 구성원들의 수준이 비슷한지 그렇지 않은지는 Levene 등분산 검정(Levene's test)을 통해 쉽게 알아볼 수 있다. 예를 들어, A 집단과 B 집단의 평균이 같을 때, A와 B 집단의 분산이 서로 비슷하다면 A와 B 집단은 등분산 가정을 이룬다고 볼 수 있다. 하지만 A 집단의 분산이 B 집단의 분산보다 작다면 A 집단 수준이 비슷한 구성원들이 평균을 중심으로 모여 있다고 볼 수 있지만, 분산이 큰 B 집단은 구성원들의 수준에 차이가 난다는 것을 의미한다.

등분산 가정을 검정하기 위해 사용되는 Levene 등분산 검정(Levene's test)이 통계적으로 유의미하다는 의미는 두 집단 간의 등분산 가정을 이루지 않는다는 것을 의미한다. 즉, 이러한 결과는 A 집단과 B 집단이 서로 비슷한 수준의 구성원으로 구성되어 있지 않는다는 것을 의미하며, 통계적으로 등분산 가정을 충족시키지 못한다고 표현할 수 있다. 하지만 두 집단의 표본크기가 같고, 두 집단의 모분산의 차이가 극단적으로 크지 않다면 그리 큰 문제는 아니다.

두 집단에 대한 등분산 가정이 충족되지 않을 때는 변수가 정규성 가정을 충족시키지 않을 때보다 통계적으로 덜 심각한 문제일 뿐만 아니라 SPSS 프로그램을 통해 쉽게 해결할 수 있다. 실제로 SPSS 프로그램을 사용하여 독립표본 t-검정을 할 경우, 집단 간 등분산을 이루지 않을 때는 집단 간 등분산을 이루지 않는 상태를 고려하여 결과를 제시해 준다. 따라서 연구자는 집단 간 등분산을 이룰 때와 그렇지 않을 때를 선정하여 SPSS 프로그램에서 제시해 주는 결과를 잘 선택하면 된다. SPSS 프로그램을 이용한 등분산 검정 절차를 알아보자.

(4) 등분산 검정 가설

Levene 등분산 검정을 이용하여 집단의 분산이 같은지 여부를 검정하기 위해서는 귀무가설과 대립가설을 먼저 세워야 한다.

- 귀무가설(H_0): 두 그룹의 키의 분산이 같을 것이다($\sigma_1^2 = \sigma_2^2$)($p > .05$).
- 대립가설(H_1): 두 그룹의 키의 분산이 같지 않을 것이다($\sigma_1^2 \neq \sigma_2^2$)($p < .05$).

(5) SPSS 분석

정규성 검정 순서

① [분석] – [기술통계량] – [데이터 탐색]을 선택한다.

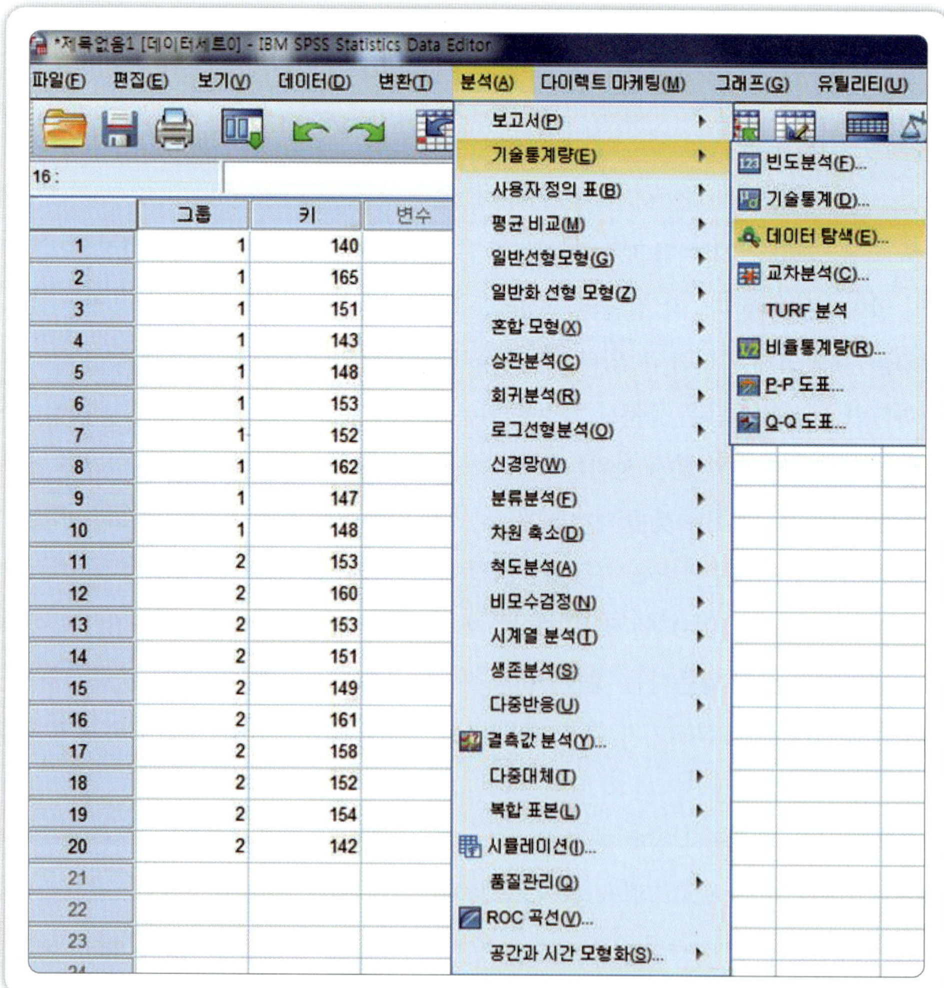

[ch11_Q1]

② [데이터 탐색] 대화상자에서 종속변수에 키를 이동하고, 요인에 그룹을 이동시킨다. [도표]에서 [Levene 검정이 있는 수준-산포]에서 [거듭제곱 추정]을 선택한다.

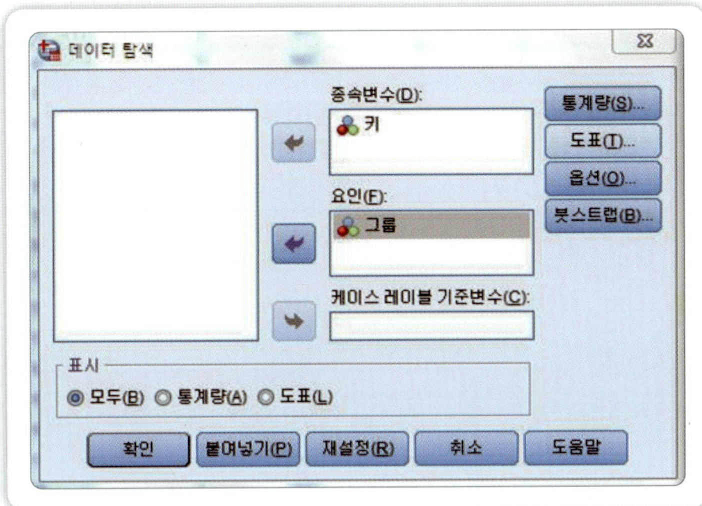

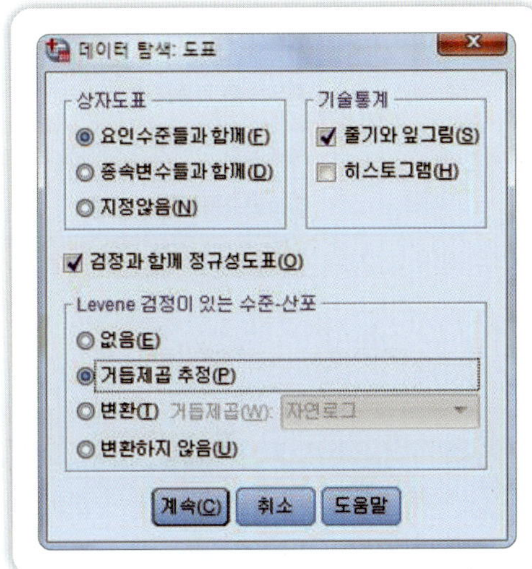

정규성 검정 결과 분석

표에서 Kolmogorov–Smirnov와 Shapiro–Wilk 두 분석법 모두 $p>.05$로서 "표본의 모집단이 정규분포를 이루고 있다"라는 귀무가설을 만족한다. 결론적으로 Kolmogorov–Smirnov와 Shapiro–Wilk 두 분석법 모두에서 데이터의 분포는 정규성을 만족한다는 뜻이다. 중심극한정리에 의하여 양적연구 수행 시, 모수 검정은 실험집단의 표본크기가 최소 30명 이상의 표본이 필요하다. Kolmogorov–Smirnov는 한 그룹당 30개 이상인 큰 표본 검정에 적합하고, Shapiro–Wilk는 한 그룹당 30개 미만의 작은 표본 검정에 적합한 방법이라고 많이 알려져 있다.

정규성 검정

정규성 검정 그룹		Kolmogorov–Smirnov[a]			Shapiro–Wilk		
		통계량	자유도	유의확률	통계량	자유도	유의확률
키	1	.193	10	.200*	.935	10	.501
	2	.150	10	.200*	.945	10	.604

*. 참 유의성의 하한
a. Lilliefors 유의확률 수정

분산의 동질성 검정 결과 분석

분산의 동질성 검정 결과 종속변수 '키'에서 평균을 기준으로 한 Levene 통계량의 유의확률(p)은 .382로 유의수준 .05보다 큰 것으로 나타났다. 따라서 귀무가설을 채택하고, 두 그룹에 참여한 대상자들은 비슷한 모집단에서 나왔다고 할 수 있다.

분산의 동질성 검정

		Levene 통계량	자유도1	자유도2	유의확률
키	평균을 기준으로 함	.803	1	18	.382
	중위수를 기준으로 함	.800	1	18	.383
	자유도를 수정한 상태에서 중위수를 기준으로 함	.800	1	16.579	.384
	절삭평균을 기준으로 함	.772	1	18	.391

2 단일표본 t - 검정

1) 개요

단일표본 t−검정(one sample t−test)은 연구자가 분석하고 싶은 집단 중 한 집단에 대한 기존 연구가 있을 때, 연구자가 실제 조사한 자료의 평균값을 비교 · 분석하는 방법을 말한다. 단일표본 t−검정은 모집단의 분산을 알지 못할 때 모집단에서 추출된 표본의 평균과 연구자가 이론적 혹은 경험적 배경에서 설정한 특정한 수와 비교하는 방법이다. 하나의 모집단 평균을 검정하기 위해 단일표본 t−검정을 이용하여 가설 검정에 사용되는 귀무가설과 대립가설은 다음과 같다.

- 귀무가설(H_0): 모집단의 평균은 특정한 값이다($\mu = \mu_0$)($p > .05$).
- 대립가설(H_1): 모집단의 평균은 특정한 값이 아니다($\mu \neq \mu_0$)($p < .05$).

이때 모집단 평균 μ에 대한 가설 검정에 사용되는 검정통계량은 다음과 같은 t−통계량을 사용하며, 이때의 t−통계량은 자유도가 n−1인 t−분포를 이룬다.

단일표본 t−검정에 사용되는 검정통계량

$$t = \frac{\overline{x} - \mu_0}{s / \sqrt{n}} \quad (s = \sqrt{\frac{\sum(x_i - \overline{x})^2}{n-1}})$$

여기서, $\overline{x}$: 표본의 평균

μ_0: 모집단 평균의 실제값(주어진 특정한 값)

2) 목적

단일표본 t−검정은 한 집단에 대한 평균값을 비교 · 분석하는 데 사용할 수 있다.

3) 설계 예제

예제

시중에 영업하고 있는 고깃집에 삼겹살 1인분의 무게를 조사한 결과 다음과 같은 자료를 얻었다. 자료에서 삼겹살 1인분에 포함된 무게의 양이 120g이 아니라고 말할 수 있는지 검정한다.

표 11.1 시중에 영업 중인 고깃집 삼겹살 1인분 무게 단위: g

105.10	120.50	114.40	111.50	122.50
125.00	109.50	123.10	104.80	116.20
121.50	120.10	107.70	112.50	119.50

[ch11_Q2]

4) 통계 가설

- 귀무가설(H_0): 시중에 판매되는 삼겹살 1인분에 포함된 무게는 120g이다($\mu = 120$)($p > .05$).
- 대립가설(H_1): 시중에 판매되는 삼겹살 1인분에 포함된 무게는 120g이 아니다($\mu \neq 120$)($p < .05$).

5) SPSS분석

단일표본 t-검정 순서

① [분석] - [평균 비교] - [일표본 T 검정]을 선택한다.

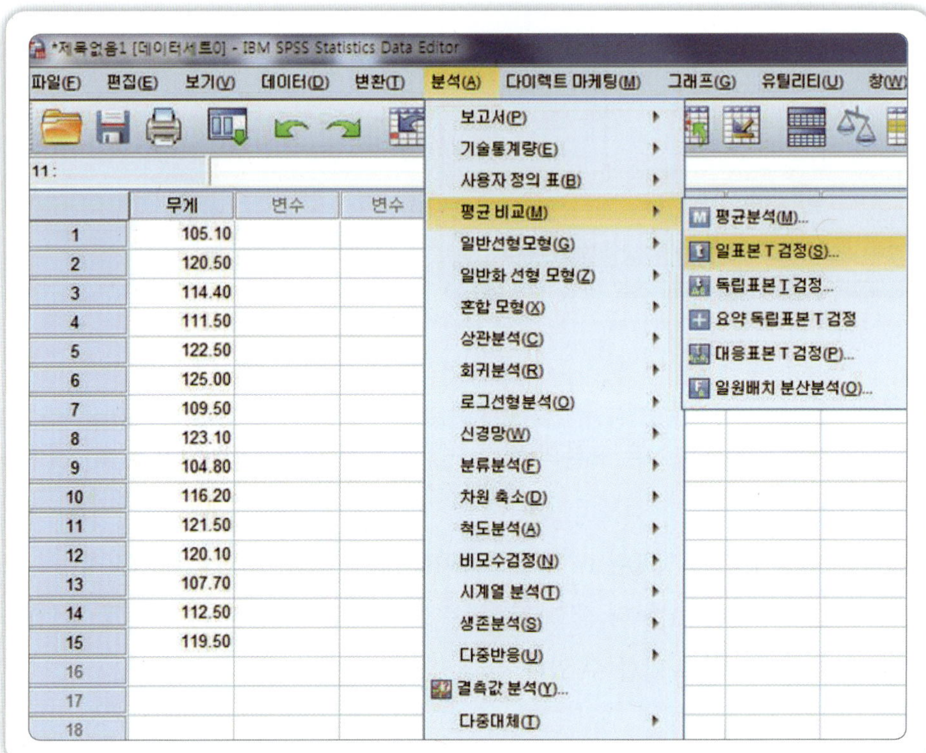

② [일표본 T 검정] 대화상자에서 왼쪽 변수 목록의 '무게' 변수를 오른쪽의 [검정 변수]로 이동시키고, [검정값]에는 검정하고자 하는 평균값 '120'을 입력한 후 [옵션]을 클릭하여 신뢰구간 범위와 결측값 처리 방법을 설정한다.

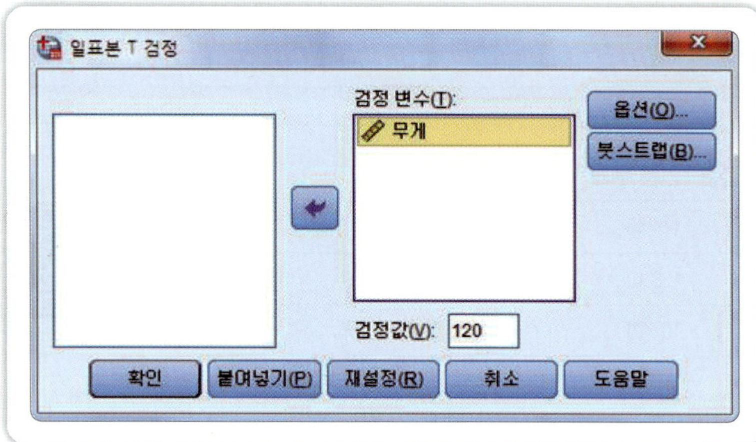

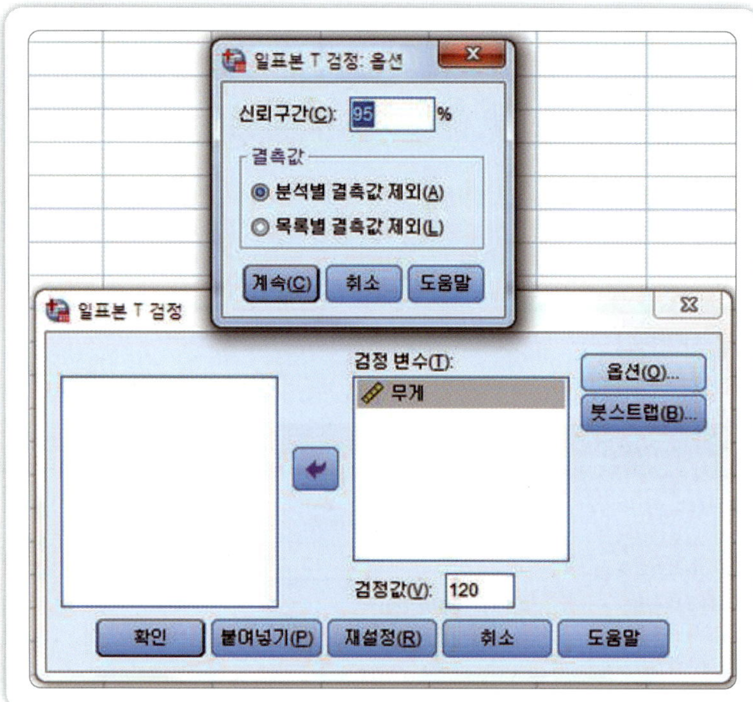

단일표본 t-검정 결과 분석

[일표본 통계량]은 '무게'에 대한 분석으로 N은 표본의 개수 15, 평균 115.593, 표준편차 6.767 및 평균의 표준오차 1.747 값이 나타난다.

[일표본 검정]은 검정값 120g에 대한 일표본 t-검정 결과이다. 분석 결과 검정통계량 t값이 −2.522이고, 유의확률(p-value)값 .024는 유의수준 .05보다 작으므로 귀무가설을 기각한다. 따라서 "시중에 판매되는 삼겹살 1인분의 무게는 120g이 아니다"라고 말할 수 있다.

일표본 통계량

	N	평균	표준편차	평균의 표준오차
무게	15	115.5933	6.76772	1.74742

일표본 검정

	검정값 = 120					
	t	자유도	유의확률(양측)	평균차이	차이의 95% 신뢰구간	
					하한	상한
무게	-2.522	14	.024	-4.40667	-8.1545	-.6588

3 종속표본 t - 검정(대응 t - 검정)

1) 개요

대응표본 t-검정은 집단이 1개이고 종속변수가 1개이면서 2번 반복측정된 설계에서 종속변수들 사이의 평균 차이 검정에 사용된다(중재 전과 중재 후의 차이가 있는지 검정). 이때의 데이터를 쌍데이터, 짝지어진 자료(matched 자료, paired data)라고도 하는데, 이는 동일하거나 유사한 대상물의 특성을 서로 다른 두 지역에서 또는 서로 다른 두 시점에서 측정한 값으로 표본 관측값을 구성할 때 이루어진다. 두 집단이 종속적이라는것은 추출된 표본의 모집단들이 서로 관계가 있음을 뜻한다.

대응표본 t-검정은 독립표본 t-검정과는 달리 반드시 동일한 사람(개체)이 두 번의 실험처치(중재)에 참여해야 한다. 독립표본 t-검정은 두 집단의 분산의 동질성 검정을 했지만 대응표본 t-검정에서는 두 집단의 분산의 동질성 검정은 할 필요가 없고, 두 집단 간 상관관계 계수 전체를 검정한다.

■ 독립표본 t-검정과 대응표본 t-검정의 표본 차이

독립표본 t - 검정	대응표본 t - 검정
• 조사 대상 개체가 다르다. • 두 표본의 크기가 다를 수도 있다. • 다른 집단의 평균을 비교하는 경우	• 조사 대상 개체가 같다. • 두 표본의 크기(짝)는 반드시 같아야 한다. • 전, 후 개념의 평균을 비교하는 경우

2) 목적

대응표본 t-검정은 하나의 집단에서 종속변수에 대해 중재 전과 중재 후 평균차이 검정에 사용할 수 있다.

3) 설계 예제

예제

무릎관절 전치환술(total knee arthroplasty, TKA)을 실시한 대상자들에게 균형능력은 낙상에 매우 중요한 영향을 미치는 것으로 알려져 있다. 어느 연구에서 무릎관절 전치환술 환자들을 대상으로 장애물 보행 훈련을 실시한 후 중재 전 · 후 균형능력을 비교하였다. 15명의 대상자에게 실시한 결과는 다음과 같다.

표 11.2 무릎관절 전치환술 대상자의 중재 전 · 후 일어나 걸어가기 능력(time up & go test, TUG) 단위: 초

TKA 환자	중재 전	중재 후
1	20.00	17.00
2	18.00	17.00
3	19.00	19.00
4	15.00	20.00
5	28.00	15.00
6	25.00	13.00
7	21.00	20.00
8	16.00	13.00
9	21.00	19.00
10	17.00	19.00
11	26.00	23.00
12	27.00	24.00
13	22.00	18.00
14	29.00	18.00
15	26.00	16.00

[ch11_Q3]

4) 통계 가설

- 귀무가설(H_0): 중재 전과 후 무릎관절 균형능력은 평균적인 차이가 없다($p > .05$).
- 대립가설(H_1): 중재 전과 후 무릎관절 균형능력은 평균적인 차이가 있다($p < .05$).

5) SPSS분석

■ 대응표본 t-검정 순서

① SPSS 프로그램에 [데이터 보기] 창에 예제에 주어진 자료를 입력한 후 [변수 보기] 창에서 변수 정의(중재 전, 중재 후)를 각각 입력한다. 메뉴에서 [분석] – [평균 비교] – [대응표본 T 검정]을 선택한다.

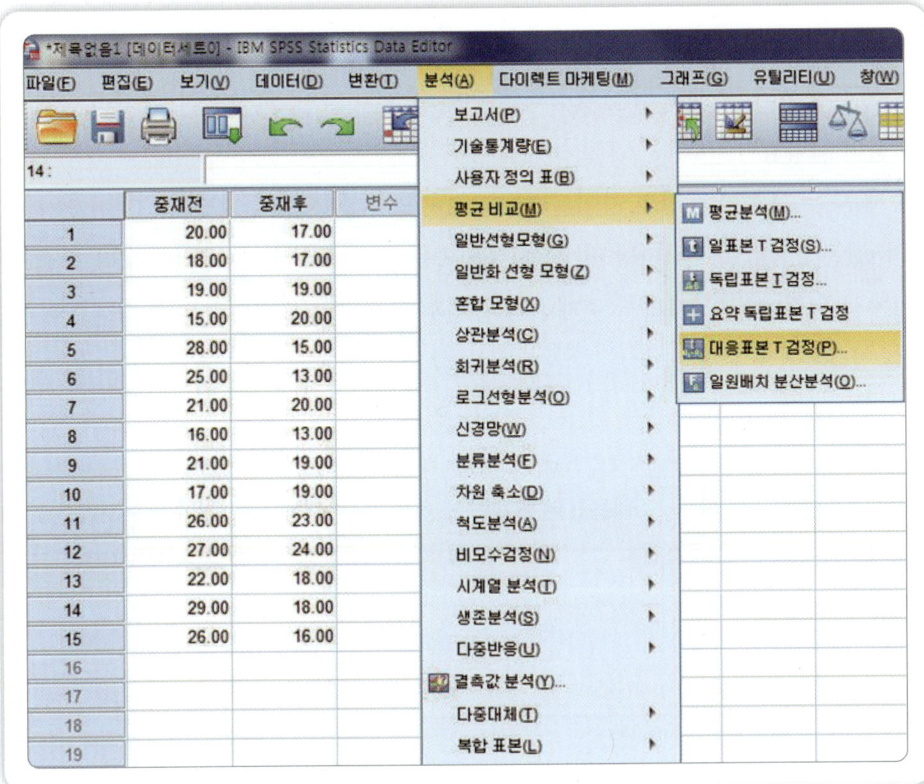

② [대응표본 T 검정] 대화상자에서 왼쪽 목록의 변수를 오른쪽에 있는 [대응 변수]의 [변수 1]에 '중재전'을, [변수 2]에 '중재 후'를 이동시킨 후 [확인]을 클릭한다.

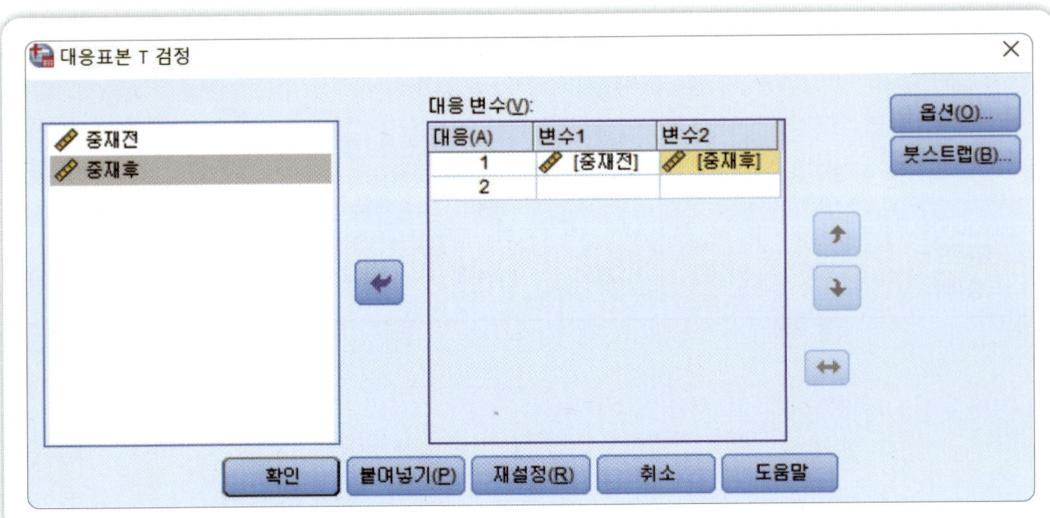

대응표본 t-검정 결과 분석

[대응표본 통계량]에서 15명의 무릎관절 전치환술 환자를 대상으로 중재전과 중재후의 평균값은 각각 22.00, 18.06이고, 표준편차는 각각 4.566, 3.127로 나타났다.

[대응표본 상관계수]는 중재전 균형능력과 중재후 균형능력의 관련성 정도를 측정해 주는 척도로 상관계수가 .10, 유의확률이 .723으로 유의하게 나타나지 않았다. 따라서 두 변수 간의 상관관계가 높다고 볼 수 없다.

[대응표본 검정]에는 '중재전'과 '중재후'의 균형능력에 대한 평균의 차이, 표준편차, 표준오차와 대응표본 t값, 자유도 및 유의확률이 나타난다.

변수 '중재전'과 '중재후' 두 표본평균 간의 차이는 22.00−18.06=3.93으로 나타났다.

대응표본 t-검정의 t값은 2.890으로 나타났고, 이때 유의확률은 .012로 유의수준 .05보다 작으므로 귀무가설을 기각하고 대립가설을 채택한다. 따라서 중재전과 중재후 무릎관절 균형능력은 통계적으로 유의한 차이가 있다고 결론낼 수 있다.

대응표본 통계량

		평균	N	표준편차	평균의 표준오차
대응1	중재전	22.0000	15	4.56696	1.17918
	중재후	18.0667	15	3.12745	.80750

대응표본 상관계수

		N	상관관계	유의확률
대응1	중재전 & 중재후	15	.100	.723

대응표본 검정

		대응차					t	자유도	유의확률 (양측)
		평균	표준 편차	평균의 표준오차	차이의 95% 신뢰구간				
					하한	상한			
대응1	중재전 - 중재후	3.93333	5.27076	1.36091	1.01448	6.85219	2.890	14	.012

6) 결과표 예시 및 해석

장애물 보행 훈련이 무릎관절 전치환술(total knee arthroplasty, TKA)을 실시한 환자들의 균형능력(TUG)에 어떠한 영향을 미치는지 알아보고자 한다. 중재전과 중재후 균형능력의 차이를 알아보기 위해 대응표본 t-검정을 실시하였으며, 분석 결과를 표 11.3에 제시하였다.

먼저, 15명의 무릎관절 전치환술 환자를 대상으로 중재전과 중재후의 평균값은 각각 22.00, 18.06이고, 표준편차는 각각 4.566, 3.127로 나타났다.

변수 '중재전'과 '중재후' 두 표본평균 간의 차이는 22.00−18.06=3.93으로 나타났다. 장애물 보행 훈련을 실시한 뒤 균형능력(TUG)이 향상되었음을 알 수 있다. 대응표본 t-검정의 t값은 2.890으로 나타났고, 이때 유의확률은 .012로 유의수준 .05보다 작으므로 귀무가설을 기각하고 대립가설을 채택한다. 따라서 중재전과 중재후 무릎관절 균형능력은 통계적으로 유의한 차이가 있다고 결론낼 수 있다.

표 11.3 균형능력(TUG)의 중재전 · 후 차이 비교

단위: 초

그룹	중재전	중재후	*t*	*p*
실험군	22.00±4.56	18.06±3.12	2.890	.012*

*p<.05

그룹	대응차			*t*	*p*
	평균	표준편차	평균의 표준오차		
중재전 − 중재후	3.933	5.270	1.360	2.890	.012*

4 독립표본 t-검정(독립 t-검정)

1) 개요

독립표본 t-검정은 각기 다른 두 모집단의 속성인 평균을 비교하기 위하여 두 모집단을 대표하는 표본들을 독립적으로 추출하여 표본 평균들의 비교를 통하여 모집단 간의 유사성을 검정하는 방법이다. 독립표본 t-검정 시 필요한 가정은 다음과 같다.

① 독립변수들은 서로 독립적인 집단이어야 한다.

② 종속변수들은 정규분포를 만족해야 한다.

③ 집단 간의 분산은 같아야 한다.

2) 목적

독립표본 t-검정은 두 개의 집단에서 하나 이상의 종속변수에 대해 평균 차이 검정에 사용할 수 있다.

3) 설계 예제

예제

무릎관절 전치환술을 받은 20명 중, 10명에게는 일반적인 물리치료만 시행하고, 나머지 10명에게는 무릎관절 근력운동만 시행하였다. 이후 두 그룹의 무릎관절 넙다리네갈래근(quadriceps femoris) 근력을 비교하였다.

표 11.4 대상자의 그룹 및 넙다리네갈래근 근력

단위: kg

대상자 번호	넙다리네갈래근 근력	그룹 구분
1	9.90	1
2	14.30	1
3	10.10	1
4	9.70	1
5	10.10	1
6	12.10	1
7	9.10	1
8	8.10	1
9	12.60	1
10	10.40	1
11	13.80	2
12	9.50	2
13	17.70	2
14	10.80	2
15	13.30	2
16	15.30	2
17	12.20	2
18	16.60	2
19	13.60	2
20	14.80	2

[ch11_Q4]

4) 통계 가설

- 귀무가설(H_0): 일반적 물리치료 그룹과 근력운동 그룹의 넙다리네갈래근 근력은 차이가 없다($p > .05$).
- 대립가설(H_1): 일반적 물리치료 그룹과 근력운동 그룹의 넙다리네갈래근 근력은 차이가 있다($p < .05$).

5) SPSS분석

독립표본 t-검정 분석 절차

① SPSS 프로그램에 [데이터 보기] 창에 예제에 주어진 자료를 입력한 후 [변수 보기] 창에서 변수 정의(구분, 넙다리근력)를 각각 입력한다. 메뉴에서 [분석] – [평균비교] – [독립표본 T 검정]을 선택한다.

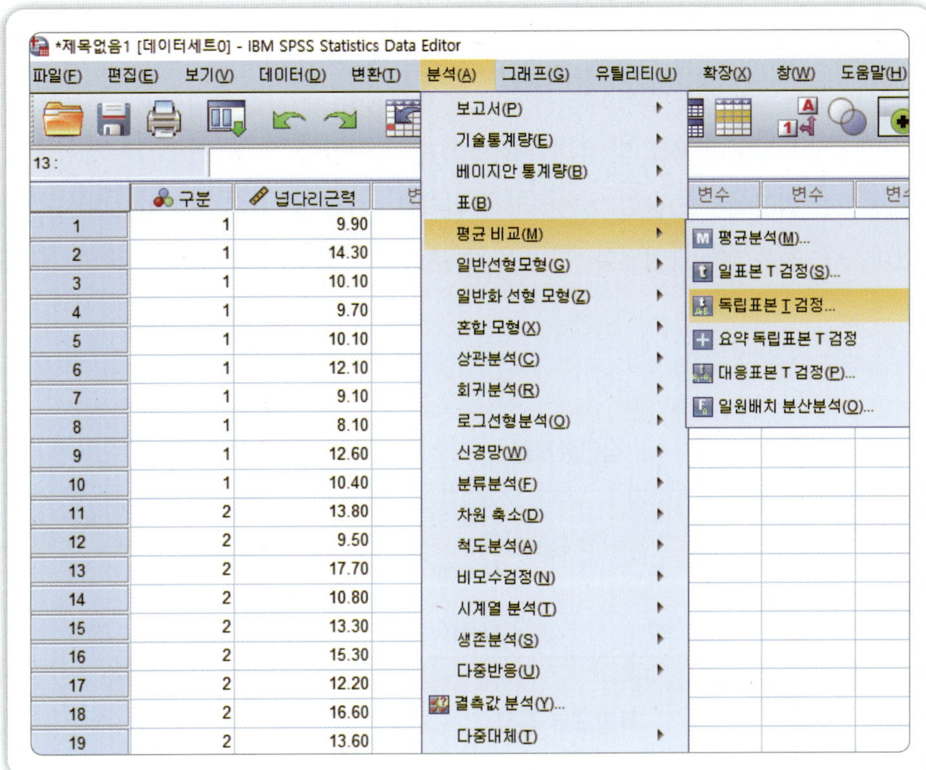

② [독립표본 T 검정] 대화상자에 왼쪽의 변수가 있는 목록에서 오른쪽에 있는 [검정 변수]에 '넙다리근력'을, [집단변수]에 '구분'을 이동시킨 후 [집단 정의]를 클릭한다. [집단 정의] 대화상자에서 [집단 1:]에 '1', [집단 2:]에 '2'를 입력하고 [계속]을 클릭한 후 [확인]을 클릭한다.

독립표본 t-검정 결과 분석

독립표본 검정의 Levene 등분산 검정은 연구가설을 검정하는 데 중요하다. SPSS 프로그램을 실행하면 독립표본 검정 결과에 [등분산이 가정됨]과 [등분산이 가정되지 않음]의 두 값이 제시된다.

[Levene의 등분산 검정]을 먼저 확인하는데 유의확률값이 .05보다 크면 '등분산이 가정됨'으로, 작으면 '등분산이 가정되지 않음'으로 해석한다. 따라서 등분산 검정 여부에 따라 [평균의 동일성에 대한 t-검정]의 어떤 t값을 사용해야 할지 결정한다.

즉, '등분산이 가정됨'이 채택되면 같은 줄의 t값, 자유도 및 유의확률(양쪽)을 해석하고, '등분산이 가정되지 않음'이 채택되면 밑에 줄의 t값, 자유도 및 유의확률(양쪽)을 해석한다.

분석 결과 Levene 등분산 검정에서 *F* 값이 .615이고 유의확률 .443으로 유의수준 .05보다 크기 때문에 귀무가설을 채택한다. 즉, 등분산이 가정된다. 따라서 [등분산이 가정됨]에 따라 같은 줄의 결과를 해석한다.

집단통계량

	구분	N	평균	표준편차	평균의 표준오차
넙다리근력	1	10	10.6400	1.83376	.57989
	2	10	13.7600	2.50830	.79319

독립표본 검정

		Levene의 등분산 검정		평균의 동일성에 대한 T						
		F	유의확률	*t*	자유도	유의확률 (양측)	평균 차이	차이의 표준 오차	차이의 95% 신뢰구간 하한	차이의 95% 신뢰구간 상한
넙다리 근력	등분산을 가정함	.615	.443	-3.175	18	.005	-3.12000	.98256	-5.18428	-1.05572
	등분산을 가정하지 않음			-3.175	16.483	.006	-3.12000	.98256	-5.19798	-1.04202

따라서 본 연구의 유의확률(양쪽)은 .005로 유의수준 .05보다 작으므로 귀무가설을 기각하고, 대립가설을 채택한다. 결론적으로 '일반적 물리치료와 무릎관절 근력운동은 무릎관절 전치환술 대상자의 넙다리네갈래근 근력에 차이가 있다'라고 할 수 있다.

- 유의확률(p) < 유의수준 .05, 귀무가설 기각
- 유의확률(p) > 유의수준 .05, 귀무가설 채택

6) 결과표 예시 및 해석

무릎관절 전치환술(TKA)을 받은 20명의 대상자 중, 10명에게는 일반적인 물리치료만 수행하고, 나머지 10명에게는 무릎관절 근력운동만 수행하였다. 이후 두 그룹의 넙다리네갈래근(quadriceps femoris) 근력 차이를 비교하기 위해 독립표본 t-검정을 실시하였으며, 분석 결과는 표 11.5에 제시되었다.

평균의 동일성에 대한 t-검정에서 평균 차이의 값은 −3.120, t값은 −3.175로 나타났으며, 유의확률은 .005로 계산되었다. 이때 유의확률은 .05보다 작으므로 귀무가설을 기각하고, 대립가설을 채택하였다. 결론적으로 "일반적 물리치료와 무릎관절 근력운동은 무릎관절 전치환술 대상자의 넙다리네갈래근 근력에 차이가 있다"라고 해석할 수 있다.

표 11.5 휴대용 역량계(Handheld dynamometer)를 사용한 근력의 두 그룹 간 차이 비교 (n = 20)

그룹	일반 물리치료군(n = 8)	근력운동군(n = 8)	t	p
근력	10.64±1.83	13.76±2.51	−3.175	.005*

*p<.05

5 비모수 검정

1) 개요

비모수 검정은 모수에 대한 가정을 전제로 하지 않고 모집단의 형태에 관계없이 주어진 데이터에서 직접 확률이나 결과를 통계학적으로 검정하는 분석법이다.

즉, 비모수통계학은 분포에 대한 가정이 없어도 되고 모수를 몰라도 가설을 분석할 수 있다.

- 모수 방법: 독립 t-검정(independent t-test), 대응 t-검정(paired t-test)
- 비모수 방법: Mann-Whitney U 검정, Wilcoxon 부호순위 검정(Wilcoxon rank sum test)

2) 목적

모집단의 정규성 분포에 대하여 정규성 분포를 가정하지 않는 비모수통계 검정 방법으로 확률이나 결과를 통계학적으로 분석할 수 있다.

3) 설계 예제

예제

앞에서 사용한 예제에서 그룹별 5명씩의 결과로 넙다리네갈래근 근력에 차이가 나는지 검정해 본다.

표 11.6 대상자의 그룹 및 넙다리네갈래근 근력

대상자 번호	넙다리네갈래근 근력	그룹 구분
1	9.90	1
2	14.30	1
3	10.10	1
4	9.70	1
5	10.10	1
6	13.80	2
7	9.50	2
8	17.70	2
9	10.80	2
10	13.30	2

n = 10(대조군 5명, 실험군 5명)
1 = 대조군
2 = 실험군

[ch11_Q5]

4) 통계 가설

- 귀무가설(H_0): 일반적 물리치료 그룹과 근력운동 그룹의 넙다리네갈래근 근력은 차이가 없다($p > .05$).
- 대립가설(H_1): 일반적 물리치료 그룹과 근력운동 그룹의 넙다리네갈래근 근력은 차이가 있다($p < .05$).

5) SPSS 분석

▶ 비모수 검정(Mann-Whitney U 검정) 절차

① SPSS 프로그램에 [데이터 보기] 창에 예제에 주어진 자료를 입력한 후 [변수 보기] 창에서 변수 정의(구분, 넙다리근력)를 각각 입력한다. 메뉴에서 [분석] - [비모수검정] - [레거시 대화상자] - [2-독립표본 검정]을 선택한다.

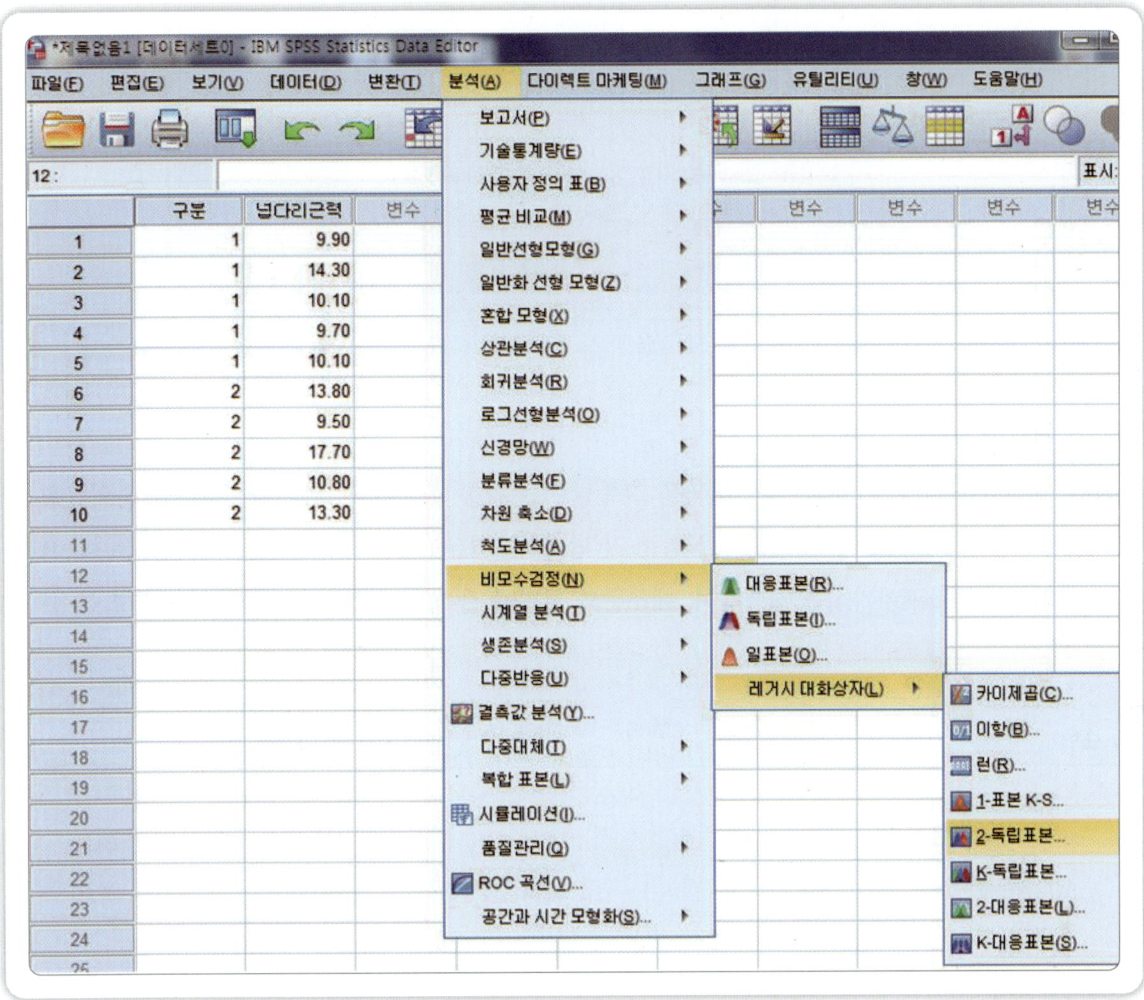

② [2-독립표본 비모수검정] 대화상자에 왼쪽의 변수가 있는 목록에서 오른쪽에 있는 [검정 변수]에 '넙다리근력'을, [집단변수]에 '구분'을 이동시킨 후 [집단 정의]를 클릭한다. [집단 정의] 대화상자에 [집단 1:]에 '1', [집단 2:]에 '2'를 입력하고 [계속]을 클릭 후 [검정 유형] 대화상자에서 Mann-Whitney의 U를 선택하고 [확인]을 클릭한다.

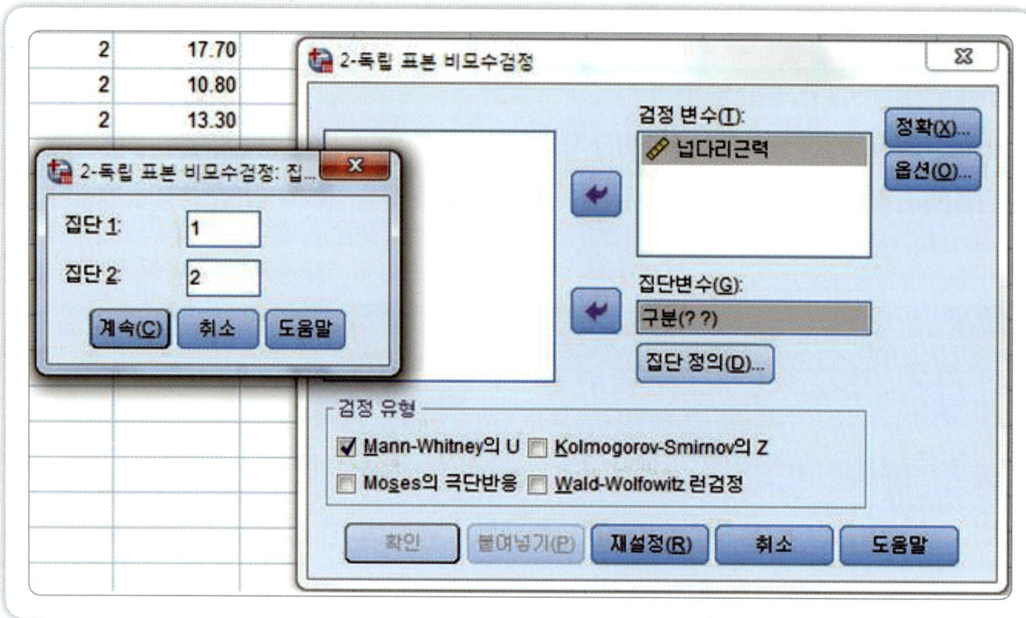

비모수 검정 결과 분석

Mann-Whitney U 검정 결과이다. 결과를 그룹별로 순위를 구하여 각각의 평균순위와 순위합을 나타내고 있다. 검정에서 귀무가설은 '대조군과 실험군 간 넙다리근력은 같다'이며, 근사 유의확률이 .346으로 유의수준 .05보다 크므로 귀무가설을 채택하여, 대조군과 실험군 간 넙다리네갈래근 근력은 같다고 볼 수 있다.

Mann-Whitney U 검정

■ 순위

	구분	N	평균순위	순위합
넙다리근력	1	5	4.60	23.00
	2	5	6.40	32.00
	전체	10		

■ 검정통계량[a]

	넙다리근력
Mann-Whitney의 U	8.000
Wilcoxon의 W	23.000
Z	-.943
근사 유의확률(양측)	.346
정확 유의확률[2*(단측 유의확률)]	.421[b]

a. 집단변수: 구분

b. 등순위에 대해 수정된 사항 없음

6) 결과표 예시 및 해석

무릎관절 전치환술(TKA)을 실시한 10명의 대상자들에게 5명에게는 무릎관절에 일반적인 물리치료만 수행하였고, 다른 5명의 대상자에게는 무릎관절 근력운동을 수행한 후 무릎관절 넙다리네갈래근의 근력 차이를 비교하여 알아보고자 한다.

따라서 두 그룹 간 비교를 위해 Mann-Whitney U 검정을 실시하여 분석하였다.

검정에서 귀무가설은 '대조군과 실험군 간 넙다리네갈래근 근력은 같다'이며, 근사 유의확률이 .346으로 유의수준 .05보다 크므로 귀무가설을 채택하여, 대조군과 실험군 간 넙다리네갈래근 근력은 같다고 볼 수 있다.

표 11.7 휴대용 역량계를 사용한 근력의 두 그룹 간 비교 (n=10)

	일반 물리치료군(n = 5)	근력운동군(n = 5)	*Z*	*P*
근력	10.82±1.95	13.02±3.16	-.943	.346

비모수 검정(Mann-Whitney U)의 실제 결과 표에서는 [분석] - [평균 비교] - [평균분석]을 이용하여 각 그룹에 대한 평균과 표준편차를 제시한다. 그리고 비모수 검정을 실시한 후 검정통계량 결과표에 나타난 Z값과 근사 유의확률(양측)에 있는 값을 함께 제시한다.

7) 설계 예제

예제

무릎관절 전치환술을 실시한 환자 8명을 대상으로 운동 전과 후의 넙다리네갈래근의 근력에 차이가 나는지 검정해 본다.

표 11.8 대상자의 중재 전 · 후 넙다리네갈래근 근력

대상자 번호	운동 전 근력	운동 후 근력
1	5.50	8.80
2	6.30	13.30
3	7.60	9.10
4	6.50	8.70
5	9.00	9.10
6	6.00	9.40
7	7.40	10.00
8	5.80	8.70

[ch11_Q6]

8) SPSS 분석

비모수 검정(Wilcoxon 부호순위 검정) 절차

① SPSS 프로그램에 [데이터 보기] 창에 예제에 주어진 자료를 입력한 후 [변수 보기] 창에서 변수 정의(구분, 운동전, 운동후)를 각각 입력한다. 메뉴에서 [분석] – [비모수검정] – [레거시 대화상자] – [2-대응표본 검정]을 선택한다.

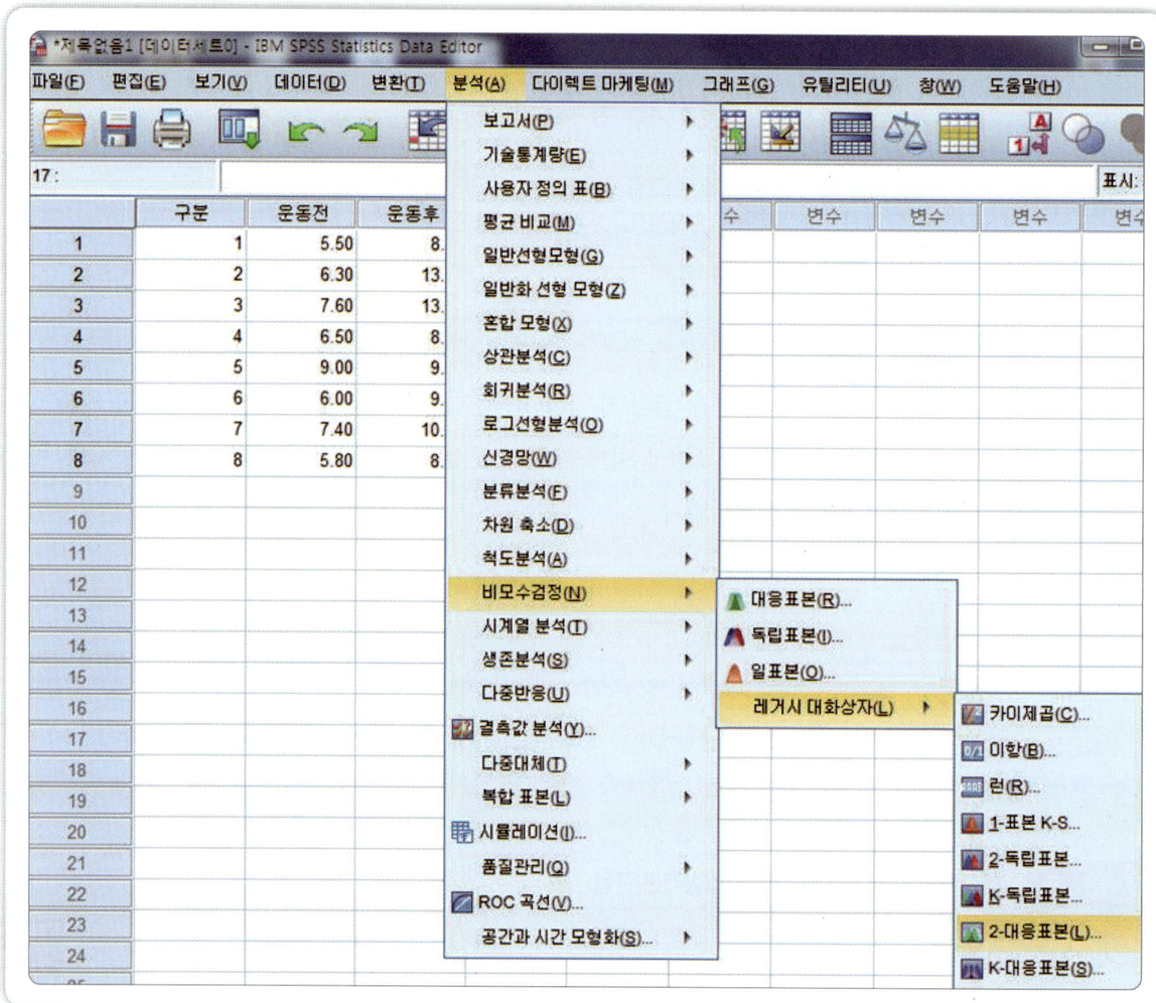

② [2-대응표본 비모수검정] 대화상자에 왼쪽의 변수가 있는 목록에서 오른쪽에 있는 [검정 대응]에 [변수1]에 '운동전'을, [변수2]에 '운동후'를 이동시킨 후 [검정 유형] 대화상자에서 Wilcoxon을 선택하고 [확인]을 클릭한다.

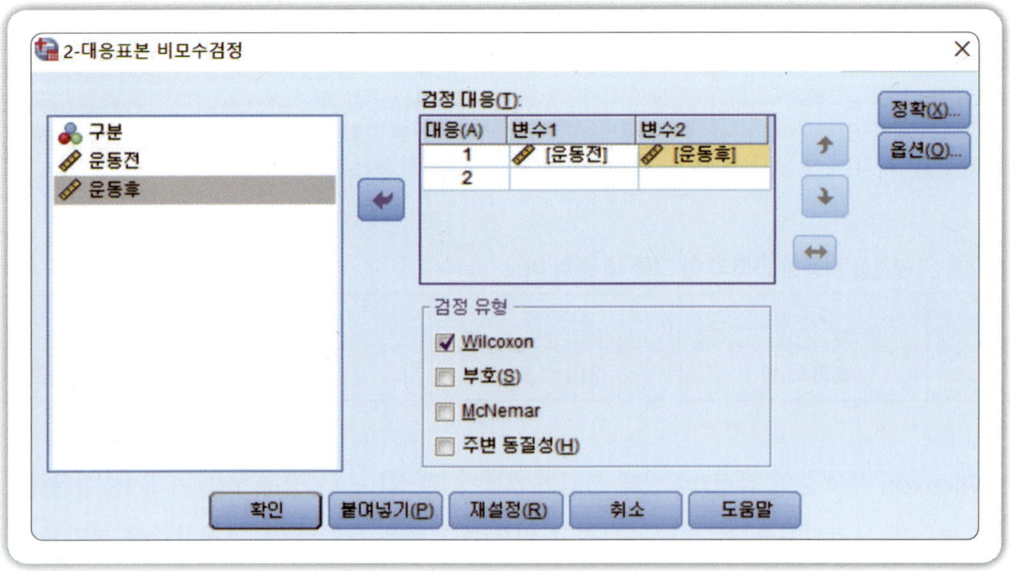

비모수 검정(Wilcoxon 부호순위 검정) 결과 분석

Wilcoxon 부호순위의 검정 결과이다. 운동전–운동후를 계산하여 음의 순위와 양의 순위 그리고 동률을 각각 계산하여 제시하고 있다. 여기서는 차이의 크기를 고려하여 계산한다.

검정에서 귀무가설은 '운동전후 근력의 차이의 중앙값이 0이다'이며, 근사 유의확률이 .012로 유의수준 .05보다 작으므로 귀무가설을 기각하여 '운동전후 근력의 차이가 있다'라고 결론지을 수 있다.

Wilcoxon 부호순위 검정

■ 순위

	구분	N	평균순위	순위합
운동후–운동전	음의 순위	0[a]	.00	.00
	양의 순위	8[b]	4.50	36.00
	등순위	0[c]		
	전체	8		

a. 운동후 < 운동전, b. 운동후 > 운동전, c. 운동후 = 운동전

■ 검정통계량[a]

	운동후–운동전
Z	-2.521[b]
근사 유의확률(양측)	.012

a. Wilcoxon 부호순위 검정, b. 음의 순위를 기준으로

9) 결과표 예시 및 해석

무릎관절 전치환술(TKA)을 실시한 환자 8명을 대상으로 운동전과 후의 넙다리네갈래근 근력에 차이가 나는지 검정하여 보자.

따라서, 한 그룹 내 비교를 위해 Wilcoxon 부호순위 검정을 실시하여 분석하였다.

검정에서 귀무가설은 '운동전후 근력의 차이의 중앙값이 0이다'이며, 근사유의확률이 .012로 유의수준 .05보다 작으므로 귀무가설을 기각하여 '운동전후 근력의 차이가 있다'라고 결론지을 수 있다.

표 11.9 휴대용 역량계를 사용한 근력의 한 그룹 내 순위 비교 (n=8)

	운동 전	운동 후	*Z*	*P*
근력	6.76±1.16	9.64±1.54	−2.521	.012

비모수 검정(Wilcoxon 부호순위 검정)의 실제 결과표에서는 [분석] − [기술통계량] − [기술통계]를 이용하여 각 그룹에 대한 평균과 표준편차를 제시한다. 그리고 비모수 검정을 실시한 후 검정통계량 결과표에 나타난 Z값과 근사 유의확률(양측)에 있는 값을 함께 제시한다.

12

세 집단 분석

학습목표

- 일원배치 분산분석과 사후검정 절차에 대해 이해하고 다양하게 제시할 수 있다.
- Kruskal-Wallis 검정의 의미를 이해할 수 있다.
- 이원배치 분산분석과 주효과와 상호작용의 정의 및 특성을 설명할 수 있다.
- 일원배치 분산분석, Kruskal-Wallis, 이원배치 분산분석의 실제 논문 사례에 대해 알아보고 분석해 볼 수 있다.

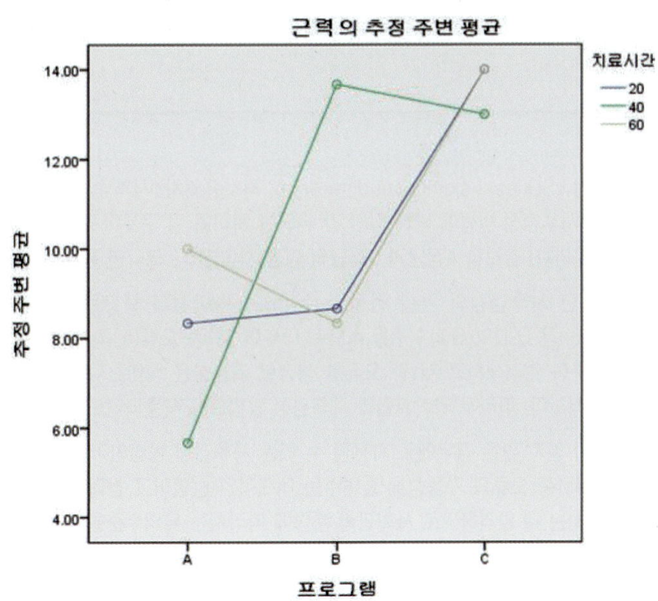

1 일원배치 분산분석과 사후검정

1) 개요

일원배치 분산분석(One-way ANOVA)은 독립변수가 하나일 때 연속형 변수로 측정된 세 집단 이상의 크기를 동시에 비교할 때 사용된다. 2개 이내의 집단에 대한 검정이 t-검정이라면, ANOVA는 세 집단 또는 그 이상에 대한 검정이라는 점에서 차이가 있다. 일원배치 분산분석은 독립변수가 명목척도(범주형 변수)이고, 종속변수가 구간척도(연속형 변수) 이상일 때 사용한다.

일원배치 분산분석 시 필요한 가정은 다음과 같다.

① 하나의 독립변수(요인, factor), 즉 세 집단은 반드시 서로 독립적이어야 한다.

② 종속변수들은 반드시 정규분포를 만족해야 한다.

③ 각 집단 간의 분산은 같아야 한다.

2) 목적

일원배치 분산분석은 한 개의 독립변수, 집단이 세 집단 이상일 경우 각 집단의 평균값들이 통계학적으로 유의하게 다른지 알아내는 데 사용된다.

3) 통계지식

(1) 사후검정에 대한 이해

사후검정	설명
LSD	Fisher에 의해 개발된 LSD(least significant difference, 최소유의차) 사후검정 방법은 각 집단의 관측치수가 같지 않은 경우에도 사용하며, 다른 사후검정 방법에 비해 집단 간 유의한 차이를 잘 구분하지만 상대적으로 제1종 오류의 가능성이 높다. 유의수준의 LSD(최소유의차) 값보다 A집단과 B집단의 평균 차이(D)가 크다면 통계적으로 차이가 있다고 판단한다.
Bonferroni	집단의 수가 많아지면 사후검정의 가설 검정의 수(m)도 많아지게 되므로 제1종 오류(α)의 가능성이 증가하게 된다. Bonferroni Correction은 LSD의 유의수준을 m으로 나누어 제1종 오류(α)의 가능성을 낮추는 것을 의미한다. 즉, 시험될 가설수가 많을수록 기준이 엄격해지고 제1종 오류를 생성할 가능성은 작아진다. Bonferroni 사후검정은 간단하고 귀무가설을 기각하는 데 가장 엄격하다. 따라서 의학실험의 사후검정 방법으로 사용되기도 한다.
Scheffe	각 집단의 관측치수가 같지 않은 경우에도 사용할 수 있는 사후검정 방법이어서 설문조사 등의 사회과학 연구에서 많이 활용된다. 사후검정에서 제1종 오류의 가능성을 줄여주는 대표적인 방법이고 상대적으로 유의확률(p-value)이 높게 나오는 편이다. 귀무가설을 기각하는 데 엄격하므로 사회과학 분야에 따라서는 유의수준을 0.10으로 설정하기도 한다.
Tukey	제1종 오류의 가능성이 높은 LSD를 개선한 사후검정이며 Tukey HSD(honestly significant difference)라고도 한다. 각 집단의 관측치수가 같을 경우에 사후검정하도록 고안되었으나 그렇지 않은 경우에도 잘 적용된다. Scheffe 검정보다 유의확률이 낮게 나와 귀무가설을 기각할 가능성이 조금 높아진다.
Duncan	대표적인 다중범위검정(multiple range test)의 하나이다. 위의 두 사후검정 방법보다 제1종 오류의 가능성이 조금 더 높아져서 유의확률(p-value)이 낮게 나오고 동일한 집단이 아닌 것으로 구분해 준다. 따라서 새로운 연구 분야에 적용하여 타당성을 얻고자 할 경우에 Duncan 검정이 효과적이다.
Games-Howell GH	Tukey의 HSD 알고리즘을 수정한 사후검정 방법이며 각 집단의 모집단 분산이 같지 않고 관측치수가 다를 경우에 주로 사용한다. 집단의 관측치수가 작은 경우에 사용하면 효과적이다($n>5$이어야 함). Dunnett이나 Tamhane 검정과 큰 차이는 없으나 상대적으로 유의확률이 낮게 나온다.

사후검정	설명
Dunnett's T3	각 집단의 모집단의 분산이 같지 않을 경우에 사용하며 관측치수가 다를 경우에 주로 사용한다. 비교기준이 되는 집단이 1개 있을 경우에 다른 집단을 비교분석하면 검정력이 좋다.

4) 설계 예제

예제

균형 능력에 대한 장애물 보행 운동 및 일반적인 운동치료, 트레드밀 보행 운동 중재의 효과를 알아보기 위하여 30명의 파킨슨 환자에게서 6주간 실시하였다. 그룹은 (1) 장애물 보행, (2) 운동치료, (3) 트레드밀 보행으로 입력하였고, 운동 중재 전후의 균형 능력의 변화량에 대한 값을 입력하였다.

표 12.1 대상자의 중재 전 · 후 균형 능력

단위: 초

번호	중재 전 균형 능력	중재 후 균형 능력	균형 능력 차이
1	35.11	23.49	11.62
2	35.21	25.59	9.62
3	32.58	21.75	10.83
4	28.58	19.12	9.46
5	25.55	15.19	10.36
6	20.37	12.10	8.27
7	19.20	10.53	8.67
8	26.36	15.06	11.30
9	20.38	9.62	10.76
10	26.53	13.51	13.02
11	25.12	15.10	10.02
12	27.51	20.24	11.27
13	26.41	17.69	8.72
14	31.49	23.37	8.12
15	29.10	19.79	9.31
16	25.19	16.36	8.83
17	32.65	24.41	8.24
18	28.10	20.25	7.85
19	33.28	24.50	8.78
20	28.18	17.46	10.72
21	26.29	17.44	8.85
22	26.71	19.70	7.01
23	25.55	19.01	6.54
24	28.84	20.43	8.41
25	27.19	20.44	6.75
26	28.43	20.41	8.02
27	27.11	20.83	6.28
28	35.41	27.71	7.70
29	25.46	18.89	6.57
30	24.53	18.02	6.51

[ch12_Q1]

5) 통계 가설

- 귀무가설(H_0): 운동방법에 따른 균형 능력은 차이가 없을 것이다($p > .05$).
- 대립가설(H_1): 운동방법에 따른 균형 능력은 차이가 있을 것이다($p < .05$).

6) SPSS 분석

일원배치 분산분석 검정 순서

	설명	그룹	성별	신장	체중	TUG전	TUG후	TUG차
1	환자1	1	1	175	70	35.11	23.49	11.62
2	환자2	1	2	162	59	35.21	25.59	9.62
3	환자3	1	2	164	65	32.58	21.75	10.83
4	환자4	1	1	177	71	28.58	19.12	9.46
5	환자5	1	1	168	62	25.55	15.19	10.36
6	환자6	1	2	157	50	20.37	12.10	8.27
7	환자7	1	2	153	45	19.20	10.53	8.67
8	환자8	1	2	158	55	26.36	15.06	11.30
9	환자9	1	2	155	48	20.38	9.62	10.76
10	환자10	1	2	151	50	26.53	13.51	13.02
11	환자11	2	2	156	56	25.12	15.10	10.02
12	환자12	2	2	160	62	27.51	20.24	11.27
13	환자13	2	1	171	75	26.41	17.69	8.72
14	환자14	2	2	159	45	31.49	23.37	8.12
15	환자15	2	1	173	75	29.10	19.79	9.31
16	환자16	2	2	161	62	25.19	16.36	8.83
17	환자17	2	2	163	54	32.65	24.41	8.24
18	환자18	2	1	170	69	28.10	20.25	7.85
19	환자19	2	2	160	50	33.28	24.50	8.78
20	환자20	2	2	158	51	28.18	17.46	10.72
21	환자21	3	2	154	43	26.29	17.44	8.85
22	환자22	3	2	158	50	26.71	19.70	7.01
23	환자23	3	2	156	45	25.55	19.01	6.54
24	환자24	3	2	155	48	28.84	20.43	8.41
25	환자25	3	2	159	50	27.19	20.44	6.75
26	환자26	3	2	163	52	28.43	20.41	8.02
27	환자27	3	1	169	50	27.11	20.83	6.28
28	환자28	3	1	170	70	35.41	27.71	7.70
29	환자29	3	1	179	72	25.46	18.89	6.57
30	환자30	3	2	165	60	24.53	18.02	6.51

① 자료 입력이 끝나면 [분석] – [평균 비교] – [일원배치 분산분석]을 선택한다.

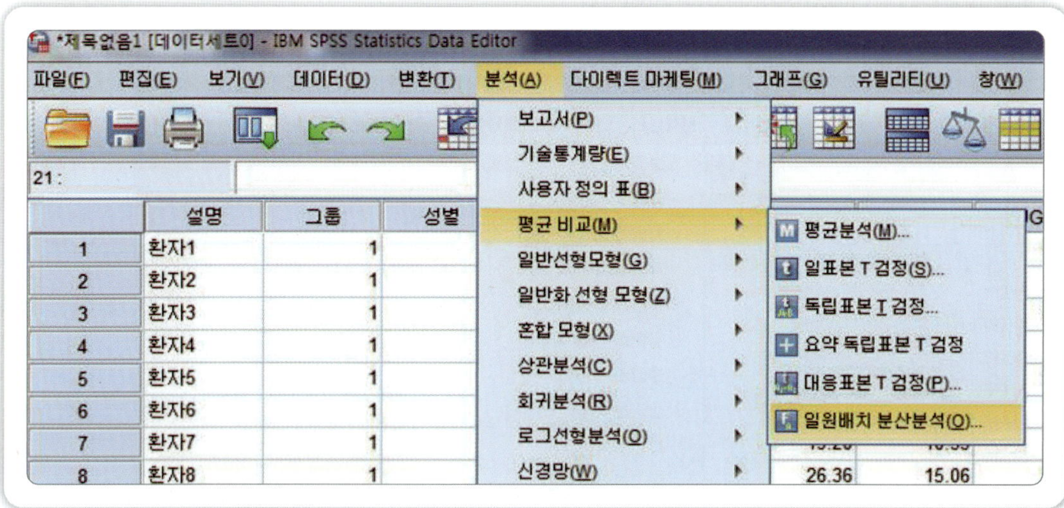

② 종속변수와 요인이 될 변수를 선택한다. 'TUG차'는 [종속변수]로 넣고 [요인]에는 그룹을 선택한 후, 확인을 누른다.

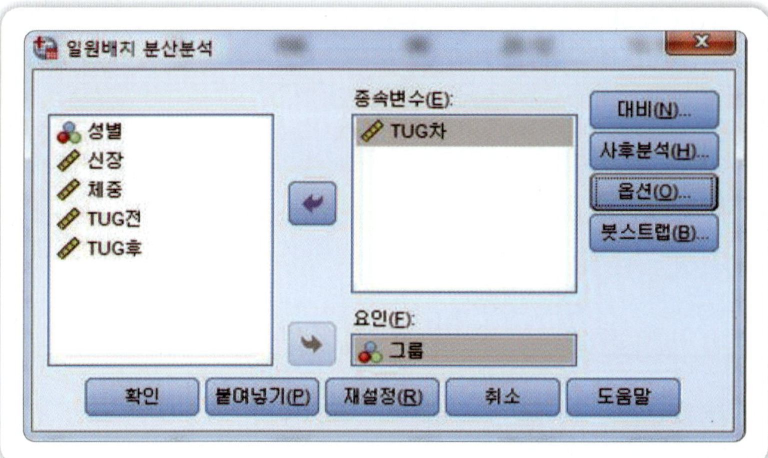

③ 일원배치 분산분석은 집단-간과 집단-내로 나누어진다. 유의확률은 F 검정의 유의수준을 나타낸다. 유의수준(α)을 0.05로 설정하였을 때 0.05보다 작으면 하나 이상의 집단이 다른 집단과 차이가 있는 것이고, 0.05보다 크면 차이가 없는 것이다.

■ TUG차

ANOVA

	제곱합	자유도	평균제곱	F	유의확률
집단-간	49.747	2	24.874	17.817	.000
집단-내	37.694	27	1.396		
전체	87.441	29			

④ 집단-간 유의한 차이가 나왔을 경우 어떤 집단의 평균이 차이가 나는지를 확인하기 위해 사후검정을 한다. [분석] – [평균 비교] – [일원배치 분산분석]을 선택한다.

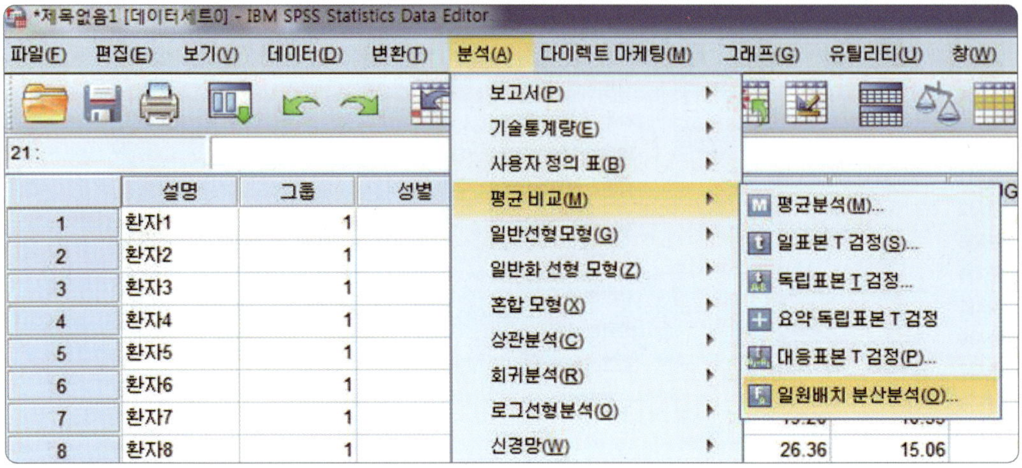

⑤ 종속변수(TUG차)와 요인(그룹)이 될 변수를 선택하고, '사후분석'을 누른다.

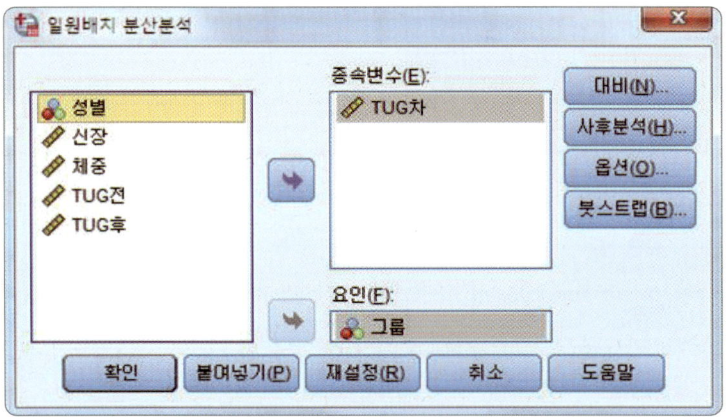

⑥ 사후검정 방법을 선택하고 계속을 누른다. 예제에서는 Bonferroni를 선택하였다.

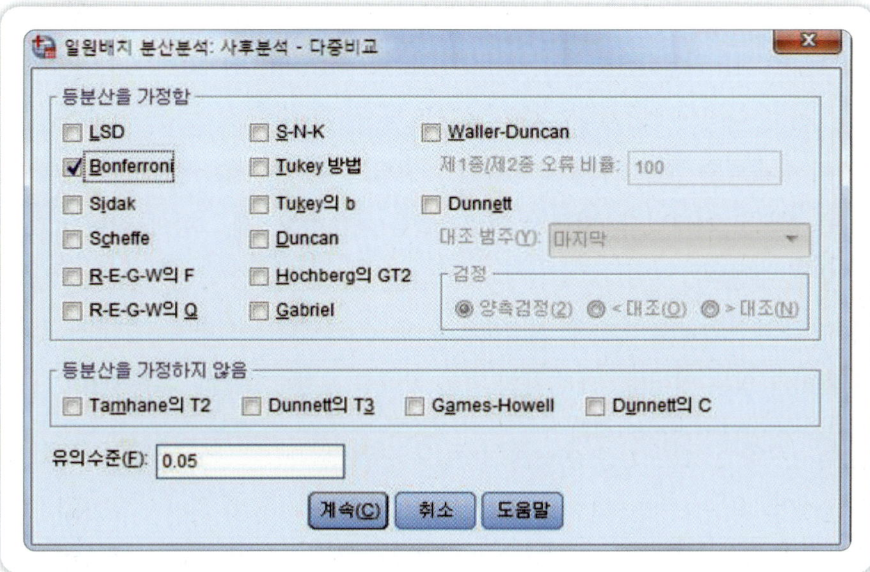

⑦ [옵션] – [기술통계], [분산 동질성 검정], [평균도표]를 클릭한 후 '계속'을 누른다.

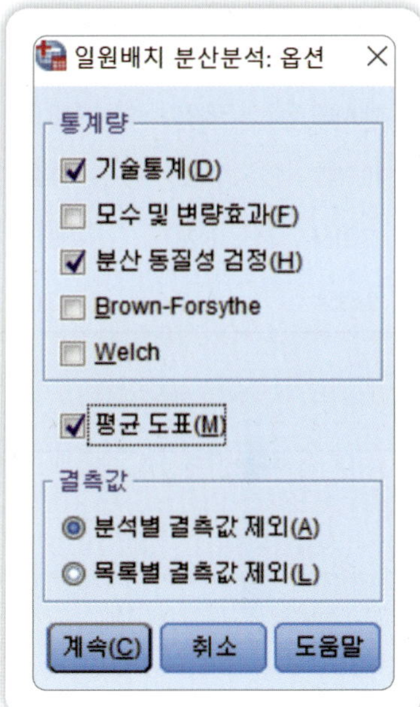

⑧ 확인을 누른다.

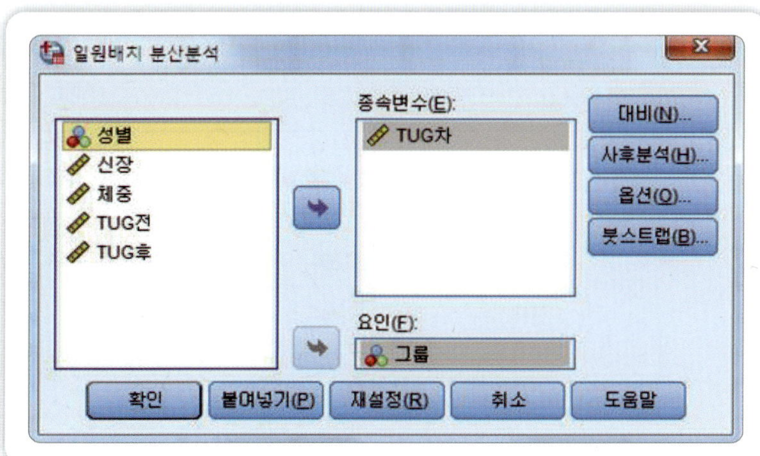

일원배치 분산분석의 분석 결과

기술통계에서 각 그룹의 균형 능력에 대한 평균과 표준편차의 값은 장애물 보행(그룹 1)은 10.39±1.43, 운동치료(그룹 2)는 9.19±1.14, 트레드밀(그룹 3)은 7.26±0.91로 나타났으며, 전체는 8.95±1.74로 결과값이 나타났다.

분산의 동질성 검정 결과 종속변수 'TUG차'에서 평균을 기준으로 한 Levene 통계량의 유의확률(p)은 .507로 유의수준 .05보다 큰 것으로 나타났다. 따라서 귀무가설을 채택하고, 세 그룹에 참여한 대상자들은 비슷한 모집단에서 나왔다고 할 수 있다.

다중비교에서 유의확률이 유의수준(α)을 0.05로 설정하였을 때, 0.05보다 작으면 두 집단 간의 차이가 있는 것이고 0.05보다 크면 차이가 없는 것이다. TUG차의 결과 장애물 보행(그룹 1), 운동치료(그룹 2)는 트레드밀(그룹 3)과 유의한 차이가 있다고 할 수 있다.

[일원배치 분산분석]

■ TUG차

기술통계

	N	평균	표준편차	표준오차	평균에 대한 95% 신뢰구간		최소값	최대값
					하한	상한		
1	10	10.3910	1.43372	.45338	9.3654	11.4166	8.27	13.02
2	10	9.1860	1.14174	.36105	8.3693	10.0027	7.85	11.27
3	10	7.2640	.91053	.28794	6.6126	7.9154	6.28	8.85
전체	30	8.9470	1.73644	.31703	8.2986	9.5954	6.28	13.02

■ TUG차

분산의 동질성 검정

Levene 통계량	자유도1	자유도2	유의확률
.696	2	27	.507

■ TUG차

ANOVA

	제곱합	자유도	평균제곱	F	유의확률
집단-간	49.747	2	24.874	17.817	.000
집단-내	37.694	27	1.396		
전체	87.441	29			

[사후검정]

다중비교

- 종속변수: TUG차
- Bonferroni

(I) 그룹	(J) 그룹	평균차이(I-J)	표준오차	유의확률	95% 신뢰구간	
					하한	상한
1	2	1.20500	.52840	.092	-.1437	2.5537
	3	3.12700*	.52840	.000	1.7783	4.4757
2	1	-1.20500	.52840	.092	-2.5537	.1437
	3	1.92200*	.52840	.003	.5733	3.2707
3	1	-3.12700*	.52840	.000	-4.4757	-1.7783
	2	-1.92200*	.52840	.003	-3.2707	-.5733

* 평균차이는 0.05 수준에서 유의함

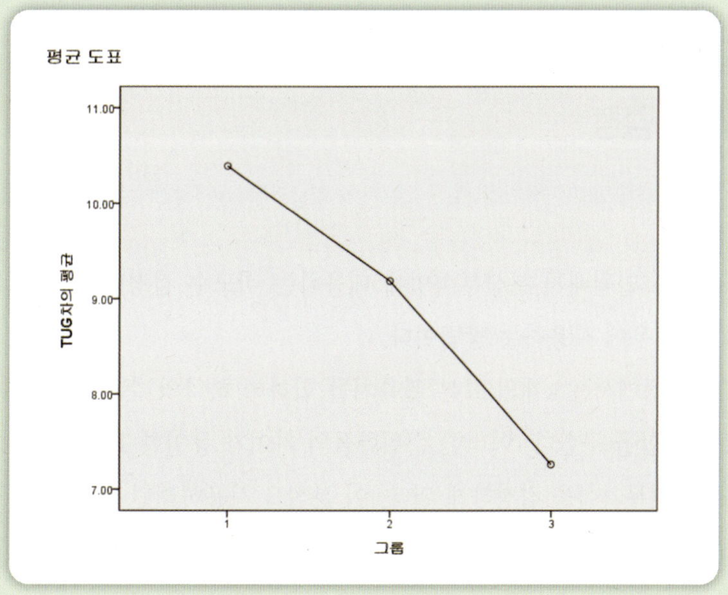

7) 결과표 예시 및 해석

30명의 파킨슨 환자들을 세 그룹으로 나누어 장애물 보행 운동 그룹 10명, 운동치료 그룹 10명, 트레드밀 보행 그룹 10명으로 나누어 운동 방법에 따른 균형 능력에 대한 효과를 알아보기 위하여 일원배치 분산분석을 실시하였으며, 분석 결과를 표 12.2에 제시하였다.

표 12.2 운동방법에 따른 균형 능력의 분석 결과

구분	*N*	평균	표준편차	*F*	유의확률	Bonferroni
장애물 보행	10	10.39	1.43	17.817***	.000	a, b > c
운동치료	10	9.19	1.14			
트레드밀 보행	10	7.26	0.91			
전체	30	8.95	1.74			

a: 장애물 보행, b: 운동치료, c: 트레드밀 보행
*** $p<.001$

일원배치 분산분석을 실시한 결과, 균형 능력은 운동방법 간 통계적으로 유의한 차이가 나타났다(F=17.817, $p<.001$). 운동방법에 따른 균형 능력의 차이를 살펴보면, 장애물 보행 10.39, 운동치료 9.19, 트레드밀 7.26으로 나타났다. 구체적인 집단 내 차이를 살펴보기 위해 Bonferroni 사후 검정을 실시한 결과, 장애물 보행과 운동치료가 트레드밀 보행보다 유의하게 높은 것으로 나타났다($p<.05$).

2 Kruskal-Wallis 검정

1) 개요

Kruskal-Wallis 검정은 일원배치 분산분석법에 대응하는 비모수 검정법이며, 표본수가 너무 작아 모집단의 분포를 가정할 수 없는 경우에 사용하는 방법이다.

Kruskal-Wallis 검정에서는 k개의 표본 관측치를 합하여 하나의 순서로 배열한 뒤 가장 작은 값부터 순위를 매겨 각 표본별로 순위합을 구한다. 이러한 순위합들의 차이가 동일한 표본들로부터 나올 수 있는 확률이 얼마나 되는지 계산함으로써 귀무가설을 검정하게 된다. 이 분석을 사용하려면 측정척도가 서열척도 이상이어야 한다.

2) 목적

Kruskal-Wallis 검정은 일원배치 분산분석법에 대응하는 비모수 검정법이며, k개의 독립된 표본이 서로 다른 모집단에서 나왔는가를 추정하는 데 사용할 수 있다.

3) 설계 예제

예제

무릎 관절염 환자를 각 군당 6명씩 배정하여 세 가지 진통제의 효과를 비교한다. 통증이 완화되는 정도는 0~13까지의 단위로 측정하였을 때, 이 세 가지 진통제 간에 통증 완화 효과에 차이를 검정해 보자.

표 12.3 대상자의 그룹 및 통증 정도

단위: 점수

번호	그룹	통증
1	1	13.00
2	1	10.00
3	1	8.00
4	1	7.00
5	1	9.00
6	1	12.00
7	2	7.00
8	2	6.00
9	2	9.00
10	2	11.00
11	2	10.00
12	2	3.00
13	3	5.00
14	3	7.00
15	3	4.00
16	3	2.00
17	3	8.00
18	3	9.00

[ch12_Q2]

4) 통계 가설

- 귀무가설(H_0): 각 그룹 간 통증 정도는 차이가 없을 것이다($p > .05$).
- 대립가설(H_1): 각 그룹 간 통증 정도는 차이가 있을 것이다($p < .05$).

5) SPSS분석

Kruskal-Wallis 검정 순서

① 분석에 필요한 자료를 입력한다. 세 그룹은 각각 1, 2, 3으로 입력하였다.

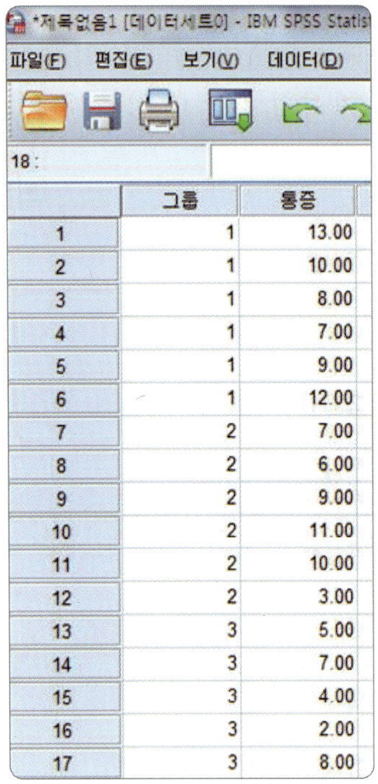

② [분석] - [비모수검정] - [레거시 대화상자] - [K-독립표본]을 선택한다.

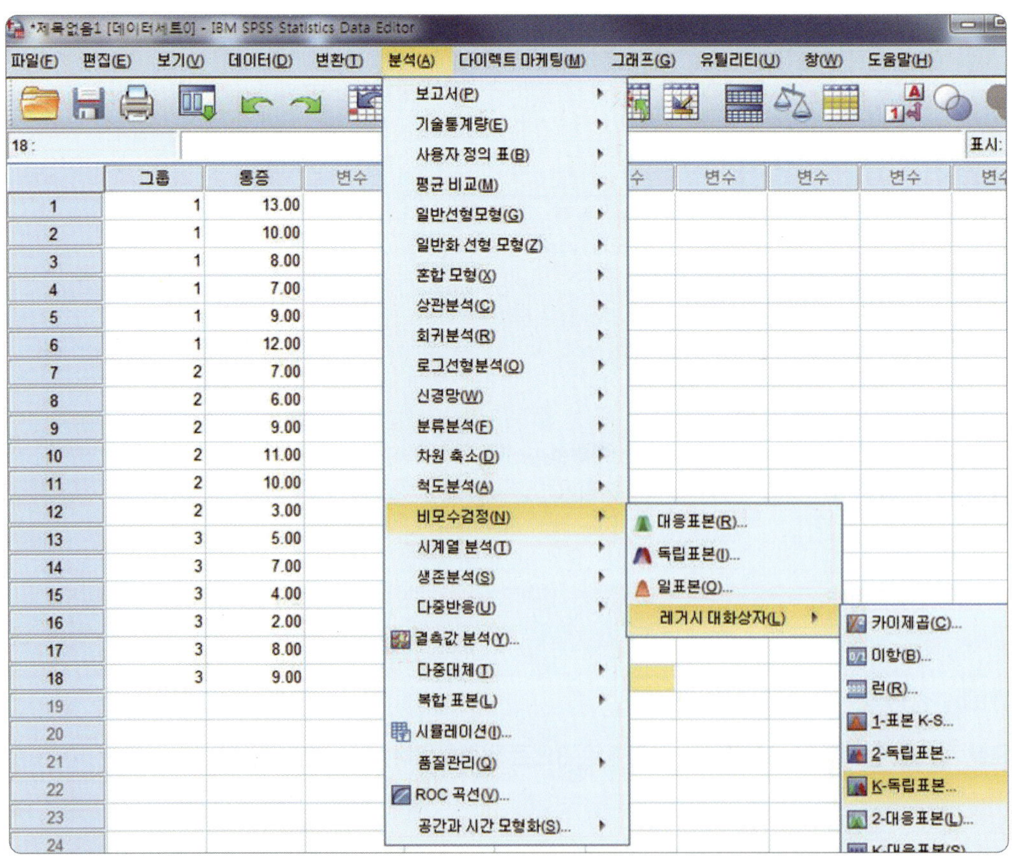

③ 분석하고자 하는 변수를 검정 변수로, 집단 변수는 그룹을 선택한 후 범위지정을 누른다.

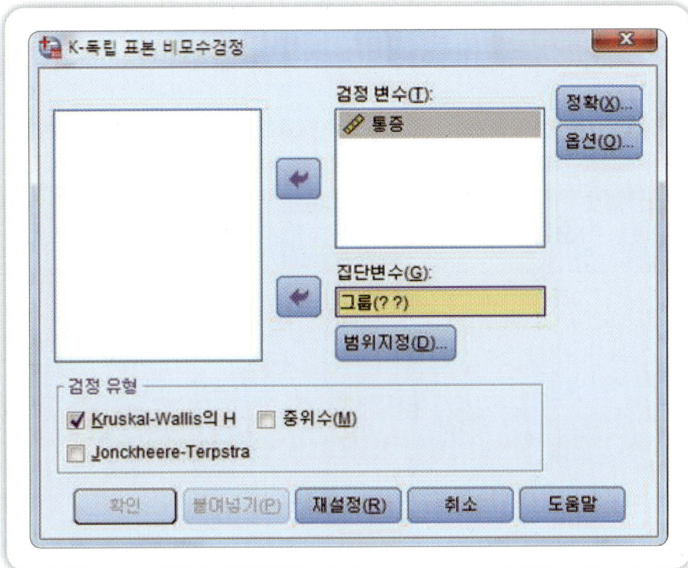

④ 집단변수의 그룹 변수의 범위가 1에서 3 사이이므로 최소값과 최대값에 각각 1과 3을 입력한 후 계속을 누른다.

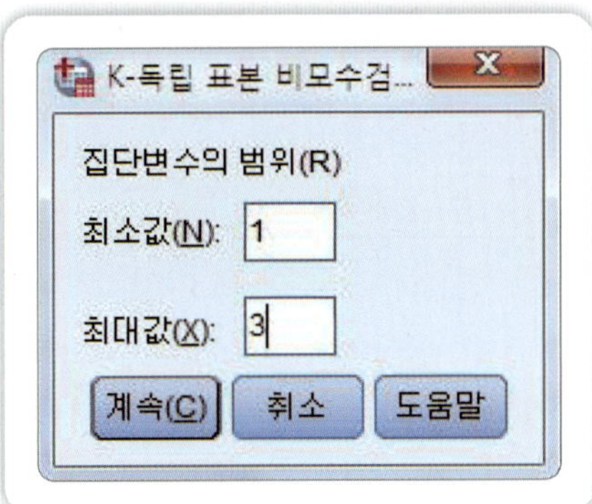

⑤ 검정 유형을 선택하고 확인을 누른다.
예제에서는 Kruskal-Wallis test의 H 검정을 선택하였으며, 다른 검정 유형도 방법은 동일하다.

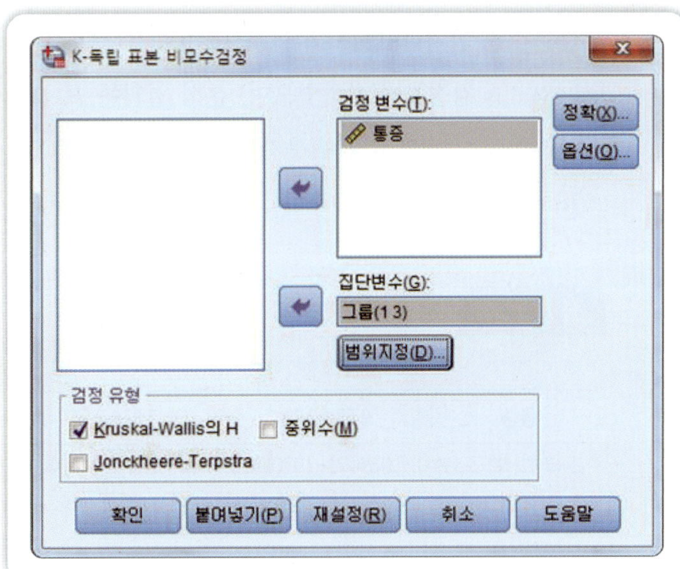

Kruskal-Wallis 검정 결과 분석

통증을 그룹별로 순위를 구하여 각각의 평균순위를 나타내고 있다. 검정에서의 귀무가설은 'H_0: 그룹 간의 통증은 같다'이며, 근사 유의확률이 .078로 유의수준(α=0.05)보다 크므로 진통제의 그룹에 따라 통증의 차이가 없다고 볼 수 있다.

순위

	그룹	N	평균순위
통증	1	6	13.00
	2	6	9.42
	3	6	6.08
	전체	18	

검정 통계량[a, b]

	통증
카이제곱	5.091
자유도	2
근사 유의확률	.078

a. Kruskal-Wallis 검정
b. 집단변수: 그룹

6) 결과표 예시 및 해석

무릎관절염 환자 18명을 세 그룹으로 6명씩 나누어 통증 완화에 세 가지 진통제의 효과를 비교하기 위해 Kruskal-Wallis 검정을 실시하였으며, 분석 결과를 표 12.4에 제시하였다.

그 결과 검정에서의 귀무가설은 'H_0: 각 그룹 간 통증 정도의 차이가 없을 것이다'이며, 근사 유의확률이 .078로 유의수준(α=.05)보다 크므로 진통제의 그룹에 따라 통증의 차이가 없다고 볼 수 있다.

표 12.4 세 그룹 간 통증의 비교

	A그룹(n = 6)	B그룹(n = 6)	C그룹(n = 6)	X^2	p
통증	9.83±2.32	7.67±2.94	5.83±2.64	5.091	.078

※ 결과표에는 별도로 [분석] - [평균비교] - [그룹별 평균비교]를 이용하여 각 그룹에 대한 평균과 표준편차를 제시한다.

3 이원배치 분산분석 - 주효과와 상호작용 효과

1) 개요

이원배치 분산분석(Two-way ANOVA)은 2개의 요인(집단변수)이 하나의 종속변수와 연관성이 있을 때 분석하는 방법이다. 여기서 중요한 것은 2개의 독립변수 간에 상호작용이 있는지를 검정하는 것이다. 이를 상호작용 분석이라고 하는데, 이는 투입되는 두 독립변수가 서로 독립적으로 종속변수와 관계를 맺고 있는지, 아니면 두 독립변수의 상호작용으로 인한 상승효과가 있는지를 검증하는 기법이다.

주효과(main effect)란 하나의 독립변인이 종속변인에 미치는 효과를 의미하며, 일원배치 분산분석에서 이미 분석해 보았다. 상호작용효과(interaction effect)란 두 독립변인이 결합하여 종속변인에 미치는 영향을 의미한다. 즉, 요인 A에 의한 효과가 요인 B의 수준별로 변화할 때 또는 반대의 변화를 의미한다.

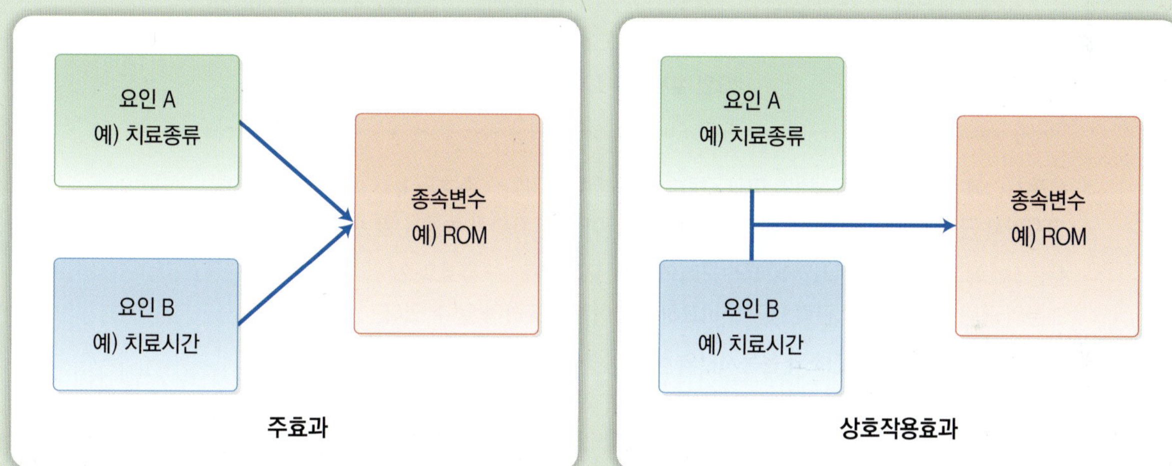

- 주효과 검정: 독립변수들이 각각 독립적으로 종속변수에 미치는 영향을 검정
- 상호작용효과 검정: 독립변수들이 서로 연관되어 종속변수에 미치는 영향을 검정

이원배치 분산분석 시 필요한 가정은 다음과 같다.

① 이원배치 분산분석은 일원배치 분산분석에서 설명한 분산분석의 기본 원리와 동일하다.

② 종속변수에 대한 모집단 분포가 정규분포이어야 하고 집단 간의 모집단 분산이 같아야 하는 등분산 가정을 충족시켜야 한다.

③ 이원배치 분산분석은 두 독립변수 간의 상호작용 효과의 통계적 유의미성을 검증하기 위한 설계이다.

④ 상호작용 효과는 종속변수에 대한 독립변수들의 결합효과로서 종속변수에 대한 한 독립변수의 효과가 다른 독립변수의 각 수준에서 동일하지 않다는 것을 의미한다.

[주효과와 상호작용효과의 실험연구 예]

※ 운동시간과 운동장소에 따라 근력에 어떠한 영향을 미치는가?

		A: 운동시간	
		A_1(30분)	A_2(60분)
B: 운동장소	B_1 평지	A_1B_1(I요인)	A_2B_1(II요인)
	B_2 비탈길	A_1B_2(III요인)	A_2B_2(IV요인)

2X2 요인 설계

A: 운동시간	
A_1(30분)	A_2(60분)
A_1B_1(I요인)	A_2B_1(II요인)
A_1B_2(III요인)	A_2B_2(IV요인)

B: 운동장소			
B: 운동장소	B_1 평지	A_1B_1(I요인)	A_2B_1(II요인)
	B_2 비탈길	A_1B_2(III요인)	A_2B_2(IV요인)

2요인 설계의 주효과(main effect)

- 운동시간에 관계없이 운동장소에 따라 근력의 차는 유의한가? → 주효과 1
  평지에서 근력 평균과 비탈길의 근력 평균을 비교하여, 운동효과가 높음을 알 수 있는데 이것을 주효과(main effect)라고 한다.
- 운동장소에 관계없이 운동시간에 따라 근력의 차는 유의한가? → 주효과 2
  30분의 근력 평균, 60분의 근력 평균을 비교하여 차이를 비교하여 알 수 있다.
- 근력에 영향을 주는 운동장소와 운동시간의 상호작용(interaction effect)이 발생하는가?
  이러한 장소에 따라 시간의 변경이 교차점을 지나며 확연한 차이를 보일 때 상호작용이 발생함을 알 수 있다.
  교차점이 없더라도 두 직선의 방향이 서로 평행하지 않으면 상호작용이 발생할 수 있다.

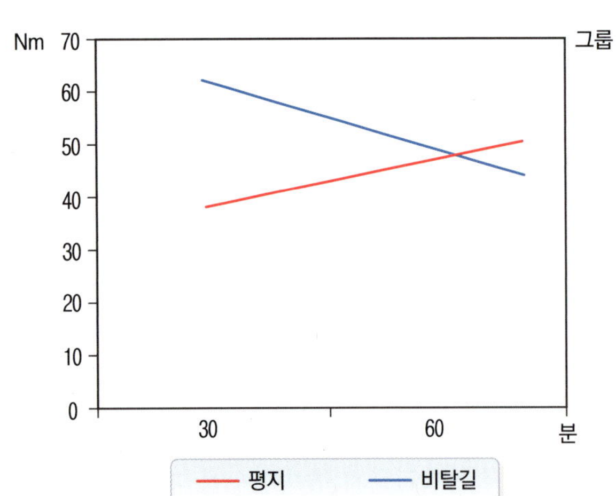

운동장소와 시간에 따른 운동변화

TIP

상호작용효과 설명

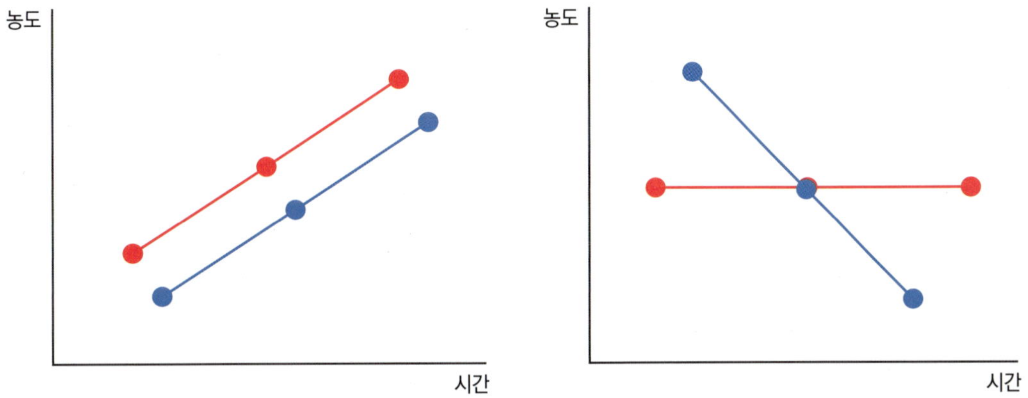

예를들어, 왼쪽 그래프는 빨간색 선(A 요인)과 파란색 선(B 요인)이 서로 상관없이 일정하게 변한다. 오른쪽의 빨간색 선(A 요인)은 파란색 선(B의 요인)에 따라 상승 또는 감소하며 변한다.

위 그래프와 같이 검정결과 그래프가 평행하게 나타나 서로 같은 방향으로 움직인다면 상호작용이 없다고 볼 수 있으며, 그래프가 교차하거나 어느 점에서 만나게 나타나면 어느 한 요인에 의해 다른 요인이 상승 또는 감소하여 상호작용이 있다고 판단할 수 있다. 이것을 상호작용의 효과라 하며, 따라서 결과는 "A 요인은 B의 요인에 따라 변하는 것을 알 수 있다."로 해석할 수 있다.

2) 목적

이원배치 분산분석은 일반적으로 독립변수가 처치변수일 경우 두 처치가 상호작용으로 일으키는 효과를 분석하기 위하여 사용한다.

3) 설계 예제

예제

무릎관절 전치환술 후 넙다리네갈래근 근력이 나이와 운동방법에 따라 차이가 있는지 검정하기 위하여 나이를 세 분류로 나누고, 장애물 보행 훈련 그룹과 트레드밀 보행 훈련 그룹에 따라 휴대용 역량계를 사용하여 넙다리네갈래근의 근력을 측정하고 결과를 분석하여 나이와 운동방법에 따른 효과를 알아본다.

[나이]: 65~70세 = 1 , 71~75세 = 2, 76~80세 = 3
[운동방법]: 장애물 보행 훈련 = 1, 트레드밀 보행 훈련 = 2
단위: kg

표 12.5 대상자의 그룹 분류 및 근력 정도

[ch12_Q3]

번호	나이	운동방법	근력
1	1	1	20.00
2	1	1	19.90
3	1	1	23.10
4	1	2	17.20
5	1	2	16.50
6	1	2	17.40
7	2	1	18.80
8	2	1	20.50
9	2	1	18.70
10	2	2	13.50
11	2	2	15.50
12	2	2	14.20
13	3	1	15.30
14	3	1	17.70
15	3	1	18.50
16	3	2	11.50
17	3	2	12.50
18	3	2	10.90

4) 통계 가설

- 귀무가설(H_0): 1. 나이와 운동방법에 따른 근력의 차이가 없다($p > .05$).
  2. 나이와 운동방법의 상호작용효과는 없다($p > .05$).
- 대립가설(H_1): 1. 나이와 운동방법에 따른 근력의 차이가 있다($p < .05$).
  2. 나이와 운동방법의 상호작용효과는 있다($p < .05$).

5) SPSS분석

이원배치 분산분석(Two-way ANOVA)검정 순서

	나이	운동방법	근력
1	1	1	20.00
2	1	1	19.90
3	1	1	23.10
4	1	2	17.20
5	1	2	16.50
6	1	2	17.40
7	2	1	18.80
8	2	1	20.50
9	2	1	18.70
10	2	2	13.50
11	2	2	15.50
12	2	2	14.20
13	3	1	15.30
14	3	1	17.70
15	3	1	18.50
16	3	2	11.50
17	3	2	12.50
18	3	2	10.90

① 자료 입력이 끝나면 [분석] – [일반선형모형] – [일변량]을 선택한다.

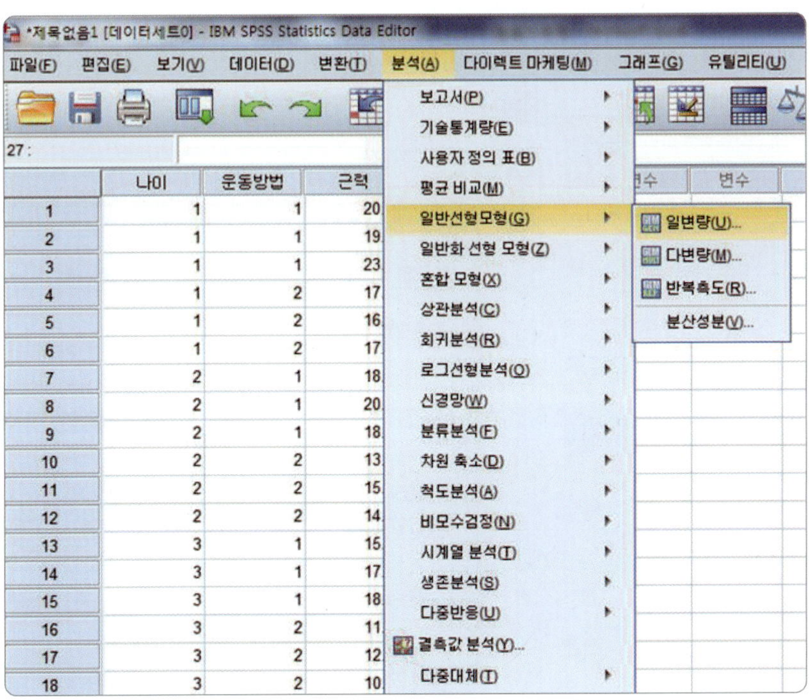

② 종속변수에 근력을 선택하고 고정요인에 나이와 운동방법을 선택한 후 도표를 누른다.

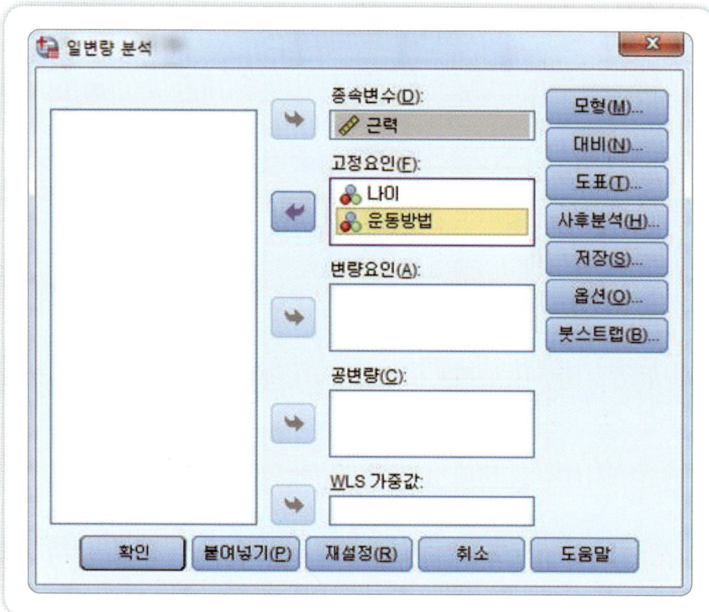

③ 도표를 누른 후 나이는 수평 축 변수로, 운동방법은 선구분 변수로 입력 후 추가 버튼을 눌러 나이*운동방법(상호작용효과)을 생성한다.

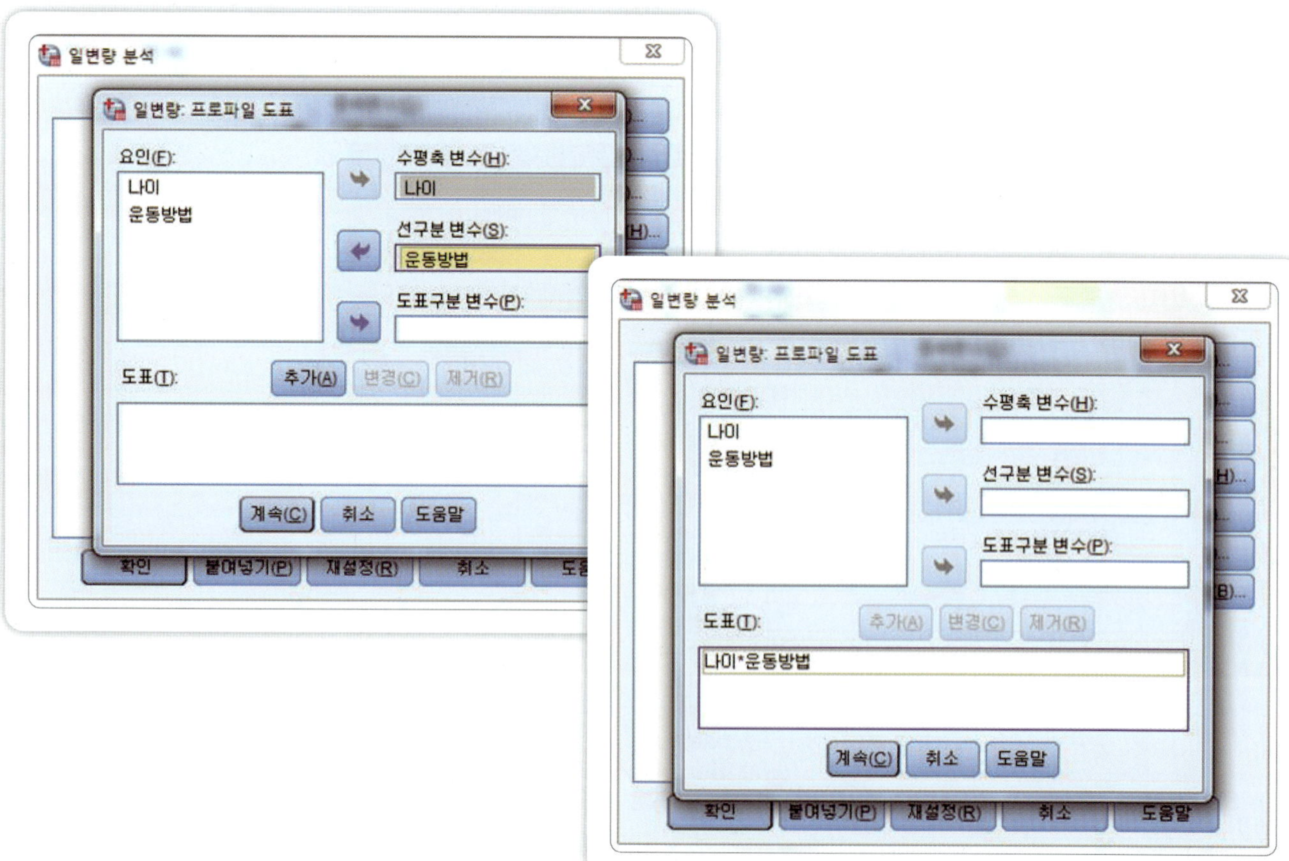

④ 이전의 일변량 분석표 창으로 돌아와 [옵션]을 누른다. 기술통계량값을 산출하기 위해 [기술통계량]을 클릭하고, 등분산을 검정하기 위해 [동질성 검정]을 선택하고 계속을 누른다.

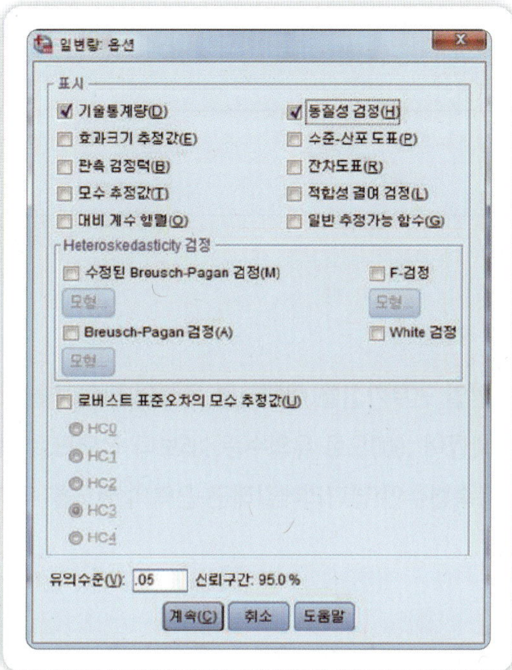

⑤ 기술통계량값에는 나이와 운동방법에 대한 근력의 평균과 표준편차가 제시되어 있다.

기술통계량

■ 종속변수: 근력

나이	운동방법	평균	표준편차	N
1	1	21.0000	1.81934	3
	2	17.0333	.47258	3
	전체	19.0167	2.47662	6
2	1	19.3333	1.01160	3
	2	14.4000	1.01489	3
	전체	16.8667	2.85003	6
3	1	17.1667	1.66533	3
	2	11.6333	.80829	3
	전체	14.4000	3.24900	6
전체	1	19.1667	2.13249	9
	2	14.3556	2.43829	9
	전체	16.7611	3.32639	18

⑥ 결과표에서 등분산을 검정하기 위해 오차분산의 동일성에 대한 Levene의 검정표를 보면 유의확률이 .132로 유의수준 .05보다 크기에 '집단 간의 분산이 동일하다'라는 귀무가설을 채택한다. 즉, 등분산을 가정한다.

오차분산의 동일성에 대한 Levene의 검정[a]

■ 종속변수: 근력

F	자유도 1	자유도 2	유의확률
2.128	5	12	.132

여러 집단에서 종속변수의 오차분산이 동일한 영가설을 검정함
a. 디자인: 절편 + 나이 + 운동방법 + 나이*운동방법

⑦ 이원배치 모형의 타당성을 검증하는 부분(수정된 모형)으로, 만일 귀무가설을 채택하면 모형의 타당성을 상실하게 되어 더 이상 분석이 무의미하다. 여기서 수정된 모형의 유의확률이 .000으로 유의수준 .05보다 작으므로 귀무가설을 기각하게 되어 이 모형은 타당하다. 즉, 이원배치 모형의 종속변수인 넙다리네갈래근 근력의 변화를 두 개의 인자 및 교호작용으로 설명할 수 있다는 결론을 확인할 수 있다.

개체 간 효과 검정

■ 종속변수: 근력

소스	제Ⅲ유형 제곱합	자유도	평균제곱	*F*	유의확률
수정된 모형	170.076[a]	5	34.015	22.643	.000
절편	5056.827	1	5056.827	3366.231	.000
나이	64.041	2	32.021	21.315	.000
운동방법	104.161	1	104.161	69.338	.000
나이*운동방법	1.874	2	.937	.624	.552
오차	18.027	12	1.502		
전체	5244.930	18			
수정된 합계	188.103	17			

a. R제곱 = .904(수정된 R제곱 = .864)

⑧ **상호작용효과(Interaction effect)의 검정**

두 가지의 인자가 복합적으로 작용하여 넙다리네갈래근 근력에 영향을 주는가를 알아보기 위한 상호작용의 검정 결과를 보면 유의확률이 .552로 '두 인자의 상호작용효과는 없다'는 결론을 내릴 수 있다. 상호작용이 존재하지 않으므로 각각의 인자의 효과를 따로 떼어 분석(주효과 검정)한다.

개체 간 효과 검정

■ 종속변수: 근력

소스	제Ⅲ유형 제곱합	자유도	평균제곱	*F*	유의확률
수정된 모형	170.076[a]	5	34.015	22.643	.000
절편	5056.827	1	5056.827	3366.231	.000
나이	64.041	2	32.021	21.315	.000
운동방법	104.161	1	104.161	69.338	.000
나이*운동방법	1.874	2	.937	.624	.552
오차	18.027	12	1.502		
전체	5244.930	18			
수정된 합계	188.103	17			

a. R제곱 = .904(수정된 R제곱 = .864)

⑨ 주효과(main effects)의 검정

- 나이효과는 유의확률이 .000이므로 세 종류의 나이에 따른 넙다리네갈래근 근력의 차이가 있다.
- 운동방법효과는 유의확률이 .000이므로 두 종류의 성별에 따른 넙다리네갈래근 근력의 차이가 있다.

개체 간 효과 검정

■ 종속변수: 근력

소스	제Ⅲ유형 제곱합	자유도	평균제곱	*F*	유의확률
수정된 모형	170.076[a]	5	34.015	22.643	.000
절편	5056.827	1	5056.827	3366.231	.000
나이	64.041	2	32.021	21.315	.000
운동방법	104.161	1	104.161	69.338	.000
나이*운동방법	1.874	2	.937	.624	.552
오차	18.027	12	1.502		
전체	5244.930	18			
수정된 합계	188.103	17			

a. R제곱 = .904(수정된 R제곱 = .864)

⑩ 주효과(main effects) 분석에 대한 사후검정

어떤 종류의 나이가 넙다리네갈래근의 근력에 가장 크게 영향을 미치는지를 확인하기 위해 사후검정을 한다. 사후검정변수에 나이를 넣고 Bonferroni법을 선택한다.

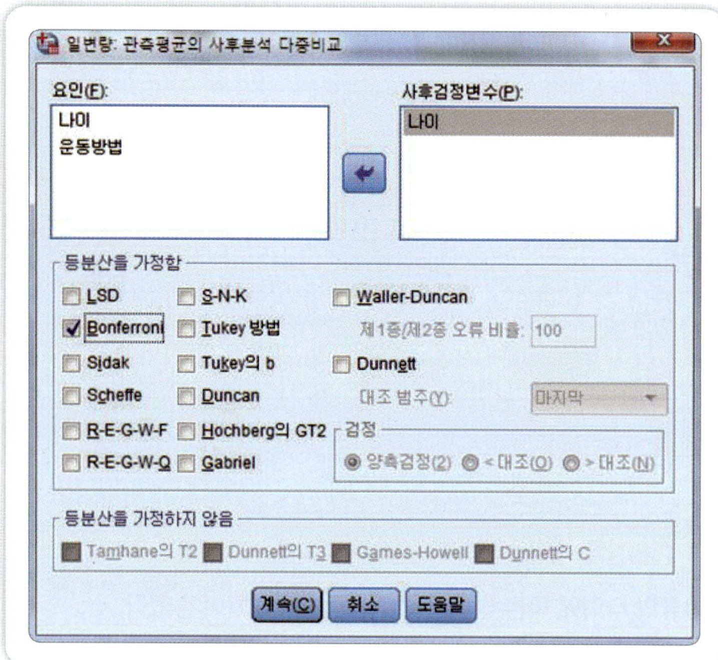

- 나이 1(65~70)은 나이 2(71~75)와 차이가 난다.
- 나이 1(65~70)은 나이 3(76~80)과 차이가 난다.
- 나이 2(71~75)는 나이 3(76~80)과 차이가 난다.

다중비교

- 종속변수: 근력
- Bonferroni

(I) 나이	(J) 나이	평균차이(I−J)	표준오차	유의확률	95% 신뢰구간	
					하한	상한
1	2	2.1500*	.70763	.031	.1832	4.1168
	3	4.6167*	.70763	.000	2.6498	6.5835
2	1	−2.1500*	.70763	.031	−4.1168	−.1832
	3	2.4667*	.70763	.013	.4998	4.4335
3	1	−4.6167*	.70763	.000	−6.5835	−2.6498
	2	−2.4667*	.70763	.013	−4.4335	−.4998

관측평균을 기준으로 함
오차항은 평균제곱(오차) = 1.502
*. 평균차이는 .05 수준에서 유의함

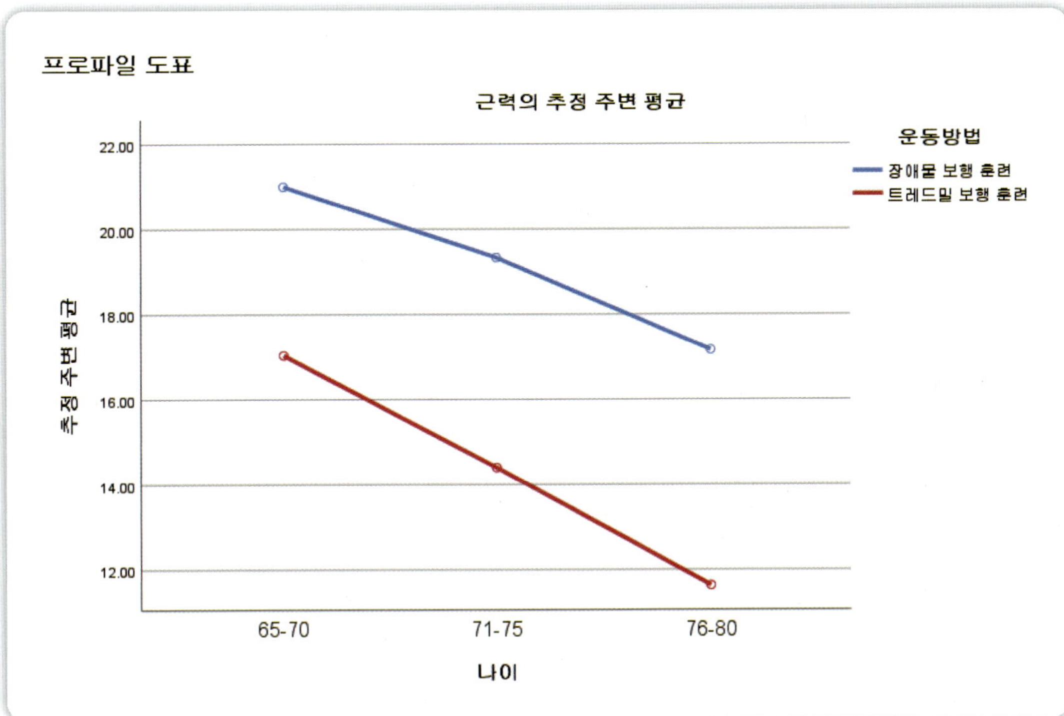

6) 결과표 예시 및 해석

무릎관절 전치환술 후 넙다리네갈래근 근력이 나이와 운동방법에 따라 차이가 있는지 검정하기 위하여 나이를 세 분류로 나누고, 장애물 보행 훈련 그룹과 트레이밀 보행 훈련 그룹에 따라 휴대용 역량계(Handheld dynamometer)를 사용하여 넙다리네갈래근의 근력을 측정한 결과를 표 12.6에 제시하였다. 나이에 대한 주 효과, 운동방법에 대한 주 효과 그리고 나이와 운동방법의 상호작용효과에 대한 통계적 유의성을 검정한 이원배치 분산분석의 결과는 표 12.7과 같다.

표 12.6 나이와 운동방법에 따른 넙다리네갈래근 근력에 대한 기술통계

운동방법	나이	N	평균	표준편차
장애물 보행 훈련	65~70세	3	21.00	1.82
	71~75세	3	19.33	1.01
	76~80세	3	19.17	2.13
트레드밀 보행 훈련	65~70세	3	17.03	.47
	71~75세	3	14.40	1.01
	76~80세	3	14.36	2.44

표 12.7 나이와 운동방법에 따른 넙다리네갈래근 근력에 대한 이원배치 분산분석 결과

분산원	제곱합	자유도	평균 제곱	*F*	유의확률
수정 모형	170.076	5	34.015	22.643	.000
절편	5056.827	1	5056.827	3366.231	.000
나이	64.041	2	32.021	21.315*	.000
운동방법	104.161	1	104.161	69.338*	.000
나이 * 운동방법	1.874	2	.937	.624	.552
오차	18.027	12	1.502		
전체	5244.930	18			

*$p < .05$

나이에 따른 근력의 효과를 분석한 결과, F통계값이 21.315($p<.05$)로 나이에 따라 근력의 유의한 차이가 나타났다. 그리고 운동방법에 대한 근력의 효과를 분석한 결과 F통계값이 69.338($p<.05$)로 운동방법에 따른 근력 또한 유의한 차이가 나타났다. 한편 나이와 운동방법 간의 상호작용에 대한 통계값은 .624로 유의한 상호작용효과가 나타나지 않았다($p>.05$). 따라서 '두 인자의 상호작용효과는 나타나지 않았다.'는 결론을 내릴 수 있다.

상호작용이 존재하는 경우

(1) 설계 예제

예제

대구 어느 병원에서 세 가지 재활치료 프로그램(A, B, C)에 따른 치료시간(20분, 40분, 60분)이 근력에 어떤 효과를 미치는지 알아보기 위하여, 병원의 재활치료센터에서 4주간 실시했다. 근력량을 산출한 결과 다음과 같은 자료를 얻었으며 재활프로그램과 치료시간에 따른 근력에 미치는 영향을 검정해 본다.

표 12.8 대상자의 프로그램 종류와 치료시간 및 근력 단위: kg

번호	프로그램	치료시간	근력
1	A	20	8.00
2	A	20	7.00
3	A	20	10.00
4	A	40	4.00
5	A	40	6.00
6	A	40	7.00

[ch12_Q4]

표 12.8 대상자의 프로그램 종류와 치료시간 및 근력(계속)

단위: kg

번호	나이	운동방법	근력
7	A	60	9.00
8	A	60	10.00
9	A	60	11.00
10	B	20	8.00
11	B	20	9.00
12	B	20	9.00
13	B	40	14.00
14	B	40	12.00
15	B	40	15.00
16	B	60	8.00
17	B	60	7.00
18	B	60	10.00
19	C	20	14.00
20	C	20	13.00
21	C	20	15.00
22	C	40	12.00
23	C	40	13.00
24	C	40	14.00
25	C	60	13.00
26	C	60	14.00
27	C	60	15.00

(2) 통계 가설

- 귀무가설(H_0): 1. 치료프로그램과 치료시간에 따른 근력의 차이가 없다($p > .05$).
  2. 치료프로그램과 치료시간의 상호작용효과는 없다($p > .05$).
- 대립가설(H_1): 1. 치료프로그램과 치료시간에 따른 근력의 차이가 있다($p < .05$).
  2. 치료프로그램과 치료시간의 상호작용효과는 있다($p < .05$).

(3) SPSS 분석

① 재활치료프로그램과 치료시간의 상호작용의 검정 결과, 유의확률이 .000으로 유의수준에서 귀무가설을 기각하게 되므로 '두 인자의 상호작용효과가 있다'는 결론을 알 수 있다.

	프로그램	치료시간	근력
1	A	20	8.00
2	A	20	7.00
3	A	20	10.00
4	A	40	4.00
5	A	40	6.00
6	A	40	7.00
7	A	60	9.00
8	A	60	10.00
9	A	60	11.00
10	B	20	8.00
11	B	20	9.00
12	B	20	9.00
13	B	40	14.00
14	B	40	12.00
15	B	40	15.00
16	B	60	8.00
17	B	60	7.00
18	B	60	10.00
19	C	20	14.00
20	C	20	13.00
21	C	20	15.00
22	C	40	12.00
23	C	40	13.00
24	C	40	14.00
25	C	60	13.00
26	C	60	14.00
27	C	60	15.00

② 개체-간 요인과 기술통계량 분석

일변량 분산분석

■ 개체 간 요인

		N
프로그램	A	9
	B	9
	C	9
치료시간	20	9
	40	9
	60	9

기술통계량

■ 종속변수: 근력

프로그램	치료시간	평균	표준편차	N
A	20	8.3333	1.52753	3
	40	5.6667	1.52753	3
	60	10.0000	1.00000	3
	전체	8.0000	2.23607	9
B	20	8.6667	.57735	3
	40	13.6667	1.52753	3
	60	8.3333	1.52753	3
	전체	10.2222	2.81859	9
C	20	14.0000	1.00000	3
	40	13.0000	1.00000	3
	60	14.0000	1.00000	3
	전체	13.6667	1.00000	9
전체	20	10.3333	2.91548	9
	40	10.7778	4.02423	9
	60	10.7778	2.72845	9
	전체	10.6296	3.15190	27

기술통계량값은 근력에 대한 프로그램과 치료시간에 대한 평균과 표준편차가 제시되어 있다.

③ 오차분석의 동일성에 대한 Levene의 검정

오차분산의 동일성에 대한 Levene의 검정[a]

■ 종속변수: 근력

F	자유도1	자유도2	유의확률
.584	8	18	.778

여러 집단에서 종속변수의 오차 분산이 동일한 영가설을 검정함
a. Design: 절편 + 프로그램 + 치료시간 + 프로그램 * 치료시간

결과표에서 등분산을 검정하기 위해 오차분산의 동일성에 대한 Levene의 검정표를 보면 유의확률이 .778로 유의수준 .05보다 크기에 '집단 간의 분산이 동일하다'라는 귀무가설을 채택한다. 즉, 등분산을 가정한다.

④ 주효과 분석

개체 간 효과 검정

■ 종속변수: 근력

소스	제III유형 제곱합	자유도	평균제곱	*F*	유의확률
수정된 모형	230.963[a]	8	28.870	19.012	.000
절편	3050.704	1	3050.704	2009.000	.000
프로그램	146.741	2	73.370	48.317	.000
치료시간	1.185	2	.593	.390	.682
프로그램*치료시간	83.037	4	20.759	13.671	.000
오차	27.333	18	1.519		
전체	3309.000	27			
수정된 합계	258.296	26			

a. R제곱 = .894(수정된 R제곱 = .847)

- 프로그램의 효과는 유의확률이 .000이므로 세 종류의 프로그램에 따른 근력의 차이가 있다($p<.05$).
- 치료시간의 효과는 유의확률이 .682이므로 세 종류의 치료시간에 따른 근력의 차이가 없다($p>.05$).

⑤ 상호작용효과의 분석

상호작용효과란 두 인자의 수준 조합 간 평균의 차이를 의미한다. 프로그램과 치료시간 수준의 조합을 만들면 3 × 3 = 9개의 조합이 만들어진다. 이 9개의 집단을 나타내는 변수를 만들고 9개 집단 간의 평균비교(일원배치 분산분석에서 다중비교)를 실시한다.

치료프로그램과 치료시간 간의 상호작용효과는 유의확률이 .000이므로 상호작용이 나타났다($p<.05$).

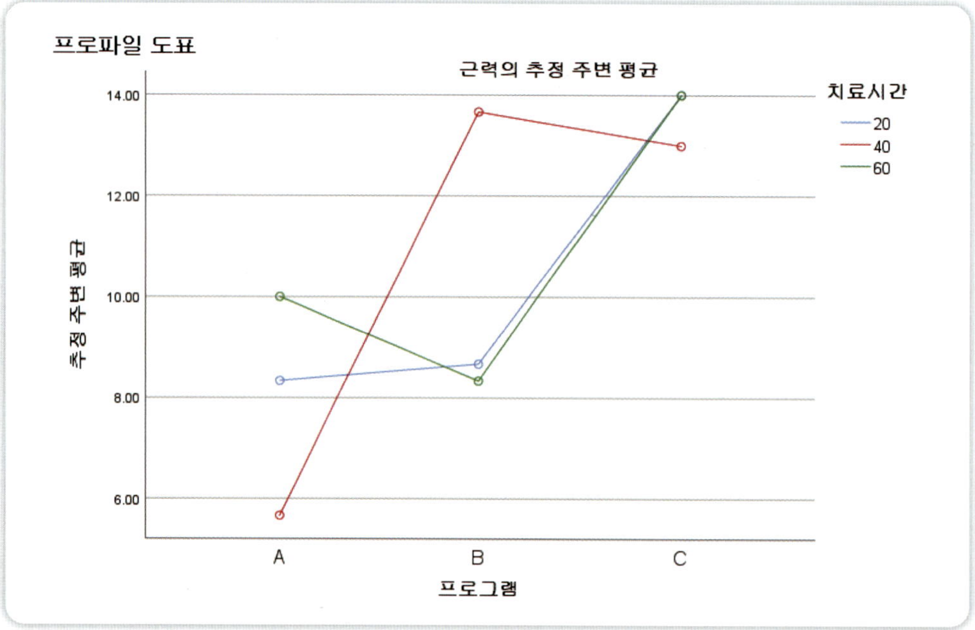

(4) 결과표 예시 및 해석

대구 어느 병원에서 세 가지 재활치료 프로그램(A, B, C)에 따른 치료시간(20분, 40분, 60분)이 근력에 어떤 효과를 미치는지 알아보기 위하여, 병원의 재활치료센터에서 4주간 실시한 기술통계 결과는 표 12.9와 같다. 프로그램의 주효과 치료시간의 주효과 그리고 프로그램과 치료시간의 상호작용효과가 근력에 미치는 영향에 대한 통계적 유의성을 검정한 이원배치 분산분석의 결과는 표 12.10과 같다. 프로그램에 대한 근력의 효과를 분석한 결과 F통계값이 48.317($p<.05$)로 프로그램에 따른 유의한 차이가 나타났다. 그리고 치료시간에 대한 근력의 효과를 분석한 결과, F통계값이 .390($p>.05$)으로 치료시간에 따른 유의한 차이는 나타나지 않았다.

한편 프로그램과 치료시간 간의 상호작용에 대한 통계값은 13.671($p<.05$)로 유의한 상호작용효과가 나타났다. 따라서 귀무가설을 기각하게 되므로 '두 인자의 상호작용 효과가 있다'는 결론을 알 수 있다.

표 12.9 프로그램과 치료시간에 따른 근력에 대한 기술통계

프로그램	치료시간	N	평균	표준편차
A	20	3	8.33	1.53
	40	3	5.67	1.53
	60	3	10.00	1.00
B	20	3	8.67	.58
	40	3	13.67	1.53
	60	3	8.33	1.53
C	20	3	14.00	1.00
	40	3	13.00	1.00
	60	3	14.00	1.00

표 12.10 프로그램과 치료시간에 따른 근력에 대한 이원배치 분산분석 결과

분산원	제곱합	자유도	평균 제곱	F	유의확률
수정 모형	230.963	8	28.870	19.012	.000
절편	3050.704	1	3050.704	2009.000	.000
프로그램	146.741	2	73.370	48.317*	.000
치료시간	1.185	2	.593	.390	.682
프로그램 * 치료시간	83.037	4	20.759	13.671*	.000
오차	27.333	18	1.519		
전체	3309.000	27			

*$p<.05$

13

반복측정 분산분석

학습목표

- 반복측정 분산분석의 개념을 이해하고 설명할 수 있다.
- 구형성 검정을 이해하고 설명할 수 있다.
- 반복측정 분산분석에 대한 결과 값을 분석할 수 있다.

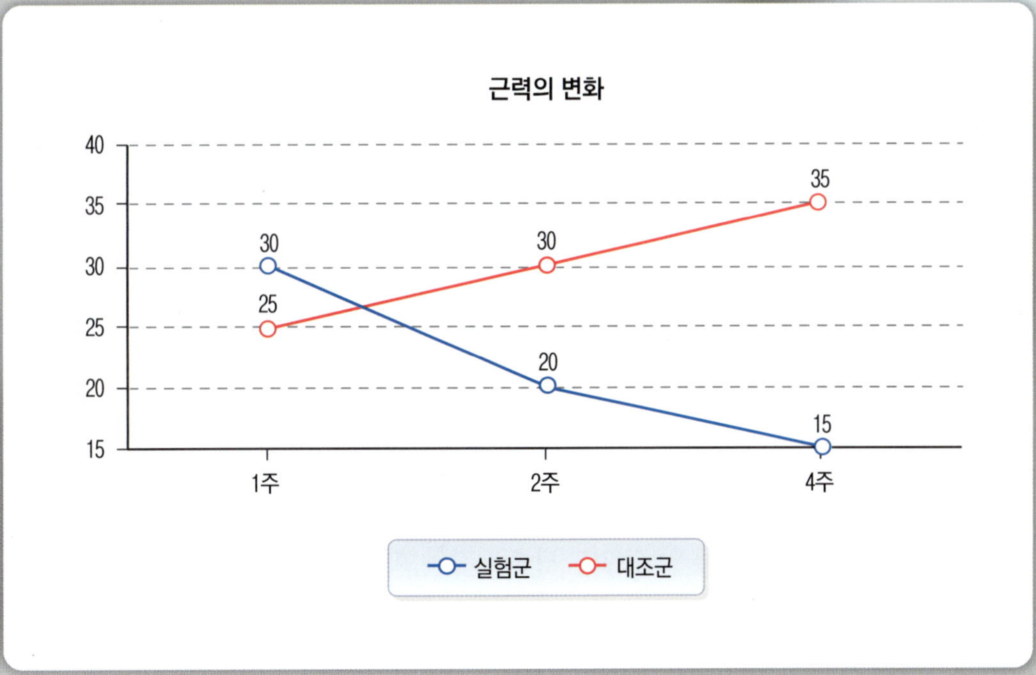

1 반복측정 분산분석

1) 개요

반복측정 분산분석이란 동일한 개체나 두 집단 이상을 3회 이상 반복해서 측정된 자료를 분석할 때 사용된다. 특히 혼합 설계 시 집단과 시간이라는 두 가지 요인이 존재하고 상호작용 효과가 존재하기 때문에 상호작용에 대한 효과 분석이 중요하다. 장점은 사람을 대상으로 하는 실험에 있어 실험 대상자를 충분히 확보하기 어렵기 때문에 상대적으로 다른 설계보다 비교적 적은 수의 대상자도 가능하고, 집단 내 변이 또는 대상자의 이질성을 통제하여 오차요소가 줄어들게 되어 연구의 검정력(power)이 커지게 된다. 단점은 실험 도중에 대상자가 탈락할 수 있고, 먼저 적용된 중재효과가 다음 중재에 영향을 주는 이월효과가 발생할 수 있으며, 반복측정으로 인해 대상자가 피로감이나 싫증(boredom)을 느껴 실험결과에 부정적인 영향을 미칠 수도 있다. 이러한 단점을 극복하기 위해 각 피험자마다 참여하는 실험조건의 순서를 다르게 해주는 교차균형화의 방법을 사용하거나 처치 간에 충분한 시간 간격을 주는 등의 방법을 사용하면 연습효과나 순서효과 및 이월효과 등에 의해 결과가 왜곡될 수 있는 영향을 최소화하여 어느 정도 통제할 수 있다.

2) 목적

반복적으로 측정된 자료를 일반적인 t-test나 ANOVA로 수행할 경우 동일한 개체의 검정을 여러 번 수행하여, 오류가 증가하고, 결과의 신뢰성이 떨어지게 된다. 이러한 오류를 방지하기 위해 시간경과에 따른 같은 대상에게 반복하여 측정한 변수를 분석할 때 이용된다. 또한 반복측정 분산분석은 '개체 간 요인(between-subject effects)'과 '개체 내 요인(within-subject effects)'이 존재하게 된다. 반복측정 분산분석에서 주관심은 치료를 받은 그룹과 대조군 사이에 반복 횟수에 따라 그룹 간 치료의 변화양상, 시간과 그룹에 따른 상호작용이 나타나는가를 알아보는 것이 중요하다.

3) 통계 지식

반복측정된 자료는 개체 내와 개체 간의 효과를 보기 때문에 다음과 같은 세 가지로 요약하여 결과를 해석한다.

- **개체 내 요인:** 치료시간에 노출된 시간의 흐름, 집단에 상관없이 사전, 중간, 사후 시간에 따른 근력 차이, 시간에 따른 차이는 집단의 차이를 알 수 없고 단순 시간의 흐름에 따른 차이만 알 수 있다.
- **개체 간 요인:** 치료법 또는 집단의 차이, 시간에 상관없이 각 그룹 시기의 총합을 평균으로 한 집단 간 차이를 알 수 있다.
- **개체 내와 개체 간의 상호작용(interaction effects):** 시간의 흐름에 따라 집단 간 유의한 상호작용이 보이는지를 알아보는 것으로 가장 관심을 가져야 할 부분에 관심을 가지고 분석한다.

	사전	4주	8주	집단 평균	
대조군	10	10	7	9	시간 구분 없이 각 집단의 사전, 4주, 8주 시간 평균 값에서 집단 간 차이가 있는가?
집단1	10	15	11	12	
집단2	10	20	15	15	
시간 평균	10	15	11	집단과 시간에 따른 상호작용이 있는가?	
	집단 구분 없이 사전, 4주, 8주 시간 평균 값에서 시간에 따른 차이가 있는가?				

TIP

반복측정 분산분석

반복측정 분산분석은 일반적인 one-way ANOVA보다 2가지 검정이 추가되며, 총 4개의 검정 결과를 종합하여 해석해야 한다.

1. 그룹 간 차이 검정(개체 간 검정)
- 집단들의 종속변수 간 차이가 있는지를 확인하는 검정
- ANOVA의 기본적이고 주요한 목적으로 사용되는 검정임

2. 시간의 차이에 따른 검정
- 종속변수가 시간의 변화에 따라 달라지는지를 확인하는 검정
- 일반 ANOVA에서는 적용할 수 없으며, 반복측정 ANOVA에서만 가능한 검정임

3. 시간과 그룹 간 교호작용(상호작용) 검정
- 시간과 그룹 간에 상호작용 효과가 존재하는지를 파악하는 검정
- 두 요인의 결합 효과에 대한 유의성을 확인함

4. 사후 검정(Post-hoc test)
- 3개 이상의 집단 간 차이를 확인한 후, 각 그룹 간의 구체적인 차이를 파악하는 검정

(1) 기본 가정

- 먼저 이루어진 처치가 다음 처치에 영향을 주지 않아야 한다.
- 실험조건들 사이의 공분산의 크기가 모집단에서 모두 동일해야 한다(구형성 가정이 만족되어야 한다).

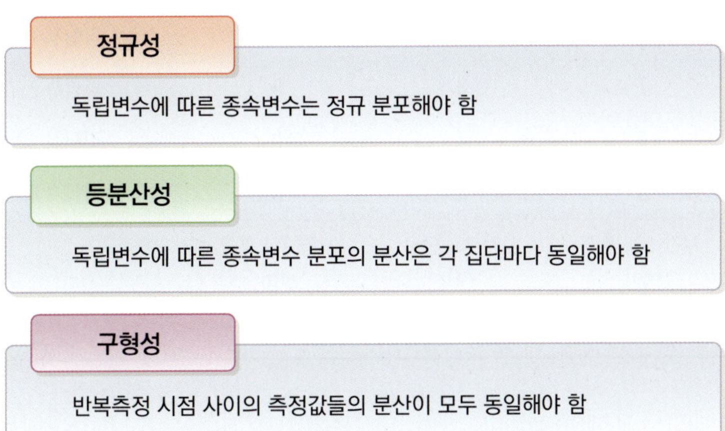

그림 13.1 반복측정 분산분석의 기본 가정

TIP

반복측정 분산분석의 기본 가정

- ANOVA를 수행할 때는 결과를 해석하기 전에 기본적으로 등분산 가정과 이에 대한 검정을 반드시 수행해야 한다. 반복측정 분산분석의 경우, 그룹 간 분산 구조의 동일성을 검증하는 동질성 검정과 개체 내 상관의 일관성을 확인하는 구형성 검정을 통과한 후 결과를 해석해야 한다.
- 동질성(동일성) 검정은 ANOVA에서 2개 이상의 그룹 간 관측치 차이를 비교할 때, 그룹 간 분산구조가 동일하거나 동질해야 한다는 가정을 확인하는 과정이다. SPSS에서는 Box's test를 통해 동질성 검정을 수행한다. 만약 그룹 간 분산 구조가 동질하지 않으면 그룹 간 비교가 어려워지고, 차이를 명확히 파악할 수 없다.
- 구형성 검정은 3회 이상의 반복측정이 있을 때 주로 사용되며, 2회 반복 측정에서는 의미가 없을 수 있다. 구형성 가정은 반복측정에서 시점 간 관측값들의 분산이 모두 동일하다는 가정을 의미한다. 특정 시점 간 상관성이 지나치게 높을 경우, 검정 통계량에 오류가 발생할 가능성이 있으므로 이를 방지하기 위한 사전 검정이다.

(2) 용어 정의

① **변수:** 실험대상자들이 지니는 특성

② **주효과 변수(종속변수):** 실험의 요인에 따라 변화를 가장 잘 알 수 있다고 생각하는 가장 중요한 변수

③ **요인(Factor, 독립변수):** 주효과 변수에 영향을 미치는 변수, 실험에서의 독립변수를 요인이라 한다. – 치료방법

④ **처리(level, 수준):** 실험단위에 가해지는 특정한 실험조건 – 집단 수, 측정횟수

⑤ **개체(subject):** 실험의 대상이 되는 실험단위

⑥ **반복요인:** 반복측정에 따라 반응 값에 영향을 미치는 원인

⑦ **상호작용(interaction):** 둘 이상의 독립변수가 서로 독립적이 아니라 서로 연관되어서 종속변수에 나타내는 효과

(3) 무선효과와 고정효과

	1주	2주	3주		
피험자 1	8	9	10	피험자 1의 평균 9(a)	무선효과
피험자 2	7	8	9	피험자 2의 평균 8(b)	
피험자 3	6	7	8	피험자 3의 평균 7(c)	
피험자 4	3	4	5	피험자 4의 평균 4(d)	
	시간 1의 평균 6(e)	시간 2의 평균 7(f)	시간 3의 평균 8(g)	전체평균 = 7	
	고정효과				

반복측정 분산분석은 피험자 내 실험설계를 통해 자료가 수집되었을 때 사용되는 분석방법이다. 피험자 내 설계란 모든 피험자들을 각 요인의 모든 수준에 노출시키고 자료를 수집하는 연구설계방식을 지칭한다. 위의 표를 보면, 4명의 피험자가 모든 시점 변수(1주, 2주, 3주)에 반복해서 응답하였음을 알 수 있다. 특히 이 시점이 세 개 이상일 경우 반복측정 분산분석이 사용된다. 이를 통해 무선효과(random effect)와 고정효과(fixed effect)를 확인할 수 있으며, 각 효과의 정의는 다음과 같다. 무선효과는 피험자들 간의 점수 차이가 발생할 때의 효과로, 피험자 개개인이 무선으로 선택됨에 따라 발생한 효과이기에 무선효과라고 하며, '피험자 간 효과(between-subjects effect)'라고도 한다. 이를 확인하고자 (a), (b), (c), (d)가 통계적으로 유의미한 차이가 있는지를 살펴보게 된다. 고정효과는 각 반복측정 시기마다 평균적으로 어떤 차이가 발생할 때의 효과이다. 피험자의 무선선택에 따른 무선효과를 배제하고 특정 처치/요인에 따라 발생한 일정한 효과를 다루기에 고정효과라고 불리며, '피험자 내 효과(within-subjects effect)'라고도 한다. 이를 위해 여기서는 (e), (f), (g)가 통계적으로 유의미한 차이가 있는지를 살펴보게 된다. 반복측정 분산분석에서는 이 중 고정효과 혹은 피험자 내 효과가 주 관심대상이 된다.

(4) Mauchly의 구형성 검정

구형성(sphericity)이란 반복측정된 데이터 각 처리 쌍 간에 상관이 동일하며, 각 처리마다 처리 내 분산들이 모두 동일하다는 등분산 조건을 나타내는 것이다. 동일 대상으로 반복측정을 실시하므로 반복측정 쌍(1–2차, 2–3차, 1–3차)마다 상관성(등상관성)과 분산성(등분산성)이 같다는 가정이다. 등상관성과 등분산성을 합하여 '구형성 가정'이라고 한다. 따라서 '구형성 가정'은 3회 이상 반복측정한 자료에서 만족 여부를 확인한다. 2회 실험한 자료로 분석을 하였을 경우 '•'이 나오게 된다. 이것은 구형성 가정이 불가하다는 것을 뜻한다. 구형성을 확인해야 하는 이유는 구형성 가정의 만족 여부의 결과에 따라 반복측정 분산분석의 검정 방법을 서로 달리해야 하기 때문이다. 구형성 가정이 만족되면 일변량 검정을 이용하고 구형성 가정이 만족되지 않는 경우에는 Greenhouse–Geisser 방법으로 수정된 일변량 분석을 이용한다.

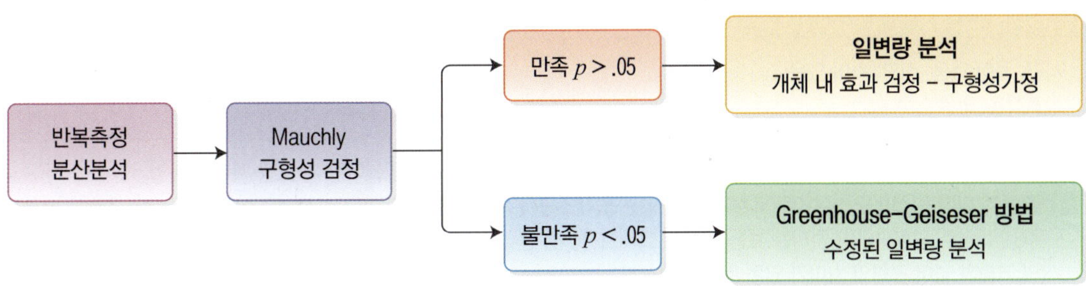

그림 13.2 구형성 검정에 따른 분석 방법

(5) 그래프로 보는 효과 해석

시간: 차이 없음, 집단: 차이 없음
상호작용: 없음

- 시간의 의미는 각 집단에 상관없이 실험군, 대조군의 1주, 2주, 4주 근력의 평균 차이를 비교. 시간에 따라 근력의 변화가 거의 없어 유의한 차이가 없다고 해석됨
- 집단의 의미는 실험군 1주, 2주, 4주의 평균과 대조군 1주, 2주, 4주의 평균이 차이가 있는지를 보는 것으로 그래프 상 두 선의 거리가 좁아 집단의 차이가 없는 것으로 해석됨

시간: 차이 있음, 집단: 차이 없음
상호작용: 없음

- 시간의 차이가 있는 이유는 각 집단의 시간에 따른 두 점, 즉 1주 평균, 2주 평균, 4주 평균이 그래프 기울기 상 수치에 유의한 차이가 있다고 해석됨
- 집단에 따른 차이가 없는 이유로 그래프가 경사도는 있어 시간에 따른 차이는 있지만 그래프 상 두 선의 거리가 좁아 집단의 차이가 없는 것으로 해석됨

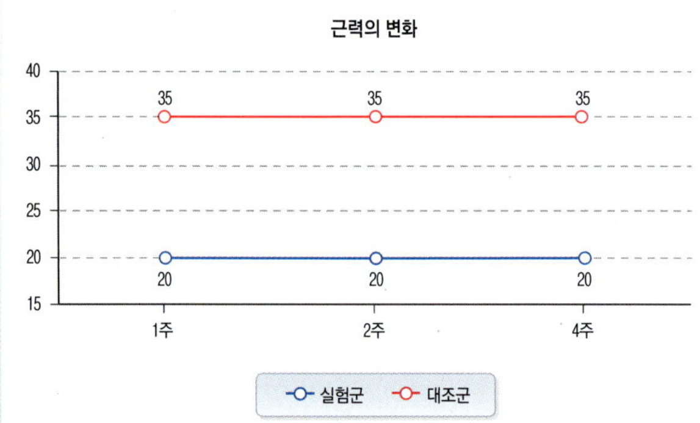

시간: 차이 없음, 집단: 차이 있음
상호작용: 없음

- 시간의 의미는 위 그림 해석과 동일
- 집단의 의미는 실험군 1주, 2주, 4주 근력의 평균과 대조군 1주, 2주, 4주 근력평균의 차이를 보는 것으로 그래프 상 두 선의 거리가 넓어 근력의 차이가 있는 것으로 해석됨

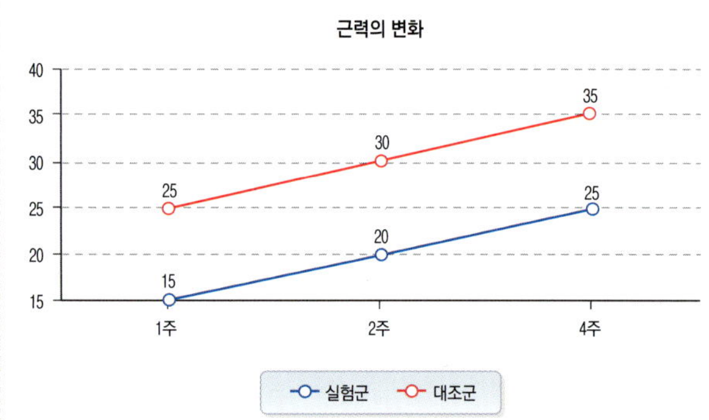

시간: 차이 있음, 집단: 차이 있음
상호작용: 없음

- 시간의 의미는 위 그림 해석과 동일
- 집단의 의미는 실험군 1주, 2주, 4주 근력의 평균과 대조군 1주, 2주, 4주 근력평균의 차이를 보는 것으로 그래프 상 두 선의 거리가 넓어 근력의 차이가 있는 것으로 해석됨

	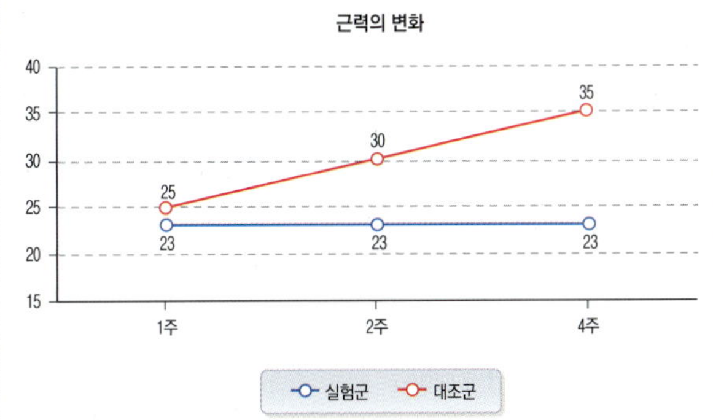
시간: 차이 있음, 집단: 차이 있음 상호작용: 있음	시간: 차이 있음, 집단: 차이 있음 상호작용: 있음
• 시간과 집단의 차이는 위 내용과 동일함 • 상호작용은 시간의 변화에 따라 집단의 변화가 있는지를 알아보는 것으로 그래프가 교차점이 있으면 상호작용이 있는 것으로 해석할 수 있음	• 시간과 집단의 차이는 위 내용과 동일함 • 상호작용이 왼쪽 그래프와 같이 교차하지 않아도 두 그래프에 가상의 선을 그어 서로 교차하면 상호작용이 있을 확률이 높음

※ 상호작용은 실험군의 효과는 높아지고, 대조군의 효과가 낮아져 교차할 때 가장 잘 나올 수 있고, 대조군의 큰 변화는 없어도 실험군의 효과가 특별하게 높아져도 나올 수 있다. 그러나 실험군의 효과가 있지만 정도가 크지는 않고, 대조군도 어느 정도 향상 및 유지를 하면 상호작용이 나오지 않을 확률이 높다.

TIP

시간반복설계(Time series design)

1) 단일요인 반복측정 설계(One-way repeated measures design)

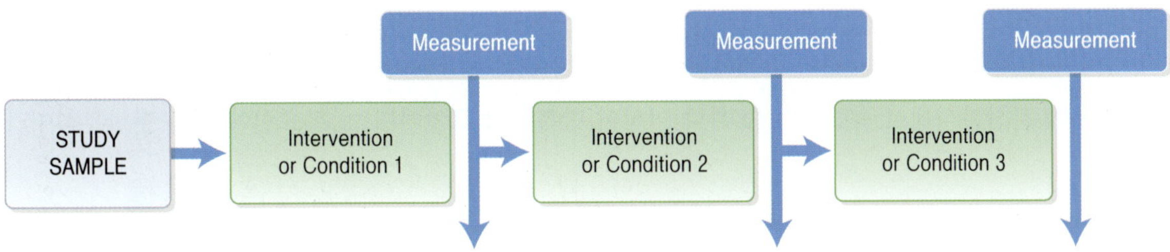

2) 시간 반복 측정을 포함한 단일 요인 반복 측정 설계(One-way repeated measures design with time as the repeated measure)

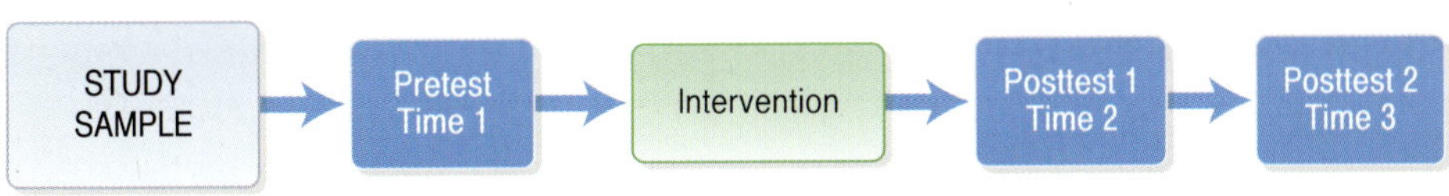

A

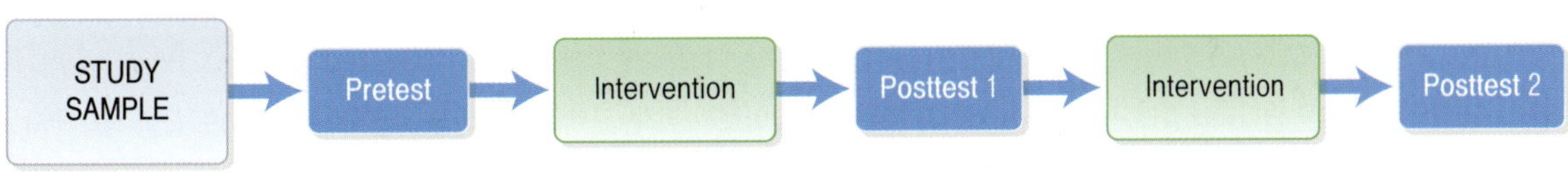

B

3) 간헐적 시계열 설계(Interrupted time-series design)

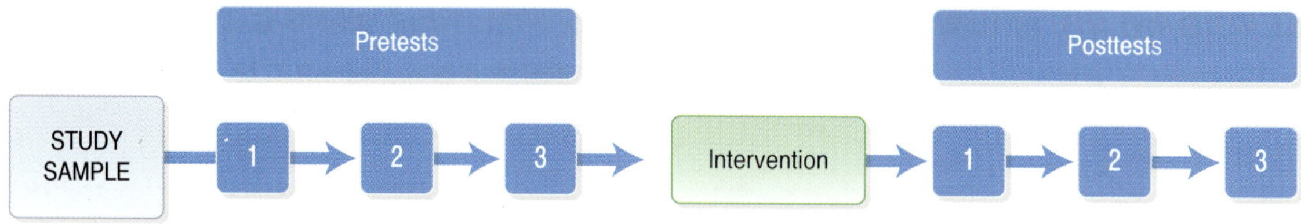

설계 유형에 따른 주요 차이점			
설계 유형	**초점**	**핵심 특징**	**예시**
단일 요인 반복 측정 설계	조건/중재 비교	집단 내부 차이	서로 다른 운동 프로그램의 효과 비교
시간 반복 측정을 포함한 반복 설계	시간 경과에 따른 변화	시간 단위로 사전/사후 변화를 측정	약물 투여 후 일정 시간 간격으로 혈압 추적
간헐적 시계열 설계	중재 전후 경향 비교	장기적인 추세 분석	금연 캠페인 전후로 흡연율 비교

2 단일요인 반복측정 설계

1) 개요

단일요인 반복측정 설계(one way ANOVA with repeated measures)는 반복요인이 하나인 설계이다. 그룹이 하나이며 반복요인이 한 가지이고 반복측정을 세 번 이상 적용한 경우의 설계이다. 독립변수(요인)가 반복요인인 경우에 분산분석에서 독립변수 중 하나 이상이 반복측정 요인이면, 반복요인이 있는 분산분석이라고 한다.

2) 목적

반복측정 분산분석은 동일 개체에 대해서 시간의 흐름에 따라 반복측정한 자료를 분석하는 데 목적이 있다. 측정한 자료들은 변수 내에서 서로 상관성을 가지고 있는 것이 특징이며, 일원배치 분산분석에 비해서 작은 변화도 파악할 수 있어 연구의 정확성이 높아진다.

3) 설계 예제

예제

관절각도에 따른 넙다리네갈래근의 근력에 차이가 있는지를 알아보기 위해, 근력측정 장비를 이용하여 무릎 90도 굽힘 상태에서 시작하여 폄 방향으로 등척성 운동을 시행하였고, 근력측정은 90도(A), 120도(B), 150도(C)에서의 근력을 측정하였다.

표 13.1 무릎 관절각도에 따른 근력

단위: Nm

번호	90도	120도	150도
1	100	120	110
2	95	110	100
3	80	140	70
4	130	150	100
5	140	150	130
6	100	100	100
7	90	80	80
8	120	130	115
9	80	100	90
10	120	150	110
11	125	140	110
12	110	130	120
13	130	160	150
14	125	150	142
15	123	154	121
16	114	131	120
17	140	160	111
18	161	181	165
19	90	95	94
20	115	124	115

[ch13_Q1]

4) 통계 가설

- 귀무가설(H_0): 관절각도에 따른 넙다리네갈래근의 근력은 차이가 없을 것이다($p > .05$).
- 대립가설(H_1): 관절각도에 따른 넙다리네갈래근의 근력은 차이가 있을 것이다($p < .05$).

5) SPSS분석

제일 초기 단계에서 자료가 정규 분포를 만족하는지 알아보기 위해 정규성 검정을 시행한다. 종속변수인 근력이 연속형 변수이므로 다음으로 정규성 검정의 실시 여부를 판단한다. 반복측정 자료이므로 '90도', '120도', '150도' 차이 분포를 가지고 정규성 검정을 실시한다.

정규성 검정 순서

① 메뉴에서 [분석] – [기술통계량] – [데이터 탐색]을 선택한다.

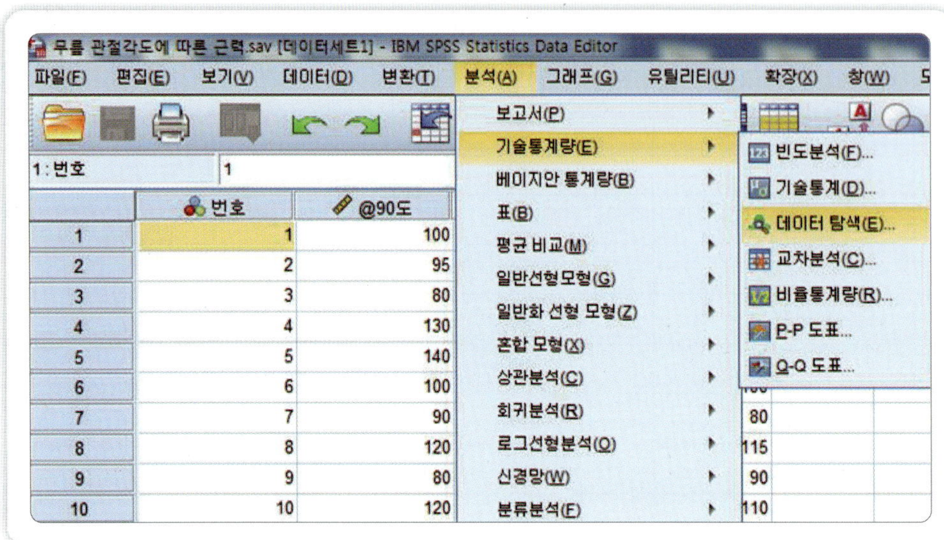

② 데이터 탐색에서 왼쪽에 있는 '90도', '120도', '150도'를 오른쪽 종속변수 란으로 이동시킨다.

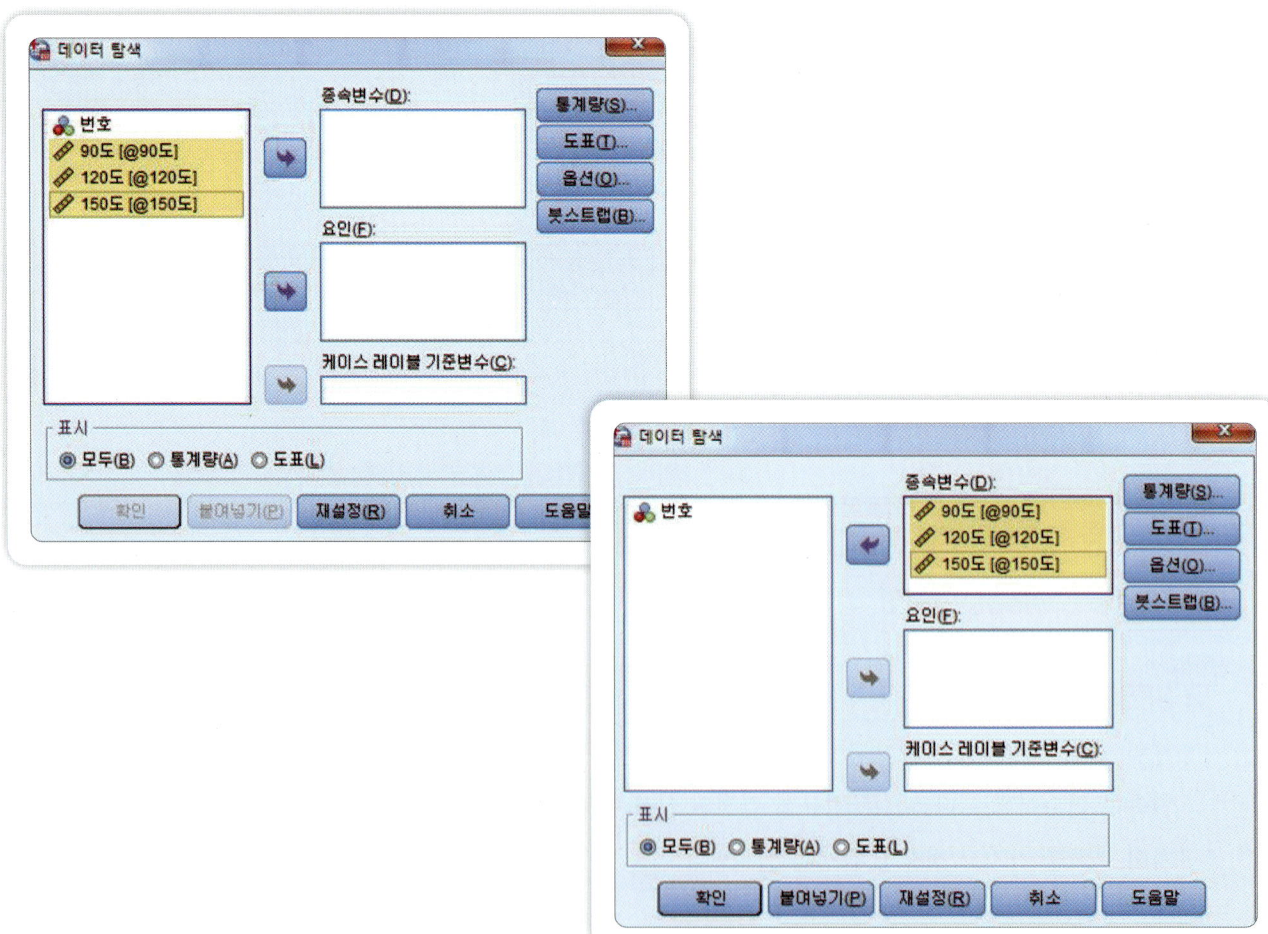

③ 도표를 누르면 가운데 검정과 함께 정규성도표 란이 있는데 여기를 체크한다.

④ 계속을 누르면 다시 앞 화면으로 돌아오고 확인 버튼을 눌러 실행시킨다.

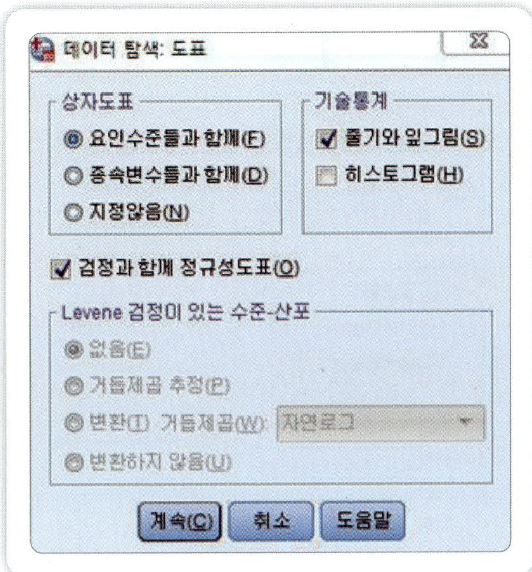

⑤ 분석 결과가 나오게 되고 아래 부분에 정규성 검정표가 나온다. 이것을 해석하면 된다. Kolmogorov-smirnov는 표본수가 많을 때 사용하는 검정 기법이고(중심극한의 정리를 감안하면 한 그룹당 30개 이상), Shapiro-wilk는 표본수가 적을 때 적용할 수 있도록 개발된 검정 기법이다(중심극한의 정리를 감안하면 한 그룹당 30개 미만). 아래 그림에서 Shapiro-Wilk 검정으로 진행한다. 검정 결과 유의확률이 90도일 때 .725, 120도일 때 .658, 150도일 때 .724로 모든 항목이 .05보다 커서 정규분포 가정에 만족하는 것으로 나타났다.

정규성 검정

	Kolmogorov-Smirnov[a]			Shapiro-Wilk		
	통계	자유도	CTT 유의확률	통계	자유도	CTT 유의확률
90도	.103	20	.200*	.969	20	.725
120도	.148	20	.200*	.965	20	.658
150도	.156	20	.200*	.969	20	.724

*. 이것은 참 유의성의 하한임
a. Lilliefors 유의확률 수정

정규성 가정이 만족되었으므로 단일요인 반복측정 분산분석을 적용한다.

단일요인 반복측정 분산분석 순서

① 메뉴에서 [분석] – [일반선형모형] – [반복측정(측도)]을 선택한다.

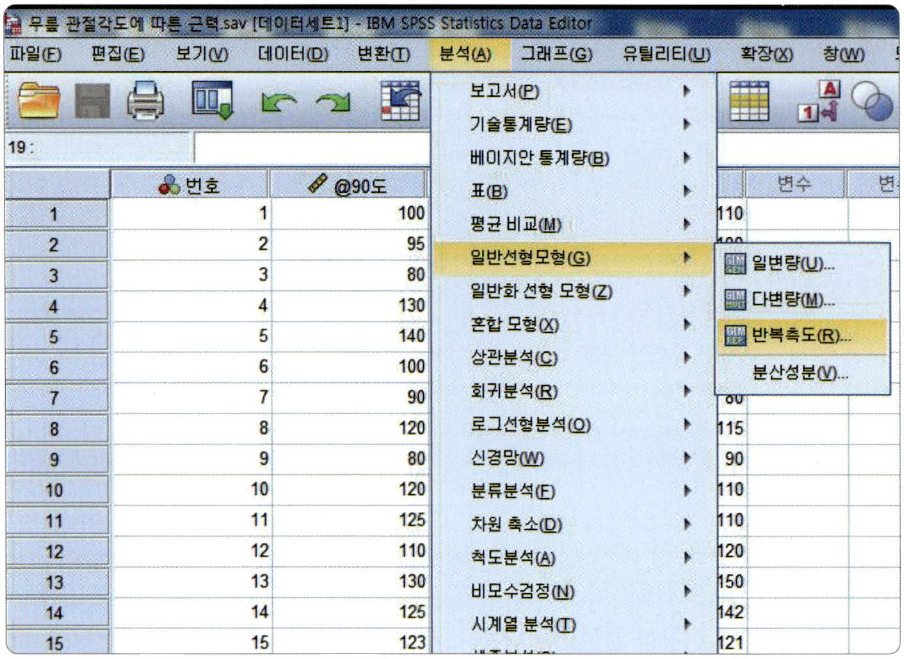

반복요인의 정의

① '반복측정(측도) 요인 정의' 대화상자가 열리면 '개체 내 요인이름' 칸에 요인 1을 '관절각도'로 수정하여 재입력한다.

② '수준의 수(수준 수)' 칸에는 반복측정의 횟수를 입력한다. 관절각도 간 비교이므로 '3'을 입력한다.

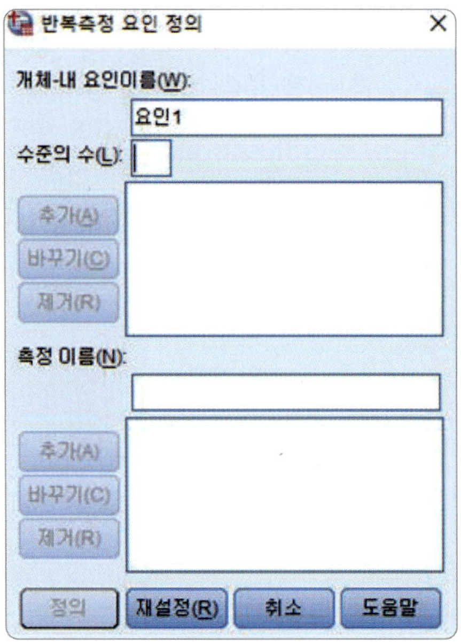

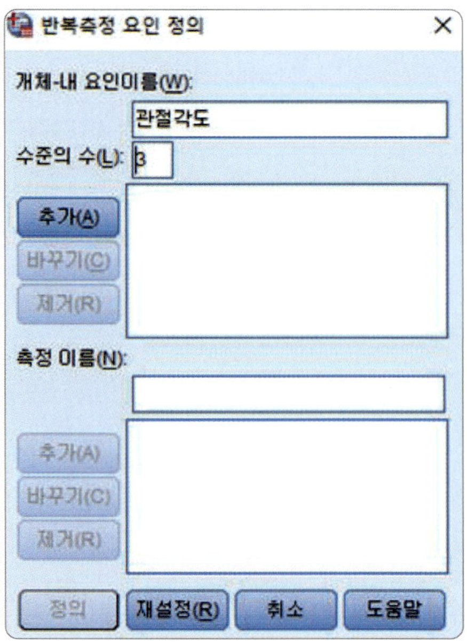

③ '추가' 단추를 누른다.

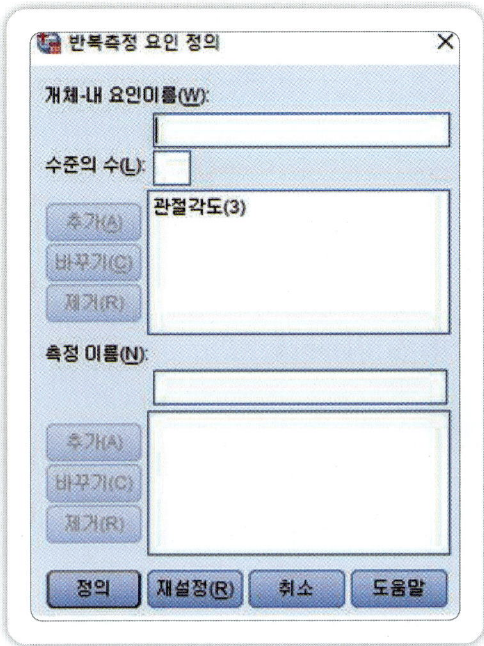

▶ 반복측정된 종속변수의 이름 입력

① 개체 내 요인이 '관절각도(3)'으로 입력된 것을 확인한다.

② 왼쪽에 있는 관절각도를 오른쪽 개체 내 변수로 옮긴다.

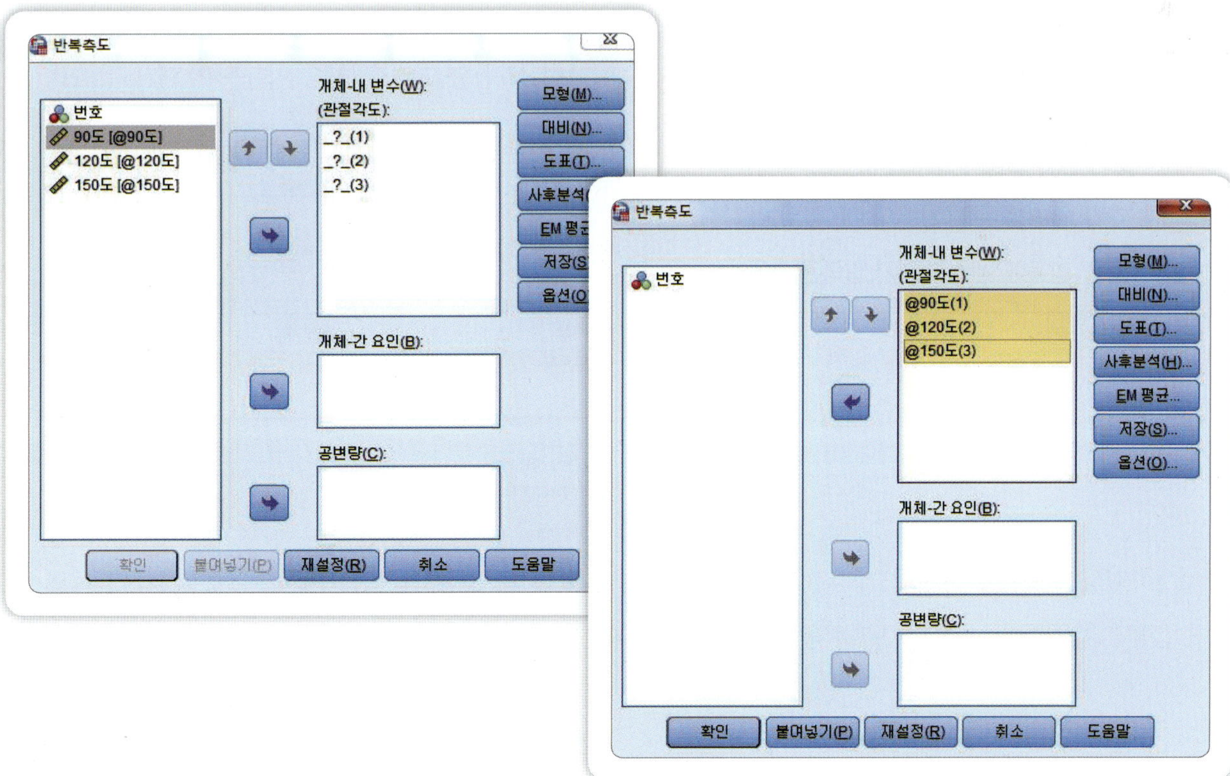

단일요인 반복측정 분산분석의 도표 선택

① 앞선 그림에서 계속을 눌러 '반복측정(측도)' 대화상자로 돌아오면 '도표' 단추를 누른다.

② '반복측정(측도): 프로파일 도표' 대화상자가 열리면 '관절각도'를 '수평축 변수' 칸으로 옮긴다.

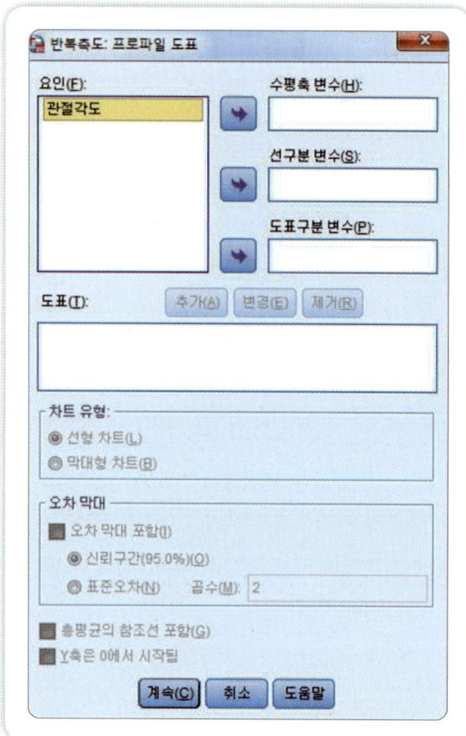

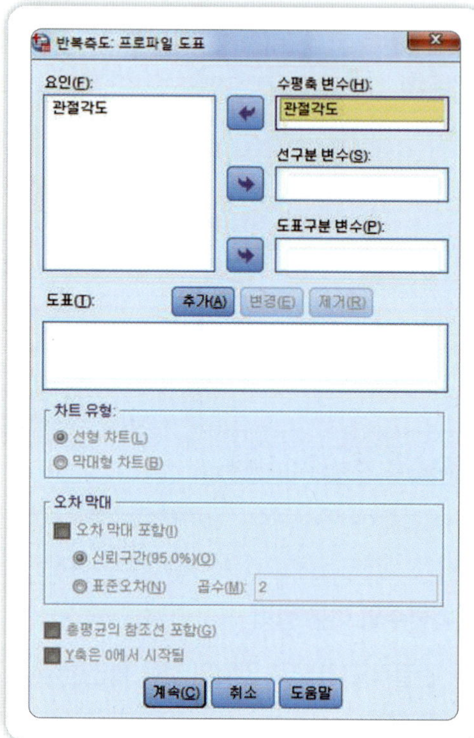

단일요인 반복측정 분산분석의 도표 설정

① 일반적으로 반복요인을 수평축으로 옮기면 보기 편한 그림이 그려진다.

② '추가' 단추를 누른다.

③ '도표' 항목에 '관절각도'가 입력된 것을 확인한다.

④ '계속' 단추를 누른다.

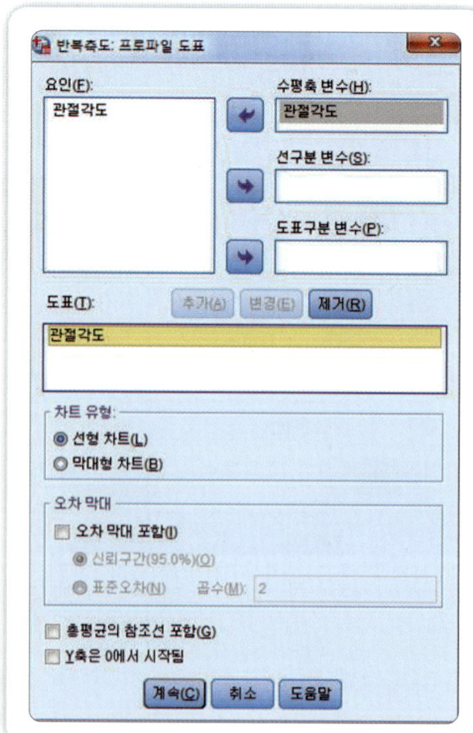

단일요인 반복측정 분산분석의 도표 설정 확인

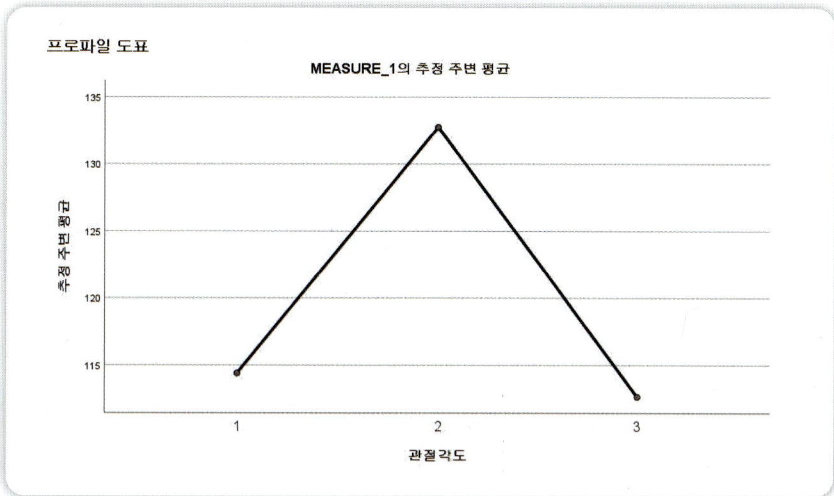

단일요인 반복측정 분산분석의 옵션 설정

① '반복측정(측도): EM평균' 대화상자가 열리면 '관절각도'를 '평균 표시 기준' 칸으로 옮긴다.

② '반복측정(측도): 옵션' 대화상자가 열리면 '표시' 항목에서 '기술통계량'과 '효과크기 추정값'을 선택한다. 개체 간(집단 간) 요인이 없으므로 '동질성 검정'은 선택하지 않는다.

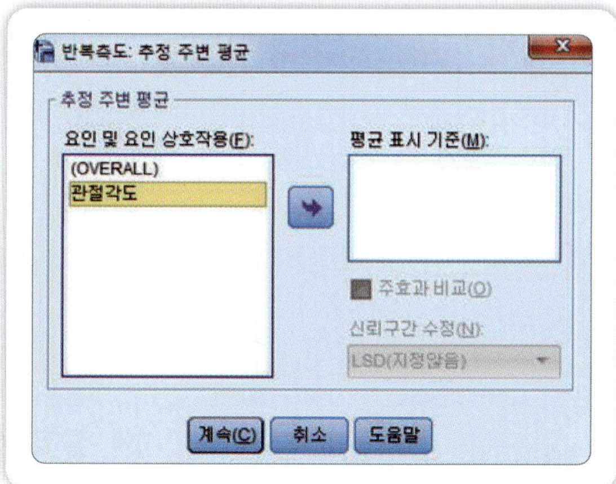

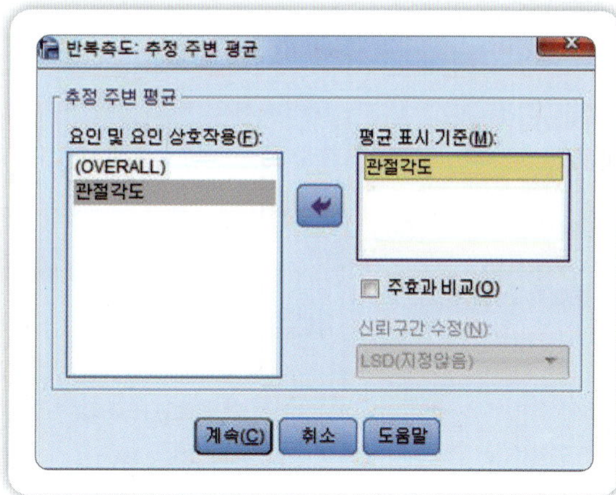

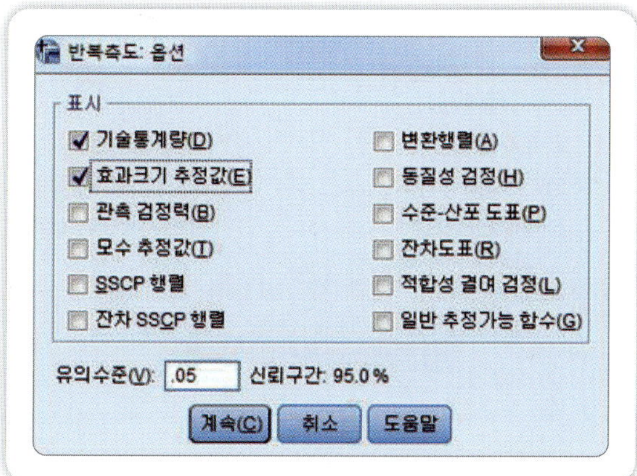

여기서부터는 반복요인에 대한 사후분석 방법이다. Bonferroni 부등식을 이용하여 사후분석을 나중에 별도로 진행할 수도 있지만 집단 간 요인이 없이 반복요인만 있는 경우에는 다음 절차에 따라 Boferroni 방법으로 사후분석이 가능하다.

반복요인의 사후검정 방법 지정

① '반복측정(측도): EM평균' 대화상자가 열리면 '요인 및 요인 상호작용' 칸에 있는 반복요인인 '관절각도'를 '평균 출력(표시) 기준' 칸으로 옮긴다.

② '주효과 비교'를 선택한다.

③ '신뢰구간 조정(수정)' 항목에서 'Bonferroni'를 선택한다.

④ Bonferroni 수정: 다중비교를 수행할 때 전체 1종 오류 수준을 조정하는 방법이다. 각각의 검정에서 사용되는 기각역을 전체 유의수준(보통 0.05)을 비교횟수로 나눈 결과로 정하는 것으로, 단순하고 효과적이지만 여러 개의 검정을 수행할 때 너무 엄격한 검정이 될 수 있다.

반복 쌍 비교에 대한 Bonferroni 부등식 적용

① '반복측정(측도): 옵션' 대화상자를 선택한다.

② 3개의 관절각도 간 사후검정이므로 개별 비교 시 유의수준을 보정하여 ($\frac{.05}{3}$ = .0167) '유의수준:' 칸의 '.05'를 '.0167'로 바꾸어 입력한다.

③ '계속' 단추를 누른다.

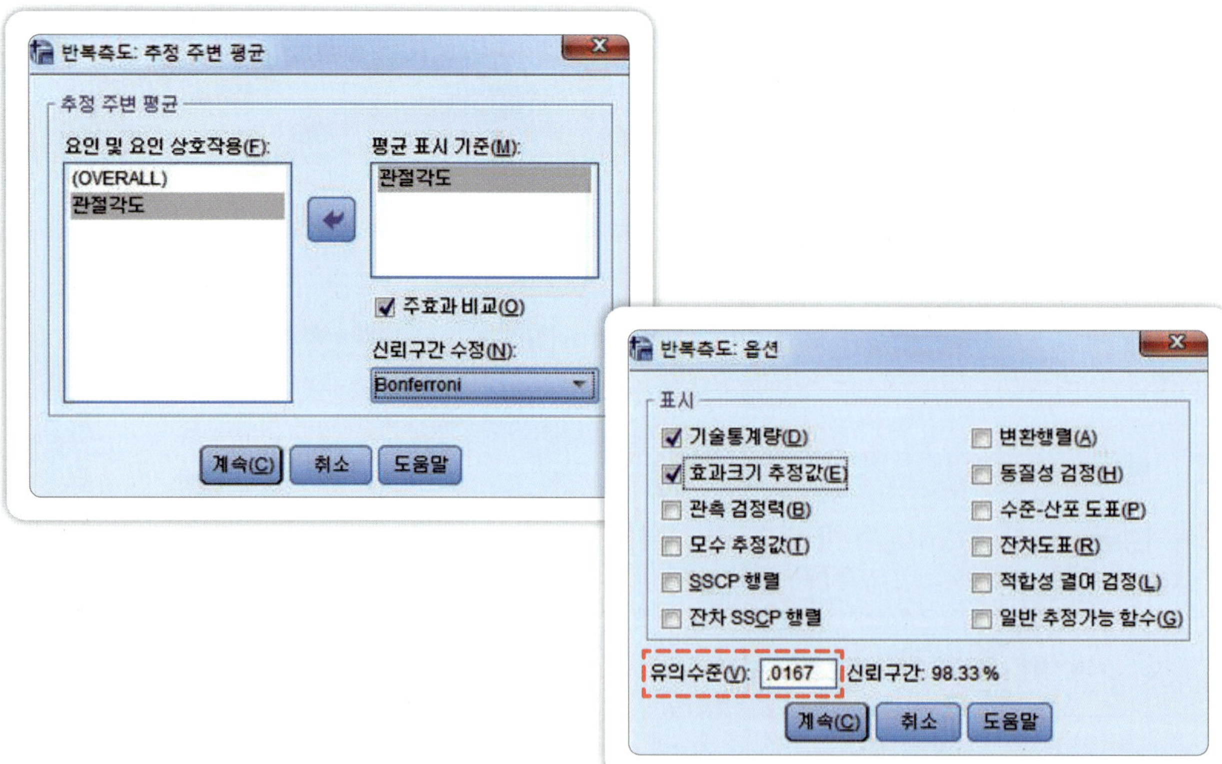

단일요인 반복측정 분산분석의 실행

① '반복측정(측도)' 대화상자로 돌아오면 '확인' 단추를 눌러 분석을 실행한다.

개체 내 요인

측도: MEASURE_1

관절각도	종속 변수
1	90도
2	120도
3	150도

기술통계량

	평균	표준편차	N
90도	114.40	21.397	20
120도	132.75	25.841	20
150도	112.65	22.637	20

다변량 검정[a]

효과		값	F	가설 자유도	오차 자유도	유의확률	부분에타제곱
관절각도	Pillai의 트레이스	.644	16.260[b]	2.000	18.000	.000	.644
	Wilks의 람다	.356	16.260[b]	2.000	18.000	.000	.644
	Hotelling의 트레이스	1.807	16.260[b]	2.000	18.000	.000	.644
	Roy의 최대근	1.807	16.260[b]	2.000	18.000	.000	.644

a. 디자인: 절편
개체 내 계획: 관절각도
b. 정확한 통계량

Mauchly의 구형성 검정[a]

측도: MEASURE_1

개체 내 효과	Mauchly의 W	근사 카이제곱	자유도	유의확률	엡실런[b]		
					Greenhouse-Geisser	Huynh-Feldt	하한
관절각도	.774	4.610	2	.100	.816	.882	.500

정규화된 변형 종속변수의 오차 공분산행렬이 단위행렬에 비례하는 영가설을 검정함
a. 디자인: 절편
개체 내 계획: 관절각도
b. 유의성 평균검정의 자유도를 조절할 때 사용할 수 있음. 수정된 검정은 개체 내 효과 검정표에 나타남

단일요인 반복측정 분산분석의 분석 결과

① 다음 표는 분석 결과 중 '개체 내 요인' 부분이다. 반복요인의 정의에서 설정한 바와 같이 개체 내 요인으로 '관절각도'가 입력된 것을 알 수 있다. '관절각도'는 '90도', '120도', '150도'의 세 가지 반복측정 범주이다.

② 그러나 실제로는 Mauchly의 구형성 검증 결과를 확인하여 유의한 차이를 검증한다. 유의확률이 .05보다 크면 '개체 내 효과 검정'에서 구형성 가정으로 가서 확인한다. 본 연구 결과에서 구형성 가정 값이 .100으로 구형성 검증을 하고 있는 것으로 나타났다. 이에 따라 다음 아래의 '개체 내 효과 검정'으로 가서 구형성 가정의 유의확률을 확인한다. 유의확률이 .000으로 관절 각도에 따라 근력의 차이는 있는 것으로 나타났다.

③ 부분 에타제곱이란 종속변수에 대한 독립변수의 설명력이라고 한다. 분산분석의 결과값이 $p<.05$를 만족할 때 부분 에타제곱의 값이 0.3보다 크면 이 결과값은 유의한 결과값을 가지는 것이다. 에타제곱은 .512이므로 종속변수인 근력에 대한 총 변화량의 51.2%를 독립변수인 관절각도가 설명해 준다고 해석할 수 있다.

④ 개체 내 대비 검정은 반복측정 데이터를 분석하여 데이터의 형태를 파악하는 과정이다. 이 검정은 세 가지 모형을 분석 대상으로 한다.

1. 선형모형(직선)
2. 2차 모형(곡선)
3. 3차 모형

기본적인 가설은 다음과 같다.

- **영가설:** 반복측정 데이터의 모형은 선형이 아니다.
- **대립가설:** 반복측정 데이터의 모형은 선형이다.

개체 내 효과 검정

측도: MEASURE_1

소스		제Ⅲ유형 제곱합	자유도	평균 제곱	F	유의확률	부분 에타제곱
관절 각도	구형성 가정	4958.633	2	2479.317	19.946	.000	.512
	Greenhouse-Geisser	4958.633	1.631	3039.523	19.946	.000	.512
	Huynh-Feldt	4958.633	1.763	2811.983	19.946	.000	.512
	하한	4958.633	1.000	4958.633	19.946	.000	.512
오차 (관절 각도)	구형성 가정	4723.367	38	124.299			
	Greenhouse-Geisser	4723.367	30.996	152.385			
	Huynh-Feldt	4723.367	33.504	140.977			
	하한	4723.367	19.000	248.598			

개체 내 대비 검정

측도: MEASURE_1

소스	관절각도	제Ⅲ유형 제곱합	자유도	평균 제곱	F	유의확률	부분 에타제곱
관절각도	선형	30.625	1	30.625	.341	.566	.018
	2차	4928.008	1	4928.008	31.050	.000	.620
오차(관절각도)	선형	1707.875	19	89.888			
	2차	3015.492	19	158.710			

개체 간 효과 검정

측도: MEASURE_1 / 변환된 변수: 평균

소스	제Ⅲ유형 제곱합	자유도	평균 제곱	F	유의확률	부분 에타제곱
절편	863040.267	1	863040.267	621.134	.000	.970
오차	26399.733	19	1389.460			

단일요인 반복측정 분산분석 결과 관절각도에 따른 근력은 유의한 차이가 있는 것으로 나타났으므로 사후분석을 진행한다. 반복측정 데이터의 사후분석은 Bonferroni 부등식으로 유의수준을 보정하여 개별 쌍 비교를 실시한다. 하지만 단일요인 반복측정 분산분석에 한해서 분석 중 '옵션'을 통해 결과를 출력할 수 있다. 다음의 '대응별 비교'표를 확인하여 사후분석을 검증한 결과 90도와 120도, 120도와 150도에서 근력의 유의한 차이가 있었다($p<.0167$).

[추정 주변 평균]

[관절각도]

추정값

측도: MEASURE_1

관절각도	평균	표준오차	98.33% 신뢰 구간	
			하한	상한
1	114.400	4.785	101.845	126.955
2	132.750	5.778	117.587	147.913
3	112.650	5.062	99.367	125.933

대응별 비교

측도: MEASURE_1

(I) 관절각도	(J) 관절각도	평균차 (I-J)	표준오차	유의확률[b]	차이에 대한 98.33% 신뢰구간[b]	
					하한	상한
1	2	-18.350*	3.161	.000	-28.230	-8.470
	3	1.750	2.998	1.000	-7.621	11.121
2	1	18.350*	3.161	.000	8.470	28.230
	3	20.100*	4.279	.000	6.725	33.475
3	1	1.750	2.998	1.000	-11.121	7.621
	2	-20.100*	4.279	.000	-33.475	-6.725

추정된 주변평균을 기준으로
* 평균차이는 .0167 수준에서 유의함
b. 다중비교에 대한 조정: Bonferroni

다변량 검정

	값	*F*	가설 자유도	오차 자유도	유의확률	부분 에타제곱
Pillai의 트레이스	.644	16.260[a]	2.000	18.000	.000	.644
Wilks의 람다	.356	16.260[a]	2.000	18.000	.000	.644
Hotelling의 트레이스	1.807	16.260[a]	2.000	18.000	.000	.644
Roy의 최대근	1.807	16.260[a]	2.000	18.000	.000	.644

각 *F*는 다변량효과 관절각도를 검정함. 이 검정은 추정되는 주변 평균 사이의 선형독립의 대응별 비교에 기초함
a. 정확한 통계량

6) 결과표 예시 및 해석

관절각도에 따른 넙다리네갈래근의 근력의 차이를 보기 위하여 일요인 반복측정 분산분석을 실시하였다.

근력은 90도, 120도, 150도 각도에 따라서 유의한 차이가 있었고($p<.05$), Bonferroni 사후검정 분석 결과 90도와 120도, 120도와 150도에서 유의한 차이가 있었다($p<.0167$).

표 13.2 각도에 따른 근력 차이 표 예시 1

각도	근력(Nm)	*F*	*p*	사후검정
A	114.40±21.40[a]	19.946	.000	B > A, C
B	132.75±25.84			
C	112.65±22.64			

a. 평균±표준편차, A: 90도, B: 120도, C: 150도

표 13.3 각도에 따른 근력 차이 표 예시 2

단위: Nm

90도	120도	150도	$F\,(p)$	사후검정
114.40±21.40	132.75±25.84	112.65±22.64	19.946(.000)	B > A, C

3 Friedman 검정

1) 개요

표본의 모집단이 정규분포를 이루지 않은 한 개의 집단으로 시간의 흐름에 따라 3회 이상의 측정결과를 분석하는 경우 사용하는 통계방법으로 대응 K-표본이라고도 한다. 표본의 크기가 10 미만인 경우는 비모수 검정으로 분석해야 하며, 10~30명일 경우는 정규분포 확인 후 정규성을 만족하면 모수 검정을 실시하고, 정규성을 만족하지 않으면 비모수 검정을 실시해야 한다.

2) 목적

Friedman 검정은 표본의 모집단이 정규분포하지 않을 경우 3개 이상의 반복측정 표본 간 종속변수의 차이가 있는가를 검정하는 방법으로서 Wilcoxon 부호순위 검정의 확장 개념이다.

3) 설계 예제

예제

무릎 관절 굽힘 시 운동범위에 제한이 있는 9명의 환자에게 도수치료를 시행하였을 때 치료전, 치료1주후, 치료2주후에 어떠한 변화가 생겼을까?

표 13.4 도수치료 후 관절각도의 변화

단위: °

번호	치료전	치료 1주후	치료 2주후
1	50	50	60
2	60	80	90
3	80	80	80
4	70	75	90
5	40	45	50
6	55	70	80
7	90	90	90
8	95	90	100
9	85	90	120

[ch13_Q2]

4) 통계 가설

- 귀무가설(H_0): 치료전, 치료1주후, 치료2주후에서 관절각도에 차이가 없을 것이다($p > .05$).
- 대립가설(H_1): 치료전, 치료1주후, 치료2주후에서 관절각도에 차이가 있을 것이다($p < .05$).

5) SPSS분석

Friedman 검정 순서

① 메뉴에서 [분석] – [비모수 검정] – [레거시 대화상자] – [대응 K–표본(K–대응표본)]을 선택한다.

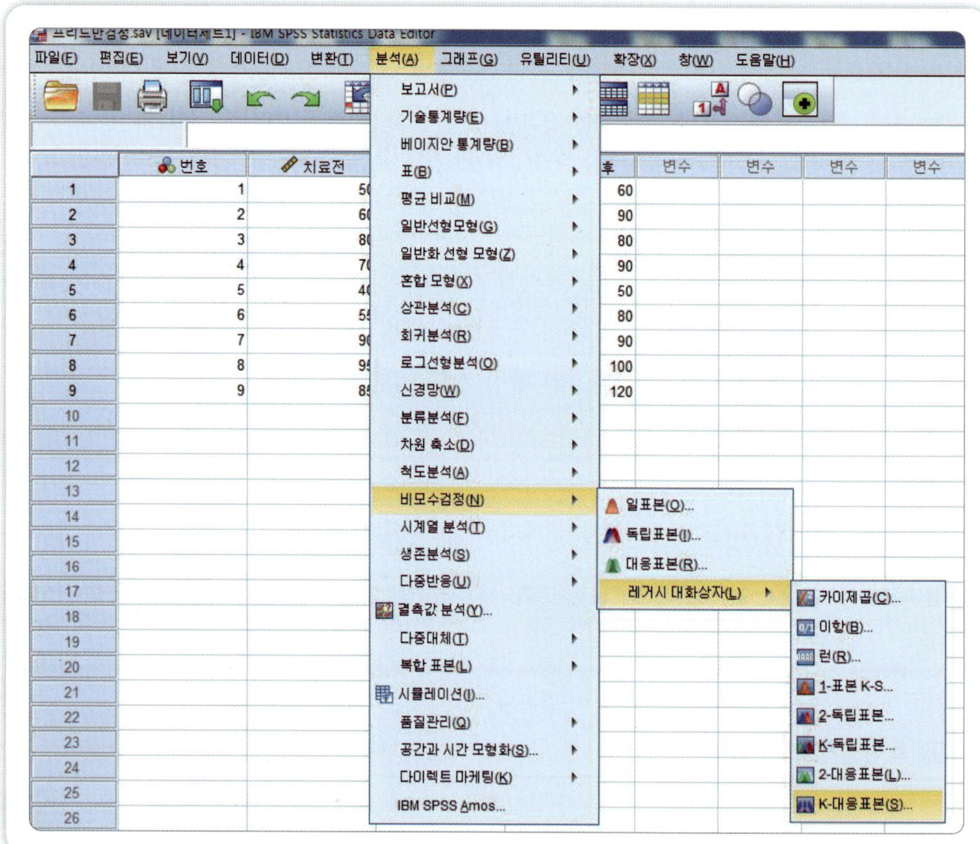

Friedman 검정의 대상변수 지정, 유형 선택, 실행

① '대응 K–표본(K–대응표본) 비모수 검정' 대화상자가 열리면 '치료전', '치료1주후', 치료2주후' 변수를 '검정 변수' 칸으로 옮긴다.

② '검정 유형' 항목에서 'Friedman'을 선택한다(기본설정).

③ '확인' 단추를 눌러 분석을 실행한다.

④ '통계량' 단추를 눌러 기술통계를 볼 수 있는 항목을 체크한다.

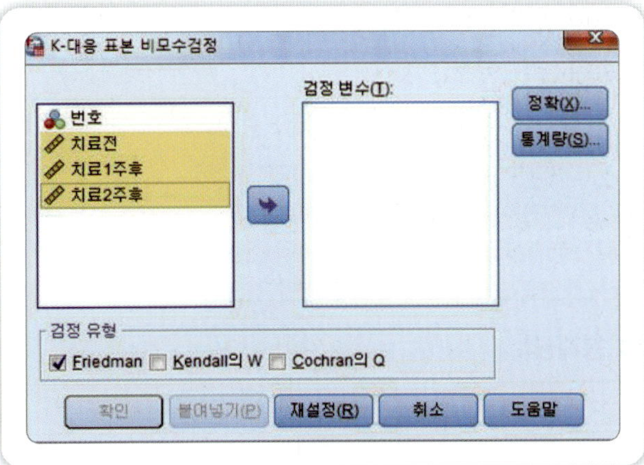

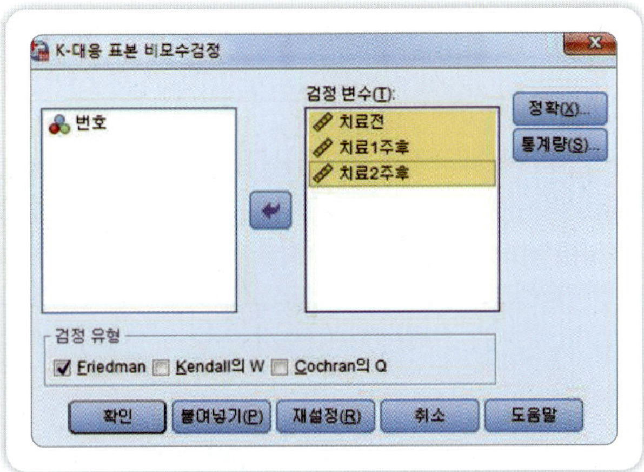

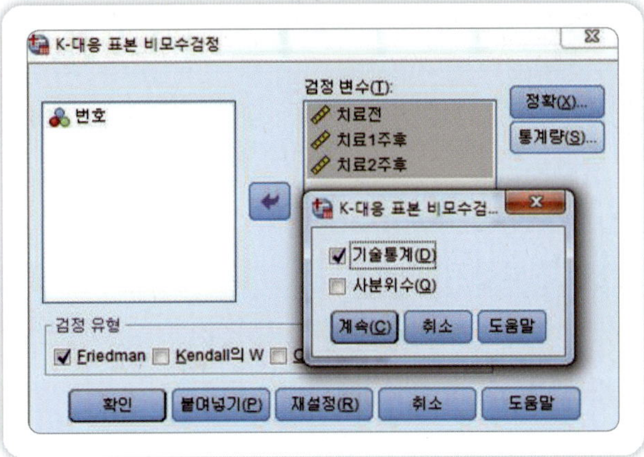

Friedman 검정의 분석 결과

다음 표는 분석 결과 중 '순위' 부분이다. 관절운동범위의 평균순위는 치료전 1.39, 치료1주후 1.83, 치료2주후 2.78로 계산되었다.

검정 통계량의 근사 유의확률이 .002로 .05보다 작으므로 영가설을 기각하여 치료시기별 관절운동범위는 유의한 차이가 있다고 해석한다.

기술통계량

	N	평균	표준편차	최소값	최대값
치료전	9	69.44	19.275	40	95
치료1주후	9	74.44	16.853	45	90
치료2주후	9	84.44	20.683	50	120

[Friedman 검정]

순위

	평균순위
치료전	1.39
치료1주후	1.83
치료2주후	2.78

검정 통계량[a]

N	9
카이제곱	12.074
자유도	2
근사 유의확률	.002

a. Friedman 검정

Wilcoxon 부호순위 검정 실시

치료전에 비해 어느 시기에서 차이가 나는지 알려고 하면 '치료전'과 '치료1주후', '치료전'과 '치료2주후'에 대해 각각 Wilcoxon 부호순위 검정을 시행한다.

① 메뉴에서 [분석] – [비모수 검정] – [레거시 대화상자] – [2-대응표본]을 선택한다.

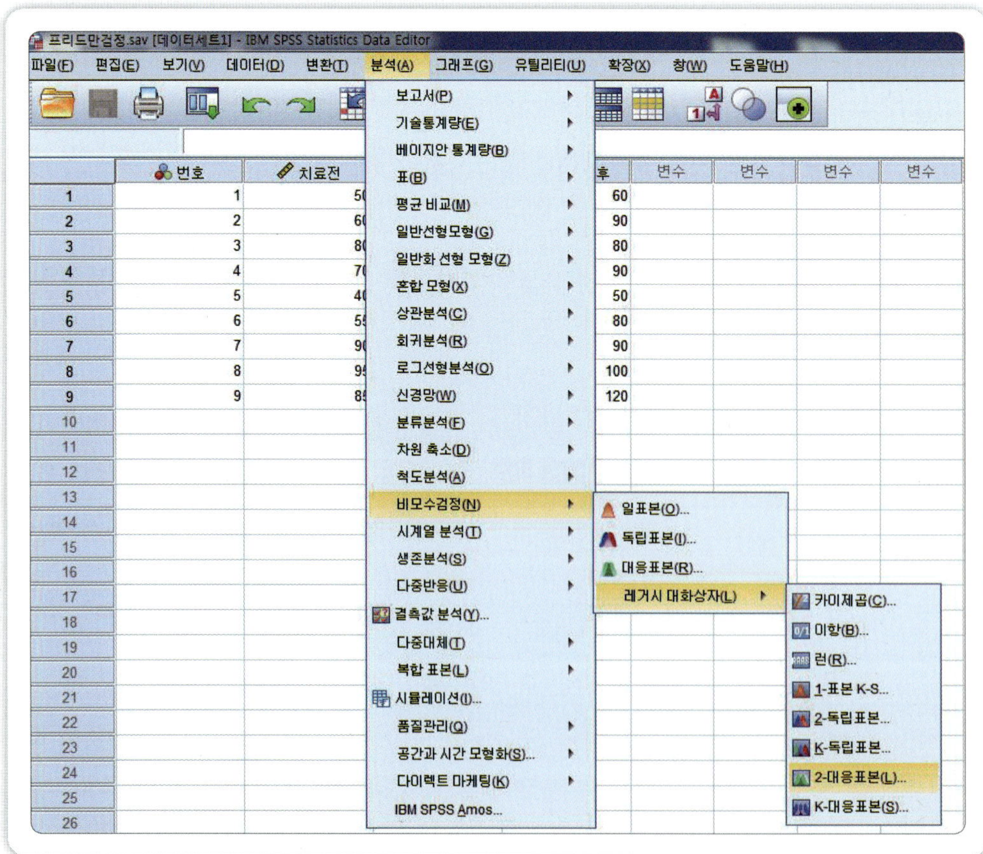

대응변수의 선택

① 대응 1의 왼쪽에 있는 '치료전'과 '치료1주후' 변수를 선택해서 화살표를 클릭하면 오른쪽으로 이동한다.

② 대응 2의 왼쪽에 있는 '치료전'과 '치료2주후' 변수를 선택해서 화살표를 클릭하면 오른쪽으로 이동한다.

③ 확인 버튼을 누른다.

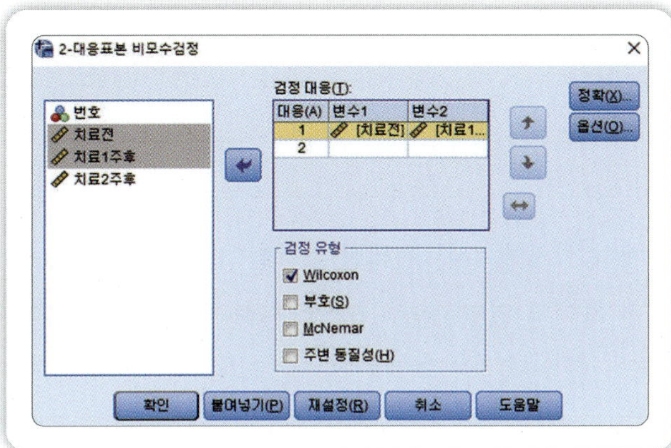

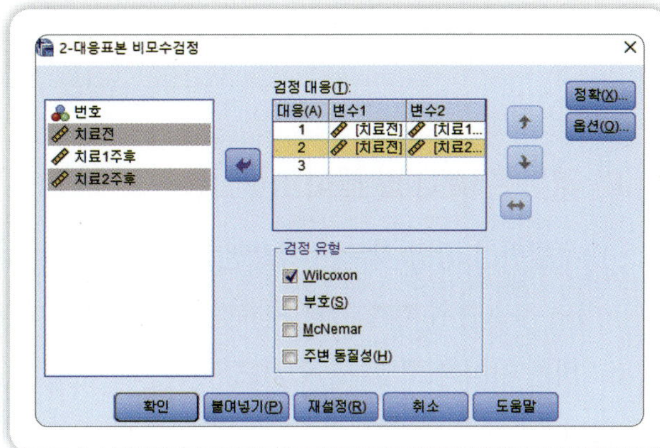

Wilcoxon 부호순위 검정 분석 결과

검정통계량에서 Bonferroni 수정법을 적용해 유의수준을 보정하여 $\frac{.05}{2}=.025$보다 작아서 통계적으로 유의하다고 볼 수 있다. 즉, 치료전과 치료2주후에 유의한 차이가 있다고 해석이 가능하다.

[Wilcoxon 부호순위 검정]

순위

		N	평균순위	순위합
치료1주후 - 치료전	음의 순위	1[a]	2.50	2.50
	양의 순위	5[b]	3.70	18.50
	등순위	3[c]		
	전체	9		
치료2주후 - 치료전	음의 순위	0[d]	.00	.00
	양의 순위	7[e]	4.00	28.00
	등순위	2[f]		
	전체	9		

a. 치료1주후 < 치료전
b. 치료1주후 > 치료전
c. 치료1주후 = 치료전
d. 치료2주후 < 치료전
e. 치료2주후 > 치료전
f. 치료2주후 = 치료전

검정 통계량[a]

	치료1주후 - 치료전	치료2주후 - 치료전
Z	−1.725[b]	−2.371[b]
근사 유의확률	.084	.018

a. Wilcoxon 부호순위 검정
b. 음의 순위 기준

6) 결과표 예시 및 해석

무릎관절 굽힘 각도는 치료전, 치료1주후, 치료2주후에서 시기에 따른 유의한 차이를 보였다($p<.05$). Wilcoxon 부호순위 검정 결과 치료전과 치료1주후에서 유의한 차이가 없었고($p>.025$), 치료전과 치료2주후에서는 유의한 차이를 보였다($p<.025$).

표 13.5 치료시기에 따른 무릎관절 굽힘 각도의 변화 단위: °

치료전	치료1주후	치료2주후	X^2	p
69.44 ± 19.28[a]	74.44 ± 16.85	84.44 ± 20.68[†]	12.074	.002*

[a]평균±표준편차, *$p<.05$, †치료전과 치료 2주후의 유의한 차이($p<.025$)

4 이요인 반복측정 설계

1) 개요

이요인 반복측정 분산분석(Two-way ANOVA with repeated measures)은 '개체(집단) 내 요인'과 '개체(집단) 간 요인'에 대한 차이를 분리하여 각 요인의 효과를 분석하는 방법이다. 일반적으로 '반복 요인 하나 × 집단 요인 하나'의 조합이 자주 사용되며, 이를 혼합 설계(Mixed design)라고 한다. 혼합설계는 하나의 반복 측정 요인과 하나의 독립 변수가 포함된 설계이다. 한편, 이원 설계(Two-way design with two repeated measures)는 두 가지 반복 요인의 조합으로 구성된다. 이 설계는 서로 다른 집단에 반복적인 처치를 실시하고, 처치효과의 집단 간 차이를 비교하기 위해 사용된다. 본 책에서는 이요인 반복측정 분산분석의 통계 분석을 주로 혼합 설계를 중심으로 다룬다.

2) 목적

이요인 반복측정 분산분석은 두 그룹 이상에 대하여 시간의 흐름에 따라 3회 이상 측정된 종속변수를 분석할 때 변화를 보기 위해서 적용되는 분석 방법이다. 보통 의 · 약학 분야, 간호, 물리치료, 작업치료 등 보건 분야, 스포츠 분야 등에서 많이 사용한다.

TIP 각 설계는 변수 간의 상호작용 효과를 확인하기 위해 사용된다.

B: 중재 방법(독립변수)		A: 시간에 따른 반복 측정		
		사전	중재 후 1	중재 후 2
	안정화 운동			
	표준 치료			

혼합 설계: 반복 측정과 독립 변수가 포함된 설계
(Mixed design, with one repeated measure and one independent measure)

B: 보조기 착용 여부에 따른 반복 측정		A: 들어올리기 방법에 따른 반복 측정	
		스쿼트 자세	구부리기 자세
	보조기 착용		
	보조기 미착용		

이원 설계: 두 가지 반복 측정이 포함된 설계
(Two-way design with two repeated measures)

3) 설계 예제

예제

49명의 대상자에게 수중운동의 효과를 알기 위해서 각각 세 그룹으로 무작위 배정하여 8주간 중재를 실시하였다. 균형에 대한 측정은 치료전, 운동4주후, 운동8주후 총 3번을 실시하였다.

수중에서 과제관련 훈련을 하였을 때 대조군, 지상운동군, 수중운동군 간에 치료전, 4주후, 8주후에 균형에 어떠한 변화가 생겼을까?

표 13.6 치료시기에 따른 집단의 균형 차이

단위: mm

그룹	치료전	4주후	8주후
1	12.7	10.1	4.8
1	15.3	7.7	5.2
1	10.2	8.2	8.5
1	12.2	9.3	6.5
1	9.8	7.6	10.1
1	15.2	9.2	11.5
1	17.3	15	17.1
1	9.2	11.6	7.9
1	14.9	12.5	12.3
1	16.9	6.9	6.7
1	11.1	10.7	6.5
1	14.3	7.3	6
1	11.1	10.6	13.6
	⋮	⋮	⋮
3	15.3	14.6	17.9
3	15.5	13.2	11.4

[ch13_Q3]

4) 통계 가설

- 귀무가설(H_0): 그룹에 따라 치료전, 4주후, 8주후에 균형의 차이가 없을 것이다($p > .05$).
- 대립가설(H_1): 그룹에 따라 치료전, 4주후, 8주후에 균형의 차이가 있을 것이다($p < .05$).

5) SPSS분석

(1) 정규성 검정

종속변수인 균형이 연속형 변수이므로 다음으로 정규성 검정의 실시 여부를 판단한다.

① 메뉴에서 [분석] – [기술통계량] – [데이터 탐색]을 선택한다.

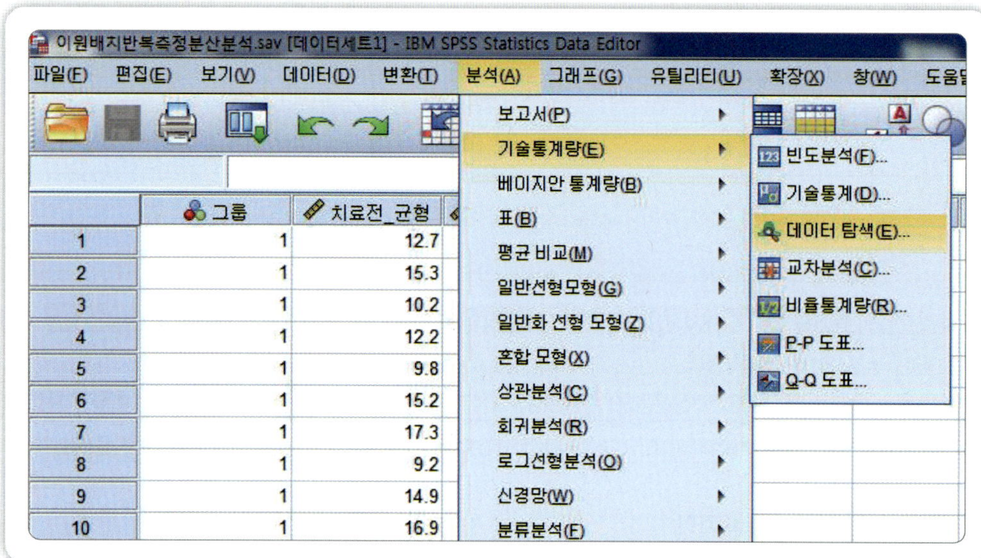

② '요인'에 '그룹'을 옮기고 '종속변수'에 '치료전', '4주후', '8주후' 변수를 옮긴 후 확인을 누른다.

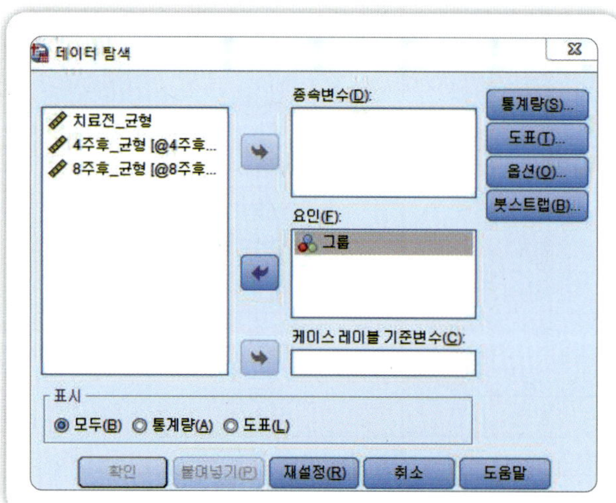

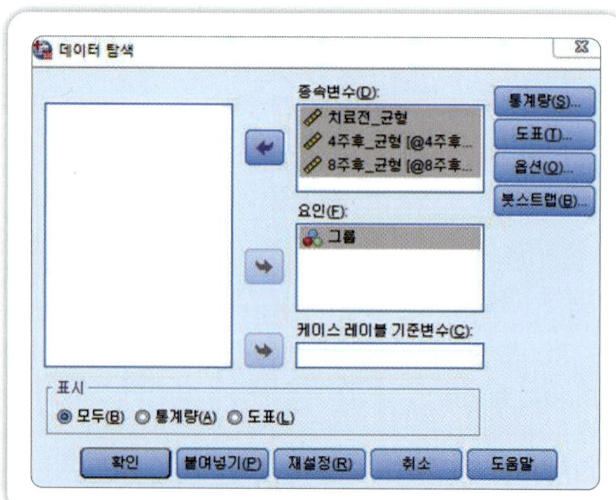

③ 도표에서 검정과 함께 정규성도표에 체크한 후 [계속]을 누른 후 [확인]을 누른다.

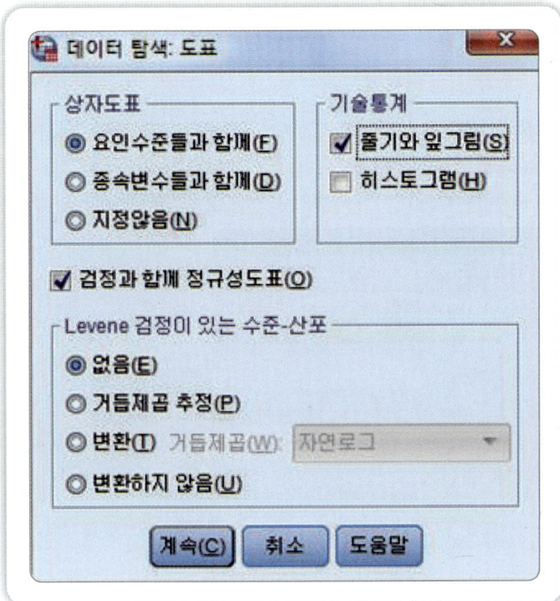

④ 데이터 수가 한 그룹당 30개 미만으로 Shapiro-Wilk에서 분석한다. 유의확률을 분석한 결과 p 값이 모두 .05보다 커서 정규성이 확인되었다.

정규성 검정

	그룹	Kolmogorov-Smirnov[a]			Shapiro-Wilk		
		통계	자유도	CTT 유의확률	통계	자유도	CTT 유의확률
치료전-균형	1	.161	17	.200*	.931	17	.229
	2	.144	17	.200*	.938	17	.296
	3	.182	15	.195	.951	15	.538
4주후-균형	1	.142	17	.200*	.952	17	.493
	2	.146	17	.200*	.937	17	.282
	3	.151	15	.200*	.946	15	.457
8주후-균형	1	.156	17	.200*	.931	17	.222
	2	.130	17	.200*	.925	17	.176
	3	.171	15	.200*	.937	15	.352

* 이것은 참인 유의확률의 하한값임

a. Lilliefors 유의확률 수정

(2) 이요인 반복측정 분산분석의 적용

정규성 가정이 만족되었으므로 이요인 반복측정 분산분석을 적용한다.

이요인 반복측정 분산분석 순서

① 메뉴에서 [분석] – [일반선형모형] – [반복측도]를 선택한다.

반복요인의 정의

① '반복측정 요인 정의' 대화상자가 열리면 '개체 내 요인이름' 칸에 반복요인의 이름을 만들어 넣는다. '요인 1'을 여기서는 '시간'으로 변경한다.

② '수준 수' 칸에는 반복측정 횟수인 '3'을 입력한다.

③ '추가' 단추를 누른다.

반복요인의 정의 완료

① '정의' 단추를 눌러 반복요인의 정의를 완료한다.

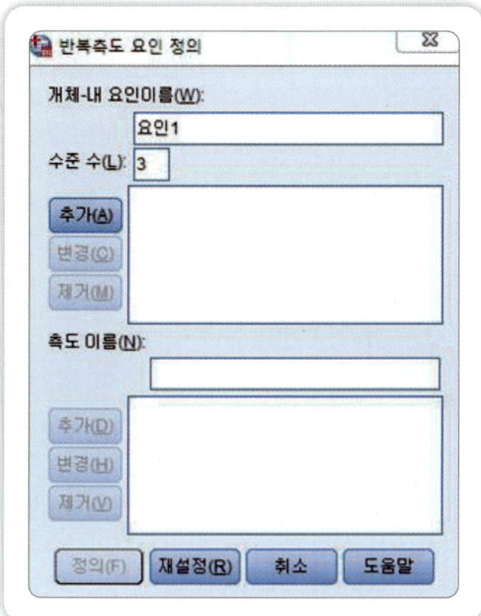

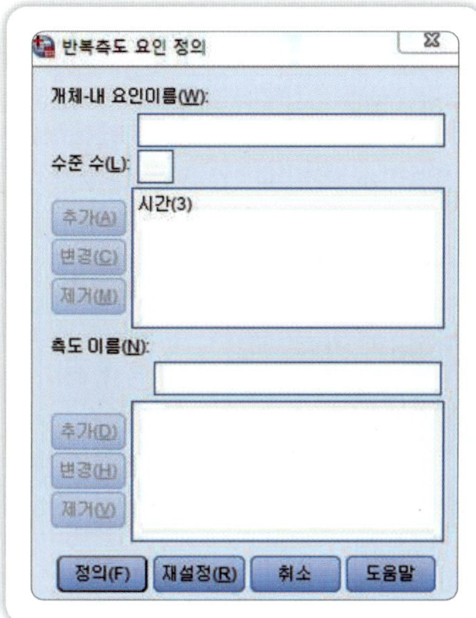

반복측정의 대상변수 지정

① '반복측정(측도)' 대화상자가 열리면 '치료전', '4주후', '8주후' 변수를 '개체 내 변수' 칸으로 정의된 반복 순서에 맞추어 옮긴다.

② '그룹' 변수를 '개체 간 요인' 칸으로 옮긴다.

③ '도표' 단추를 누른다.

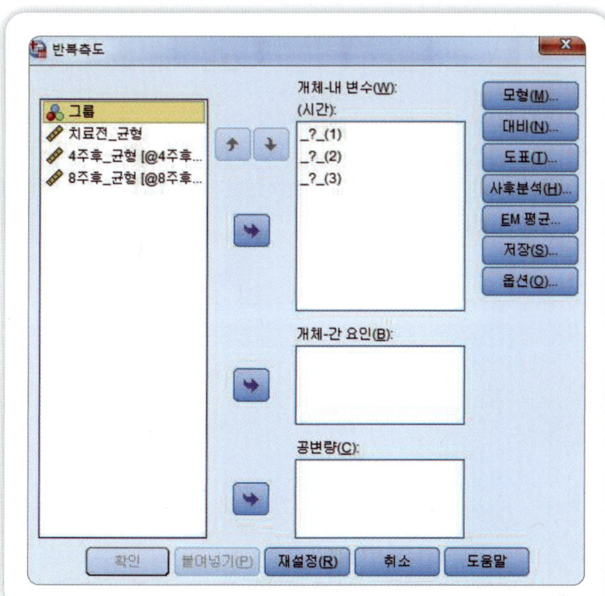

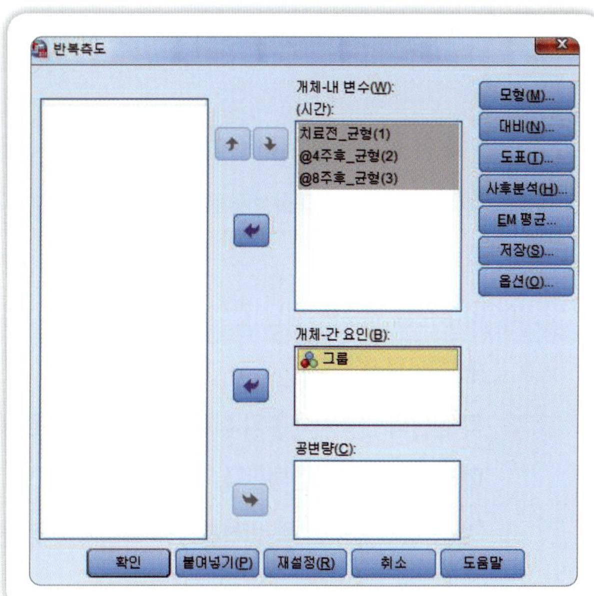

반복측정의 도표 설정

① '시간'을 '수평축 변수'로 옮기고, '그룹'을 선구분 변수로 옮긴다. 이것은 반복측정 변수와 그룹 간의 상호작용도표 생성 표시가 된다.

② '추가' 단추를 누른다.

③ '도표' 칸에 '시간*그룹'이 입력된 것을 확인한다.

④ '계속' 단추를 누른다.

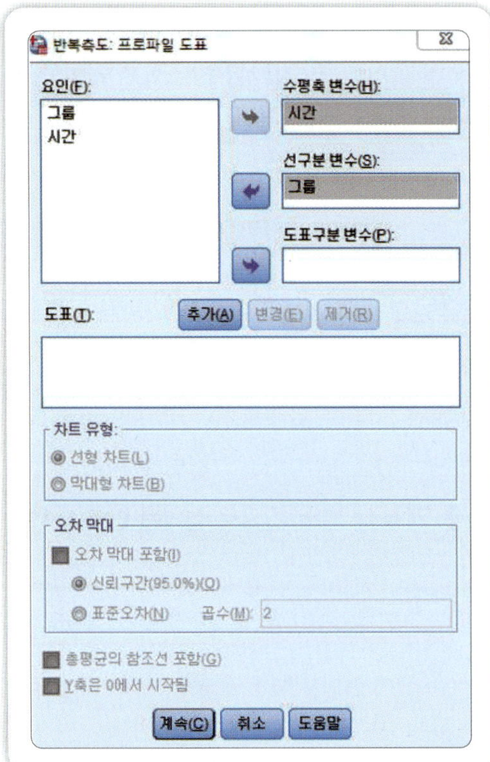

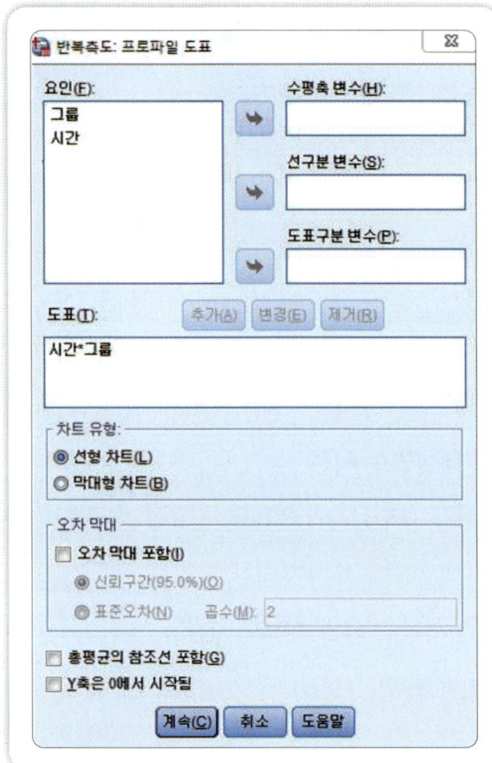

이요인 반복측정 분산분석의 옵션 선택과 설정

① '반복측정(측도)' 대화상자로 돌아오면 '사후분석' 단추를 누른다.

② 사후검정 변수는 집단 간이므로 '그룹'을 '사후검정변수' 칸으로 옮긴다.

③ 각 집단의 관측치의 수가 다르기 때문에 사후검정 항목에서 'Scheffe'을 선택한다.

④ '계속' 단추를 누른 후 '반복측정' 대화상자로 돌아온다.

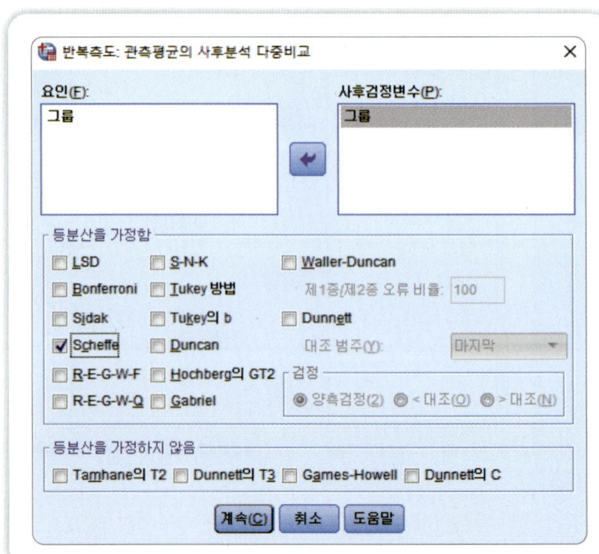

이요인 반복측정 분산분석의 EM평균과 옵션 선택과 설정

① '반복측정(측도)' 대화상자로 돌아오면 'EM평균' 단추를 누른다.

② '그룹'과 '시간'을 '평균 표시 기준' 칸으로 옮긴 후 주효과 비교를 체크한다. 신뢰구간 수정은 등분산을 만족하고 각 집단의 관측치의 수가 다르기 때문에 Sidak을 선택한다.

③ '반복측정(측도)' 대화상자에서 '옵션' 단추를 누른다.

④ '표시' 항목에서 '기술통계량'을 선택한다.

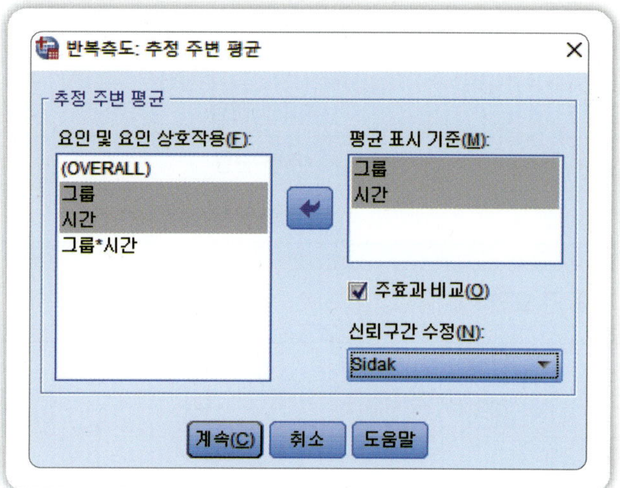

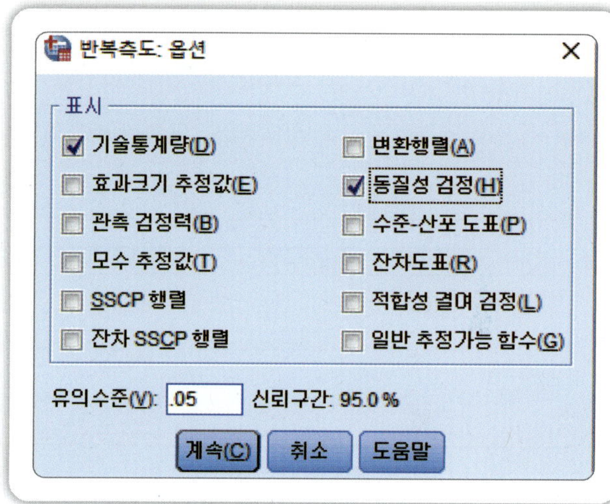

이요인 반복측정 분산분석의 실행

① '반복측정(측도)' 대화상자로 돌아오면 '확인' 단추를 누른다.

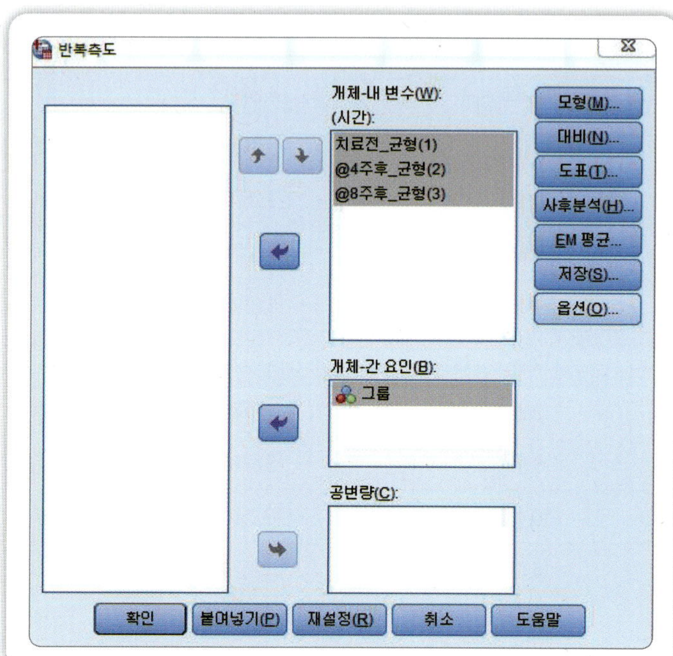

이요인 반복측정 분산분석의 분석 결과

① 다음 표는 분석 결과 중 '개체 내 요인' 부분이다. 반복요인인 '시간'에 '치료전'과 '4주후', '8주후'가 포함되었음을 알 수 있다.

② 다음은 분석 결과 중 '개체 간 요인' 부분이다. '그룹'이 개체 간 요인으로 포함되었음을 알 수 있다.

③ 다음은 분석 결과 중 '기술통계량' 부분이다. 시간에 따른 각 그룹의 평균과 표준편차를 계산하였다.

[일반 선형 모형]

개체 내 요인

측도: MEASURE_1

시간	종속변수
1	치료전-균형
2	4주후-균형
3	8주후-균형

개체 간 요인

그룹	N
1	17
2	17
3	15

기술통계량

	그룹	평균	표준편차	N
치료전-균형	1	13.100	2.6791	17
	2	13.700	4.2484	17
	3	13.647	2.8195	15
	전체	13.476	3.2870	49
4주후-균형	1	10.076	2.3381	17
	2	11.082	3.2199	17
	3	15.593	2.0190	15
	전체	12.206	3.5734	49
8주후-균형	1	9.512	3.6720	1
	2	10.482	6.2560	17
	3	16.627	3.7526	15
	전체	12.027	4.6726	49

다음은 분석 결과 중 'Box의 동일성 검정' 부분이다. 동일성 검정에서의 가설은 다음과 같다.

- 귀무가설(H_0): 그룹 간 분산의 구조는 동일하다($p > .05$).
- 대립가설(H_1): 그룹 간 분산의 구조는 동일하지 않다($p < .05$).

'Box의 동일성 검정' 결과 유의확률이 .434로 95% 신뢰수준에서 .05보다 크기 때문에 영가설을 채택하여 그룹 간 공분산 행렬이 동일함을 알 수 있다.

공분산행렬에 대한 Box의 동일성 검정[a]

Box의 M	13.440
F	1.013
자유도1	12
자유도2	9896.121
유의확률	.434

여러 집단에서 종속변수의 관측 공분산행렬이 동일한 영가설을 검정함
a. 디자인: 절편+그룹
개체 내 계획: 시간

다음은 분석 결과 중 다변량 검정 결과 부분이다. 균형점수에 대한 Wilks의 람다값은 .915, 유의확률은 .136으로 유의수준 .05에서 세 번의 반복측정이 균형점수를 결정하는 데 모두 동일한 효과를 가지고 있다고 할 수 있다.

다변량 검정[a]

효과		값	*F*	가설 자유도	오차 자유도	유의확률
시간	Pillai의 트레이스	.085	2.090[b]	2.000	45.000	.136
	Wilks의 람다	.915	2.090[b]	2.000	45.000	.136
	Hotelling의 트레이스	.093	2.090[b]	2.000	45.000	.136
	Roy의 최대근	.093	2.090[b]	2.000	45.000	.136
시간 *집단	Pillai의 트레이스	.320	4.387	4.000	92.000	.003
	Wilks의 람다	.680	4.791[b]	4.000	90.000	.002
	Hotelling의 트레이스	.471	5.182	4.000	88.000	.001
	Roy의 최대근	.471	10.380[c]	2.000	46.000	.000

a. 디자인: 절편+그룹
개체 내 계획: 시간
b. 정확한 통계량
c. 해당 유의수준에서 하한값을 발생하는 통계량은 *F*에서 상한값임

다음은 분석 결과 중 '구형성 검정' 결과 부분이다. 이는 시차에 따른 분산의 동질성을 나타내는 검정으로 적합성 검정이다. 구형성은 공분산의 동질성을 의미한다. 반복측정에서 요구되는 구형성 가정은 종속측정값 차이의 분산이 동일해야 함을 의미한다.

- 귀무가설(H_0): 구형성을 만족한다($p > .05$).
- 대립가설(H_1): 구형성을 만족하지 않는다($p < .05$).

Mauchly의 구형성 검정[a]

측도: MEASURE_1

개체 내 효과	Mauchly의 W	근사 카이제곱	자유도	유의확률	엡실런[b]		
					Greenhouse-Geisser	Huynh-Feldt	하한
시간	.895	4.981	2	.083	.905	.981	.500

정규화된 변형 종속변수의 오차 공분산행렬이 항등행렬에 비례하는 영가설을 검정함
a. 디자인: 절편+그룹
개체 내 계획: 시간
b. 유의성 평균검정의 자유도를 조절할 때 사용할 수 있음. 수정된 검정은 개체 내 효과 검정표에 나타남

Mauchly의 구형성 검정에서 유의확률이 .083으로 $p > .05$보다 커서 영가설을 채택한다. 구형성 검정에 적합한 모형임을 알 수 있다. 엡실런에서 Greenhouse-Geisser, Huynh-feldt의 값이 구형성 가설을 보정하는 값인데, 이들 값이 1에 가까울수록 구형성 가설이 타당하고, 1과 멀어질수록 구형성 가설이 타당하지 않다. 다변량 검정은 구형성 검정이 유의하지 않을 경우에 Wilk의 람다 값을 사용할 수 있으나, 검정력이 비교적 약한 것으로 알려져 있다.

다음은 분석 결과 중 '개체 내 효과 검정' 부분이다. 앞의 다변량 검정과 같은 내용이며, 이 부분에서는 반복요인인 '시간'의 주효과와 '시간 × 그룹'의 상호작용 효과가 설명되어 있다. 본 연구에서는 구형성 가정을 만족하였기 때문에 구형성 가정에 해당되는 줄의 통계값을 해석한다. 만약 구형성 가정이 만족되지 않으면, 공분산의 동질성 가정의 위배에 의한 통계적 오류를 교정하기 위하여 Greenhouse-Geisser가 제안한 방법이 가장 많이 사용된다. 구형성 가정하에 해석되는 각종 결과이다. 앞의 다변량 검정보다 좀 더 신뢰성이 높아 본 결과를 많이 활용한다.

먼저 반복요인인 '시간'에 대한 주효과의 해석이다. '시간'의 주효과에 대한 가설은 다음과 같다.

- 귀무가설(H_0): 시간의 흐름에 따라 변화가 없다($p > .05$).
- 대립가설(H_1): 시간의 흐름에 따라 변화가 있다($p < .05$).

'시간'의 주효과에 대한 검정 결과 95% 신뢰수준에서 유의확률이 .065로 .05보다 크므로 영가설을 채택하여 시간의 흐름에 따라 전체적인 변화에 따른 차이가 없다고 설명할 수 있다. 또한 아래의 '시간 × 그룹'의 상호작

용에 대하여 동일한 방식으로 해석을 하면, 유의확률이 .000으로 $p<.05$보다 작아서 그룹별 시간에 따른 변화에는 차이가 있는 것으로 나타났다.

다음은 '시간×그룹'에 대한 상호작용의 해석이다. '시간×그룹'의 상호작용에 대한 가설은 다음과 같다.

- 귀무가설(H_0): 시간과 그룹의 상호작용 효과는 없다($p>.05$).
- 대립가설(H_1): 시간과 그룹의 상호작용 효과는 있다($p<.05$).

TIP

상호작용 해석

상호작용이 유의한 경우, 결과 해석에 각별히 주의해야 한다. 상호작용이 유의하게 나타났다면, 이는 개체 간 효과나 시간에 따른 효과가 각각 독립적으로 유의해서 나온 것이 아니라, 상호작용에 의해 유의하게 나타났을 가능성이 있기 때문이다. 따라서 이 경우, 개체 간 효과 검정이나 시간 효과에 따른 결과를 그대로 해석하는 것은 매우 위험할 수 있다.

이러한 상황에서는 다음과 같은 방법을 고려해야 한다.

1. 각 시간의 흐름에 따라 별도로 t-test나 ANOVA를 수행한다.
2. 원 데이터에서 교호작용항(interaction term) 변수를 생성한 후, 이를 포함한 형태로 반복측정 일반선형 모형을 개발한다.
   - 상호작용이 유의한 경우: 시점별로 집단 간 비교는 가능하지만, 개체 간 효과와 시간 효과를 개별적으로 분석하거나 해석하는 것은 피해야 한다.
   - 상호작용이 유의하지 않은 경우: 개체 간 효과와 시간 효과를 따로 분석할 수 있으며, 각각의 효과를 독립적으로 평가할 수 있다.

개체 내 효과 검정

측도: MEASURE_1

소스		제Ⅲ유형 제곱합	자유도	평균 제곱	*F*	유의확률
시간	구형성 가정	47.647	2	23.824	2.820	.065
	Greenhouse-Geisser	47.647	1.810	26.320	2.820	.071
	Huynh-Feldt	47.647	1.962	24.283	2.820	.066
	하한	47.647	1.000	47.647	2.820	.100
시간 *그룹	구형성 가정	237.298	4	59.325	7.021	.000
	Greenhouse-Geisser	237.298	3.621	65.540	7.021	.000
	Huynh-Feldt	237.298	3.924	60.470	7.021	.000
	하한	237.298	2.000	118.649	7.021	.002
오차 (시간)	구형성 가정	777.357	92	8.450		
	Greenhouse-Geisser	777.357	83.275	9.335		
	Huynh-Feldt	777.357	90.258	8.613		
	하한	777.357	46.000	16.899		

다음은 집단요인인 '그룹'에 대한 주효과의 해석이다. 집단요인의 주효과 해석은 분석 결과 중 '개체 간 효과 검정' 부분을 이용한다. '그룹'의 주효과에 대한 가설은 다음과 같다.

- 귀무가설(H_0): 세 그룹(대조군, 지상운동군, 수중운동군) 간에 균형의 차이가 없다($p > .05$).
- 대립가설(H_1): 세 그룹(대조군, 지상운동군, 수중운동군) 간에 균형의 차이가 있다($p < .05$).

'그룹'의 주효과에 대한 검정 결과 유의확률이 .000으로 .05보다 작으므로 95% 신뢰수준에서 대립가설을 채택한다. 따라서 세 그룹 간에는 균형에 차이가 있다는 것을 의미한다. 이는 운동방법에 따라서 균형의 차이가 있음을 의미한다.

개체 간 효과 검정

측도: MEASURE_1
변환된 변수: 평균

소스	제 III 유형 제곱합	자유도	평균 제곱	*F*	유의확률
절편	23552.749	1	23552.749	1718.370	.000
그룹	534.362	2	267.181	19.493	.000
오차	630.497	46	13.706		

다음은 '사후검증' 부분이다. 앞서 개체 간 효과 검정에 있어서, 세 그룹 간의 비교에서 유의한 차이를 보였으므로, 이들을 사후검정을 통해서 서로 간의 비교를 파악해야 한다. 검정 결과 1그룹(대조군) = 2그룹(지상운동군), 1그룹(대조군) < 3그룹(수중운동군), 2그룹(지상운동군) < 3그룹(수중운동군)으로 나타난다. 결과적으로 수중운동군이 지상운동군과 대조군과 비교해서 균형의 차이가 나타남을 알 수 있다.

[사후검정]
[그룹]

다중비교

측도: MEASURE_1
Tukey HSD

(I) 그룹	(J) 그룹	평균 차이(I-J)	표준오차	유의확률	95% 신뢰 구간	
					하한	상한
1	2	-.859	.7331	.509	-2.713	.996
	3	-4.493*	.7572	.000	-6.408	-2.577
2	1	.859	.7331	.509	-.996	2.713
	3	-3.634*	.7572	.000	-5.549	-1.719
3	1	4.493*	.7572	.000	2.577	6.408
	2	3.634*	.7572	.000	1.719	5.549

관측평균을 기준으로 함
오차항은 평균제곱(오차) = 4.569임
* 평균 차이는 .05 수준에서 유의함

동질적 부분집합

MEASURE_1
Tukey HSD[a,b,c]

그룹	N	부분집합	
		1	2
1	17	10.896	
2	17	11.755	
3	15		15.389
유의확률		.523	1.000

동질적 부분집합에 있는 집단에 대한 평균이 표시됨
관측평균을 기준으로 함
오차항은 평균제곱(오차) = 4.569임
a. 조화평균 표본크기 16.277을 사용함
b. 집단크기가 동일하지 않음. 집단 크기의 조화평균이 사용됨. I 유형 오차 수준은 보장되지 않음
c. 유의수준 = .05

➡ 다음은 '도표' 부분이다. 시간의 변화에 따른 집단의 차이를 나타내는 도표이다.

프로파일 도표

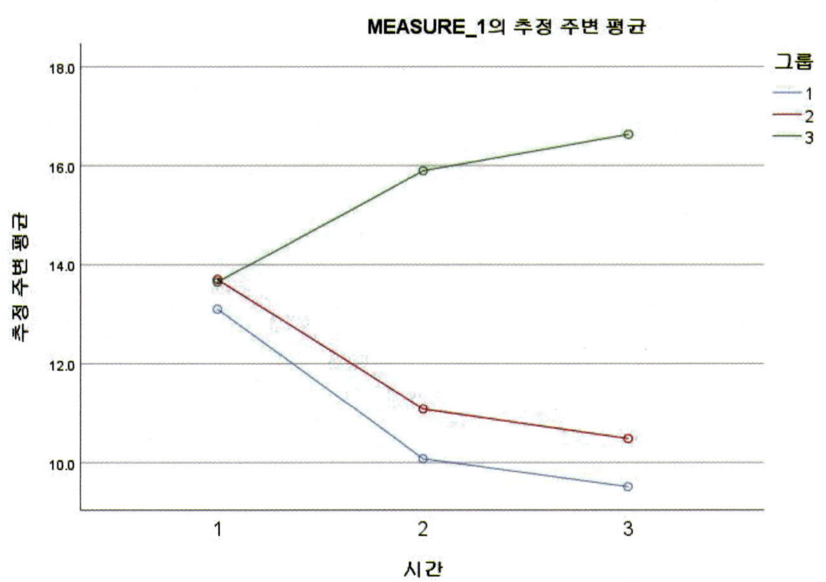

6) 결과표 예시 및 해석

집단 간 세 시점(치료전-4주후-8주후)에 대한 균형의 차이를 알아보기 위하여 이요인 반복측정 분산분석을 실시하여 집단 간의 차이, 측정 시기 간의 차이, 집단과 측정 시기 간의 상호작용을 확인하였다.

이요인 반복측정 분산분석 결과 시간에 따른 유의한 차이는 보이지 않았지만($p>.05$), 집단 간에 유의한 차이가 있었고($p<.05$), 그룹과 시간에 따라 상호작용효과가 유의하게 나타났다($F=7.021$, $p<.05$). 그룹의 사후검정에서 대조군과 수중운동군에서 유의한 차이를 보였고($p<.05$), 지상운동군과 수중운동군에서 유의한 차이를 보였다($p<.05$).

표 13.7 운동방법에 따른 균형의 변화

단위: mm

집단	치료기간			F(p)		
	치료전	4주후	8주후	그룹(사후검정)	시간	그룹×시간
대조군 1	13.10±2.68	10.08±2.34	9.51±3.67	19.493 (.000)	2.820 (.065)	7.021 (.000)
지상운동군 2	13.70±4.25	11.08±3.22	10.48±3.26			
수중운동군 3	13.65±2.82	15.89±2.02	16.63±3.75	3 > 2, 1		

14

공분산분석

학습목표

- 공분산분석의 개념과 목적을 이해하고 설명할 수 있다.
- 공변량에 대하여 이해하고 설명할 수 있다.
- 공분산분석의 결과값을 분석하고 적용할 수 있다.

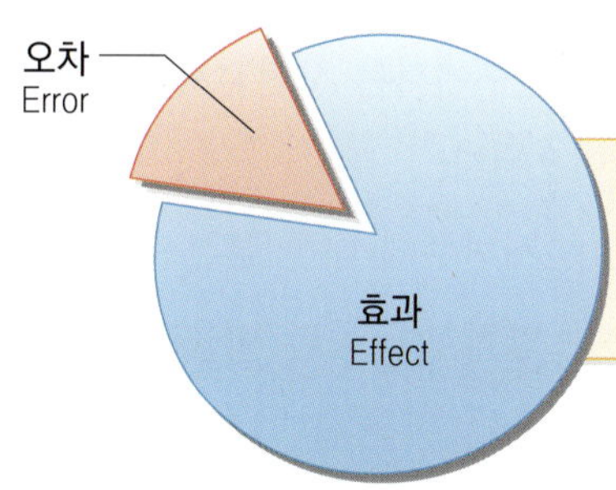

분산분석은 처치효과로 설명된 변량과 오차변량으로 구분되어 분석된다.

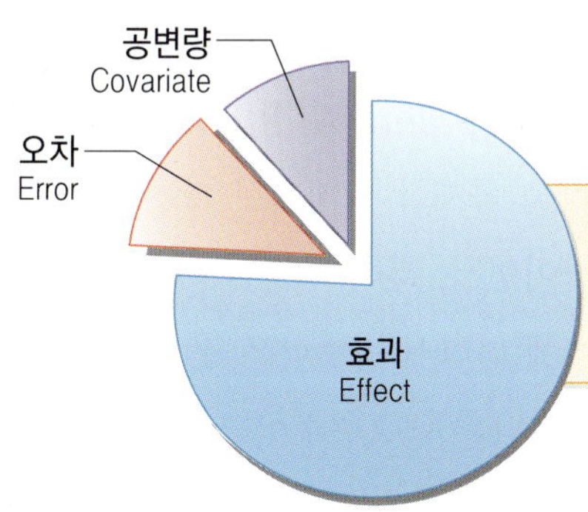

공분산분석은 처치효과로 설명된 변량과 오차변량 그리고 공분산에 의해 설명된 변량으로 구분되어 분석된다.

1 공분산분석

1) 개요

집단 간 차이를 검정할 때 독립표본 t-검정이나 분산분석을 이용한다. 하지만 실제 현상에는 종속변수에 영향을 주는 외생변수의 효과가 나타나는 경우가 많아서 외생변수의 효과를 통제하지 않으면 분산분석의 오류가 증가한다. 공분산분석(analysis of covariance, ANCOVA)은 종속변수에 영향을 주는 연속형 외생변수를 공변량(covariate)으로 설정하여 외생변수의 효과를 통제하는 분산분석의 방법이다. 즉, 일원배치 분산분석, 이원배치 분산분석 등과 같은 실험에서 처리 이외에 종속변수에 선형관계(상관관계가 있는 것)로 영향을 미치는 다른 양적척도인 통제변수가 있는 경우에 실시하는 분석이다.

실험연구에서는 실험 참여자의 개인적인 특성이 변수가 되어 종속변수에 영향을 미치는 경우가 많으므로 개인적인 특성의 변수를 공변량으로 통제하는 것이 집단 간 차이를 분석하는 데 있어 검정력을 높여 주는 방법이다. 예를 들어 치료법(기존 치료법 vs. 새로운 치료법)에 따라 환자의 평가점수의 차이를 검정하여 어떤 치료방법이 더 효과적인지를 알고자 할 때, 종속변수인 평가점수는 치료법뿐만 아니라 환자의 몸무게에도 영향을 받는다. 이때 공분산분석을 이용하여 몸무게를 공변량으로 설정하면 몸무게의 효과가 통제되어 치료법에 따른 평가점수 차이를 검정할 수 있다.

공분산분석은 공변수가 종속변수에 미치는 효과를 통계적으로 제거한 후 평균 차이를 검증하기 때문에 공분산분석이 실효를 거두려면 공변수가 적절해야 한다. 교육연구에서는 사전검사점수를 비롯하여 성적, 지능지수, 동기와 같이 종속변수와 상관이 높은 변수가 공변수로 이용된다.

공분산분석의 분석 조건은 일원분산분석과 같으며, 통제변수에 대한 부분만 확인하면 된다. 독립변수인 집단은 질적척도(명목/서열척도)로, 종속변수와 통제변수는 양적척도(등간/비율척도)로 측정해야 한다.

2) 목적

공분산분석은 설정된 독립변수 외에 종속변수에 영향을 미칠 것으로 생각되는 외생변수가 있을 경우, 외생변수의 효과를 제거하고 독립변수와 종속변수의 순수한 효과를 검정하고자 할 때 유용하다.

공분산분석은 투입되는 2개의 변수 중 하나의 영향을 통제한 상태에서 다른 독립변수와 종속변수와의 관계를 검증하는 방법이다. 공분산분석은 실험의 오차를 줄이면서, 분석의 정밀도가 높아진다. 공변량은 종속변수에 영향을 주리라고 의심되는 변수 중에서 선택한다. 경우에 따라서 공변량은 몇 개라도 선택 가능하다. 단, 공변량은 양적 변수이어야 한다. 이 방법은 주로 독립변수가 하나는 명목변수이고 하나는 연속변수일 때 사용되며, 연속변수를 통제변수로 사용하게 된다.

3) 통계 지식

(1) 기본가정

① 독립성: 독립변수의 집단은 서로 독립적이어야 한다.

② 정규성: 각 집단의 표본크기가 30 이상이면, 정규분포를 따른다고 가정한다.

③ 등분산성: 세 집단의 종속변수의 분산이 동일함을 가정한다. 그러나 분석 결과에는 집단 간에 분산이 같을 경우와 다를 경우가 각각 제시되므로 검정 여부에 해당하는 결과를 해석하면 된다.

(2) 공변량(covariate)

실험을 시작할 때 모든 집단이 동일 조건에서 출발하도록 통제하지 않으면 집단자료들을 비교할 수 없다. 실험적으로 조정하지 못하는 변인의 효과를 통계적으로 조정해서 분석을 해야 하는 필요성이 있다.

관심 있는 종속변수에 대해 알아보기 위해, 종속변수에 영향을 주는 독립변수를 고려한다. 그러나 실제 독립변수 이외에도 실험결과에 영향을 미치는 다른 변인이 있는데, 이를 실험자가 통제하지 못하는 경우가 있다. 이러한 변인을 공변인이라고 한다. 통제를 못 하였기 때문에 조정의 대상이 되는 변인이 '공변량(공변인)'이다.

예를 들어, 세 가지 치료법의 효과를 검증하기 위해, 3개의 반에 각각의 치료법을 처치하여 기능적 훈련 검사를 진행하였다. 그런데 나중에 알고 봤더니 이 3개의 집단 구성원들의 몸무게 차이가 심했다면, 치료법의 효과를 단정하기 어렵다. 왜냐하면 기능적 훈련 검사의 차이가 치료법의 효과가 아니라 몸무게 차이 때문인지도 모르기 때문이다. 이와 같은 경우에 몸무게가 공변량이 되고, 몸무게를 공변량으로 지정하여 조정을 하는 '공분산분석'이 필요하다.

TIP

공변량(covariate)의 의미

- 공변량은 종속변수에 영향을 주리라고 의심되는 변수 중에서 선택한다. 공변량은 종속변수와 상관관계가 있는(영향을 미치는) 변수, 양적변수이어야 한다. 예를 들어 공변량이 성별을 나타내는 1, 2와 같은 질적변수여서는 안 된다.
- 공분산의 가정은 종속변수가 독립변수에 의해서 영향을 받으며 동시에 공변량과 선형의 관계에 있어야 한다(correlation 관계가 있어야 한다. 상관도가 높아야 한다). 단, 독립변수와 공변량이 no interaction(즉, correlation 관계가 없어야 한다) → 공변량이 될 수 있는 첫 번째 조건이다.

  왜? 공변량과 독립변수 간에 correlation 관계가 있으면 β 값이 일정하지 않게 된다(일정한 기울기를 가질 수 없다). 공변량과 독립변수 간에 interaction이 있으면 공분산분석을 할 수 없다.

TIP

공분산분석을 실시하기 전 세 가지 고려사항

1) 공변량과 종속변수 간에 선형관계를 만족한다.
   (여기서 독립변수는 양적변수가 아니라서 종속변수와 correlation 할 수 없다.)
2) 공변량과 독립변수 간에는 no interaction 해야 한다.
   1번과 2번 가정을 만족해야 공분산분석을 실시할 수 있다.
3) 공분산분석 → 공변량으로 보정된 평균(Lsmeans) 사용 → 사후검정 가능

2 공분산분석 실전연습 I

1) 설계 예제

예제

237명의 여성을 대상으로 웰빙인식과 미용관리성향에 대해서 조사하였다. 웰빙인식이 일정한 경우 교육수준에 따라 미용관리성향은 차이가 있을까? 일원분산분석에서는 교육수준에 따라 미용관리성향에 차이가 있는 것으로 나타났다. 그렇다면 웰빙인식이 동일한 경우에도 차이가 있을까?

표 14.1 공분산분석 자료

번호	교육수준	웰빙인식	미용관리성향
1	1	3.80	4.00
2	1	2.00	2.00
3	1	2.20	3.17
4	3	2.40	2.67
5	3	3.80	2.00
6	1	3.20	2.17
7	1	3.40	2.83
8	1	2.40	3.17
9	1	2.80	3.00
10	1	2.60	3.00
⋮	⋮	⋮	⋮
237	2	3.80	3.00

*[교육수준] 1 = 고졸이하, 2 = 대졸, 3 = 석사이상

[ch14_Q1]

2) 통계 가설

귀무가설은 웰빙인식의 효과를 제거하더라도 교육수준 간 미용관리성향에 차이가 있는 것이다. 반면, 연구자의 주장은 미용관리성향은 웰빙인식에 따라 달라진다는 것이므로, 대립가설은 웰빙인식의 효과가 제거되면 교육수준 간에 미용관리성향은 차이가 없다는 것으로 설정된다. 공분산분석을 통해 웰빙인식이 유의하지 않고($p>.05$) 교육수준이 유의하면($p<.05$) 교육수준에 따른 미용관리성향에 차이가 있는 것이므로 귀무가설이 채택된다. 반대로 웰빙인식이 유의하고($p<.05$) 교육수준이 유의하지 않으면($p>.05$) 미용관리성향의 차이는 교육수준에 따른 것보다는 웰빙인식에서 기인한다고 해석할 수 있으므로 귀무가설이 기각된다.

- 귀무가설(H_0): 웰빙인식이 통제된 경우(= 일정한 경우 = 효과가 제거되면), 교육수준에 따라 미용관리성향에 차이가 있을 것이다($p < .05$).
- 대립가설(H_1): 웰빙인식이 통제된 경우(= 일정한 경우 = 효과가 제거되면), 교육수준에 따라 미용관리성향에 차이가 없을 것이다($p > .05$). (미용관리성향은 웰빙인식 차이에서 기인한다.)

3) SPSS 분석

자료 분석

① SPSS 주메뉴에서 [분석(A)] – [일반선형모형(G)] – [일변량(U)]을 선택한다.

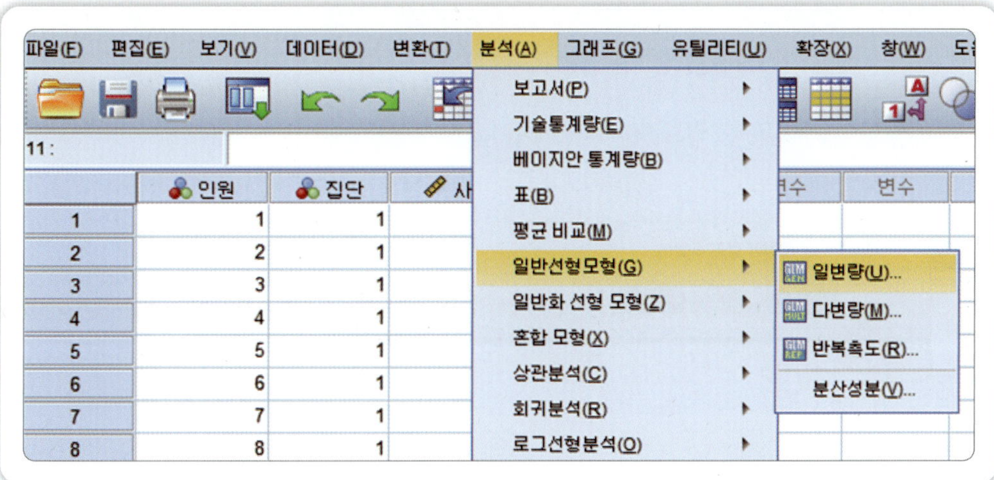

② 다음과 같이 [일변량 분석] 대화상자가 나타나면 좌측의 '미용관리성향'을 [종속변수]로, '교육수준'을 [고정(모수)요인]으로 이동시킨다.

③ 좌측의 '웰빙인식'을 [공변량(C)]으로 이동시킨다.

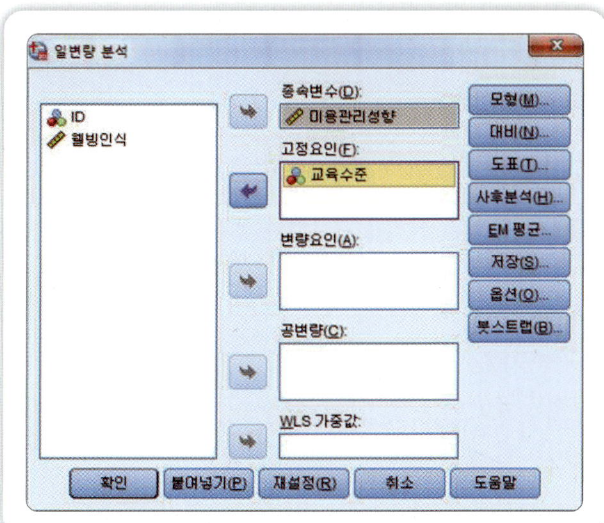

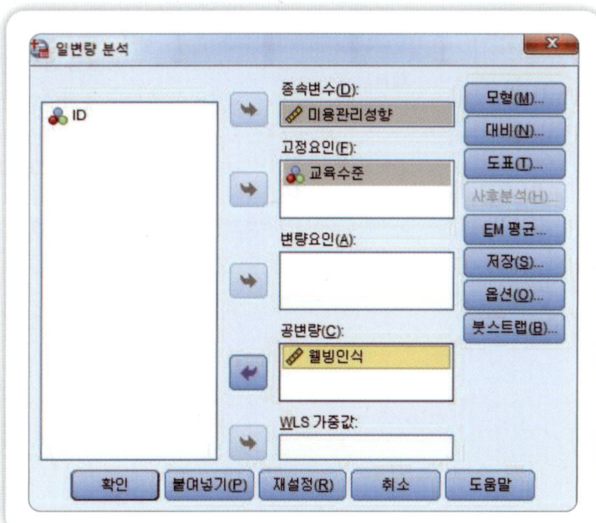

④ [모형] 대화상자를 클릭하고 [제곱합(Q)]을 제 I 유형으로 선택하고 [계속]을 누른다.

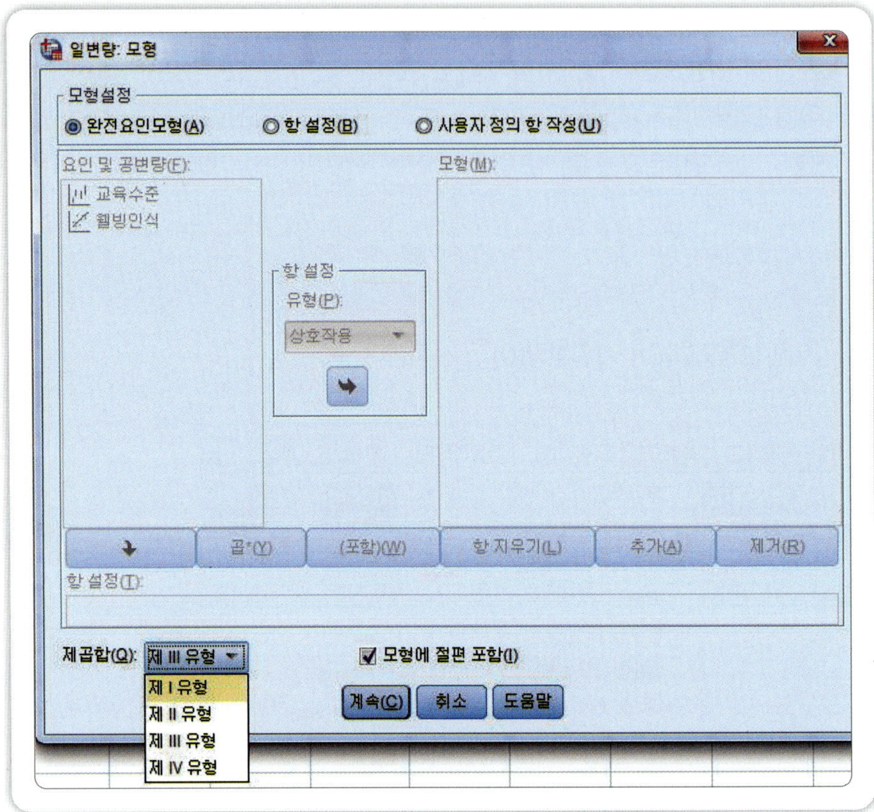

모형 선택 → 제곱합 유형

제 I 유형	• 제곱합이 위계적으로 분해되는 방식이다. • 주효과 항이 상호작용효과 항보다 먼저 투입되는 균형설계이다.
제 II 유형	• 한 모형 내에 있는 제곱합은 다른 모든 효과에 의해 교정되며 주로 주효과만을 가지는 유형이다.
제 III 유형	• 기본으로 사용되는 방식이다. • 제곱합은 모든 효과에 의해 교정되고 직교를 이룬다.
제 IV 유형	• 결측값을 포함한 상황에 적합한 제곱합 유형으로 결측값이 있는 모든 균형 및 비균형 모형에 적합하다.

※ 공분산분석에서는 제 I 유형으로 선택하여 분석을 실시해야만 정확한 분석이 가능하다.

⑤ [옵션]을 클릭해서 기술통계량, 동질성 검정, 효과크기 추정값을 체크한다. [계속]과 [확인]을 클릭하면 분석 결과가 나타난다.

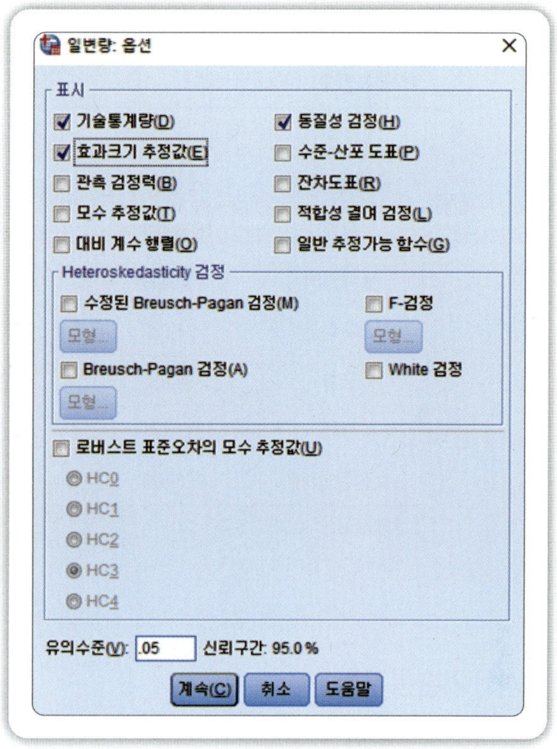

분석 결과

개체 간 요인

교육수준	값 레이블	N
1	고졸이하	76
2	대졸	78
3	석사이상	83

기술통계량

■ 종속변수: 미용관리성향

교육수준	평균	표준편차	N
고졸이하	2.4933	.61418	76
대졸	2.7415	.85202	78
석사이상	2.7531	.69108	83
전체	2.6660	.73269	237

오차분산의 동일성에 대한 Levene의 검정[a]

■ 종속변수: 미용관리성향

F	자유도1	자유도2	유의확률
1.280	2	234	.280

여러 집단에서 종속변수의 오차분산이 동일한 영가설을 검정

a. 디자인: 절편+웰빙인식+교육수준

개체 간 효과 검정

■ 종속변수: 미용관리성향

소스	제 I 유형 제곱합	자유도	평균제곱	*F*	유의확률	부분에타제곱
수정된 모형	31.741[a]	3	10.580	25.963	.000	.251
절편	1684.480	1	1684.480	4133.493	.000	.947
웰빙인식	30.459	1	30.459	74.743	.000	.243
교육수준	1.282	2	.641	1.573	.210	.013
오차	94.952	233	.408			
전체	1811.174	237				
수정된 합계	126.693	236				

a. R 제곱 = .251(수정된 R 제곱 = .241)

(1) 기술통계량

교육수준별 표본크기와 평균, 표준편차가 제시되어 있다. 고졸이하(n=76), 대졸(n=78), 석사이상(n=83) 모두 n≥30으로 정규성이 가정되었다. 교육수준별 미용관리성향 평균은 고졸이하 2.49, 대졸은 2.74, 석사이상은 2.75로 나타났다.

(2) 등분산 검정

분산의 동질성 검정은 F통계량의 유의확률이 $p=.280$으로 나타나 세 집단의 분산이 같다고 가정할 수 있다($p>.05$).

(3) 가설 검정

일원배치 분산분석에서는 교육수준에 따라 미용관리성향에 차이가 있는 것으로 나타났다($F=3.170$, $p<.05$). 그러나 공분산분석에서는 교육수준에 따라 미용관리성향에 유의한 차이가 없고($F=1.573$, $p>.05$), 웰빙인식에 따라서는 미용관리성향에 차이가 있는 것으로 나타났다($F=74.743$, $p<.05$).

4) 결과표 예시 및 분석

미용관리성향의 차이는 교육수준이 아니라 웰빙수준에 따라 나타나는 것으로 해석되며, 웰빙인식을 통제하면 교육수준에 따라 미용관리성향에 차이가 없다는 대립가설이 채택된다. 미용관리성향은 웰빙인식에서 기인한다는 결론을 내릴 수 있다.

표 14.2 공분산분석 결과 표 예시

	SS	*df*	*MS*	*F*	*p*
웰빙인식	30.459	1	30.459	74.743	.000***
교육수준	1.282	2	.641	1.573	.210
오차	94.952	233	.408		
전체	1811.174	237			

$^{***}p<.001$

3 공분산분석 실전연습 II

1) 설계 예제

예제

수중운동을 4주간 실시한 후에 균형 능력의 향상에 대한 효과를 보기 위해 균형감각을 측정하였다. 균형장비(good balance system)를 사용하여 측정하였으며, 좌우측 동요거리(mediolateral velocity)를 측정하였고, 단위는 mm/s로 하였다.

- 집단1: 대조군(17명)
- 집단2: 수중운동군(17명)

표 14.3 수중운동 후 균형 효과에 대한 공분산분석 자료

단위: mm/s

인원	집단	사전균형	사후균형
1	1	10.2	5.7
2	1	13.8	13.8
3	1	9.5	10.0
4	1	8.0	5.0
5	1	7.3	5.8
⋮	⋮	⋮	⋮
30	2	16.5	5.9
31	2	13.4	8.7
32	2	12.7	8.9
33	2	18.1	4.6
34	2	17.9	7.7

[ch14_Q2]

2) 통계 가설

사전균형을 공변량으로 하고 사후균형의 집단 간 차이를 검증한다.

- 귀무가설(H_0): 사전균형이 공변량으로 통제된 경우 집단 간 균형의 차이가 없을 것이다($p > .05$).
- 대립가설(H_1): 사전균형이 공변량으로 통제된 경우 집단 간 균형의 차이가 있을 것이다($p < .05$).

3) SPSS 분석

① SPSS 주메뉴에서 [분석(A)] – [일반선형모형(G)] – [일변량(U)]을 선택한다.

② 다음과 같이 일변량분석 대화상자가 나타나면 좌측의 '사후균형'을 [종속변수]로, '집단'을 [고정(모수)요인]으로 이동시킨다. 좌측의 '사전균형'을 [공변량(C)]으로 이동시킨다.

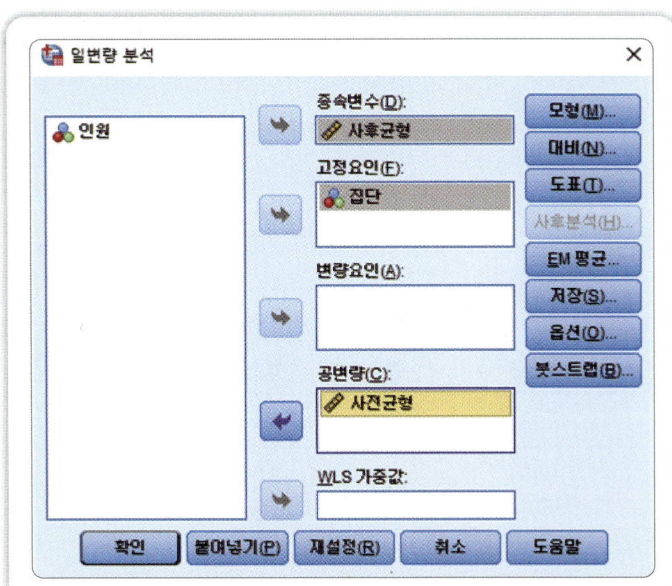

③ [모형] 대화상자를 클릭하고 [제곱합(Q)]을 제 I 유형으로 선택하고 [계속]을 누른다.

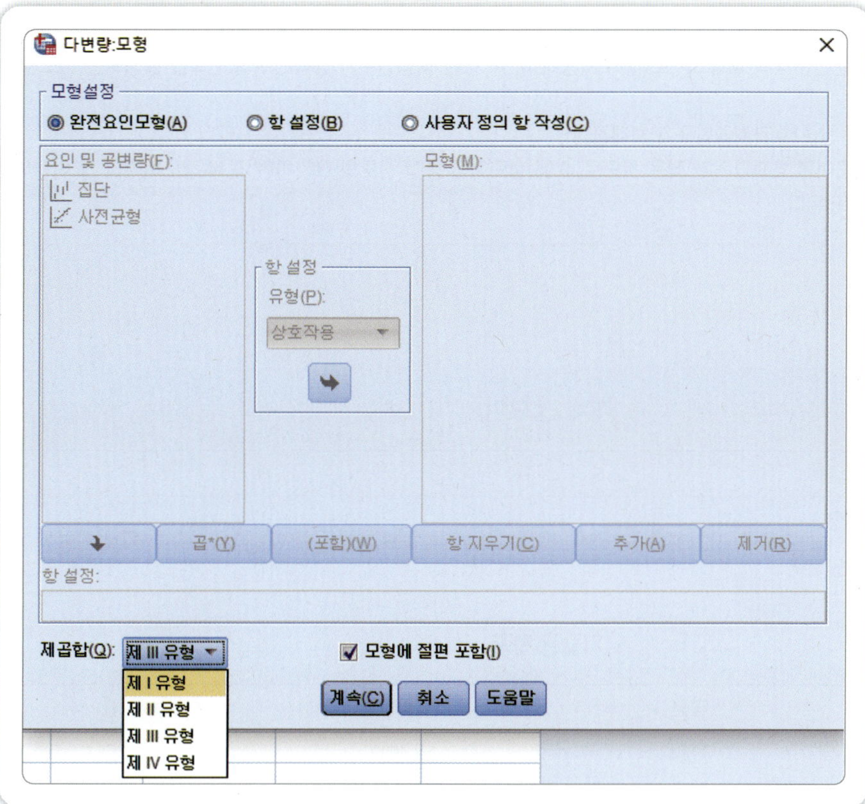

④ [옵션]을 클릭해서 기술통계량, 동질성 검정, 효과크기 추정값을 체크한다. [계속]과 [확인]을 클릭하면 분석 결과가 나타난다.

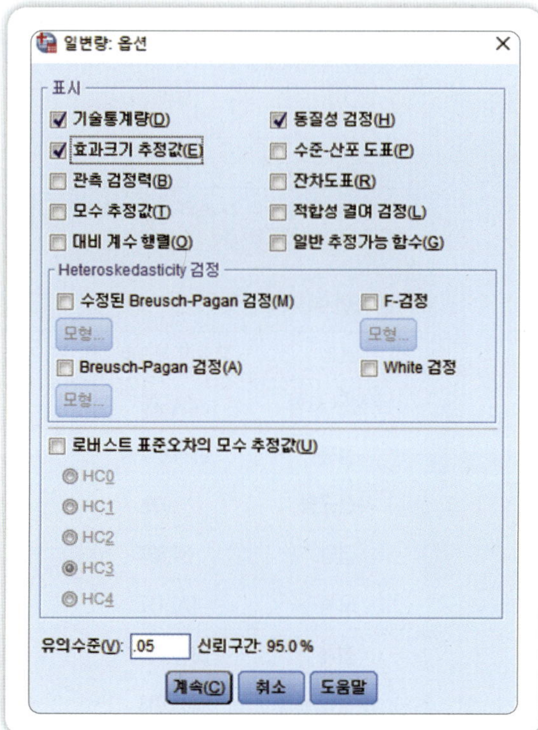

TIP

부분에타제곱

- 분산분석에서 독립변수의 효과크기는 부분에타제곱(partial eta squared), 에타제곱, 오메가제곱 등으로 계산한다. 일반적으로 부분에타제곱값을 분산분석의 효과크기로 많이 사용하며, 이 값은 독립변수가 종속변수의 변화를 설명하는 정도를 의미한다.
- 부분에타제곱 = 효과제곱합 / (효과제곱합 + 오차제곱합)
- 부분에타제곱이 0.01 정도이면 효과크기가 작은 것으로, 0.06 정도이면 중간 정도의 크기이며, 0.14 정도이거나 그 이상이면 효과크기가 큰 것으로 판단된다.

분석 결과

개체 간 요인

집단	N
집단 1	17
집단 2	17

기술통계량

종속변수: 사후균형

집단	평균	표준편차	N
1	8.894	2.4939	17
2	6.876	2.1055	17
전체	7.885	2.4927	34

오차분산의 동일성에 대한 Levene의 검정[a]

종속변수: 사후균형

F	자유도1	자유도2	유의확률
.304	1	2	.585

여러 집단에서 종속변수의 오차분산이 동일한 영가설을 검정
a. 디자인: 절편+사전균형+집단

개체 간 효과 검정

종속변수: 사후균형

소스	유형 I 제곱합	자유도	평균제곱	*F*	유의확률	부분에타제곱
수정된 모형	34.926[a]	2	17.463	3.182	.055	.170
절편	2114.047	1	2114.047	385.238	.000	.926
사전균형	.039	1	.039	.007	.943	.000
집단	34.887	1	34.887	6.357	.017	.170
오차	170.117	31	5.448			
전체	2319.090	34				
수정합계	205.043	33				

a. R제곱 = .170(수정된 R제곱=.117)

(1) 기술통계량

집단별 표본크기와 평균, 표준편차가 제시되어 있다. 각 집단은 17명씩 되어있고 집단1(대조군)의 평균은 8.894, 표준편차는 2.4939이며, 집단2(수중운동군)는 평균 6.876, 표준편차는 2.1055이다.

(2) 등분산 검정

분산의 등분산 검정에서 $F=.304$, $p=.585$로 등분산을 가정한다고 할 수 있다.

(3) 가설검정

사전균형을 공변량으로 하고 사후 균형의 차이를 알아본 결과 $F=6.357$, $p=.017$로 사후균형은 집단 간 차이가 있음을 알 수 있다.

4) 결과표 예시 및 분석

두 그룹 간 비교를 위해 각 평가에 대한 중재 전 사전 균형점수를 공변량으로 한 공분산분석을 사용하였다. 공분산분석의 n^2을 사용하여 실험군과 대조군의 효과크기의 차이를 계산하였으며, 통계적 유의수준 $\alpha=.05$로 설정하였다. 사전균형을 공변량으로 하고 그룹 간 차이를 비교한 결과, 실험군은 대조군보다 사후균형에서 유의미한 큰 개선을 보였다($p<.05$, $n^2=.170$).

표 14.4 공분산분석 결과 표 예시

	대조군	실험군	F	p	n^2
사전균형	10.14±2.62	10.60±4.62	6.357	.017	.170
사후균형	8.90±2.50	6.88±2.11			

15

다변량분산분석

학습목표

- 다변량분산분석의 개념을 이해하고 설명할 수 있다.
- 반복측정 분산분석과 다변량분산분석의 차이점을 이해하고 설명할 수 있다.
- 다변량분산분석에 대한 결과값을 분석할 수 있다.

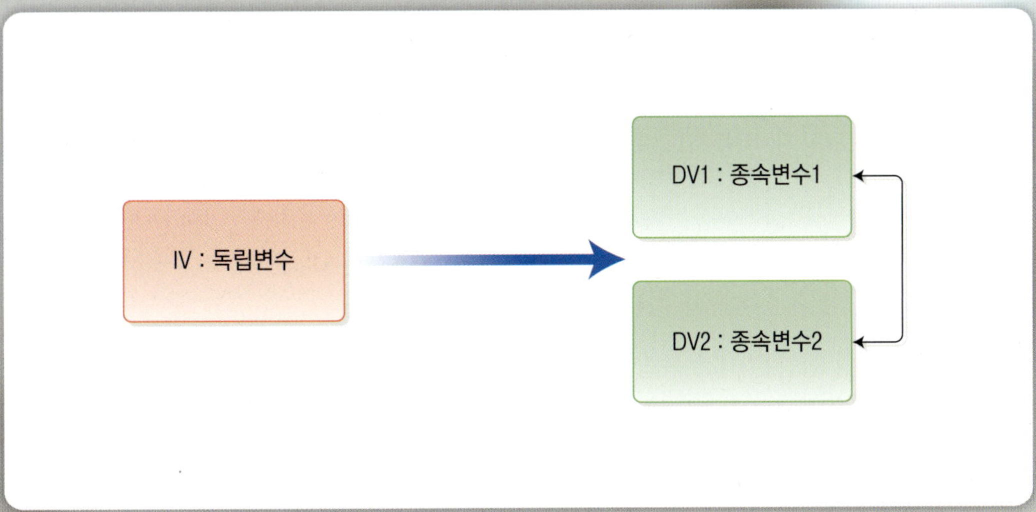

1 다변량분산분석

1) 개요

종속변수가 2개 이상인 경우에는 다변량분산분석(Multivariate Analysis of Variance, MANOVA)을 이용할 수 있다. 예를 들어, 여자와 남자의 몸무게, 키, 가슴둘레(연속변수)라는 종속변수가 사용된다. 물론 일원배치 분산분석을 이용해서 세 번 분석할 수도 있으나, 각각의 변수들이 서로 연관이 있다면 이 영향력도 고려해야 한다. 따라서 2개 이상의 종속변수들이 서로 독립적이지 않을 때는 다변량분산분석을 n개 이상의 종속변수들이 서로 독립적이라면 다변량분산분석할 필요없이 일변량분산분석을 n번 실시하면 된다. 다변량분산분석에 앞서 종속변수 간에 상관분석이 선행되면 더 효과적이다. 종속변수 간에 상관관계가 없다면 다변량분산분석을 할 필요가 없다.

2) 목적

다수의 종속변수에 대해 다변량분산분석을 사용하는 이유는 종속변수들의 결합효과를 파악하기 위해서이다. 종속변수 1과 종속변수 2가 결합되었을 때 독립변수에도 차이가 있는지를 분석하는 것이다. 그뿐만 아니라 정확한 가설 검정을 위해 다변량분산분석을 이용해야 한다. 예를 들어, 제시된 가설에 대해 일원분산분석을 2회 실시한다면 분석별로 유의수준($\alpha=.05$)이 적용되므로 차이가 없는데도 차이가 있는 것으로 결론을 내릴 확률이 5~10%에 이른다. 즉, 종속변수의 수에 비례하여 1종 오류가 커지기 때문에 다수의 종속변수에 대한 차이는 다변량분산분석을 통해 파악하는 것이 바람직하다. 다변량분산분석에서 독립변수는 질적척도(명목/서열척도)로, 종속변수들은 양적척도(등간/비율척도)로 측정해야 한다.

3) 통계 지식

(1) 기본가정

- 독립성: 독립변수의 집단은 서로 독립적이어야 한다.
- 정규성: 모든 종속변수들은 정규분포를 따른다고 가정한다.
- 등분산성: 각 집단의 공분산행렬은 동일해야 한다.

TIP

- 동질성 검정은 ANOVA에서 2개 이상의 그룹 간 관측치 차이를 분석할 때, 그룹 간 분산 구조가 동일(또는 동질)해야 한다는 가정을 확인하는 검정이다. SPSS statistics는 Box's test를 사용하여 동질성 검정을 수행한다.
- 만약 그룹 간 분산 구조의 동질성이 충족되지 않으면, 그룹 간 비교가 어려워지고, 차이를 명확히 파악하기 힘들어진다. 이는 ANOVA의 기본적인 가정 중 하나이다.
- 공분산행렬: 확률변수 간의 관계를 나타내는 행렬
- 확률변수: 특정 값이 나타날 가능성을 정해진 확률로 나타나는 변수

(2) 다변량분산분석과 반복측정 분산분석의 차이점

측정치가 여러 개이면서 서로 다른 변수라면 다변량분산분석을, 하나의 변수를 반복해서 측정하였다면 반복측정 분산분석을 이용하면 된다. 반복측정 분산분석은 대응표본 t-검정의 확장으로, 측정이 3번 이상 이루어진다. 즉, 동일한 사람이나 사물에 대하여 일정한 시간을 두고 측정하는 경우에 이용할 수 있다. 이 분석 방법은 종속변수가 2개 이상이라는 점에서 다변량분산분석과 유사하기 때문에 주의해서 사용해야 한다.

예를 들어, 성별에 따른 몸무게, 키, 가슴둘레(연속변수)처럼 여러 개의 종속변수를 동시에 분석하는 것이라면 다변량분산분석을 사용하면 되지만, 신교수법에 대한 만족도 효과를 확인하기 위하여 각각 3번의 시점(교육 직후, 3개월 후, 6개월 후)에 걸쳐 반복해서 측정하였다면 반복측정 분산분석이 이용된다.

4) 설계 예제

예제

교육수준에 따라 정신지향과 자아지향은 차이가 있을까? 연구문제는 교육수준 간 정신지향의 차이와 자아지향의 차이를 파악하는 것이므로 일원분산분석(ANOVA)을 2회 실시하면 된다고 생각할 수 있다. 하지만 정신지향과 자아지향을 함께 비교할 수는 없을까? 만약 일원분산분석을 2회 실시하여 정신지향은 교육수준 간에 차이가 있고, 자아지향은 차이가 없는 것으로 나타났다면 교육수준 간에 웰빙 인식의 차이가 있다고 할 수 있을까?

[정신지향]: 건강, 시간, 환경, 가족, 삶의 질을 중시하는 것
[자아지향]: 자신의 자아지향과 관련된 것
[웰빙인식]: 정신지향 + 자아지향

표 15.1 다변량분산분석 자료 (N = 320)

번호	교육수준	정신지향	자아지향
1	2	3.00	3.00
2	3	5.00	5.00
3	2	4.67	4.00
4	3	2.33	2.00
5	3	2.00	3.00
6	2	3.67	4.00
7	1	3.33	3.00
8	2	3.83	3.50
9	2	4.00	2.50
10	2	2.83	3.50
⋮	⋮	⋮	⋮
320	2	3.67	2.50

[ch15_Q1]

5) 통계 가설

- 귀무가설(H_0): 교육수준에 따라 웰빙인식은 같다($p > .05$).
- 대립가설(H_1): 교육수준에 따라 정신지향의 차이가 있을 것이다($p < .05$).
  교육수준에 따라 자아지향의 차이가 있을 것이다($p < .05$).

6) SPSS 분석

① 파일(다변량분산분석)을 열고 [분석] – [일반선형모형] – [다변량]을 선택한다.

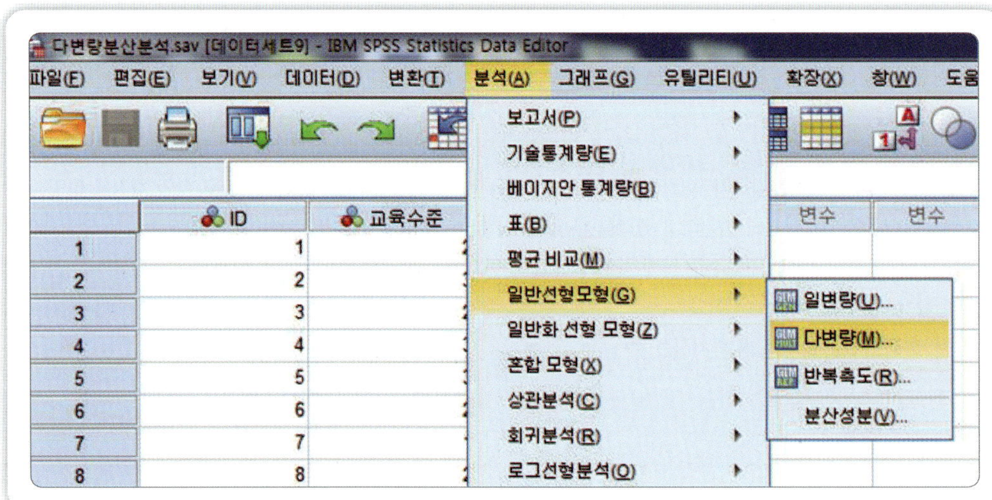

② 좌측의 '정신지향'과 '자아지향'을 [종속변수(D)]로 이동시킨다.

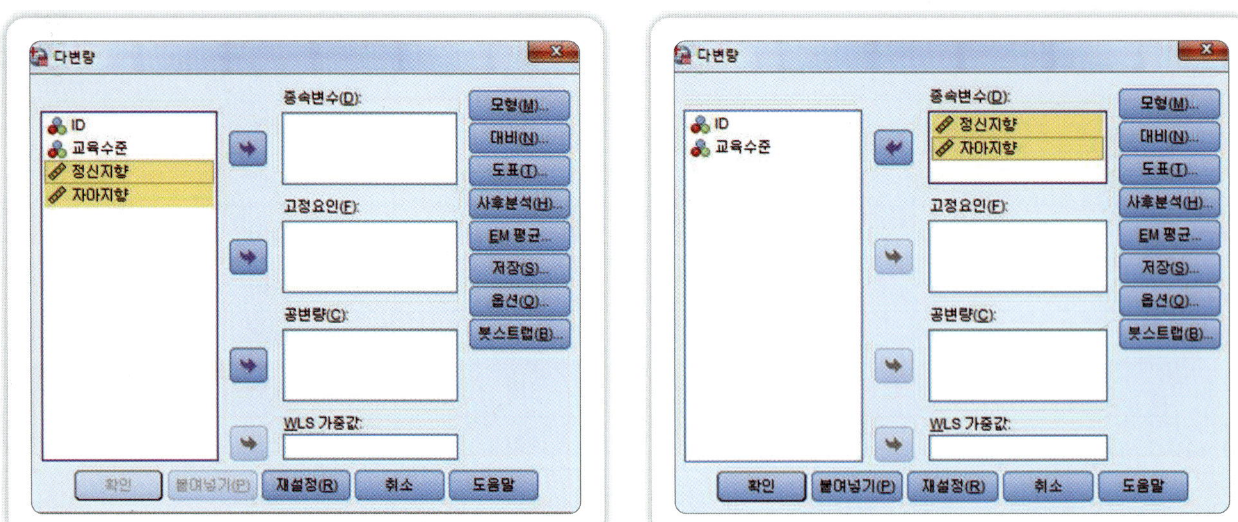

③ 좌측의 '교육수준'을 [고정요인(F)]으로 이동시킨다.

④ [옵션(O)]을 선택해서 ☑기술통계량, ☑동질성 검정을 체크한다. [계속]을 클릭하면 창이 닫힌다.

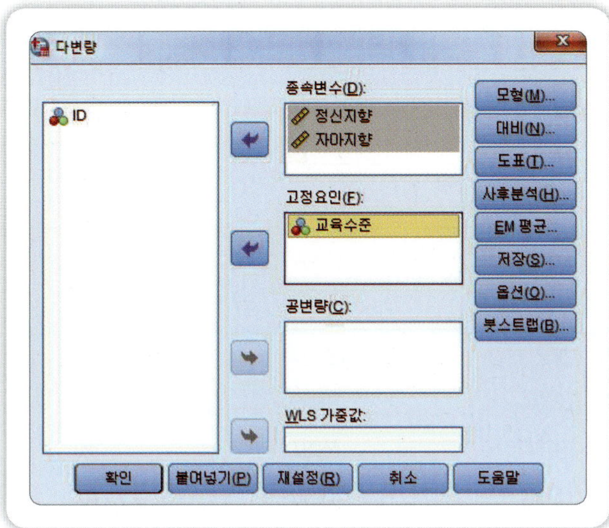

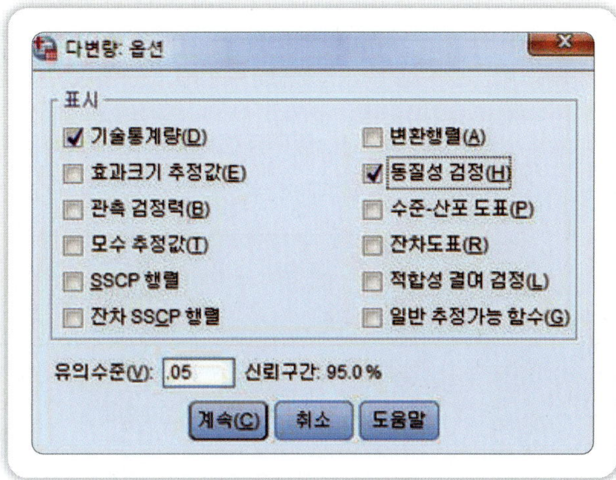

⑤ [사후분석(H)]을 선택해서 좌측의 '교육수준' 변수를 [사후검정변수(P)]로 이동시킨 후 ☑Scheffe를 체크한다. [계속]을 클릭하면 창이 닫히고, [확인]을 클릭하면 분석 결과가 나타난다.

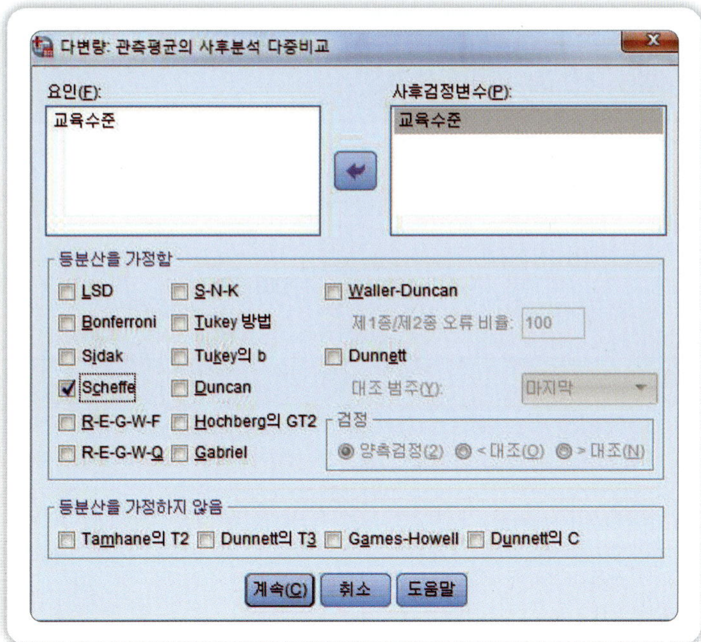

분석 결과

개체 간 요인

교육수준	값 레이블	N
1	고졸이하	115
2	대졸	120
3	석사이상	85

기술통계량

	교육수준	평균	표준편차	N
정신지향	고졸이하	3.2406	.69955	115
	대졸	3.4764	.65297	120
	석사이상	3.5196	.63746	85
	전체	3.4031	.67535	320
자아지향	고졸이하	3.2913	.77511	115
	대졸	3.3208	.78536	120
	석사이상	3.3882	.76911	85
	전체	3.3281	.77590	320

공분산행렬에 대한 Box의 동일성 검정[a]

Box의 M	4.863
F	.803
자유도1	6
자유도2	1763831.638
유의확률	.567

여러 집단에서 종속변수의 관측 공분산행렬이 동일한 영가설을 결정함
a. 디자인: 절편+교육수준

(1) 개체 간 요인

독립변수인 교육수준의 집단별 사례 수가 나타나 있다.

(2) 기술통계량

정신지향과 자아지향에 대한 교육수준별 표본크기와 평균, 표준편차가 제시되어 있다. 정신지향의 전체 평균은 3.4031, 교육수준별로 고졸이하는 3.2406, 대졸은 3.4764, 석사이상은 3.5196으로 나타나 교육수준이 높을수

록 정신지향이 높은 것을 알 수 있다. 자아지향의 경우, 평균은 3.3281로 나타났으며, 교육수준별로 고졸이하는 3.2913, 대졸은 3.3208, 석사이상은 3.3882로 정신지향과 같이 교육수준이 높을수록 평균이 높아지는 것으로 확인되었다.

(3) 등분산 검정

공분산행렬에 대한 Box의 M 검증 결과 유의확률이 $p=.567$로 나타나 세 집단의 공분산행렬은 같다고 가정할 수 있다($p>.05$).

다변량 검정[a]

효과		값	*F*	가설 자유도	오차 자유도	유의확률
절편	Pillai의 트레이스	.971	5198.783[b]	2.000	316.000	.000
	Wilks의 람다	.029	5198.783[b]	2.000	316.000	.000
	Hotelling의 트레이스	32.904	5198.783[b]	2.000	316.000	.000
	Roy의 최대근	32.904	5198.783[b]	2.000	316.000	.000
교육수준	Pillai의 트레이스	.035	2.810	4.000	634.000	.025
	Wilks의 람다	.965	2.824[b]	4.000	632.000	.024
	Hotelling의 트레이스	.036	2.837	4.000	630.000	.024
	Roy의 최대근	.035	5.561[c]	2.000	317.000	.024

a. 디자인: 절편+교육수준
b. 정확한 통계량
c. 해당 유의수준에서 하한값을 발생하는 통계량은 *F*에서 상한값임

오차분산의 동일성에 대한 Levene의 검정[a]

		Levene 통계량	자유도1	자유도2	유의확률
정신지향	평균을 기준으로 함	.665	2	317	.515
	중위수를 기준으로 함	.675	2	317	.510
	자유도를 수정한 상태에서 중위수를 기준으로 함	.675	2	341.403	.510
	절삭평균을 기준으로 함	.678	2	317	.508
자아지향	평균을 기준으로 함	.036	2	317	.965
	중위수를 기준으로 함	.064	2	317	.938
	자유도를 수정한 상태에서 중위수를 기준으로 함	.064	2	308.481	.938
	절삭평균을 기준으로 함	.039	2	317	.961

여러 집단에서 종속변수의 오차분산이 동일한 영가설을 검정함
a. 디자인: 절편+교육수준

개체 간 효과 검정

소스	종속변수	제Ⅲ 유형 제곱합	자유도	평균제곱	*F*	유의확률
수정된 모형	정신지향	4.836[a]	2	2.418	5.449	.005
	자아지향	.469[b]	2	.235	.388	.678
절편	정신지향	3639.252	1	3639.252	8201.580	.000
	자아지향	3473.242	1	3473.242	5747.115	.000
교육수준	정신지향	4.836	2	2.418	5.449	.005
	자아지향	.469	2	.235	.388	.678
오차	정신지향	140.661	317	.444		
	자아지향	191.577	317	.604		
전체	정신지향	3851.500	320			
	자아지향	3736.500	320			
수정된 합계	정신지향	145.497	319			
	자아지향	192.047	319			

a. R 제곱 = .033(수정된 R 제곱 = .027)
b. R 제곱 = .002(수정된 R 제곱 = .004)

(4) 다변량 검정 결과 확인

웰빙인식(정신지향+자아지향)에 대한 다변량 검정 결과가 나타나 있다. 4개의 통계량에 대한 유의확률을 보면 모두 유의하게 나타나($p<.05$) 교육수준의 웰빙인식은 동일하지 않은 것으로 확인되었다. 일반적으로 Wilks의 람다값을 주로 확인한다. 즉, 정신지향과 자아지향의 결합효과는 교육수준에 따라 차이가 있다고 할 수 있다.

(5) 개체 간 효과 검정 결과 확인

개체 간 효과 검정을 보면, 교육수준에 따른 정신지향의 차이와 자아지향의 차이의 분석 결과가 제시되어 있다. 이 결과는 일원배치 분산분석을 2회 실시한 것과 같다. 정신지향은 검정통계량($F=5.499$)의 유의확률($p=.005$)이 유의수준($\alpha=.05$)보다 작은 것으로 분석되어, 교육수준에 따른 정신지향의 차이는 통계적으로 유의한 것으로 나타났다($p<.05$). 자아지향은 검정통계량($F=.388$)의 유의확률($p=.678$)이 유의수준($\alpha=.05$)보다 큰 것으로 나타나 교육수준에 따른 자아지향의 차이는 통계적으로 유의하지 않은 것으로 나타났다($p>.05$).

결과적으로 자아지향은 웰빙인식의 결합 차이를 저해하며, 결합 차이는 정신지향에서 기인한다고 할 수 있다.

[사후검정]

[교육수준]

다중 비교

Scheffe

종속변수	(I) 교육수준	(J) 교육수준	평균차이(I-J)	표준오차	유의확률	95% 신뢰구간	
						하한	상한
정신지향	고졸이하	대졸	-.2358*	.08693	.026	-.4496	-.0220
		석사 이상	-.2790*	.09528	.015	-.5134	-.0447
	대졸	고졸 이하	.2358*	.08693	.026	.0220	.4496
		석사 이상	-.0432	.09444	.901	-.2755	.1890
	석사이상	고졸 이하	.2790*	.09528	.015	.0447	.5134
		대졸	.0432	.09444	.901	-.1890	.2755
자아지향	고졸이하	대졸	-.0295	.10145	.959	-.2790	.2200
		석사 이상	-.0969	.11120	.684	-.3704	.1765
	대졸	고졸 이하	.0295	.10145	.959	-.2200	.2790
		석사 이상	-.0674	.11021	.830	-.3384	.2036
	석사이상	고졸 이하	.0969	.11120	.684	-.1765	.3704
		대졸	.0674	.11021	.830	-.2036	.3384

관측평균을 기준으로 함
오차항은 평균제곱(오차) = .604
*. 평균차이는 .05 수준에서 유의함

(6) 집단 간 평균 비교

교육수준에 따라 정신지향의 차이가 유의한 것으로 분석되었으므로 사후검정을 통해 구체적으로 어느 집단 간에 차이가 있는지를 확인해야 한다. Scheffe의 방법에 의한 사후검정 결과, 고졸이하와 대졸, 고졸이하와 석사이상 간에 유의한 차이가 있는 것으로 나타났다.

7) 결과표 예시 및 분석

이 연구는 20세 이상 여성 총 320명을 대상으로, 웰빙인식 측정을 정신지향과 자아지향에 대한 측정 설문지를 투입하여 자료를 수집하였다. 교육수준에 따른 정신지향과 자아지향의 관계와 차이를 보다 구체적으로 알아보기 위해 다변량분산분석을 하였다.

교육수준에 따른 웰빙인식에서 정신지향과 자아지향의 차이를 살펴보기 위해 다변량분산분석을 한 결과, 교육수준에 따른 정신지향에서 유의한 차이가 있었으나 자아지향에서는 유의한 차이가 없었다.

표 15.2 교육수준에 따른 웰빙인식(정신지향+자아지향)의 차이 비교

		정신지향		자아지향	
교육수준	사례수	평균	표준편차	평균	표준편차
고졸이하	115	3.24	.70	3.29	.78
대졸	120	3.48	.65	3.32	.79
석사이상	85	3.52	.64	3.39	.77
F		5.449		.388	
p		.005**		.678	
Scheffe		석사이상, 대졸 > 고졸이하			
Wilks' λ = .965, F = 2.824, P = .024*					

*$p<.05$, **$p<.01$

16

교차분석

학습목표

- 범주형 자료에 대한 통계적 분석 방법을 이해할 수 있다.
- 교차분석을 이해하고 결과분석을 설명할 수 있다.
- 카이제곱 검정과 Fisher 정확 검정에 대한 결과를 분석하고 적용할 수 있다.

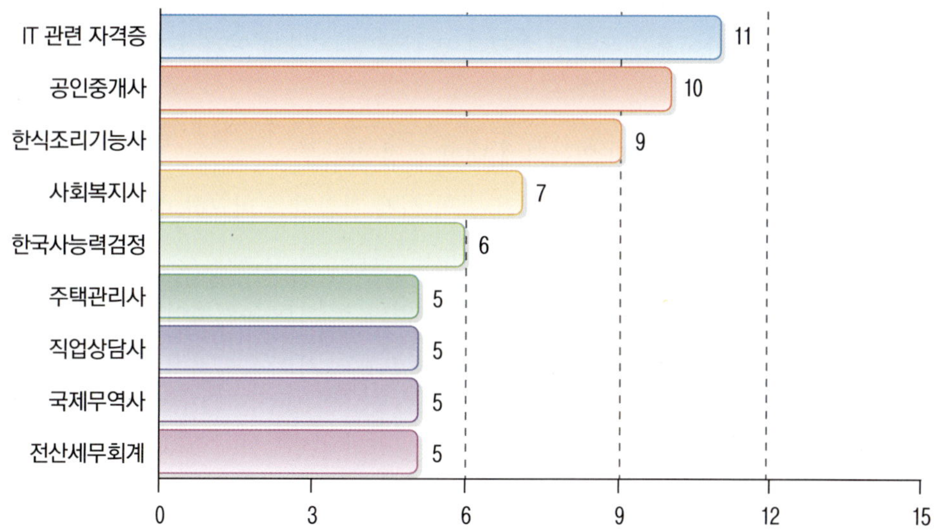

[성인남녀] 취득을 원하는 자격증(단위: %)

1 카이제곱 검정

1) 개요

교차분석은 질적변수들 간의 관계를 검증하는 방법이다. 교차분석은 변수 간의 분포 차이를 파악하여 변수 간의 상호독립성이나 관련성 정도를 알아보는 방법으로, 분포 차이의 통계적 유의성이 χ^2-값으로 계산되기 때문에 카이제곱(χ^2)이라고도 한다. 카이제곱 검정은 두 가지 이상인 질적변수 즉, 범주형 변수를 분석하기 위한 통계적 방법이다. 질적변수인 한 변수의 범주에 따른 다른 변수의 빈도와 비율은 교차표로 작성하고, 모집단에서 집단 간의 차이가 있는지를 분석하기 위하여 사용하며, 이를 교차분석이라고도 한다.

2) 목적

교차분석은 두 변수 간에 어떠한 관계가 있는가에 대한 가장 기본적인 분석방법이다. 분할표로 정리된 자료를 분석하는 데는 카이제곱 검정이 이용되는데, 카이제곱 검정은 다음 세 가지 목적을 가진다.

(1) 독립성 검정

독립성 검정(independence test)은 변수들 간의 독립성(independence of variable)을 검정하는 방법으로 연구하고자 하는 변수들이 서로 독립적인지 아니면 서로 관련성(종속)이 있는지 검정하는 것을 말한다. 통계적 관심은 이들 간에 구분되어 분류된 대상 수를 바탕으로 두 변수 간의 차이와 의미를 파악하는 데 있으며, 이러한 분석을 교차분석이라고 한다. 카이제곱 독립성 검정은 범주형 변수 간의 연관성만을 평가하고 인과관계에 대한 추론을 제공할 수 없다.

- 두 개의 요인(factor) 간에 연관성이 있는가에 대한 검정이다.
- 분할표 행과 열의 합계에 의한 기대치와 각 칸 안의 실제 관찰값을 비교하여 검정하는 것이다.

  예) 예방주사 유무와 감기 발병은 서로 독립적인가(= 연관성이 있는가)?

  H_0: 예방주사 요인은 감기발병 요인과 연관성이 없다(= 서로 독립적이다).

  H_1: 예방주사 요인은 감기발병 요인과 연관성이 있다(= 서로 독립적이지 않다 = 서로 종속적이다).

(2) 적합도 검정

- 적합도 검정(goodness of fit test)은 각 범주에 속할 확률이 특정값 또는 이론적 확률과 어느 정도 일치하는지를 검정하는 데 이용된다.
- 관찰된 분포(표본분포)가 모집단에 대해 기대하는 분포(이론분포)와 어느 정도 일치하는가를 검정하는 것이다.

  예) 귀무가설: 변수 X의 관측분포와 기대(이론)분포가 동일하다.

  대립가설: 변수 X의 관측분포와 기대(이론)분포가 다르다.

(3) 동질성 검정

동질성 검정(homogeneity test)은 여러 모집단에서 각각의 표본을 추출하여 각 모집단의 속성이 유사한가를 검정하는 데 목적이 있다. 이는 보통 실험을 시작하기 전에 실험군과 대조군이 연령, 학력, 결혼여부 등 인구통계학적으로 서로 같은 분포로 이루어져 있는지를 검정할 때 이용되기도 하며, 집단 간 분포의 동질성을 통해 두 집단 간의 차이를 검정할 수도 있다.

- 두 개의 요인(factor)에 따른 분포율이 차이가 있는가에 대한 검정이다.
- 두 개 이상의 다항분포가 동일한지 여부를 검정한다.
- 각 셀(cell)에 나타나는 빈도(frequency)의 비율(ratio)이 요인(factor)마다 동일한지를 조사한다.

예) 실험군과 대조군은 서로 학력 분포에 차이가 있는가?

H_0: 실험군과 대조군은 학력 분포에 차이가 없다(= 서로 동질하다).

H_1: 실험군과 대조군은 학력 분포에 차이가 있다(= 서로 동질하지 않다).

TIP

다항분포

① 이항분포를 확장한 것으로 세 가지 이상의 결과를 가지는 사건의 반복 시행에서 발생하는 확률분포이다.

② 어떤 사건을 독립적으로 여러 번 시행하였을 때 세 가지 이상의 결과가 나타날 확률분포이다.

3) 통계 지식

(1) 기본가정

카이제곱 검정은 두 개의 독립된 범주형 변수 간 관계성 분석에 사용할 수 있으며, 기대빈도가 5 미만인 셀(cell)이 전체의 20% 미만이어야 한다. 기대빈도가 5 미만인 셀이 전체의 20% 이상이면 카이제곱 검정을 적용할 수 없다. 이때는 Fisher 정확 검정(Fisher's exact test)을 적용하는 것이 바람직하다. Fisher 정확 검정은 각 칸의 기대빈도가 5 이상이어야 한다는 전제조건이 필요 없다. 또한 Fisher 정확 검정은 분석과정 중 옵션으로 선택이 가능하므로 카이제곱 검정과 동시에 분석한 후 기대빈도 경향에 따라 선택하여 해석할 수 있다.

각 칸에 떨어져 있는 도수는 각각 독립적이어야 한다. 즉, 어떤 칸에 해당되는 사례는 다른 칸에 해당되는 사례와 상관없는 독립적 관계여야 한다. 따라서 중복응답문항의 경우에는 카이제곱 검정을 적용할 수 없다.

(2) 관측빈도와 기대빈도

각 범주에 실제로 포함되어 있는 빈도를 관측빈도라고 하며, 영가설이 참일 때 각 범주에서 기대되는 빈도를 기대빈도라고 한다.

① 관측빈도: 실제 관찰된 사례의 빈도수

② 기대빈도: 영가설하에서 얻을 것이라 기대되는 사례수

기대빈도에서 5 미만의 셀이 전체의 20%를 넘지 않아야 한다. 성별과 스마트폰 사용 여부와 같은 2×2 교차표는 4개의 셀로 구성되므로 1개의 셀은 25%를 차지한다. 그러므로 5 미만의 셀이 1개라도 있으면 20% 이상이 되기 때문에 카이제곱 검정을 할 수 없다. 그러나 성별과 학년의 교차표(2×3)는 6개의 셀이고 각 셀은 17% 정도이므로 1개의 셀이 5 미만의 기대빈도를 가져도 카이제곱 검정이 가능하다. 가정이 충족되지 않을 때는 카이제곱 검정 대신 Fisher 정확 검정을 이용할 수 있다.

(3) 분할표

교차분석은 자료가 명목변수로 이루어져 있으므로 분할표(contingency table)를 이용하여 자료를 정리하고 분석한다. 분할표는 보통 다음과 같이 행과 열로 이루어져 있으며, 관측치를 몇 개의 범주로 분할하여 그 해당 도수로 자료를 정리해 놓은 표를 의미한다. 분할표를 통해 자료를 정리하고, 정리된 자료를 통해 두 변수 간의 관계성을 검증하게 된다.

이원분할표

	실험군	대조군	계
중졸이하	3	8	11
고졸	18	15	33
대졸이상	15	13	28
계	36	36	72

예제: 카이제곱 검정

항목	성별	서울권 대기업	서울권 중소	지방권 중대형	지방권 소형	외국 여행사	기타	합계	Pearson 카이제곱	p
취업정보를 다운로드한 적이 있다	남성	35	10	12	5	5	6	73	12.500	.029
	여성	61	35	40	10	1	9	156		
전체		96	45	52	15	6	15	229		

TIP

Q) 카이제곱 검정에서는 정규성 검정을 하지 않는 이유가 무엇인가?

A) 이 자료는 범주화된 자료이며 검정 방법으로 카이제곱 검정을 사용한다.
그래서 표본의 정규성 여부로 모수적인지 비모수적인지를 조사할 필요가 없는 것이다(정규성 검정은 양적 자료와 관련된 내용이다).

(4) χ^2 단일 표본검정

범주의 기대치와 관찰치의 빈도수에 차이가 있는지를 검정하는 것이다. 기본적으로 표본의 수가 많을수록 바람직하다. 예를 들어 범주의 수가 2일 때 기대빈도수(각 셀 내의 빈도수)는 5 이상이 되어야만 한다. 또 범주의 수가 2 이상일 때 기대빈도수의 20% 이상이 5보다 적거나 혹은 기대빈도수의 하나라도 1보다 적으면 이 기법을 적용하는 것은 의미가 없다. 이를 해결하는 방법은 범주의 수를 줄이거나 조사를 더하여 사례의 수를 늘리는 다른 방법을 찾아야 한다.

(5) χ^2 두 표본검정

2개의 독립적인 표본 간에 유의한 차이가 있는지를 알아보는 것이다.

- 영가설 H_0: "왼손잡이와 오른손잡이 간의 기술습득에 있어서 차이가 없다."
- 대립가설 H_1: "왼손잡이와 오른손잡이 간의 기술습득에 있어서 차이가 있다."

과제 – 멀리 놓여진 바구니에 공을 넣는 것

	왼손잡이 (Lt)	오른손잡이 (Rt)	합계
성공	A = 20	B = 18	38 (A+B)
실패	C = 30	D = 32	62 (C+D)

(6) χ^2 검정 시 유의점

카이제곱 검정 시 기대빈도가 5보다 작은 셀이 전체 셀의 20%를 넘으면 χ^2 값이 χ^2 분포를 따르지 않아 χ^2 검정으로 질적변수 간의 연관성을 분석할 수가 없게 된다.

해결방안

① 자료의 수를 전체적으로 더 얻어 모든 셀의 기대빈도를 5보다 크게 만든다.
② 내용이 유사한 범주끼리 합하여 모든 범주의 빈도를 크게 만든다.
③ 기대빈도를 작게 만드는 범주를 결측처리하고 χ^2 검정을 한다.
④ Fisher's 정확 검정을 한다(정확–정확 검정 선택).

4) 설계 예제

예제

다음은 20대 이상의 여성 320명을 대상으로 결혼여부와 음주횟수를 조사한 결과이다. 결혼여부와 음주횟수에 연관성이 있는지 차이를 유의수준 .05 이내로 검정하여라. 결혼여부와 음주횟수의 독립성 검정을 위하여 카이제곱 검정을 실시한다.

표 16.1 카이제곱 검정 자료 (N=320)

번호	결혼여부	음주횟수
1	2	2
2	2	1
3	1	1
4	2	3
5	2	2
6	2	1
7	2	2
8	2	2
9	2	2
10	2	2
⋮	⋮	⋮
320	1	2

[결혼여부] 1: 기혼, 2: 미혼, [음주횟수] 1: 금주, 2: 주 1~2회, 3: 주 3회 이상

[ch16_Q1]

5) 통계 가설

- 귀무가설(H_0): 두 범주변인 간 연관성이 없다(독립적이다 = 관계가 없다 = 분포의 차이가 없다)($p > .05$).
- 대립가설(H_1): 두 범주변인 간 연관성이 있다(독립적이지 않다 = 관계가 있다 = 분포의 차이가 있다)($p < .05$).

↓

- 귀무가설(H_0): 결혼여부와 음주횟수 간에는 관계가 없을 것이다($p > .05$)
  (결혼여부에 따라 음수횟수는 다르지 않을 것이다).
- 대립가설(H_1): 결혼여부와 음주횟수 간에는 관계가 있을 것이다($p < .05$)
  (결혼여부에 따라 음주횟수는 다를 것이다).

6) SPSS 분석

카이제곱 검정 순서

① 메뉴에서 [분석] – [기술통계량] – [교차분석]을 선택한다.

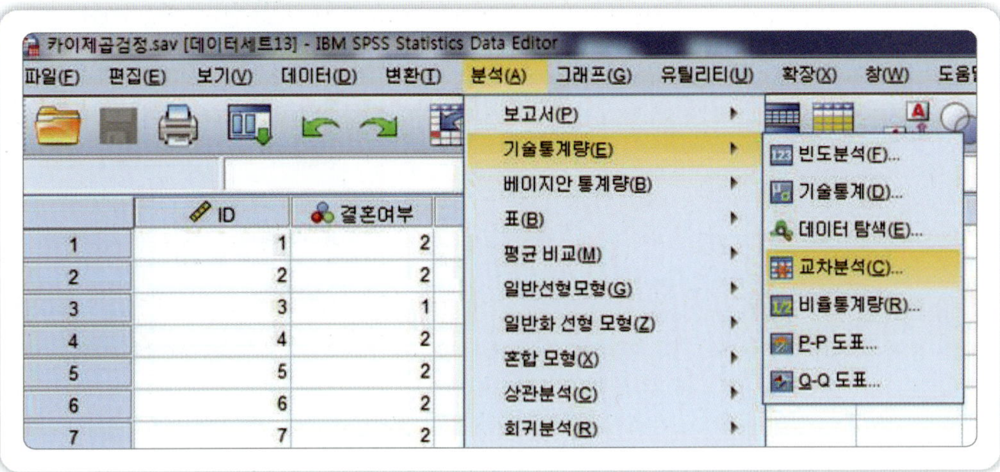

카이제곱 검정의 대상변수 지정

① [교차분석] 대화상자가 열리면 '결혼여부' 변수를 '행'으로 옮긴다.

② '음주횟수' 변수를 '열'로 옮긴다.

③ [통계량] – [카이제곱]을 선택하고 계속을 클릭한다.

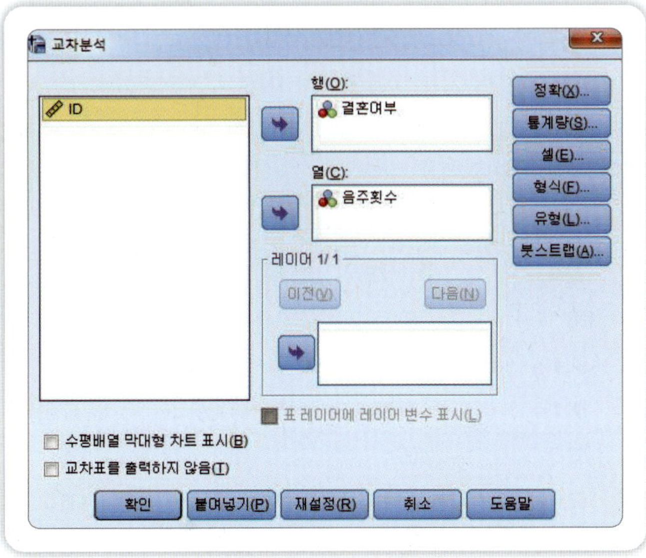

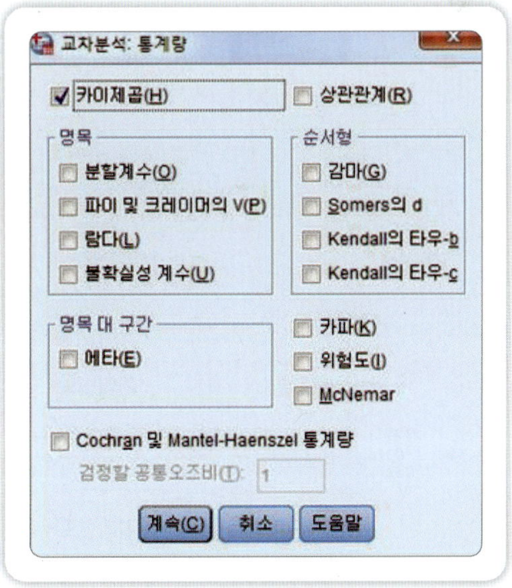

④ 교차분석 메뉴에서 [셀]을 클릭하여 셀 표시에서 '관측빈도', '기대빈도' 그리고 '열' 퍼센트를 체크한다. 계속을 클릭하고 확인 버튼을 누르면 결과가 나타난다.

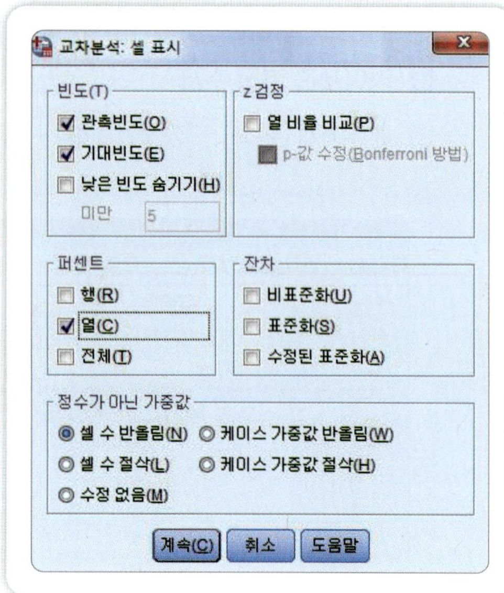

카이제곱 검정의 분석 결과

① 분석 결과 중 '케이스 처리 요약' 부분이다. 전체 표본의 크기가 320명인 것을 알 수 있다.

② 교차표에는 결혼여부와 음주횟수의 교차된 빈도와 기대빈도, 결혼여부별 음주횟수 비율이 나타나 있다.

[교차분석]

케이스 처리 요약

	케이스					
	유효		결측		전체	
	N	퍼센트	N	퍼센트	N	퍼센트
결혼여부* 음주횟수	320	100.0%	0	0.0%	320	100.0%

결혼여부* 음주횟수 분석표

			음주횟수			
			금주	주 1~2회	주 3회 이상	전체
결혼여부	기혼	빈도	106	59	19	184
		기대빈도	91.4	65.6	27.0	184.0
		음주횟수 중 %	66.7%	51.8%	40.4%	57.5%
	미혼	빈도	53	55	28	136
		기대빈도	67.6	48.4	20.0	136.0
		음주횟수 중 %	33.3%	48.2%	59.6%	42.5%
총계		빈도	159	114	47	320
		기대빈도	159.0	114.0	47.0	320.0
		음주횟수 중 %	100.0%	100.0%	100.0%	100.0%

카이제곱 검정

	값	자유도	근사 유의확률(양측검정)
Pearson 카이제곱	12.614[a]	2	.002
우도비	12.657	2	.002
선형 대 선형 결합	12.491	1	.000
유효 케이스 수	320		

a. 0셀(0.0%)은 5보다 작은 기대빈도를 가지는 셀임. 최소 기대빈도는 19.98

TIP

카이제곱의 분석 조건

5 미만의 기대빈도 셀이 전체의 20% 미만이어야 한다. 기대빈도가 5보다 작은 셀이 없는 것으로 확인되어 카이제곱 검정을 이용할 수 있다. 만약 5보다 작은 기대빈도 셀이 전체의 20% 이상으로 나타나면 Fisher 정확 검정의 유의확률로 가설을 검정한다.

③ 다음은 분석 결과 중 '카이제곱 검정' 부분이다. 카이제곱 검정의 가설은 다음과 같다.

- 귀무가설(H_0): 두 변수는 연관성이 없다(독립적이다 = 관계가 없다)($p > .05$).
- 대립가설(H_1): 두 변수는 연관성이 있다(독립적이지 않다 = 관계가 있다)($p < .05$).

카이제곱 검정 결과표에서 Pearson 카이제곱=12.614, 근사 유의확률(p값)=.002<.05이므로 유의수준 .05에서 결혼여부와 음주횟수 간 분포에는 차이가 있다 또는 결혼여부와 음주횟수는 관계가 있다고 결론지을 수 있다.

7) 결과표 예시 및 분석

20대 이상 여성 320명을 대상으로 결혼여부와 음주횟수의 관련성을 검정하기 위해 카이제곱(χ^2) 분석을 실시한 결과, 결혼여부와 음주횟수 간에는 유의한 분포 차이가 있는 것으로 나타났다($p<.05$). 전체 320명 가운데 금주는 159명, 주 1~2회는 114명, 주 3회 이상은 47명으로 파악되어 음주횟수는 금주가 상대적으로 많았다. 결혼여부에 따른 음수횟수를 살펴보면, 금주와 주 1~2회는 기혼자가 미혼자보다 많았으며, 주 3회 이상은 미혼자(59.6%)가 높은 비율을 차지하였다.

표 16.2 결혼여부와 음주횟수에 대한 차이 분석 결과

		전체	음주횟수			$\chi^2(p)$
			금주	주 1~2회	주 3회 이상	
		320	159	114	47	
결혼여부	기혼	184	106(66.7)	59(51.8)	19(40.4)	12.614
	미혼	136	53(33.3)	55(48.2)	28(59.6)	(.002**)

**$p<.01$

2 Fisher 정확 검정

1) 개요

카이제곱 검정에는 카이제곱값과 자유도, 유의확률이 나타나고, 전체 셀 중 기대빈도가 5보다 작은 셀의 비율이 얼마인지 제시해 준다. 어떤 셀의 기대빈도가 5보다 작아지는 이유는 그 셀에 해당하는 행이나 열의 전체 케이스 수가 작기 때문이다. 따라서 기대빈도가 5보다 작은 셀이 많다는 것은 전체적으로 케이스 수가 작다는 것을 의미하게 되고, 이런 경우 카이제곱값이 카이제곱분포를 따르지 않기 때문에 카이제곱분포로부터 계산된 유의확률을 사용할 수가 없다. 그래서 기대빈도가 5보다 작은 셀이 전체 셀의 20%를 넘는 경우에는 카이제곱 검정을 하는 대신에 Fisher 정확 검정(Fisher's Exact test)을 이용해서 유의확률을 구해야 한다.

교차표가 2×2인 경우에는 카이제곱 검정 결과에 Fisher 정확 검정 결과가 포함되어 나오지만 교차표가 2×2보다 범주가 많은 경우에는 교차분석의 정확에서 정확한 검정을 선택하면 출력결과에 Fisher 정확 검정 결과가 나온다.

2) 목적

Fisher 정확 검정은 교차표에서 주변합이 미리 정해져 있다는 가정하에 사용되는 검정법이다. 일반적으로 독립성 검정에서는 카이제곱이 Fisher 정확 검정에 비하여 검정력이 더 높다. 그러나 카이제곱 검정과 달리 일어날 수 있는 모든 상황을 일일이 세어서 그 확률값을 계산을 한다. 집단의 관찰수가 많지 않아 카이제곱 검정을 수행하기 어려울 때 적합하지만 관찰수가 많은 경우에도 사용할 수 있다.

3) 설계 예제

예제

뇌출혈 환자 9명과 뇌경색 환자 11명을 대상으로 마비부위를 조사한 결과이다. 뇌졸중형태와 마비부위에 연관성이 있는지 차이를 유의수준 .05 이내로 검정하여라. 뇌졸중형태와 마비부위의 독립성 검정을 위하여 Fisher 정확 검정을 실시한다.

표 16.3 Fisher 정확 검정에 대한 분석 자료

번호 \ 변인	뇌졸중형태	마비부위
1	2	2
2	1	1
3	2	2
4	2	2
5	2	1
6	1	1
7	1	2
8	1	1
9	2	2
10	2	2
11	2	1
12	1	2
13	1	2
14	1	2
15	2	2
16	1	1
17	2	2
18	2	1
19	2	2
20	1	1

[뇌졸중형태] 1: 뇌출혈, 2: 뇌경색, [마비부위] 1: 오른쪽, 2: 왼쪽

[ch16_Q2]

4) 통계 가설

- 귀무가설(H_0): 뇌졸중형태와 마비부위는 연관성이 없다($p > .05$).
- 대립가설(H_1): 뇌졸중형태와 마비부위는 연관성이 있다($p < .05$).

5) SPSS 분석

■ Fisher 정확 검정 순서

① 메뉴에서 [분석] – [기술통계량] – [교차분석]을 선택한다.

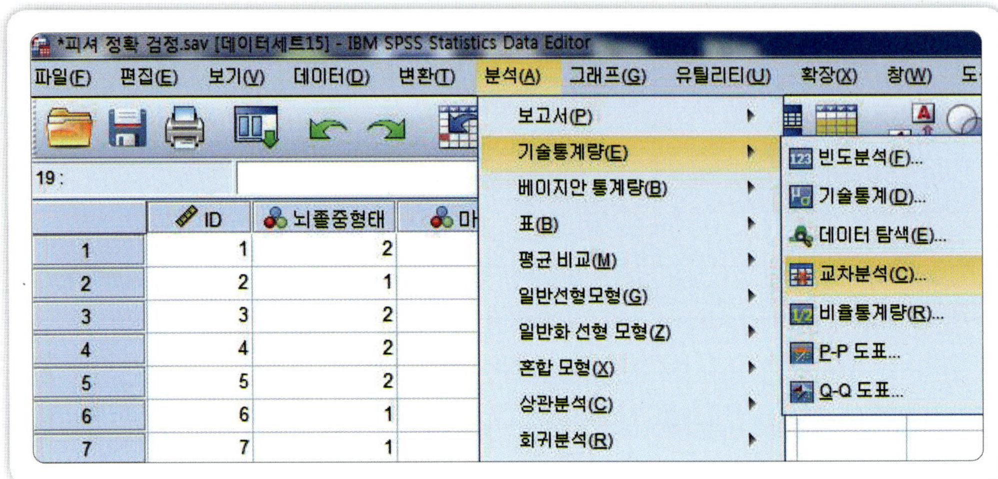

■ Fisher 정확 검정의 대상변수 지정

① '교차분석' 대화상자가 열리면 '뇌졸중형태' 변수를 '행'으로 옮긴다.

② '마비부위' 변수를 '열'로 옮긴다.

③ [정확] – [정확검정]을 선택하고 [검정 당 시간제한]을 선택하고 계속을 클릭한다.

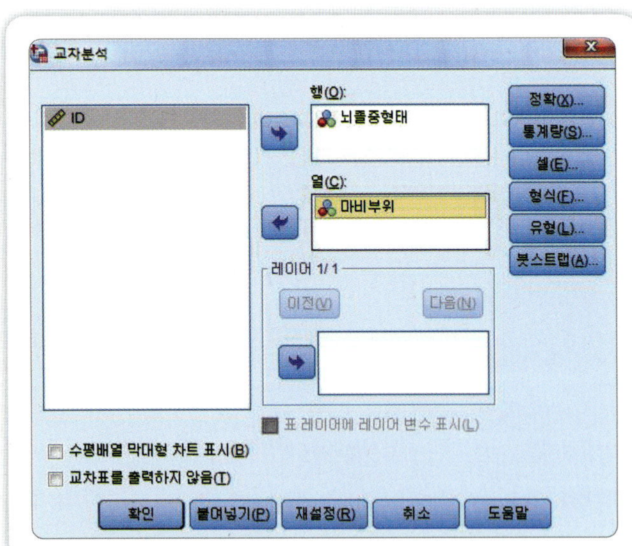

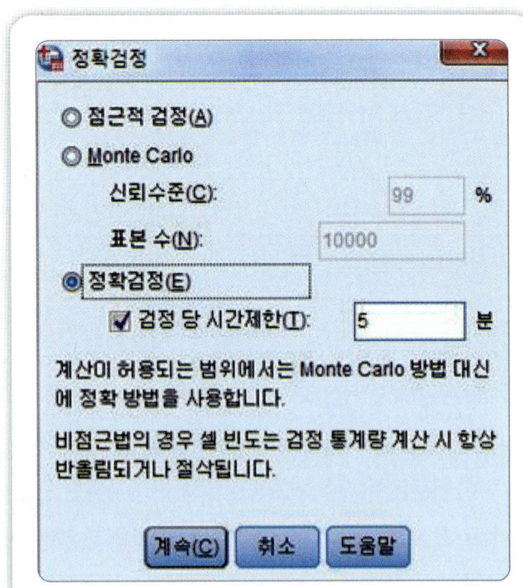

④ [통계량]에서 [카이제곱]을 선택하고 계속을 클릭한다.

⑤ 교차분석 메뉴에서 [셀]을 클릭하여 셀 표시에서 '관측빈도', '기대빈도' 그리고 '열' 퍼센트를 체크한다. 계속을 클릭하고 확인 버튼을 누르면 결과가 나타난다.

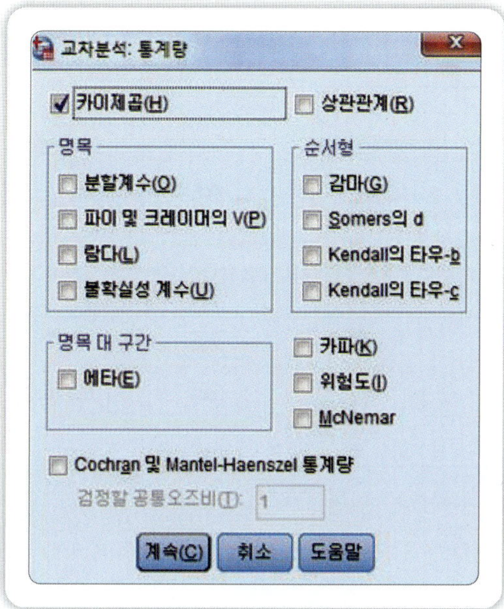

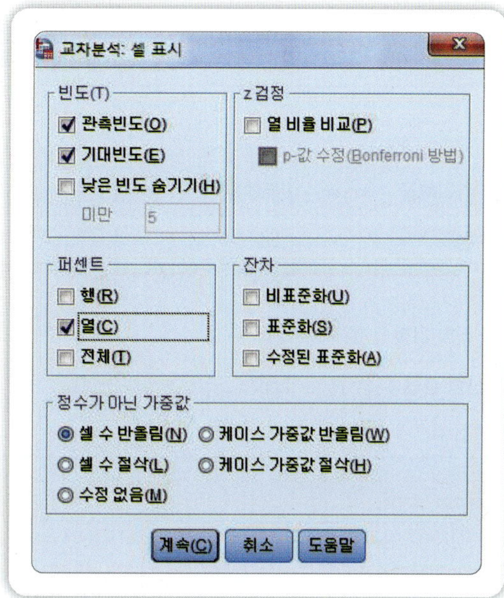

Fisher 정확 검정의 분석 결과

케이스 처리 요약

	케이스					
	유효		결측		전체	
	N	퍼센트	N	퍼센트	N	퍼센트
뇌졸중 형태*마비부위	20	100.0%	0	0.0%	20	100.0%

뇌졸중 형태*마비부위 교차표

			마비부위		
			오른쪽	왼쪽	전체
뇌졸중 형태	뇌출혈	빈도	5	4	9
		기대빈도	3.6	5.4	9.0
		마비부위 중 %	62.5%	33.3%	45.0%
	뇌경색	빈도	3	8	11
		기대빈도	4.4	6.6	11.0
		마비부위 중 %	37.5%	66.7%	55.0%
전체		빈도	8	12	20
		기대빈도	8.0	12.0	20.0
		마비부위 중 %	100.0%	100.0%	100.0%

카이제곱 검정

	값	자유도	근사 유의확률 (양측검정)	정확 유의확률 (양측검정)	정확 유의확률 (단측검정)	포인트 확률
Pearson 카이제곱	1.650[a]	1	.199	.362	.205	
연속성 수정[b]	.682	1	.409			
우도비	1.664	1	.197	.362	.205	
Fisher의 정확 검정				.362	.205	
선형 대 선형 결합	1.567[c]	1	.211	.362	.205	.165
유효 케이스 수	20					

a. 2셀(50.0%)은 5보다 작은 기대빈도를 가지는 셀임. 최소 기대빈도는 3.60
b. 2×2 표에 대해서만 계산됨
c. 표준화 통계량: 1.252

① 교차표를 살펴보면, 5보다 작은 기대빈도를 가지는 셀이 2개이므로(20%보다 많으므로) Fisher 정확 검정을 사용한다.

② 카이제곱 검정 표에서 Fisher 정확 검정 결과를 살펴보면, 정확 유의확률(양측검정) 값이 .362로 유의수준 .05보다 크기 때문에 영가설을 채택한다. 뇌졸중형태와 마비부위는 연관성을 보이지 않았다.

6) 결과표 예시 및 해석

뇌졸중형태와 마비부위에 대한 차이 검정을 위해서 교차분석을 실시한 결과, 전체 4개의 셀 중에서 기대빈도가 5 미만인 경우가 2개(50%)이므로 Fisher 정확 검정을 실시하였다. 뇌졸중형태와 마비부위와의 연관성에 대해서 통계학적으로 유의한 차이는 없었다($p > .05$).

표 16.4 뇌졸중형태와 마비부위에 대한 차이 분석 결과

		전체	마비부위		p
			오른쪽	왼쪽	
		20	8	12	
뇌졸중형태	뇌출혈	9	5(62.5)	4(33.3)	.362
	뇌경색	11	3(37.5)	8(66.7)	

17

상관분석

학습목표

- 산점도를 이용해 변수 간의 관련성 유무를 알 수 있다.
- 공분산의 의미를 이해할 수 있다.
- 상관계수의 의미와 상관분석을 이해할 수 있다.

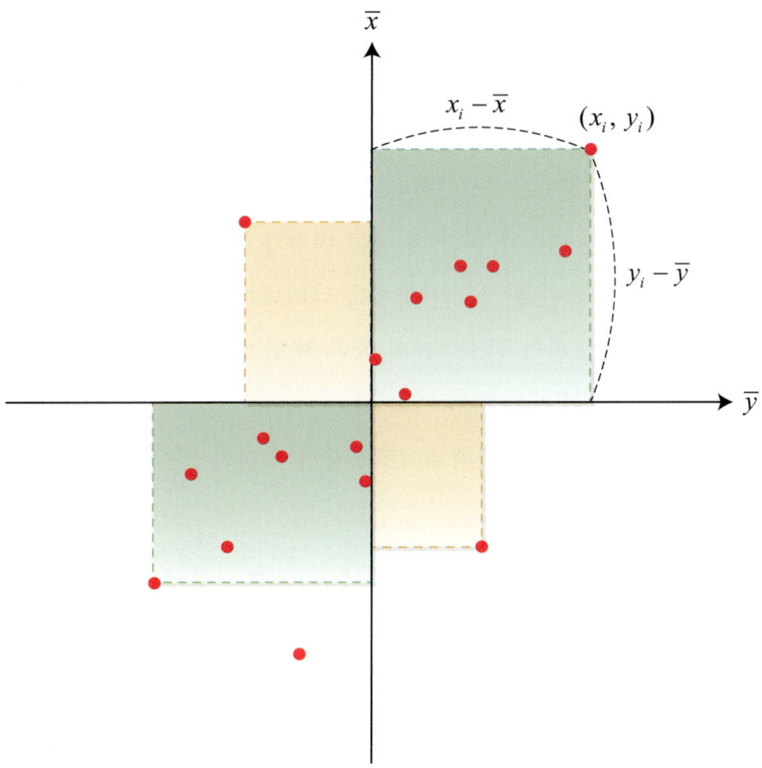

1 상관분석

1) 개요

상관분석(correlation analysis)은 두 변수 간 선형 관계성을 분석하는 방법이다. 따라서 여러 변수가 있는 경우에도 두 변수씩 묶어서 선형 관계성을 분석한다. 예를 들어, 우울과 삶의 질 지수의 관계, 연령과 골밀도의 관계를 분석하고자 할 때 상관분석을 사용한다. 상관분석 중 널리 사용되는 것은 모수적 방법인 Pearson 상관분석이다. 모수적 방법이므로 모집단에 대한 기본가정이 필요하다. 만약 수집된 자료가 기본가정을 만족하지 못하는 경우에는 비모수적 방법인 Spearman 순위상관분석을 적용한다.

2) 목적

상관분석은 두 변수 간 상호의존 관계가 있을 때 이 관련성을 통계적으로 분석하는 방법이다. 또한, 두 변수 중 하나의 변수에 대한 정보를 가지고 다른 변수를 예측하거나 설명할 때 사용되기도 한다. 두 변수 간에 강한 관련성이 있을 경우에는 한 변수에 대한 정보를 가지고 다른 변수를 예측할 수 있기 때문이다. 상관분석을 돌리기 전에 먼저 산점도를 그려보면 두 변수 사이의 관계를 명확하게 이해할 수 있다.

3) 통계 지식

(1) 기본가정

① X와 Y의 측정치는 최소한 등간척도 이상이어야 한다.

② 상관은 두 변수의 관계로서 한 변수가 변할 때 다른 변수가 어떻게 변하는가를 알려준다.

③ 상관계수는 요인(변수)들 간의 관계 정도와 방향을 나타내는 것이다. 상관계수는 한 변수가 증가할 때 다른 변수도 증가하는지, 아니면 오히려 감소하는지 혹은 변화가 없는지를 밝히고, 그 정도를 추정하며, 변수들 간의 관계 정도와 방향을 나타낸다.

④ 관련성의 정도는 특정변수의 분석(매출액의 변화) 중에서 다른 변수(수입의 변화)와 같이 변화하는 분산(공분산)이 어느 정도 되느냐이다.

⑤ 상관계수의 범위는 −1.0(부)에서 1.0(정) 사이의 값($-1 \leq r \leq 1$)을 가지며, 절댓값 1에 가까울수록 상관성이 높고 0에 가까울수록 낮다.

⑥ 음(−)과 양(+)은 두 변수 관계의 방향성을 의미한다.

⑦ 상관관계가 인과관계를 의미하지는 않는다.

(2) 공분산

공분산은 두 변수의 편차 곱에 대한 평균으로 두 변수 간의 관련성의 정도에도 영향을 받지만, 편차의 크기에도 영향을 받는다. 따라서 똑같은 자료라도 단위를 변경하면 공분산의 수치도 달라진다(그림 17.1). 예를 들어 스트레스와 만족도를 5점 척도로 측정했을 때와 100점 만점으로 측정했을 때 공분산값은 다른 값을 갖게 된다. 따라서 공분산의 크기는 두 변수 간의 관련성의 정도 외에도 변수의 편차크기에도 영향을 받아 두 변수 간의 관련성의 정도를 측정할 수 있는 척도는 아니다. 공분산은 상관의 크기를 알 수 없다.

공분산	$COV(X, Y) = \Sigma(X_i - \bar{X})(Y_i - \bar{Y}) / (n-1)$

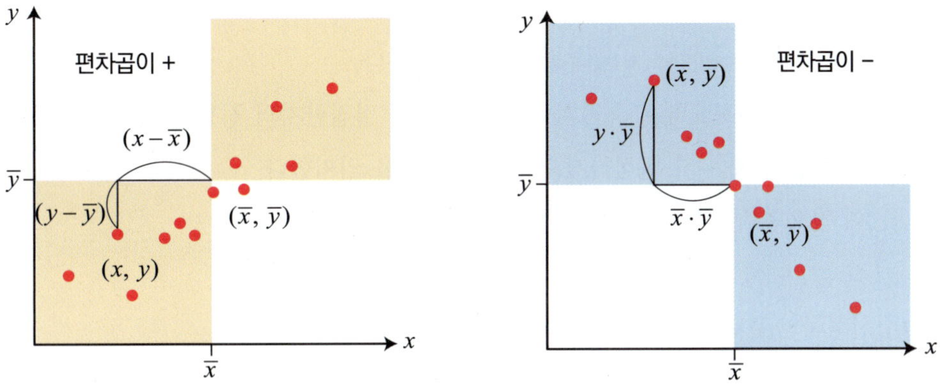

공분산을 이용해 두 변수의 관계가 정상관 혹은 역상관을 갖는지 파악

그림 17.1 공분산

(3) Pearson 상관계수

공분산을 각 변수의 표준편차로 나누어 주어 단위에 따른 수치의 변화나 단순히 편차가 커서 공분산이 커지는 문제점을 해결한 통계량이 상관계수이다. 두 변수 간의 관계성을 나타내는 Pearson의 상관계수는 다음과 같은 공식에 의해서 구해진다.

$$r = \frac{cov(x, y)}{\sqrt{var(x)}\sqrt{var(y)}} = \frac{\sum_{i=1}^{n}(x_1 - \bar{x})(y_1 - \bar{y})}{\sqrt{\sum_{i=1}^{n}(x_1 - \bar{x})^2 \sum_{i=1}^{n}(y_1 - \bar{y})^2}}$$

두 양적 변수 사이의 관련성의 크기를 상관계수로 측정하는데 모집단 상관계수(ρ)와 표본 상관계수(γ)를 구하는 식은 다음과 같다.

$$\rho = \frac{\sum_{i=1}^{N}(X_i - \mu_Y)(Y_i - \mu_Y)}{\sqrt{\sum_{i=1}^{N}(X_i - \mu_X)^2}\sqrt{\sum_{i=1}^{N}(Y_i - \mu_Y)^2}} \qquad \gamma = \frac{\sum_{i=1}^{n}(X_i - \bar{\chi})(Y_i - \bar{y})}{\sqrt{\sum_{i=1}^{n}(X_i - \bar{\chi})^2}\sqrt{\sum_{i=1}^{n}(Y_i - \bar{y})^2}}$$

- 한 변수가 변하는 정도는 분산으로 설명하고 두 변수가 변하는 정도는 공분산으로 추정한다.
- 공분산이 크면 상관의 정도가 크다고 할 수 있으므로 상관은 공분산에 비례한다.
- 분산은 한 변수에 대해서 평균과 얼마나 떨어져 있는가를 측정하는 것이다.
- 공분산은 두 변수 간의 평균에서 얼마만큼 어디로 흩어지는가를 파악하는 것이다.
- 상관계수는 표준화된 공분산이다.

(4) Pearson 상관계수의 특징

① 상관계수의 범위는 −1.0에서 +1.0 사이의 값을 갖는다.

② 상관계수의 크기는 산포도에서 최적의 직선이 얼마나 밀접한지의 정도, 관련성의 정도를 나타낸다.

a. 절댓값이 크면 두 변수가 밀접하게 관계되어 있음을 의미한다.

b. 절댓값이 작으면 두 변수 간의 관련성이 낮음을 의미한다.

c. $r=+1$ 또는 $r=-1$: 산포도의 모든 점들이 일직선상에 놓여 있다.

d. $r=0$: 선형적인 관련성이 전혀 없다.

③ 상관계수 앞 + 부호: 정적인 상관, 한 변수가 증가할 때 나머지 변수도 같이 증가한다.

상관계수 앞 − 부호: 부적인 상관, 한 변수가 증가할 때 나머지 변수는 감소한다.

④ 상관계수의 측정단위는 없다.

⑤ 상관계수는 표본의 x와 y값 범위 내에서만 의미를 가진다. x와 y값이 표본에서 갖는 값보다 극단에 있을 때도 같은 상관계수를 가질 것이라고 추정할 수 없다.

⑥ x와 y의 위치를 일제히 바꾸어도 구한 상관계수 값은 변하지 않는다.

⑦ x와 y의 상관관계가 있더라도 반드시 인과관계를 의미하는 것은 아니다.

⑧ r^2: 상관계수로 설명할 수 있는 총변동의 비율(설명력)을 의미한다.

TIP

상관관계가 갖는 특성

① $r=0.65$, $p<0.05$의 의미: $r=0$이라는 영가설을 두고 연구를 100번 반복 시 표본추출오차로 인해 $r=0.65$를 얻을 경우가 5번 이하라는 것을 의미한다.

② 상관계수가 통계적으로 의미가 있게 나왔다 하더라도 상관 정도와 방향에 대해 같이 고려해야 한다.

③ 영가설이 기각되고 대립가설 채택이 의미하는 것은 단순히 선형관계를 보여주고, 두 변수 간의 인과관계가 있다는 것을 의미하지는 않는다.

④ $r=0.60$은 $r=0.30$에 비해 두 배의 상관관계를 갖는다고 할 수 없다.

⑤ $r=0.60$과 $r=0.70$의 차이가 $r=0.80$과 $r=0.90$의 차이와 같다고 할 수 없다.

⑥ 각각의 상관계수는 상대적인 순위로 해석된다.

⑦ 상관계수 자체는 실제 측정값이 아니며, 편의상 사용되는 지수이다.

(5) 설명력

상관계수(r)를 제곱한 r^2을 두 변수 간 설명력(또는 결정계수)이라고 한다. 설명력이란 한 변수로 다른 한 변수를 설명하는 정도(비율)를 의미한다. 예를 들어 두 변수 간 상관계수가 0.9(또는 −0.9)일 경우 $r^2=0.81$이 되는데, 이것은 한 변수로 다른 변수를 81% 설명할 수 있다는 의미다. r^2은 선형 회귀분석에서 만들어지는 회귀모형의 설명력을 의미하기도 한다.

예) $r=0.50$, $p<.05$

한 변수(x)가 나머지 한 변수(y)의 변동(variance)을 25% 설명할 수 있음을 의미한다.

(6) 산점도

산점도를 사용하여 변수 간의 관계를 시각화할 수 있다. 두 변수가 연속변수인 경우에 x변수는 수평선, y변수는 수직으로 표기하여 산포도로 나타낸다. 두 변수가 모두 연속형인 경우 관계의 패턴을 감지할 수 있는지의 여부를 확인할 수도 있다. 통계분석을 수행하기 전에 먼저 변수 간의 관계에 대한 특성을 이해하는 것이 중요하다. 특히 연속변수의 이상값(극한값)은 상관계수 값에 영향을 줄 수 있기 때문에 산점도를 통하여 관계를 파악하는 것이 무엇보다 중요하다(그림 17.2). 예를 들어, 학생들의 학업성적과 어머니의 교육수준의 연관성을 파악하고자 한다면 상관분석을 실시하기 전에 산점도를 먼저 작성하는 것이 바람직하다.

> **TIP**
>
> **산점도**
>
> 평면 좌표상의 가로축(X축)과 세로축(Y축)에 각 변수를 설정한 후 측정값들을 표시하여 두 변수 간의 관계를 개략적으로 알 수 있게 나타내는 도표를 말한다.

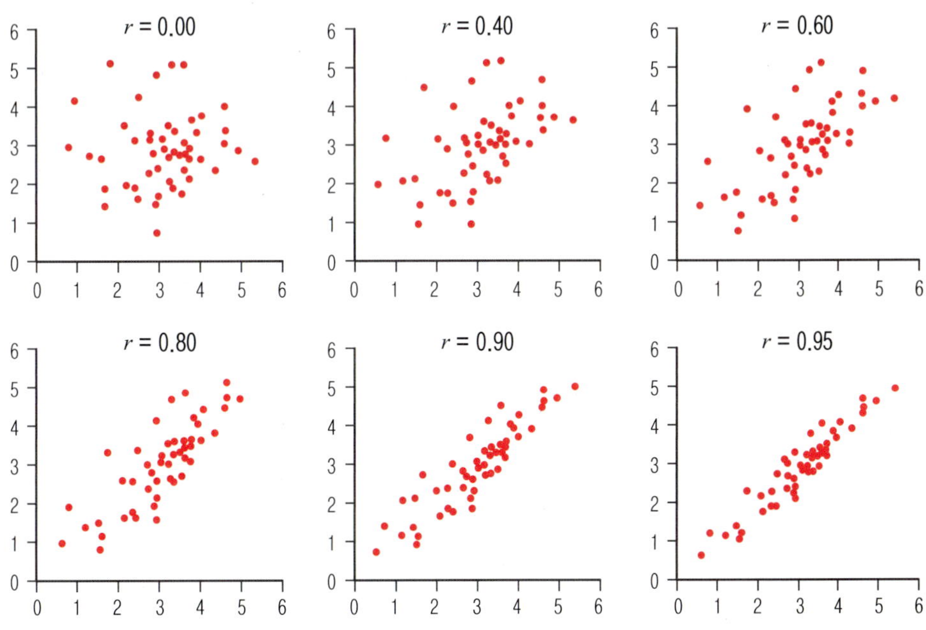

그림 17.2 두 변수 간의 관련성의 유형

TIP

상관계수를 사용할 수 없는 경우(Pearson 상관계수를 보기에 부적절한 산포도)

① 두 변수 간에 직선형 관계는 없지만 곡선형 관계가 있는 경우

② 극단값(outline)이 있는 경우

③ 산포도를 그려보았을 때 여러 개의 소집단 분포를 보일 때

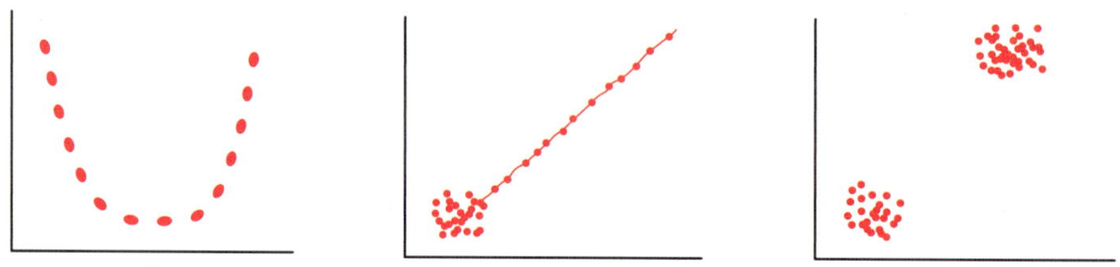

① ② ③

(7) 상관계수의 분석과정과 해석기준

상관계수의 부호로부터 관련성의 방향에 대한 정보를 얻을 수 있고, 상관계수의 절댓값이 1에 가까울수록 관련성은 강한 것이고 0에 가까울수록 관련성은 약하다고 할 수 있다. 산점도와 상관계수로부터 두 변수의 움직임에 어떤 상관성이 있는지의 정보를 얻을 수 있지만 두 변수가 원인과 결과의 관계인지는 알 수가 없다. 두 변수 사이에 원인과 결과의 관계가 존재하는지는 이론적 배경과 관계성의 방향을 알아보기 위한 분석이 더 필요하다.

기법	분석과정	선택사항	결과물
상관계수	분석 → 상관분석 → 이변량상관계수	상관계수(Pearson), 양쪽 옵션(평균, 표준편차, 대응별 결측값 제외)	Pearson 상관계수 $p<0.05$

상관계수(r)의 범위	상관관계의 해석
± 0.00 ~ 0.20	상관이 매우 낮다
± 0.20 ~ 0.40	상관이 있지만 낮다
± 0.40 ~ 0.70	확실히 상관이 있다
± 0.70 ~ 0.90	상관이 높다
± 0.90 ~ 1.00	상관이 매우 높다

■ 상관분석 예제

	학업동기	학업성취도
학업동기	1	.624**
학업성취도	.624**	1

$^{**}p<0.01$

(8) 상관분석의 종류

종속변수	독립변수			
	비연속적 명목변수	연속적 명목변수	서열변수	등간 · 비율변수
비연속적 명목변수	Phi 계수, 유관 계수, Lambda			
연속적 명목변수	Yule's Q	사분 상관관계		
서열변수	등위 양분 상관관계		Spearman's rho Kendall's tau	
등간 · 비율변수	Creamer's V 양류 상관관계	양분 상관관계	다류 상관관계	Pearson(적률) 상관관계

(9) 연관성과 상관성의 정도를 파악하기 위한 방법

	연관성	상관성
자료의 속성	범주형	양적척도
변수	대부분 2개, 3개	2개
분석방법	카이제곱 검정(χ^2 – test)	상관분석(correlation analysis)

2 Pearson 상관분석

1) 개요

Pearson 상관분석(Pearson's correlation analysis)은 두 변수 모두 연속적인 양적변수일 때 구한다. Pearson 상관분석은 모수통계이므로 기본가정이 만족되어야 적용이 가능하다. Pearson 상관분석은 두 변수가 정규분포를 따른다는 가정하에 선형관계의 상관도를 분석한다. 두 변수가 양적척도(등간/비율척도)면 변수 간 선형관계를 파악하는 것으로 Pearson 상관분석은 두 변수 간 상관성을 파악하는 방법으로 관계 정도를 알아보고자 할 때 유용하다.

2) 목적

가설을 검정하기 위해서는 2개의 변수 간 관계를 파악해야 하는데, Pearson 상관분석을 이용하면 확인이 가능하다. Pearson 상관분석은 양적척도(등간/비율척도)로 측정된 변수들 간의 선형관계 정도를 파악하기 위해 사용하는 방법이다. 하나의 변수가 다른 변수와 어느 정도 밀접한 관련성을 갖고 변화하는가를 알아보기 위해서 이용해야 한다.

3) 통계 지식

(1) 기본가정

① 선형성

Pearson 상관분석을 적용하기 위해서는 두 변수가 선형적인 관계를 이루어야 한다. 만약 두 변수가 선형적 관계를 유지하지 못하면 상관분석의 적용이 어렵다. 선형성은 두 변수 간 산점도를 그려보면 확인할 수 있다.

② 등분산성

등분산성은 x변수에 대한 y변수의 퍼짐 정도가 x변수의 어느 지점에서도 같아야 한다는 가정이다. 등분산성은 두 변수 간 산점도를 그려서 확인할 수 있으며, 만약 등분산성이 성립되지 않는다면 산점도의 모양을 보고 어떠한 분포인가를 판단하여 분석방법과 해석을 달리 적용해야 한다.

③ 표본추출의 독립성

표본의 상관분석 결과를 모집단에 대한 설명으로 확대하고자 한다면 표본이 모집단을 대표할 수 있어야 한다. 표본을 추출할 때 모집단을 대표할 수 있도록 하는 방법에는 확률적 방법에 의한 무작위 추출이 있다. 만약 이 가정이 만족되지 않으면 표본의 상관계수로 모집단을 추정하는 데 있어서 신뢰성이 떨어지므로 비모수적 방법인 Spearman 순위상관분석을 고려해야 한다.

④ 연속성

Pearson 상관분석을 적용하기 위해서는 두 변수 모두 연속형 변수이어야 한다. 만약 두 변수 중 하나라도 연속형 변수가 아닌 순서변수인 경우, 모집단에 대한 추정을 할 수 없으므로 비모수적 방법인 Spearman 순위상관분석을 적용한다.

⑤ 정규성

표본의 상관분석 결과를 모집단에 대한 설명으로 확대하고자 한다면 두 변수 모두 모집단에서 정규분포를 이루어야 한다. 만약 두 변수 중 하나라도 정규성을 만족하지 못하면 비모수적 방법을 적용한다. 정규성은 왜도와 첨도를 이용하는 방법, Q−Q plot을 이용하는 방법, 정규성 검정을 하는 방법 등으로 확인할 수 있다.

- 왜도와 첨도는 각각 −2~+2의 범위 안에 있으면 분포가 특별히 치우치지 않은 것으로 판단할 수 있다.
- Q−Q plot은 정규분포를 확인하는 그래프로서 Q−Q plot의 직선상에 데이터들이 위치하면 정규분포를 판단한다.
- 정규성 검정은 Kolmogorov−Smirnov 검정과 Shapiro−Wilk 검정이 주로 사용된다.
- 표본크기가 큰 설문연구에서는 주로 Kolmogorov−Smirnov 검정이 사용된다.
- 표본크기가 작은 실험연구에서는 주로 Shapiro−Wilk 검정이 사용된다.

4) 설계 예제

예제

A 대학병원에서 호흡재활을 받은 외래 환자 50명을 대상으로 폐활량 측정기를 통하여 최대날숨유속(PEF)과 1회 호흡량(MVT)을 측정하였다. 최대날숨유속과 1회 호흡량 간에 상관관계가 있는지를 확인하고자 한다.

표 17.1 Pearson 상관분석 자료 (N = 50)

번호	최대날숨유속	1회 호흡량
1	5.39	2.74
2	9.39	2.13
3	9.61	2.74
4	8.62	3.00
5	7.57	3.05
6	10.58	4.18
7	7.19	2.79
8	8.84	1.96
9	12.13	2.92
10	10.01	2.56
⋮	⋮	⋮
50	7.07	2.04

[ch17_Q1]

5) 통계 가설

- 귀무가설(H_0): 변인 X와 변인 Y 간에 상관관계가 없을 것이다($p > .05$).
- 대립가설(H_1): 변인 X와 변인 Y 간에 상관관계가 있을 것이다($p < .05$).

- 귀무가설(H_0): 최대날숨유속과 1회 호흡량 간에는 상관관계가 없을 것이다($p > .05$). $H_0 : r = 0$
- 대립가설(H_1): 최대날숨유속과 1회 호흡량 간에는 상관관계가 있을 것이다($p < .05$). $H_1 : r \neq 0$

6) SPSS 분석

(1) 선형성과 등분산성 확인

상관관계의 선형성과 등분산성은 두 변수 간 산점도(scatter plot)를 이용하여 쉽게 확인할 수 있다.

선형성 확인을 위한 산점도 그리기 순서

① SPSS 주메뉴에서 [그래프(G)] – [레거시 대화 상자] – [산점도/점도표]를 선택한다.

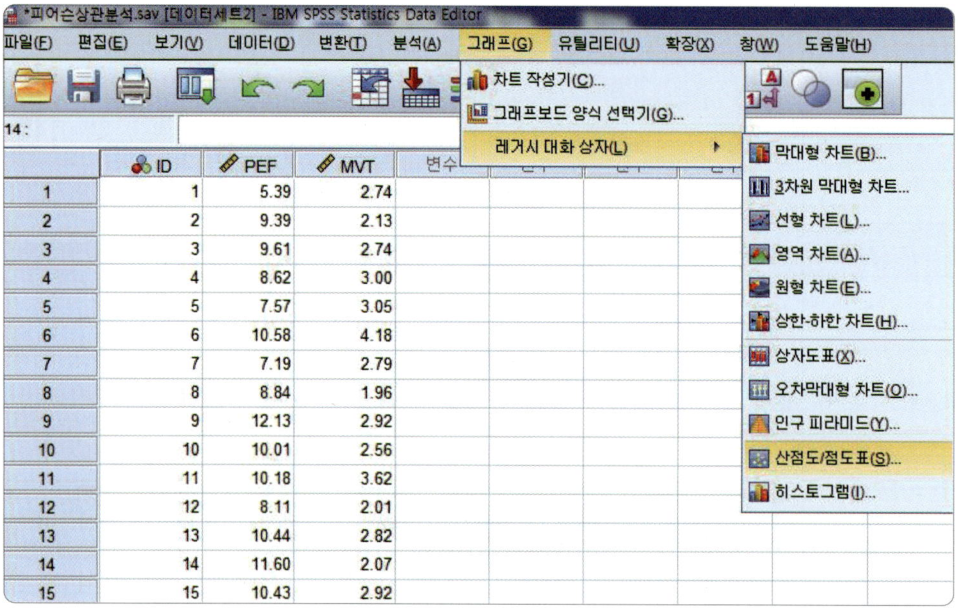

산점도 유형의 선택

① '산점도/점도표' 대화상자가 열리면 '단순 산점도'를 선택한다. 두 변수 간의 산점도 작업을 위해서는 '단순 산점도'를 선택하고, 여러 변수 간의 산점도를 같이 보고 싶다면 '행렬 산점도'를 선택하여 진행하면 된다.

② '정의' 버튼을 누른다.

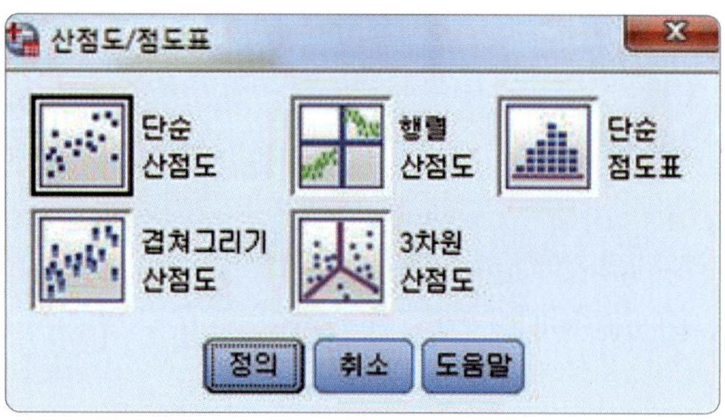

산점도의 대상변수 지정 및 실행

① '단순 산점도' 대화상자가 열리면 'Y축'으로 'PEF' 변수를 옮긴다.

② 'X축'으로 'MVT' 변수를 옮긴다.

③ '확인' 버튼을 눌러 산점도 그리기를 실행한다.

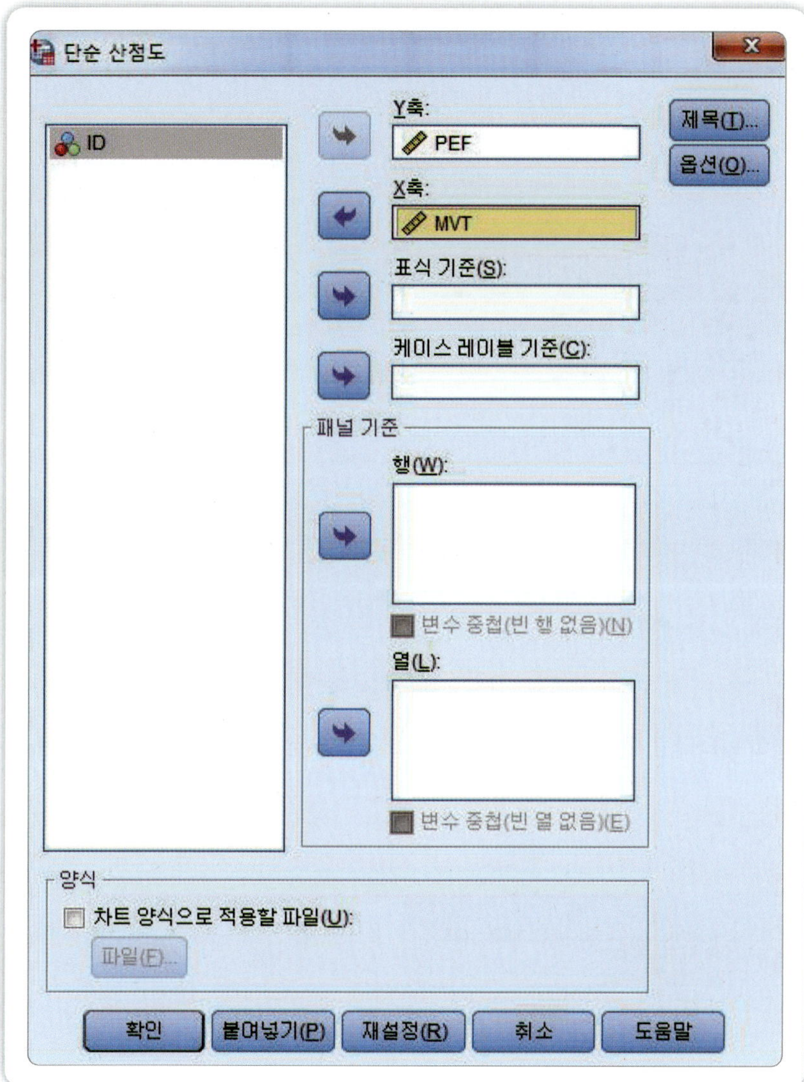

산점도 확인

① 다음 도표의 Y축은 각 호흡재활을 받은 외래환자들의 최대날숨유속이고, X축은 환자의 1회 호흡량을 나타낸다. 위 점들을 대표하는 회귀선을 추가할 수 있으며 회귀선을 통하여 상관도의 강도를 대략적으로 파악할 수 있다. 산점도를 통해서 볼 수 있듯이 1회 호흡량이 증가함에 따라 최대날숨유속이 다소 높은 경향이 있다. 산점도를 보면 '최대날숨유속'과 '1회 호흡량'의 분포가 뚜렷한 선형성을 갖는 것으로 판단되면, 등분산성도 특별히 벗어나는 것으로 판단하기 어렵다.

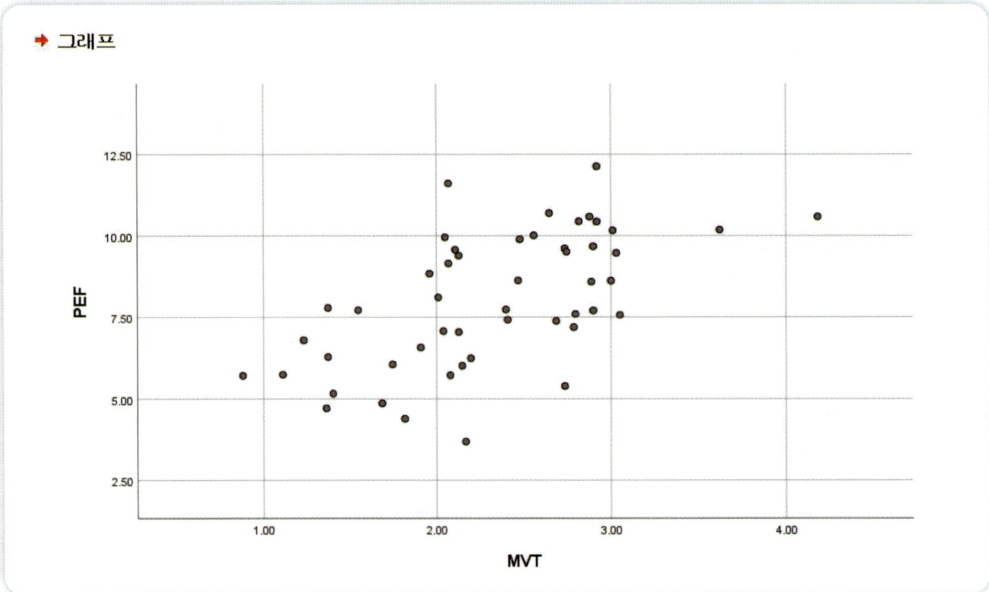

② 도표를 더블클릭하면 도표 편집기 창이 나타나고, 전체 회귀선 적합 추가 버튼을 누르면 다음과 같이 산점도에 추세선(회귀직선)을 추가할 수 있다.

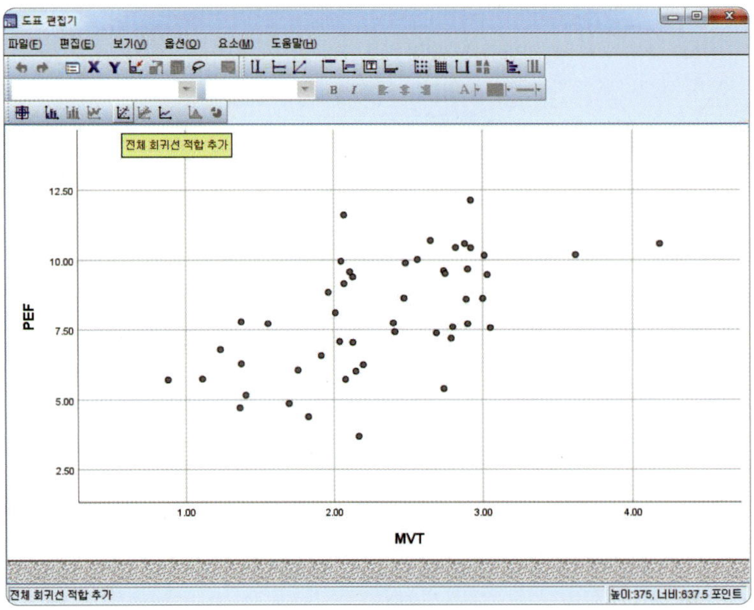

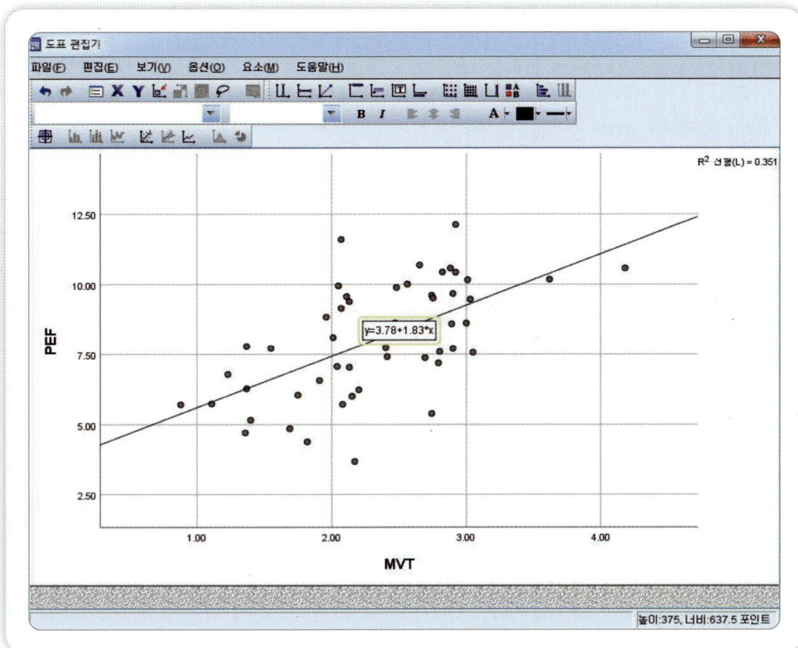

(2) 표본추출의 독립성과 연속성 확인

상관관계를 분석한 표본집단이 모집단으로부터 확률적 방법에 의해 추출되었다면 독립성이 만족된 것으로 간주한다. 한편 상관분석을 하고자 하는 두 변수가 모두 등간변수 이상의 연속형 변수면 연속성이 만족된 것으로 간주한다.

(3) 정규성 검정

모수적 방법인 Pearson 상관분석을 적용하기 위해서는 두 변수 모두 정규성을 만족해야 한다. 정규성 검정은 다음의 절차를 따른다.

정규성 검정 순서

① 메뉴에서 [분석] – [기술통계량] – [데이터 탐색]을 선택한다.

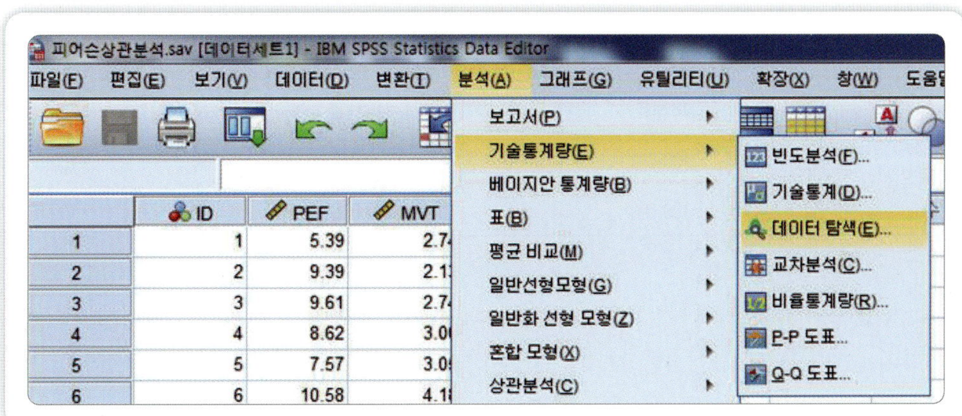

② '데이터 탐색' 대화상자에서 'PEF'와 'MVT' 변수를 '종속변수'로 옮긴다.

③ '도표' 대화상자에서 '검정과 함께 정규성 도표'를 선택하고 '계속' 버튼을 누른다.

④ '데이터 탐색' 대화상자로 돌아오면 '확인' 단추를 눌러 분석을 실행한다.

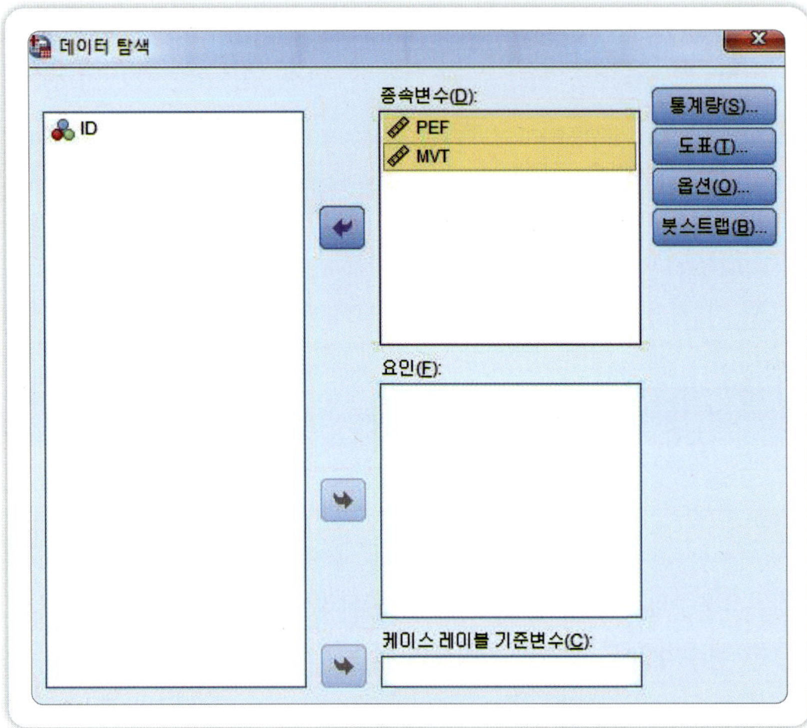

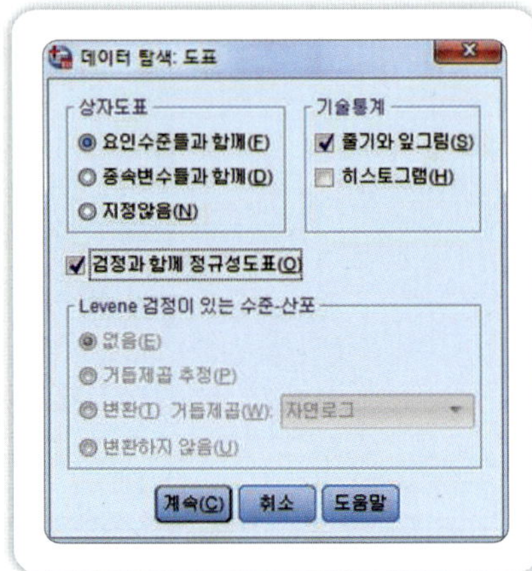

정규성 검정의 분석 결과

① 다음 표는 정규성 검정 결과 중 '케이스 처리 요약' 부분이다. 'PEF'과 'MVT' 변수 모두 표본의 크기가 50명임을 알 수 있다.

케이스 처리 요약

	케이스					
	유효		결측값		총계	
	N	퍼센트	N	퍼센트	N	퍼센트
PEF	50	100.0%	0	0.0%	50	100.0%
MVT	50	100.0%	0	0.0%	50	100.0%

② 다음은 정규성 검정 결과 중 분포의 '기술통계' 부분이다. PEF, MVT 분포의 왜도와 첨도가 각각 -2 ~ +2의 범위 내에 있음을 보여주고 있어 두 변수 모두 특별히 치우침이 없는 분포임을 알 수 있다.

기술통계

		통계	표준화 오차
PEF	평균순위	8.0268	.28887
	평균의 95% 신뢰구간 하한	7.4463	
	평균의 95% 신뢰구간 상한	8.6073	
	5% 절사 평균	8.0407	
	중위수(D)	7.7650	
	분산(V)	4.172	
	표준화 편차	2.04260	
	최소값(U)	3.69	
	최대값(X)	12.13	
	범위(R)	8.44	
	사분위수 범위	3.45	
	왜도(W)	-.130	.337
	첨도(K)	-.836	.662
MVT	평균순위	2.3242	.09375
	평균의 95% 신뢰구간 하한	2.1358	
	평균의 95% 신뢰구간 상한	2.5126	
	5% 절사 평균	2.3173	
	중위수(D)	2.3000	
	분산(V)	.439	
	표준화 편차	.66292	
	최소값(U)	.88	
	최대값(X)	4.18	
	범위(R)	3.30	
	사분위수 범위	.89	
	왜도(W)	.065	.337
	첨도(K)	.221	.662

③ 다음은 정규성 검정 결과 중 '정규성 검정'부분이다. 정규성 검정에서의 가설은 두 변수 모두에 대해 각각 다음과 같다.

- 귀무가설(H_0): 모집단은 정규분포를 만족한다($p > .05$).
- 대립가설(H_1): 모집단은 정규분포를 만족하지 않는다($p < .05$).

정규성 검정 결과 Kolmogorov–Smirnov 검정에서는 'PEF'와 'MVT' 모두 유의확률이 .200으로 .05보다 크게 나타났으므로 영가설을 받아들여 정규분포가 성립됨을 알 수 있다. Shapiro–Wilk 검정에서도 유의확률이 'PEF'는 .399, 'MVT'는 .243으로 모두 .05보다 크므로 영가설을 받아들여 정규분포가 성립됨을 알 수 있다.

정규성 검정

	Kolmogorov–Smirnov[a]			Shapiro–Wilk		
	통계	자유도	CTT 유의확률	통계	자유도	CTT 유의확률
PEF	.108	50	.200*	.976	50	.399
MVT	.097	50	.200*	.971	50	.243

*. 참 유의성의 하한임
a. Lilliefors 유의확률 수정

(4) Pearson 상관분석 적용

Pearson 상관분석을 위한 기본가정이 모두 만족되면 다음 절차에 따라 상관분석을 실행한다.

Pearson 상관분석 순서

① 파일을 열고 메뉴에서 [분석] – [상관분석] – [이변량 상관]을 선택한다.

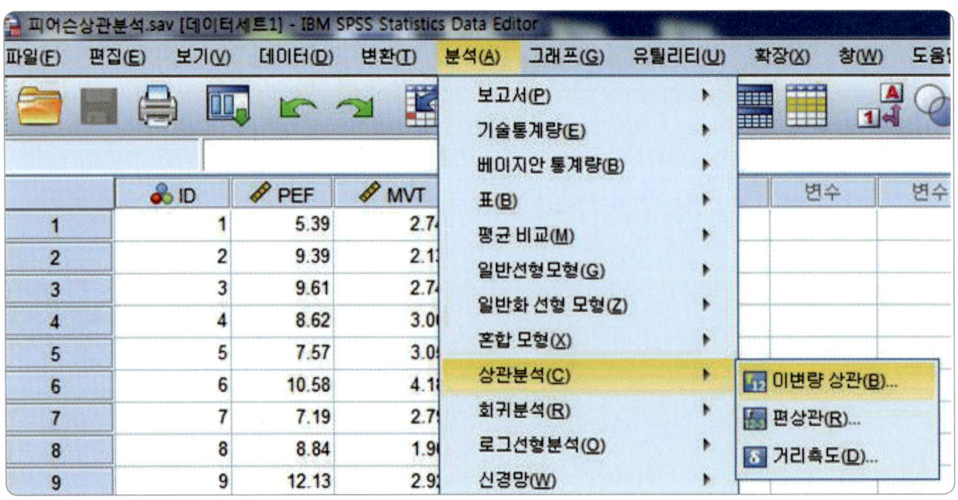

■ Pearson 상관분석의 대상변수 지정

① '이변량 상관계수' 대화상자가 열리면 변수들 중 상관분석을 하려는 두 변수(두 변수 이상을 옮겨도 결과표에서는 각 두 변수씩 비교한 결과를 보여준다)를 '변수' 칸으로 옮긴다. 좌측의 'PEF'와 'MVT'를 [변수]로 이동시킨다.

② '상관계수의 ☑Pearson이 체크되었는지 확인한다(Pearson은 양적척도일 때, Kendall의 타우-b와 Spearman은 서열척도일 때 선택).

■ Pearson 상관분석의 옵션 설정 및 실행

① 만약 변수의 상관계수뿐만 아니라 평균과 표준편차도 결과표에 함께 표시하고 싶다면 '옵션' 단추를 누른다.

② '이변량 상관계수: 옵션' 대화상자에서 '통계량' 항목 중 '평균과 표준편차'를 선택하고 '계속' 단추를 누른다.

③ '이변량 상관계수' 대화상자로 돌아오면 '확인' 단추를 눌러 분석을 실행한다.

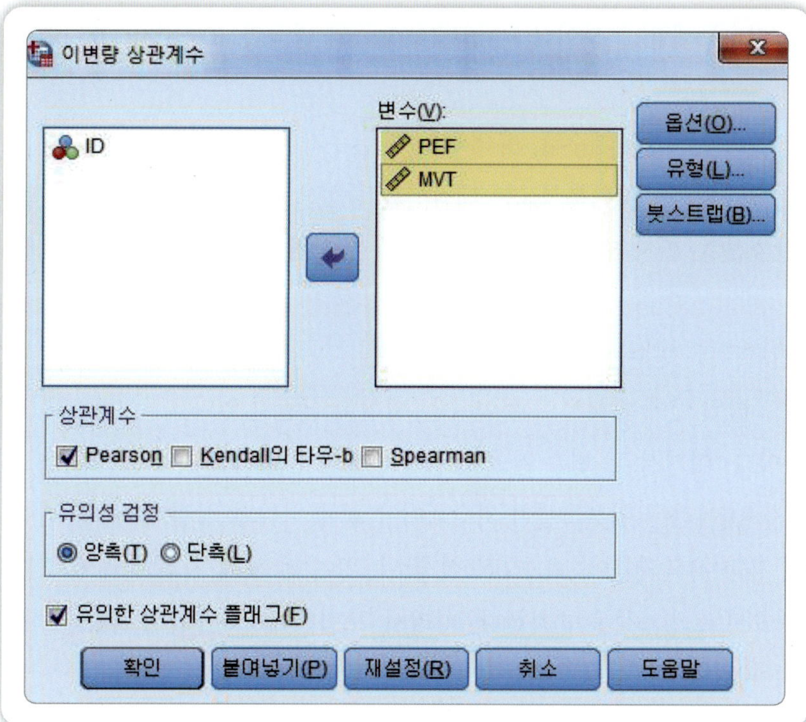

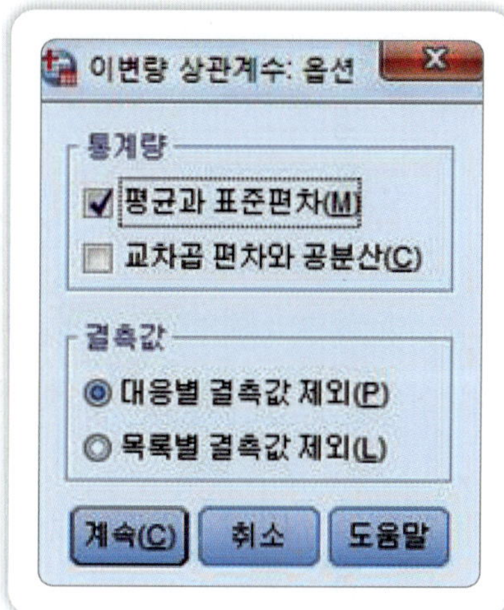

(5) 출력결과 해석

■ Pearson 상관분석의 결과

[상관관계]

기술통계량

	평균	표준화 편차	N
PEF	8.0268	2.04260	50
MVT	2.3242	.66292	50

상관관계

		PEF	MVT
PEF	Pearson 상관계수	1	.593**
	유의확률(양측)		.000
	N	50	50
MVT	Pearson 상관계수	.593**	1
	유의확률(양측)	.000	
	N	50	50

**. 상관관계가 0.01 수준에서 유의함(양측)

① 첫 번째 표는 상관분석 결과 중 '기술통계량' 부분이다. 투입된 변수들의 평균과 표준편차, 케이스가 나타나 있다.

② 다음으로 상관계수표가 나타난다. 표에는 상관계수값, 유의확률, 표본수가 나타나며, 상관계수가 의미 있는 경우에는 상관계수값 옆에 [*]이 표시된다. 상관분석표는 대각선을 중심으로 좌우가 대칭이므로 한쪽만 활용하여 해석하면 된다. 호흡재활을 받는 환자 50명의 'PEF'와 'MVT' 간 상관계수 r은 0.593으로 계산되었다. 이것은 다음과 같이 해석한다.

- 상관계수의 부호가 양수(+)이므로 두 변수는 '양의 상관관계'이다.
- 상관계수의 절댓값이 .40~.70 범위 안에 속하므로 두 변수는 확실히 상관이 있다.

③ 다음은 모집단 상관계수의 추정이다. 여기서 두 변수 간에 상관관계가 존재한다면 유의확률이 .05보다 작아야 한다($p<.05$). 즉, 상관계수가 [0]이라는 귀무가설이 기각되어야 표에 나타난 상관계수값을 받아들일 수 있게 된다. 영가설에 대한 검정 결과 유의확률이 .000으로(실제로는 소수점 셋째 자리 아래에서 '0'이 아닌 수가 있음) 유의수준 .05보다 작으므로 영가설을 기각한다. 따라서 '모집단에서도 1회 호흡량과 최대날숨유속 간 상관관계가 있다.'라고 결론내린다.

TIP

출력결과 해석

만일 유의확률이 0.05보다 크면 두 변수 간의 상관계수가 0이라는 귀무가설을 기각할 수 없게 되므로 두 변수 간의 상관계수가 0이 아니라고 할 수 없다. 상관분석 결과를 읽을 때 먼저 유의확률을 보고 두 변수 간의 상관계수가 0이 아닌 변수 쌍을 고른 다음 표본 상관계수의 부호를 보고 관련성의 방향을 해석한다. 그리고 나서 표본상관계수의 절댓값을 보고 두 변수 간의 관련성의 정도를 읽어내면 된다. 그리고 상관계수가 0이 아니라고 결론이 난 경우라도 상관계수의 크기가 너무 작으면 하나의 변수가 변할 때 다른 변수도 함께 변하는 경향이 너무 약해서 하나의 변수가 어떤 값을 갖는지에 따라 다른 변수의 값이 어떤 값일지 추정해 보는 것은 별 의미가 없어진다.

7) 결과표 예시 및 해석

호흡재활을 받은 환자의 두 변수 간의 연관성을 검증하기 위해 상관관계 분석을 실시하였다. 1회 호흡량과 최대날숨유속에는 정의 상관관계가 있는 것으로 나타나(r=.593, p<.001) 1회 호흡량이 높을수록 최대날숨유속이 높다고 말할 수 있다.

표 17.2 1회 호흡량과 최대날숨유속 간 상관관계

(N=50)

변수	1회 호흡량	최대날숨유속
1회 호흡량	1	
최대날숨유속	.593 (p<.001)	1

3 Spearman 순위상관분석

1) 개요

질적척도로 측정된 변수는 교차분석뿐만 아니라 Spearman 순위상관분석(Spearman's rank correlation analysis)을 이용할 수 있는데, 이 경우 두 변수는 선형성이 아닌 상관성이다. Spearman 순위상관분석은 데이터가 순서형이거나 연속형 변수인 자료에 대하여 적용하며, 비모수적인 방법이므로 정규분포를 가정할 필요가 없다.

2) 목적

두 변수 간 상관관계 분석에서 다음 중 하나 이상에 해당되는 경우에는 Pearson 상관분석을 적용할 수 없다. 다음과 같은 경우에는 비모수적 방법인 Spearman 순위상관분석을 적용한다(변수가 명목변수인 경우에는 적용 불가).

- 표본이 모집단에서 확률적 방법에 의해 독립적으로 추출되지 않은 경우
- 두 변수 중 하나라도 모집단이 정규분포를 이루지 않는 경우
- 표본의 크기가 10 미만인 경우
- 두 변수 중 하나라도 연속형 변수가 아닌 경우
- 선형관계를 가정할 수 없는 경우

3) 통계 지식

Spearman 순위상관분석은 다음 절차로 진행된다.

① X변수와 Y변수 각각에 크기순으로 순서를 부여한다.

② 순위의 동점은 평균순위로 보정한다.

③ X−Y쌍의 순위차(d)를 계산한다.

④ X−Y쌍의 순위차(d)를 가지고 상관계수[ρ(로)]를 계산한다.

⑤ X와 Y의 순위가 모두 같으면 순위차(d)는 모두 0이 되고 ρ(로)는 1이 된다.

⑥ X와 Y의 순위차(d)가 커질수록 ρ(로)는 1에서 멀어진다.

$$\text{Spearman의 순위상관계수 } [\rho(\text{로})] = 1 - \frac{6\sum d^2}{n(n^2-1)}$$

$$\text{예) } \rho(\text{로}) = 1 - \frac{6 \times 7}{8(8^2-1)} = 1 - \frac{42}{504} = 1 - 0.083 = 0.917$$

4) 설계 예제

예제

이 연구는 초소형 혈압측정장치를 개발하는 단계에서 장치의 크기를 줄이고 측정방법도 간단히 하는 동시에 알고리즘도 두 개의 광전용적맥파(PPG)만을 이용하여 최고혈압(SBP)을 추출하고 이에 따른 최저혈압(DBP)을 구하고자 하였다. G 대학교 실험실에서 20대 남녀 20명을 대상으로 편안한 상태에서 두 개의 광전용적맥파(PPG)에서 얻은 측정값과 최고혈압(SBP)과 최저혈압(DBP), 두 개의 PPG의 차이에 대한 값(DF_P)을 수집하였다. SBP와 DBP, SBP와 DF_P, DBP와 DF_P 간의 상관관계를 유의수준 .05 이내로 검정해본다(예제파일: Spearman 순위상관분석).

■ **용어 정리**

광전용적맥파(PPG): 말초혈관 부위에 나타는 심실 수축에 따른 혈액용적의 변화를 광전신호로 나타내는 파형이다. 따라서 거리, 시간, 속도 등의 정량적 지표로 활용할 수 있다.

표 17.3 혈압측정장치를 이용한 측정값

ID	SBP [mmHg]	DBP [mmHg]	DF_P [ms]
1	125	83	32.1
2	114	76	36.1
3	127	85	27.6
4	113	75	37.0
5	127	85	27.2
6	110	78	38.1
7	140	98	25.3
8	110	75	38.4
9	115	80	36.4
10	124	84	30.1
11	110	75	38.5
12	108	75	39.2
13	115	79	38.2
14	120	72	35.2
15	110	76	38.6
16	124	84	36.5
17	120	80	34.1
18	110	75	39.1
19	124	80	29.4
20	115	78	37.1

[ch17_Q2]

5) 통계 가설

가설 1

- 귀무가설(H_0): 최고혈압(SBP)과 최저혈압(DBP) 간에는 상관관계가 없다($p > .05$).
- 귀무가설(H_0): $r = 0$
- 대립가설(H_1): 최고혈압(SBP)과 최저혈압(DBP) 간에는 상관관계가 있다($p < .05$).
- 대립가설(H_1): $r \neq 0$

가설 2

- 귀무가설(H_0): 최고혈압(SBP)과 광전용적맥파(PPG)의 차이값(DF_P) 간에는 상관관계가 없다($p > .05$).
- 귀무가설(H_0): $r = 0$
- 대립가설(H_1): 최고혈압(SBP)과 광전용적맥파(PPG)의 차이값(DF_P) 간에는 상관관계가 있다($p < .05$).
- 대립가설(H_1): $r \neq 0$

가설 3

- 귀무가설(H_0): 최저혈압(DBP)과 광전용적맥파(PPG)의 차이값(DF_P) 간에는 상관관계가 없다($p > .05$).
- 귀무가설(H_0): $r = 0$
- 대립가설(H_1): 최저혈압(DBP)과 광전용적맥파(PPG)의 차이값(DF_P) 간에는 상관관계가 있다($p < .05$).
- 대립가설(H_1): $r \neq 0$

6) SPSS 분석

정규성 검정 순서 및 분석 결과

표본수가 20개이므로 정규성 검정을 실시한 후, 정규성을 만족하면 모수통계(Pearson 상관분석), 정규성을 만족하지 않으면 비모수통계(Spearman 순위상관분석)를 선택한다.

① 메뉴에서 [분석] – [기술통계량] – [데이터탐색]을 선택한다.

② 'P_SBP', 'P_DBP', 'DF_P'를 선택해서 오른쪽 종속변수 칸으로 옮긴다.

③ [도표]를 클릭한 후 '검정과 함께 정규성 도표'를 선택하고 '계속' 단추를 클릭한다.

'Shapiro-Wilk'의 유의확률을 확인한 결과, 모든 변수에서 유의수준 0.05보다 작으므로 정규성을 만족하지 않는다. 그러므로 비모수 검정 통계방법인 Spearman 순위상관분석을 사용한다.

정규성 검정

	Kolmogorov-Smirnov[a]			Shapiro-Wilk		
	통계	자유도	CTT 유의확률	통계	자유도	CTT 유의확률
SBP	.194	20	.047	.894	20	.032
DBP	.176	20	.105	.847	20	.005
DF_P	.222	20	.011	.850	20	.005

a. Lilliefors 유의확률 수정

Spearman 상관분석 검정 순서

① 자료를 입력한다.

② 메뉴에서 [분석(A)] – [상관분석(C)] – [이변량 상관(B)]을 선택한다.

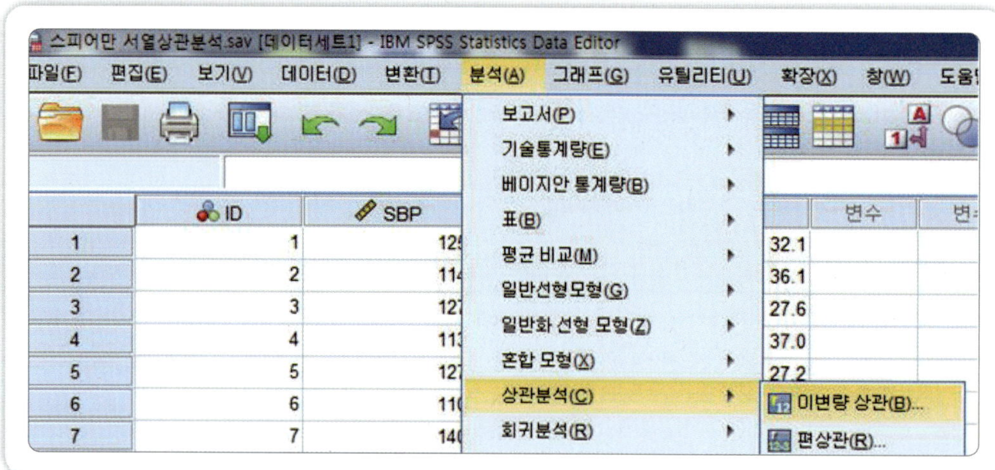

③ ‘이변량 상관계수’ 대화상자가 열리면 ‘SBP’와 ‘DBP’와 ‘DF_P’ 변수를 ‘변수’ 칸으로 옮긴다. 상관계수에서 ‘Spearman’, 유의성 검정에서 양측, 유의한 상관계수 플래그(F)를 선택한다.

④ 확인을 클릭하면 결과가 출력된다.

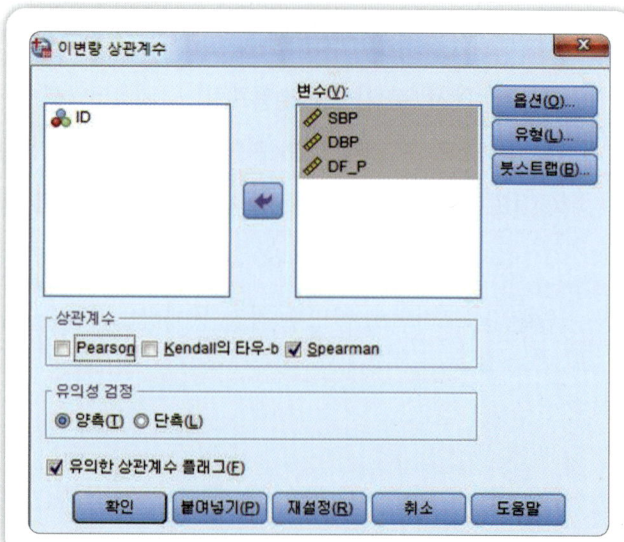

Spearman 순위상관분석의 결과

순위상관계수값은 Pearson 선형상관계수와 거의 같은 결과를 나타낸다. 비모수적 순위상관계수는 실제값이 아닌 순위를 근거로 상관계수를 구한다. 이 방법은 자료 값이 순위이거나 정규분포를 따르지 않을 경우에 적용하는 것이 바람직하다. Spearman 순위상관분석 결과를 보면 SBP와 DBP는 상관계수가 .834, $p<.001$이고 양의 방향이며 SBP와 DF_P의 상관계수는 −.929, $p<.001$이고, 음의 방향이며, DBP와 DF_P의 상관계수는 −.756, $p<.001$이고, 음의 방향이다.

상관관계

			SBP	DBP	DF_P
Spearman의 rho	SBP	상관계수	1.000	.834**	-.929**
		유의확률(양측)		.000	.000
		N	20	20	20
	DBP	상관계수	.834**	1.000	-.756**
		유의확률(양측)	.000		.000
		N	20	20	20
	DF_P	상관계수	-.929**	-.756**	1.000
		유의확률(양측)	.000	.000	
		N	20	20	20

**. 상관관계가 0.01 수준에서 유의함(양측)

7) 결과표 예시 및 해석

대상자의 최고혈압과 최저혈압, DF_P 간의 관련성을 알아보기 위해 상관분석을 실시하였다. 최고혈압은 평균이 118.05, 표준편차는 8.27, 최저혈압은 평균이 79.65, 표준편차는 5.82, DF_P는 평균이 34.71, 표준편차는 4.46으로 나타났다. 비모수방법인 Spearman rho가 사용되어 주요 변수 간의 상관관계를 분석한 결과, 모든 변수 간에는 유의한 상관관계가 있는 것으로 밝혀져 대립가설이 지지되었다($p<.01$). 세부적으로 살펴보면, 최고혈압과 최저혈압의 상관관계($r=.834$, $p<.01$)는 유의미한 정적 상관을 보였다. 즉, 최고혈압이 높을수록 최저혈압이 높아진다고 볼 수 있다. 또한, 최고혈압과 DF_P의 상관관계($r=-.929$, $p<.01$)는 유의미한 부적 상관을 보였다. 최고혈압이 높을수록 DF_P는 낮아진다고 볼 수 있다. 최저혈압과 DF_P의 상관관계($r=-.756$, $p<.01$)는 유의미한 부적 상관을 나타냈다. 즉, 최저혈압이 높을수록 DF_P는 낮아진다고 볼 수 있다.

표 17.4 주요 변인들의 기술통계 및 상관관계

	Mean	SD	SBP	DBP	DF_P
SBP	118.05	8.27	1		
DBP	79.65	5.82	.834**	1	
DF_P	34.71	4.46	−.929**	−.756**	1

**$p < .01$

18

타당도와 신뢰도 분석

학습목표

- 타당도와 신뢰도의 의미를 이해할 수 있다.
- 문제가 있는 문항을 찾아낼 수 있다.
- 타당도와 신뢰도에 영향을 미치는 요인을 분석할 수 있다.

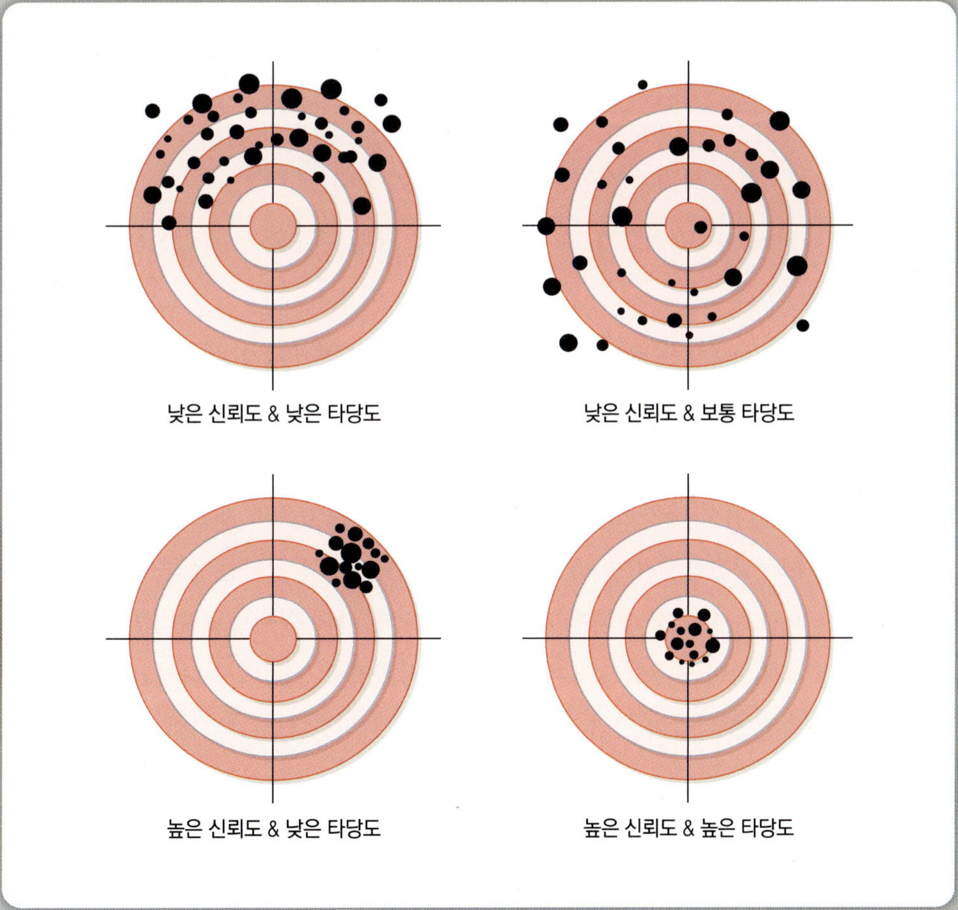

1 타당도

1) 개요

타당도(validity)는 측정 항목들이 그 개념을 얼마나 정확히 측정하였는가를 평가하는 것이다. 이를 통해 어떤 개념을 구성하는 항목들이 하나의 요인으로 묶이는지를 알아볼 수 있다. 타당도 검증은 요인분석을 이용하여, 연구자의 조사도구가 연구목적에 맞는 요인으로 잘 줄여서 간략하게 되는지를 확인하는 검정법이다.

2) 목적

어떤 속성이나 개념을 측정하기 위해 척도를 새롭게 개발할 때 척도의 타당도와 신뢰도(reliability)를 점검해야 한다. 측정도구는 신뢰도와 타당도를 만족하여야 한다. 신뢰도는 측정도구의 결과가 얼마나 안정적이고 일관성이 있는가의 정도를 뜻하고, 타당도는 척도가 측정하고자 하는 개념을 얼마나 정확하게 측정하고 있는지를 나타내는 개념이다.

3) 통계 지식

(1) 집중타당도와 판별타당도

① 집중타당도(수렴타당도): 측정척도가 측정하기로 되어 있는 변수와 관련을 갖는 정도를 말한다. 즉, 집중타당도는 변수와 얼마나 높은 관련성을 갖는지를 평가하는 것이다.

② 판별타당도(변별타당도): 측정척도가 그 변수 이외의 다른 변수와는 관련성을 가져서는 안되는 것을 의미한다.

다음 예제에서 연구자가 생각한 요인은 설문항목 1번부터 5번까지 인지기능이라는 요인으로, 설문항목 6번부터 8번까지 우울이라는 요인으로 묶이기를 기대하고 탐색적 요인분석을 실시하였을 때, 연구자의 의도대로 요인이 묶였다면 타당도 검증이 입증된다. 다음 타당도의 예제에 대한 표를 살펴보면, 인지기능의 5개 항목 간에는 상관관계가 높기 때문에 하나의 개념(요인1)으로 표현할 수 있으며 개념 내에 집중타당도가 있다고 평가할 수 있다. 우울의 경우에도 상관관계가 높아 하나의 개념(요인2)을 설명하는 집중타당도가 있다고 할 수 있다. 또한 요인1과 요인2 간의 관계가 낮기 때문에 개념 간에는 구분이 뚜렷하므로 판별타당도가 있다고 평가한다. 하나의 요인에 인지기능 5개 항목과 우울 3개 항목의 높은 상관계수가 섞여서 나타난다면 측정도구는 타당하지 않게 된다. 따라서 해당 측정 항목들이 자기의 개념을 제대로 설명한다면 개념 내 집중타당도와 개념 간 판별타당도는 높아진다.

■ 타당도 예제

요인	설문항목	1	2
인지기능	V3_1	.885	.136
	V3_2	.853	.215
	V3_3	.843	.235
	V3_4	.810	.057
	V3_5	.626	.305
우울	V3_6	.115	.862
	V3_7	.142	.753
	V3_8	.250	.733
고유값		4.017	1.412
%분산		50.214	17.652
%누적		50.214	67.866

*KMO(Kaiser-Meyer-Olkin: 표본적합도) = .844(p = .000)

2 요인분석

1) 개요

연구방법 파트에서 설문지 도구에 대한 부분을 작성할 때 대다수가 외국이나 국내에서 개발한 초기의 타당도와 신뢰도를 그대로 인용하여 논문에 제시하는 경우가 많다. 이 경우는 연구에 참여한 대상자와 논문에 인용한 대상자를 동일하게 본다고 가정한다. 하지만 실제로 같은 설문지 도구를 사용했다고 하더라도 연구 결과에 영향을 미치는 외생변수에 따라 연구 결과가 다르게 나올 수 있다. 일단, 요인분석의 기본전제는 요인의 압축이다. 선행연구에서의 요인이 연구자가 실시한 연구에서는 변경되거나 혹은 선행연구의 요인과 본인의 연구 요인이 반드시 같을 수는 없다. 선행연구와는 다른 요인이 나왔다면, 그 요인은 삭제를 하고 논의 부분에 충분한 설명을 하면 된다. 예를 들면, 한국 사회의 특수성 혹은 설문지를 실시한 집단의 독특성 등에 대한 내용을 논의 부분에 충분히 제시한다.

따라서 외국이나 국내에서 개발한 도구와 실제로 연구자가 보고자 하는 요인이 다를 수 있기 때문에 요인분석을 실시하는 것이 연구의 타당도를 높이는 데 도움이 될 것으로 판단된다.

2) 목적

요인분석(factor analysis)은 여러 변수들에 공통적인 요인이 있다고 가정하고 이 요인을 찾아내어 각 변수가 어느 정도 영향을 받고 있는지를 알아내거나 해당 집단의 특성이 무엇인지를 알아내고자 하는 분석이다. 요인분석은 여러 변수들 간의 상관관계를 기초로 하여 정보의 손실을 최소화하면서 변수의 개수보다 적은 수의 요인(factor)으로 자료 변동을 설명하는 다변량기법이다. 요인분석이 회귀분석이나 판별분석 등과 같은 다른 다변량분석 방법과 다른 점은 독립변수와 종속변수가 지정되지 않고 변수들 간의 상호작용을 분석하는 데 있다.

3) 통계 지식

(1) 요인분석의 종류

① 탐색적 요인분석: SPSS

탐색적 요인분석(exploratory factor analysis, EFA)은 다수의 측정변수를 관계가 높은 변수들끼리 묶어줌으로써 변수들을 축소시키고 의미 있는 개념을 도출하는 분석방법이다. 상관관계가 높은 변수들을 하나의 개념(요인)으로 묶고 낮은 변수들은 제거함으로써 타당성을 검증한다. 묶이지 않는 변수는 타당성이 부족하거나 다른 특성을 지닌 것으로 판단한다.

변수 사이의 관련성을 설명하는 이론구조 개발을 목적으로 한다. 모든 측정(관측)변수에 대해서 잠재변수(요인)가 정해진 것이 아니고, 변수들 사이의 관계성으로 잠재변수를 선정하는 방식이다. 공통요인만 추출하고 오차분산을 제거하기 위해 축소상관행렬을 사용한다. 요인의 수, 요인의 해석 가능성에 관심을 가진다. 연구자의 조작적 정의 또는 가설과 다른 결과가 나타날 가능성이 있다. 도출된 잠재변수(요인)에 대해 연구자가 직접 이름을 지어줘야 한다.

② 확인적 요인분석: 구조방정식 모형(AMOS)

측정(관측)변수마다 이미 정해진 잠재변수(요인)가 있으며, 이 때, 측정(관측)변수로 잠재변수를 만들 수 있는가에 대한 통계 검정을 하는 방식이다. 요인모형(이미 요인수를 알고 있는)의 적합도에 관심을 가진다. 연구자의 조작적 정의 또는 가설에 따라서 측정(관측)변수를 자유롭게 추가/삭제할 수 있기에 선행연구의 근거에 기반한 연구자의 주관적 의견이 중요한 부분이다.

구분	개념	패키지	용어
탐색적 요인분석	기존 선행연구가 없는 경우	SPSS	EFA (Exploratory Factor Analysis)
확인적 요인분석	기존 선행연구가 있는 경우	AMOS	CFA (Confirmatory Factor Analysis)

(2) SPSS(회귀분석)와 AMOS(구조방정식) 결과 비교

① SPSS 회귀분석 값

독립변수	비표준화		표준화	*t*값	*p*	공차한계
	B	SE	Beta			
신체불만족	.374	.078	.253	4.766	.000	.934
대학생활 스트레스	.142	.033	.227	4.269	.000	.934
R^2	.145					
Adjusted R^2	.140					
	$F=27.539$, $P=.000$					

② AMOS(구조방정식)값

독립변수	종속변수	SPSS	연구모형1(확인적 요인)	연구모형2(SMC활용)	연구모형3(수정지수)
대학생활 스트레스	섭식장애	0.227	0.234	0.297	0.201
신체불만족		0.253	0.622	0.600	0.733

(3) 탐색적 요인분석의 분석과정

기법	분석과정	선택사항	결과물
요인분석	분석 → 데이터 축소 → 요인분석	• 변수: 관련 설문항목 • 기술통계: KMO • 요인회전: 오블리민 • 옵션: 크기순 정렬	• 요구되는 요인수 • 요인적재량: 0.500 이상 • 고유값: 1.0 이상 • 누적분산: 60.0% 이상 • KMO값(1.0에 가까울수록)

TIP

- 척도를 구성하는 문항 중 하위요인 찾기: 분석 – 차원 감소 – 요인분석
- 척도를 구성하는 문항들의 신뢰도 계산: 분석 – 척도 – 신뢰도 분석

(4) 탐색적 요인분석의 종류

① 주성분분석(principle component analysis)

측정변인을 조합해서 주성분을 만드는 기법으로 많은 양의 자료를 단순화, 요약하는 자료축소(data reduction) 기법이다.

주성분분석의 예

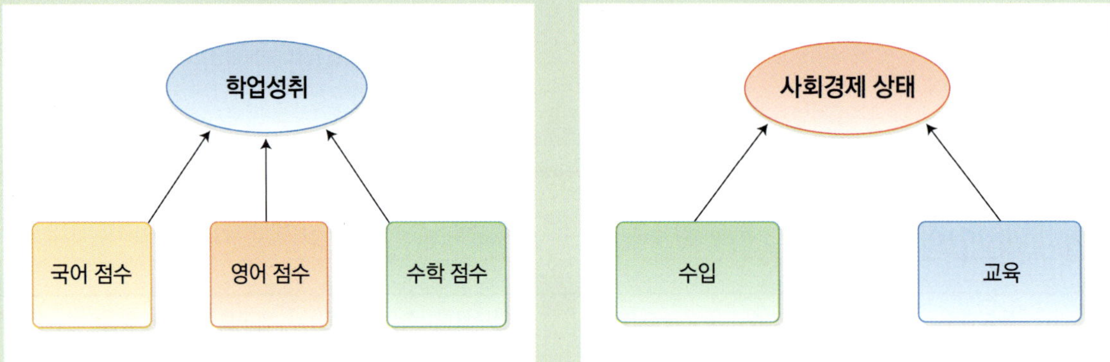

- 많은 변수를 소수의 주성분으로 축소
- 각 변인들 간에 상관이 없다고 가정하고 편의상 유사한 것들을 묶어버림

② 공통요인분석(common factor analysis)

관찰변인(observed variable) 혹은 측정변인(measured variable)에 공통적으로 영향을 미치는 잠재요인을 찾아내는 기법이다.

공통요인분석의 예

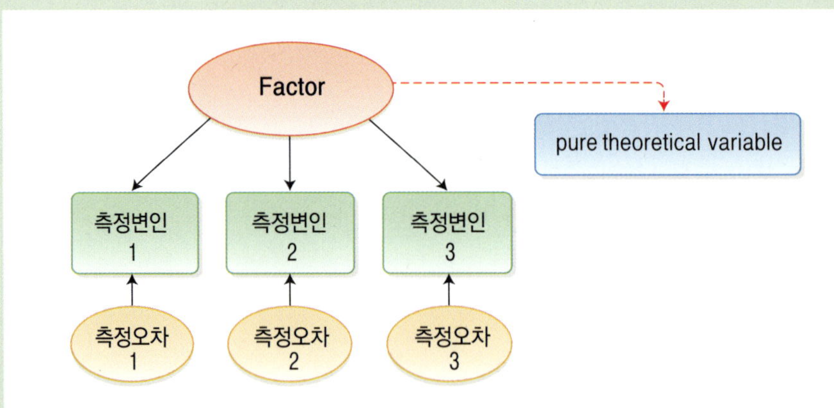

- 배후의 이론 구조를 밝혀내는 것
- 자료축소가 아님

(5) 요인회전

① 요인회전이란 관찰변수와 요인(잠재변수) 간의 관계가 명확히 드러나도록 요인구조의 축을 변화시키는 것이다. 일반적으로 관찰변수와 요인이 단순구조가 되도록 요인을 조작하는 것을 지칭한다.

② 목적: 수학적으로 동일하나 해석이 용이한 단순구조(simple structure)를 추구한다.

③ 각 측정변수는 하나의 요인에 강하게 부하(최소한 요인부하량 .3 또는 .4 이상)되는 구조를 보이면 단순구조이다. 요인부하량은 각 변수와 요인 사이의 상관관계 정도를 나타내므로, 각 변수는 요인부하량이 가장 높은 요인에 속한다. 공통요인에 속하는 측정항목들이 요인에 대해 0.6 이상의 요인부하량을 가진다면 적절한 수준의 집중타당도를 갖는다고 평가한다. 그리고 판별타당도의 적절한 요인부하량은 0.3 정도일 때 적절하다고 평가한다.

④ 회전되지 않은 상태의 요인계수의 예(단순구조 아님)

	요인 1	요인 2
육각형	0.54305	0.41422
정육면체	0.42819	0.48924
마름모꼴	0.56923	0.38420
단락	0.80078	0.27574
문장	0.77627	0.24856
단어의미	0.77027	0.31076

⑤ 회전(사각회전)된 후의 요인계수의 예(단순구조)

요인이 회전된 후 두 개의 요인이 뚜렷이 나타나 해석이 용이하다.

요인	변수	요인 1	요인 2
도형	육각형	0.66162	0.04069
	정육면체	0.69904	0.11145
	마름모꼴	0.63900	0.08678
언어	단락	0.00879	0.84247
	문장	0.02895	0.80014
	단어의미	0.04120	0.85055

TIP

요인회전 시 주의사항(각 전공마다 다를 수 있음)

- **왜 사각회전이어야 하는가?**
  서로 다른 두 개의 개념(요인)이 완전히 독립적이지 못한 경우가 대부분이므로 사각회전방식이 이용된다. 대부분 요인들 간에 어느 정도의 상관관계가 항상 존재하게 마련이다. 사각회전방식은 요인을 회전시킬 때 요인들이 서로 직각을 유지하지 않으므로 직각회전 방식에 비해 높은 요인부하량은 더 높아지고, 낮은 요인부하량은 더 낮아지도록 요인을 회전시키는 방법이다. 비직각회전방식에는 주로 Oblimin 방식이 이용된다.
- **왜 직각회전이면 안 되는가?**
  영어 & 수학, r = .5~.6
  직각회전 → 직각으로 고정했기 때문에 영어 & 수학의 상관이 0이 된다.
- **직각회전을 선택한 순간 연구자 스스로 두 변수 간의 상관이 0이라고 결정해버린 것이다.**
- **똑같은 지능을 형성하는 하위요인 → 일정 정도의 상관은 있어야 한다.**

(6) 사각회전에서의 요인부하량 행렬

① 패턴행렬(pattern matrix): 요인이 측정변수에 영향을 미치는 (표준화된) 회귀계수 = 회전시키기 전의 요인부하량

② 구조행렬(structure matrix): 요인과 측정변수 간의 상관계수 r = 회전시킨 이후의 요인부하량

(7) 탐색적 요인분석에서 주의할 점

① 요인분석을 목적으로 주성분분석을 하지 말 것

② 요인 간에 관련성이 있음에도 근거 없이 직각회전을 하지 말 것

③ 요인수 결정 시 통계적 기준뿐만 아니라 요인의 해석 가능성도 고려할 것

- **요인분석의 실패 이유 → 특정 구성개념에 대해 최대한 문항을 만들고 요인분석을 이용하여 차원을 규명하려고 하기 때문**
  ※ 요인분석 전에 개념화가 되어야 함 → 선행연구의 근거중심을 기반으로 한 이론이 주도하는 통계가 되어야 함

(8) 요인분석의 절차

① 상관관계 계산

자료를 입력한 후 요인분석을 실시하려면 변수 혹은 응답자 간의 상관관계를 계산해야 한다.

분석에 투입한 측정변수들 가운데 유사한 특성을 가진 변수들끼리 서로 묶어준다. 어떤 개념을 측정하는 항목들은 상관관계가 높아야 하는데, 변수들 간의 상관관계가 낮으면 공통요인을 갖지 못하기 때문에 원하는 요인을 구할 수 없다. 예를 들면 강인성, 낙관, 인내의 상관계수가 높으면 3개의 관측변수는 하나의 회복탄력성이라는 개념으로 분류되어 같은 요인으로 묶인다. 상관계수가 매우 낮다면(±0.3 이하) 요인분석에 부적합하다.

② 요인추출모형 결정

측정변수들에서 요인을 추출한다. 추출방법으로는 주성분분석과 공통요인분석(주축요인추출)을 많이 사용한다. 주성분분석은 다수의 변수들을 축약하는 과정에서 정보의 손실을 최소화하면서 적은 수의 요인을 구할 수 있다. 주축요인추출은 관찰 혹은 측정변인에 공통적으로 영향을 미치는 잠재요인을 찾아내는 기법이다.

요인추출은 ① 고유값 1 이상, ② 요인수 지정, ③ 스크리 도표 중에 하나를 선택하여 추출할 수 있으며, 고유값에 의한 요인추출을 가장 많이 사용한다.

③ 요인수 결정

다음으로 요인수를 결정해야 한다. 일반적으로 요인수를 결정하기 위해서는 고유값(eigenvalue)을 이용한다. 고유값이란 요인이 설명할 수 있는 변수들의 분산 크기를 나타내는 것으로 일반적으로 1 이상인 것을 선택한다. 그러나 특별한 경우에는 요인의 수를 임의로 정할 수도 있다.

a. 고유값 기준

고유값은 요인이 설명할 수 있는 변수들의 분산 크기를 나타낸다. 고유값이 1보다 크다는 것은 하나의 요인이 변수 1개 이상의 분산을 설명한다는 것을 의미한다. 고유값이 클수록 변수들 간의 상관관계가 높다는 것을 나타내며 중요한 요인이라고 해석할 수 있다. 따라서 고유값이 1 이상인 경우를 기준으로 해서 요인수를 결정한다. 고유값이 1보다 작다는 것은 요인 1개가 변수 1개의 분산도 설명할 수 없다는 것을 의미하므로 요인으로서의 의미가 없다고 볼 수 있다. 요인수 지정에 의한 요인추출은 연구자가 요인수를 직접 입력하는 방법이다. 요인수는 선행연구의 이론에 근거하여 지정해야 한다.

b. 공통분산의 총분산에 대한 비율

공통분산(communality)은 총분산 중에서 요인이 설명하는 분산비율을 의미한다. 일반적으로 사회과학 분야에서는 공통분산값이 적어도 총분산의 60% 정도를 설명하는 요인까지를 선정하며, 자연과학 분야에서는 95%까지 포함시키는 경우가 많다. 여기서 60%를 기준으로 요인의 수를 결정한다는 것은 40%의 정보 손실을 감수해야 하는 것을 의미한다.

c. 스크리 도표

스크리 도표(scree test)는 각 요인의 고유값을 세로축에, 요인의 개수를 가로축에 나타내는 것을 말한다. 스크리 도표는 고유값 1을 기준으로 요인들을 구별할 수 있는 도표이다.

④ 요인부하량 산출

요인부하량(factor loading)은 각 변수와 요인 사이의 상관관계 정도를 나타내므로, 각 변수는 요인부하량이 가장 높은 요인에 속한다. 사실 요인부하량의 제곱값은 결정계수를 의미하므로, 요인부하량은 요인이 해당 변수를 설명해 주는 정도를 의미한다. 각 관측변수와 요인 간의 상관계수를 의미하기 때문에 −1~+1 사이의 값을 가지며, 요인적재량이 높을수록 해당 요인에 중요한 변수가 된다. 일반적으로 요인부하량의 값이 관련 요인과는 [0.5] 이상이고, 다른 요인과는 [0.3] 미만이어야 한다. 따라서 이 값의 범위를 벗어난 요인은 타당성이 없는 측정문항이므로 삭제해준다. 요인명은 연구자가 명명할 수 있는데, 일반적으로 선행연구에서 명명한 요인명을 사용한다.

⑤ 요인회전방식 결정

요인회전은 상관관계가 높은 변수들을 같은 차원으로 만들어줌으로써 보다 의미 있는 해석을 할 수 있게 해준다. 회전방식은 크게 직각회전(orthogonal rotation)과 사각회전(oblique rotation)으로 나눈다.

a. 직각회전방식

회전축이 직각을 유지하며 회전하므로 요인들 간의 상관계수가 0이 된다. 따라서 요인들의 관계가 서로 독립적이어야 하거나 서로 독립적이라고 간주할 수 있는 경우 또는 요인점수를 이용하여 회귀분석이나 판별분석을 추가로 실시할 때 다중공선성을 피하기 위한 경우 등에 유용하게 사용된다. 직각회전방식에는 Varimax, Quartimax, Equimax 등이 있는데, 이 중 Varimax 방식이 가장 많이 이용된다. Varimax 방식은 각 변수들의 분산구조보다 각 요인의 특성을 파악할 때 더 유용하다.

Varimax 방식은 직교회전으로서 각 요인별로 전체의 관찰변수에 실린 적재값제곱에 대한 분산이 최대가 되도록 요인축을 회전하는 방법이다. 요인행렬의 각 요인을 단순구조에 맞도록 단순화시키려 하는 것이며 이에 따라 변수도 단순구조에 부합되어 간다는 논리이다.

Quartimax 방식은 직교회전으로 요인행렬의 행을 단순화하는 것이 목적이다. 요인행렬의 열에 해당하는 각 변수의 요인들 중 요인부하량이 작은 것은 더욱 극소화시키고 요인부하량이 큰 것은 더욱 극대화시킴으로써 그 차이를 극대화시키려는 방법이다.

Equimax 방식은 Quartimax와 Varimax를 절충한 방법으로서 행과 열을 동시에 간략히 하려는 방법이다. 이 방법은 크게 인정을 받지 못하여 잘 사용하지 않고 있다.

b. 사각회전방식

대부분 요인들 간에 어느 정도의 상관관계가 항상 존재하게 마련이다. 서로 다른 두 개의 개념(요인)이 완전히 독립적이지 못한 경우가 대부분이므로 사각회전방식이 이용된다. 사각회전 방식은 요인을 회전시킬 때 요인들이 서로 직각을 유지하지 않으므로 직각회전방식에 비해 높은 요인부하량은 더 높아지고, 낮은 요인부하량은 더 낮아지도록 요인을 회전시키는 방법이다. 비직각회전방식에는 Oblimin(=oblique), Covarimin, Quartimin, Biquartimin 등이 있는데 주로 Oblimin 방식이 이용된다.

직접 Oblimin 방식은 사각회전으로, 대부분의 사회과학에 관련된 요인들 간의 어느 정도 관계는 항상 존재하기 때문에 직각회전방식들을 사용하는 것은 현실성을 배제시키는 것과 같다. 이론적으로 더 의미 있는 구조, 차원을 얻는 데 관심이 크다면 Oblimin 사용을 권장한다.

⑥ 결과 해석

요인행렬에서 각 요인별로 우선 검토하여 어떤 변수들이 높은 부하량 혹은 낮은 부하량을 가지고 있는지를 조사한다. 요인행렬은 각각의 요인들에 대한 모든 변수들의 요인부하량을 모아 놓은 행렬이다. 그리고 변수들을 검토하여 어떤 변수가 한 요인에 대한 부하량은 높고 다른 모든 요인에 대한 부하량은 낮은가를 점검해 본다.

4) 설계 예제

요인분석은 여러 변수들을 하나의 요인으로 묶음으로써 관계가 높은 변수끼리 자료를 축약하는 것이므로 항목은 양적척도로 측정해야 하고, 변수는 2개 이상 투입해야 분석을 실행할 수 있다. 예제에서는 15개 문항(외모관심도 5개 항목, 사회적 요인 4개 항목, 미용관리행위 6개 항목)을 요인분석에 사용한다.

예제

성인 여성 310명을 대상으로 미용관리성향을 측정하였다. 미용관리성향 측정을 위한 도구는 외모관심도(5문항), 사회적 요인(4문항), 미용관리행위(6문항)로 구성된 총 15문항이다. 측정방법은 '전혀 그렇지 않다(1점)'부터 '매우 그렇다(5점)'로 구성된 Likert 5점 척도이다. 측정 항목들은 타당성이 있는지 알아보기 위해서 탐색적 요인분석을 실시하였다(코딩 자료 예제 – 타당도와 신뢰도 분석).

표 18.1 설문지(척도문항)

번호	문항 내용	전혀 그렇지 않다	그렇지 않다	보통이다	그렇다	매우 그렇다
1	나는 얼굴과 피부의 상태에 관심이 많다.	1	2	3	4	5
2	좋은 피부를 가지는 것은 내게는 매우 중요한 일이어서 꾸준히 관리를 하고 싶다.	1	2	3	4	5
3	나는 외모에 관심이 많다.	1	2	3	4	5
4	나는 아로마 오일 등의 천연성분이 든 비누, 화장품을 사용하고 있다.	1	2	3	4	5
5	나는 주름방지, 미백, 탈모, 자외선 차단 등에 관련된 제품을 사용해 본 적이 있다.	1	2	3	4	5
6	즐겁고 멋있게 살기 위해 피부와 몸매 관리에 신경을 쓰는 여성을 보면 아름답다는 생각이 든다.	1	2	3	4	5
7	피부가 좋은 사람을 보면 그 사람의 사회적 지위와 교양을 나타내는 것 같아 피부미용관리에 관심을 가지게 된다.	1	2	3	4	5
8	나는 헤어스타일에 관심이 많다.	1	2	3	4	5
9	젊게 보이는 것은 나의 인간관계에 유익하다.	1	2	3	4	5
10	피부건강을 위해 규칙적으로 취침하고 기상한다.	1	2	3	4	5
11	전문적인 마사지를 받는 것은 신체적인 문제들을 정신적인 긴장완화를 통해 해소시켜주므로 내 몸 전부를 관리하는 것이라고 생각한다.	1	2	3	4	5
12	아름다운 외모는 건강한 삶을 위해 필요하다.	1	2	3	4	5
13	스트레스는 피부 문제를 일으키는 원인이 되므로 스트레스를 풀 수 있는 대책을 찾는다.	1	2	3	4	5
14	나는 외모관리를 위한 화장품, 향수 등에 관심이 있다.	1	2	3	4	5
15	나의 삶에서 아름다운 외모는 중요하다.	1	2	3	4	5

[ch18_Q1]

5) SPSS 분석

① 다음과 같이 SPSS 프로그램 창에 자료를 입력한다.

② 메뉴에서 [분석] – [차원 축소] – [요인분석]을 누르면 요인분석창이 나타난다.

③ 요인분석창의 왼쪽에 있는 변수창에서 설문 1~설문 15까지 변수를 지정하여 오른쪽의 [변수]로 보낸다.

④ [기술통계(D)]를 클릭하여 [통계량] – [일변량 기술통계], [초기해법]을 체크하고 [상관행렬] – [계수], [행렬식], [KMO와 Bartlett의 구형성 검정]을 체크하고 계속을 클릭한다. 초기해법은 초기 공통성, 고유값, 설명된 분산의 퍼센트를 표시하는 옵션이다. 계수는 변수의 상관행렬을 나타낸다. KMO와 Bartlett의 구형성 검정은 수집된 자료가 요인분석에 적합한지를 검정하는 방법이다.

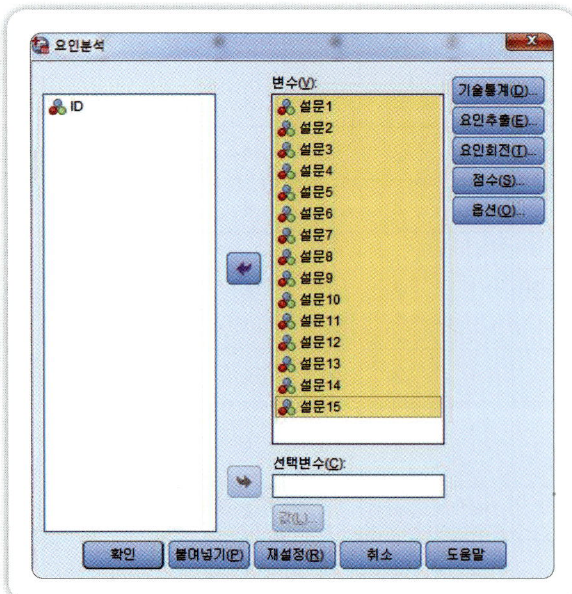

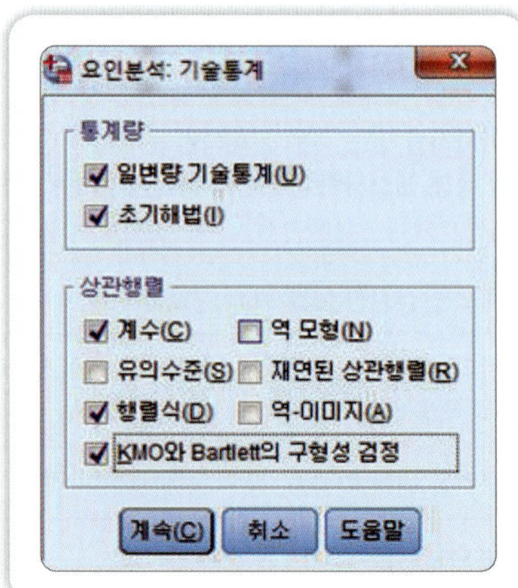

⑤ [요인추출(E)] – [방법(M)] – [주축 요인 추출], [분석] – [상관행렬(R)]을 선택한다. [표시] – [회전하지 않은 요인해법(F)], [스크리 도표(S)]를 선택한다. 이 중에서 스크리 도표는 고유값의 변화를 도표로 나타낸다.

⑥ [추출] – [다음 값보다 큰 고유값(A)]: [1]의 기본설정을 유지하고 [계속]을 선택한다. 고유값 = 1은 1보다 큰 고유값을 가지는 요인만을 추출하는 것이고, 고정된 요인수를 선택하여 '3'을 입력하면 투입된 변수들을 3개의 요인으로 추출할 수 있다.

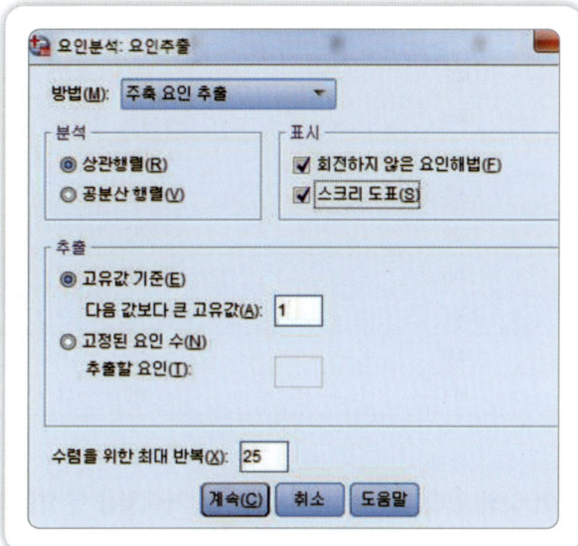

⑦ [요인회전]을 누른 다음 요인회전방법 중 대표적인 사각회전방식의 ☑직접 오블리민를 지정하고 이를 시각화하기 위해 ☑회전 해법, ☑적재량(값) 도표를 지정한다.

⑧ [옵션(O)] – [계수표시형식] – [크기순 정렬(S)]을 체크한다. [확인]을 클릭하면 분석 결과가 나타난다.

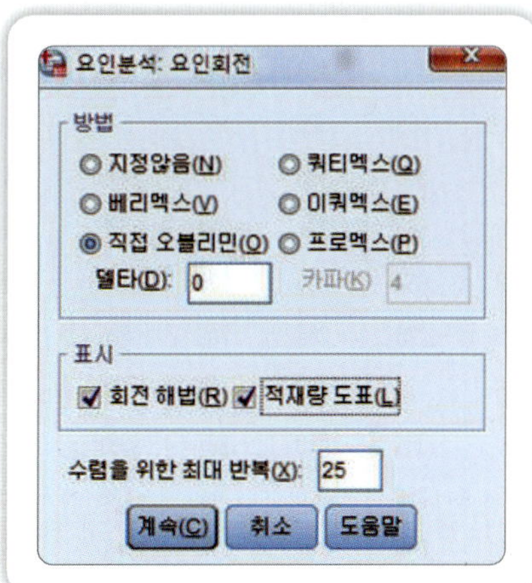

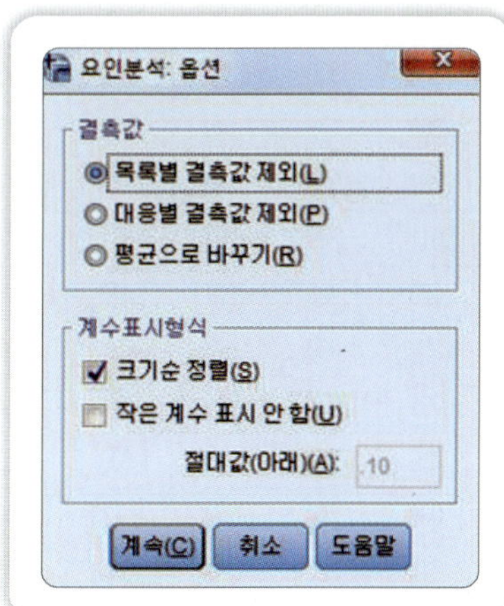

출력결과 해석

① 다음은 SPSS View에 구해진 기술통계량 결과의 화면이다. 설문 15개 문항 각각의 평균과 표준편차, 분석수가 제시되어 있다.

기술통계량

	평균	표준편차	분석수
설문1	3.28	.855	310
설문2	2.48	.891	310
설문3	3.08	.867	310
설문4	2.65	.923	310
설문5	2.75	.899	310
설문6	2.34	1.000	310
설문7	2.61	1.023	310
설문8	3.18	.855	310
설문9	2.52	.997	310
설문10	2.77	.889	310
설문11	2.60	.928	310
설문12	3.11	.916	310
설문13	2.38	.961	310
설문14	2.69	.908	310
설문15	3.03	.814	310

② 상관행렬(correlation matrix)에는 각 변수들 간의 상관행렬이 나와 있다. 요인분석에서 상관관계행렬을 분석할 때 유의할 점은 측정하고 있는 개념과 관련된 변수들끼리 높은 상관관계가 있어야 하며, 관련되지 않은 변수들끼리 상관관계가 낮거나 없어야 한다. 분석 결과를 보면, 설문6 변수를 기준으로 설문7, 설문9, 설문13 변수의 상관관계가 0.5 이상으로 비교적 높은 것으로 나타났다.

상관행렬[a]

상관관계	설문1	설문2	설문3	설문4	설문5	설문6	설문7	설문8	설문9	설문10	설문11	설문12	설문13	설문14	설문15
설문1	1.000	.278	.704	.310	.300	−.306	−.239	.582	−.405	.329	.310	.456	−.342	.245	.579
설문2	.278	1.000	.299	.646	.603	−.175	−.149	.369	−.178	.490	.569	.329	−.155	.516	.364
설문3	.704	.299	1.000	.310	.237	−.258	−.243	.523	−.387	.304	.308	.458	−.346	.290	.607
설문4	.310	.646	.310	1.000	.611	−.249	−.269	.471	−.277	.506	.583	.381	−.271	.520	.346
설문5	.300	.603	.237	.611	1.000	−.238	−.221	.416	−.238	.618	.657	.305	−.235	.574	.315
설문6	−.306	−.175	−.258	−.249	−.238	1.000	.674	−.283	.769	−.228	−.226	−.264	.702	−.205	−.254
설문7	−.239	−.149	−.243	−.269	−.221	.674	1.000	−.242	.724	−.146	−.175	−.233	.690	−.190	−.173
설문8	.582	.369	.523	.471	.416	−.283	−.242	1.000	−.323	.390	.364	.610	−.297	.361	.504
설문9	−.405	−.178	−.387	−.277	−.238	.769	.724	−.323	1.000	−.243	−.259	−.270	.759	−.238	−.286
설문10	.329	.490	.304	.506	.618	−.228	−.146	.390	−.243	1.000	.648	.357	−.225	.570	.349
설문11	.310	.569	.308	.583	.657	−.226	−.176	.364	−.259	.648	1.000	.285	−.197	.651	.307
설문12	.456	.329	.458	.381	.305	−.264	−.233	.610	−.270	.357	.285	1.000	−.248	.249	.495
설문13	−.342	−.155	−.346	−.271	−.235	.702	.690	−.297	.759	−.225	−.197	−.248	1.000	−.175	−.337
설문14	.245	.516	.290	.520	.574	−.205	−.190	.361	−.238	.570	.651	.249	−.175	1.000	.253
설문15	.579	.364	.607	.346	.315	−.254	−.173	.504	−.286	.349	.307	.495	−.337	.253	1.000

a. 행렬식 = .000

③ KMO(Kaiser-Meyer-Olkin)와 Bartlett의 구형성 검정은 수집된 자료가 요인분석에 적합한지 여부를 판단하는 것이다. KMO 값은 표본적합도를 나타내는 것으로 변수들 간의 상관관계가 다른 변수에 의해 잘 설명되는 정도를 뜻한다. 일반적으로 표본 적절성의 KMO 값이 1에 가까울수록 표본의 상관은 요인분석하기에 적합하다는 것을 의미한다. KMO 값이 .90 이상이면 매우 좋고, .80 정도면 양호하며, .60~.70 정도이면 보통이고, .50 이하이면 부적절한 것으로 판단된다. 즉, 단위행렬은 상호독립적이며 변수 간의 상관관계가 없음을 의미한다. Bartlett의 구형성 검정은 요인분석 모형의 적합성을 검정하는 것으로, 모집단으로부터 추출한 표본의 상관계수행렬의 행렬식 값을 계산하여 변수 간의 상관행렬이 단위행렬인지 여부를 판단하는 검정 방법이다. 여기서 단위행렬(identity matrix)은 대각선이 1이고, 나머지는 모두 0인 행렬을 말한다. 즉, 단위행렬은 상호독립적이며 변수 간의 상관관계가 없음을 의미한다. Bartlett의 구형성 검정 결과 카이제곱 = 2734.132, 자유도 = 105, 유의확률이 $.000 < \alpha = .05$이므로 '변수 간 행렬이 단위행렬'이라는 귀무가설을 기각할 수 있다. 이는 단위행렬이 아니기 때문에 요인분석을 계속 진행할 수 있다.

KMO와 Bartlett의 검정

표본 적절성의 Kaiser-Meyer-Olkin 측도		.898
Bartlett의 구형성 검정	근사 카이제곱	2734.132
	자유도	105
	유의확률	.000

④ 공통성(communality)은 변수에 포함된 요인들에 의해서 각 변수가 설명되는 비율이다. 즉, 공통성은 어떤 변수에 대하여 추출된 요인들에 의해 그 변수에 담겨진 정보를 얼마나 표현할 수 있는가를 나타내는 비율이다. 공통성이 1에 가까우면 가까울수록 요인들에 의해 변수가 더 잘 설명될 수 있고, 요인수가 많아지면, 공통성도 커진다. 0과 1 사이의 값을 가지며, 기준치는 .40 이상이다. 결과를 보면 15개의 변수는 모두 기준치를 상회하고 있다. 높은 값을 갖는 문항은 추출된 요인에 의해서 잘 설명된다고 볼 수 있다. 공통성의 결과를 근거로 .40보다 작은 문항은 스케일 구성에서 삭제를 하거나 다른 문항으로 대체할 필요가 있다. 기준치 미만의 변수가 있을 경우에는 해당 변수를 제거하고 요인분석을 다시 실시해야 한다. 다만, 그 변수가 연구 목적에 중요하다고 판단되면 논문에 변수의 중요성을 설명하고 사용하기도 한다. 높은 값을 갖는 문항은 추출된 요인에 의해서 잘 설명된다고 볼 수 있다.

공통성

	초기	추출
설문1	.595	.654
설문2	.529	.540
설문3	.593	.638
설문4	.563	.573
설문5	.594	.662
설문6	.649	.702
설문7	.610	.664
설문8	.548	.558
설문9	.739	.822
설문10	.532	.548
설문11	.614	.674
설문12	.449	.426
설문13	.661	.714
설문14	.510	.541
설문15	.500	.545

추출 방법: 주축요인 추출

⑤ 다음에는 설명된 총분산(total variance explained)이 나와 있다. 고유값(eigenvalue)은 각각의 요인으로 설명할 수 있는 변수들의 분산 총합으로 각 요인별로 모든 변수의 요인부하량을 제곱하여 더한 값이다. 여기서 사용된 측정변수가 15개이기 때문에 측정변수 1개가 하나의 요인을 나타낸다고 가정하면 최대한 15개의 요인까지 나눌 수 있다. 따라서 측정변수의 수만큼 성분(component)이 나타난다. 그러나 일반적으로 초기 고유값이 1 이상일 때 의미를 지닌다. 결과에서는 3개의 성분(요인)이 추출되었다. 이때 첫 번째 요인의 % 분산(설명력)을 보면 전체 분산 중에서 41.709%를 설명하고 있으며, 요인 3개의 누적 %는 69.067%를 나타낸다. 일반적으로 요인분석에서는 누적 %(총분산설명률)이 60% 이상은 되어야 한다.

설명된 총분산

	초기 고유값			추출 제곱한 적재량			회전 제곱한 적재량[a]
요인	전체	% 분산	누적 %	전체	% 분산	누적 %	전체
1	6.256	41.709	41.709	5.873	39.153	39.153	4.673
2	2.444	16.294	58.003	2.124	14.157	53.311	3.799
3	1.660	11.064	69.067	1.266	8.441	61.752	4.387
4	.720	4.800	73.866				
5	.603	4.021	77.888				
6	.512	3.412	81.299				
7	.444	2.958	84.258				
8	.383	2.554	86.812				
9	.354	2.362	89.174				
10	.336	2.238	91.412				
11	.317	2.110	93.522				
12	.274	1.830	95.352				
13	.263	1.755	97.108				
14	.242	1.613	98.721				
15	.192	1.279	100.000				

추출 방법: 주축요인 추출
a. 요인이 상관된 경우 전체 분산을 구할 때 제곱합 적재량이 추가될 수 없음

⑥ 회전하기 전의 요인행렬표를 보면, 회전시키기 전의 주축요인 추출법을 통하여 얻은 3개의 요인에 대한 요인부하량값이다. 즉, 해당 변수와 해당 요인 사이의 상관계수이다. 예를 들어 설문4를 보면 요인 1과의 상관계수가 0.681이고 설문4의 분산은 요인 1에 의하여 46.3%($0.681^2 = 0.463$)만큼 표현된다.

요인행렬[a]

	요인		
	1	2	3
설문4	.681	.286	-.168
설문8	.674	.078	.314
설문5	.673	.367	-.271
설문11	.672	.392	-.262
설문1	.646	-.068	.482
설문9	-.645	.615	.166
설문10	.643	.334	-.152
설문3	.631	-.059	.486
설문2	.613	.379	-.144
설문15	.611	.028	.413
설문14	.604	.340	-.246
설문13	-.594	.585	.138
설문6	-.577	.566	.221
설문12	.575	.042	.306
설문7	-.524	.570	.255

추출 방법: 주축 요인추출
a. 추출된 3요인 6의 반복계산이 요구됨

⑦ 고유값의 변화를 보여주는 스크리 도표(scree chart)를 나타낸 것이다. 스크리(scree)란 요인 하나를 더 추가하여 얻어지는 한계값이 요인 하나를 추가할 정도로 큰지를 비교하는 것이다. 가로축은 요인수, 세로축은 고유값을 나타내는데, 요인(성분)4부터는 고유값이 크게 작아지고 있다. 이와 같이 고유값이 작아지는 점에서 요인(성분)의 개수를 결정할 수도 있다. 따라서 이 방식에 의해서도 요인(성분)의 개수는 3개가 적당하다. 또한 고유값이 크게 꺾이는 형태를 보이고 있으므로 이 자료를 이용하여 요인분석을 실시해도 무방함을 알 수 있다.

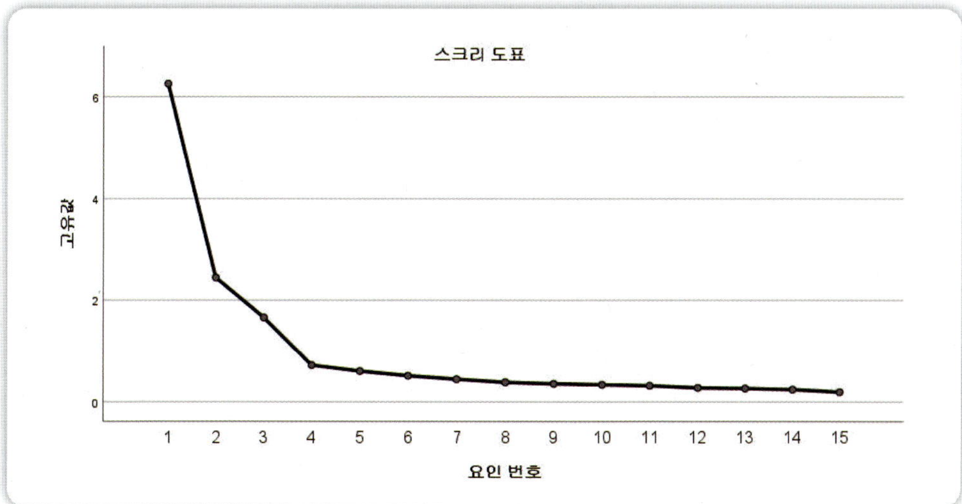

⑧ 패턴행렬과 구조행렬: 패턴행렬은 회전시키기 전의 요인부하량을 나타낸다. 그러나 이 행렬을 이용해서 요인과 측정변수의 관계를 살펴보기에는 무리가 있다. 따라서 요인을 회전시킨 후의 결과의 회전된 구조행렬을 살펴본다. 요인회전(Oblimin) 후의 결과로 회전하기 전의 결과보다 더욱 명확하게 변수들이 요인들에 의해 설명됨을 볼 수 있다. 패턴행렬과 구조행렬을 살펴보면 설문11, 설문5, 설문14, 설문2, 설문10, 설문4는 요인1에서 더욱 잘 설명되어 있고, 설문9, 설문6, 설문13, 설문7은 요인2에서 가장 잘 설명되어 있다.

패턴행렬[a]

	요인		
	1	2	3
설문11	.840	-.005	-.039
설문5	.829	-.033	-.050
설문14	.754	-.021	-.049
설문2	.711	.064	.075
설문10	.699	.007	.078
설문4	.694	-.058	.075
설문9	.011	.877	-.072
설문7	-.027	.839	.082
설문6	-.032	.837	.020
설문13	.036	.818	-.084
설문1	-.077	-.042	.828
설문3	-.081	-.026	.827
설문15	.030	.023	.732
설문8	.174	-.003	.640
설문12	.101	-.006	.591

추출 방법: 주축 요인추출
회전 방법: 카이저 정규화가 있는 Oblimin
a. 5 반복계산에서 요인회전이 수렴됨

구조행렬

	요인		
	1	2	3
설문11	.821	-.246	.404
설문5	.812	-.267	.399
설문4	.751	-.304	.464
설문10	.738	-.241	.442
설문14	.735	-.232	.356
설문2	.731	-.187	.422
설문9	-.297	.905	-.439
설문13	-.260	.843	-.413
설문6	-.278	.838	-.351
설문7	-.242	.812	-.288
설문1	.371	-.370	.805
설문3	.362	-.353	.796
설문15	.407	-.297	.737
설문8	.510	-.328	.732
설문12	.413	-.288	.647

추출 방법: 주축 요인추출
회전 방법: 카이저 정규화가 있는 Oblimin

요인상관행렬

요인	1	2	3
1	1.000	-.308	.525
2	-.308	1.000	-.425
3	.525	-.425	1.000

추출 방법: 주축 요인추출
회전 방법: 카이저 정규화가 있는 Oblimin

6) 결과표 예시 및 분석

성인 여성 310명의 외모관심도와 사회적 요인, 미용관리행위에 대한 타당성을 분석하기 위하여 요인분석을 실시하였다. 변수들 간의 상관관계를 이용하여 서로 유사한 변수들끼리 묶어주는 방법으로 그중 탐색적 요인분석(exploratory factor analysis)을 실시하였다.

탐색적 요인분석의 요인추출은 주축요인추출 방법을 사용하였으며, 추출될 요인수는 고유값 1이 넘고, 공통성이 0.4 이상인 변수들을 바탕으로 유사성을 확인하였으며, 이에 따라 요인의 이름을 명명하였다. 분석 결과, 자료가 요인분석을 실시하기에 적합(표본 적절성의 KMO 측도=.898, Bartlett의 구형성 검정=2734.132)한 것으로 검정되었으며($p<.001$), 총분산 설명력은 61.75%로 나타나 3개의 요인으로 잘 설명됨을 확인하였다.

요인분석 결과를 살펴보면, 요인적재량이 0.4 이상으로 요인 1에 포함된 문항은 설문2, 설문4, 설문5, 설문10, 설문11, 설문14로 나타났고, 요인 2에는 설문6, 설문7, 설문9, 설문13이 포함된 것으로 나타났으며, 전체 문항에 대한 정보의 양을 확인할 수 있는 % 분산의 경우 요인 1은 39.15%, 요인 2는 14.16%, 요인 3은 8.44%로 나타났으며 이에 대한 % 누적은 총 61.75%로 나타났다.

표 18.2 원척도 요인별 문항번호

요인	문항번호	문항수
외모관심도(요인 3)	설문1, 설문3, 설문8, 설문12, 설문15	5문항
사회적 요인(요인 2)	설문6, 설문7, 설문9, 설문13	4문항
미용관리행위(요인 1)	설문2, 설문4, 설문5, 설문10, 설문11, 설문14	6문항

표 18.3 측정도구의 요인분석 결과

개념	요인	변수명	요인분석				신뢰도
			요인부하량	공통성	고유값	분산설명(%)	Cronbach's α
미용 관리 성향	외모 관심도	설문1	.805	.654	1.266	8.441	.859
		설문3	.796	.638			
		설문15	.737	.545			
		설문8	.732	.558			
		설문12	.647	.426			
	사회적 요인	설문9	.905	.822	2.124	14.157	.911
		설문13	.843	.714			
		설문6	.838	.702			
		설문7	.812	.664			
	미용 관리 행위	설문11	.821	.674	5.873	39.153	.894
		설문5	.812	.662			
		설문4	.751	.573			
		설문10	.738	.548			
		설문14	.735	.541			
		설문2	.731	.540			

KMO 측도: .898, Bartlett의 구형성 검정: 2734.132(df=105, $p<.001$), 누적분산율: 61.752%

3 신뢰도 분석

1) 개념

신뢰도 분석은 측정하고자 하는 개념(construct)을 일관되게 측정하였는지 그리고 설문에 응답한 사람이 정확하고 일관되게 측정에 응하였는지를 확인하는 것이다. 즉 하나의 개념을 반복해서 측정했을 때 동일한 결과를 얻을 수 있는 정도를 의미한다.

가장 널리 사용되는 신뢰도계수는 신뢰도를 평가할 때 반복해서 측정하거나 문항을 나누거나 하지 않고 척도를 구성하는 문항들의 내적 일치도를 측정하는 방법인 Cronbach α를 주로 사용한다. 타당도를 평가할 때는 하나의 개념만 평가하지 말고 여러 면을 두루 평가해야 하고 신뢰도는 Cronbach α값을 제시하면 된다.

신뢰성 여부는 신뢰도 분석을 통해 나타난 신뢰도계수(Cronbach's coefficient alpha)로 평가한다. 기준치는 학자나 전공 분야에 따라 약간씩 다르지만 일반적으로 .70 이상이면 신뢰성이 있는 것으로 판단한다. 외모관심도의 신뢰도를 분석한 결과에서 신뢰도계수가 .70 이상으로 나타났다면 외모관심도를 구성하고 있는 5개 항목들은 일관성이 있는 것으로 평가되어 신뢰성이 검증되었다고 할 수 있다.

TIP 신뢰도계수 해석

신뢰도계수 범위	신뢰도계수 해석
.90 이상	매우 높은 신뢰도
.80 ~ .89	높은 신뢰도
.70 ~ .79	중간/보통 신뢰도
~ .69 이하	낮은 신뢰도

2) 목적

척도화점수로 된 변수들을 이용하여 조사도구의 신뢰성을 알아보는 분석이다. 하나의 카테고리(요인)하에서 여러 문항들을 만들고 그 문항들을 신뢰도 분석함으로써 신뢰할 수 있는 조사도구인지를 보고자 한다. 신뢰도 분석은 측정하려는 것을 어느 정도 일관성 있고 정확하게 재고 있느냐와 관련된 것으로, 측정의 정확성을 의미한다. 1.0에 가까울수록 좋으며, 1개 요인의 여러 항목을 분석할 수 있다. 예를 들면, 1개 요인이 5문항이면 5문항만 분석할 수 있다.

3) 통계 지식

(1) 기본 가정

항목 간의 내적일관성을 측정하는 것이므로 2개 이상의 항목이 필요하며, 항목들은 양적척도로 측정해야 한다. 이 예제에서 개념은 3개이며, 개념들은 각각 4~6개의 항목으로 구성되어 있다. 항목들은 양적척도로 측정하였다.

신뢰도 분석은 개념별로 실시한다. 외모관심도는 설문1, 설문3, 설문8, 설문12, 설문 15의 5개 항목에 대해 신뢰도 분석을 실시한다. 사회적 요인은 설문6, 설문7, 설문9, 설문13의 4개 항목, 미용관리행위는 설문2, 설문4, 설문5, 설문10, 설문11, 설문14의 6개 항목들 단위로 분석한다. 예제에서는 개념이 3개이므로 분석을 3회 실시한다.

주의할 점은 설문 문항에 역점수 문항이 있는지 확인하는 것이다. 예를 들어, Likert 5점으로 측정된 3개 항목 중에 1번과 2번 항목은 점수가 높을수록 긍정인데, 3번 항목은 점수가 낮을수록 긍정이면 3번 항목을 코딩 변경해야 한다. 즉, 1 → 5, 2 → 4, 3 → 3, 4 → 2, 5 → 1로 변경한 후에 분석을 실시해야 올바른 신뢰도를 산출할 수 있다.

(2) 척도화

① 개념

자신이 알고자 하는 것을 측정단위를 주어 체계를 갖추도록 하는 것을 말하며, 이때 경험적 관측들을 적절히 수량화하는 것이다.

② 목적

비슷한 속성(특징)을 가진 사람들을 대상으로, 우리가 연구하고자 하는 결과를 점수로 알아내는 것이다.

③ 종류

a. Thurstone 척도법: 문항중심의 접근방법

b. Guttman 척도법: 반응중심의 접근방법

c. Likert 척도법: 응답자중심의 접근방법

(3) 신뢰도 개념

검사에서 측정된 내용이 어느 정도의 안전성을 가지고 일관성 있게 측정되었는지를 보는 것이다. 신뢰도가 높다는 것은 측정오차가 작다는 것이다. 즉, 설문지의 문항구성 신뢰도가 높다.

- 설문지 검사 결과점수(X) = 참값(T) + 오차점수(측정오차)(e)
- 신뢰도(%) = 참값(T) / 설문지 검사 결과점수(T + e)
- 반응의 오차가 전혀 없다면 신뢰도는 1이다.
- 반응의 오차가 클수록 신뢰도는 0이다.

■ 신뢰도 분석의 분석과정

	분석과정	선택사항	결과물
신뢰도 분석	분석 → 척도분석 → 신뢰도 분석	통계량: 항목제거 시 척도	Cronbach α 0.700 이상(0.600까지)

(4) 신뢰도 종류

① 재검사 신뢰도(test-retest reliability)

가장 고전적인 방법이며, 동일한 설문을 같은 응답자에게 2회 실시한다. 동일 설문의 응답이 같을수록 신뢰도가 1에 가까워진다. 기억효과로 인하여 신뢰도가 과대추정될 소지가 있다.

② 동형검사 신뢰도(equivalent form reliability)

형식이 같은 A형과 B형의 설문을 실시한다. 매우 유사한 유형의 설문지를 2부 개발하여 동일한 응답자에게 적용한다. 기억효과에 문제가 없다. 수준이 같고 내용은 다른 문항의 제작에 어려움이 있다. 동형의 설문지 개발의 경우에 따라서 현실적으로 상당히 어려울 수 있다.

③ 반분 신뢰도(split-half reliability)

설문의 문항을 반으로 나누어 구성된 두 부분의 상관계수로부터 신뢰도의 추정값을 얻는 방법이다. 하나의 측정도구를 구성하는 세부 항목들을 임의로 반으로 나눈 후 Spearman–Brown 공식에 의해 각 결과값에 대한 상관관계를 추정한다.

④ 문항내적합치도(inter-item consistency reliability)

신뢰도를 측정하는 방법 중 하나인 Cronbach α는 하나의 척도를 구성하는 문항들 간의 내적 일치도를 재는 것으로 하나의 척도로 구성된 문항들이 동일한 내용을 묻고 있는지, 응답자들이 일관성을 가지고 응답하고 있는지를 측정해 준다. Cronbach α는 일반적으로 여러 개의 문항을 합하여 리커트(Likert) 스케일을 만드는 유형의 아이템이 있을 때 사용된다. Cronbach α는 스케일을 구성하는 항목 간의 상관도에 대한 평균값을 뜻하며 스케일의 신뢰도에 대한 척도로 광범위하게 사용된다.

문항 간의 내적 일치도를 재는 Cronbach α식은 다음과 같다.

$$\text{Cronbach } \alpha = \frac{k}{k-1}\left(1-\frac{\sum_{i=1}^{k} Var(X_i)}{Var\left(\sum_{i=1}^{k} X_i\right)}\right),\ k\text{는 문항수}$$

위의 식을 이해하기 위해 변수가 X_1, X_2 2개일 때를 생각해 보자.

$VAR(X_1 + X_2) = VAR(X_1) + VAR(X_2) + 2COV(X_1, X_2)$로

$\alpha \rightarrow +1$ if $COV(X_1, X_2)$가 +의 큰 값을 가지면

$\alpha \rightarrow 0$ if $COV(X_1, X_2)$가 0에 가까우면

$\alpha \rightarrow -1$ if $COV(X_1, X_2)$가 −의 큰 값을 가지면

따라서 Cronbach α가 +값이 나오면 문항 간에 양의 상관관계가 있다는 것이다. 0에 가까우면 문항 간에 관련성이 없다는 것을 의미한다. −값이 나오면 문항이 서로 음의 상관관계를 갖는 것을 의미한다. 실제로 척도의 신뢰도를 평가할 때 Cronbach α가 0.75를 넘으면 내적 일치도는 만족스럽다고 하고, 최소한 0.6 이

상은 되어야 척도를 구성하는 문항 간의 일치도가 있다고 판단하고 있다. 그런데 Cronbach α는 문항 간의 상관관계와 문항수에도 영향을 받기 때문에 문항수가 많은 경우는 문항 간의 상관관계가 낮아도 Cronbach α는 높게 나올 수 있고, 문항수가 적으면 문항 간의 상관계수가 큰 값을 가져야 Cronbach α가 큰 값을 갖는다. Cronbach α를 문항 간의 평균상관계수($\bar{\rho}$)와 문항수(k)를 이용하여 구하는 식은 다음과 같다.

$$\text{Cronbach } \alpha = \frac{k\bar{\rho}}{1+\overline{\rho(k-1)}}$$

⑤ 문항 간의 평균 상관관계와 문항수에 따른 Cronbach α

다음 표와 같이 상관계수가 작다 하더라도 문항수가 충분히 많으면 신뢰도(알파계수)는 1에 가깝게 커진다. 예를 들면, 하나의 척도를 구성하는 문항이 4개인 경우, 문항 간의 상관계수가 0.6은 되어야 Cronbach α가 0.86이 되는 반면, 문항수가 22개이면 문항 간의 상관계수의 평균이 0.2만 되어도 Cronbach α가 0.85가 됨을 볼 수 있다. 즉, 설문지의 문항수가 커질수록 신뢰도는 좋게 나타난다. 그러나 응답자의 인내한계로 인하여 반응오류를 고려한다면 설문지의 문항수가 작을수록 좋은 것임을 고려해야 한다. 따라서 문항수와 문항 간의 관련성 정도를 함께 고려해서 Cronbach α를 판단해야 한다.

문항수	문항 간의 평균 상관관계					
	.0	.2	.4	.6	.8	1.0
2	.00	.33	.57	.75	.89	1.00
4	.00	.50	.73	.86	.94	1.00
6	.00	.60	.80	.90	.96	1.00
8	.00	.67	.84	.92	.97	1.00
10	.00	.71	.87	.94	.98	1.00
14	.00	.78	.90	.95	.98	1.00
22	.00	.85	.94	.97	.99	1.00
30	.00	.88	.95	.98	.99	1.00

(5) 항목 총계 통계량 결과표 해석 시 주의사항

① 수정된 항목-전체 항목 상관계수

개별 문항과 그 문항을 제외한 나머지 문항들의 총합 간의 상관계수로 각 문항이 나머지 문항과 응답의 방향이 일치하는지 알 수 있는 척도이다. 그러므로 상관도가 작으면 그 문항이 다른 스케일 문항과 동일한 개념을 측정하지 않기 때문에 해당 문항을 삭제하는 것이 신뢰도를 발전시킬 수 있다.

a. +이면 양의 상관관계를 갖는 것이므로 나머지 문항들과 일치하는 문항이다.

b. −이면 음의 상관관계를 갖는 것으로 나머지 문항들과 응답의 방향이 반대되는 문항으로 역문항 여부를 살펴보아야 한다. 문항이 척도에서 재려고 하는 개념과 반대되는 역문항이면 변환을 통해 값을 역으로 바

꾸어 주어야 하고, 역문항이 아닌데 음수(−)값이 나왔으면 척도에서 그 문항을 뺀다.

c. 0에 가까우면 다른 문항과의 관련성이 약한 문항이므로 그 문항은 척도에서 뺄지 고려해 보아야 한다. 보통 상관계수의 절대값이 0.3 이하면 그 문항을 제외하고 척도를 구성하는 것을 고려한다.

② 항목이 삭제된 경우 Cronbach α

해당하는 문항을 빼고 나머지 문항들로 Cronbach α를 계산한 값으로 해당하는 문항이 척도의 신뢰도를 높이는 데 기여하는지 여부를 알 수 있는 척도이다.

이 값이 모든 문항을 다 포함해서 구한 신뢰도값보다 적으면 해당하는 문항이 척도의 신뢰도를 떨어뜨리는 문항이므로 수정된 항목-전체 항목 상관계수를 확인해서 입력된 값을 역변환하거나 해당하는 문항은 빼고 척도를 구성한다.

4) 설계 예제

예제

앞선 요인분석에서는 미용관리성향의 타당성을 분석하였다. 분석한 결과 최종 3개 요인 15문항으로 도구가 축소되었다. 다음으로 타당도가 검정된 측정문항이 신뢰할 수 있는지를 분석해 보자. 신뢰도 분석(reliability analysis)은 요인별로 진행된다. 따라서 외모관심도에 대한 신뢰도와 사회적 요인에 대한 신뢰도, 미용관리행위에 대한 신뢰도로 나누어서 분석한다(코딩 자료 예제-타당도와 신뢰도 분석).

[ch18_Q2]

5) SPSS 분석

외모관심도에 대한 신뢰도 분석 과정

① [분석] - [척도분석] - [신뢰도 분석]을 선택한다.

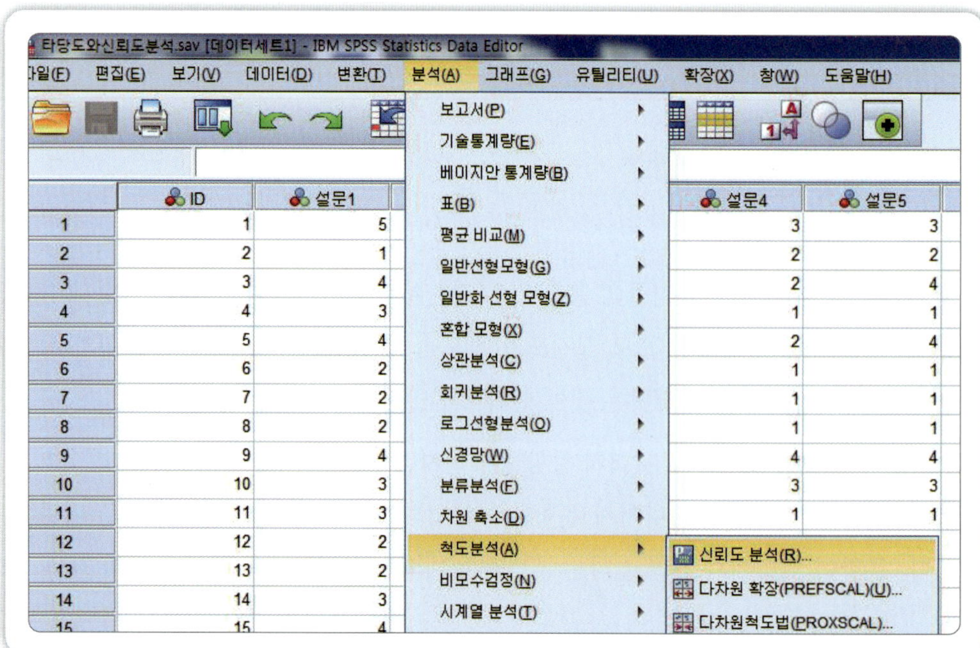

② [항목]에 미용관리성향의 하위요인인 외모관심도에 해당하는 5개의 문항(설문1, 설문3, 설문8, 설문12, 설문15)을 보낸다. [모형(M)]은 알파(Cronbach α)가 기본값으로 선택되어 있다. [척도 레이블]에 외모관심도를 작성한다. 외모관심도 개념을 구성하고 있는 5개 항목의 내적일관성을 분석하는 것이다.

③ [통계량(S)] – [다음에 대한 기술통계량] – [항목(I)], [척도(S)], [항목제거시 척도(A)]를 체크한 후 [계속] – [확인]을 클릭하면 결과가 출력된다.

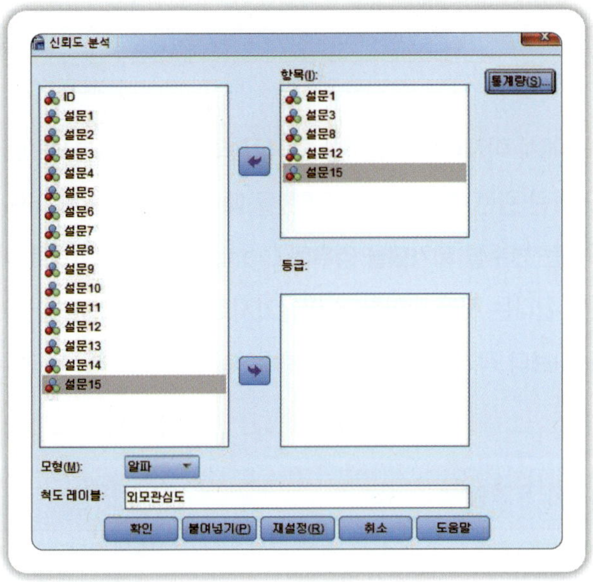

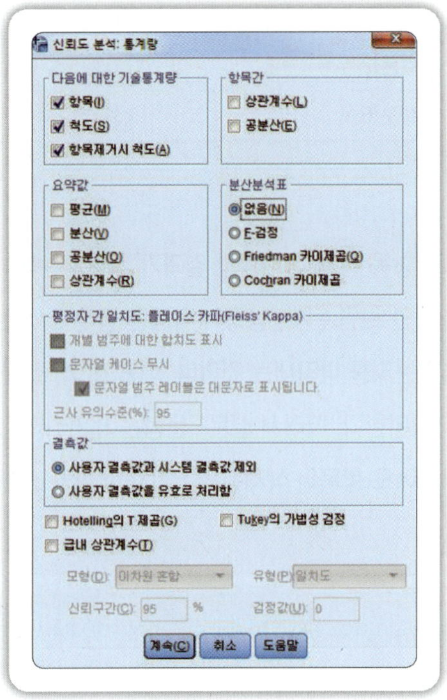

외모관심도에 대한 신뢰도 분석 결과

① 기본적으로 케이스의 처리 요약값을 확인한 후 제일 먼저 신뢰도 통계량 결과를 살펴본다. 외모관심도의 신뢰도값은 .859로 기준인 .70 이상이므로 이 측정변수들은 신뢰할 수 있음을 알 수 있다. 항목 통계량을 보면 각 문항의 평균과 표준편차, 응답자수를 확인할 수 있다.

케이스 처리 요약

케이스	N	%
유효	310	100.0
제외됨[a]	0	.0
전체	310	100.0

a. 목록별 삭제는 프로시저의 모든 변수를 기준으로 함

신뢰도 통계량

Cronbach α	항목수
.859	5

항목 통계량

	평균	표준화 편차	N
설문1	3.28	.855	310
설문3	3.08	.867	310
설문8	3.18	.855	310
설문12	3.11	.916	310
설문15	3.03	.814	310

② 다음으로 항목 총계 통계량의 결과가 나타나는데, 이 중에서 마지막에 있는 항목이 삭제되는 경우 기본적으로 Cronbach α값만 보면 된다. 항목이 삭제된 경우 Cronbach α란 관련 측정변수를 제거했을 때 Cronbach α가 어느 정도까지 올라가는지를 나타내는 것이다. 예를 들어, 설문1이라는 변수를 제거했을 경우에 Cronbach α값이 .819로 내려간다는 것을 의미한다. 따라서 설문1 문항은 제거하지 않아도 된다는 것을 의미한다. 마찬가지로 설문3, 설문8, 설문12, 설문15의 경우에도 항목이 삭제된 경우 Cronbach α값이 .859보다 작기 때문에 다른 문항을 제거하지 않아도 된다.

항목 총계 통계량

	항목이 삭제된 경우 척도 평균	항목이 삭제된 경우 척도 분산	수정된 항목-전체 상관계수	항목이 삭제된 경우 Cronbach α
설문1	12.40	7.736	.718	.819
설문3	12.60	7.729	.706	.822
설문8	12.50	7.869	.684	.828
설문12	12.56	7.910	.609	.848
설문15	12.65	8.119	.669	.832

척도 통계량

평균	분산	표준화 편차	항목수
15.68	11.883	3.447	5

사회적 요인과 미용관리성향에 대한 신뢰도 분석 과정

① 나머지 두 개 항목에 대한 신뢰도 분석도 앞과 같이 SPSS 과정으로 신뢰도를 분석한다. 먼저, 사회적 요인에 대한 신뢰도 분석을 실시한다. 항목에 사회적 요인에 해당하는 4개의 문항(설문6, 설문7, 설문9, 설문13)을 보낸 후, 확인 버튼을 클릭한다.

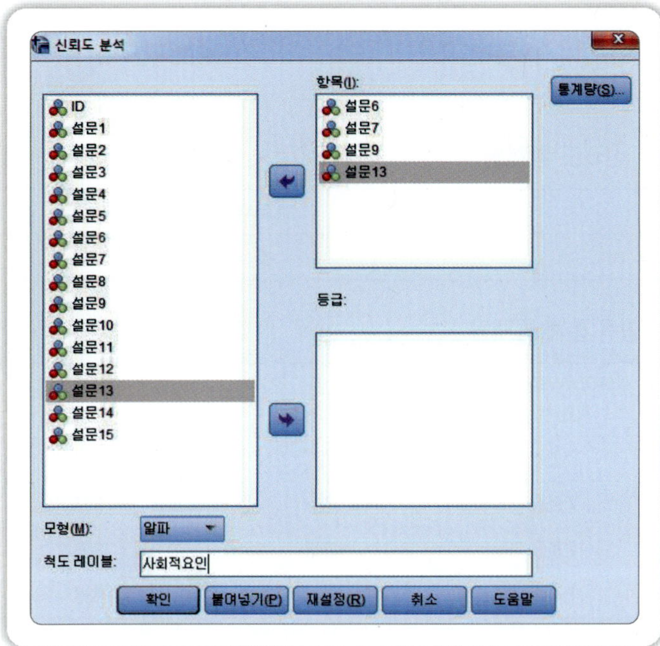

② 마지막으로 미용관리행위에 대한 신뢰도 분석을 실시한다. 항목에 사회적 요인에 해당하는 6개의 문항(설문2, 설문4, 설문5, 설문10, 설문11, 설문 14)을 보낸 후, 확인 버튼을 클릭한다.

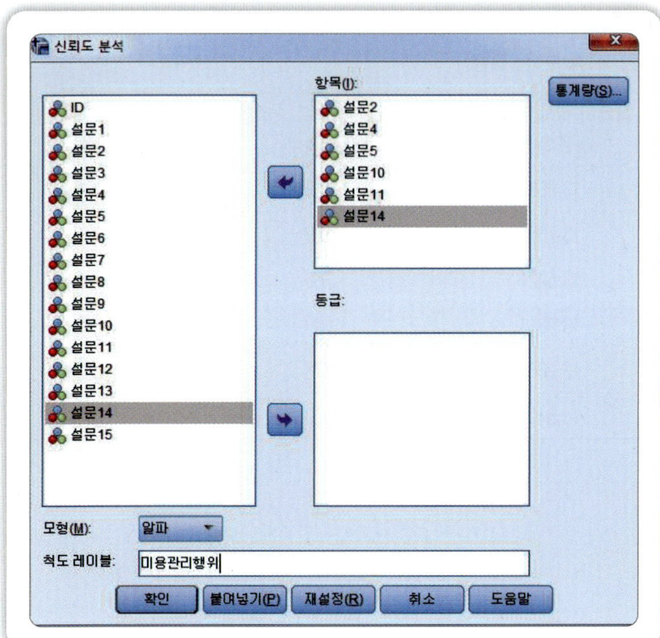

■ 사회적 요인과 미용관리행위에 대한 신뢰도 분석 결과

① 사회적 요인의 신뢰도값은 .911로 기준인 .70 이상이므로 이 측정변수들은 신뢰할 수 있음을 알 수 있다. 항목이 삭제된 경우 Cronbach α값도 모두 .911 미만이다.

② 미용관리행위의 신뢰도값은 .894로 기준인 .70 이상이므로 이 측정변수들은 신뢰할 수 있음을 알 수 있다. 항목이 삭제된 경우 Cronbach α값도 모두 .894 미만이다.

[사회적 요인에 대한 신뢰도 분석 결과]

신뢰도 통계량

Cronbach α	항목수
.911	4

항목 총계 통계량

	항목이 삭제된 경우 척도 평균	항목이 삭제된 경우 척도 분산	수정된 항목-전체 상관계수	항목이 삭제된 경우 Cronbach α
설문6	7.51	7.254	.791	.887
설문7	7.24	7.255	.765	.897
설문9	7.33	7.056	.843	.869
설문13	7.47	7.434	.794	.886

[미용관리행위에 대한 신뢰도 분석 결과]

신뢰도 통계량

Cronbach α	항목수
.894	6

항목 총계 통계량

	항목이 삭제된 경우 척도 평균	항목이 삭제된 경우 척도 분산	수정된 항목-전체 상관계수	항목이 삭제된 경우 Cronbach α
설문2	13.46	13.958	.688	.880
설문4	13.30	13.706	.699	.878
설문5	13.19	13.522	.756	.869
설문10	13.17	13.961	.690	.879
설문11	13.34	13.268	.770	.867
설문14	13.26	13.849	.690	.879

6) 결과표 예시 및 해석

타당성이 검증된 항목들에 대하여 요인별로 신뢰도 분석을 실시하였다. 분석 결과, 외모관심도 요인의 신뢰도는 $\alpha=.859$, 사회적 요인의 신뢰도는 $\alpha=.911$, 미용관리행위의 신뢰도는 $\alpha=.894$로 나타나 신뢰성이 있는 것으로 확인되었다.

표 18.4 미용관리성향의 신뢰도 분석 결과

개념	요인	항목수	제거된 항목수	Cronbach α 계수
미용관리성향	외모관심도	5	0	.859
	사회적 요인	4	0	.911
	미용관리행위	6	0	.894

19

회귀분석

학습목표

- 단순회귀분석과 다중회귀분석의 기본 개념을 이해하고 설명할 수 있다.
- 계수 추정과 모형의 설명력에 대해 이해할 수 있다.
- 다중공선성에 대한 기본개념과 해결방안을 이해할 수 있다.

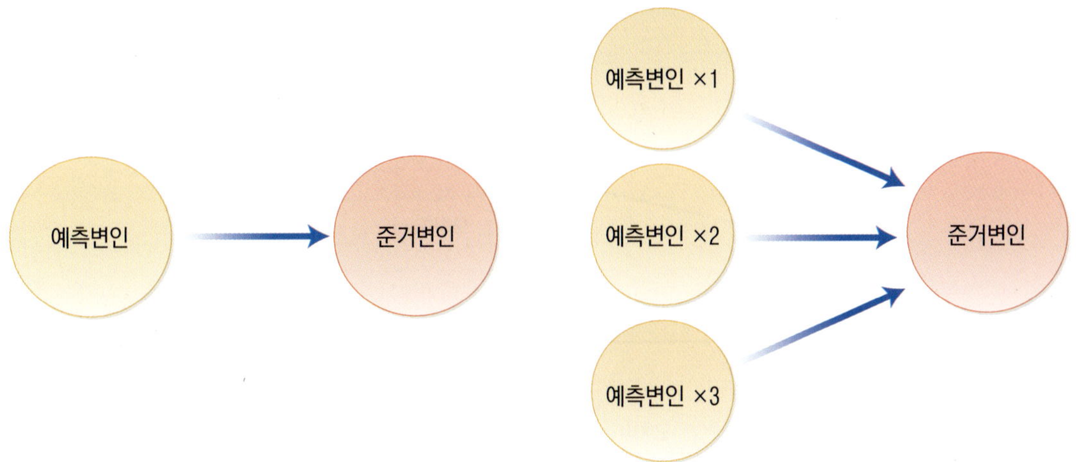

단순회귀분석: 준거변인을 예측하기 위한 예측변인이 오직 하나뿐인 회귀분석

다중회귀분석: 준거변인을 예측하기 위한 예측변인이 두 개 이상인 회귀분석

1 회귀분석

1) 개요

회귀분석(regression analysis)은 변수 간의 관계를 분석하는 방법 중 하나이다. 변수의 관계를 규명한다는 면에서는 상관분석과 동일하지만 상관분석은 변수 간의 상관관계를 분석하는 것으로 독립변수와 종속변수의 구분이 없다. 이에 반해 회귀분석은 변인 간에 상관이 존재할 때, 변수 간의 함수관계를 분석하여 예측변인의 일정한 값에 대응하는 준거변인값을 예측할 수 있는 분석방법이다. 이때 예측을 위해 사용되는 변인을 예측변인(predictor variable)이라 하고, 예측변인을 통해 예측하고자 하는 변인을 준거변인(criterion variable)이라고 한다.

2) 목적

예측변인(X)이 준거변인(Y)을 예측하기 위한 목적으로 사용된다. 선형 회귀분석(linear regression analysis)은 1차 선형방정식을 도출하는 것이 목적이고, 예측변인의 변화에 따라 준거변인의 변화를 '예측'하기 위해 사용하는 분석방법이다.

TIP

모집단 회귀선과 표본 회귀선의 차이: 잔차와 오차

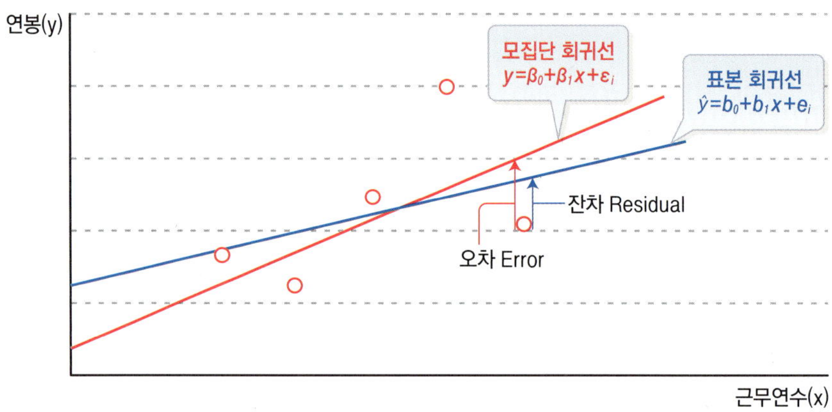

구분	오차(Error)	잔차(Residual)
기준	참값과 예측값 간의 차이	관측값과 예측값 간의 차이
범위	모집단 수준(이론적)	표본 수준(실제 데이터 기반)
측정 가능 여부	참값이 필요하여 직접 측정하기 어려움	표본 데이터에서 직접 계산 가능

- 오차(Error)는 모집단 회귀선과 관측값 간의 차이를 나타내며, 일반적으로 그 값을 정확히 알 수 없다. 이론적 논의나 모형의 정확성을 평가할 때는 오차라는 용어가 더 적합하다.
  예) 모형의 평균 오차를 최소화하는 것이 목표다.
- 잔차(Residual)는 표본 회귀선과 관측값 간의 차이를 나타내며, 표본 데이터를 기반으로 계산할 수 있다. 회귀분석에서 실제 데이터 기반의 분석을 다룰 때는 잔차라는 용어가 더 적합하다.
  예) 잔차 분석을 통해 회귀모형의 가정을 검토했다.

- 대부분의 통계분석은 모집단이 아닌 표본 데이터를 활용하므로, 잔차를 이용하여 최적의 회귀계수(coef)를 추정한다. 회귀 분석의 목표는 잔차를 최소화하여 표본 회귀선이 모집단 회귀선에 최대한 근접하도록 만드는 것이다. 이를 위해 잔차제곱합(Sum of Squared Residuals, SSR)을 최소화하는 최소제곱법(Ordinary Least Squares, OLS)이 사용된다.

3) 통계 지식

(1) 기본 가정

회귀모형을 설정하기 위해서는 분석할 대상의 값을 갖는 준거변인과 그 반응(결과)을 설명할 수 있는 예측변인이 기본적으로 필요하고, 준거변인은 연속형 값을 가져야 한다. 선형 회귀분석에서 준거변인은 연속형 변수이어야 하며, 예측변인은 연속형 변수와 범주형 변수 모두 사용이 가능하다. 선형 회귀분석에서는 예측을 위해 선형 회귀방정식($Y=\beta_0+\beta_1X+\varepsilon$)을 사용하는데 선형방정식($Y=ax+b$)과 달리 예측에 따른 오차항($\varepsilon$, 엡실론)이 존재한다. 오차항이 포함된 이러한 회귀방정식을 '회귀모형'이라고 부른다.

예측변인과 준거변인이 양적척도(등간/비율척도)로 사용된 회귀분석은 선형성, 잔차의 독립성, 잔차의 정규성, 잔차의 등분산성 가정들을 충족해야 한다.

TIP

선형 회귀방정식

$$Y=\beta_0+\beta_1X+\epsilon$$

- Y: 종속변수(준거변인)
- X: 독립변수(예측변인)
- β_0: 절편(Intercept)
- β_1: 기울기(Slope)–독립변수가 종속변수에 미치는 변화량
- ε: 오차항(Error term)–실제 값과 예측 값의 차이

① 선형성

선형성은 예측변인(X)과 준거변인(Y)이 서로 선형적 관계에 있어야 한다는 가정으로서 두 변수 간 산점도를 통해 확인할 수 있다.

② 잔차의 독립성, 정규성, 등분산성

잔차(Residual)는 준거변인의 관측값과 예측값 간의 차이로, 회귀분석의 기본 가정을 검토하는 데 중요한 역할을 한다. 잔차는 서로 독립적이어야 하고, 평균이 0이며 분산이 일정한 정규분포를 이루어야 한다. 잔차를 분석하여 회귀분석의 기본 가정(독립성, 정규성, 등분산성)이 충족되었는지 확인하는 과정을 잔차분석이라고 한다. 잔차분석은 회귀모형의 적합성을 검정하는 중요한 절차로, 반드시 수행되어야 한다. 만약 기본 가정을 충족하지 않은 회귀모형을 사용할 경우, 잔차가 체계적인 패턴을 보이거나 분산이 일정하지 않아 예상보다 큰 오차가 발생할 수 있다. 이는 분석 결과의 신뢰성과 타당성을 저하시킬 수 있으므로, 잔차분석을 통해 가정의 충족 여부를 철저히 확인해야 한다.

a. 잔차의 독립성

잔차의 독립성이란 모든 x값에 대한 y값의 잔차가 서로 독립적이어야 한다는 가정을 의미한다. 잔차의 독립성은 자기상관(Autocorrelation) 여부로 확인할 수 있으며, 자기상관이 없어야 잔차가 독립적이라고 판단한다. 자기상관은 'Durbin−Watson 지수'를 통해 측정할 수 있다. Durbin−Watson 지수 값이 2에 가까울수록 잔차가 독립적으로 분포한다고 해석한다. 일반적으로 1.8~2.2 범위에 있으면 자기상관이 없다고 판단한다. 반면, 지수가 0에 가까워지거나 4에 가까워질수록 잔차가 독립적이지 않으며 자기상관이 존재한다고 해석한다.

Durbin-Watson 지수

- 잔차의 'Durbin−Watson 지수'가 0에 가까우면 '양의 자기상관'이 있는 것이다.
- 잔차의 'Durbin−Watson 지수'가 4에 가까우면 '음의 자기상관'이 있는 것이다.
- 잔차의 'Durbin−Watson 지수'가 2에 가까우면 '자기상관이 없는 것'이며 잔차의 독립성이 확보된 것으로 판단한다.
- 'Durbin−Watson 지수'는 측정순서에 영향을 받으므로 입력된 데이터의 순서를 바꾸는 경우(데이터정렬을 하는 경우) 'Durbin−Watson 지수'도 함께 변한다. 따라서 'Durbin−Watson 지수'를 분석할 때에는 입력된 데이터의 순서를 원래대로 둔 상태에서 분석해야 한다. 'Durbin−Watson 지수'에서 자기상관성이 있는 것으로 나오면 잔차의 독립성이 확보되지 않은 것이므로 회귀분석을 적용할 수 없다.

b. 잔차의 정규성

잔차의 정규성이란 모든 x값에서 y값의 잔차가 정규분포를 이루며, 잔차의 평균이 회귀선상에 위치해야 한다는 가정을 의미한다. 잔차의 정규성은 왜도와 첨도를 이용한 분석, P−P 도표를 활용한 시각적 확인, 정규성 검정을 통한 통계적 분석으로 확인할 수 있다. 잔차들이 관측값과 유사하게 나타나고, 정규분포를 따르는 것으로 확인되면 정규성이 충족되었다고 판단한다. 잔차의 정규성은 종속변수로 평가하기도 하나, 실제 분석에서는 표준화 잔차(Standardized Residuals)를 계산하여 정규성을 검토하는 경우가 일반적이다.

- 왜도와 첨도는 각각 −2 ~ +2의 범위 안에 있으면 분포가 특별히 치우치지 않은 것으로 판단할 수 있다.
- P−P 도표는 정규분포를 확인하는 그래프로서 P−P 도표의 직선상에 데이터들이 위치하면 정규분포로 판단한다. 잔차가 45° 직선에 근접해야 정규분포를 따른다고 말할 수 있다.
- 정규성 검정에는 주로 Shapiro-Wilk 검정과 Kolmogorov−Smirnov 검정이 사용되는데 계산된 표준화 잔차를 가지고 정규성 검정을 실시하여 정규분포 여부를 확인한다.
- 표본크기가 큰 설문연구에서는 주로 Kolmogorov−Smirnov 검정이 사용된다.
- 표본크기가 작은 실험연구에서는 주로 Shapiro−Wilk 검정이 사용된다.

c. 잔차의 등분산성

잔차의 등분산성이란 모든 x값에서 y값의 분산이 일정해야 한다는 가정을 의미한다. 이 가정을 확인하기 위해 산점도(Scatter Plot)를 활용하여 잔차의 분포를 시각적으로 검토할 수 있다. 잔차가 불규칙적으로 분포되어 있다면 등분산성이 충족되었다고 판단한다. 잔차의 등분산성은 '표준화 잔차의 등분산 그래프'를 통해서도 확인할 수 있다. 이 그래프는 '예측값($\hat{y}$) vs. 잔차(e)'의 산점도로, 'x vs. y 분포 산점도'를 회귀선이 x축이 되도록 회전시킨 것과 구조적으로 동일하다. 따라서, 'x vs. y 분포 산점도'를 활용해 잔차의 등분산성을 1차적으로 확인할 수 있다.

잔차의 등분산성이 충족되었다고 판단하려면, 표준화 잔차의 등분산 그래프에서 산점도가 평균 0을 중심으로 ±3 범위 내에서 특정한 규칙, 경향, 주기 없이 무작위로 분포해야 한다. 이러한 조건이 충족되면 잔차의 등분산성 가정이 만족되었다고 볼 수 있다.

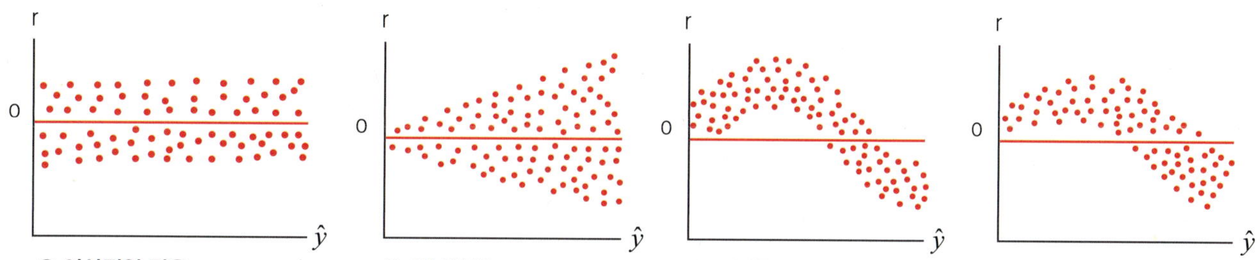

① 이상적인 경우
r의 분포가 0을 중심으로 균일한 띠를 형성한다. 이것은 선형성과 등분산성의 조건을 만족하는 이상적인 경우이다.

② 이분산성
r의 분포가 0을 중심으로 대칭이므로 선형성의 가정은 만족한다고 할 수 있지만 우측이 열린 메가폰의 형태로, 이것은 등분산성의 가정이 만족되지는 않는다.

③ 비선형성의 경우
r의 분포가 균일한 띠를 형성하고 있으므로 등분산성 조건을 만족한다고 할 수 있지만 0을 중심으로 대칭이 아니기 때문에 이것은 선형성을 만족한다고 할 수 없다.

④ 이분산성과 비선형성
r의 분포가 균일한 띠를 형성하지 않고, 0을 중심으로 대칭이 아니기 때문에 등분산성과 선형성을 모두 만족하지 않는다고 할 수 있다.

그림 19.1 표준화 잔차(r)와 표준화 예측값($\hat{y}$)의 산포도

(2) 회귀분석의 종류

선형 회귀분석은 예측변인의 개수에 따라 단순회귀분석(simple regression analysis)과 다중회귀분석(multiple regression analysis)으로 구분된다. 단순회귀분석은 하나의 예측변인(X)으로 준거변인(Y)을 예측하는 방법이며, 다중회귀분석은 두 개 이상의 예측변인(X_1, X_2, …)으로 준거변인(Y)을 예측하는 방법이다. 단순회귀분석이나 다중회귀분석은 준거변인(Y)이 연속형 변수일 경우에 적용할 수 있으며, 준거변인(Y)이 범주형 변수인 경우에는 로지스틱 회귀분석(logistic regression analysis)을 적용한다. 한편 단순회귀분석이나 다중회귀분석의 예측변인(X)은 연속형 변수와 범주형 변수 모두 사용이 가능하다.

종류

- 단순회귀분석(simple regression analysis): 예측변인 1개, 준거변인 1개
- 다중회귀분석(multiple regression analysis): 예측변인 여러 개, 준거변인 1개

(3) 예측변인과 준거변인

일반적으로 원인변인으로부터 결과변인을 예측하지만 회귀분석에서는 원인변인이 예측변인이 될 수도 있고 결

과변인이 예측변인이 될 수 있다. 예를 들어 아버지의 지능과 아들의 지능 간에 상관이 있다면, 아버지의 지능이 원인변인이고, 아들의 지능이 결과변인이다. 이때 아버지의 지능을 예측변인으로 하고 아들의 지능을 준거변인으로 하여 회귀분석을 실시할 수 있다. 하지만 연구 목적에 따라 아들의 지능을 예측변인으로 하고 아버지의 지능을 준거변인으로 회귀분석을 실시할 수도 있다. 회귀분석에서의 예측의 방향은 반드시 변인 간의 인과관계에 따라 결정되는 것이 아니며, 연구의 목적에 따라 결정되기 때문에 독립변인과 종속변인이라는 용어를 사용하는 대신에 예측변인과 준거변인이라는 용어를 사용한다.

(4) 모형설정

① 동시적 변수입력 방법: 모든 예측변인을 회귀식에 동시에 투입했을 때 기대되는 준거변인의 설명/예측에 관심이 있을 경우

② 단계적 변수입력 방법: 통계적 검증 결과에 따라 효과의 크기에 순서대로 예측변인을 투입했을 때 기대되는 준거변인의 설명/예측에 관심이 있을 경우

③ 위계적 변수입력 방법: 연구자가 연구목적에 따라 정해진 순서대로 예측변인을 투입했을 때 기대되는 준거변인의 설명/예측에 관심이 있을 경우

(5) 다중공선성

회귀모형에 포함되는 예측변인 사이에 강한 상관관계가 존재할 때 다중공선성(multicollinearity)이 있다고 한다. 예측변인 간의 상관도가 .80 또는 .90 이상으로 높으면 다중공선성이 회귀모형에 존재할 수 있다. 두 변수 간에 다중공선성이 존재한다는 것은 두 변수가 같은 내용을 뜻한다는 것이다. 예측변인 간에 다중공선성이 존재하면 회귀계수를 최소자승 추정법으로 추정할 경우, 추정치들의 분산이 매우 커져서 추정치를 믿을 수 없게 된다. 심한 경우 회귀계수의 부호가 이론적으로 예상되는 방향과 반대로 추정되는 경우도 있다. 따라서 이 문제가 발생하면 회귀식이 정확하지 않을 가능성이 있으므로 공선성이 있는 변수를 제거하거나 요인점수로 변수를 묶어서 모형에 적용할 수 있다. 다중회귀모형을 설정하기 전에 예측변인과 준거변인 간의 상관행렬을 보는 것이 중요하다. 상관행렬표를 통해서 준거변인을 잘 설명할 수 있는 변수후보군에 대한 정보와 예측변인 간의 다중공선성에 대한 가능성을 파악하는 것이 매우 중요한 과정이다.

(6) 다중공선성의 문제점

회귀모형에 포함된 예측변인 간의 상관관계가 높다는 것은 중복된 정보를 모형에 포함시키는 의미로 이해할 수 있으며, 이는 간명성의 원칙에 위배되는 변수의 중복을 초래하여 다중공선성 문제를 야기할 수 있다. 간명성이란 연구자가 자료를 간단하게 요약하면서 동시에 자료의 의미를 유지할 수 있는 것을 의미한다.

예측변인 간 다중공선성이 존재하면 회귀계수의 분산이 커지고, 이로 인해 예측에 대한 오차가 커지므로 정확도가 떨어진다. 또한 결정계수가 실제보다 크게 나올 수 있기 때문에 다중공선성이 존재하면 다중회귀분석을 적용할 수 없다. 다중공선성의 보편적인 판별방법은 분산팽창요인(Variance Inflation Factor, VIF)의 활용이다.

예측변인의 분산팽창요인(VIF)이 10 이상(VIF ≥ 10)이면 다른 예측변인과 다중공선성이 존재하는 것으로 판단한다.

$$VIF_i = \frac{1}{1 - R_i^2}$$

R_i^2: i번째 예측변인과 다른 예측변인 간의 결정계수

한편 다중공선성은 공차한계(tolerance)로도 판별이 가능하다. 공차한계는 분산팽창요인(VIF)의 역수로서 예측변인의 공차한계가 0.1 이하인 경우 다른 예측변인과 다중공선성이 존재하는 것으로 판별한다.

$$\text{공차한계(tolerance)} = \frac{1}{VIF} = \frac{1}{10} = 0.1$$

분산팽창요인(VIF)과 공차한계는 모두 SPSS 프로그램을 이용하여 손쉽게 계산할 수 있다. 다중공선성의 판별방법은 다음과 같다.

상관계수 절대값	$\lvert r \rvert \geq 0.8$ (확신), $\lvert r \rvert \geq 0.6$ (의심)
분산팽창요인(VIF)	VIF ≥ 10 (확신)
공차한계(tolerance)	공차 ≤ 0.1 (확신)

(7) 다중공선성의 해결

다중공선성이 존재하는 예측변인들이 발견되면 해당 예측변인 중 하나를 삭제하거나 다중공선성이 발생한 예측변인들을 결합하여 새로운 변수로 만들어 다중공선성의 문제를 해결한다. 다중공선성 확인 결과 예측변인의 VIF 값이 모두 10 이상으로 나왔다 하더라도 실제 다중공선성이 있는 변인은 적을 수 있다. 이것은 특정 예측변인에서 다중공선성이 있는 경우 다른 예측변인들의 VIF 값에도 영향을 주기 때문이다. 따라서 VIF 값이 가장 높은 예측변인을 삭제한 후 재분석을 통해 VIF 값을 확인해 본다. 만약 VIF 값이 가장 높은 예측변인이 중요한 변수라서 삭제할 수 없다면 차선책으로 VIF 값이 두 번째로 높은 예측변인을 삭제한 후 다시 분석하여 확인한다.

삭제	다중공선성 발생 변수 중 하나 삭제
변수결합	다중공선성 발생 변수의 결합으로 새로운 변수 생성

(8) 회귀분석과 상관분석의 차이점

이변량 회귀분석과 이변량 상관분석(예: Pearson 상관분석) 간의 주요 차이점을 살펴보면, 회귀분석에서는 주어진 예측변인의 값을 근거로 준거변인의 값을 예측하려고 하는 반면, 상관관계에서는 해당 변수가 어떻게 관련

되어 있는지를 나타낸다. 회귀분석과 상관분석은 독립변수(원인)와 종속변수(결과)의 관계를 보여주는 인과관계를 의미하는 것이 아님을 주의해야 한다.

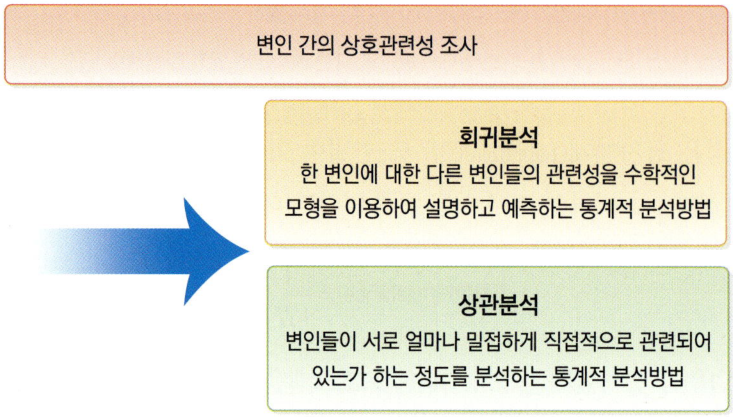

2 단순회귀분석

1) 개요

단순회귀분석(simple regression analysis)은 예측변인 하나로 준거변인에 대한 설명 또는 예측을 위한 모형이다. 예측변인(predictor variable)은 설명 또는 예측을 미칠 것으로 생각되는 변수이다. 준거변인(criterion variable)은 설명 또는 예측을 받을 것으로 생각되는 변수이다. 어떤 임의의 두 변수 중 하나를 예측변인, 다른 하나를 준거변인으로 설정하여 회귀분석을 실시한 결과, 예측변인의 회귀계수가 통계적으로 유의적이라 하더라도 두 변인 간에 인과관계가 있다고 추정할 수는 없다.

2) 목적

단순회귀분석은 하나의 예측변인과 준거변인과의 관계를 선형관계식으로 표시하며, 예측변인과 준거변인에 대한 관찰자료를 이용하여 회귀식의 기울기와 절편을 추정하고자 한다.

3) 설계 예제

예제

정신지향에 대한 정보를 이용하여 미용관리성향을 예측하기 위해 270명의 여성을 대상으로 정신지향과 미용관리성향에 대한 설문지를 실시하였다. 변수들 간의 상관관계를 분석한 결과 정신지향과 미용관리성향 간의 상관관계가 도출되었다. 정신지향을 예측변인으로 하고 미용관리성향을 준거변인으로 한 단순회귀분석을 실시한다.
(예제파일: 단순회귀분석 엑셀파일)
[정신지향]: 건강, 시간, 환경, 가족, 삶의 질을 중시하는 것

[ch19_Q1]

4) 통계 가설

- 귀무가설(H_0): 예측변인 X의 측정치 x_i에 따른 모집단 예측치 $\hat{Y}_i$가 모두 같을 것이다($p > .05$).
  예측변인 X로부터 준거변인 Y를 예측할 수 없다($\beta_1 = 0$).
- 대립가설(H_1): 예측변인 X의 측정치 x_i에 따른 모집단 예측치 $\hat{Y}_i$가 모두 같지 않을 것이다($p < .05$).
  예측변인 X로부터 준거변인 Y를 예측할 수 있다($\beta_1 \neq 0$).

- 귀무가설(H_0): 정신지향으로부터 미용관리성향을 예측할 수 없다($p > .05$).
- 대립가설(H_1): 정신지향으로부터 미용관리성향을 예측할 수 있다($p < .05$).

정신지향으로부터 미용관리성향을 예측할 수 있는지 분석하기 위하여 단순회귀모형을 설정해 본다. 통계가설과 같이, 1개의 예측변인이 준거변인에 미치는 설명/예측은 단순회귀분석을 통해 검증할 수 있다. 회귀분석은 예측변인(X)에 의해 발생하는 준거변인(Y)의 변화를 파악하는 것으로, 예측변인과 준거변인의 관계를 나타내는 회귀선을 찾아 회귀식을 도출한 후, 회귀모형이 적합한지를 먼저 검정하고, 준거변인의 전체 분산 가운데 예측변인에 의해 설명되는 비율(R^2)을 파악한 후 가설을 검정한다.

5) SPSS 분석

표본크기의 확인

일반적으로 회귀분석을 안정적으로 적용하기 위해 권장되는 표본크기는 예측변인 개수의 10배 이상이며, 최소한의 표본크기는 5배 이상이다. 이 분석에서는 예측변인이 1개이므로 회귀분석을 위한 권장 표본크기는 10명, 최소한의 표본크기는 5명이다. 이 분석에 사용되는 표본크기는 270명이므로 회귀분석을 위한 충분한 표본크기가 확보되었음을 알 수 있다.

선형성 확인을 위한 산점도 그리기 순서

① 메뉴에서 [그래프] – [레거시 대화 상자] – [산점도/점도표]를 선택한다.

산점도 유형의 선택

① [산점도/점도표] 대화상자에서 '단순 산점도'를 선택한다.

② '정의' 단추를 누른다.

산점도의 대상변수 지정

① '단순 산점도' 대화상자가 열리면 '미용관리성향' 변수를 'Y축' 칸으로 옮긴다.

② '정신지향' 변수를 'X축' 칸으로 옮긴다.

③ '확인' 단추를 누른다.

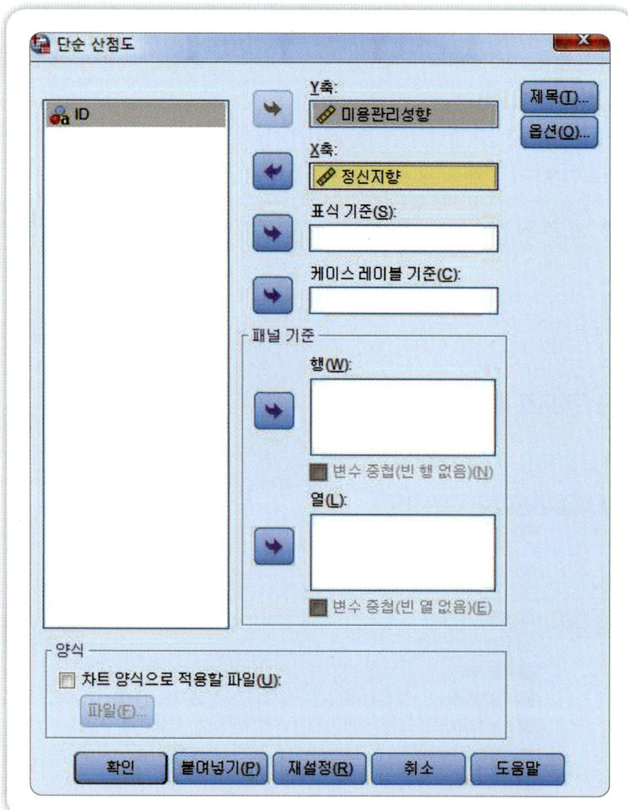

산점도의 확인

아래의 산점도를 보면 '미용관리성향'과 '정신지향'의 분포가 뚜렷한 양의 선형성을 갖는 것으로 나타났으며, 상관계수 r은 .572로 두 변수의 선형적인 관계가 있는 것으로 나타났다. 상관계수값은 단순회귀분석의 출력 결과 중에서 [상관계수] 표를 해석하면 된다.

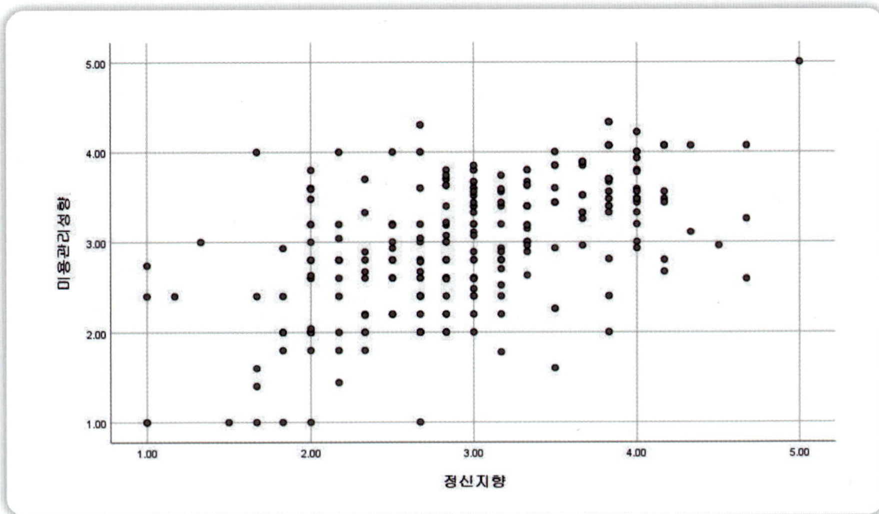

회귀분석 실시하기

① SPSS를 사용하여 회귀모형을 추정해 본다. 단순회귀분석 파일을 불러온다.

② [분석] – [회귀분석] – [선형]을 클릭한다. [선형 회귀] 도표와 같이 [종속변수]에는 '미용관리성향'을, [블록]의 [독립변수]에는 '정신지향'을 선택한다.

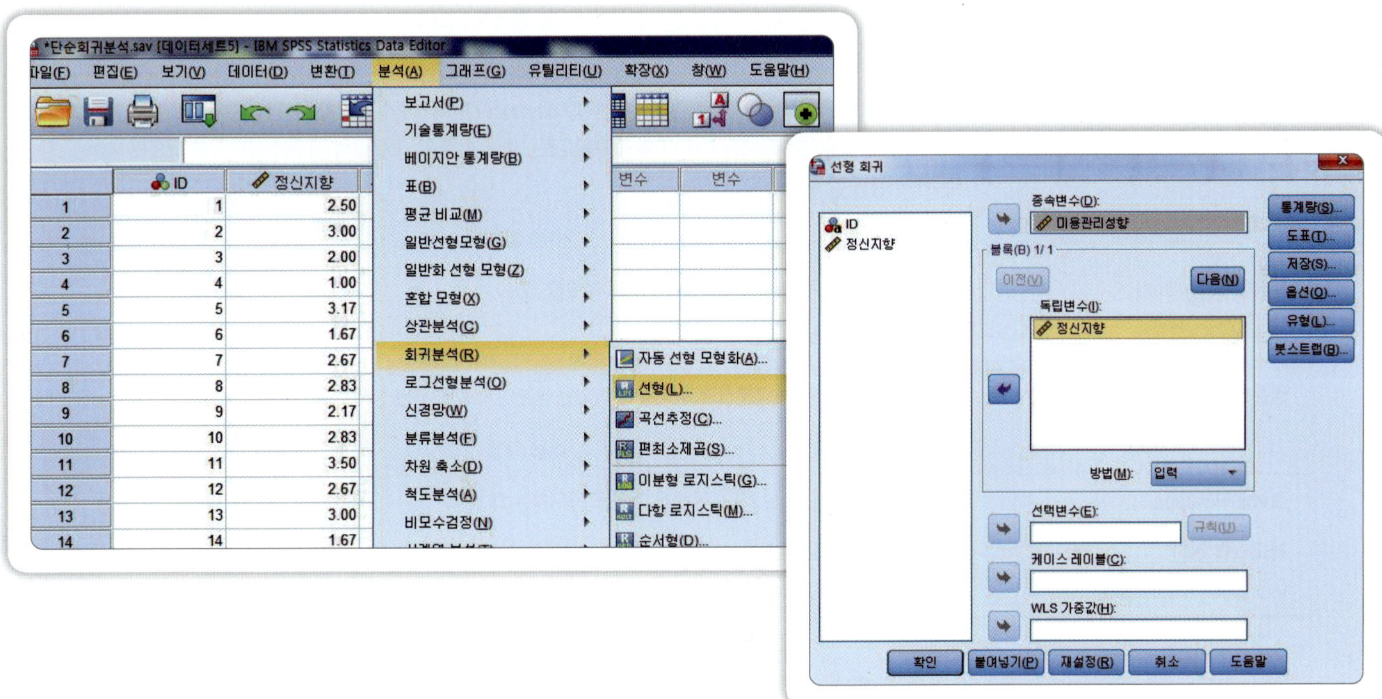

③ [통계량]을 선택해서 [회귀계수(regression coefficient)] - [추정값], [모형 적합], [기술통계]를 체크한다.

④ [잔차] - [Durbin-Watson], [케이스별 진단]을 체크한다. 오차의 자기상관을 검정하기 위하여 Durbin-Watson의 통계량을 이용한다. 또한 단순선형회귀분석이므로 예측변인이 1개이다. 따라서 공선성 진단(collinearity diagnostics)은 선택하지 않아도 된다.

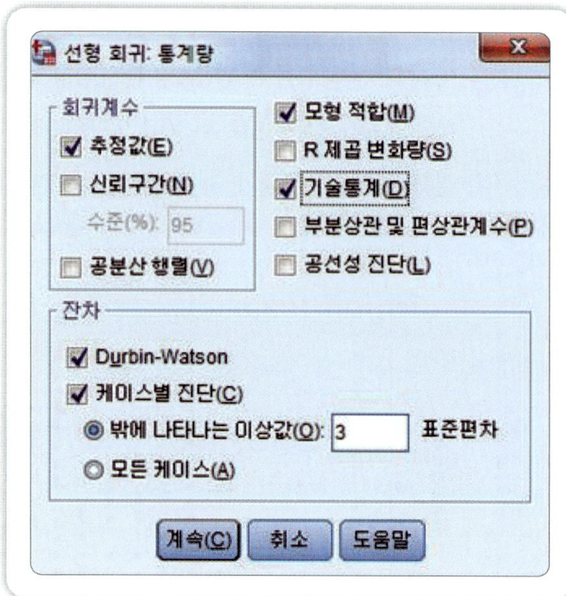

※ 선형 회귀분석: 통계량 대화상자를 이용하면 다음의 통계량을 분석할 수 있다.

분석항목 선택	내용 설명
모형 적합(model fit)	결정계수(R^2), 다중 R, 수정결정계수(Adjusted R^2), 추정값의 표준오차, F통계량과 유의확률이 있는 분산분석표
제곱 변화량(R^2 change)	예측변인의 추가 및 제거에 따른 결정계수(R^2)의 변화량을 표시. R^2의 변화량이 크다면 해당된 예측변인은 설명력이 높다는 것을 의미
기술통계량(descriptives)	각 변수별 유효한 케이스 수, 평균, 표준편차 등의 기술통계량과 상관계수표 표시
부분상관 편상관계수 (part and partial correlation)	예측변인과 준거변인과의 부분상관과 편상관계수를 회귀계수표에 표시
공선성 진단 (collinearity diagnostics)	예측변인의 분산팽창계수(VIF)와 공차허용한계(Tolerance)를 회귀계수표에 표시. 공선성 진단표를 생성하여 각 고유값에 상태지수와 각 회귀계수의 분산비율을 표시. 고유값의 개수는 상수항을 포함한 회귀계수의 수와 같음
회귀계수	**내용 설명**
추정값(estimates)	회귀계수, 표준오차, 베타계수, t-통계량, 유의확률
신뢰구간(confidence intervals)	회귀계수의 신뢰구간
공분산행렬(covariance matrix)	회귀계수에 대한 분산-공분산행렬(대각선 이외는 공분산으로 표시된 행렬)
잔차	**내용 설명**
Durbin-Watson	DW통계량 표시. 잔차(오차)의 독립성 가정을 판단하는 데 사용
케이스별 진단 (casewise diagnostics)	잔차 통계량표를 표시하고 지정한 잔차의 표준편차의 배수만큼 벗어난 잔차를 케이스별 진단표에서 표시. 이상값(outlier)을 검토하고 제거하는 데 도움

단순회귀분석의 표준화 잔차 등분산 그래프 및 정규확률도표 설정

① 회귀모형의 가정 중에서 잔차의 산포도를 이용하여 선형성을 검증하는데, 이때 산점도(scatterplot)가 이용되며, 표준화된 예측값(ZPRED)을 X축에, 회귀표준화 잔차(ZRESID)를 Y축에 놓고 산포도를 그린다. [계속] - [도표]를 클릭하여 '표준화 잔차[ZRESID]' - Y로, '표준화 예측값[ZPRED]' - X로 이동한다.

② 회귀분석의 주요 가정인 잔차의 정규성과 등분산성 가정을 검정하기 위해서 [표준화 잔차도표] - [히스토그램], [정규확률도표], [편회귀잔차도표 모두 출력]을 체크한다.

단순회귀분석의 예측값과 잔차의 설정

① 회귀분석 대화상자에서 [저장] 버튼을 눌러서 [예측값] - [비표준화], [표준화]를 선택하고 [잔차] - [비표준화], [표준화]를 선택한다. 회귀모형에 의해 계산된 예측값과 잔차를 SPSS 데이터 창에서 변수로 저장하게 된다.

② 옵션 버튼을 누르면 옵션 대화상자에서 회귀모형식에 상수항을 제거할건지 포함할건지 선택할 수 있다. 기본 설정은 ☑방정식에 상수항 포함이다. 설정을 마쳤으면 계속 버튼을 누르고 분석을 실행한다.

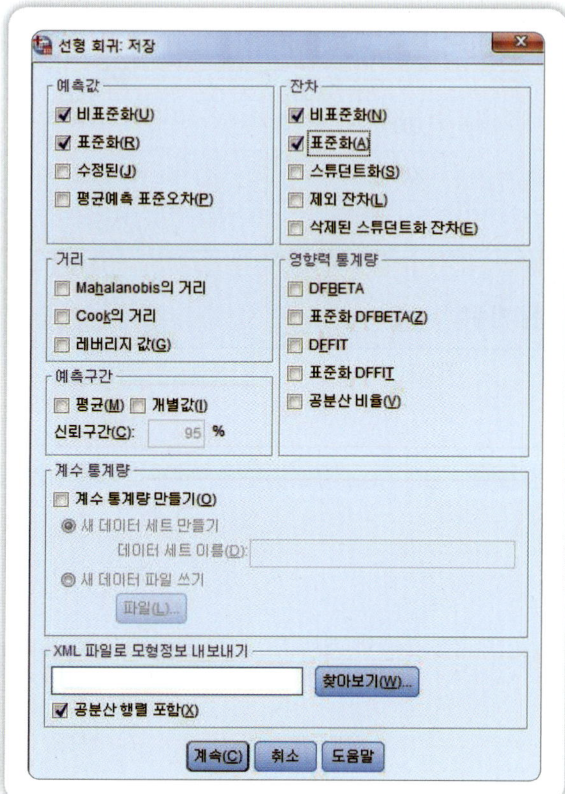

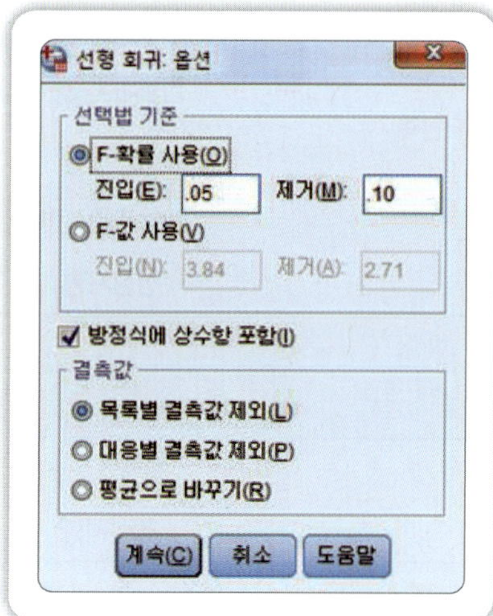

출력결과 및 해석

① SPSS View에 구해진 분석 결과 화면이다. 먼저 기술통계(descriptive statistics)에는 각 변수의 평균과 표준화 편차, 표본수 등 표본에 대한 간단한 기술통계가 나와 있다.

② 다음으로 상관계수(correlations) 표에는 Pearson 상관계수, 유의확률, 표본수가 나타난다. 두 변수 간의 상관관계를 보면 .572로 나타났다. 유의확률이 .000으로 나타나 상관계수값은 유의한 차이가 나타났다.

③ 다음 표는 회귀분석의 결과 중 '입력/제거된 변수' 부분이다. '입력된 변수'는 분석에 동원된 예측변인을 의미하며 '정신지향'이 예측변인임을 설명하고 있다. 표 하단의 '종속변수: 미용관리성향'은 본 회귀분석의 준거변인이 '미용관리성향'임을 설명하는 것이다. 여기서는 입력(enter)방식이 사용되었다. 입력 방식은 모든 변수를 한 번에 투입하여 검정하는 방법이다.

기술통계량

	평균	표준화 편차	N
미용관리성향	2.9631	.73273	270
정신지향	2.9450	.76119	270

상관계수

		미용관리성향	정신지향
Pearson 상관	미용관리성향	1.000	.572
	정신지향	.572	1.000
유의확률(단측)	미용관리성향	.	.000
	정신지향	.000	.
N	미용관리성향	270	270
	정신지향	270	270

입력/제거된 변수[a]

모형	입력된 변수	제거된 변수	방법
1	정신지향[b]	.	입력

a. 종속변수: 미용관리성향

b. 요청된 모든 변수가 입력되었음

모형 요약[b]

모형	R	R 제곱	수정된 R 제곱	추정값의 표준 오차	Durbin-Watson
1	.572[a]	.327	.325	.60215	1.849

a. 예측자: (상수), 정신지향
b. 종속변수: 미용관리성향

ANOVA[a]

모형		제곱합	자유도	평균제곱	F	유의확률
1	회귀	47.251	1	47.251	130.319	.000[b]
	잔차	97.171	268	.363		
	전체	144.422	269			

계수[a]

모형		비표준화 계수		표준화 계수	t	유의확률
		B	표준화 오류	베타		
1	(상수)	1.342	.147		9.145	.000
	정신지향	.551	.048	.572	11.416	.000

④ 회귀모형의 설명력(모형 요약 표 해석)

다음으로 모형 요약(model summary)이 나타난다. 단순회귀분석의 예측변인과 준거변인 간의 상관 정도를 말해주는 상관계수(R)와 예측력 정도를 말해주는 결정계수(R^2)를 제시해 준다. 정신지향과 미용관리성향의 상관계수는 $R=.572$로 두 변수 사이에는 양의 상관관계가 존재하여 정신지향이 높을수록 미용관리성향도 높아지는 경향이 있음을 알 수 있다. R^2은 설명력 또는 결정계수(coefficient of determination)라고 하며, 준거변인이 예측변인에 의해 설명되는 정도를 의미한다. 결정계수란 총변동 중에서 회귀모형에 의해 설명되는 비율을 나타내며, $0 \leq R^2 \leq 1$의 값을 갖는다. 단순회귀분석의 결정계수는 두 변수의 상관계수를 제곱한 것과 같다. 분석 결과에 나타난 결정계수(R^2)는 .327로 계산되어 회귀모형의 설명력(예측력)이 32.7%임을 알 수 있다.

한편 표본크기와 예측변인의 개수를 보정한 수정된 결정계수(adj R^2)=.325는 정신지향이 미용관리성향의 분산을 약 32.5% 설명할 수 있음을 보여 주고 있다. 추정값의 표준오차는 .60으로 회귀모형의 실제적인 오차가 평균적으로 .60점임을 알 수 있다(종속변수인 미용관리성향의 단위 사용). 또한 오차의 자기상관(잔차의 독립성)을 검정하는 Durbin-Watson 지수는 1.849로서 2에 가까우므로 준거변인인 '미용관리성향'의 잔차(오차)가 자기상관이 없고 독립적임을 알 수 있다.

⑤ 회귀모형의 유의미성 해석(분산분석표 해석)

다음으로는 분산분석(ANOVA)표를 근거로 우리가 구한 회귀모형의 결정계수(R^2)가 통계적으로 유의한지를 살펴보아야 한다. 회귀선이 모형에 적합한가를 판단하는 F값(130.319)의 유의확률이 $p=.000$으로 나타나 회귀모형은 적합함을 알 수 있다($p<.05$).

회귀분석의 해석순서 중 첫 번째는 회귀모형의 유의미성 해석이다. 가설은 다음과 같이 다양하게 표현할 수 있다.

- 귀무가설(H_0): 모집단에서 예측변인의 회귀계수는 0이다($\beta_1=0$).
- 대립가설(H_1): 모집단에서 예측변인의 회귀계수는 0이 아니다($\beta_1\neq0$).
- 귀무가설(H_0): 모집단에서 준거변인은 예측변인으로 설명할 수 없다($p>.05$).
- 대립가설(H_1): 모집단에서 준거변인은 예측변인으로 설명할 수 있다($p<.05$).
- 귀무가설(H_0): 회귀모형은 적합한 회귀모형이 아니다($p>.05$).
- 대립가설(H_1): 회귀모형은 적합한 회귀모형이다($p<.05$).

위의 가설에 대한 분산분석 결과 유의확률이 .000($p<.05$)으로 영가설(H_0)을 기각하여 예측변인이 준거변인을 설명할 수 있는 유의한 회귀모형임을 알 수 있다.

⑥ 예측변인(회귀계수)의 유의미성 해석(계수표 해석)

'회귀모형의 회귀계수(β_1)'를 이용하여 예측변인의 유의미성을 검정하며, '예측변인이 준거변인을 설명(예측)할 수 있는가'에 대한 다음의 가설을 검정한다.

- 귀무가설(H_0): 모집단에서 예측변인의 회귀계수는 0이다($\beta_1=0$).
- 대립가설(H_1): 모집단에서 예측변인의 회귀계수는 0이 아니다($\beta_1\neq0$).
- 귀무가설(H_0): 모집단에서 예측변인은 의미 있는 변수가 아니다($p>.05$).
- 대립가설(H_1): 모집단에서 예측변인은 의미 있는 변수이다($p<.05$)

이 분석은 단순회귀분석이므로 예측변인 하나에 대해서만 가설을 검정한다. 정신지향의 회귀계수는 정(+)의 값이며, 통계량은 $t=11.416$, 유의확률은 $p=.000$이다. $\beta_1=0$이라는 귀무가설이 기각되어 회귀계수는 0이 아니라고 할 수 있다. 그리고 회귀계수가 $B=.551$로 양(+)의 값을 가지므로 정신지향이 높으면 미용관리성향 수준도 높아진다고 해석할 수 있다. 이러한 결과는 위의 분산분석에서 살펴본 회귀모형의 유의미성과 동일한 결과로, 회귀모형에 투입된 예측변인이 하나인 단순회귀분석에서는 당연한 것이다.

⑦ 예측변인의 예측력 해석(계수표 해석)

예측변인이 준거변인에 어느 정도 예측을 하는가에 대한 해석이 필요하다. 이러한 정보는 분석 결과 중 '비표준화 계수(B)'를 보면 알 수 있다. '비표준화 계수(B)'는 앞서 설명한 '회귀계수'이다. 회귀계수는 회귀방정식에서 예측변인의 '기울기'를 의미한다.

정신지향의 회귀계수가 .551이라는 것은 다른 조건이 동일하다면 정신지향이 1만큼 변화할 때 미용관리성향은 .551만큼 변화한다는 의미이며, 이것은 미용관리성향에 대한 정신지향의 예측정도가 .551임을 나타낸다.

한편 '상수'의 회귀계수는 'y절편'을 의미한다. 계수 결과를 보면 상수 1.342는 모형의 절편에 해당하는 값이다. 두 변수의 비표준화 계수는 단순히 산점도에서 나타내는 '최적' 회귀선의 기울기이다. 정신지향에 대한 표준화 계수는 준거변인과 예측변인을 표준화한 자료로부터 구한 회귀모형의 계수 추정치로 예측변인이 하나인 단순선형회귀모형에서는 준거변인과 예측변인 간의 상관계수에 해당하는 값이다.

추정회귀식

추정회귀식은 예측변인이 유의할 때 적용할 수 있다. 결과에서는 예측변인(정신지향)이 준거변인(미용관리성향)에 미치는 영향이 유의하게 나타났으므로 다음과 같은 회귀식이 도출된다. 즉 예측변인(x)값이 주어진다면 미용관리성향($\hat{y}$) 수준을 추정할 수 있다. 표준화 계수는 일반적으로 예측모형을 만드는 데 사용하며, 다음과 같이 회귀모형식으로 표현한다.

$$\hat{y} = b_0 + b_1x,\ \text{미용관리성향} = 1.342 + .551 \times (\text{정신지향})$$

예를 들어, 특정 여성이 정신지향을 2점을 받는다면 여성의 미용관리성향은 '미용관리성향 = 1.342 + .551 × 2'에 의하여 2.444점이라고 예측할 수 있다.

⑧ 다음으로 케이스별 진단(casewise diagnostics) 표가 나온다. 여기서는 입력된 270개의 예측변인 중에서 이상치가 있는지를 알려 준다. 일반적으로 표준화 잔차의 절대값이 3 이상이면 이상치라고 볼 수 있다. 일반적으로 이상치는 제거하고 분석한다. 여기서 이상치로 판명된 ID 50을 제거하고 분석한다면 다음 분석 결과와 다른 값이 나올 것이다. 그러나 여기서는 제거하지 않고 분석하였다.

⑨ 다음으로 잔차 통계량(residuals statistics)표가 나온다. 여기서는 정신지향의 예측 자료값을 기준으로 한 잔차의 통계량이다.

케이스별 진단[a]

케이스 번호	표준화 잔차	미용관리성향	예측값	잔차
50	−3.009	1.00	2.8117	−1.81168

a. 종속변수: 미용관리성향

잔차 통계량[a]

	최소값	최대값	평균	표준화 편차	N
예측값	1.8922	4.0946	2.9631	.41911	270
잔차	−1.81168	1.73893	.00000	.60103	270
표준화 예측값	−2.555	2.700	.000	1.000	270
표준화 잔차	−3.009	2.888	.000	.998	270

⑩ 잔차분석: 최종적인 회귀모형의 적합성 검정

회귀분석을 통해 회귀모형이 만들어졌다면 최종적으로 그 해당 모형이 적합한지를 검정해야 한다. 회귀모형의 적합성은 기본 가정인 선형성, 잔차의 독립성, 잔차의 등분산성, 잔차의 정규성이 모두 만족되는가를 살펴보는 것이다.

- 선형성은 회귀분석 초기에 *x* vs. *y*분포의 '산점도'를 통해 확인하였다.
- 잔차의 독립성은 회귀분석의 과정에서 '잔차의 Durbin-Watson 지수'를 활용하여 검토하였다.
- 잔차의 등분산성과 잔차의 정규성은 최종 회귀분석 과정에서 '잔차분석'을 통해 검증한다.

다음으로는 [히스토그램]과 [회귀 표준화 잔차의 정규 P-P도표]가 나타난다.

히스토그램 분석

[히스토그램]은 회귀 표준화 잔차의 분포를 나타내며, 검은 실선은 정규분포 곡선을 표시한다. 잔차의 분포가 정규분포 곡선에 근사하게 일치하고 있다. 잔차의 평균은 약 0에 위치하며, 분포는 대칭적인 형태를 띠고 있어 정규성 가정이 충족된 것으로 판단된다. 표준화 잔차는 대체로 −3에서 +3 범위 내에 분포하며, 극단적인 이상치는 관찰되지 않는다. 따라서, 잔차의 정규성 가정이 충족되었음을 확인할 수 있다.

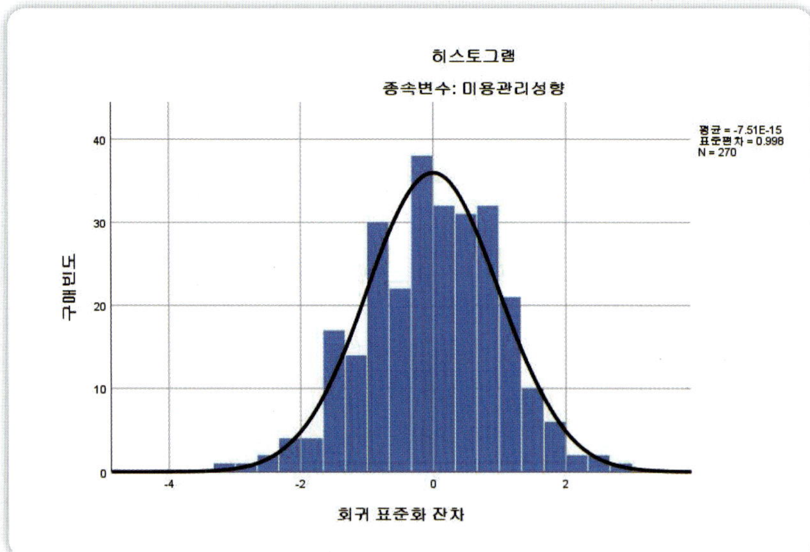

회귀 표준화 잔차의 정규 P-P도표 분석

[회귀 표준화 잔차의 정규 P-P도표]는 잔차의 정규성을 시각적으로 평가하기 위한 도표로, 관측된 누적확률(잔차 분포)과 정규분포의 기대 누적확률 간의 일치성을 나타낸다. 데이터 점들이 대각선(기대값)에 가깝게 분포하고 있어 정규성 가정이 충족된 것으로 보인다.

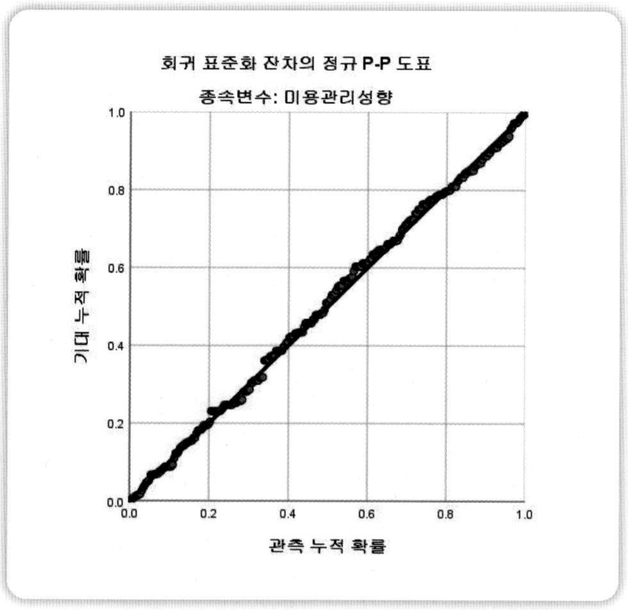

⑪ 회귀 표준화 예측값(ZPRED)과 표준화 잔차(ZRESID)의 산점도는 회귀분석에서 잔차의 등분산성(homoscedasticity)과 패턴 여부를 확인하는 데 사용된다. 분석 결과, 잔차는 평균 0을 중심으로 대체로 무작위로 분포하고 있으며, 특정한 방향성(예: 팬 모양, 곡선 형태)은 관찰되지 않는다. 또한 표준화 예측값(ZPRED)에 따른 잔차(ZRESID)의 분산이 일정하게 유지되어 등분산성 가정이 충족된 것으로 판단된다. 그래프에서 잔차의 분포는 대체로 무작위로 나타나며, 극단적인 이상치는 보이지 않았다. 잔차의 이상치를 확인한 결과, 표준화 잔차는 대부분 ±3 이내에 분포하고 있다. 다만, 케이스별 진단에서 확인된 50번 케이스는 −3 이하로 나타나 추가 검토가 필요하다.

결론적으로, 잔차의 산점도를 통해 등분산성 가정이 충족되었음을 확인할 수 있다. 이상치로 판단되는 데이터는 일부 존재하지만, 전체 모형의 적합성에 큰 영향을 미치지는 않을 것으로 보인다.

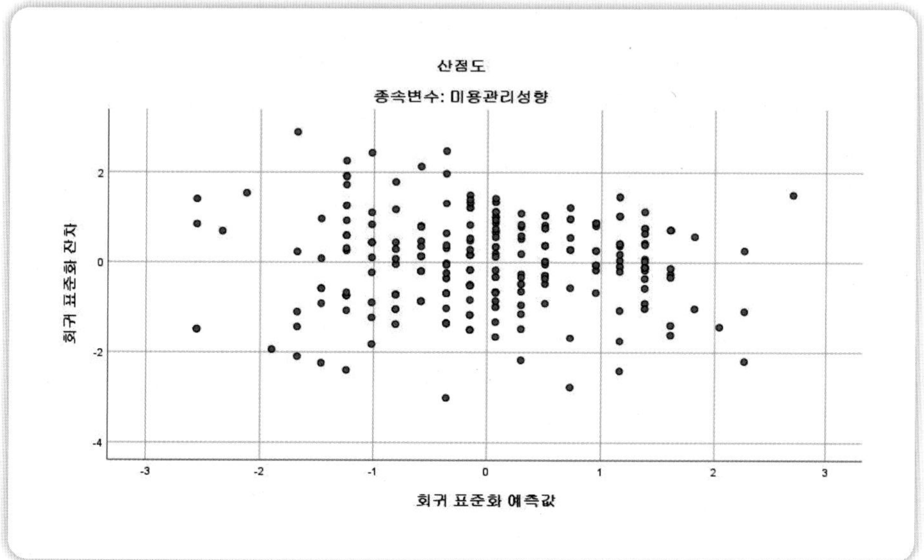

⑫ 잔차의 정규성 검정은 표준화 잔차를 활용한 P-P 도표뿐만 아니라, 'Kolmogorov-Smirnov 검정'이나 'Shapiro-Wilk 검정'과 같은 통계적 방법으로도 수행할 수 있다. P-P 도표는 잔차의 직선성을 시각적으로 확인하는 데 유용한 반면, 정규성 검정은 가설 검정을 통해 정량적인 통계값을 제공하므로 보다 객관적인 판단 근거를 제시한다. 따라서, 시각적 방법과 통계적 방법을 병행하여 잔차의 정규성을 검토하면 더욱 신뢰성 높은 결과를 얻을 수 있다.

표준화 잔차의 정규성 검정 순서

① 메뉴에서 [분석] – [기술통계량] – [데이터 탐색]을 선택한다.

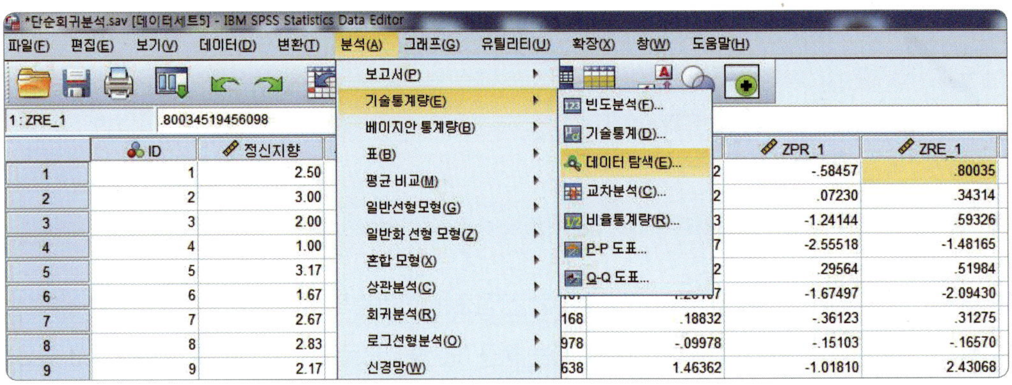

정규성 검정의 대상변수 지정 및 선택

① '데이터 탐색' 대화상자가 열리면 '표준화 잔차(회귀분석 과정에서 가장 마지막에 만들어진 표준화 잔차)'를 '종속변수' 칸으로 옮긴다.

② '도표' 단추를 누른 후, '데이터 탐색: 도표' 대화상자가 열리면 '검정과 함께 정규성도표'를 선택하고 '계속' 단추를 누른다.

③ '데이터 탐색' 대화상자로 돌아오면 '확인' 단추를 눌러 분석을 실행한다.

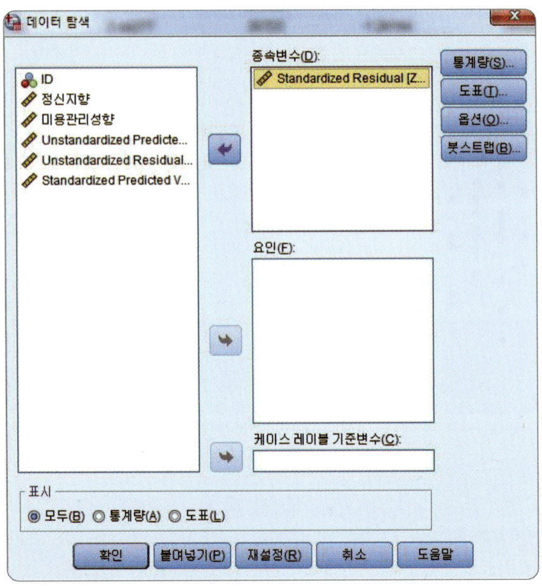

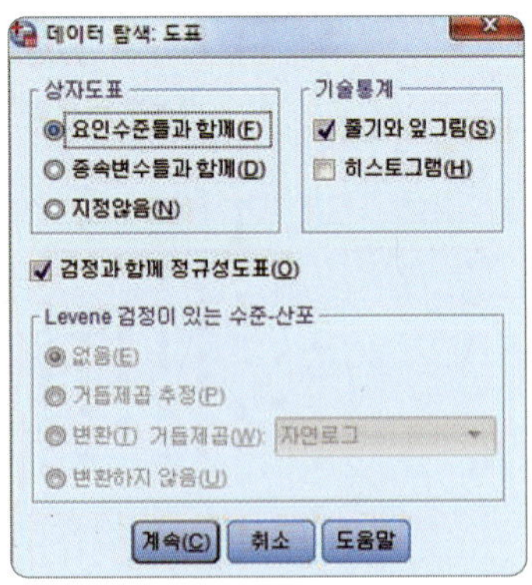

정규성 검정의 분석 결과

① 다음 표는 정규성 검정 결과 중 '케이스 처리 요약' 부분이다. 표본의 크기가 270명임을 알 수 있다.

② 다음은 정규성 검정 결과 중 분포의 '기술통계량' 부분이다. '표준화 잔차'의 왜도가 -.124, 첨도가 .074로 각각 -2 ~ +2의 범위 내에 있음을 보여주어 특별이 치우침이 없는 분포임을 알 수 있다.

케이스 처리 요약

	케이스(S)					
	유효		결측값		총계	
	N(C)	퍼센트(C)	N(C)	퍼센트(C)	N(C)	퍼센트(C)
Standardized Residual	270	100.0%	0	0.0%	270	100.0%

기술통계

			통계	표준화 오차
Standardized Residual	평균순위		.0000000	.06074484
	평균의 95% 신뢰구간	하한	-.1195958	
		상한	.1195958	
	5% 절사평균		.0071026	
	중위수(D)		.0256926	
	분산(V)		.996	
	표준화 편차		.99813953	
	최소값(U)		-3.00871	
	최대값(X)		2.88788	
	범위(R)		5.89659	
	사분위수 범위		1.40771	
	왜도(W)		-.124	.148
	첨도(K)		.074	.295

③ 정규성 검정의 가설은 다음과 같다.

- 귀무가설(H_0): 회귀모형의 오차(잔차)는 정규분포이다($p > .05$).
- 대립가설(H_1): 회귀모형의 오차(잔차)는 정규분포가 아니다($p < .05$).

Kolmogorov-Smirnov 검정에서는 유의확률이 .200으로 .05보다 크므로 영가설을 받아들여 오차(잔차)의 정규분포가 성립됨을 알 수 있다. Shapiro-Wilk 검정에서도 유의확률이 .875로 .05보다 크므로 영가설을 받아들여 오차(잔차)의 정규분포가 성립됨을 알 수 있다. 따라서 본 회귀모형은 기본 가정을 모두 만족하는 것을 알 수 있다.

정규성 검정

	Kolmogorov-Sminov[a]			Shapiro-Willk		
	통계	자유도	CTT 유의확률	통계	자유도	CTT 유의확률
Standardized Residual	.036	270	.200*	.997	270	.875

*. 이것은 참 유의성의 하한임

a. Lilliefors 유의확률 수정

6) 결과표 예시 및 해석

먼저, Durbin-Watson을 이용하여 오차의 자기상관을 검정한 결과 1.849로 검정통계량(1.80)보다 크기 때문에 '자기상관이 없고 독립적이다'고 할 수 있다. 다음으로 선형성 및 등분산성을 검정하기 위해 잔차의 산포도를 분석한 결과 잔차의 분포는 [0]을 중심으로 균등하게 흩어져 있으므로 회귀식이 선형이며 등분산성을 이루고 있다는 가정을 충족하였다. 마지막으로 회귀 표준화 잔차의 정규 P-P plot을 이용해 오차의 정규분포를 검정한 결과, 잔차가 45도 직선에 근접하므로 오차는 정규분포를 따른다고 말할 수 있다. 따라서 이 연구에서 구한 회귀모형은 회귀식의 가정을 모두 충족하는 것으로 나타났다.

정신지향과 미용관리성향에 대한 회귀분석 결과, 회귀모형은 적합(F=130.319, p=.000)하게 나타났으며, 회귀모형에 대한 설명력은 32.7%로 나타났다. 이때, 회귀모형은 미용관리성향 = 1.342 + .551 × (정신지향)과 같이 나타났고, 회귀계수에 대한 유의확률을 살펴본 결과, 유의수준 .001보다 유의확률이 더 작기 때문에 정신지향 지수가 1만큼 증가할 때 미용관리성향도 .551배만큼 증가하는 것으로 나타났다(표 19.1).

표 19.1 단순 선형회귀분석 결과

예측변인	비표준화 계수		표준화계수	t	p
	B	SE	β		
(상수)	1.342	.147	-	9.145	
정신지향	.551	.048	.572	11.416***	.000

R^2 = .327, $adj\ R^2$ = .325, F = 130.319***

$Durbin-Watson$ = 1.849

***p<.001

3 다중회귀분석

1) 개요

예측변인이 1개인 단순회귀분석에 비해 다중회귀분석(mutiple regression analysis)은 예측변인이 2개 이상인 경우의 회귀분석을 의미한다. 어떤 사회현상이나 관계를 설명하거나 예측하고자 하는 경우에는 대체로 예측변인을 2개 이상 포함하는 것이 일반적이다. 다수의 예측변인을 이용하여 준거변인에 대한 예측이나 설명을 목적으로 하는 것이 다중회귀모형이다. 우선 예측변인들과 준거변인에 대한 사전지식이 충분치 않다면 입력 옵션을 사용하여 여러 개의 예측변인을 동시에 사용하여 모형을 설정할 수 있다. 만약에 예측변인 중에서 연구자의 판단에 의한 순위를 고려하여 모형을 설정하고 싶다면 계층적 방법을 사용할 수 있다. 그 밖의 방법에서 선택할 수 있는 단계, 전진, 후진은 예측변인과 준거변인 간의 상관도나 다른 선택기준에 의해 프로그램에서 순서를 정하여 예측변인을 입력 또는 제거하는 방식이다.

2) 목적

다중회귀분석은 다수의 예측변인과 1개의 준거변인의 관계를 분석하고자 할 때 유용한 기법이다. 둘 이상의 예측변인(x)을 이용하여 준거변인(y)을 예측하고 설명하기 위한 목적으로 사용된다.

3) 통계지식

(1) 기본 가정

① 다중회귀분석의 기본 가정은 단순회귀분석에서의 기본 가정이 모두 포함되며, 추가로 다중공선성이 없어야 한다는 조건이 포함된다. 다중공선성이 존재하는 경우에는 다중회귀분석을 적용할 수가 없으므로 반드시 확인해야 한다. 다중회귀모형에 포함한 예측변인들을 선정할 때 일반적인 기준은 다음과 같다.

a. 각 예측변인은 준거변인과 상관관계가 높아야 한다(상관분석 활용).

b. 선택된 예측변인 간에는 상관관계가 낮아야 한다(다중공선성 해결).

c. 모형에는 간명성의 원칙(parsimonious model)을 따른다(되도록이면 적은 예측변인으로 모형 설정).

② 예측변인은 2개 이상이고, 준거변인은 1개이다. 예측변인과 준거변인 모두 양적척도(등간/비율척도)를 원칙으로 하고 있으나, 예측변인의 경우에는 질적척도(명목/서열척도)로 측정된 변수를 더미변수로 변환하여 사용할 수 있다.

③ 예측변인의 변화에 따른 준거변인의 변화가 일정해야 한다(선형성).

④ 준거변인의 관측값과 예측값 간의 차이인 오차값이 일정한 분산을 갖는 정규분포를 이루어야 하고, 독립적이어야 한다(오차항의 정규성, 등분산성, 독립성).

(2) 다중공선성의 의미

① 공선성(collinearity): 두 변인이 1.00에 가까운 상관

② 다중공선성(multicollinearity): 다중회귀분석에서 예측변인 간에 높은 상관관계를 가지는 경우

③ 추정된 계수가 통계적으로 유의하지 않게 나타날 가능성 높음

④ 판단: 공차한계 0.1 이하, VIF(분산팽창요인) 10.0 이상, 상태지수 15.0 이상이면 의심

⑤ 해결방법: 다중공선성이 높은 예측변인은 제외해야 한다. 반대로 상관이 0인 예측변인도 제외해야 함

⑥ 주의점: 원자료에 한 두 개의 사례가 첨가(누락)되어도 추정된 회귀계수가 큰 폭으로 달라질 수 있음

(3) 수정된 R^2

모형에 사용되는 예측변인의 수가 많아지면 SSE가 작아져서 R^2이 커진다. 그러나 예측변인의 수가 많아지면 SSE의 자유도(*df*)도 작아지기 때문에 SSE는 줄어도 MSE는 작아지지 않을 수도 있어 모형은 *F*값이 반드시 커지는 것은 아니다. 따라서 R^2이 커진다고 반드시 좋은 회귀모형이라고 보기 어렵다. 그래서 도입한 개념이 수정된 R^2으로, R^2은 예측변인의 수가 많아지면 증가하지만 수정된 R^2은 MSE가 가장 적을 때 가장 큰 값을 갖는다. 따라서 다중회귀분석에서 R^2보다 수정된 R^2을 가장 크게 만드는 예측변인의 수로 모형을 만들기도 한다. 다중선형회귀모형에 대한 분산분석표는 표 19.2와 같다.

표 19.2 다중선형회귀모형 분산분석표

변동요인	제곱합	자유도	평균제곱(제곱합/자유도)	*F*
회귀	*SSR*	*k*	*MSR* = *SSR*/1	*MSR*/*MSE*
잔차	*SSE*	*n*−*k*−1	*MSE* = *SSE*/(*n*−*k*−1)	
총변동	*SST*	*n*−1		

(4) 다중회귀식의 추정방정식

① 동시입력방식(enter): 연구자가 고려하는 모든 예측변인들을 한꺼번에 포함하여 분석하는 방법이다. 다른 예측변인들이 통제된 상태에서 특정 예측변인의 영향력과 연구자가 고려하는 모든 예측변인들이 동시에 준거변인을 설명하는 정도를 알 수 있으며, 이 방식은 보통 연구자가 생각하는 각각의 예측변인이 다른 변인들이 회귀식에 모두 포함되는 경우 유의적인지를 보고자 할 때 사용된다. 이 방법은 예측변인의 수가 많음으로 인해 다른 변수투입 방법들에 비해 결정계수(R^2)가 가장 높게 나타나는 특징이 있다. 하지만 불필요한 예측변인이 투입될 가능성이 있어 오차가 증가할 수 있다는 단점이 있다.

② 단계입력방식(stepwise): 다중회귀분석의 변수 선택방법 중 '입력방법'과 더불어 가장 일반적으로 사용되는 것 중 하나가 '단계선택방법'이다. 이 방법은 새로운 예측변인이 투입될 때마다 투입된 모든 예측변인의 중요도를 다시 분석하여 중요도가 있는 예측변인은 다음 단계에서 남겨두고, 중요도가 없는 예측변인은 다음 단계에서 제거한다. 전진선택법에 후진제거법이 가미된 방법으로 가장 많이 사용되는 방법이다.

4) 설계 예제

예제

이 연구는 성인 여성 320명을 대상으로 자료 수집을 하였다. 연구대상자의 사회 인구학적 변인은 연령, 교육수준, 월소득, 자기관리지출비용, 결혼여부, 흡연여부, 음주여부이다. 웰빙인식 측정을 위한 도구는 정신지향, 물질지향, 자아지향, 외모지향으로 구성하였다. 미용관리성향 측정을 위한 도구는 외모관심도, 사회적 요인, 미용관리행위로 구성하여 3개 변인의 측정치의 평균을 이용하였다. 웰빙인식과 미용관리성향의 측정방법은 '전혀 그렇지 않다(1점)'부터 '매우 그렇다(5점)'로 구성된 Likert 5점 척도이다. 예측하고자 하는 미용관리성향을 준거변인으로 하여 다중회귀분석을 실시한다. 모든 통계학적 유의성 검정을 의한 유의수준은 0.05로 설정하였다.
(예제: 다중회귀분석 엑셀파일)

[ch19_Q2]

변수명		변수 설명	예측	준거
연령		연령	○	
교육수준		0 = 고등학교졸업 이하, 1 = 전문대졸 이상	○	
월소득		0 = 199만원 이하, 1 = 200만원 이상	○	
자기관리지출비용		관리실 이용, 화장품, 의료, 패션 유지비(만원)	○	
결혼여부		0 = 미혼, 1 = 기혼	○	
흡연여부		0 = 비흡연자, 1 = 흡연자	○	
음주여부		0 = 음주하지 않음, 1 = 주 1~2회 이상 음주	○	
웰빙 인식	정신지향	건강, 시간, 환경, 가족, 삶의 질	○	
	물질지향	경제적 여유, 유행, 사회적 지위	○	
	자아지향	자신의 자아지향과 관련	○	
	외모지향	외모와 신체적 건강을 위한 인식	○	
미용관리성향		외모관심도, 사회적 요인, 미용관리행위의 평균		○

5) 통계 가설

단순회귀분석을 통해 정신지향이 높을수록 미용관리성향 수준이 높아진다는 것을 알 수 있었다. 그렇다면 미용관리성향 수준은 정신지향에 의해서만 좌우될까? 선행연구와 각종 조사 결과에서 파악되어 알려져 있는 여러 예측요인 가운데 연구자는 대상자의 사회 인구학적 변인과 웰빙인식도 중요한 요인이라고 판단하였다. 회귀방정식의 유의성 검정을 위한 귀무가설과 대립가설은 다음과 같다.

- 귀무가설(H_0): 모든 회귀계수는 0이다($p > .05$). ($\beta_1 + \beta_2 + \beta_3 + \cdots = 0$)
- 대립가설(H_1): 적어도 하나의 회귀계수는 0이 아니다($p < .05$). ($\beta_1 + \beta_2 + \beta_3 + \cdots \neq 0$)

6) SPSS 분석

① [분석] - [회귀분석] - [선형]을 선택한다.

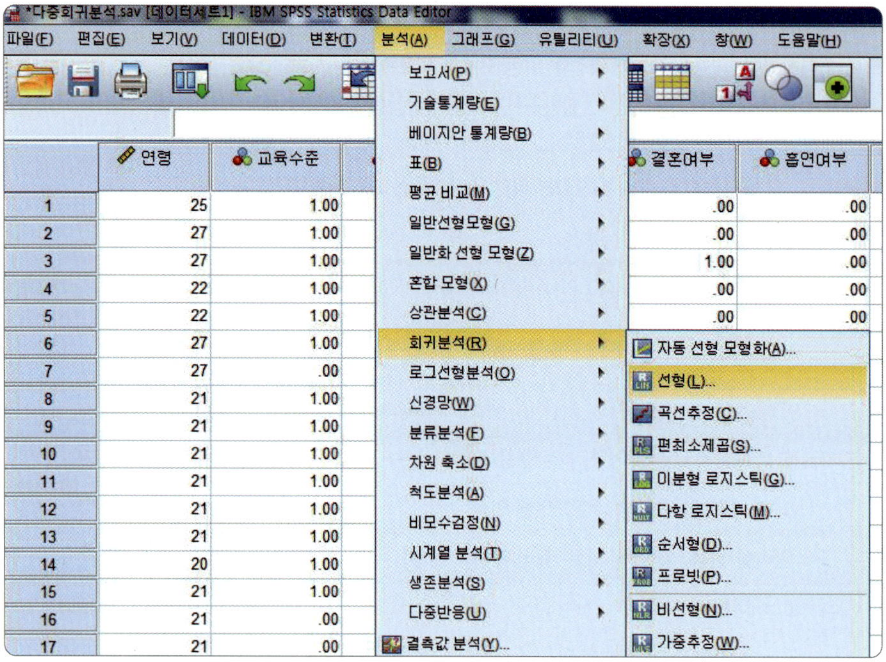

② [종속변수]에 '미용관리성향', [독립변수]에 '연령, 교육수준, 월소득, 자기관리지출비용, 결혼여부, 흡연여부, 음주여부, 정신지향, 물질지향, 자아지향, 외모지향'을 보낸다.

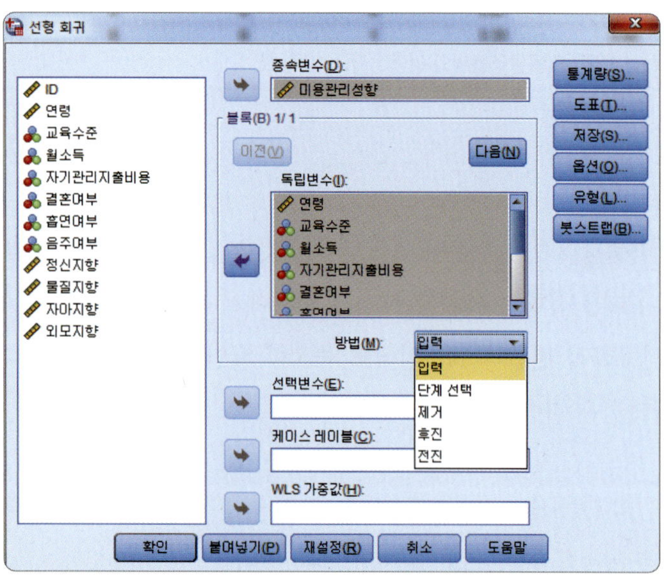

③ [방법]에서 [입력]을 선택한다. 방법(method)에는 회귀모형을 설정하는 방식이 나와 있다. 입력(enter), 단계선택(stepwise), 제거(remove), 후진(backward), 전진(forward) 방식이 있다.

종류	설명
입력	분석하고자 하는 모든 예측변인을 한꺼번에 투입하여 분석
단계선택	유의도가 가장 낮은 변수부터 하나씩 입력하면서 모델 분석
제거	모델이 구축된 상태에서 지정된 변수를 제거하면서 모델 분석
후진	모든 변수를 분석에 포함시킨 후 제거기준에 따라 변수를 하나씩 제거
전진	투입기준에 따라 변수를 하나씩 입력

회귀모형을 설정하는 방식으로는 일반적으로 입력 방식을 많이 이용한다. 사회현상의 인과관계를 연구할 때는 과거 연구되었던 이론적 배경 및 연구자의 의도가 더 중요한 경우가 있다. 단계선택을 이용할 경우 미리 유의수준을 정하기 때문에 의미 있는 변수가 탈락될 수도 있다. 따라서 회귀분석의 경우에는 입력 방식을 이용하여 연구자가 보고자 하는 모든 변수의 관계를 분석한 후 적절히 해석하는 것이 필요하다.

④ [통계량(S)]을 선택해서 [회귀계수] - [추정값(E)]을, 나머지 [모형 적합(M)], [기술통계(D)], [공선성 진단(L)]을 체크한다.

⑤ 마지막으로 [잔차] - [Durbin-Watson], [케이스별 진단(C)]을 체크한 후 계속을 클릭한다. 오차의 자기상관을 검정하기 위하여 Durbin-Watson의 통계량을 이용한다.

⑥ 회귀모형의 가정 중에서 잔차의 산포도를 이용하여 선형성을 검증하는데, 이때 산점도(scatterplot)가 이용된다. [도표(T)]를 클릭한 후 [회귀표준화 잔차(ZRESID)]를 Y축에, [표준화된 예측값(ZPRED)]을 X축에 놓고 산포도를 그린다.

⑦ 오차의 정규분포 및 등분산성을 검정하기 위해 [히스토그램(H)], [정규확률도표(R)], [편회귀잔차도표 모두 출력(P)]을 체크한다.

⑧ [계속] - [확인]을 클릭하면 결과가 출력된다.

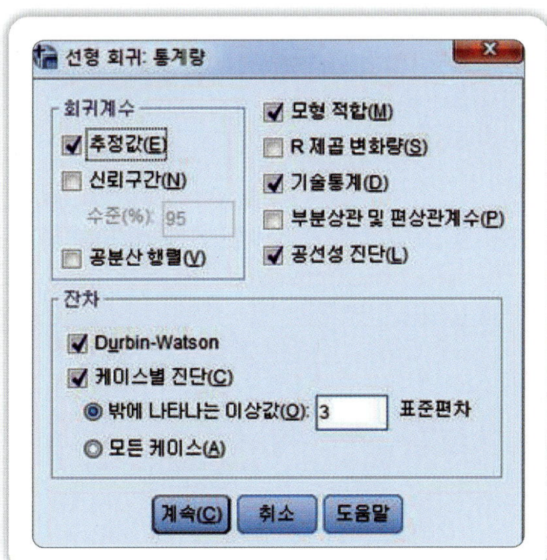

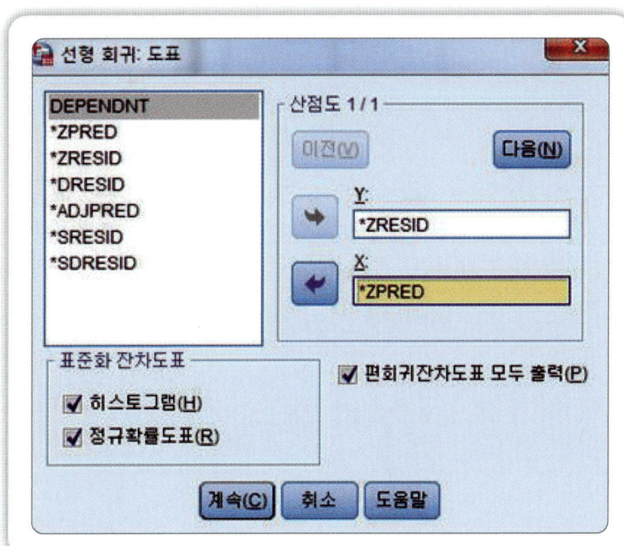

출력결과 해석

① 다음은 SPSS View에 구해진 분석 결과의 화면이다. 먼저 기술통계량에는 각 변수의 평균과 표준편차, 표본수 등 표본에 대한 간단히 기술통계가 나와 있다.

② 다음으로 상관계수표가 나타난다. 표에는 상관계수값, 유의확률, 표본수가 나타난다. 상관계수가 .80 또는 .90 이상일 때는 다중공선성이 있으므로 제거하고 분석하여야 한다. 모든 변수의 상관관계가 0.8 미만으로 나타났다.

기술통계량

	평균	표준화 편차	N
미용관리성향	3.4571	.60143	320
연령	38.73	12.698	320
교육수준	.64	.481	320
월소득	.34	.476	320
자기관리비용지출	31.13	23.629	320
결혼여부	.58	.495	320
흡연여부	.16	.364	320
음주여부	.50	.501	320
정신지향	3.4030	.67576	320
물질지향	2.8409	.51418	320
자아지향	3.3281	.77590	320
외모지향	3.0162	.56811	320

상관계수

		미용관리 성향	연령	교육수준	월소득	자기관리 지출비용	결혼 여부	흡연 여부	음주 여부	정신 지향	물질 지향	자아 지향	외모 지향
Pearson 상관	미용관리성향	1.000	-.077	.200	.143	.290	-.143	-.063	-.031	.383	.045	.181	.359
	연령	-.077	1.000	-.280	.264	.061	.755	-.212	-.201	-.088	-.094	-.006	.067
	교육수준	.200	-.280	1.000	.240	.188	-.236	.017	.102	.181	-.052	.036	.132
	월소득	.143	.264	.240	1.000	.378	.210	.015	.048	.094	-.130	.012	.044
	자기관리지출비용	.290	.061	.188	.378	1.000	-.101	.136	.114	.049	-.082	.076	.060
	결혼여부	-.143	.755	-.236	.210	-.101	1.000	-.222	-.184	-.100	-.023	-.101	.062
	흡연여부	-.063	-.212	.017	.015	.136	-.222	1.000	.307	-.068	-.005	.018	-.171
	음주여부	-.031	-.201	.102	.048	.114	-.184	.307	1.000	-.013	.066	-.003	-.085
	정신지향	.383	-.088	.181	.094	.049	-.100	-.068	-.013	1.000	.226	.349	.499
	물질지향	.045	-.094	-.052	-.130	-.082	-.023	-.005	.066	.226	1.000	.127	.309
	자아지향	.181	-.006	.036	.012	.076	-.101	.018	-.003	.349	.127	1.000	.363
	외모지향	.359	.067	.132	.044	.060	.062	-.171	-.085	.499	.309	.363	1.000
유의확률 (단측)	미용관리성향	.	.085	.000	.005	.000	.005	.130	.289	.000	.213	.001	.000
	연령	.085	.	.000	.000	.137	.000	.000	.000	.058	.047	.456	.116
	교육수준	.000	.000	.	.000	.000	.000	.378	.034	.001	.179	.263	.009
	월소득	.005	.000	.000	.	.000	.000	.397	.195	.046	.010	.416	.217
	자기관리지출비용	.000	.137	.000	.000	.	.036	.007	.021	.192	.072	.086	.142
	결혼여부	.005	.000	.000	.000	.036	.	.000	.000	.037	.342	.036	.136
	흡연여부	.130	.000	.378	.397	.007	.000	.	.000	.113	.467	.376	.001
	음주여부	.289	.000	.034	.195	.021	.000	.000	.	.411	.121	.481	.064
	정신지향	.000	.058	.001	.046	.192	.037	.113	.411	.	.000	.000	.000
	물질지향	.213	.047	.179	.010	.072	.342	.467	.121	.000	.	.011	.000
	자아지향	.001	.456	.263	.416	.086	.036	.376	.481	.000	.011	.	.000
	외모지향	.000	.116	.009	.217	.142	.136	.001	.064	.000	.000	.000	.
N	미용관리성향	320	320	320	320	320	320	320	320	320	320	320	320
	연령	320	320	320	320	320	320	320	320	320	320	320	320
	교육수준	320	320	320	320	320	320	320	320	320	320	320	320
	월소득	320	320	320	320	320	320	320	320	320	320	320	320
	자기관리지출비용	320	320	320	320	320	320	320	320	320	320	320	320
	결혼여부	320	320	320	320	320	320	320	320	320	320	320	320
	흡연여부	320	320	320	320	320	320	320	320	320	320	320	320
	음주여부	320	320	320	320	320	320	320	320	320	320	320	320
	정신지향	320	320	320	320	320	320	320	320	320	320	320	320
	물질지향	320	320	320	320	320	320	320	320	320	320	320	320
	자아지향	320	320	320	320	320	320	320	320	320	320	320	320
	외모지향	320	320	320	320	320	320	320	320	320	320	320	320

③ 다음으로 입력/제거된 변수가 나타난다. 여기서는 입력 방식이 사용되었다. 입력 방식은 모든 변수를 한번에 투입하여 검정하는 방법이다.

입력/제거된 변수[a]

모형	입력된 변수	제거된 변수	방법
1	외모지향, 월소득, 음주여부, 결혼여부, 물질지향, 흡연여부, 자아지향, 교육수준, 자기관리지출비용, 정신지향, 연령[b]	.	입력

a. 종속변수: 미용관리성향
b. 요청된 모든 변수가 입력되었음

④ Durbin-Watson은 오차항(잔차)의 독립성을 평가하는 지수이다. 지수가 2에 가까울수록 잔차가 정규분포에 가까우며, 1.8~2.2 사이의 값을 가지면 자기상관이 없다고 판단한다. 결과에 나타난 지수는 1.893으로 기준치와 매우 가까우므로 독립성이 있다고 할 수 있다.

⑤ R제곱(R^2)과 수정된 R제곱($adj\ R^2$)이 제시되어 있다. R^2은 공변량들에 의해서 설명되는 준거변인의 변동비율이다. R^2은 준거변인이 예측변인에 의해서 설명되는 비율로서 R^2이 클수록 설명력이 높다고 해석한다. 그러나 예측변인의 수가 추가될수록 R^2이 커지기 때문에 다중회귀분석에서의 설명력은 자유도를 반영한 수정된 R^2으로 파악한다. 따라서 예측변인이 1개인 단순회귀분석에서는 R^2으로 설명력을 해석할 수 있지만, 다중회귀분석에서는 수정된 R^2을 적용해야 한다. 결과에서는 예측변인들이 미용관리성향을 25.2% 설명하는 것으로 나타나 있다.

모형 요약[b]

모형	R	R 제곱	수정된 R 제곱	추정값의 표준 오차	Durbin-Watson
1	.572[a]	.278	.252	.52001	1.893

a. 예측자: (상수), 외모지향, 월소득, 음주여부, 결혼여부, 물질지향, 흡연여부, 자아지향, 교육수준, 자기관리지출비용, 정신지향, 연령
b, 종속변수: 미용관리성향

⑥ 분산분석(ANOVA)표를 보면, 회귀선이 모형에 적합한가를 판단하는 F값에 대한 유의확률이 $p=.000$으로 나타나 '모든 회귀계수는 0이다.'라는 귀무가설을 기각하여 회귀모형의 적합성이 확인되었다($p<\alpha=.05$). 즉 적어도 1개 이상의 회귀계수는 0이 아니다. 만약에 유의확률이 .05 이상이면($p>\alpha=.05$) 회귀모형이 부적합한 것으로 판단한다.

ANOVA[a]

모형		제곱합	자유도	평균제곱	F	유의확률
1	회귀	32.101	11	2.918	10.792	.000[b]
	잔차	83.286	308	.270		
	전체	115.386	319			

a. 종속변수: 미용관리성향
b. 예측자: (상수), 외모지향, 월소득, 음주여부, 결혼여부, 물질지향, 흡연여부, 자아지향, 교육수준, 자기관리지출비용, 정신지향, 연령

⑦ 계수표를 보면, 우리가 구한 회귀모형의 회귀계수(β_1)가 통계적으로 유의한지를 살펴볼 수 있으며, 공선성 통계량(collinearity statistics)을 이용해 다중공선성도 검정할 수 있다.

분석 결과 자기관리지출비용, 정신지향, 외모지향은 유의확률이 <.05로 나타나 $\beta_1 = 0$이라는 귀무가설이 기각된다. 따라서 회귀계수는 유의하다고 할 수 있다. 예측변인이 준거변인에 미치는 예측력을 설명할 때는 비표준화계수(B)를 사용하고, 예측력의 크기(순위)를 설명할 때 표준화계수(β_1)를 사용한다. 표준화 계수란 회귀계수의 값을 상관계수처럼 $-1 \leq \beta \leq +1$ 사이의 값으로 표준화시킨 값이다. 따라서 다중회귀분석처럼 예측변인의 수가 여러 개 있을 때 모든 예측변인의 회귀계수를 표준화시켜서 변인 간의 예측력을 비교 설명할 때 이용된다. 이 연구에서는 예측변인과 준거변인 간의 예측 관계를 설명하는 것이 목적이므로 표준화 계수를 사용하고자 한다. 자기관리지출비용($\beta = .243$)과 정신지향($\beta = .243$)이 미용관리성향에 가장 예측력이 높은 것으로 나타났다.

⑧ 공선성(collinearity)은 예측변인 간의 상관관계를 의미하며, 상관계수가 높으면 설명력을 저해하므로 예측변인이 2개 이상인 경우에는 이를 점검해야 한다. 공선성의 판단기준은 공차(tolerance)와 분산팽창요인(VIF)이다. 상관계수가 낮을수록 공차는 높고, 공차가 높을수록 VIF는 낮아지기 때문에 공차는 .10 이상, VIF는 10 이하일 때 공선성이 없는 것으로 판단한다. 분석 결과를 보면, 예측변인들은 공차와 VIF의 기준치를 충족하고 있어 예측변인 간의 다중공선성이 없다고 평가한다.

다음은 공선성 진단표가 나온다. 여기서 고유값, 상태지수, 분산비율 등을 통해 다중공선성을 자세히 진단할 수 있다. 이 책에서는 공차한계와 VIF 값만 가지고서 판단하기에 공선성 진단표는 지면에 생략한다.

계수[a]

모형		비표준화 계수		표준화계수	t	유의확률	공선성 통계량	
		B	표준화 오류	베타			공차	VIF
1	(상수)	2.127	.259		8.213	.000		
	연령	-.001	.004	-.029	-.362	.717	.368	2.721
	교육수준	.051	.069	.041	.744	.457	.770	1.299
	월소득	.043	.073	.034	.596	.551	.705	1.419
	자기관리지출비용	.006	.001	.243	4.425	.000	.776	1.289
	결혼여부	-.131	.094	-.108	-1.390	.166	.389	2.569
	흡연여부	-.095	.088	-.057	-1.081	.281	.836	1.196
	음주여부	-.055	.062	-.046	-.887	.376	.865	1.155
	정신지향	.216	.052	.243	4.144	.000	.680	1.470
	물질지향	-.066	.062	-.057	-1.078	.282	.844	1.184
	자아지향	-.009	.042	-.012	-.217	.828	.804	1.244
	외모지향	.246	.065	.233	3.798	.000	.625	1.599

a. 종속변수: 미용관리성향

TIP

예측변인의 상대적 예측력

유의한 변수들 가운데 어느 예측변인이 준거변인에 대한 예측력이 큰지를 살펴본다. 예측력은 최종모형을 기준으로 하며, 유의성이 입증된 예측변인들의 표준화계수(β)의 절대값으로 비교한다. 회귀식에 사용된 회귀계수(B)는 예측변인들의 입력 단위를 그대로 반영하기 때문에 입력 단위에 따라 회귀계수가 달라질 수 있으므로 예측력을 비교하기에 부적절하다. 반면, 표준화계수는 입력 단위를 표준화시킨 것으로 예측변인의 상대적 영향력을 비교할 수 있다.

⑨ 케이스별 진단표는 입력된 320개 중에서 어떤 케이스가 이상치를 가지고 있는지를 알려준다. 일반적으로 표준화 잔차의 절대값이 3 이상이면 이상치라고 볼 수 있다. 여기서는 213번이 이상치로 나타났으나 이해를 돕기 위하여 제거하지 않고 분석한 결과이다.

케이스별 진단[a]

케이스 번호	표준화 잔차	미용관리성향	예측값	잔차
213	-3.181	1.22	2.8739	-1.65394

a. 종속변수: 미용관리성향

⑩ 다음으로는 잔차 통계량표가 나온다. 여기서는 미용관리성향의 예측 자료값을 기준으로 한 잔차의 통계량이 나와 있다.

잔차 통계량[a]

	최소값	최대값	평균	표준화 편차	N
예측값	2.4653	4.3887	3.4571	.31722	320
잔차	-1.65394	1.45070	.00000	.51096	320
표준화 예측값	-3.126	2.937	.000	1.000	320
표준화 잔차	-3.181	2.790	.000	.983	320

a. 종속변수: 미용관리성향

⑪ 다음으로는 [히스토그램]과 [회귀 표준화 잔차의 정규 P-P 도표]가 나타난다. [히스토그램]은 종속변수를 미용관리성향으로 하는 회귀 표준화 잔차의 분포를 나타낸 그래프이다, 검은 실선은 표준 정규분포 곡선을 나타내며, 히스토그램의 분포는 이 곡선과 근사하게 일치한다. [회귀 표준화 잔차의 정규 P-P 도표]는 표준화 잔차들이 표준 정규분포를 이루는지 시각적으로 검토하는 도표로, 표준화 잔차가 정규분포를 따를 경우 데이터 점들은 45° 직선상에 위치해야 한다.

[히스토그램]과 [회귀 표준화 잔차의 정규 P-P 도표]를 분석한 결과, 표준화된 잔차가 정규분포를 따른다고 판단할 수 있다.

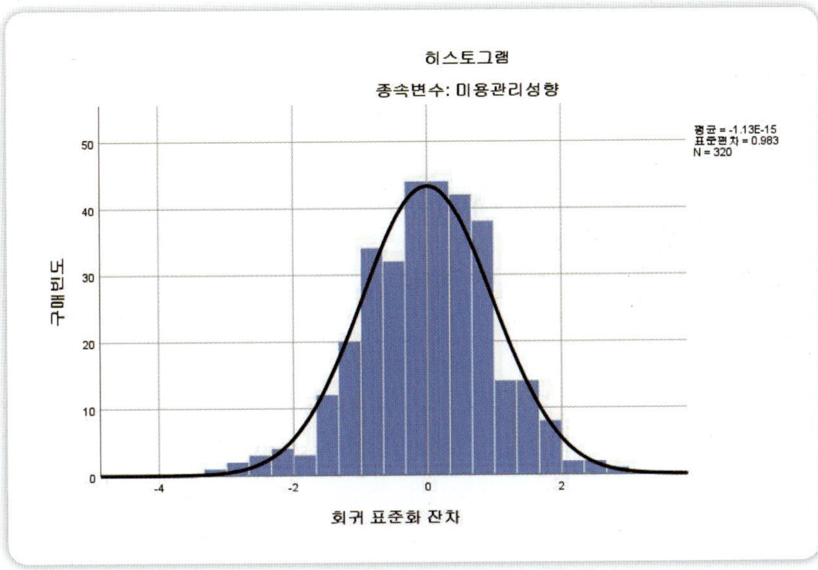

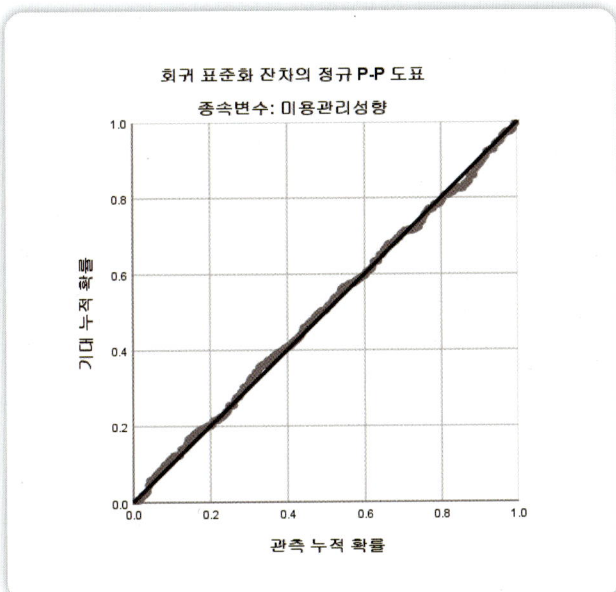

⑫ 다음으로 제시된 산점도는 회귀모형의 가정 중 선형성과 등분산성을 검증하기 위해 사용된다. 이 산점도는 표준화된 예측값(ZPRED)을 X축에, 회귀 표준화 잔차(ZRESID)를 Y축에 놓고 작성된 그래프이다. 산점도에서 잔차의 분포는 특정한 패턴을 보이지 않고, 0을 중심으로 고르게 퍼져 있어야 한다. 아래 그래프에서는 산포도의 점들이 무작위로 흩어져 있으며, 이는 데이터가 선형성과 등분산성의 가정을 충족함을 의미한다. 반면, 점들이 일정한 곡선 형태나 깔때기 모양과 같은 패턴을 보인다면, 이는 선형성 가정이 위반되었거나 분산이 일정하지 않을 가능성을 나타낸다. 이러한 경우 회귀분석의 가정이 위반될 위험이 있다.

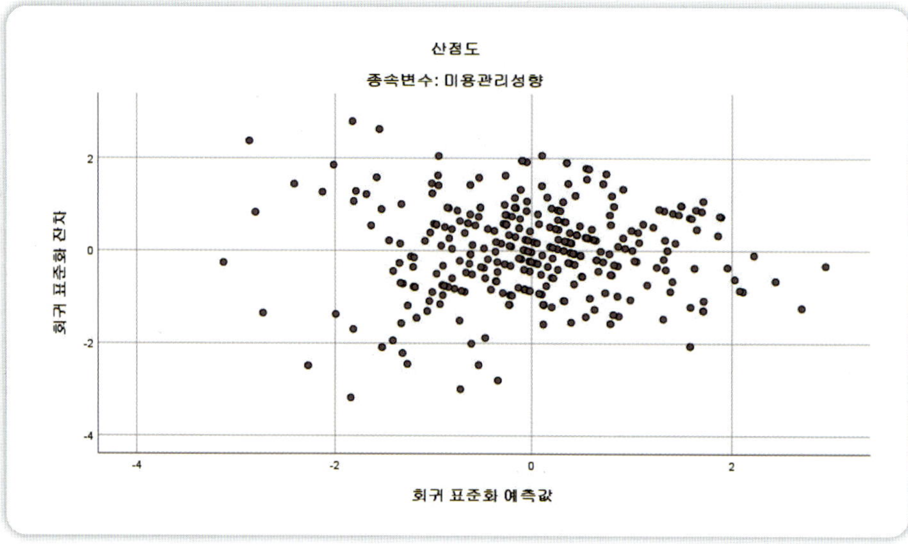

⑬ 다음으로는 편회귀도표(partial regression plot)가 나온다. 이 도표는 회귀모형의 등분산성을 검증할 때 이용되는데, 준거변인의 표준화된 잔차와 예측변인 사이의 산포도가 특정 분포를 띠지 않고 0을 중심으로 고르게 퍼져 있어야 한다. 편회귀도표가 모든 예측변인에 대해서 나타나 있으나, 이 책에서는 편의상 연령에 대한 편회귀도표만 제시하였다.

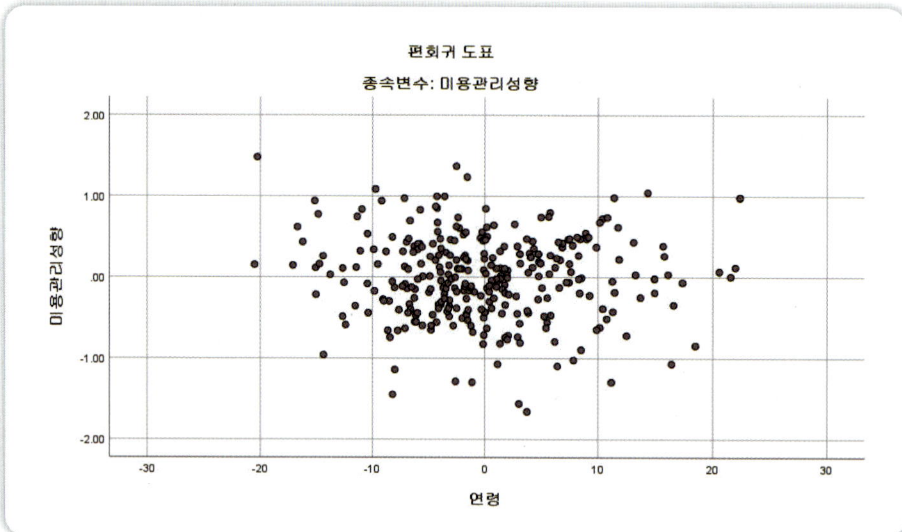

7) 결과표 예시 및 해석

회귀분석을 실시하기 위하여 준거변인의 자기상관과 예측변인 간의 다중공선성을 검토하였다. 준거변인의 자기상관은 Durbin-Watson 지수를 이용하였으며, Durbin-Watson 지수가 1.892로 나타나 자기상관이 없이 독립적이다. 예측변인 간 다중공선성은 VIF(분산팽창요인) 지수를 이용하였고, VIF 지수는 1.155~2.721로서 10 미만이므로 다중공선성이 없는 것으로 나타났다. 잔차 분석 결과, 잔차의 선형성(linearity), 정규성(normality)은 히스토그램과 회귀표준화 잔차의 정규 P-P 도표와 정규분포표에서 확인되었다. 또한 준거변인의 표준화된 잔차와 예측변인 사이의 산포도가 특정 분포를 띠지 않고 0을 중심으로 고르게 퍼져 있어서 등분산성(homoscedasticity)도 확인되었다. 따라서 이 데이터는 회귀분석을 실시하기에 적합하다.

미용관리성향을 준거변인으로 설정하고, 대상자의 사회 인구학적 변인, 웰빙인식을 예측변인으로 다중회귀분석을 실시하였다(표 19.3). 회귀분석의 분산분석표에서 $p<.001$로 나타나 예측변수 중에서 준거변인에 유의한 영향을 주는 예측변수가 있음을 확인하였다.

다중회귀분석을 실시한 결과, 사회 인구학적 변인 중 자기관리지출비용($p<.001$)이 미용관리성향에 유의한 예측력을 보여 주었다. 그리고 웰빙인식에서는 정신지향요인($p<.001$)과 외모지향요인($p<.001$)이 미용관리성향에 유의한 예측력을 보여 주었다. 자기관리지출비용이 높을수록($B=.006$) 미용관리성향이 높아졌다. 또한 정신지향이 높을수록($B=.216$), 외모지향이 높아지며($B=.246$), 이들 변수가 미용관리성향을 설명하는 설명력은 25.2%(adj $R^2=.252$)이다. 예측변인에서 자기관리지출비용($\beta=.243$)과 정신지향적 가치를 중시하는 인식($\beta=.243$)이 가장 큰 예측력을 보여 주었고, 다음으로는 외모지향적 가치를 중시하는 인식($\beta=.233$)이 준거변인에 큰 예측력을 보여 주는 것으로 나타났다.

표 19.3 다중회귀분석 결과 (N = 320)

예측변인	B	SE	β	t	p	VIF
상수	2.127	.259		8.213	.000***	
연령	-.001	.004	-.029	-.362	.717	2.721
교육수준	.051	.069	.041	.744	.457	1.299
월소득	.043	.073	.034	.596	.551	1.419
자기관리지출비용	.006	.001	.243	4.425	.000***	1.289
결혼여부	-.131	.094	-.108	-1.390	.166	2.569
흡연여부	-.095	.088	-.057	-1.081	.281	1.196
음주여부	-.055	.062	-.046	-.887	.376	1.155
정신지향	.216	.052	.243	4.144	.000***	1.470
물질지향	-.066	.062	-.057	-1.078	.282	1.184
자아지향	-.009	.042	-.012	-.217	.828	1.244
외모지향	.246	.065	.233	3.798	.000***	1.599

$R^2=.278$, adi $R^2=.252$, $F=10.792(p<.001)$
Durbin-Watson = 1.893
***$p<.001$
Level of education[0 = High school diploma or lower, 1 = Associate or higher], Monthly income[0 = 1.99 million won or less, 1 = 2 million won or more], Marital status[0 = Unmarried, 1 = Married], Smoking status[0 = Non-smoker, 1 = Smoker], Alcohol consumption[0 = Non-drinker, 1 = Drinker]

20

로지스틱 회귀분석

학습목표

- 로지스틱 회귀분석의 개념에 대해서 이해할 수 있다.
- 선형 회귀분석과 로지스틱 회귀분석의 차이점을 설명할 수 있다.
- 로지스틱 회귀분석의 분석 결과에 대해서 설명할 수 있다.

		반응변수		
		연속형	범주형	
설명변수	1	단순선형 회귀분석	단순로지스틱 회귀분석	단순 (simple)
	2+	다중선형 회귀분석	다중로지스틱 회귀분석	다중 (multiple)
		선형회귀 (Linear R)	로지스틱 회귀 (Logistic R)	

1 로지스틱 회귀분석

1) 개요

회귀분석에서 준거변수가 연속형 변수인 경우에는 선형 회귀분석을 사용하지만 준거변수가 '예 vs. 아니오'와 같은 범주형 변수인 경우에는 로지스틱 회귀분석(logistic regression analysis)을 사용한다. 다중회귀분석은 특정 현상을 예측하거나 관련된 변수를 파악하는 데 유용한 분석 기법이나, 준거변수가 이변량(예: 사건이 발생할 때와 발생하지 않을 때)으로 구성된 값을 가질 때는 사용할 수 없다.

로지스틱 회귀분석이란 분석하고자 하는 대상들이 두 집단 혹은 그 이상의 집단으로 나누어진 경우에 개별 관측치들이 어느 집단에 분류될 수 있는가를 분석하고 이를 예측하는 모형을 개발하는 데 사용되는 통계기법이다.

2) 목적

로지스틱 회귀분석은 명목척도와 같은 이변량의 값을 가지는 준거변수와 예측변수의 관련성을 추정할 때 사용할 수 있는 회귀분석의 한 기법이다. 로지스틱 회귀분석은 예측변수를 이용하여 준거변수의 '범주'를 예측하는 목적으로 사용된다.

3) 통계지식

(1) 로지스틱 회귀모형

로지스틱 회귀모형은 예측변수의 선형 결합이 준거변수값 자체가 아닌 그 값이 발생할 확률, 보다 정확히 말하자면 로짓(logit)에 영향을 끼친다고 보고 만들어진 회귀모형이다. 우선, 우리가 예측하고자 하는 변수가 이분형(binary) 변수임을 생각하자. 이때 이분형 변수란 두 가지 범주만을 갖는 변수로서 일반적으로 이 두 범주는 0과 1로 표현된다.

의학분야의 경우 질병 여부에 대하여 분석할 시에는 병에 걸리지 않는 사람 = 0, 병에 걸린 사람 = 1처럼 문제가 있는 범주를 높은 숫자로 코딩해야 한다. 즉, 질병이 정상보다 높은 숫자로 코딩되어 있어야 한다. 이것이 바뀌게 되면 단변량 분석에서 얻는 승산비값과 다르게 나와서 해석이 어려우므로 주의해야 한다.

- 기존의 선형 회귀분석의 종속변수를 범주형으로 확장
- 예측변수(설명변수): 양적척도(등간/비율척도)와 질적척도(명목/서열척도)로 측정된 모든 변수를 사용(성별, 연령, 학년 등)
- 준거변수(반응변수): 비연속(범주형)으로 나타난 자료(합격 vs 불합격 등)
- 다중선형 회귀분석은 준거변수(Y)를 예측, 로지스틱 회귀분석은 어떤 집단에 속할 것인지 예측

(2) 로지스틱 회귀분석의 원리

예측변수의 수는 제한이 없고, 양적척도(등간/비율척도)와 질적척도(명목/서열척도)로 측정된 모든 변수를 사용할 수 있다. 준거변수는 1개이며, 질적척도로 측정되어야 한다. 준거변수가 범주형이므로 예측변수와 선형성이 없어서 선형방정식을 사용하지 못한다. 하지만 다음과 같이 변환하면 선형방정식을 사용할 수 있으므로 예측변수를 이용한 준거변수의 예측이 가능해진다.

① '범주의 구분'을 '범주에 소속될 확률(p)'로 변환한다. 하지만 확률(p)의 범위는 $0 \le p \le 1$이므로 예측값의 범위가 제한된다.

② 확률을 승산비(odds)로 변환하며 상한계가 없어진다(확장된다).

③ 승산비(odds)에 자연로그를 취하면 '로짓(logit)'이 되며 하한계가 없어진다(확장된다).

④ 로짓(logit)은 예측변수와 선형관계를 갖게 된다.

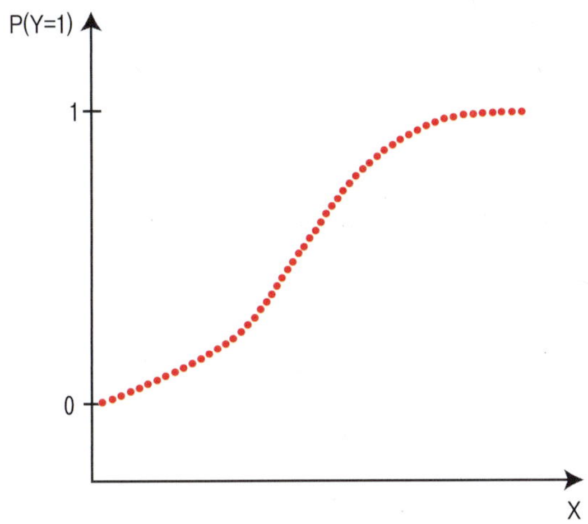

그림 20.1 로지스틱 분포

(3) 용어의 정의

① 로짓(logit) 함수: log(odds)

준거변수로 Y를 사용하는 대신에 로짓함수를 사용한다.

집단 1에 속하는 확률인 p를 구한다.

p는 [0,1] 사이의 값을 갖는다.

그러나 만약 p를 다음의 식과 같이 q개의 예측변수의 선형함수로 표현한다면, 우변이 0과 1 사이의 값을 갖는다는 것을 보장할 수 없게 된다.

$$p = \beta_0 + \beta_1 \chi_1 + \beta_2 \chi_2 + \cdots + \beta_q \chi_q$$

따라서 다음과 같은 비선형 함수를 이용한다.

$$p = \frac{1}{1 + e^{-(\beta_0 + \beta_1 \chi_1 + \beta_2 \chi_2 + \cdots + \beta_q \chi_q)}}$$

② 로지스틱 반응함수(logistic response function)

$$p = \frac{1}{1 + e^{-(\beta_0 + \beta_1 \chi_1 + \beta_2 \chi_2 + \cdots + \beta_q \chi_q)}}$$

X_1, X_2, ⋯, X_q가 어떤 값을 갖는다 하더라도 우변은 항상 0과 1의 값을 갖는다.

③ 승산비(odds)

$$odds = \frac{p}{1-p} \rightarrow odds = e^{\beta_0 + \beta_1 \chi_1 + \beta_2 \chi_2 + \cdots + \beta_q \chi_q}$$

집단 1(Y=1)에 속하는 승산은 집단 1에 속하는 확률(어떤 결과가 일어날 확률)에서 집단 0에 속하는 확률(어떤 결과가 일어나지 않을 확률)을 나눈 비율이다.

사건의 승산비가 주어졌을 때 사건의 확률을 계산할 수 있다. 승산비는 어떤 결과가 일어나지 않을 확률에 비해 일어날 확률이다.

④ 로짓(logit): log(odds)

$$\log(odds) = \beta_0 + \beta_1 \chi_1 + \beta_2 \chi_2 + \cdots + \beta_q \chi_q$$

로지스틱 회귀분석이란 로짓을 준거변수로 정의하고, 이 로짓과 q개의 예측변수와의 관계를 선형으로 모형화한 것을 말한다.

(4) 로지스틱 회귀모형의 유의성 검정

선형 회귀모형에서 유의성 검정에는 분산분석을 이용한다. 로지스틱 회귀모형의 유의성 검정은 '−2로그 우도함수'를 이용한다. 우도함수의 값은 범위가 작기 때문에 계산의 편의를 위해 자연로그를 취한 로그 우도함수를 주로 사용한다. −2로그 우도함수는 분석모형(L_M)과 포화모형(L_s)을 비교한 것이다. 분석모형(L_M)은 유의성을 검정할 로지스틱 회귀모형을 말하며, 포화모형(L_s)은 데이터의 개수만큼 미지수가 있는 모형을 말하는데 자료를 완벽하게 설명하는 모형을 의미한다. 즉, 포화모형(Ls)을 기준으로 분석모형(L_M)의 유의성을 검정하는 것이다.

$$\text{-2로그 우도} = -2 \ln \frac{L_M}{L_S}$$

L_M: 분석모형, L_s: 포화모형

SPSS 프로그램을 이용하여 로지스틱 회귀분석을 실행하는 경우, 분석 결과 중 '모형계수 전체 테스트' 항목이 모형의 유의성 검정 결과에 해당되는 부분이다. 로지스틱 회귀모형의 유의성 검정의 가설은 다음과 같다.

- 귀무가설(H_0): 회귀모형은 모집단에서 유의하지 않다($p > .05$).
- 대립가설(H_1): 회귀모형은 모집단에서 유의하다($p < .05$).

(5) 선형 회귀분석과 로지스틱 회귀분석의 차이점

	선형 회귀분석	로지스틱 회귀분석
준거변수	연속형 변수	비연속형(범주형) 변수
회귀모형 추정방법	최소제곱법	최대우도법
회귀모형 유의성	F-test	χ^2-test
회귀계수 검정	T 분포	우도비 검정
회귀모형의 설명력	R^2	Nagelkerke의 R^2 Hosmer-Lemeshow 검정
해석	표준화계수, 비표준화계수	Exp(B), 신뢰구간

(6) 로지스틱 회귀모형의 설명력 확인

① 결정계수(R^2)

선형 회귀분석에서는 회귀모형의 설명력을 결정계수(R^2)로 확인하였다. 로지스틱 회귀모형에서는 로그 우도 함수를 이용하는 '유사한 결정계수'로 회귀모형의 설명력을 확인한다.

- Cox와 Snell이 개발한 결정계수
- Nagelkerke가 개발한 결정계수

로지스틱 회귀모형에서는 선형 회귀모형에서와 달리 결정계수에 크게 의존하지 않고 참고자료로만 사용한다. 그 이유는 다음과 같다.

- 결정계수는 선형 회귀모형의 기본 가정 중 '오차분산의 동질성'이 만족될 때 의미가 크다.
- 로지스틱 회귀모형은 준거변수가 범주형이므로 오차분산의 동질성 가정을 만족하지 못한다.
- 로지스틱 회귀모형의 결정계수는 선형 회귀모형보다 낮게 나오는 경향이 있다.

② 분류표

로지스틱 회귀모형의 설명력을 확인하는 방법 중 하나가 분류표이다. 로지스틱 회귀모형에 의해 예측된 범주와 실제 범주를 비교하여 분류정확도를 표시한 것이다. 분류정확도가 높으면 회귀모형의 설명력이 높은 것으로 판단할 수 있다.

(7) 회귀계수의 유의미성 검토

선형 회귀모형에서는 예측변수의 회귀계수에 대한 유의미성 검정에 t-검정을 사용하였다. 로지스틱 회귀분석에서는 예측변수의 회귀계수에 대한 유의미성 검정에 'Wald 검정'을 사용한다. 'Wald 검정'의 가설은 다음과 같다.

- 귀무가설(H_0): 모집단에서의 예측변수 1(또는 2, 또는 3, …)의 회귀계수는 0이다($p > .05$).
- 대립가설(H_1): 모집단에서의 예측변수 1(또는 2, 또는 3, …)의 회귀계수는 0이 아니다($p < .05$).

- 귀무가설(H_0): 모집단에서의 예측변수 1(또는 2, 또는 3, …)은 의미 있는 변수가 아니다($p > .05$).
- 대립가설(H_1): 모집단에서의 예측변수 1(또는 2, 또는 3, …)은 의미 있는 변수이다($p < .05$).

예측변수의 예측력을 설명하는 데 있어서 단순회귀분석은 회귀계수 자체를 이용하였다. 한편 로지스틱 회귀분석에서는 회귀계수를 이용하는 경우 해석이 다소 어렵다. 그 이유는 로지스틱 회귀모형이 로짓을 이용하기 때문이다.

4) 설계 예제

예제

32명의 졸업반 대학생들에게 모의고사를 실시하였다. 모의고사 점수를 통해 졸업시험합격여부를 예측하는 모형이다. 모의고사점수는 10점 만점을 기준으로 평가하였다. 준거변수는 이분된 자료이다(합격 = 1, 불합격 = 0). 모의고사점수에 따라 졸업시험합격여부(합격/불합격)는 달라질까?
[모의고사점수]: 0~10점(연속형 변수)
(예제 : 로지스틱 회귀분석)

표 20.1 로지스틱 회귀분석 데이터 자료

번호	모의고사점수	졸업시험합격여부
1	9	1
2	1	0
3	2	0
4	3	0
5	4	0
6	4	0
7	5	0
8	6	1
9	7	1
10	8	0
11	8	1
12	9	1
13	1	0
14	2	0
15	3	0
16	4	0

[ch20_Q1]

표 20.1 로지스틱 회귀분석 데이터 자료(계속)

번호	모의고사점수	졸업시험합격여부
17	4	0
18	5	0
19	6	1
20	7	1
21	8	0
22	8	1
23	1	0
24	2	0
25	8	1
26	9	1
27	1	0
28	2	0
29	5	0
30	6	1
31	7	1
32	8	0

5) 통계 가설

졸업시험에 합격하는 대학생 집단과 합격하지 못하는 대학생 집단을 모의고사점수로 구분하는 문제이다. 연구자의 관심은 모의고사점수에 의해 졸업시험합격여부를 분류할 수 있다는 것이므로 다음과 같이 가설을 설정한다.

- 귀무가설(H_0): 모집단에서 모의고사 점수의 회귀계수는 0이다($p > .05$).
- 대립가설(H_1): 모집단에서 모의고사 점수의 회귀계수는 0이 아니다($p < .05$).

이 가설에서 명목척도로 측정된 이분형 변수가 준거변수로 사용되었다. 이러한 조건에서는 로지스틱 회귀분석을 적용한다. 로지스틱 회귀분석은 '예/아니요, 좋음/나쁨, 정상/비만'과 같이 둘 이상의 집단으로 나누어진 경우에 연구대상의 특성이 어떤 집단에 속하는가를 분석하고 예측하는 분석방법이다. 예를 들어, 주량과 흡연 유무, 신장, 체중이 특정한 질병에 영향을 미치는지 분석하고, 개별 관측치가 질병 발생 유무 가운데 어느 집단으로 분류되는지를 파악할 수 있다. 이때, 준거변수값을 나타내는 확률은 0과 1 사이의 값을 가지며 .5보다 크면 사건이 발생하고 .5보다 작으면 사건이 발생하지 않는다고 예측한다. 즉, 개별 관측치가 특정한 준거변수값을 가질 확률을 예측하는 것이다. 이 가설의 경우, 예측변수에 의해 졸업시험 합격/불합격이 발생할 확률을 예측할 수 있다.

6) SPSS 분석

이분형 로지스틱 회귀분석의 순서

① 자료를 입력한 후 SPSS 메뉴에서 [분석(A)] – [회귀분석(R)] – [이분형 로지스틱(G)]을 선택한다.

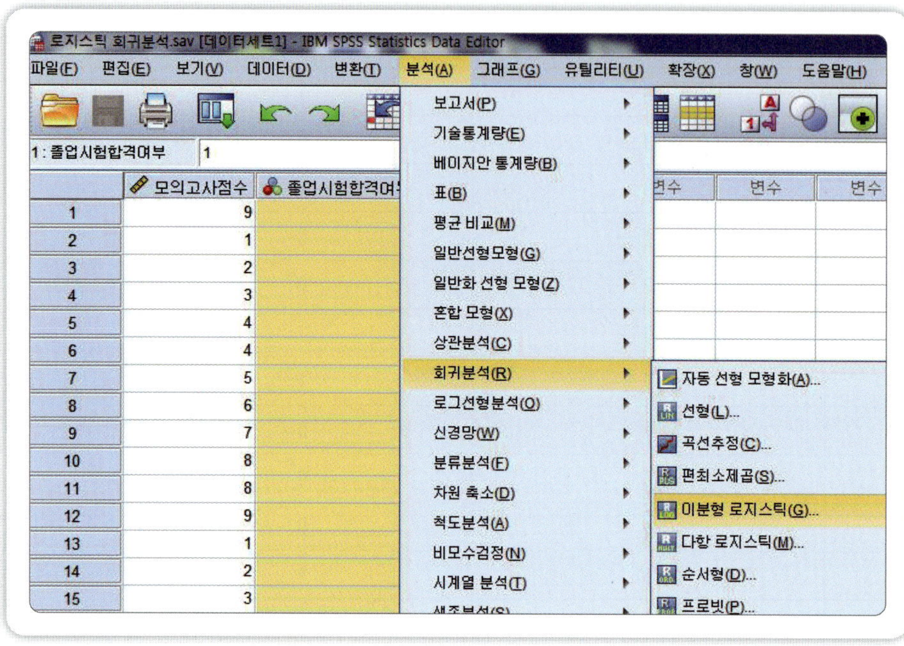

이분형 로지스틱 회귀분석의 대상변수 지정

① '로지스틱 회귀모형(이분형 로지스틱)' 대화상자가 열리면 이분형 변수인 '졸업시험합격여부'를 '종속변수' 칸으로 옮긴다.

② 예측변수인 '모의고사점수'를 [블록(B)]으로 이동한다.

③ [블록(B)]에 투입된 변수 중에 범주형 변수가 없으면 [확인]을 클릭한다.

④ '방법' 항목에서 '입력'을 선택한다(기본 설정, 선형 회귀분석과 마찬가지로 예측변수의 투입방법을 결정하는 부분이다).

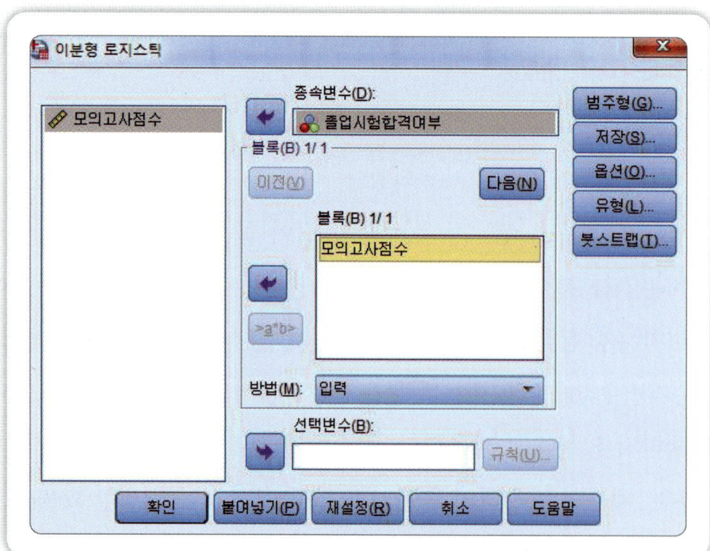

TIP

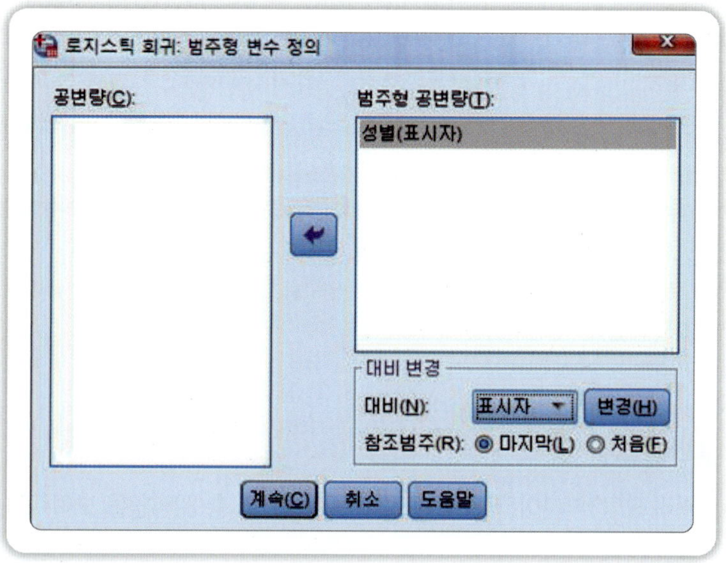

예측변수 중에서 범주형 범주가 있으면 범주형으로 지정해 주어야 한다. 예를 들어, '성별'이라는 변수를 분석하고자 한다면, 분석에서는 '성별'이 명목척도이므로 [범주형]을 클릭한다. 범주형 창이 나타나면 좌측의 '성별'을 [범주형 공변량(T)]으로 이동시킨다.

이분형 로지스틱 회귀분석의 옵션 설정

① '로지스틱 회귀분석(로지스틱 회귀): [옵션] 대화상자가 열리면 [통계량 및 도표] 항목에서 [분류도표], [Hosmer-Lemeshow 적합도]를 선택한다.

② [exp(B)에 대한 신뢰구간: 95%]를 선택한다.

③ [계속] – [확인]을 클릭하면 결과가 출력된다.

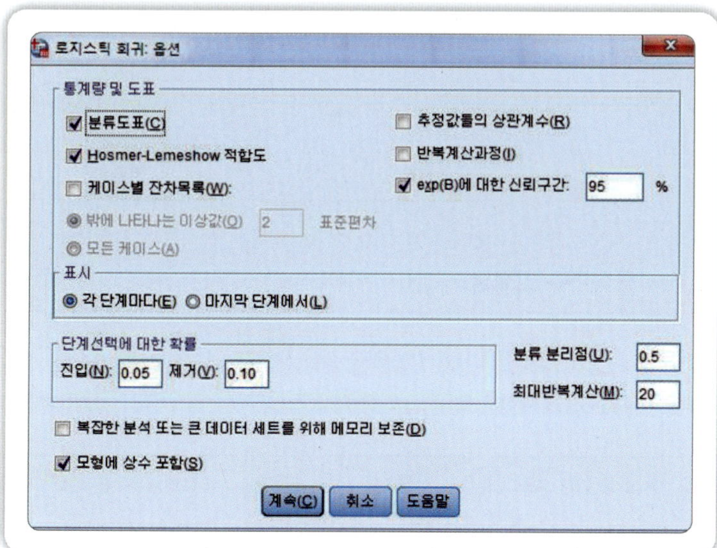

① Hosmer-Lemeshow 적합도: 전체 모델에 의해 예측된 값과 실제값이 얼마나 잘 맞는지를 검정하는 방법이며, 로지스틱 회귀모형의 설명력을 확인할 수 있는 부분이다.

② 반복계산과정: 최대우도법을 활용하여 반복계산되어 추정된 모형의 회귀절편 기울기에 대한 계산과정을 보여준다.

③ 케이스별 잔차목록: 예측값에서 관측값을 뺀 값에 표준편차를 나눠준 값으로 2~3 정도의 표준편차 이상으로 차이나는 케이스를 이상치로 분류한다.

④ exp(B)에 대한 신뢰구간: 주어진 로짓 회귀계수를 승산으로 바꾼 값의 신뢰구간을 산출한다. 예측변수의 승산비에 대한 신뢰구간을 보여주는 부분이다.

⑤ 분류 분리점: 해당 기준을 바탕으로 이상인 범위를 1(성공)로 기대되는 범주로, 그 이하인 범위를 0(실패)으로 기대되는 범주를 구분하는 선 default는 .5로 설정되어 있다.

이분형 로지스틱 회귀분석의 분석 결과 1

① 다음 표는 분석 결과 중 '케이스 처리 요약' 부분이다. 분석에 포함된 케이스가 총 32명임을 보여주고 있으며, 결측 케이스는 없는 것으로 나타났다.

② 종속변수의 입력값이 분석에 용이하게 내부값으로 코딩되어 제시되어 있다. 종속변수가 이분형으로 '불합격'과 '합격'의 두 범주로 되어 있음을 보여주고 있다. 종속변수가 코딩이 졸업시험 불합격은 0, 졸업시험 합격은 1로 입력이 되어 계산이 된 것을 알 수 있다. 즉, 졸업시험 합격을 기준으로 계산이 된다.

케이스 처리 요약

가중되지 않은 케이스[a]		N	퍼센트
선택 케이스	분석에 포함	32	100.0
	결측 케이스	0	.0
	전체	32	100.0
비선택 케이스		0	.0
전체		32	100.0

a. 가중값을 사용하는 경우에는 전체 케이스 수의 분류표를 참조

종속변수 인코딩

원래 값	내부 값
불합격	0
합격	1

③ 다음은 분석 결과 중 '블록 0'에 대한 부분이다. '블록 0'은 포화모형에 대한 설명으로서 포화모형은 분석모형의 평가에서 기준이 되는 모형을 의미한다. 아래는 분석 결과 중 '포화모형의 분류표'이다. 포화모형의 분류 정확도가 62.5%인 것으로 나타났다.

④ 분석 결과 중 방정식에 포함된 변수와 포함되지 않은 변수로 구분한 결과이다. 다음으로 0단계(Step 0)의 방정식의 변수(variable in the equation)에서 방정식에 포함될 상수항에 관한 계수, 표준오차 등의 통계량이 제시되고 있다. 포화모형에는 상수항만 포함되어 있으며 독립변수는 하나도 포함되지 않는다.

⑤ 0단계에서는 방정식에 없는 변수를 가정으로 하고 분석한다. 즉, '투입되는 변수의 계수값이 모두 0이다'라는 귀무가설을 검정하는 것이다. 결과적으로 전제 통계량(overall statistics)의 유의확률이 .000이므로, '변수의 계수값이 모두 0이다'라는 귀무가설을 기각하게 된다. 따라서 변수의 계수값이 의미가 있으므로 계속 분석해도 좋다는 것을 의미한다.

[블록 0: 시작 블록]

분류표[a, b]

	관측됨		예측		
			졸업시험합격여부		분류정확 %
			불합격	합격	
0단계	졸업시험합격여부	불합격	20	0	100.0
		합격	12	0	.0
	전체 퍼센트				62.5

a. 모형에 상수항이 있음
b. 절단값은 .500임

방정식의 변수

		B	S.E	Wald	자유도	유의확률	Exp(B)
0단계	상수항	−.511	.365	1.957	1	.162	.600

방정식에 없는 변수

		점수	자유도	유의확률
0단계	변수 모의고사점수	15.554	1	.000
	전체 통계량	15.554	1	.000

이분형 로지스틱 회귀분석의 분석 결과 2

① 다음은 분석 결과 중 '블록 1'에 대한 부분이다. '블록 1'은 분석모형에 대한 설명으로서 분석모형은 투입한 독립변수들이 지정된 방식에 따라 입력된 모형을 의미한다(여기에서는 '입력' 방법을 선택하였다). 아래는 분석 결과 중 '모형계수 전체 테스트' 부분이다. 이 부분은 로지스틱 회귀모형의 유의성을 검정하는 부분이다. 여기에서의 가설은 다음과 같다.

- 귀무가설(H_0): 모집단의 회귀계수들은 모두 0이다($p > .05$).
  = 회귀모형은 모집단에서 유의하지 않다($p > .05$).
- 대립가설(H_1): 모집단의 회귀계수 중 하나 이상은 0이 아니다($p < .05$).
  = 회귀모형은 모집단에서 유의하다($p < .05$).

② 다음의 표에는 단계(step), 블록(block), 모형(model)의 카이제곱이 있다. 먼저, 카이제곱값의 차이는 절편항만을 포함하는 모형의 −2LL(Log Likelihood)값과 변수를 모두 포함한 모형의 −2LL값과의 차이를 나타낸다. 즉, 회귀모형의 F검정에 해당한다. 여기서의 귀무가설은 '절편항만 있는 모형과 변수를 포함한 모형 간에는 차이가 없다.'이다. 결과적으로 유의성 검정 결과 유의확률이 .000으로 .05보다 작으므로 영가설(H_0)을 기각하여 로지스틱 회귀모형은 의미 있는 것임을 알 수 있다.

③ 모형 요약(model summary)은 모델의 적합성을 나타내는 표로 회귀분석의 결정계수(R_2)와 같은 의미이다. −2Log 우도(−2Log Likelihood, −2LL)는 모형의 적합성을 평가하는 통계량이다. −2LL은 낮을수록 적합도가 높으며, −2LL = 0이면 데이터와 모형의 적합도 완벽함을 나타낸다. 이 모형의 경우 Cox와 Snell의 결정계수에 의하면 46.1%의 설명력을 보여주며, Nagelkerke의 결정계수에 의하면 62.8%의 설명력을 보여준다. 하지만 로지스틱 회귀모형은 결정계수에 의존하지 않으며 참고만 하거나 생략도 가능하다.

[블록 1: 방법 = 입력]

모형계수의 총괄 검정

		카이제곱	자유도	유의확률
1단계	단계	19.754	1	.000
	블록	19.754	1	.000
	모형	19.754	1	.000

모형 요약

단계	-2로그 우도	Cox와 Snell의 R-제곱	Nagelkerke R-제곱
1	22.586[a]	.461	.628

a. 모수 추정값이 .001보다 작게 변경되어 계산반복수 6에서 추정을 종료함

④ Hosmer와 Lemeshow 검정은 관측값과 예측값이 얼마나 적합한지를 나타내 주는 지표이다. 여기서 귀무가설은 '관측값과 예측값은 차이가 없다'이다. 카이제곱통계량은 표본크기에 비례하기 때문에 해석 시 주의해야 한다. 유의확률이 .107이므로 관측값과 예측값은 차이가 없다고 할 수 있다. 즉, 모형은 자료를 잘 적합시키고 있음을 의미한다.

⑤ Hosmer와 Lemeshow 검정에 대한 분할표는 앞에서 언급한 유의확률을 검정하는 것이다.

Hosmer와 Lemeshow 검정

단계	카이제곱	자유도	유의확률
1	11.811	7	.107

Hosmer와 Lemeshow 검정에 대한 분할표

		졸업시험합격여부=불합격		졸업시험합격여부=합격		전체
		관측됨	예측됨	관측됨	예측됨	
1단계	1	4	3.975	0	.025	4
	2	4	3.936	0	.064	4
	3	2	1.921	0	.079	2
	4	4	3.618	0	.382	4
	5	3	2.362	0	.638	3
	6	0	1.775	3	1.225	3
	7	0	1.085	3	1.915	3
	8	3	1.089	3	4.911	6
	9	0	.239	3	2.761	3

⑥ 분류표는 모형이 얼마나 잘 적합되었는지를 평가하는 테이블로 관측된 결과와 예측값을 비교한 결과가 나타나 있다. 이것은 상수항만 넣었던 포화모형과 달리 실제 예측변수를 투입하였을 때의 결과이다. 집단별로 분류된 사례수와 분류정확도가 제시되어 있다. 예측변수를 투입하였을 경우 로지스틱 회귀모형에 의해 예측된 결과의 정확도가 81.3%인 것으로 나타났다. 예측변수가 투입되지 않은 포화모형의 분류정확도 62.5%와 비교할 때 18.8% 향상된 것임을 알 수 있다.

⑦ 회귀계수의 유의성

다음으로는 우리가 구한 로지스틱 회귀모형의 계수가 통계적으로 유의한지를 살펴볼 수 있으며, Exp(B)를 이용해서 승산비(odds ratio)도 계산할 수 있다. 다음은 분석 결과 중 '예측변수의 회귀계수' 부분이다. 예측변수의 예측계수에 대한 Wald 검정의 가설은 다음과 같다.

- 귀무가설(H_0): 모집단에서 예측변수의 회귀계수는 0이다($p > .05$).
  = 모집단에서 의미 있는 예측변수가 아니다($p > .05$).
- 대립가설(H_1): 모집단에서 예측변수의 회귀계수는 0이 아니다($p < .05$).
  = 모집단에서 의미 있는 예측변수이다($p < .05$).

모의고사점수는 $Wald$ = 8.748에 대한 유의확률이 $p = .003$으로 유의수준 $\alpha = .05$보다 작으므로 영가설(H_0)을 기각하여 '모의고사점수'의 회귀계수가 의미 있는 것으로 나타났다. 승산비[Exp(B)]는 2.557로서 이것은 다른 조건이 동일한 경우 '모의고사점수'가 1점 증가할 때 졸업시험 합격은 2.557배 증가하는 것을 의미한다. 한편 승산비의 95% 신뢰구간은 1.373~4.762로 1을 포함하지 않으므로 승산비의 값은 통계적으로 의미 있는 결과이다.

TIP

회귀계수 이외에 로지스틱 회귀분석에서는 승산비라는 개념이 중요하다. 승산비의 범위는 무한대이며, 사건이 일어날 기회(p)에 대하여 사건이 일어나지 않을 기회(1-p)로 나눈 값이다. 만약 비올 확률이 80%라고 한다면 승산비는 .80/.20 = 4이다. 비가 오지 않을 확률 기회보다 비가 올 기회가 4배이다. 승산비란 결과에 대한 상대적 비율을 나타내는 척도이다. 일반적으로 승산비는 독립변수가 연속변수일 때보다는 명목변수일 때 더 잘 해석이 된다. 승산비가 1보다 크면 예측변수가 증가함에 따라 사건 발생 확률이 증가한다는 것을 나타낸다. 승산비가 1보다 작으면, 예측변수가 증가함에 따라 사건 발생 확률이 감소한다는 것을 나타낸다.

Exp(B)는 각 변수가 1 수준 증가할 때 내부값=0에 속할 확률보다 내부값=1에 속할 확률을 나타내고, B값의 부호에 따라 확률이 증감된다. 'Exp(B)'는 승산비(odds)를 의미한다. 승산비(odds)의 95% 신뢰구간에 1이 포함되면 통제적 의미성이 상실된다. 승산비(odds)는 1이면 '상관없음', 1 이상이면 '증가', 1 미만이면 '감소'를 의미한다.

분류표[a]

	관측됨		예측: 졸업시험합격여부 불합격	예측: 졸업시험합격여부 합격	예측: 분류정확 %
1단계	졸업시험합격여부	불합격	17	3	85.0
		합격	3	9	75.0
	전체 퍼센트				81.3

a. 절단값은 .500임

방정식의 변수

		B	S.E	Wald	자유도	유의확률	Exp(B)	Exp(B)에 대한 95% 신뢰구간 하한	Exp(B)에 대한 95% 신뢰구간 상한
1단계[a]	모의고사점수	.939	.317	8.748	1	.003	2.557	1.373	4.762
	상수항	-6.003	2.093	8.227	1	.004	.002		

a. 변수가 1: 모의고사점수 단계에 입력되었음

⑧ 다음 그래프는 졸업시험합격여부에 대한 확률의 추정값을 히스토그램으로 나타낸 것이다. 각 개체에 사용된 0(불합격)과 1(합격)은 실제로 속한 그룹을 나타낸다. 따라서 식별이 잘 되었다면 .50을 기준으로 0인 개체들은 왼쪽에, 1인 개체는 오른쪽에 전부 위치해야 한다. 즉, 데이터들이 양쪽으로 정렬될수록 좋은 결과를 나타낸다.

```
            Step number: 1

            Observed Groups and Predicted Probabilities

      8 +                                                                                +
        |                                                                                |
        |                                                                                |
F       |                                                                                |
R     6 +                                                                 1              +
E       |                                                                 1              |
Q       |                                                                 1              |
U       |                                                                 1              |
E     4 +00     0                                                         1              +
N       |00     0                                                         1              |
C       |00     0         0              1                 1              0        1     |
Y       |00     0         0              1                 1              0        1     |
      2 +00 0   0         0              1                 1              0        1     +
        |00 0   0         0              1                 1              0        1     |
        |00 0   0         0              1                 1              0        1     |
        |00 0   0         0              1                 1              0        1     |
Predicted ---------+---------+---------+---------+---------+---------+---------+---------+---------+----------
  Prob:   0        .1        .2        .3        .4        .5        .6        .7        .8        .9         1
  Group:  00000000000000000000000000000000000000000000000000111111111111111111111111111111111111111111111111111

          Predicted Probability is of Membership for 합격
          The Cut Value is .50
          Symbols: 0 - 불합격
                   1 - 합격
          Each Symbol Represents .5 Cases.
```

7) 결과표 예시 및 분석

모의고사 점수가 졸업반 대학생들의 졸업시험합격여부의 예측력을 검정하기 위해 로지스틱 회귀분석을 실시하였다. 로지스틱 회귀분석을 실시한 결과, 회귀모형은 유의한 것으로 나타났으며($\chi^2=19.754$, $p<.001$), 모형의 설명력을 나타내는 Cox & snell의 결정계수(R^2)는 46.1%로, Negelkerke의 결정계수(R^2)도 62.8%의 설명력을 보여준다. 승산비[Exp(B)]는 2.557로서 이것은 다른 조건이 동일한 경우 '모의고사점수'가 1점 증가할 때 졸업시험합격은 2.557배 증가하는 것으로 나타났다(표 20.2).

표 20.2 로지스틱 회귀분석 결과 (n=32)

예측변수	*B*	*S.E.*	*Wald*	*Sig.*	*Odd Ratio*	*95% C.I.*
모의고사점수	.939	.317	8.748	.003	2.557	1.373~4.762
상수항	-6.003	2.093	8.227	.004	.002	

21

RevMan으로 하는 메타분석

학습목표

- RevMan 프로그램을 실습하고 분석할 수 있다.
- 메타분석의 절차를 이해하고 실습할 수 있다.
- 비뚤림에 대한 종류와 내용을 이해하고 질 평가를 시행할 수 있다.

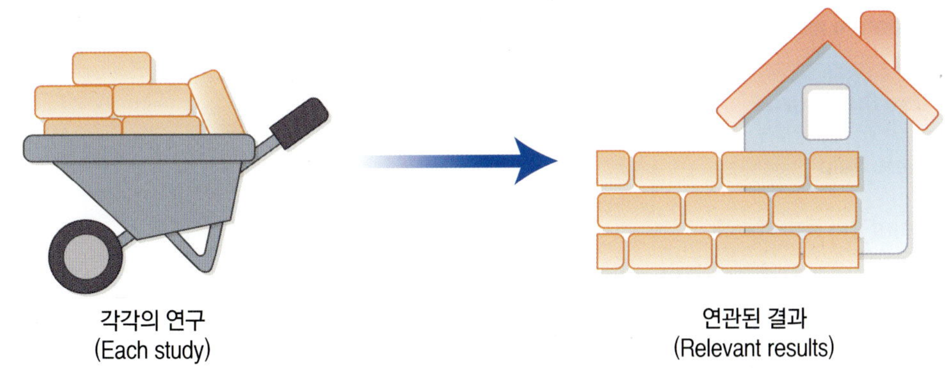

1 RevMan으로 하는 메타분석

1) 개요

RevMan은 의학 연구 결과의 통합적 분석을 시작한 학술단체인 Cochrane에서 개발한 프로그램이다. RevMan은 정식 이름 Review Manager가 의미하는 바와 같이 체계적 리뷰를 위해 만든 프로그램으로 메타분석만을 위한 소프트웨어는 아니다. 그러므로 메타분석을 충실히 수행하기 위해서는 다소 제한이 있지만, 공개 프로그램(open program)이라는 장점과 개별 연구의 질(quality)을 검증할 수 있는 기능을 포함하고 있어 많은 학자들이 메타분석에도 널리 사용하고 있다.

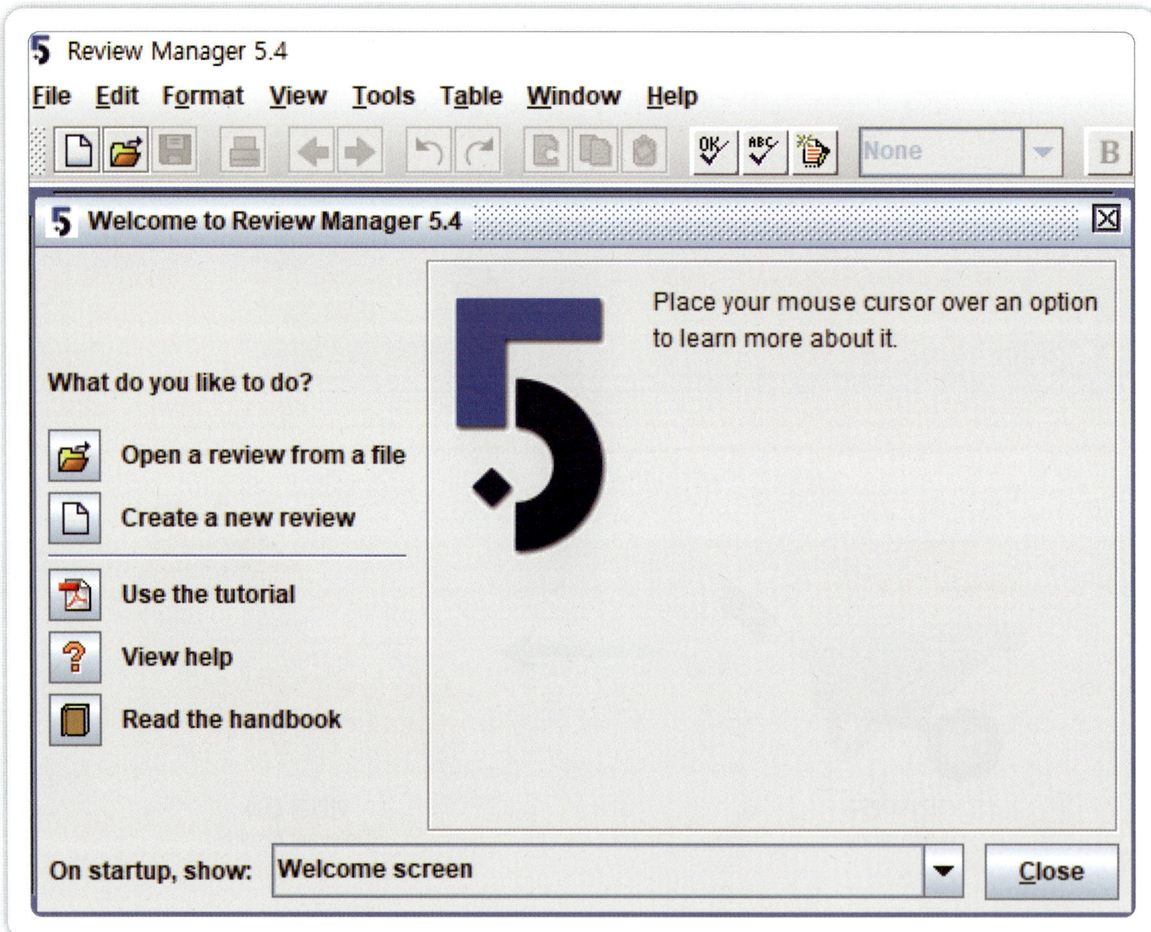

2) RevMan 설치하기

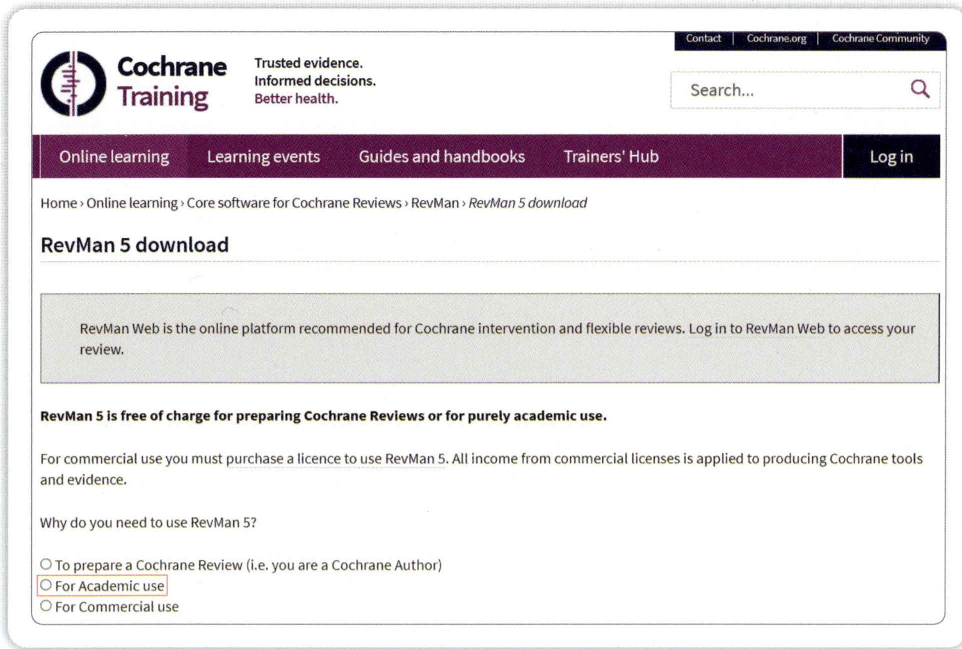

RevMan 프로그램을 다운로드하는 링크는 다음과 같다.

https://test-training.cochrane.org/online-learning/core-software-cochrane-reviews/review-manager-revman/download-revman-5

링크된 주소에 접속한 후, 페이지 하단의 'For Academic use' 버튼을 누르고 submit을 클릭한다. 다음과 같이 'Reasons for downloading RevMan 5' 화면이 나오면 개인정보를 입력하여 프로그램을 다운로드할 수 있다.

TIP

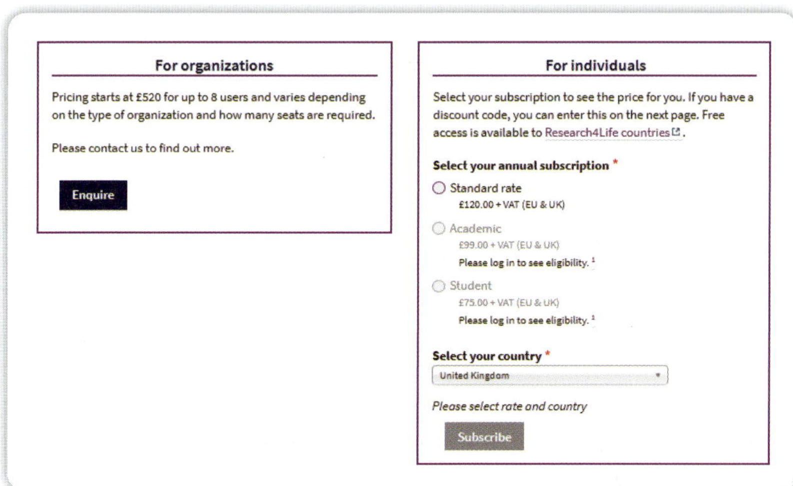

참고로 RevMan 5 프로그램은 최근에 유료화되어, 구독을 해야 설치 프로그램을 다운로드할 수 있도록 변경되었다. 다만, 유료화 이전에 프로그램을 다운로드한 컴퓨터에서는 여전히 사용이 가능하며, 대안으로 메타분석 무료 프로그램인 R을 사용하는 것을 적극 추천한다.

Reasons for downloading RevMan 5

RevMan is free of charge if used for purely academic use. However, it will be helpful to have some very basic information about the purpose of your planned use of RevMan 5. This is for Cochrane internal information only, to help us consider potential future RevMan developments.

Once this form is submitted, you will be redirected to the page listing the different downloadables of RevMan 5.

Your information will be retained for five years from the date you submit this form. It will not be passed on to third parties without your permission. We will contact you directly to request this, if relevant. The information you provide will be used for research purposes related to the use of RevMan only. You have the right to review and correct your data held by Cochrane. Please contact support@cochrane.org for further information.

* Required field

Your name *

Sung-Hyoun Cho

Job role

Professor

Academic affiliation *

Nambu University

Email address *

shcho@nambu.ac.kr

Country

South Korea

Could you please give a short description of the work you expect to do with RevMan? *

Systematic Reviews and Meta-Analysis

◉ **By ticking this box you agree to Cochrane storing the data you provide on this form**

Preferences

Cochrane would be interested to understand more about your expected use of RevMan and how it might be improved. We may also like to inform you about future developments of RevMan.

☑ If you would be happy for us to contact you with a short written questionnaire about your use of RevMan, please tick this box.

☑ If you would be happy for us to call you for a short telephone conversation about your use of RevMan, please tick this box.

☑ If you would be happy for us to contact you with information about future developments of RevMan, please tick this box.

Submit

RevMan 홈페이지에서는 Windows 또는 Mac Os versions을 보여준다. '내 pc'에서 우클릭하여 '속성'을 클릭하여 자신의 운영체제 Windows 시스템을 알 수 있으므로, 사양에 따라 32비트 또는 64비트인지 확인한다.

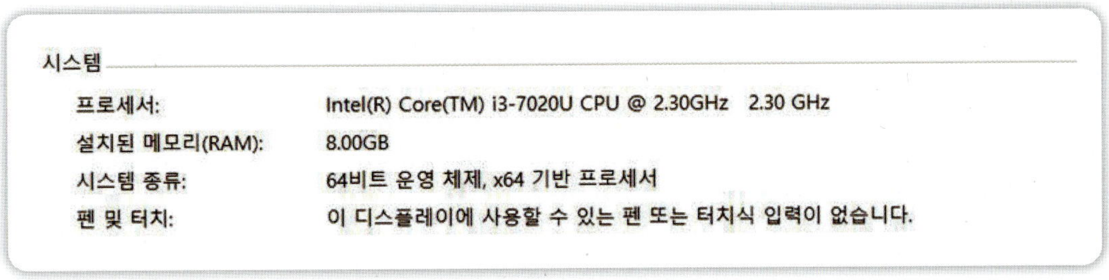

다음 아래의 화면에서 자신의 운영체제에 맞는 것을 선택하여 설치하면 된다. 'Next'를 클릭한 후 'Run Review Manager'를 체크한 다음 'Standard mode'를 설치한다.

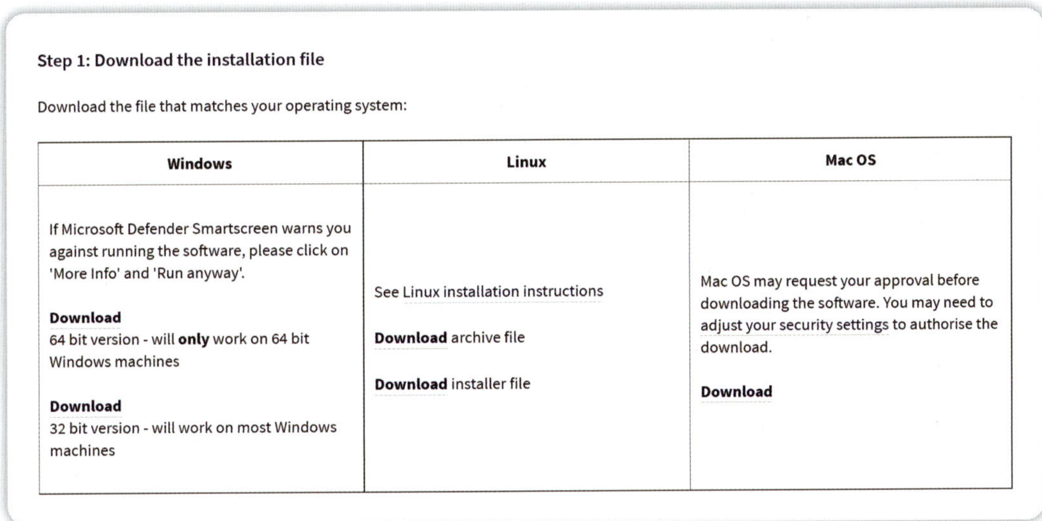

그리고 다음과 같이 RevMan 파일이 저장된 폴더 안에서 64비트 프로그램인 RevMan_5_4_windows-x64.exe 파일을 클릭하여 설치를 마치면 RevMan의 초기 화면이 나타난다.

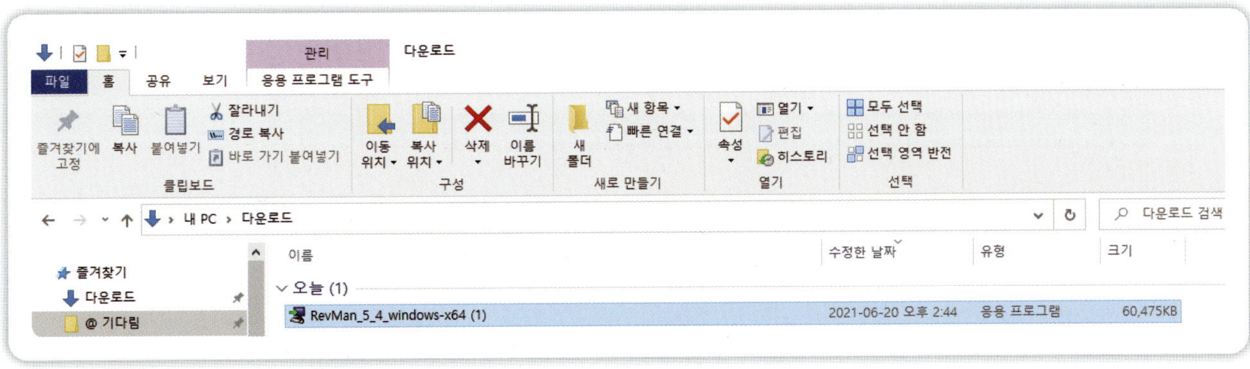

3) 메타분석 준비하기

RevMan은 리뷰(systematic review)를 위한 프로그램으로 만들어졌기 때문에 메타분석을 하기 위해서는 몇 단계의 과정이 준비되어야 한다. 따라서 초기 화면에서 File 메뉴로 들어가서 새로운 리뷰를 시작하는 과정을 밟아야 한다.

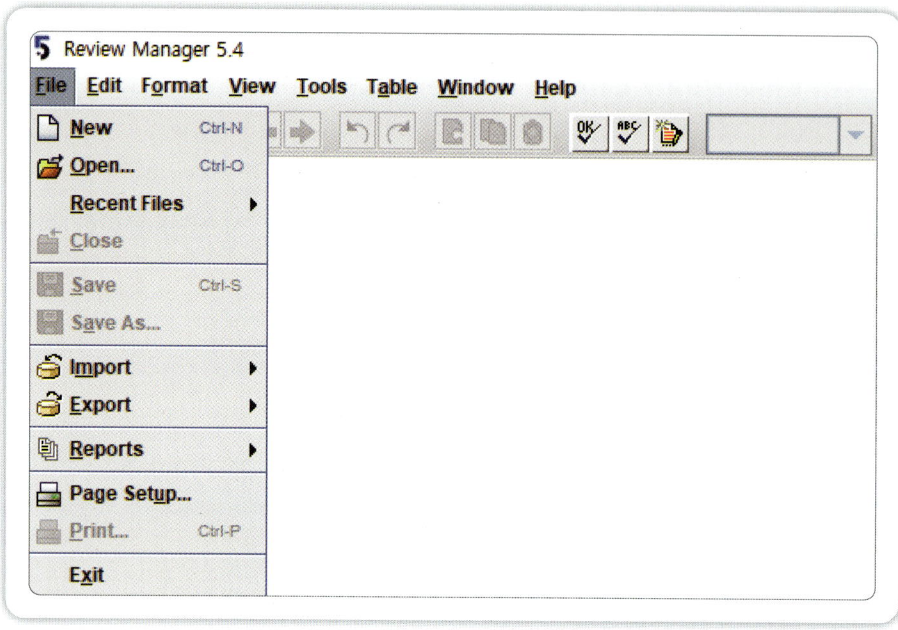

4) RevMan 실행 및 분석하기

① 새로운 리뷰를 시작하기 위하여 'File'을 클릭 후 'open'을 클릭하여 Wizard를 부르고 Next를 클릭한다.

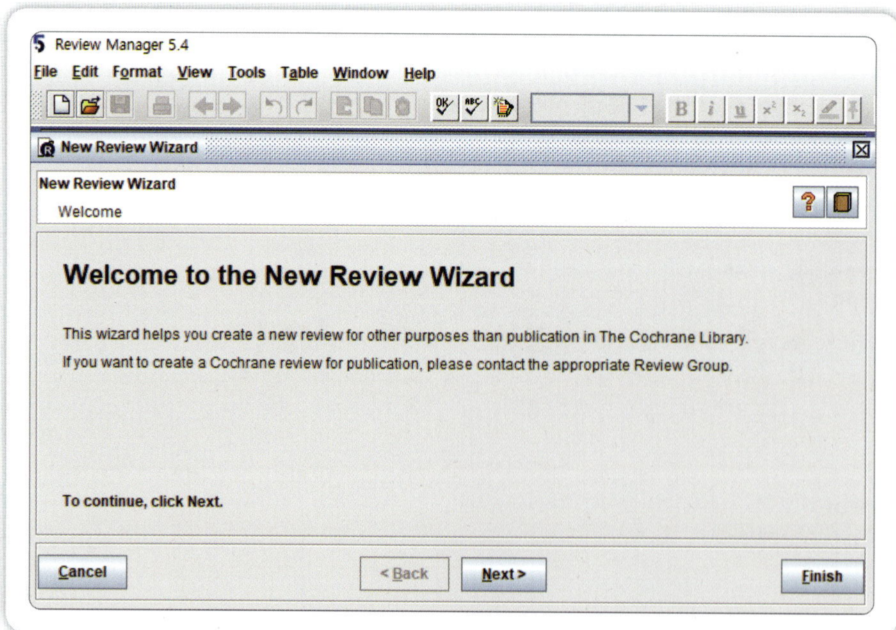

② 옵션에 따라 선택하여 디폴트 값을 선택하고, 자주 쓰는 'Intervention review'를 선택한 후 Next를 클릭한다.

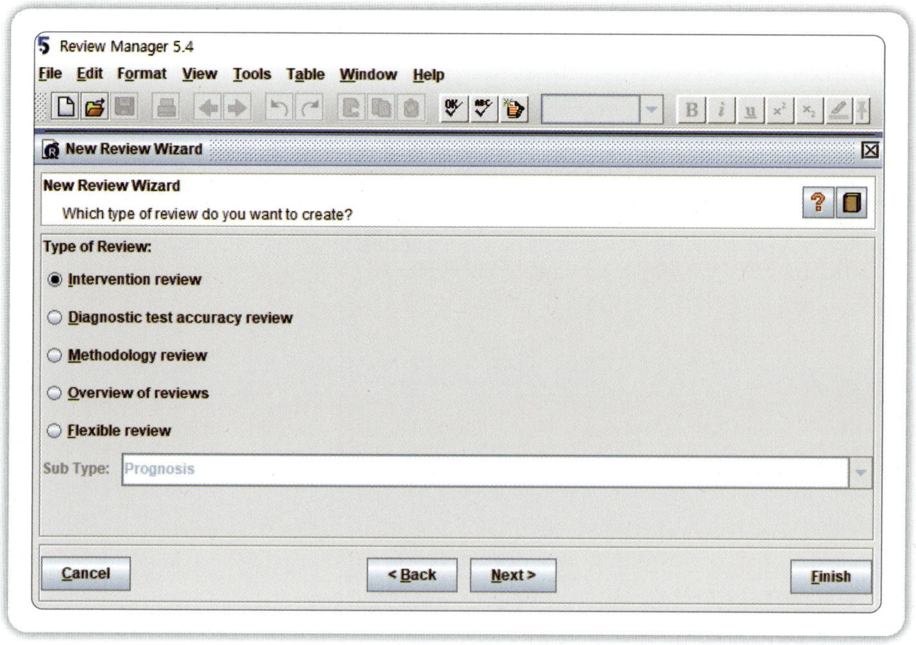

③ 제목도 가장 적절한 몇 가지 형식을 제시하고 있다. 여기서는 제목을 "treatement strategies for asymptomatic carotid disease"로 입력한 후 Next를 클릭한다.

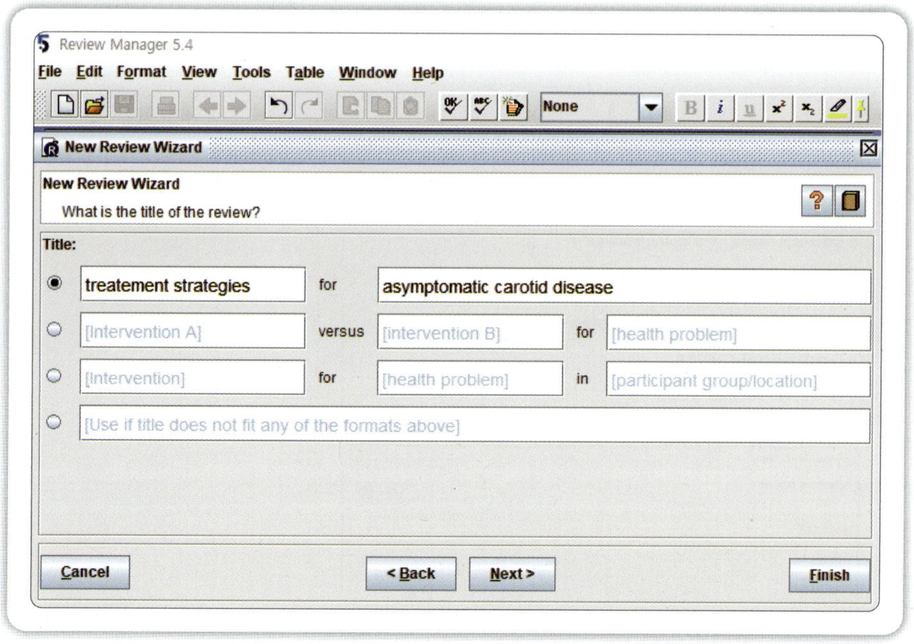

④ 이어서 분석을 위한 계획서인 ‘Protocol’이 아니라, 본격적인 리뷰를 의미하는 ‘Full review’를 체크한 다음 Finish를 클릭한다.

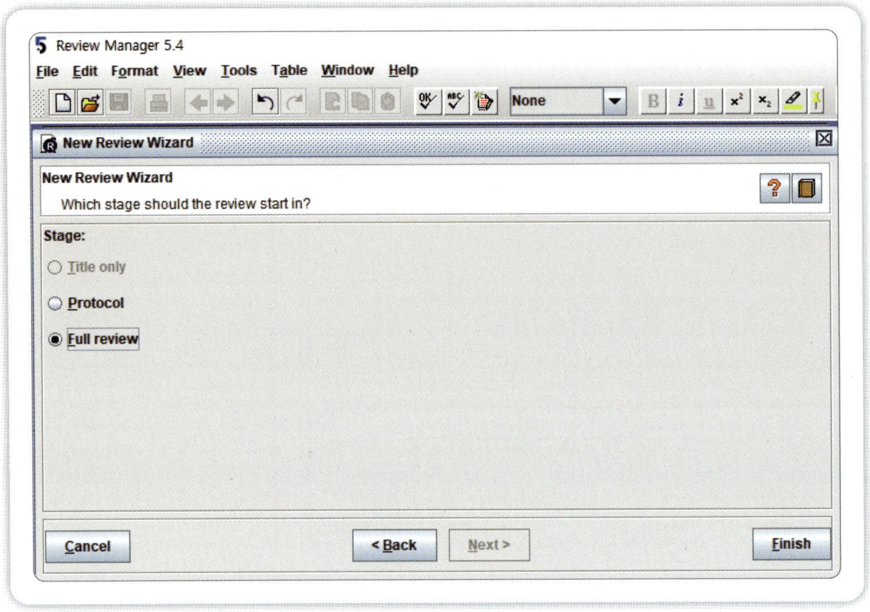

⑤ ‘Studies and references’를 선택하여 ‘References to studies’를 클릭한다. 그리고 나서 ‘Included studies’에서 우클릭한 후에 ‘Add Study’를 누른다. Study ID에 차례대로 입력 후 ‘Finish’를 클릭한다. 그다음 다시 ‘Add Study’를 클릭 후 순차적으로 입력한다.

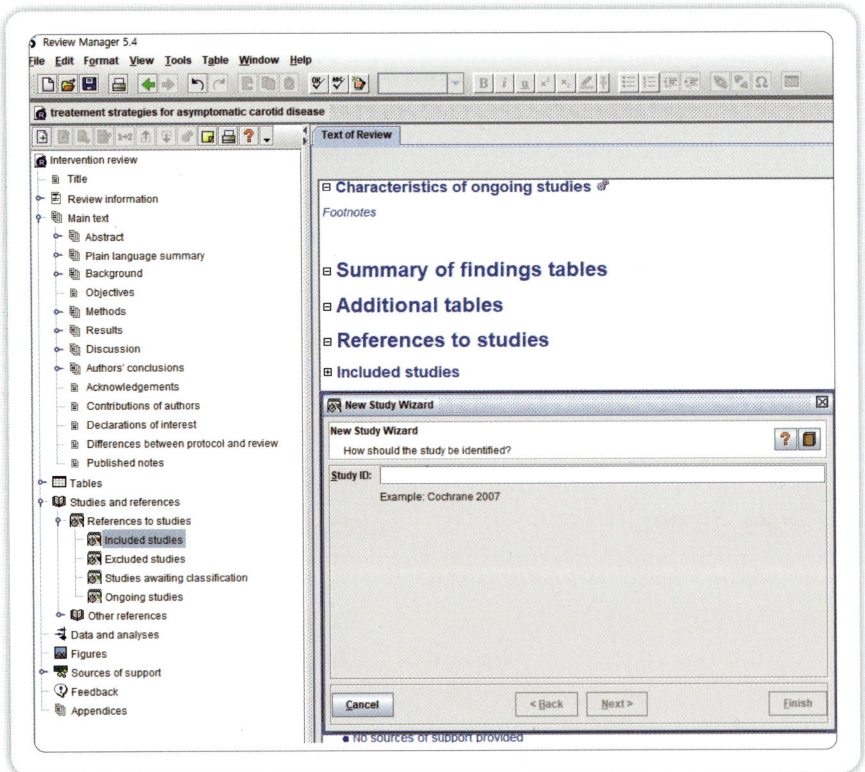

⑥ 예시로 Study ID 입력란에 순차적으로 다음과 같은 연구제목을 입력한다.
(ACAS trial, ACST-1, AMTEC trial, CREST, Kentucky trial, MACE study, Mannheim trial, SAPPHIRE trial, SCT-1, SPACE-2 trial, Veterans Affairs trial)

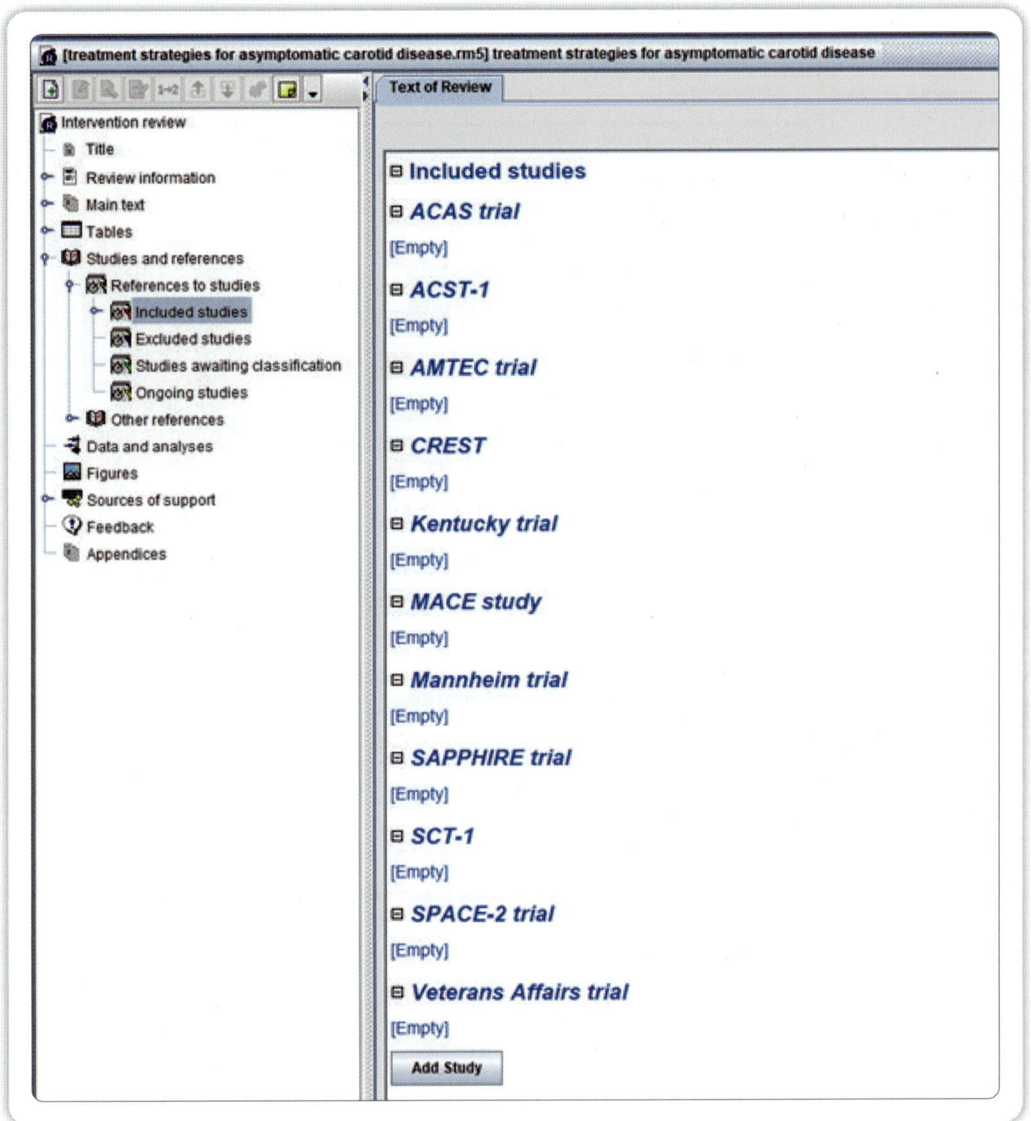

⑦ 좌측에 'Data and analyses'를 우클릭하고 개입방법을 구체화하기 위해 'Add Comparison'을 클릭한다. 클릭한 후 Name에 'treatment effect'를 입력 후 'Next'를 클릭한다.

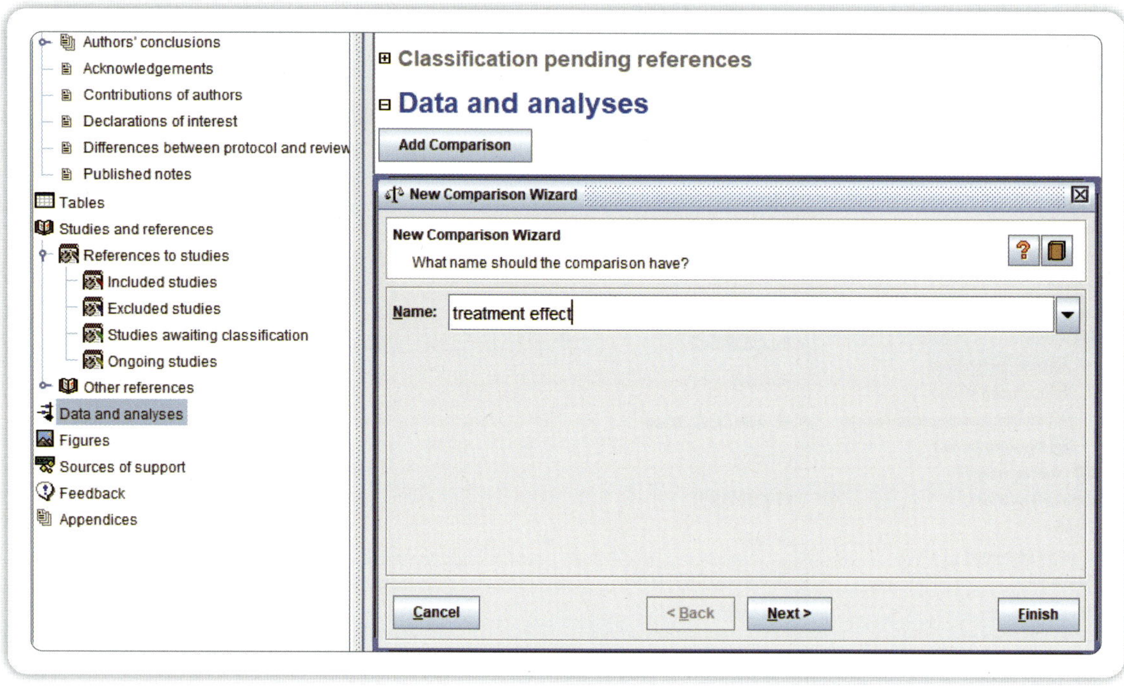

⑧ 다음과 같은 창에서 Nothing을 체크하고 Finish를 클릭한다.

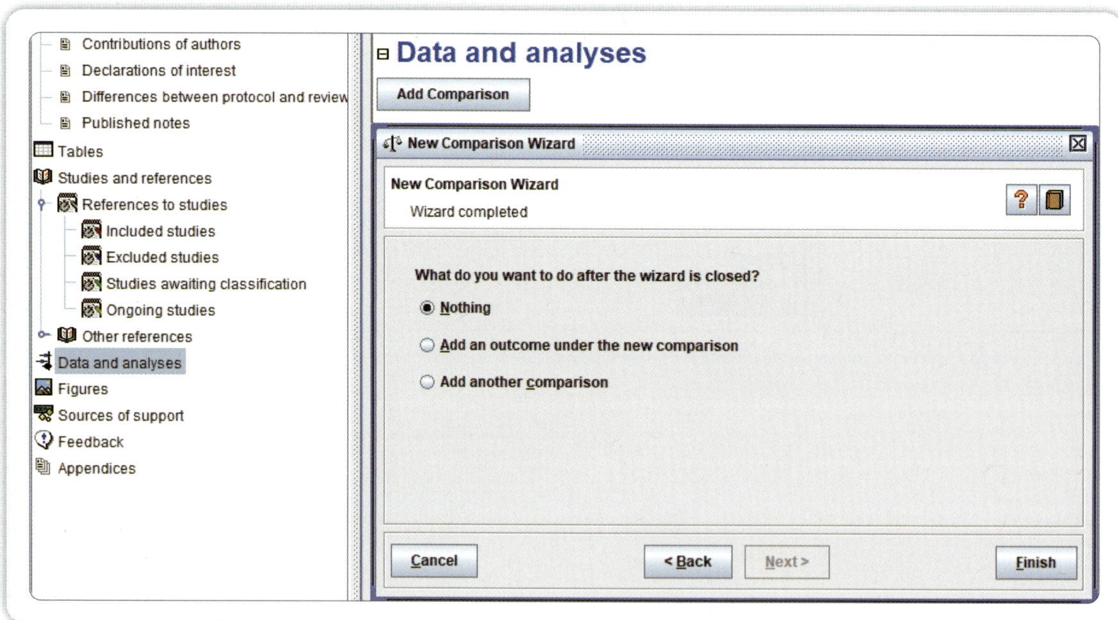

⑨ 'Data and analyses'에서 더블클릭을 한 후에 'treatment effect'에서 우클릭을 한다. 그리고 나서 'Add Outcome'을 클릭하면 데이터의 형태는 다섯 가지 옵션이 가능하고 오른쪽에 각각의 설명이 되어 있다. 연속형 데이터의 경우는 두 번째 'Continuous'에 해당하므로 체크하고 Next를 클릭한다.

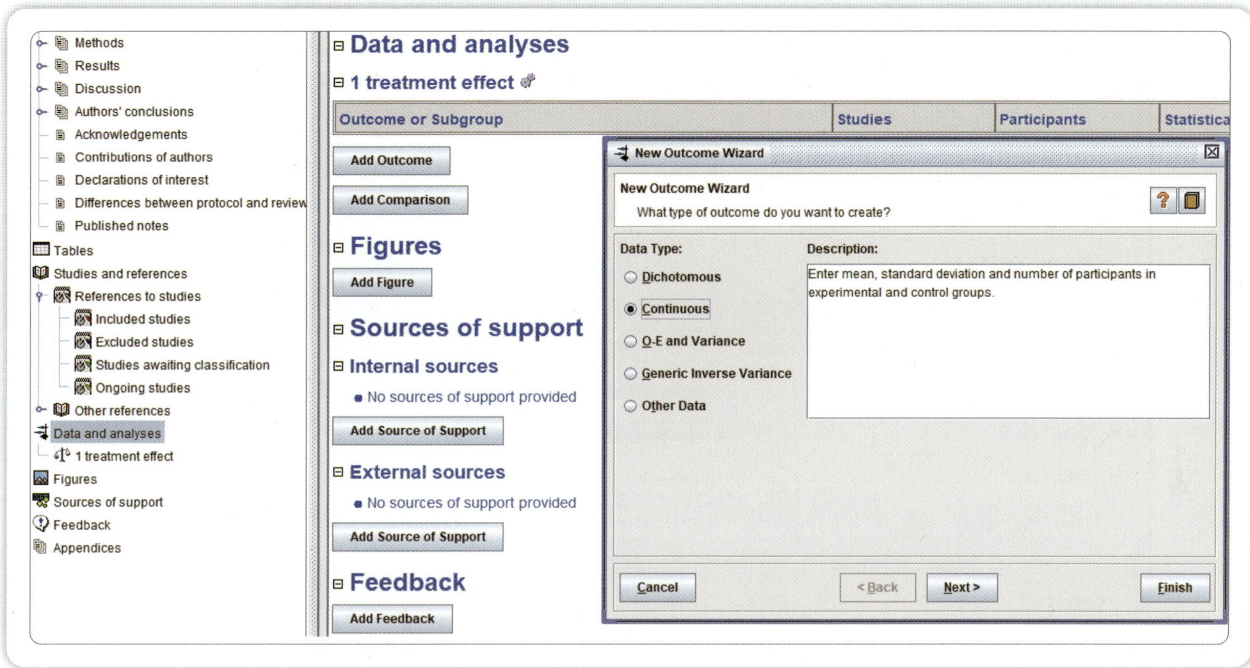

⑩ 각각의 빈칸에 제목과 집단 이름을 기록한다. Name에 'treatment strategies for asymptomatic carotid disease'를 적고, Group Label 1에 'Experimental'을 입력하고 Group Label 2에 'Control'을 입력한다. 그 후 Next를 클릭한다.

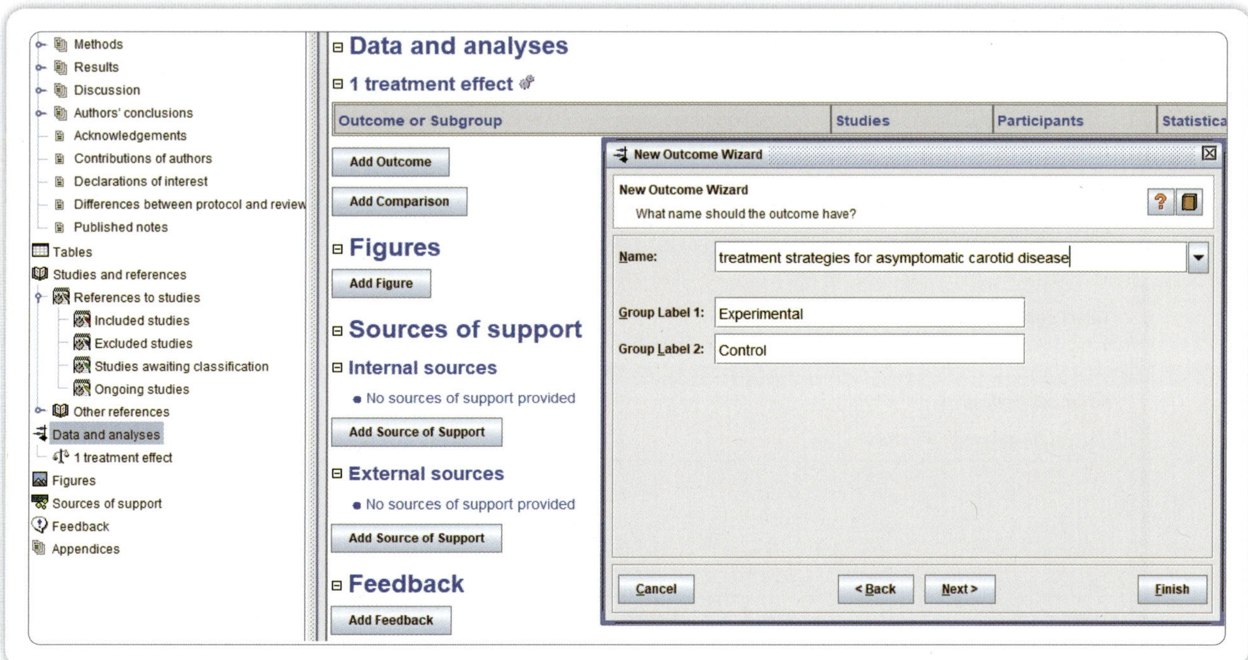

⑪ 가중치 부여 방법에서 'Inverse Variance'를 선택하고, 효과크기 유형에서 'Fixed Effect'를 체크한다. 평균효과크기 산출모형에서 'Std. Mean Difference'를 체크한 후 Next를 클릭한다.

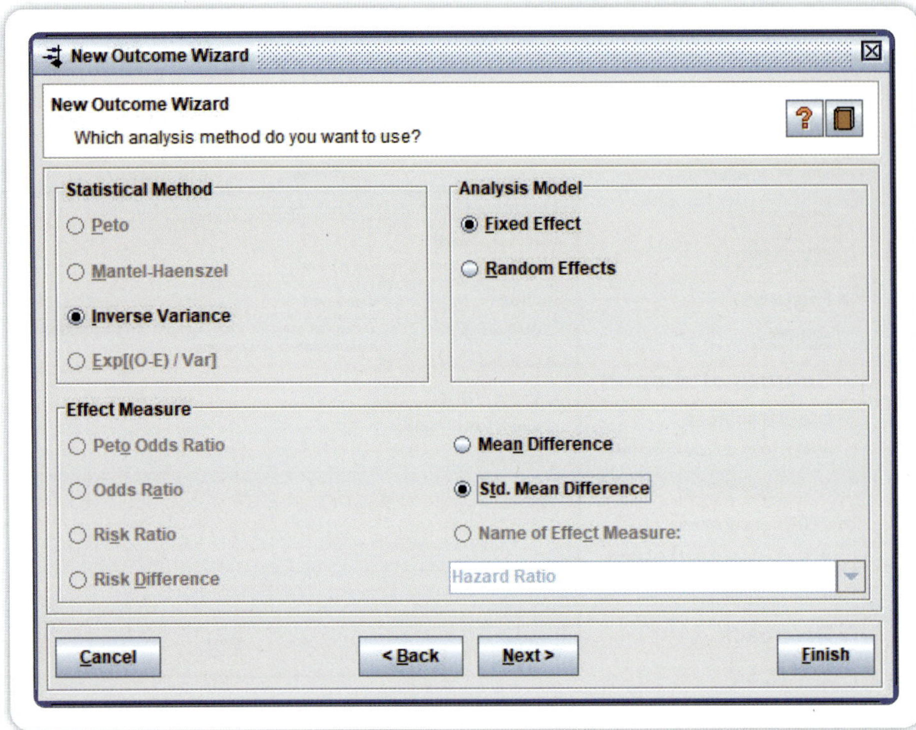

⑫ 신뢰구간을 지정한 후 Next로 넘어간다.

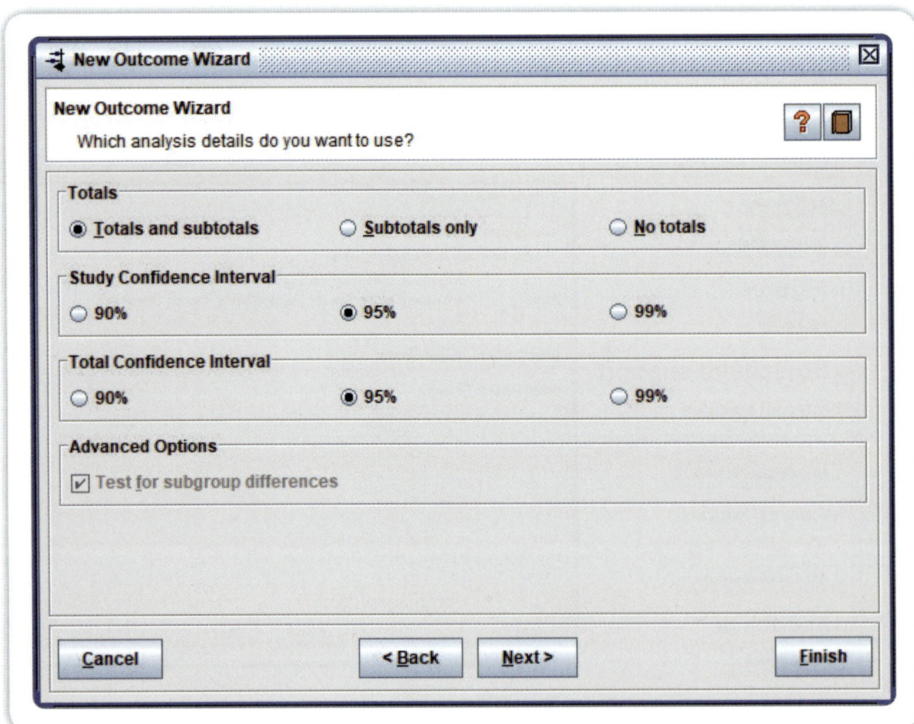

⑬ Forest plot의 레이블을 입력한 후 Next를 클릭한다.

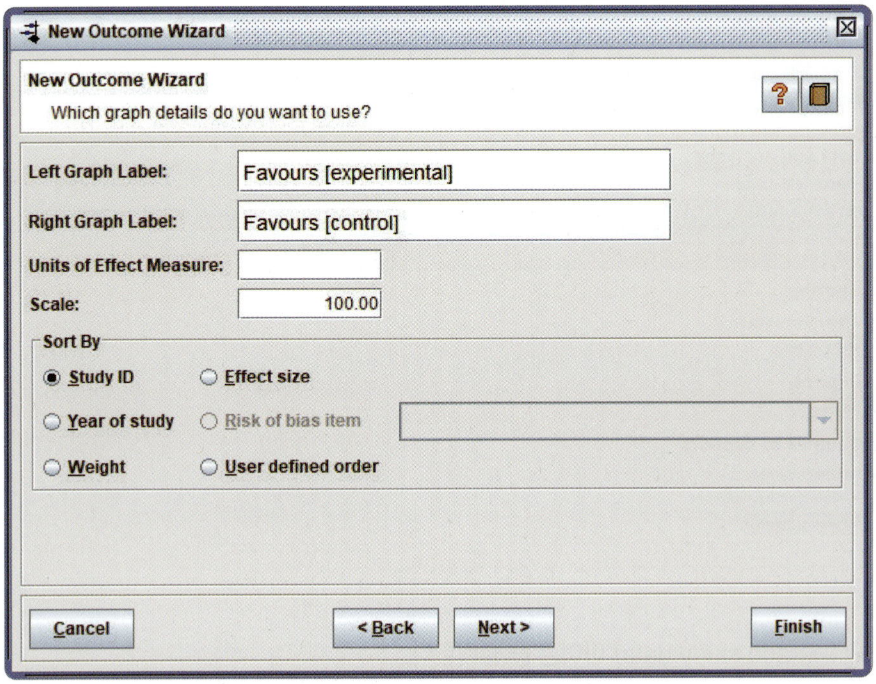

⑭ 'Nothing'을 체크하고 Finish를 클릭한다.

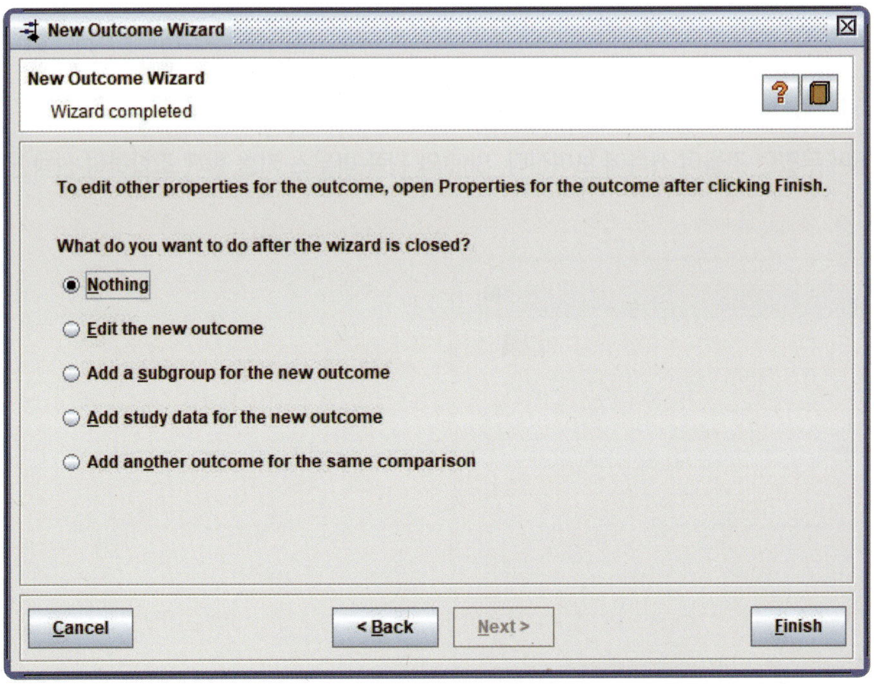

⑮ 분석 결과의 이름이 나타난 경우 '1.1 treatment strategies for asymptomatic carotid disease'를 더블클릭한다.

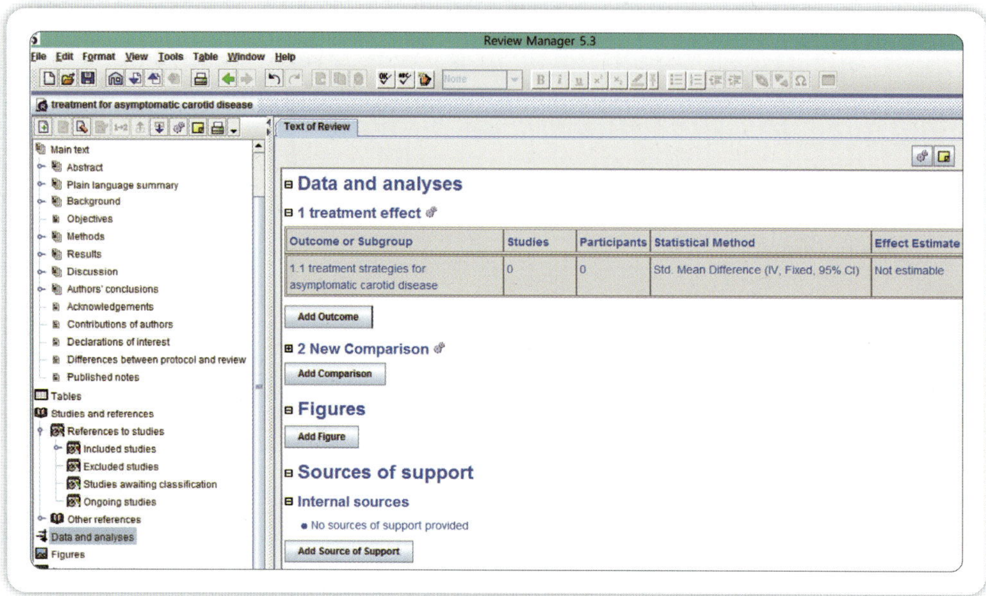

⑯ 다음과 같은 화면이 나오면 '(add study data) 아이콘'을 클릭한다.

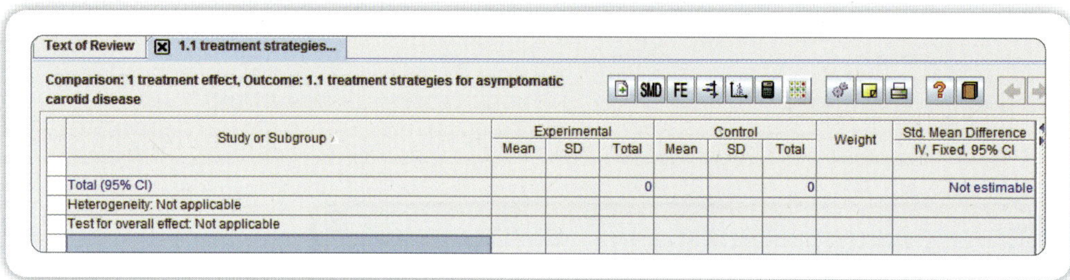

⑰ 〈Included Studies〉에 넣어 두었던 것들이 좌측에 보여진다. Shift와 왼쪽 마우스 키를 함께 조합하여 선택한 뒤 Finish를 클릭한다.

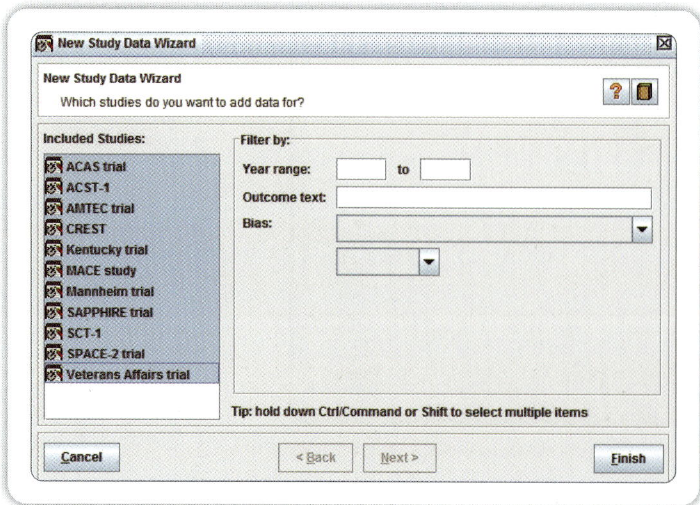

⑱ 빈칸에 숫자를 입력하면 된다. 엑셀로 붙이기도 가능하지만, 입력으로 연습해본다.

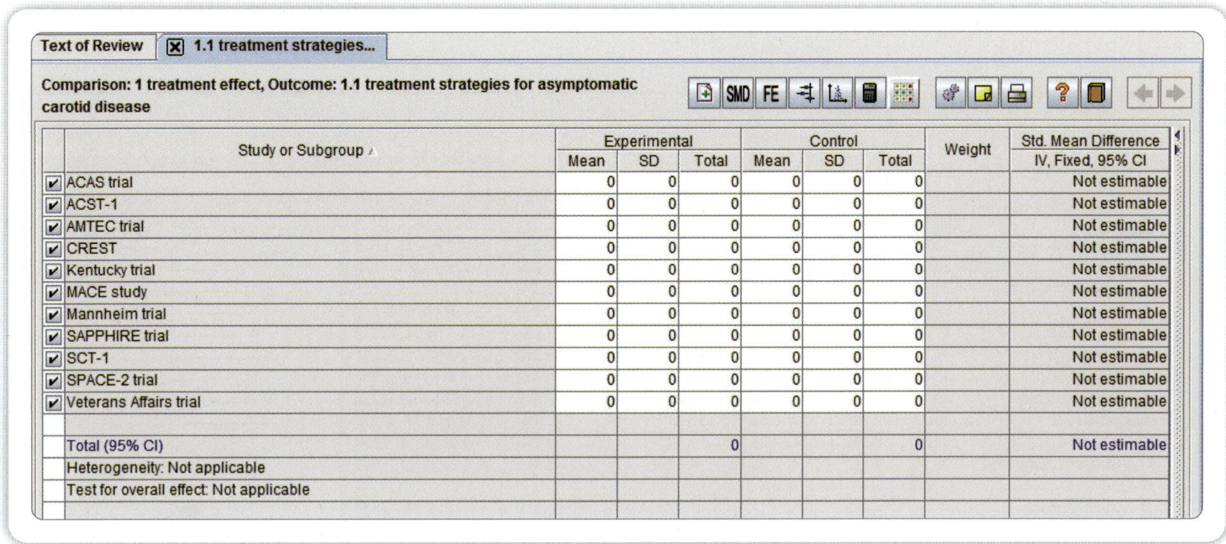

Study or Subgroup	Experimental			Control			Weight	Std. Mean Difference
	Mean	SD	Total	Mean	SD	Total		IV, Fixed, 95% CI
ACAS trial	0	0	0	0	0	0		Not estimable
ACST-1	0	0	0	0	0	0		Not estimable
AMTEC trial	0	0	0	0	0	0		Not estimable
CREST	0	0	0	0	0	0		Not estimable
Kentucky trial	0	0	0	0	0	0		Not estimable
MACE study	0	0	0	0	0	0		Not estimable
Mannheim trial	0	0	0	0	0	0		Not estimable
SAPPHIRE trial	0	0	0	0	0	0		Not estimable
SCT-1	0	0	0	0	0	0		Not estimable
SPACE-2 trial	0	0	0	0	0	0		Not estimable
Veterans Affairs trial	0	0	0	0	0	0		Not estimable
Total (95% CI)			0			0		Not estimable
Heterogeneity: Not applicable								
Test for overall effect: Not applicable								

5) 메타분석 실행을 위한 데이터 입력 및 결과 분석(엑셀 데이터)

Study	Mean_1	SD_1	Sample size_1	Mean_2	SD_2	Sample size_2
1	29.40	6.65	20	24.73	6.30	20
2	26.92	18.36	20	37.32	17.75	20
3	31.99	26.21	15	46.49	19.13	15
4	37.51	30.69	12	55.17	28.66	12
5	40.26	27.94	15	62.97	23.31	15
6	49.73	35.31	12	83.07	19.18	12
7	45.43	32.78	15	63.29	25.95	15
8	40.77	25.71	12	55.43	26.23	12
9	40.23	21.11	14	58.47	15.32	14
10	39.28	5.33	14	36.21	4.19	14
11	32.14	10.20	14	29.64	9.84	14

[ch21_Q1]

① 모두 입력하고 나면 우측에 Forest Plot이 그려진다. 오른쪽 아래 부분에 숲 그림에 대한 눈금을 시각적으로 보기 좋게 하한값과 상한값을 −2에서 2 사이로 조정한다.

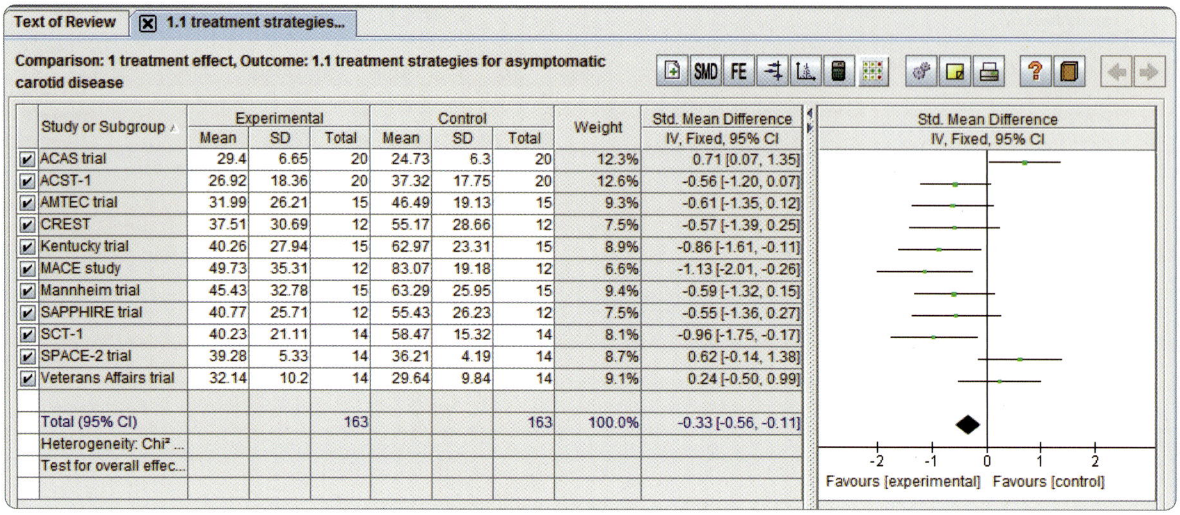

Text of Review | 1.1 treatment strategies...

Comparison: 1 treatment effect, Outcome: 1.1 treatment strategies for asymptomatic carotid disease

Study or Subgroup	Experimental Mean	Experimental SD	Experimental Total	Control Mean	Control SD	Control Total	Weight	Std. Mean Difference IV, Fixed, 95% CI
ACAS trial	29.4	6.65	20	24.73	6.3	20	12.3%	0.71 [0.07, 1.35]
ACST-1	26.92	18.36	20	37.32	17.75	20	12.6%	-0.56 [-1.20, 0.07]
AMTEC trial	31.99	26.21	15	46.49	19.13	15	9.3%	-0.61 [-1.35, 0.12]
CREST	37.51	30.69	12	55.17	28.66	12	7.5%	-0.57 [-1.39, 0.25]
Kentucky trial	40.26	27.94	15	62.97	23.31	15	8.9%	-0.86 [-1.61, -0.11]
MACE study	49.73	35.31	12	83.07	19.18	12	6.6%	-1.13 [-2.01, -0.26]
Mannheim trial	45.43	32.78	15	63.29	25.95	15	9.4%	-0.59 [-1.32, 0.15]
SAPPHIRE trial	40.77	25.71	12	55.43	26.23	12	7.5%	-0.55 [-1.36, 0.27]
SCT-1	40.23	21.11	14	58.47	15.32	14	8.1%	-0.96 [-1.75, -0.17]
SPACE-2 trial	39.28	5.33	14	36.21	4.19	14	8.7%	0.62 [-0.14, 1.38]
Veterans Affairs trial	32.14	10.2	14	29.64	9.84	14	9.1%	0.24 [-0.50, 0.99]
Total (95% CI)			163			163	100.0%	-0.33 [-0.56, -0.11]
Heterogeneity: Chi² ...								
Test for overall effec...								

② [SMD]를 클릭하면 [MD]로 각각 바뀌게 된다. Std. Mean Difference와 Mean Difference를 선택하는 옵션이다.

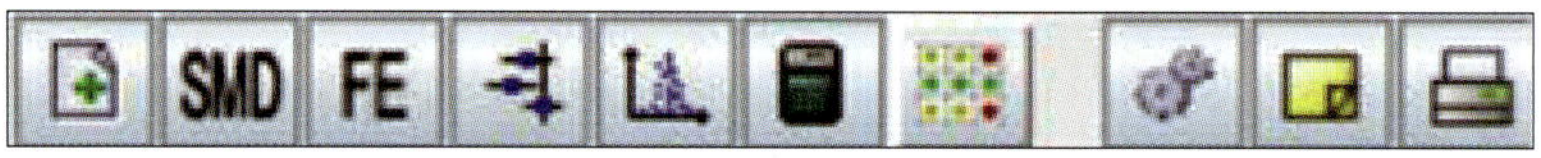

FE 아이콘은 고정효과모형(Fixed effect model)과 무선효과모형(Random effect model)을 각각 선택하는 옵션이다.

FE 아이콘을 클릭하면, 무선효과모형으로 아이콘이 변경된다. (forest plot) 아이콘을 클릭하면 무선효과모형으로 분석된다.

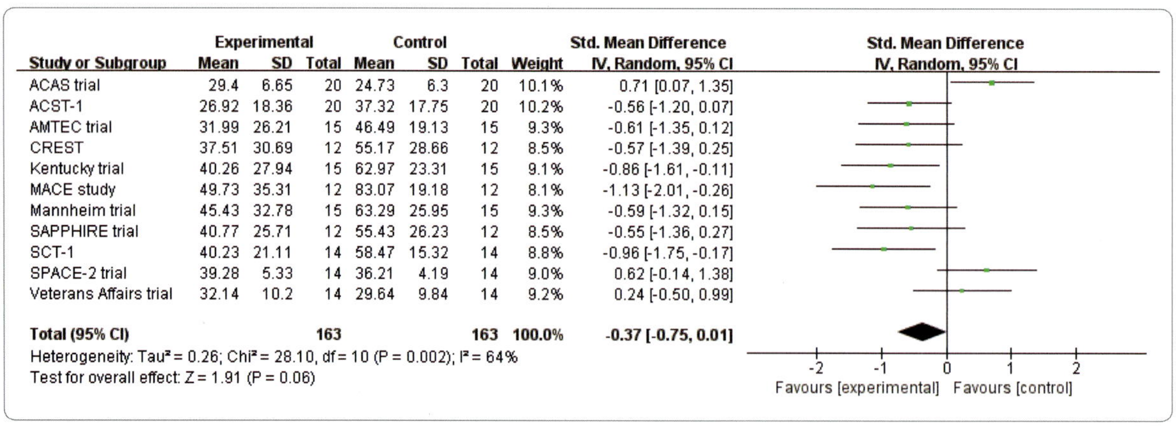

Study or Subgroup	Experimental Mean	Experimental SD	Experimental Total	Control Mean	Control SD	Control Total	Weight	Std. Mean Difference IV, Random, 95% CI
ACAS trial	29.4	6.65	20	24.73	6.3	20	10.1%	0.71 [0.07, 1.35]
ACST-1	26.92	18.36	20	37.32	17.75	20	10.2%	-0.56 [-1.20, 0.07]
AMTEC trial	31.99	26.21	15	46.49	19.13	15	9.3%	-0.61 [-1.35, 0.12]
CREST	37.51	30.69	12	55.17	28.66	12	8.5%	-0.57 [-1.39, 0.25]
Kentucky trial	40.26	27.94	15	62.97	23.31	15	9.1%	-0.86 [-1.61, -0.11]
MACE study	49.73	35.31	12	83.07	19.18	12	8.1%	-1.13 [-2.01, -0.26]
Mannheim trial	45.43	32.78	15	63.29	25.95	15	9.3%	-0.59 [-1.32, 0.15]
SAPPHIRE trial	40.77	25.71	12	55.43	26.23	12	8.5%	-0.55 [-1.36, 0.27]
SCT-1	40.23	21.11	14	58.47	15.32	14	8.8%	-0.96 [-1.75, -0.17]
SPACE-2 trial	39.28	5.33	14	36.21	4.19	14	9.0%	0.62 [-0.14, 1.38]
Veterans Affairs trial	32.14	10.2	14	29.64	9.84	14	9.2%	0.24 [-0.50, 0.99]
Total (95% CI)			**163**			**163**	**100.0%**	**-0.37 [-0.75, 0.01]**

Heterogeneity: Tau² = 0.26; Chi² = 28.10, df = 10 (P = 0.002); I² = 64%
Test for overall effect: Z = 1.91 (P = 0.06)

③ 아이콘을 클릭하면, 고정효과모형으로 아이콘이 변경된다. (forest plot) 아이콘을 클릭하면 고정효과모형으로 분석된다.

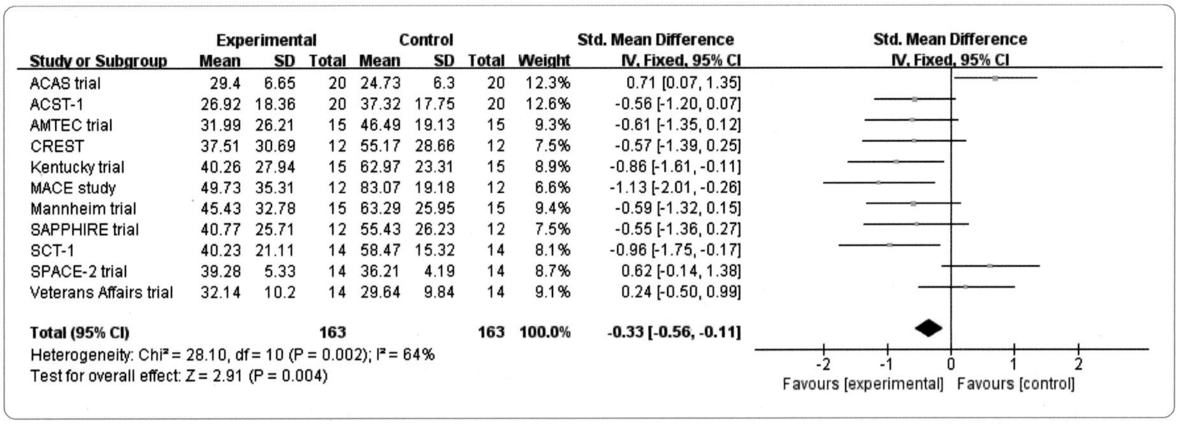

Study or Subgroup	Experimental Mean	SD	Total	Control Mean	SD	Total	Weight	Std. Mean Difference IV, Fixed, 95% CI
ACAS trial	29.4	6.65	20	24.73	6.3	20	12.3%	0.71 [0.07, 1.35]
ACST-1	26.92	18.36	20	37.32	17.75	20	12.6%	-0.56 [-1.20, 0.07]
AMTEC trial	31.99	26.21	15	46.49	19.13	15	9.3%	-0.61 [-1.35, 0.12]
CREST	37.51	30.69	12	55.17	28.66	12	7.5%	-0.57 [-1.39, 0.25]
Kentucky trial	40.26	27.94	15	62.97	23.31	15	8.9%	-0.86 [-1.61, -0.11]
MACE study	49.73	35.31	12	83.07	19.18	12	6.6%	-1.13 [-2.01, -0.26]
Mannheim trial	45.43	32.78	15	63.29	25.95	15	9.4%	-0.59 [-1.32, 0.15]
SAPPHIRE trial	40.77	25.71	12	55.43	26.23	12	7.5%	-0.55 [-1.36, 0.27]
SCT-1	40.23	21.11	14	58.47	15.32	14	8.1%	-0.96 [-1.75, -0.17]
SPACE-2 trial	39.28	5.33	14	36.21	4.19	14	8.7%	0.62 [-0.14, 1.38]
Veterans Affairs trial	32.14	10.2	14	29.64	9.84	14	9.1%	0.24 [-0.50, 0.99]
Total (95% CI)			**163**			**163**	**100.0%**	**-0.33 [-0.56, -0.11]**

Heterogeneity: Chi² = 28.10, df = 10 (P = 0.002); I² = 64%
Test for overall effect: Z = 2.91 (P = 0.004)

④ 고정효과모형 상태에서 출판 편의(funnel plot) 아이콘을 클릭한다.

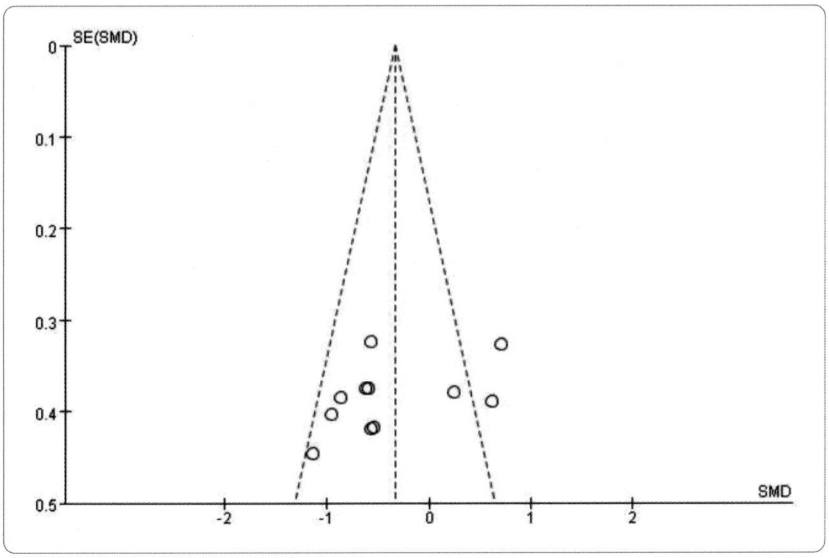

⑤ Risk of bias 표와 그림 표를 생성해보자. 'Table'을 더블클릭해서 'Characteristics of included studies'를 선택하면 각 변수들의 특성을 입력하는 칸이 나온다.

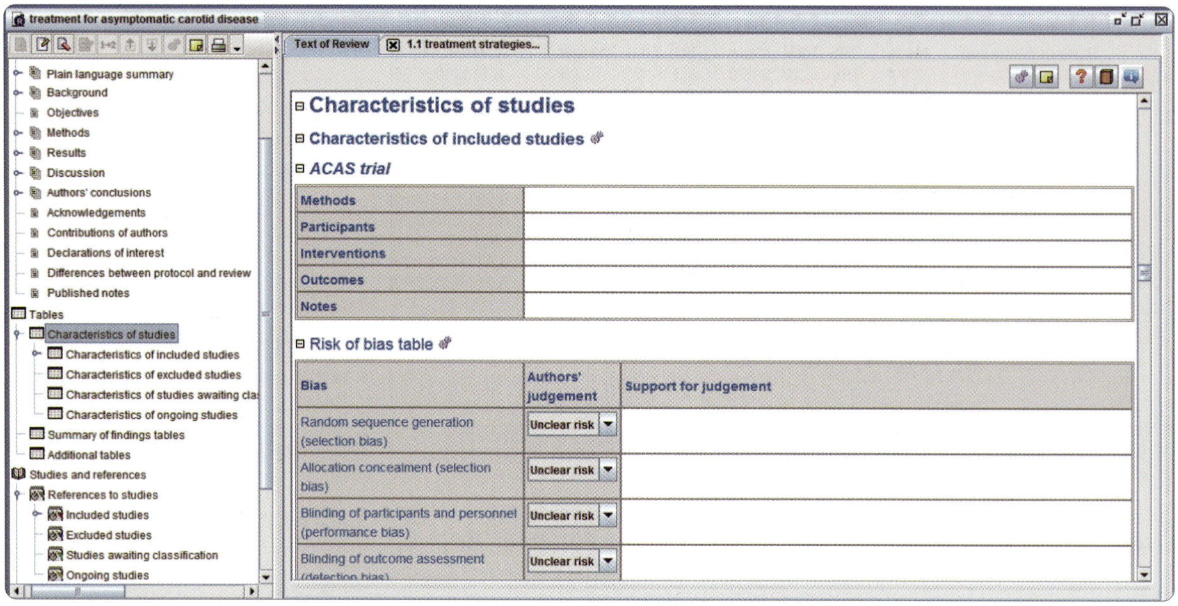

⑥ 이렇게 마지막까지 'Risk of bias table'에 모두 입력한다. 실제로 Barkat 등(2018)의 논문 6p에 나타나는 그림 2를 참고하여 "Support for judgement" 부분들도 완성한다. 하지만 연습이기 때문에 Insufficient data라고 입력한다.

Risk of bias table

Bias	Authors' judgement	Support for judgement
Random sequence generation (selection bias)	Low risk	Insufficient data
Allocation concealment (selection bias)	Low risk	Insufficient data
Blinding of participants and personnel (performance bias)	High risk	Insufficient data
Blinding of outcome assessment (detection bias)	Low risk	Insufficient data
Incomplete outcome data (attrition bias)	Low risk	Insufficient data
Selective reporting (reporting bias)	Low risk	Insufficient data
Other bias	High risk	Insufficient data

⑦ 좌측에 'Figures'를 클릭하고 오른쪽 마우스를 누른 후 'Add Figure'를 클릭한다. 'Risk of bias graph'를 체크하고 'Next'를 선택한 다음 'Finish'를 클릭한다.

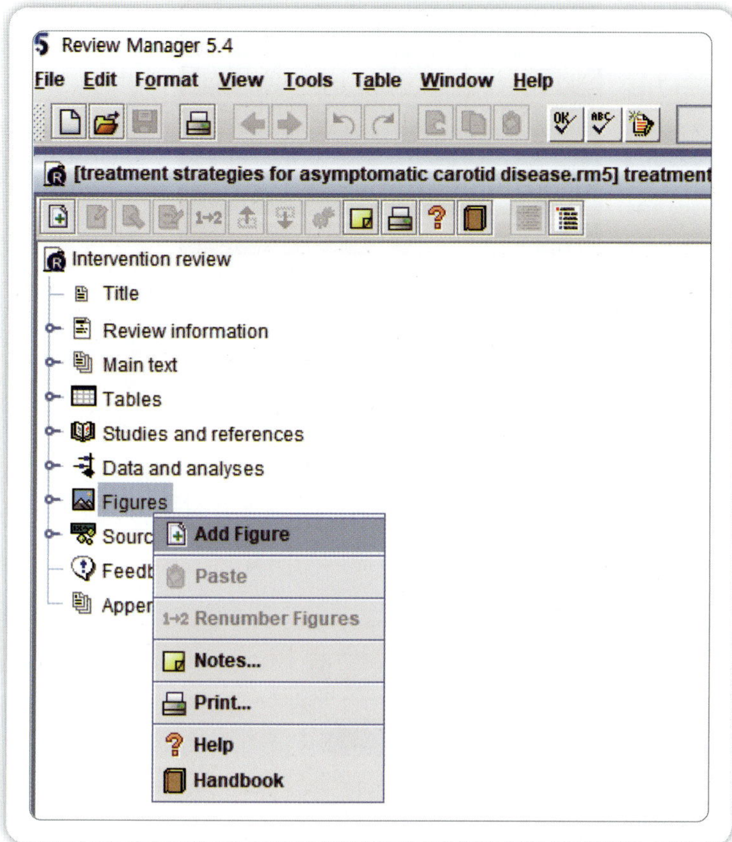

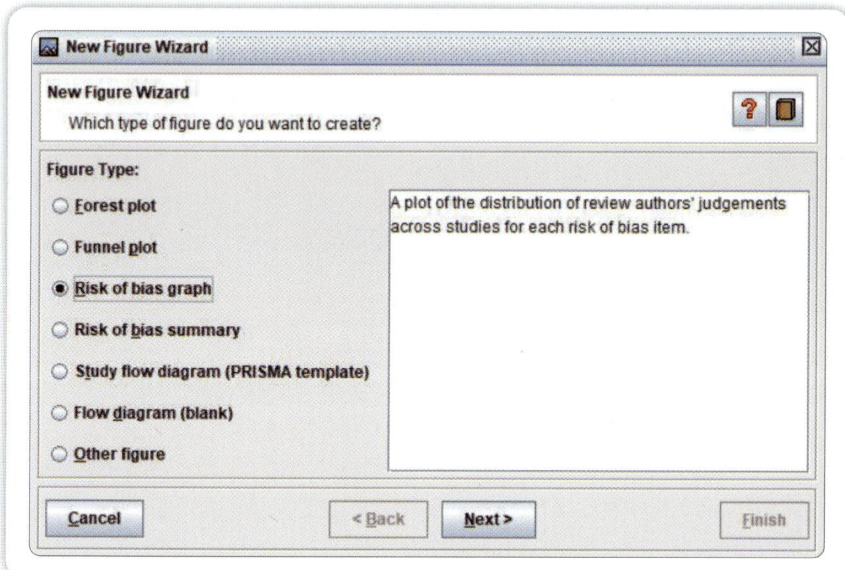

⑧ 아래 화면은 Risk of bias graph가 제시된 모습이다.

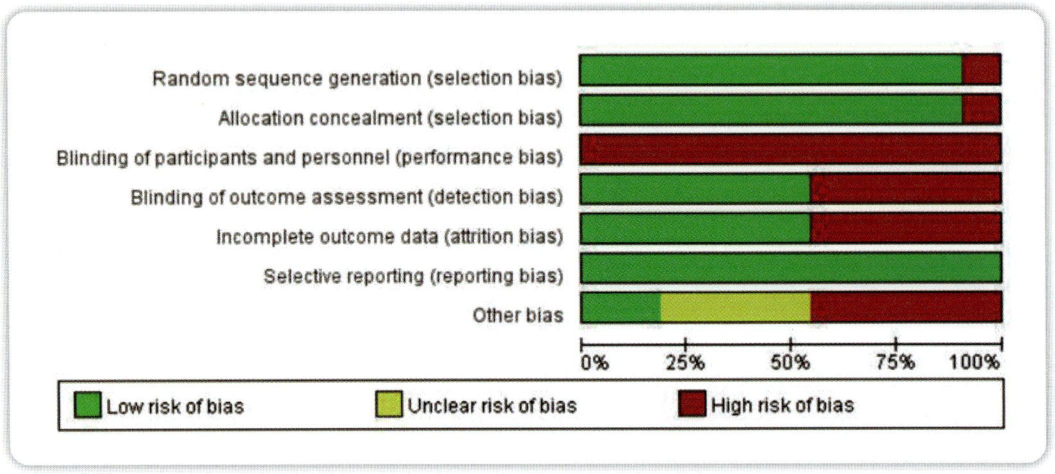

⑨ 좌측에 'Figures'를 클릭하고 오른쪽 마우스를 누른 후 'Add Figure'를 클릭한다. 다음과 같은 화면에 'Risk of bias summary'를 체크하고 Next를 클릭한 다음 Finish를 클릭한다.

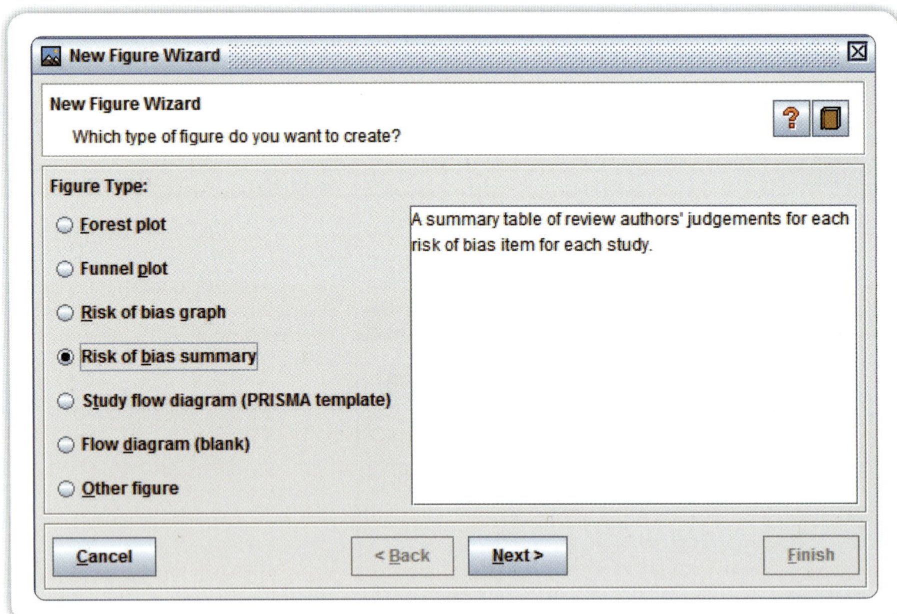

⑩ Risk of bias summary가 제시된 모습이다. 도표를 저장한 이후에 우측으로 90° 회전하면 최종 완성된다. 그림을 더블 클릭 후 PDF로 내보내기를 한 후 원하는 부분을 캡처해서 편집한 다음에 활용하면 된다.

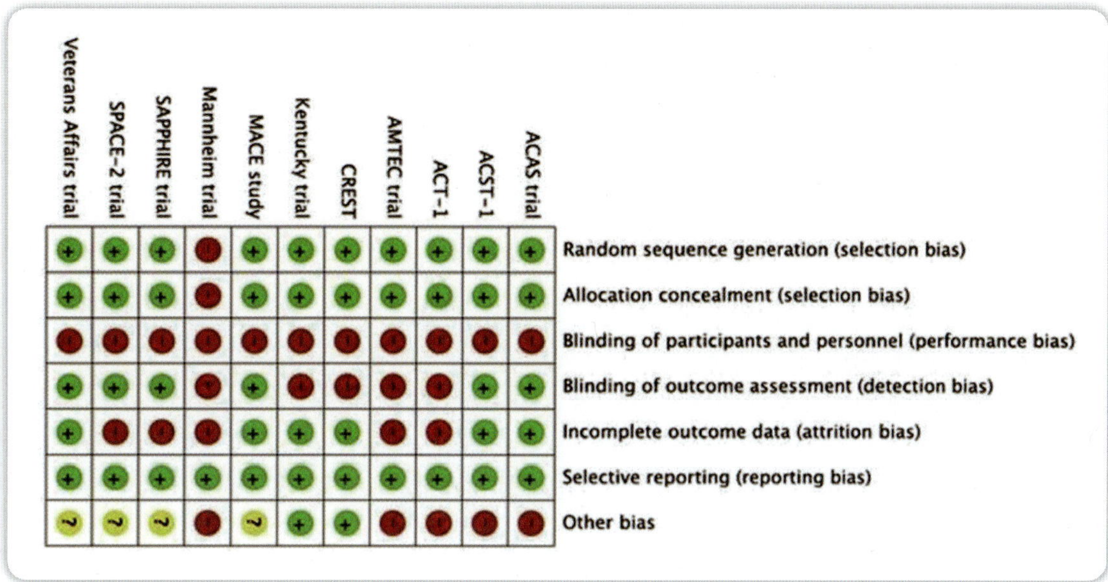

출처: Barkat M, Roy I, Antoniou SA, Torella F, Antoniou GA. Systematic review and network meta-analysis of treatment strategies for asymptomatic carotid disease. Scientific Reports. 2018 Mar 13;8(1):4458. doi: 10.1038/s41598-018-22356-z.

6) 비뚤림의 종류와 내용

7가지 비뚤림(bias)의 종류와 각 비뚤림에 대한 설명은 다음과 같다.

(1) 선택 비뚤림(selection bias) – 무작위 배정 순서 발생(random sequence generation)

비교성 있는 비교군 생성이 이루어졌는지를 충분히 평가할 수 있을 만큼 자세한 배정생성 방법에 대한 기술이 있는지를 평가

- 데이터 수집 시 집단을 (실험군과 통제군) 무작위로 분류 여부
- 블록 무작위 배정 절차 확인
  - HR: 부적절한 랜덤 순서 생성
  - LR: 통제 처치 집단 간 유사하도록 랜덤 순서 생성
  - UR: 기술이 제대로 되지 않은 경우

(2) 선택 비뚤림 – 할당 은폐(allocation concealment)

통제 처치그룹 선정에 있어서 그룹에 대한 할당 정보를 피험자나 연구자가 연구 사전 혹은 진행과정에서 알 수 있었는지 여부

- 집단 분류의 눈가림 실시 여부 확인, 배정 순서 은폐방법 기술 여부 확인

- HR: 통제 처치그룹 할당 전에 부적절한 은폐가 발견된 경우
- LR: 연구 전 혹은 중간에 통제/처치그룹 할당 여부에 대한 정보를 예측할 수 없는 경우
- UR: 충분한 정보가 없는 경우

(3) 실행 비뚤림(performance bias) – 피험자 및 검사자 눈가림(blinding)

피험자가 어떤 종류의 처리를 받았는지에 대한 정보를 피험자 혹은 검사자가 미리 알 수 없게끔 하는 조치 및 방법

■ 데이터 눈가림 방법 실시 여부 확인

- HR: 연구 수행 과정에서 피험자 내지 검사자에 대한 눈가림 조치를 하지 않음에 따른 비뚤림 발생이 예상되는 경우
- LR: 눈가림이 효과적으로 진행된 경우
- UR: 눈가림 처리에 대한 충분한 정보가 없는 경우

(4) 결과 확인 비뚤림(detection bias) – 결과 평가자의 눈가림(blinding)

(중재) 결과를 확인하는 방법에서 발생할 수 있는 그룹 간 체계적인 차이

■ 평가와 추후 검사 확인– 실험자 인지 여부, 자기보고식 여부

- HR: 연구 수행 과정에서 피험자 내지 검사자에 대한 눈가림 조치를 하지 않음에 따른 비뚤림 발생이 예상되는 경우
- LR: 눈가림이 효과적으로 진행된 경우
- UR: 눈가림 처리에 대한 충분한 정보가 없는 경우

(5) 탈락 비뚤림(attrition bias) – 불완전한 결과변인 데이터(incomplete outcome data)

결과변인의 완전성(completeness): 피험자의 중도 탈락 및 배제된 연구물에 대한 보고가 이루어졌는지 여부

■ PP(per protocol) 분석에 해당 여부 확인, ITT 방법을 통한 무작위 실험 여부 확인

- HR: 불완전한 성과 데이터의 양 또는 성격 혹은 처리에 관련된 탈락 비뚤림
- LR: 불완전한 성과 데이터의 처리가 온전하게 이루어졌고, 비뚤림이 야기될 가능성이 희박함
- UR: 눈가림 처리에 대한 충분한 정보가 없는 경우

(6) 보고 비뚤림(reporting bias) – 선별적 보고(selective reporting)

연구자에 의한 선택적 보고의 가능성에 대한 언급이 없는 경우

■ 계획했던 대로 기술 여부와 일부만 보고했는지 여부

- HR: 선별적인 결과 보고로 인해 비뚤림이 발생한 경우
- LR: 선별적인 결과 보고가 발견되지 않은 경우
- UR: 판단을 내릴 만한 정보가 충분치 않은 경우

(7) 다른 비뚤림(other bias) – 다른 원인에 의한 비뚤림(other sources of bias)

앞서 언급된 비뚤림 이외에 발생 가능한 비뚤림에 대한 고려

- 고찰 리딩 후 그 밖의 비뚤림 여부 확인, 여러 개입의 효과 제한 여부
- 특이사항 여부 확인
  - HR: 위에 언급되지 않았으나 다른 종류의 비뚤림이 발생한 경우
  - LR: 다른 종류의 비뚤림이 발생되지 않은 경우
  - UR: 다른 종류의 비뚤림이 있을 수 있으나 충분한 정보가 주어지지 않은 경우 혹은 발견된 문제가 비뚤림을 야기할 수 있다는 근거가 부족한 경우

7) 질 평가의 실제 예시 2가지

질 평가에 대한 7가지 영역에 대한 각 세부사항은 다음과 같다.

출처: 안민희(2017). 심부전 환자의 가정심장재활 프로그램이 신체기능, 우울 및 삶의 질에 미치는 효과: 체계적 문헌고찰 및 메타분석. 전남대학교 대학원 간호학과 박사학위논문.

(1) Aguado 2010 (Risk of bias table)

Bias	Authors' judgement	Support for judgement
random sequence generation (selection bias, 선택 비뚤림)	low risk	방법(논문 15p) 데이터를 수집하였을 때, 환자는 퇴원 전에 두 집단으로 무작위 분류됨(실험 & 통제)
allocation concealment (selection bias)	low risk	집단 분류의 눈가림
blinding of participants and personnel (performance bias, 실행 비뚤림)	low risk	집단 분류의 눈가림과 치료와 퇴원 데이터 눈가림 방법
blinding of outcome assessment (detection bias, 결과 확인 비뚤림)	low risk	실험자(physician)는 두 집단 분류에 대한 것을 알지 못한 상태로 평가와 추후 검사를 하였음
incomplete outcome data (attrition bias, 탈락 비뚤림)	high risk	PP(Per Protocol)분석에 해당 28명(66%)의 중재그룹과 41명(64%)이 추후검사 때 하지 못함
selective reporting (reporting bias)	low risk	계획했던 대로 기술
other bias	high risk	전화를 받지 않았던 환자들은 시작과 추후 평가에 어려움이 있어 배제되었음, 이 사실이 선택편견의 원인이 될 수 있음

출처: Aguado, O., Morcillo, C., Delas, J., Rennie, M., Bechich, S., Schembari, A. & Rosell, F. (2010). Long-term implications of a single home-based educational intervention in patients with heart failure. Heart & lung : the journal of critical care, 39(6 Suppl), S14-22. doi:10.1016/j.hrtlng.2010.04.010.

(2) Bekelman 2015 (Risk of bias table)

Bias	Authors' judgement	Support for judgement
random sequence generation (selection bias, 선택 비뚤림)	low risk	논문 p.726은 블록 무작위 배정 절차를 통하여 선정된 데이터베이스를 생성하여 사용된 방법을 설명해 줌. 이 연구는 중재 환자와 usual care의 환자에게 1:1 층화를 통한 무작위 배정을 진행함
allocation concealment (selection bias)	low risk	database was used to
blinding of participants and personnel (performance bias, 실행 비뚤림)	high risk	이 연구는 심각한 제한이 있음. 중재 시 참여자 눈가림을 시행하지 않음
blinding of outcome assessment (detection bias, 결과 확인 비뚤림)	low risk	p727. (무작위로 배정된) 연구보조원이 전화 또는 개인 대면을 통해서 3개월, 6개월, 추후검사의 결과를 수집함
incomplete outcome data (attrition bias, 탈락 비뚤림)	high risk	ITT 분석을 사용했다고는 하나 Figure 1을 보면 PP 분석을 시행함
selective reporting (reporting bias)	high risk	clinicaltrials. gov에서 프로토콜을 확인한 결과 계획한 secondary outcome 중 일부만 논문에 보고되어 있음
other bias	high risk	p728. 노동(근로보조) 팀의 제안이 받아들여졌고 일부는 받아들여지지 않았으며 이것이 개입의 효과를 제한했을 수도 있음

출처: Bekelman, D. B., Plomondon, M. E., Carey, E. P., Sullivan, M. D., Nelson, K. M., Hattler, B., & Rumsfeld, J. S. (2015). Primary results of the patient-centered disease management (PCDM) for heart failure study: A randomized clinical trial. JAMA internal medicine, 175(5), 725-732. doi:10.1001/jamainternmed.2015.0315.

부록

연구계획 심의신청서

심의번호	

연구과제명	
국문	
영문	

연구진				
연구 책임자	성명	소속	직위	전공분야
	전화번호:		핸드폰:	
	팩스:		이메일:	
	연구책임자가 학생인 경우 ☐ 석사과정(　학기)　☐ 박사과정(　학기)　☐ 박사수료 ※ 지도교수:　　(인)			
공동 연구자	성명	소속	직위	전공분야

인간대상연구 방법	
모집방법	☐ 직접 모집　☐ 이미 수집된 자료나 문서를 이용하는 연구
연구 대상자 정보	연구대상자군: ☐ 건강인　☐ 환자　☐ 취약한 환경에 있는 연구대상자
	취약한 환경에 있는 연구대상자 범주 ☐ 임산부　☐ 미성년자(19세 미만)　☐ 장애인　☐ 심신미약자 ☐ 연구기관, 연구책임자, 의뢰자 등의 피고용인　☐ 수감자 ☐ 연구책임자의 연구원이나 학생　☐ 집단시설에 수용된 자 ☐ 조직 내 상하관계에 의한 연구대상자 모집(예: 군대, 병원 등) ☐ 실업자, 부랑자, 빈곤자, 소수인종, 난민 등 ☐ 기타 자유 의지에 따른 동의 능력이 제한된 사람

연구정보			
연구목적	□ 학술용 □ 졸업논문용 □ 기타( )		
연구주체	□ 연구자 □ 국책과제(기관명:) □ 기업체 □ 기타		
연구종류	□ 관찰연구 □ 설문조사 □ 기록을 이용한 연구 □ 실험연구 □ 기타 연구( )		
연구기간	IRB 승인일 ~ 년 월 일(개월)		
연구대상자 수	전체: 명	국내	명
		국외	명(본교: 명)
연구비지원	지원기관	□ 정부기관 □ 학회 □ 대학교 □ 기업체 □ 기타 □ 없음	
연구위험성	□ Level Ⅰ(최소위험) (예: 키, 몸무게, 혈압 등 측정, 설문, 면접 등으로 심신이 약간 불편한 정도) □ Level Ⅱ(최소위험에서 약간 증가) (예: 경미한 두통이나 근육통 및 자극 발생, 불편하거나 자극적인 내용을 떠올리거나 스트레스를 유발, 익명화된 유전정보, 역학, 임상정보를 제공받아 연구에 사용) □ Level Ⅲ(심각한 후유증 초래 가능) (예: 질병 발생 또는 악화, 극심한 스트레스로 정신질환, 자살충동, 쇼크 등 발생 또는 악화) □ Level Ⅳ(사망 또는 기형 초래 가능) (예: 사망, 장애 발생, 기형 초래 등, 연구실행으로 제공자에게 중대한 위해를 초래할 수 있는 경우)		

제출자료 목록(필수 제출서류 순서대로 파일화 하시기 바랍니다)		
필수 제출 서류	연구계획서 요약	(O / X)
	연구계획서	
	연구자 이력서	
	IRB 교육 이수증(2년 이내)	
	생명윤리준수서약서	
해당자 제출 서류	□ 연구대상자 모집문건 □ 이해상충공개서약서 □ 연구비 내역서 □ 피해보상규약 및 피해보험증 사본 □ 제조(수입)품목 허가증 사본 □ 연구대상자 동의서 면제 사유서 □ 그 밖에 심의에 필요한 서류	□ 연구대상자 설명문 □ 설문조사지 또는 면담 질의 문답표 □ 연구실시 가능기관 승인서 □ 연구비 집행계획서 □ 주관기관승인서 □ 안전성 정보 □ 기타:

위와 같이 연구계획 심의신청서를 제출합니다.

신청일자: 년 월 일

연구책임자: (인)

생명윤리준수서약서

본인은 인간을 대상으로 연구함에 있어 〈생명윤리 및 안전에 관한 법률〉을 포함한 국내법과 헬싱키 선언 등 국제 지침을 준수하며 연구대상자의 존엄성, 권리, 안전 및 안녕을 존중하고 연구의 결과가 전 세계의 모든 인류에 혜택이 될 수 있도록 최선의 노력을 다하겠습니다.

년 월 일

소 속:

성 명:

서 명:

○○ 대학교 생명윤리위원회 위원장 귀하

생명윤리위원회 심의용 연구계획서

1. 연구 과제명

2. 연구책임자, 공동연구자의 성명 및 직위

구분	성명	소속	직위
연구책임자			
공동연구자			
공동연구자			
연구보조원			

3. 연구배경

4. 연구목적

5. 연구기간

6. 연구실시 기관명 및 주소

7. 연구지원기관

8. 연구방법
   가. 연구방법개요
   나. 연구대상자
   다. 예상연구대상자 수와 산출근거
   라. 관찰항목 및 관찰검사방법
   마. 자료분석과 통계적방법
   바. 효과평가기준 및 방법
   사. 연구수행일정

9. 연구대상자모집
   가. 모집방법
   나. 선정기준, 제외기준
   다. 동의획득 절차 및 방법

10. 연구대상자 보호, 위험성 및 대처방안
   가. 연구대상자 위험성 및 대처방안
   나. 안전성평가기준 및 평가방법
   다. 예측부작용 및 주의사항

11. 참고문헌

연구계획서

팀명		분반	
이름		학번	
논문제목			

아래와 같이 연구계획서를 제출합니다.

년 월 일

제 출 자: 서명

지도교수: 서명

연구계획내용

1. 연구 주제

2. 연구의 필요성

3. 연구 방법

4. 측정 도구

5. 참고문헌

팀별 프로젝트 주제 선정을 위한 1차 브레인스토밍

<table>
<tr><td colspan="2">교과목명</td><td colspan="2"></td></tr>
<tr><td colspan="2">팀명(조)</td><td colspan="2"></td></tr>
<tr><td colspan="2">일시</td><td colspan="2">년 월 일 시 분 ~ 시 분</td></tr>
<tr><td rowspan="3">팀구성</td><td>진행자</td><td colspan="2"></td></tr>
<tr><td>기록자</td><td colspan="2"></td></tr>
<tr><td>참가자</td><td colspan="2"></td></tr>
<tr><td colspan="2">잠정적 PBL 주제</td><td colspan="2"></td></tr>
<tr><td colspan="2" rowspan="8">아이디어 도출 및 선택

[선택 표시 방법]
○ : 전원 찬성
△ : 일부 찬성
× : 전원 반대</td><td>아이디어 도출</td><td>선택</td></tr>
<tr><td></td><td></td></tr>
<tr><td></td><td></td></tr>
<tr><td></td><td></td></tr>
<tr><td></td><td></td></tr>
<tr><td></td><td></td></tr>
<tr><td></td><td></td></tr>
<tr><td></td><td></td></tr>
<tr><td colspan="2" rowspan="4">선택된 아이디어</td><td colspan="2"></td></tr>
<tr><td colspan="2"></td></tr>
<tr><td colspan="2"></td></tr>
<tr><td colspan="2"></td></tr>
</table>

팀별 프로젝트 주제 선정을 위한 1차 브레인스토밍

<table>
<tr><td colspan="2">교과목명</td><td colspan="2"></td></tr>
<tr><td colspan="2">팀명(조)</td><td colspan="2"></td></tr>
<tr><td colspan="2">일시</td><td colspan="2">년 월 일 시 분 ~ 시 분</td></tr>
<tr><td rowspan="3">팀구성</td><td>진행자</td><td colspan="2"></td></tr>
<tr><td>기록자</td><td colspan="2"></td></tr>
<tr><td>참가자</td><td colspan="2"></td></tr>
<tr><td colspan="2">잠정적 PBL 주제</td><td colspan="2"></td></tr>
<tr><td colspan="2" rowspan="8">아이디어 도출 및 선택

[선택 표시 방법]
○ : 전원 찬성
△ : 일부 찬성
× : 전원 반대</td><td>아이디어 도출</td><td>선택</td></tr>
<tr><td></td><td></td></tr>
<tr><td></td><td></td></tr>
<tr><td></td><td></td></tr>
<tr><td></td><td></td></tr>
<tr><td></td><td></td></tr>
<tr><td></td><td></td></tr>
<tr><td></td><td></td></tr>
<tr><td colspan="2" rowspan="4">선택된 아이디어</td><td colspan="2"></td></tr>
<tr><td colspan="2"></td></tr>
<tr><td colspan="2"></td></tr>
<tr><td colspan="2"></td></tr>
</table>

팀별 프로젝트 주제 선정을 위한 2차 브레인스토밍

<table>
<tr><td colspan="2">교과목명</td><td colspan="5"></td></tr>
<tr><td colspan="2">팀명(조)</td><td colspan="5"></td></tr>
<tr><td colspan="2">일시</td><td colspan="5">년 월 일 시 분 ~ 시 분</td></tr>
<tr><td rowspan="3">팀구성</td><td>진행자</td><td colspan="5"></td></tr>
<tr><td>기록자</td><td colspan="5"></td></tr>
<tr><td>참가자</td><td colspan="5"></td></tr>
<tr><td colspan="2">잠정적 PBL 주제</td><td colspan="5"></td></tr>
<tr><td colspan="2" rowspan="3">아이디어 평가 기준
(배점)</td><td colspan="4"></td><td></td></tr>
<tr><td colspan="4"></td><td></td></tr>
<tr><td colspan="4"></td><td></td></tr>
<tr><td colspan="2" rowspan="6">아이디어 평가</td><td>평가 기준
선택된
아이디어</td><td>①</td><td>②</td><td>③</td><td>합계</td></tr>
<tr><td>A</td><td></td><td></td><td></td><td></td></tr>
<tr><td>B</td><td></td><td></td><td></td><td></td></tr>
<tr><td>C</td><td></td><td></td><td></td><td></td></tr>
<tr><td>D</td><td></td><td></td><td></td><td></td></tr>
<tr><td>E</td><td></td><td></td><td></td><td></td></tr>
<tr><td colspan="2">선정된 최종 아이디어</td><td colspan="5"></td></tr>
<tr><td colspan="2">프로젝트 주제</td><td colspan="5"></td></tr>
<tr><td colspan="2">지도교수 지도 및 평가</td><td colspan="5"></td></tr>
</table>

20 년 월 일

지도교수: (인)

팀별 프로젝트 주제 선정을 위한 2차 브레인스토밍

<table>
<tr><td colspan="2">교과목명</td><td colspan="5"></td></tr>
<tr><td colspan="2">팀명(조)</td><td colspan="5"></td></tr>
<tr><td colspan="2">일시</td><td colspan="5">년 월 일 시 분 ~ 시 분</td></tr>
<tr><td rowspan="3">팀구성</td><td>진행자</td><td colspan="5"></td></tr>
<tr><td>기록자</td><td colspan="5"></td></tr>
<tr><td>참가자</td><td colspan="5"></td></tr>
<tr><td colspan="2">잠정적 PBL 주제</td><td colspan="5"></td></tr>
<tr><td colspan="2" rowspan="3">아이디어 평가 기준
(배점)</td><td colspan="4"></td><td></td></tr>
<tr><td colspan="4"></td><td></td></tr>
<tr><td colspan="4"></td><td></td></tr>
<tr><td colspan="2" rowspan="6">아이디어 평가</td><td>평가 기준
선택된
아이디어</td><td>①</td><td>②</td><td>③</td><td>합계</td></tr>
<tr><td>A</td><td></td><td></td><td></td><td></td></tr>
<tr><td>B</td><td></td><td></td><td></td><td></td></tr>
<tr><td>C</td><td></td><td></td><td></td><td></td></tr>
<tr><td>D</td><td></td><td></td><td></td><td></td></tr>
<tr><td>E</td><td></td><td></td><td></td><td></td></tr>
<tr><td colspan="2">선정된 최종 아이디어</td><td colspan="5"></td></tr>
<tr><td colspan="2">프로젝트 주제</td><td colspan="5"></td></tr>
<tr><td colspan="2">지도교수 지도 및 평가</td><td colspan="5"></td></tr>
</table>

20 년 월 일

지도교수: (인)

위스크(WSQ) 전략을 이용한 학습노트
Watch, Summarize, Question

<table>
<tr><td>학습주제</td><td colspan="3"></td></tr>
<tr><td>핵심 키워드
및
내용 요약</td><td colspan="3">작성가이드
1) 학습 내용 중 반드시 알아야 할 핵심 키워드를 정리해봅시다.
2) 학습 내용 중 꼭 알아야 할 중요한 내용을 자신의 말로 간결하게 요약 정리해 봅시다.</td></tr>
<tr><td>질문 및
토의사항</td><td colspan="3">1) 학습 내용 중에서 이해가 되지 않는 부분이나 내용은 무엇인가요?
2) 토론에서 다루면 좋을 개념이나 질문은 무엇인가요?</td></tr>
<tr><td>학번</td><td></td><td>이름</td><td></td></tr>
</table>

위스크(WSQ) 전략을 이용한 학습노트 Watch, Summarize, Question			
학습주제			
핵심 키워드 및 내용 요약	작성가이드 1) 학습 내용 중 반드시 알아야 할 핵심 키워드를 정리해봅시다. 2) 학습 내용 중 꼭 알아야 할 중요한 내용을 자신의 말로 간결하게 요약 정리해 봅시다.		
질문 및 토의사항	1) 학습 내용 중에서 이해가 되지 않는 부분이나 내용은 무엇인가요? 2) 토론에서 다루면 좋을 개념이나 질문은 무엇인가요?		
학번		이름	

<table>
<tr><td colspan="4">위스크(WSQ) 전략을 이용한 학습노트
Watch, Summarize, Question</td></tr>
<tr><td>학습주제</td><td colspan="3"></td></tr>
<tr><td>핵심 키워드
및
내용 요약</td><td colspan="3">작성가이드
1) 학습 내용 중 반드시 알아야 할 핵심 키워드를 정리해봅시다.
2) 학습 내용 중 꼭 알아야 할 중요한 내용을 자신의 말로 간결하게 요약 정리해 봅시다.</td></tr>
<tr><td>질문 및
토의사항</td><td colspan="3">1) 학습 내용 중에서 이해가 되지 않는 부분이나 내용은 무엇인가요?
2) 토론에서 다루면 좋을 개념이나 질문은 무엇인가요?</td></tr>
<tr><td>학번</td><td></td><td>이름</td><td></td></tr>
</table>

위스크(WSQ) 전략을 이용한 학습노트
Watch, Summarize, Question

학습주제			
핵심 키워드 및 내용 요약	작성가이드 1) 학습 내용 중 반드시 알아야 할 핵심 키워드를 정리해봅시다. 2) 학습 내용 중 꼭 알아야 할 중요한 내용을 자신의 말로 간결하게 요약 정리해 봅시다.		
질문 및 토의사항	1) 학습 내용 중에서 이해가 되지 않는 부분이나 내용은 무엇인가요? 2) 토론에서 다루면 좋을 개념이나 질문은 무엇인가요?		
학번		이름	

위스크(WSQ) 전략을 이용한 학습노트 Watch, Summarize, Question			
학습주제			
핵심 키워드 및 내용 요약	작성가이드 1) 학습 내용 중 반드시 알아야 할 핵심 키워드를 정리해봅시다. 2) 학습 내용 중 꼭 알아야 할 중요한 내용을 자신의 말로 간결하게 요약 정리해 봅시다.		
질문 및 토의사항	1) 학습 내용 중에서 이해가 되지 않는 부분이나 내용은 무엇인가요? 2) 토론에서 다루면 좋을 개념이나 질문은 무엇인가요?		
학번		이름	

연구 활동 일지 1주차

반		팀명		이름		학번	
		작성일자				교수서명	
토의주제							
팀 학습활동							
본인 작성 부분(역할, 논문 내용 등)							

연구 활동 일지 2주차

반		팀명		이름		학번	
		작성일자				교수서명	
토의주제							
팀 학습활동							
본인 작성 부분(역할, 논문 내용 등)							

연구 활동 일지 3주차

<table>
<tr><td>반</td><td></td><td>팀명</td><td></td><td>이름</td><td></td><td>학번</td><td></td></tr>
<tr><td colspan="2"></td><td>작성일자</td><td colspan="3"></td><td>교수서명</td><td></td></tr>
<tr><td colspan="2">토의주제</td><td colspan="6"></td></tr>
<tr><td colspan="8">팀 학습활동</td></tr>
<tr><td colspan="8"></td></tr>
<tr><td colspan="8">본인 작성 부분(역할, 논문 내용 등)</td></tr>
<tr><td colspan="8"></td></tr>
</table>

연구 활동 일지 4주차

반		팀명		이름		학번	
		작성일자				교수서명	
토의주제							
팀 학습활동							
본인 작성 부분(역할, 논문 내용 등)							

연구 활동 일지 5주차

<table>
<tr><td>반</td><td></td><td>팀명</td><td></td><td>이름</td><td></td><td>학번</td><td></td></tr>
<tr><td colspan="2"></td><td>작성일자</td><td colspan="3"></td><td>교수서명</td><td></td></tr>
<tr><td colspan="2">토의주제</td><td colspan="6"></td></tr>
<tr><td colspan="8">팀 학습활동</td></tr>
<tr><td colspan="8"></td></tr>
<tr><td colspan="8">본인 작성 부분(역할, 논문 내용 등)</td></tr>
<tr><td colspan="8"></td></tr>
</table>

연구 활동 일지 6주차

반		팀명		이름		학번	
		작성일자				교수서명	
토의주제							

팀 학습활동

본인 작성 부분(역할, 논문 내용 등)

연구 활동 일지 7주차

<table>
<tr><td>반</td><td></td><td>팀명</td><td></td><td>이름</td><td></td><td>학번</td><td></td></tr>
<tr><td colspan="2"></td><td>작성일자</td><td colspan="3"></td><td>교수서명</td><td></td></tr>
<tr><td colspan="2">토의주제</td><td colspan="6"></td></tr>
<tr><td colspan="8">팀 학습활동</td></tr>
<tr><td colspan="8"></td></tr>
<tr><td colspan="8">본인 작성 부분(역할, 논문 내용 등)</td></tr>
<tr><td colspan="8"></td></tr>
</table>

연구 활동 일지 8주차

<table>
<tr><td>반</td><td></td><td>팀명</td><td></td><td>이름</td><td></td><td>학번</td><td></td></tr>
<tr><td colspan="2"></td><td>작성일자</td><td colspan="3"></td><td>교수서명</td><td></td></tr>
<tr><td colspan="2">토의주제</td><td colspan="6"></td></tr>
<tr><td colspan="8">팀 학습활동</td></tr>
<tr><td colspan="8"></td></tr>
<tr><td colspan="8">본인 작성 부분(역할, 논문 내용 등)</td></tr>
<tr><td colspan="8"></td></tr>
</table>

연구 활동 일지 9주차

<table>
<tr><td>반</td><td></td><td>팀명</td><td></td><td>이름</td><td></td><td>학번</td><td></td></tr>
<tr><td colspan="2"></td><td>작성일자</td><td colspan="3"></td><td>교수서명</td><td></td></tr>
<tr><td colspan="2">토의주제</td><td colspan="6"></td></tr>
<tr><td colspan="8">팀 학습활동</td></tr>
<tr><td colspan="8"></td></tr>
<tr><td colspan="8">본인 작성 부분(역할, 논문 내용 등)</td></tr>
<tr><td colspan="8"></td></tr>
</table>

연구 활동 일지 10주차

반		팀명		이름		학번	
		작성일자				교수서명	
토의주제							
팀 학습활동							
본인 작성 부분(역할, 논문 내용 등)							

연구 활동 일지 11주차

반		팀명		이름		학번	
		작성일자				교수서명	
토의주제							

팀 학습활동

본인 작성 부분(역할, 논문 내용 등)

연구 활동 일지 12주차

반		팀명		이름		학번	
		작성일자				교수서명	
토의주제							
팀 학습활동							
본인 작성 부분(역할, 논문 내용 등)							

연구 활동 일지 13주차

반		팀명		이름		학번	
		작성일자				교수서명	
토의주제							

팀 학습활동

본인 작성 부분(역할, 논문 내용 등)

연구 활동 일지 14주차

반		팀명		이름		학번	
		작성일자				교수서명	
토의주제							
팀 학습활동							
본인 작성 부분(역할, 논문 내용 등)							

연구 활동 일지 15주차

<table>
<tr><td>반</td><td></td><td>팀명</td><td></td><td>이름</td><td></td><td>학번</td><td></td></tr>
<tr><td colspan="2"></td><td>작성일자</td><td colspan="3"></td><td>교수서명</td><td></td></tr>
<tr><td colspan="2">토의주제</td><td colspan="6"></td></tr>
<tr><td colspan="8">팀 학습활동</td></tr>
<tr><td colspan="8"></td></tr>
<tr><td colspan="8">본인 작성 부분(역할, 논문 내용 등)</td></tr>
<tr><td colspan="8"></td></tr>
</table>

동료 평가(　　년　　월　　일)

반		팀명	학번	
			이름	

항목 / 이름(출석 부순)	적극적 참여와 협업 (다양한 정보제공, 동료 의견 존중, 시간약속)						주어진 역할 수행성						전체 기여도											총점	환산 점수
	5	4	3	2	1	0	5	4	3	2	1	0	10	9	8	7	6	5	4	3	2	1	0		

척도 5점 척도 해석 5: 적극적 주도 + 자기역할 충실, 4: 보조역할 충실 + 자기역할 충실, 3: 자기역할만 충실, 2: 소극적 자기역할, 1: 자기역할 ×, 0: 팀분위기 저해

동료 평가(　년　월　일)

반		팀명	학번	
			이름	

항목 / 이름(출석 부순)	적극적 참여와 협업 (다양한 정보제공, 동료 의견 존중, 시간약속)						주어진 역할 수행성						전체 기여도											총점	환산 점수
	5	4	3	2	1	0	5	4	3	2	1	0	10	9	8	7	6	5	4	3	2	1	0		

척도 5점 척도 해석 5: 적극적 주도 + 자기역할 충실, 4: 보조역할 충실 + 자기역할 충실, 3: 자기역할만 충실, 2: 소극적 자기역할, 1: 자기역할 ×, 0: 팀분위기 저해

참고문헌

곽재민(2013). 리서치와 통계분석(SPSS & AMOS 활용). 인포마.

김경미(2016). 가상현실 프로그램이 뇌졸중 환자의 실행 기능, 균형능력에 미치는 영향: 무작위 대조군 임상연구 대한작업치료학회지, 24(4), 1-14.

김계수(2015). 빅데이터 분석과 메타분석. 한나래아카데미.

김민성 등(2016). Effects of ball kicking dual task training on gait performance and balance in individuals with chronic hemiparetic stroke. Physical therapy rehabilitation science. 2016;5(4):170-177.

김수연(2017). 이미지 상상훈련을 적용한 핵심기본간호술 실습교육이 간호대학생의 임상 수행능력, 자율실습시간에 미치는 효과. Journal of Korean Academic Society of Nursing Education, 23(1),76-85.

김승회(2015). 체계적 문헌고찰을 위한 텍스트 분류 모델링 방법에 대한 연구. 서울대학교 의학과 의공학전공 박사논문.

김수영(2018). 근거중심의학. 병원약사회지. 25(4):261-269.

김아영 · 차정은 · 이채희 · 주지은 · 임은영(2016). 혼자 쓰는 연구논문 연구방법론. 학지사.

김옥주(2012). 기관생명윤리심의 위원회 구성, 운영 표준지침서. 보건복지부.

김재윤(2017). 센터 기반의 원격재활 프로그램이 무릎골관절염 환자의 근기능과 삶의 질에 미치는 영향. 호남대학교. 박사학위논문.

김지형(2019). 쉽고 편하게 메타분석. 북앤에듀.

김현승 · 이동우 · 조성현(2019). 압력 생체되먹임 장치를 이용한 호흡재교육 운동이 뇌졸중 환자의 들숨기능에 미치는 영향. 한국재활복지공학회. 13(3);219-229.

김효창(2013). 혼자서 완성하는 통계분석. 학지사.

남상석(2015). 스포츠 의 · 과학 통계분석. 한나래아카데미.

라종민(2019). 수업의 효과성 제고를 위한 데이터 분석: 통계패키지(SPSS) 활용 기법(I). 한국대학교육협의회 고등교육연수원.

라종민(2019). 수업의 효과성 제고를 위한 데이터 분석: 통계패키지(SPSS) 활용 기법(II). 한국대학교육협의회 고등교육연수원.

문수백(2018). 학위논문 작성을 위한 연구방법의 실제. 학지사.

문수백(2009). 구조방정식모델링의 이해와 적용. 학지사.

문수백(2017). 기초통계학의 이해와 활용. 신정.

문현주(2014). 가상현실 인지재활훈련이 치매노인의 인지 및 신체기능과 우울에 미치는 영향. 미간행 박사학위 논문. 경북대학교 보건대학원, 대구. ;허서윤, 이효정, 함애지, 김유나, 정시내.

민대기(2018). SPSS를 이용한 설문지 작성과 분석. 한나래.

민동기 · 이상재(2019). 전기자극치료를 동반한 운동치료가 전방십자인대 재건술 환자의 통증, 관절가동범위, 근력에 미치는 영향. 한국산학기술학회. 20(2);694-703.

박도순 등(2020). 교육연구방법론 3판. 교육과학사.

박명화 · 박미현 · 김현희(2015). 복합적 심리교육 프로그램이 치매 환자 가족의 부양부담, 우울, 문제대처행위에 미치는 효과. Gerontol Nurs, 17(1),10-19.

박준성 · 소용준(2017). 사회과학 연구를 위한 통계분석의 개념과 실제. 학지사.

박지환 등(2015). 알기 쉬운 연구방법론. 범문에듀케이션.

성태제(2019). SPSS/AMOS를 이용한 알기쉬운 통계분석 3판. 학지사.

안민희(2017). 심부전 환자의 가정심장재활 프로그램이 신체기능, 우울 및 삶의 질에 미치는 효과: 체계적 문헌고찰 및 메타분석. 전남대학교 대학원 간호학과 박사학위논문.

안재억(2016). 의학 · 보건학 통계분석. 한나래아카데미.

이건철 등(2015). 알기 쉬운 보건통계학. 현문사.

이기종 · 나종민(2019). 첫걸음 기초통계. 학지사.

이동진 · 고태성(2010). 뇌졸중 후 우울 증상과 인지, 신체 기능 및 일상생활동작과의 관련성. 특수교육재활과학연구. 49(4):159-178.

이동진(2009). 수중과 지상에서 과제관련 훈련이 뇌졸중 환자의 균형과 기능 수행 및 삶의 질에 미치는 영향. 삼육대학교 대학원. 박사학위논문.

이동진 등(2015). 임상연구방법론. 퍼시픽북스.

이동진 등(2018). QR 코드를 활용한 NEW 임상연구방법론. 퍼시픽북스.

이범석 등(2018). 목표 지향 측방 보행 훈련이 만성 뇌졸중 환자의 균형 및 보행에 미치는 영향. 대한고유수용성신경근촉진법학회. 16(2):93-103.

이상호 등(2016). 연구방법과 논문쓰기. 에듀팩토리.

이선우(2011). 가상현실 운동프로그램이 노인의 신체기능 및 낙상효능감에 미치는 효과. 미간행 박사학위 논문. 이화여자대학교 일반대학원.

이영미(2003). 근거중심의학의 개요. 대한혈관외과학회지. 19(2):212-219.

이영숙(2008). 근거중심약학의 개념과 활용. 병원약사회지. 25(4):275-282.

이유리(2020). 연구자 IRB 이해와 심의 관련 교육: IRB 연구계획서 작성의 실제. 남부대학교 생명윤리위원회.

이재형(2013). 근거중심 물리치료. 영문출판사.

이종규(2006). 질적 연구방법론. 교육과학사. p.17.

이충휘(2016). 물리치료사와 작업치료사를 위한 연구방법론 5판. 계축문화사.

이해정(2017). 건강전문가를 위한 연구방법론: 이해와 비평. 군자출판사.

이현실 · 양지안(2017). SPSS/AMOS 논문 통계분석 내비게이션. 한나래아카데미.

임상연구방법론 편찬위원회(2019). 보건의료인을 위한 임상연구방법론. 현문사,

임회정(2014). SPSS와 G-Power를 활용한 통계학 개론 및 응용. 전남대학교 출판부.

정모범(2018). 조기 어깨가슴관절 중심의 안정화 운동이 돌림근띠 파열로 인한 수술환자에게 미치는 영향. 호남대학교. 박사학위논문.

조성현 · 김태강(2018). 호흡재활프로그램이 만성 뇌졸중 환자의 폐 기능에 미치는 효과: 메타분석. 한국재활복지공학회. 12(4);300-313.

최윤영 · 조경철(2019). 행동과학 연구를 위한 기초통계학. 신정.

한상숙 · 이상철(2018). SPSS/AMOS 활용한 간호 · 보건 통계분석. 한나래아카데미.

황성동(2015). 알기 쉬운 사회복지조사방법론. 학지사.

황성동(2014). 알기 쉬운 메타분석의 이해. 학지사.

황성동(2016). Free Software를 활용한 메타분석. 경북대학교출판부.

황성동(2019). R과 jamovi로 하는 통계분석. 학지사.

황성동(2020). R을 이용한 메타분석 2판. 학지사.

황진복(2010). 효과적인 의학 논문 작성을 위한 요령. 대한소아소화기영양학회지. 13(2);117-127.

Aguado, O., Morcillo, C., Delas, J., Rennie, M., Bechich, S., Schembari, A. & Rosell, F. (2010). Long-term implications of a single home-based educational intervention in patients with heart failure. Heart & lung: the journal of critical care, 39(6 Suppl), S14-22. doi:10.1016/j.hrtlng.2010.04.010.

Barkat, M., Roy, I., Antoniou, SA, Torella, F. & Antoniou, GA. (2018). Systematic review and network meta-analysis of treatment strategies for asymptomatic carotid disease. Scientific Reports, 8:4458, DOI:10.1038/s41598-018-22356-z.

Bekelman, D. B., Plomondon, M. E., Carey, E. P., Sullivan, M. D., Nelson, K. M., Hattler, B., & Rumsfeld, J. S. (2015). Primary results of the patient-centered disease management (PCDM) for heart failure study: A randomized clinical trial. JAMA internal medicine, 175(5), 725-732. doi:10.1001/jamainternmed.2015.0315.

Box, G. E. (1979). Robustness in the strategy of scientific model building. In Robustness in statistics. Academic Press.

Creswell, J. W. (2008). Planning, conducting and evaluating quantitative ad quantitative research. Educational Research. Upper Saddle River, NJ: Pearson Education Inc.

Cohen. J. (1988). Statistical power analysis for the behavioral sciences (2nd ed.). Hillsdale, NJ; Erlbaum.

Dawes, M., Summerskill, W., Glasziou, P., Cartabellotta, A., Martin, J., Hopayian, K., ... & Osborne, J. (2005). Sicily statement on evidence-based practice. BMC medical education, 5(1), 1.

Fansler, C. L., Poff, C. L., & Shepard, K. F. (1985). Effects of mental practice on balance in elderly women. Physical Therapy, 65(9), 1332-1338.

Garg, A. X., Adhikari, N. K., McDonald, H., Rosas-Arellano, M. P., Devereaux, P. J., Beyene, J., ... & Haynes, R. B. (2005). Effects of computerized clinical decision support systems on practitioner performance and patient outcomes: a systematic review. Jama, 293(10), 1223-1238.

Glasziou, P., Del Mar, C., & Salisbury, J. (2007). EBP step 1: formulate an answerable question. Evidence based practice workbook, 2nd ed. Malden, MA: Blackwell Publishing, 21-38.

Guyatt, G., Jaeschke, R., Heddle, N., Cook, D., Shannon, H., & Walter, S. (1995). Basic statistics for clinicians: 2. Interpreting study results: confidence intervals. CMAJ: Canadian Medical Association Journal, 152 (2), 169-173.

Harrison, M. A. (1996). Evidence-based practice-practice-based evidence. 12:129-130.

Haynes, R. B. (2001). Of studies, syntheses, synopses, and systems: the "4S" evolution of services for finding curren best evidence. BMJ Evidence-Based Medicine, 4:37-39.

Haynes, R. B. (2001). Of studies, syntheses, synopses, and systems: the "4S" evolution of services for finding current best evidence. BMJ Evidence-Based Medicine, 134(2):A11-3.

Haynes, B. (2007). Of studies, syntheses, synopses, summaries, and systems: the "5S" evolution of information services for evidence-based healthcare decisions. Evidence-based nursing, 10(1), 6-7.

Jo, Y. R., Jeong, M. B., & Lee, D. W. (2018). The Effect of Whole Body Vibration Exercise on Ankle Joint Spasticity Patients with Chronic Stroke. The Journal of Korean Physical Therapy, 30(4), 135–140.

Mallett, S., & Clarke, M. (2003). How many Cochrane reviews are needed to cover existing evidence on the effects of healthcare interventions?. BMJ Evidence-Based Medicine, 139(1): A11.

Portney, L.G., Watkins, M. P. (2015). Foundations of Clinical Research: Applications to Practice, Third edition. Pearson/Prentice Hall.

Portney, L.G. (2020). Foundations of Clinical Research: Applications to Evidence-Based Practice, Fourth edition. F.A. Davis Company.

Rosell, F. (2010). Long-term implications of a single home-based educational intervention in patients with heart failure. Heart & lung: the journal of critical care, 39(6 Suppl), S14–22. doi:10.1016/j.hrtlng.2010.04.010.

Sackett, D. L., Richardson, W. S., Rosenberg, W., & Haynes, R. B. (2000). Evidence-based medicine: How to practice and teach EBM. London: Churchill Livingstone.

Sadigh, G., Parker, R., Kelly, A. M., & Cronin, P. (2012). How to write a critically appraised topic (CAT). Academic radiology, 19(7), 872–888.

Shamoo, A. E., & Resnik, D. B. (2015). Responsible conduct of research, 3rd ed. Oxford University Press.

참고사이트

구글 학술검색(Google scholar). http://scholar.google.co.kr

국가과학기술인력개발원(KIRD) 사이버 연구윤리교육. https://cyber.kird.re.kr/main.do

기관생명윤리심의위원회 정보포털. http://irb.or.kr/

대한통합의학회. http://www.ksim.kr

생명윤리 및 안전에 관한 법률. https://www.lawnb.com/Info/ContentView?sid=L000009628

카피킬러(Copykiller). http://www.copykiller.com

한국교육학술정보원(RISS). http://www.riss.kr

The Centre for Evidence Based Medicine at Oxford web site. http://www.cebm.net/index.aspx?o=1016.

https://clarivate.com/webofsciencegroup/solutions/journal-citation-reports

https://en.wikipedia.org/wiki/John_W._Creswell

https://korea.cochrane.org/home

http://kygrad.konyang.ac.kr/kygrad/sub05_03_04_05.do

http://pubmed.gov

https://training.cochrane.org/online-learning/core-software-cochrane-reviews/revman/revman-5-download

https://web.archive.org/web/20120505141217/http://www.experiment-resources.com/definition-of-research.html

https://www.campbellcollaboration.org/escalc/html/EffectSizeCalculator-SMD-main.php

http://www.consort-statement.org

http://www.journals.elsevier.com/neuroscience-letters

https://www.mathsisfun.com/data/confidence-interval-calculator.html

https://www.mathsisfun.com/data/standard-normal-distribution-table.html

https://onlinestatbook.com/stat_sim/sampling_dist/index.html

http://www.prisma-statement.org/

http://www.turnitin.com

https://ymlib.yonsei.ac.kr/ymlibguide/citation-style/apa-references/

INDEX

찾아보기

ㄱ

ㅂ

ㅅ

G

H

I

K

L

M

N

O

P

Q

R

S

MEMO

MEMO

MEMO

MEMO

MEMO

MEMO